Bernhard Pohl / Anja Scl

Lebensversicherung un
Leitfaden für den Versic

5. Auflage

Bernhard Pohl / Anja Schneider

# Lebensversicherung und Steuer

## Leitfaden für den Versicherungsaußendienst

Mit allen relevanten Rechtsquellen auf CD-ROM

5. Auflage

3. Einkünfte aus selbständiger Arbeit

4. Einkünfte aus nichtselbständiger Arbeit

5. Einkünfte aus Kapitalvermögen

6. Einkünfte aus Vermietung und Verpachtung

7. Sonstige Einkünfte

Die Einkommensteuer ist eine Jahressteuer. Die Grundlagen für ihre Festsetzung sind jeweils für ein Kalenderjahr (= Veranlagungszeitraum) zu ermitteln.

# 2 Bemessungsgrundlage

## 2.1 Ermittlung der Bemessungsgrundlage

### Schema

Die festzusetzende Einkommensteuer bemisst sich nach dem zu versteuernden Einkommen, das im Wesentlichen nach folgendem Schema ermittelt wird:

|   | **Summe der Einkünfte** |
|---|---|
|   | aus den gesetzlich definierten 7 Einkunftsarten |
| ./. | Altersentlastungsbetrag |
| ./. | Entlastungsbetrag für Alleinerziehende |
| ./. | Abzugsbetrag für Land- und Forstwirte |
| = | **Gesamtbetrag der Einkünfte** |
| ./. | Verlustabzug |
| ./. | Sonderausgaben |
| ./. | außergewöhnliche Belastungen |
| ./. | Steuerbegünstigung für zu eigenen Wohnzwecken genutzten Baudenkmäler sowie für schutzwürdige Kulturgüter |
| = | **Einkommen** |
| ./. | Freibeträge für Kinder |
| ./. | Härteausgleich für Nebeneinkünfte von Arbeitnehmern |
| = | **zu versteuerndes Einkommen** |

## 2.2 Einkunftsarten

Für die Ermittlung der Einkommensteuer werden lediglich Einnahmen berücksichtigt, die zu einer der im Gesetz genannten 7 Einkunftsarten gehören. Die Auflistung der Einkunftsarten ist abschließend. Abhängig davon, wie die Einkünfte ermittelt werden, unterscheidet man im Einkommensteuerrecht zwischen Gewinneinkunftsarten und Überschusseinkunftsarten.

### 2.2.1 Gewinneinkünfte

Bei den Einkünften aus Land- und Forstwirtschaft, aus Gewerbebetrieb sowie aus selbständiger Arbeit werden die Einkünfte als Gewinn ermittelt. Für die Ermittlung des steuerlichen Gewinns gibt es drei Möglichkeiten:

### Betriebsvermögensvergleich

Gewinn ist hierbei der Unterschiedsbetrag zwischen dem Betriebsvermögen am Schluss des Wirtschaftsjahres und dem Betriebsvermögen am Schluss des vorangegangenen Wirtschaftsjahres, vermehrt um den Wert der Entnahmen und vermindert um den Wert der Einlagen.

Der Betriebsvermögensvergleich ist die gesetzlich vorgeschriebene Gewinnermittlungsmethode für Gewerbetreibende oder Land- und Forstwirte, die nach handelsrechtlichen Vorschriften oder nach der Abgabenordnung verpflichtet sind, Bücher zu führen und Bilanzen zu erstellen. Werden freiwillig Bücher geführt und Bilanzen erstellt, ist bei Gewerbetreibenden und selbständig Tätigen ebenfalls der durch Betriebsvermögensvergleich ermittelte Gewinn der Besteuerung zugrunde zu legen.

### Einnahmen-Überschuss-Rechnung

Bei der Einnahmen-Überschuss-Rechnung gemäß § 4 Abs. 3 EStG werden den zugeflossenen Betriebseinnahmen die Betriebsausgaben gegenübergestellt. Diese Methode der vereinfachten Gewinnermittlung kann von Steuerpflichtigen angewandt werden, die nicht zur Führung von Büchern verpflichtet sind und auch freiwillig keine Bücher führen. Dies trifft hauptsächlich auf freiberuflich Tätige, kleinere Gewerbetreibende und bestimmte Land- und Forstwirte zu.

### Betriebseinnahmen

Betriebseinnahmen sind alle in Geld oder Geldwert bestehenden Güter, die dem Steuerpflichtigen im Rahmen eines landwirtschaftlichen, gewerblichen oder eines der selbständigen Arbeit dienenden Betriebs zufließen. Nicht zu den Betriebseinnahmen gehören Einlagen sowie durchlaufende Posten.

## Betriebsausgaben

Betriebsausgaben sind grundsätzlich alle Aufwendungen, die durch den Betrieb veranlasst sind. Bis einschließlich 2011 war ein Abzug erwerbsbedingt entstandener Aufwendungen für die Betreuung eines zum Haushalt gehörenden Kindes unter 14 Jahren mit zwei Dritteln der Aufwendungen, höchstens 4.000 € möglich (§ 9c Abs. 1 EStG).

Ab 2012 können Kinderbetreuungskosten – unabhängig von den persönlichen Anspruchsvoraussetzungen der Eltern – einheitlich als Sonderausgaben abgezogen werden.

Tatsächlich hat der Gesetzgeber jedoch in den letzten Jahren die Abzugsfähigkeit der Betriebsausgaben wesentlich eingeschränkt. So dürfen beispielsweise folgende Betriebsausgaben den steuerlich maßgebenden Gewinn nicht mindern:

- Geschenke an Kunden oder Geschäftsfreunde, wenn deren Wert 35 € übersteigt[6]
- 30 % der angemessenen Bewirtungskosten von Personen (nicht Arbeitnehmern) aus geschäftlichem Anlass[7]
- Aufwendungen für das häusliche Arbeitszimmer, es sei denn, das Arbeitszimmer bildet den Mittelpunkt der gesamten betrieblichen und beruflichen Betätigung[8]
- Gewerbesteuer und die darauf entfallenden Nebenleistungen[9]
- Mitgliedsbeiträge und Spenden an politische Parteien[10]

## Gewinnermittlung nach Durchschnittssätzen

Diese Methode gilt für Land- und Forstwirte, die ihren Gewinn nach keiner der beiden vorgenannten Gewinnermittlungsarten berechnen müssen und gleichzeitig bestimmte Höchstgrenzen (u. a. selbstbewirtschaftete Fläche, Tierbestände) nicht überschreiten. Der Gewinn wird anhand von Pauschalen ohne Rücksicht auf die tatsächlichen Betriebseinnahmen und Betriebsausgaben ermittelt.

## 2.2.2 Überschusseinkünfte

Bei den Einkünften aus nichtselbständiger Arbeit, aus Kapitalvermögen, aus Vermietung und Verpachtung sowie den sonstigen Einkünften wird der Überschuss aus den um die Werbungskosten verminderten Einnahmen ermittelt.

---

6   § 4 Abs. 5 Nr. 1 EStG.
7   § 4 Abs. 5 Nr. 2 EStG.
8   § 4 Abs. 5 Nr. 6b EStG.
9   § 4 Abs. 5b EStG.
10  § 4 Abs. 6 EStG.

## Einnahmen

Als Einnahmen werden alle Güter, die in Geld oder Geldeswert (z. B. bei einem Arbeitnehmer der Versicherungsbeitrag zu einer Direktversicherung) bestehen, definiert, die dem Steuerpflichtigen im Rahmen einer der o. a. Überschusseinkunftsart innerhalb eines Kalenderjahres zufließen.

## Steuerfreie Einnahmen

Nicht alle Zuflüsse, die unter eine der / Einkunftsarten fallen, sind auch tatsächlich steuerpflichtig. Das Einkommensteuergesetz enthält eine Vielzahl sachlicher Steuerbefreiungen, die häufig sozial- oder kulturpolitisch motiviert sind (§§ 3, 3b EStG).

Steuerfreie Einnahmen sind u. a.

- Leistungen aus einer Krankenversicherung, aus einer Pflegeversicherung und aus der gesetzlichen Unfallversicherung[11]
- das Arbeitslosengeld, das Kurzarbeitergeld, das Winterausfallgeld, die Arbeitslosenhilfe, der Zuschuss zum Arbeitsentgelt, die Eingliederungshilfe, das Überbrückungsgeld oder der Existenzgründungszuschuss nach dem Dritten Buch Sozialgesetzbuch oder dem Arbeitsförderungsgesetz[12]
- Mehraufwandsentschädigungen für Ein-Euro-Jobs[13]
- Zuschüsse der Rentenversicherungsträger zu den Krankenversicherungsbeiträgen der Rentner[14]
- Beiträge, die Wehrpflichtige nach dem Arbeitsplatzschutzgesetz zur Aufrechterhaltung ihrer Lebensversicherung erhalten[15]
- Arbeitgeberbeiträge zur gesetzlichen Sozialversicherung der Arbeitnehmer, soweit eine gesetzliche o. ä. Verpflichtung besteht, sowie diesen gleichgestellte Zuschüsse (z. B. zu Befreiungsversicherungen)[16]
- Beiträge des Arbeitgebers aus einem ersten Dienstverhältnis an einen zertifizierten Pensionsfonds, eine zertifizierte Pensionskasse oder für eine begünstigte Direktversicherung bis zur maximalen Höhe von 4 % der Beitragsbemessungsgrenze der GRV (West)[17]
- Beiträge des Arbeitgebers an den Pensionssicherungsverein VVaG (PSVaG) sowie Beiträge des PSVaG an ein Versicherungsunternehmen zur Ablösung seiner Verpflichtung nach einem Insolvenzfall[18]

---

11  § 3 Nr. 1a EStG.
12  § 3 Nr. 2 EStG.
13  § 3 Nr. 2b EStG.
14  § 3 Nr. 14 EStG.
15  § 3 Nr. 47 EStG.
16  § 3 Nr. 62 EStG.
17  § 3 Nr. 63 EStG.
18  § 3 Nr. 65 EStG.

## Werbungskosten

Werbungskosten sind Aufwendungen zur Erwerbung, Sicherung und Erhaltung von steuerpflichtigen Einnahmen einer Überschusseinkunftsart. Sie können als vorweggenommene Aufwendungen zeitlich vor bzw. als nachträgliche Werbungskosten zeitlich nach der Erzielung der Einnahmen aufgewendet werden. Typische Werbungskosten sind beispielsweise:

- Schuldzinsen, soweit sie mit einer Einkunftsart in wirtschaftlichem Zusammenhang stehen

- Aufwendungen des Arbeitnehmers für Fahrten zwischen Wohnung und Arbeitsstätte (Höchstbeträge)

- Aufwendungen für Arbeitsmittel

- Absetzungen für Abnutzungen (AfA)

- Bis 2011: ⅔ der wegen einer Berufstätigkeit notwendigen Kinderbetreuungskosten, maximal 4.000 €. Ab 2012 werden Kinderbetreuungskosten einheitlich als Sonderausgaben berücksichtigt.

## Werbungskostenpauschbeträge

Aus Gründen der Verwaltungsvereinfachung können bei bestimmten Einkunftsarten Werbungskostenpauschbeträge abgezogen werden. Dabei ist es unerheblich, ob und ggf. in welchem Umfang dem Steuerpflichtigen tatsächliche Werbungskosten entstanden sind. Übersteigen die tatsächlichen Werbungskosten diese Pauschbeträge, so werden die tatsächlich angefallenen Kosten steuerlich berücksichtigt (bezüglich der Besonderheiten für den sog. Sparerpauschbetrag bei den Einkünften aus Kapitalvermögen → 3.5 Kapitalvermögen, Sparerpauschbetrag, S. 15). Der Abzug der Werbungskostenpauschbeträge darf zu keinem Verlust in der Einkunftsart führen. Die Pauschbeträge werden von der Finanzverwaltung von Amts wegen berücksichtigt.

Als Werbungskostenpauschbeträge sind abzuziehen:

- von den Einnahmen aus nichtselbständiger Arbeit:
  aus aktiver Tätigkeit: Arbeitnehmerpauschbetrag[19]     1.000 €
  aus früheren Dienstverhältnissen: Pauschbetrag     102 €

- von den Einnahmen aus wiederkehrenden Bezügen
  (z. B. Leibrenten), steuerpflichtigen Unterhaltsleistungen
  oder nachgelagert zu versteuernden Altersvorsorgeverträgen     102 €

---

19  Zusätzlich zum Arbeitnehmerpauschbetrag können Arbeitnehmer bis einschließlich 2011 ⅔ der durch ihre Erwerbstätigkeit bedingten Kinderbetreuungskosten, maximal jedoch 4.000 € als Werbungskosten geltend machen, § 9a Nr. 1a i.V.m. § 9c Abs. 1 EStG.

# 3 Die sieben Einkunftsarten im Einzelnen

## 3.1 Land- und Forstwirtschaft

Zu den Einkünften aus Land- und Forstwirtschaft zählen u. a. Einkünfte aus Wein-, Garten-, Obst- und Gemüsebau sowie Einkünfte aus der Tierzucht und Tierhaltung.

Darf der Gewinn aus Land- und Forstwirtschaft nach Durchschnittssätzen ermittelt werden, ergibt sich in der Regel nur eine geringe steuerliche Belastung.

Gewinne, die durch die Veräußerung eines land- und forstwirtschaftlichen Betriebs entstehen, rechnen ebenfalls zu den Einkünften aus Land- und Forstwirtschaft. Sie werden jedoch durch einen Freibetrag (→ 3.2 Gewerbebetrieb, Veräußerungsfreibetrag, S. 12) und den besonderen Steuersatz für außerordentliche Einkünfte (→ 5.1.2 Gesonderte Steuertarife, Außerordentliche Einkünfte, S. 28) begünstigt.

## 3.2 Gewerbebetrieb

Gewerbebetrieb ist eine selbstandige, nachhaltige Betatigung, die mit der Absicht, Gewinn zu erzielen, unternommen wird und sich als Beteiligung am allgemeinen wirtschaftlichen Verkehr darstellt. Die Tätigkeit darf weder als Land- und Forstwirtschaft, als freier Beruf noch als bloße Vermögensverwaltung ausgeübt werden.

Neben den Einkünften aus Handels-, Handwerks- und Industriebetrieben fallen darunter auch die Gewinnanteile der Gesellschafter („Mitunternehmer") einer offenen Handelsgesellschaft, einer Kommanditgesellschaft sowie von anderen gewerblich tätigen Mitunternehmerschaften (dazu zählen u. a. Gesellschaften des bürgerlichen Rechts sowie atypisch stille Gesellschaften).

Zu den Einkünften des Mitunternehmers gehören auch Vergütungen, die er von der Gesellschaft für

- seine Tätigkeit im Dienst der Gesellschaft („Lohn"),
- eine Darlehensgewährung („Zinsen") oder
- als Vergütung für Nutzungsüberlassung („Miete")

erhält.

Gewinne, die beim Verkauf oder bei der Aufgabe des Gewerbebetriebs bzw. Teilbetriebs oder beim Verkauf eines Mitunternehmeranteils erzielt werden, gehören ebenfalls zu den Einkünften aus Gewerbebetrieb. Sie werden steuerlich begünstigt durch einen Freibetrag („Veräußerungsfreibetrag") sowie den besonderen Steuersatz für außerordentliche Einkünfte (→ 5.1.2 Gesonderte Steuertarife, Außerordentliche Einkünfte, S. 28).

## Veräußerungsfreibetrag

Ist ein Steuerpflichtiger mindestens 55 Jahre alt oder dauernd berufsunfähig, wird auf Veräußerungsgewinne ein Freibetrag von 45.000 € abgezogen. Der Freibetrag ermäßigt sich um den Betrag, um den der Veräußerungsgewinn 136.000 € übersteigt. Der Freibetrag wird dem Steuerpflichtigen nur einmal gewährt.

Schließlich gelten auch Gewinne, die aus dem Verkauf von Anteilen an einer Kapitalgesellschaft entstehen, als gewerbliche Einkünfte, wenn der Veräußerer innerhalb der letzten 5 Jahre mit mindestens 1 % beteiligt war. Den Veräußerungsgewinn mindert ein Freibetrag von bis zu 9.060 €, falls der Veräußerungsgewinn nicht über 36.100 € liegt. Sowohl der Freibetrag als auch der für eine Kürzung maßgebende Veräußerungsgewinn ermäßigen sich anteilig entsprechend der Beteiligungsquote.

## 3.3 Selbständige Arbeit

Einkünfte aus selbständiger Arbeit sind insbesondere Einkünfte aus freiberuflicher Tätigkeit. Hierzu gehören u. a. die selbständige oder in einer Partnerschaftsgesellschaft ausgeübte Berufstätigkeit der Ärzte, Rechtsanwälte, Architekten, Steuerberater und Wirtschaftsprüfer.

Zu den Einkünften aus selbständiger Arbeit gehört auch ein Aufgabe- oder Veräußerungsgewinn. Dieser wird steuerlich wie ein gewerblicher Aufgabe- oder Veräußerungsgewinn durch Freibetrag (→ 3.2 Gewerbebetrieb, Veräußerungsfreibetrag, S. 12) und den besonderen Steuersatz für außerordentliche Einkünfte (→ 5.1.2 Gesonderte Steuertarife, Außerordentliche Einkünfte, S. 28) begünstigt.

## 3.4 Nichtselbständige Arbeit

Zu den Einkünften aus nichtselbständiger Arbeit gehören alle Einnahmen eines Arbeitnehmers aus einem Dienstverhältnis.

Einnahmen aus einem Dienstverhältnis sind u. a. Arbeitslöhne, Tantiemen, Abfindungen, Versorgungsbezüge und Zukunftssicherungsleistungen. Als Einnahmen aus einem Dienstverhältnis gelten auch Preisvorteile (Rabatte) des Arbeitnehmers, die er von Dritten erhält, wenn der Arbeitgeber an der Vorteilsgewährung mitgewirkt hat.

## Abzugsbeträge

Bei der Ermittlung der Einkünfte aus nichtselbständiger Arbeit wird, unabhängig davon, ob oder ggf. in welchem Umfang dem Steuerpflichtigen tatsächlich Werbungskosten entstanden sind, der Arbeitnehmerpauschbetrag von 1.000 € berücksichtigt. Bis 2011 sind daneben dem Arbeitnehmer berufsbedingt entstandene Aufwendungen für die Betreuung eines zum Haushalt gehörenden Kindes unter 14 Jahren mit zwei Dritteln der Aufwendungen, höchstens 4.000 € pro Jahr, als Werbungskosten abzugsfähig.

## Arbeitnehmer

Arbeitnehmer sind Personen, die im öffentlichen oder privaten Dienst angestellt oder beschäftigt sind. Als Beschäftigte tragen sie kein Unternehmerrisiko und sind in den geschäftlichen Organismus des Arbeitgebers eingegliedert. Als Arbeitnehmer im steuerlichen Sinn gelten auch ausgeschiedene Arbeitnehmer, die Alters- oder Invaliditätsbezüge aus ihrem früheren Dienstverhältnis erhalten sowie Hinterbliebene, denen Versorgungsbezüge aus dem Dienstverhältnis des Verstorbenen zustehen.

Beamte, angestellte Geschäftsführer einer GmbH sowie Vorstandsmitglieder einer AG sind steuerrechtlich ebenfalls Arbeitnehmer. Dagegen sind Angestellte einer Personengesellschaft, die gleichzeitig Gesellschafter sind, keine Arbeitnehmer im steuerlichen Sinn, obwohl arbeitsrechtlich ein Arbeitsverhältnis bestehen kann (→ 3.2 Gewerbebetrieb, S. 11).

## Lohnersatzleistungen

Lohnersatzleistungen wie z. B. das Arbeitslosengeld sind einkommensteuerfrei. Sie werden aber bei der Ermittlung des Steuersatzes berücksichtigt (→ 5.1.1 Einkommensteuertarif, Progressionsvorbehalt, S. 28).

## Versorgungsbezüge

Ruhegelder, Witwen- und Waisengelder und andere Bezüge und Vorteile aus früheren Dienstverhältnissen sind Versorgungsbezüge. Sie unterliegen als Einnahmen aus nichtselbständiger Arbeit in voller Höhe der Lohnbesteuerung.

Um nach Ablauf der Übergangsphase eine steuerrechtliche Gleichstellung von Beamtenpensionen und Renten zu erreichen, werden Freibeträge für Versorgungsbezüge berücksichtigt, die schrittweise für jeden neu in Ruhestand tretenden Jahrgang in dem Maße verringert werden, in dem die Besteuerungsanteile der Leibrenten erhöht werden.

## Versorgungsfreibetrag[20]

Von den Versorgungsbezügen bleiben ein nach einem Prozentsatz ermittelter, auf einen Höchstbetrag begrenzter Betrag (Versorgungsfreibetrag) und ein Zuschlag zum Versorgungsfreibetrag steuerfrei. Sämtliche Beträge (Prozentsatz, Höchstbetrag und Zuschlag) werden bis 2040 auf 0 € abgeschmolzen.

---

20  BMF-Schreiben vom 13.09.2010, Rz 113–131.

Bemessungsgrundlage für den Versorgungsfreibetrag ist der bei Versorgungsbeginn ermittelte Jahresbetrag einschließlich der Sonderzahlungen, auf die ein Rechtsanspruch besteht. Die so ermittelten Versorgungsfreibeträge werden für die gesamte Laufzeit des Versorgungsbezugs beibehalten. Regelmäßige Anpassungen der Versorgungsbezüge (z. B. nach § 16 BetrAVG) führen zu keiner Neuberechnung der Freibeträge. Werden Versorgungsbezüge jedoch wegen der Anwendung von Anrechnungs-, Ruhens-, Erhöhungs- oder Kürzungsregelungen geändert (z. B. Gewährung von geänderten Familienzuschlägen, Kürzung wegen Erwerbs- oder Erwerbsersatzeinkommen nach § 53 BeamVG), muss eine Neuberechnung der Freibeträge erfolgen. Der Abzug der Versorgungsfreibeträge darf nicht zu negativen Einkünften führen.

Die für die Übergangsphase bis 2040 maßgebenden Beträge können der Tabelle des § 19 Abs. 2 EStG entnommen werden.

### Zukunftssicherungsleistungen

Zu den Einnahmen aus nichtselbständiger Arbeit gehören auch Zukunftssicherungsleistungen, die ein Arbeitgeber seinem Arbeitnehmer gewährt. Zukunftssicherungsleistungen sind Ausgaben des Arbeitgebers, um einen Arbeitnehmer oder diesem nahestehende Personen für den Fall der Krankheit, des Unfalls, der Invalidität, des Alters oder des Todes abzusichern.

Gesetzliche Arbeitgeberbeiträge zur Sozialversicherung und diesen gleichgestellte Ausgaben des Arbeitgebers für die Zukunftssicherung des Arbeitnehmers sind nach § 3 Nr. 62 EStG steuerfrei.

Soweit Zukunftssicherungsleistungen pauschal lohnversteuert werden, bleiben sie bei der Ermittlung der Einkünfte und damit bei der Veranlagung des Arbeitnehmers außer Acht.

## 3.5  Kapitalvermögen

Zu den Einkünften aus Kapitalvermögen gehören u. a.

* Dividenden und verdeckte Gewinnausschüttungen einer Aktiengesellschaft

* Gewinnanteile ebenso wie verdeckte Gewinnausschüttungen aus einer GmbH oder Genossenschaft

* Zinsen aus Kapitalforderungen (Zinsen aus Sparguthaben oder Zinsen für ein Beitragsdepot bei einem Lebensversicherungsunternehmen)

* Erträge (Unterschiedsbetrag zwischen der Versicherungsleistung und der Summe der eingezahlten Beiträge) im Erlebensfall oder bei Rückkauf bestimmter Lebensversicherungen (→ II C Private Lebensversicherungen, 2.1.1.2 Kapitalversicherungen, S. 207)

- Gewinne aus der Veräußerung privater Kapitalanlagen, die nach dem 31.12.2008 erworben wurden (u. a. Aktien, Dividenden- und Zinsscheine, Investmentfondsanteile) – unabhängig von der Haltedauer

## Sparerpauschbetrag

Bei der Ermittlung der Einkünfte dürfen tatsächlich entstandene Werbungskosten nicht berücksichtigt werden. Zum Abzug kommt ein Sparerpauschbetrag von 801 €. Ehegatten, die zusammen veranlagt werden, wird ein gemeinsamer Sparerpauschbetrag von 1.602 € gewährt. Der Abzug der Sparerpauschbeträge darf zu keinem Verlust in der Einkunftsart führen.

## Verluste aus Kapitalvermögen

Verluste aus Kapitalvermögen können beispielsweise durch negative Einnahmen (gezahlte Stückzinsen beim Kauf von festverzinslichen Wertpapieren, gezahlte Zwischengewinne beim Kauf von Fondsanteilen) oder Veräußerungsverluste entstehen. Diese können mit positiven Kapitaleinnahmen eines Jahres verrechnet werden. Eine Verlustverrechnung mit anderen positiven Einkünften (z. B. Einkünfte aus nichtselbständiger Arbeit) des Steuerpflichtigen ist nicht möglich. Nicht ausgeglichene Verluste mindern die Einkünfte aus Kapitalvermögen, die der Steuerpflichtige in den folgenden Veranlagungszeiträumen erzielt.

Bei der Veräußerung von Aktien gilt eine Besonderheit: Verluste aus Aktienverkäufen dürfen ausschließlich mit erzielten Gewinnen aus der Veräußerung von Aktien verrechnet werden.

## Abgeltungsteuer/Kapitalertragsteuer

Die Einkünfte aus Kapitalvermögen unterliegen beim privaten Anleger grundsätzlich der Abgeltungsteuer. Diese wird im Wege des Kapitalertragsteuerabzugs erhoben. Die Kapitalertragsteuer ist vom Schuldner der Kapitalerträge bzw. der auszahlenden Stelle im Zeitpunkt der Auszahlung der Erträge einzubehalten.

Seit dem 01.01.2009 beträgt der Steuersatz für Einkünfte aus Kapitalvermögen grundsätzlich 25 % zuzüglich Solidaritätszuschlag und ggf. Kirchensteuer. Hat der Anleger der auszahlenden Stelle einen schriftlichen Auftrag zum Einbehalt der Kirchensteuer eingereicht, ermäßigt sich die Kapitalertragsteuer um 25 % der auf die Kapitalerträge entfallenden Kirchensteuer.

Dieser Besteuerung kommt in der Regel eine abgeltende Wirkung zu („Abgeltungsteuer"). Lediglich in den Fällen, in denen der Kapitalertragsteuereinbehalt nicht erfolgt ist, sind die Kapitaleinkünfte weiterhin im Rahmen der Einkommensteuerveranlagung zu erklären. Die Besteuerung erfolgt dann ebenfalls mit dem Abgeltungsteuersatz in Höhe von 25 % zzgl. Solidaritätszuschlag und ggf. Kirchensteuer. Eine Verpflichtung zur Erfassung der Kapitaleinkünfte im Rahmen des Veranlagungsverfahrens besteht auch in den Fällen, in denen der Steuerpflichtige der Kapitalertragsteuer einbehaltenden Stelle keine Angaben zum Einbehalt der Kirchensteuer gemacht hat.

Bei betrieblichen Anlegern wird auf die Einkünfte aus Kapitalvermögen ebenfalls Kapitalertragsteuer einbehalten; sie hat jedoch keine abgeltende Wirkung, sondern wird als Vorauszahlung auf die festzusetzende Einkommens- bzw. Körperschaftsteuer angerechnet.

### Ausnahmen vom Kapitalertragsteuereinbehalt

Hat der Steuerpflichtige einen nach amtlichem Vordruck erstellten Freistellungsauftrag oder eine Nichtveranlagungsbescheinigung (→ 6.3 Steuererklärungspflicht, Nichtveranlagungsbescheinigung, S. 35) vorgelegt, kann auf den Einbehalt der Kapitalertragsteuer verzichtet werden.

Die Freistellung vom Kapitalertragsteuereinbehalt ist bei Kapitaleinkünften bis 801 € (Einzel- oder getrennte Veranlagung) bzw. 1.602 € (Zusammenveranlagung) möglich.

Mit dem Freistellungsauftrag wird bereits beim Steuerabzug berücksichtigt, dass Kapitaleinkünfte bis zur Höhe des Sparerpauschbetrags einkommensteuerfrei bleiben. Freistellungsaufträge können lediglich unbeschränkt einkommensteuerpflichtigen Personen erteilt werden.

Zusammenveranlagte Ehegatten können einen Freistellungsauftrag nur gemeinsam erteilen. Freistellungsaufträge können von den Steuerpflichtigen ohne Mitwirkung des Finanzamts erteilt werden; allerdings kontrolliert die Finanzbehörde die erteilten Aufträge.

Bei betrieblichen Anlegern ist unter bestimmten Voraussetzungen und bei bestimmten Erträgen ebenfalls eine Abstandnahme vom Kapitalertragsteuereinbehalt möglich.

### Überprüfung des Einbehalts der Abgeltungsteuer

In bestimmten Fällen kann der Steuerpflichtige im Veranlagungsverfahren die Besteuerung seiner Einkünfte aus Kapitalvermögen überprüfen lassen. Dies ist beispielsweise möglich, wenn

- der Sparerpauschbetrag im Rahmen des Kapitalertragsteuereinbehalts nicht vollständig berücksichtigt wurde,

- bei Veräußerungen oder Einlösung von Kapitaleinlagen der kapitalertragsteuereinbehaltenden Stelle die berücksichtigungsfähigen Anschaffungskosten nicht bekannt waren,

- der Abgeltungsteuereinbehalt dem Grunde oder der Höhe nach überprüft werden soll.

Auch in diesen Fällen erfolgt die Besteuerung der Kapitaleinkünfte mit dem besonderen Steuertarif von 25 % zuzüglich Solidaritätszuschlag und ggf. Kirchensteuer.

### Besteuerung mit dem individuellen Steuertarif

Steuerpflichtige, deren persönlicher Einkommensteuersatz unter 25 % liegt, können im Rahmen des Veranlagungsverfahrens beantragen, sämtliche Kapitaleinkünfte bei der Ermittlung des zu versteuernden Einkommens zu berücksichtigen und dem individuellen Einkommensteuersatz zu unterwerfen. Dies ist regelmäßig bei einem zu versteuernden Einkommen von unter 15.000 € bei Alleinstehenden und unter 30.000 € bei zusammenveranlagten Ehegatten der Fall.

Der Antrag kann bei Ehegatten nur einheitlich für sämtliche Kapitalerträge beider Ehegatten gestellt werden. Es erfolgt eine Günstigerprüfung seitens der Finanzverwaltung, d. h., eine individuelle Besteuerung der Kapitaleinkünfte kommt nur dann zum Tragen, wenn dies für den Steuerpflichtigen von Vorteil ist.

Für die Ermittlung der Kapitaleinkünfte werden die tatsächlich entstandenen Werbungskosten nicht berücksichtigt, es kommt vielmehr der Sparerpauschbetrag zum Abzug. Bereits einbehaltene Kapitalertragsteuer wird mindernd auf die festzusetzende Einkommensteuer angerechnet.

### Besonderheit bei der Besteuerung des hälftigen Wertzuwachses bei privaten Lebensversicherungen

Bei bestimmten Lebensversicherungen und Rentenversicherungen mit Kapitalwahlrecht (Auszahlung erfolgt frühestens nach 12 Jahren und nach Vollendung des 60. Lebensjahres, ab 2012: Vollendung des 62. Lebensjahres) unterliegt nur der hälftige Wertzuwachs der Besteuerung mit dem persönlichen Steuersatz. Die vom Versicherer auf den vollen Wertzuwachs einbehaltene Kapitalertragsteuer hat keine abgeltende Wirkung. Die vom Versicherer einbehaltene Kapitalertragsteuer stellt eine Vorauszahlung auf die Einkommensteuer dar (→ II C Private Lebensversicherungen, 2.1.1.2 Kapitalversicherungen, Hälftiger Wertzuwachs [12/60-Regelung, ab 2012: 12/62-Regelung], S. 210). Diese Erträge müssen vom Steuerpflichtigen in seiner Einkommensteuererklärung aufgenommen werden.

## 3.6   Einkünfte aus Vermietung und Verpachtung

Hierunter fallen insbesondere die Einkünfte aus der Vermietung und Verpachtung von Grundstücken, Gebäuden oder Gebäudeteilen. Von den Einnahmen können als Werbungskosten u. a. abgezogen werden:

* Finanzierungskosten (laufende oder einmalige Aufwendungen)
* Erhaltungsaufwendungen

- laufende Grundstückskosten (z. B. Grundsteuer, Müllgebühren, Hausversicherungen, Schornsteinfeger)

- Abschreibungen (Normal-AfA sowie erhöhte AfA in Sanierungs- und städtebaulichen Entwicklungsgebieten oder für Baudenkmäler)

Der Abzug von Werbungskosten ist dabei nur in dem Umfang möglich, wie das Grundstück oder Gebäude tatsächlich vermietet oder verpachtet ist. Aus Gründen der Verwaltungsvereinfachung dürfen 100 % der Werbungskosten auch bei teilentgeltlichen Wohnungsüberlassungen abgezogen werden, wenn die eingenommenen Mietzahlungen über 66 % der ortsüblichen Marktmiete liegen.

Für vom Eigentümer selbstgenutzte oder an Angehörige unentgeltlich überlassene Wohnungen ist ein Abzug der Aufwendungen grundsätzlich ausgeschlossen. Durch die Abschaffung des Eigenheimzulagengesetzes zum 01.01.2006 ist eine steuerliche Förderung von selbstgenutztem Wohneigentum bis auf weiteres gestrichen. Lediglich für Altfälle (Anschaffung oder Herstellungsbeginn vor dem 01.01.2006) wird die Förderung weitergeführt.

In bestimmten Handwerkerleistungen (z. B. Reparaturen, Schornsteinfeger) enthaltene Arbeitslohnkosten können jedoch auch bei selbstgenutztem Wohneigentum zu einer Steuerermäßigung führen (→ 5.2.2 Steuerermäßigungen, Haushaltsnahe Beschäftigungsverhältnisse und Dienstleistungen, S. 30).

## 3.7 Sonstige Einkünfte

Zu den sonstigen Einkünften zählen v. a. Leibrenten aus der gesetzlichen Rentenversicherung, den landwirtschaftlichen Alterskassen oder berufsständischen Versorgungseinrichtungen, Leibrenten aus privatwirtschaftlich abgeschlossenen Verträgen (u. a. Rentenversicherung, Berufsunfähigkeitsversicherung oder Basisrenten) sowie Leistungen aus staatlich geförderten Altersvorsorgeverträgen (Riester-Verträge), Pensionsfonds, Pensionskassen und Direktversicherungen.

In welchem Umfang diese Leistungen der Besteuerung unterliegen, hängt davon ab, ob und inwieweit die Beiträge in der Ansparphase steuerbefreit waren bzw. steuerlich gefördert wurden. Die nachstehende Tabelle soll einen ersten Überblick bieten. Weitere Ausführungen enthält das Kapitel II C Private Lebensversicherungen.

# Rentenbesteuerung – Übersicht

| | Begünstigung/Förderung der Beiträge | Besteuerung der Leistungen |
|---|---|---|
| Gesetzliche Alterssicherungssysteme (DRV, Versorgungswerke, o. ä.) | Basisvorsorge-Aufwendungen bis Höchstbetrag 20.000 €/40.000 € *Übergangsregelung bis 2025* | „Volle" Besteuerung der Renten *Übergangsregelung bis 2040* |
| Basisrentenverträge | Basisvorsorge-Aufwendungen bis Höchstbetrag 20.000 €/40.000 € *Übergangsregelung bis 2025* | „Volle" Besteuerung der Renten *Übergangsregelung bis 2040* |
| Private Lebensversicherungen „Altverträge" vor dem 01.01.2005 | 88 % der Beiträge als sonstige Vorsorgeaufwendungen bis 1.900 €/2.800 € | Anteilige Besteuerung mit dem Ertragsanteil (lebenslang oder abgekürzt) |
| Private Lebensversicherungen „Neuverträge" nach dem 31.12.2004 | nicht möglich | Anteilige Besteuerung mit dem Ertragsanteil (lebenslang) oder ggf. hälftiger Wertzuwachs (temporäre Leibrente) |
| Geförderte Altersvorsorgeverträge | Zulagenförderung sowie zusätzlicher Sonderausgabenabzug bis 2.100 € | Volle Besteuerung der Renten |
| | Falls keine Förderung beansprucht wurde | Anteilige Besteuerung mit dem Ertragsanteil (lebenslang oder abgekürzt) |
| Direktversicherungen, Pensionsfonds, Pensionskassen | Steuerfrei oder Zulagenförderung sowie zusätzlicher Sonderausgabenabzug bis 2.100 € | Volle Besteuerung der Renten |
| | Falls keine Förderung beansprucht wurde | Anteilige Besteuerung mit dem Ertragsanteil (lebenslang oder abgekürzt) |

### Provisionen aus gelegentlicher Vermittlung

Zudem gehören auch Provisionen aus gelegentlicher und selbständiger Vermittlung von Versicherungsverträgen zu den sonstigen Einkünften. Erfolgt die Vermittlung von Versicherungen nicht nur gelegentlich, liegen Einkünfte aus Gewerbebetrieb vor. Erzielt ein Steuerpflichtiger Einkünfte aus gelegentlicher Vermittlung (Provisionen abzüglich Werbungskosten) von weniger als 256 €, bleiben diese steuerfrei.

# 4 Ermittlung des zu versteuernden Einkommens

## 4.1 Gesamtbetrag der Einkünfte

Die Addition der einzelnen Einkünfte, vermindert um den Altersentlastungsbetrag, den Entlastungsbetrag für Alleinerziehende und den Abzugsbetrag für Land- und Forstwirte ergibt den Gesamtbetrag der Einkünfte.

### Altersentlastungsbetrag

Als Altersentlastungsbetrag wird ein nach einem Prozentsatz (2012: 28,8 %/2011: 30,4 %) ermittelter Betrag des Arbeitslohns und der positiven Summe der übrigen Einkünfte abgezogen. Dieser Betrag wird auf einen Höchstbetrag (2012: 1.368 €/2011: 1.444 €) begrenzt. Sämtliche Beträge (Prozentsatz sowie Höchstbetrag) werden bis 2040 auf 0 € abgesenkt. Bei der Ermittlung des Altersentlastungsbetrags bleiben Versorgungsbezüge, Leibrenten sowie Leistungen aus Altersvorsorgeverträgen, Pensionsfonds, Pensionskassen und Direktversicherungen außer Acht.

Den Altersentlastungsbetrag erhalten Steuerpflichtige, die vor Beginn des Veranlagungszeitraums das 64. Lebensjahr vollendet haben.

Die bis 2040 maßgebenden Werte (Prozentsatz, Höchstbetrag) können der Tabelle des § 24a EStG entnommen werden.

### Entlastungsbetrag für Alleinerziehende

Seit 2004 können Alleinstehende einen Entlastungsbetrag von 1.308 € abziehen, wenn zu ihrem Haushalt mindestens ein Kind gehört, für das sie einen Anspruch auf Kindergeld haben. Der Alleinerziehende darf weder nach dem Splittingverfahren veranlagt werden noch in einer Haushaltsgemeinschaft mit anderen volljährigen Personen wohnen. Der Entlastungsbetrag wird ggf. entsprechend zeitanteilig gewährt.

## Abzugsbetrag für Land- und Forstwirte

Liegt die Summe der Einkünfte eines Steuerpflichtigen unter 30.700 €, kann ein Freibetrag in Höhe von 670 € abgezogen werden. Für Ehegatten, die zusammen veranlagt werden, gilt jeweils der doppelte Betrag. Ein Verlust darf durch die Berücksichtigung des Freibetrags nicht entstehen.

## 4.2   Einkommen

Für die Ermittlung des Einkommens werden vom Gesamtbetrag der Einkünfte ggf. in anderen Veranlagungszeiträumen entstandene, bislang nicht ausgeglichene negative Einkünfte abgezogen. Zudem können Sonderausgaben, außergewöhnliche Belastungen sowie Steuerbegünstigungen für zu eigenen Wohnzwecken genutzte Baudenkmäler sowie für schutzwürdige Kulturgüter abgesetzt werden.

### Verlustabzug

Negative Einkünfte, die innerhalb eines Veranlagungszeitraums nicht mit anderen positiven Einkünften ausgeglichen werden können, dürfen bis zu einem Betrag von 511.500 € vom Gesamtbetrag der Einkünfte des unmittelbar vorangegangenen Veranlagungszeitraums abgezogen werden.

Darüber hinausgehende Verluste dürfen in den folgenden Veranlagungszeiträumen unbeschränkt bzw. beschränkt vorgetragen werden. Für zusammenveranlagte Ehegatten verdoppeln sich die für den Verlustrück- bzw. -vortrag maßgebenden Beträge.

### Sonderausgaben

Sonderausgaben sind private Aufwendungen, die nicht in wirtschaftlichem Zusammenhang mit den einzelnen Einkunftsarten stehen und daher weder Betriebsausgaben noch Werbungskosten darstellen. Die Aufwendungen, die als Sonderausgaben abgesetzt werden können, sind im Einkommensteuergesetz abschließend aufgezählt. Sonderausgaben werden aufgrund ihrer Abzugsfähigkeit unterteilt in

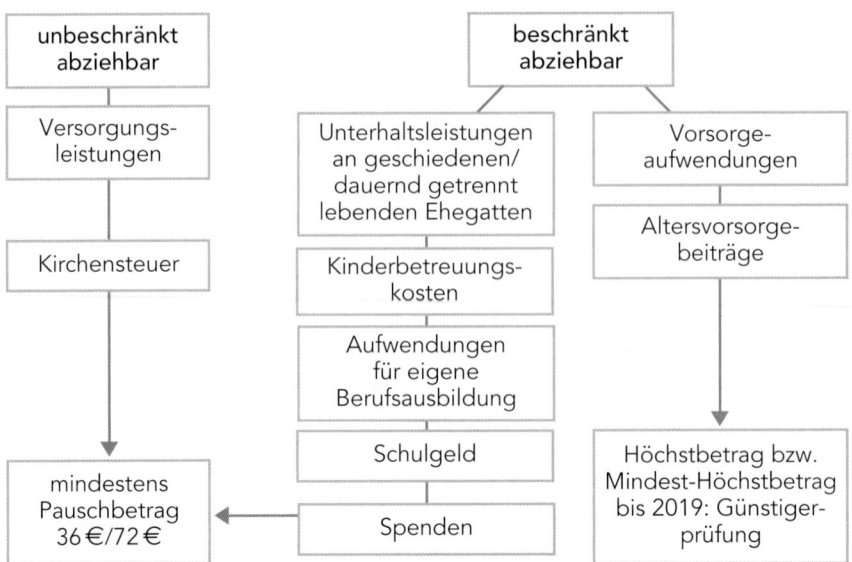

Als Sonderausgaben können u. a. berücksichtigt werden:

- **in unbegrenzter Höhe:**

  Versorgungsleistungen, die im Rahmen einer Unternehmensnachfolge entstanden sind oder schuldrechtliche Versorgungsleistungen soweit sie beim Ausgleichsverpflichteten der Besteuerung unterliegen (§ 10 Abs. 1 Nr. 1a, 1b EStG)

  gezahlte Kirchensteuer (§ 10 Abs. 1 Nr. 4 EStG)

- **in beschränkter Höhe:**

  Unterhaltsleistungen an den geschiedenen oder dauernd getrennt lebenden Ehegatten bis zu 13.805 € (§ 10 Abs. 1 Nr. 1 EStG)

  Ab 2012: ⅔ der Kinderbetreuungskosten, höchstens jedoch 4.000 € pro Kind, für das der Steuerpflichtige Kindergeld bzw. einen Kinderfreibetrag erhält und sofern das Kind das 14. Lebensjahr (bei Behinderung das 25. Lebensjahr) noch nicht vollendet hat (§ 10 Abs. 1 Nr. 5 EStG)

  Aufwendungen für die eigene Berufsausbildung bis zu 4.000 € (§ 10 Abs. 1 Nr. 7 EStG)

  30 % des Schulgeldes einer Ersatz- oder Ergänzungsschule, maximal aber 5.000 € pro Elternpaar, Kind und Veranlagungszeitraum, falls der Steuerpflichtige für das Kind Kindergeld bzw. einen Kinderfreibetrag erhält (§ 10 Abs. 1 Nr. 9 EStG)

  Spenden und Mitgliedsbeiträge zur Förderung mildtätiger, kirchlicher, religiöser, wissenschaftlicher und als besonders förderungswürdig anerkannter gemeinnütziger Zwecke bis zur Höhe von 20 % des Gesamtbetrags der Einkünfte. Nicht abziehbar sind Mitgliedsbeiträge an Körperschaften, die den Sport, kulturelle Betätigungen, die in erster Linie der Freizeitgestaltung dienen, oder Heimatpflege und Heimatkunde fördern.

Spenden an politische Parteien bis zur Höhe von 1.650 €/3.300 €, falls für diese die 50%ige Steuerermäßigung nach § 34g EStG nicht gewährt wird (→ 5.2.2 Steuerermäßigungen, Zuwendungen an politische Parteien und unabhängige Wählervereinigungen, S. 30).

Liegen die nachgewiesenen oben dargestellten Sonderausgaben – ohne Berücksichtigung der Spenden – unter 36 €, bei Zusammenveranlagung unter 72 €, wird ein Pauschbetrag in dieser Höhe gewährt.

Im Rahmen **bestimmter Höchst- oder Pauschbeträge** können folgende Beiträge als **Vorsorgeaufwendungen** geltend gemacht werden:

*   Beiträge zu den gesetzlichen Rentenversicherungen, landwirtschaftlichen Alterskassen und berufsständischen Versorgungseinrichtungen und Beiträge für Basisrentenverträge (Basisrenten) im Rahmen von Höchstbeträgen (20.000 €/40.000 €) als Basisvorsorgeaufwendungen (→ II B Basisrentenverträge, 3 Sonderausgabenabzug für Basisvorsorgeaufwendungen, S. 108)

*   Beiträge zu Krankenzusatz- oder -komfortversicherungen sowie privaten Pflegeversicherungen, Beiträge zu Versicherungen gegen Arbeitslosigkeit, Erwerbs- und Berufsunfähigkeitsversicherungen, Unfall- und Haftpflichtversicherungen sowie zu bestimmten Lebensversicherungen im Rahmen von Höchstbeträgen (1.900 € bzw. 2.800 €) als sonstige Vorsorgeaufwendungen (→ II C Private Lebensversicherungen, 1.3.1 Höchstbetragsberechnung, S. 188)

*   Beiträge zu zertifizierten Altersvorsorgeverträgen bis zu 2.100 € jährlich als zusätzliche Sonderausgaben (→ II A Altersvorsorgeverträge [Riester-Verträge], 4.2 Zusätzlicher Sonderausgabenabzug, S. 71).

Beiträge zur Basiskrankenversicherung sowie Beiträge zu Pflegepflichtversicherungen können **unbeschränkt** als sonstige **Vorsorgeaufwendungen** abgezogen werden (→ II C Private Lebensversicherungen, 1.3.1 Höchstbetragsberechnung, S. 188).

## Außergewöhnliche Belastungen

Aufwendungen, die einem Steuerpflichtigen im privaten Bereich zwangsläufig und in größerem Umfang als der überwiegenden Mehrzahl vergleichbarer Steuerpflichtiger erwachsen, können als außergewöhnliche Belastungen berücksichtigt werden. Die berücksichtigungsfähigen Aufwendungen sind um eine prozentual ermittelte zumutbare Belastung zu kürzen. Im maßgebenden Prozentsatz werden die persönlichen Verhältnisse (Grund- oder Splittingtarif, die Anzahl der berücksichtigungsfähigen Kinder sowie die Höhe des Gesamtbetrags der Einkünfte) berücksichtigt. Krankheits- oder Unfallkosten können beispielsweise außergewöhnliche Belastungen sein.

Bestimmte Arten außergewöhnlicher Belastungen werden ohne Kürzung der zumutbaren Belastung als Pausch- oder Höchstbeträge berücksichtigt. Darunter fallen Aufwendungen:

*   für den Unterhalt und/oder die Berufsausbildung von gesetzlich unterhaltsberechtigten oder diesen gleichgestellten Personen, für die nie-

mand Anspruch auf die Freibeträge für Kinder oder Kindergeld hat und diese Person kein bzw. nur ein geringes Vermögen hat,

* für die Berufsausbildung eines auswärtig untergebrachten volljährigen Kindes, für das ein Anspruch auf die Freibeträge für Kinder oder Kindergeld besteht,

* von Behinderten oder Beziehern von Hinterbliebenenbezügen z. B. aus der gesetzlichen Unfallversicherung,

* für die unentgeltlich geleistete Pflege einer Person, wenn diese in der Wohnung des Steuerpflichtigen oder des Pflegebedürftigen erfolgt.

## Steuerbegünstigung für bestimmte selbstgenutzte Bauten oder schutzwürdige Kulturgüter

Der Steuerpflichtige kann für selbstgenutzte Wohnungen in Baudenkmälern oder in Gebäuden, die in Sanierungsgebieten oder städtebaulichen Entwicklungsbereichen belegen sind, einen Abzugsbetrag geltend machen (§ 10f EStG). Ein Abzugsbetrag ist auch für die Herstellungs- oder Erhaltungsmaßnahmen an eigenen schutzwürdigen Kulturgütern möglich, sofern diese weder zur Einkunftserzielung noch zu eigenen Wohnzwecken genutzt werden (§ 10g EStG).

# 4.3 Zu versteuerndes Einkommen

Das Einkommen ist ggf. um die Freibeträge für Kinder sowie den Härteausgleich für Nebeneinkünfte von Arbeitnehmern zu kürzen. Das so geminderte Einkommen ergibt das zu versteuernde Einkommen, auf dessen Basis dann im weiteren Verlauf die tarifliche Einkommensteuer ermittelt wird.

## Freibeträge für Kinder

Die steuerliche Freistellung eines Einkommensbetrags in Höhe des Existenzminimums eines Kindes einschließlich des Betreuungs-, Erziehungs- und Ausbildungsbedarfs wird durch die Freibeträge für Kinder oder durch das außerhalb der Veranlagung gewährte Kindergeld erreicht. Für jedes steuerlich zu berücksichtigende Kind wird dem Anspruchsberechtigten ein monatliches Kindergeld[21] in Höhe von:

* für das erste und zweite Kind:     184 €

* für das dritte Kind:     190 €

* ab dem vierten Kind:     215 €

als Steuervergütung ausbezahlt. Die Auszahlung des Kindergelds erfolgt für Arbeitnehmer durch die zuständige Familienkasse. Beamte erhalten die Kin-

---

21  § 62–78 EStG.

dergeldzahlungen regelmäßig mit der Entgeltabrechnung von ihren öffentlich-rechtlichen Dienstherren ausbezahlt.

Im Rahmen der Veranlagung wird dann vom Finanzamt überprüft, ob die durch den Abzug der Freibeträge für Kinder entstandene Einkommensteuerminderung den Kindergeldanspruch übersteigt. In diesen Fällen wird die unter Abzug der Freibeträge ermittelte tarifliche Einkommensteuer um den Anspruch auf Kindergeld erhöht. Diese Günstigerprüfung wird vom Finanzamt von Amts wegen durchgeführt (→ 5.2.3 Hinzurechnungen, Anspruch auf Kindergeld, S. 31).

Steuerlich zu berücksichtigende Kinder sind leibliche Kinder, Pflegekinder sowie im Haushalt aufgenommene Stief- und Enkelkinder bis zur Volljährigkeit. Erwachsene Kinder können unter bestimmten Voraussetzungen bis zur Vollendung ihres 21. bzw. 25 Lebensjahres steuerlich berücksichtigt werden. Bei der Veranlagung zur Einkommensteuer wird für jedes zu berücksichtigende Kind ein Freibetrag von 2.184 € für das sächliche Existenzminimum sowie ein Freibetrag von 1.320 € für den Betreuungs-, Erziehungs- oder Ausbildungsbedarf vom Einkommen abgezogen. Ehegatten, die zusammen veranlagt werden, erhalten die doppelten Freibeträge, wenn das Kind zu beiden Ehegatten in einem steuerrechtlichen Kindschaftsverhältnis steht. Bei geschiedenen oder dauernd getrennt lebenden Eltern können die Freibeträge für Kinder auf Antrag von einem auf den anderen Elternteil übertragen werden.

Für jeden Monat, in welchem die Voraussetzungen für die Gewähr der Freibeträge nicht vorlagen (z. B. unterjährige Geburt oder Volljährigkeit des Kindes), werden die Beträge um $\frac{1}{12}$ gekürzt.

## Härteausgleich für Nebeneinkünfte von Arbeitnehmern

Den Härteausgleich können Arbeitnehmer beanspruchen, die neben ihren Einkünften aus nichtselbständiger Arbeit Einkünfte aus anderen Einkunftsarten beziehen. Liegen diese anderen Einkünfte unter 410 €, bleiben sie insgesamt steuerfrei. Erzielt der Arbeitnehmer andere Einkünfte zwischen 410 € und 820 €, werden sie lediglich teilweise besteuert. Andere Einkünfte über 820 € werden – ohne Abzug des Härteausgleichbetrags – voll besteuert (§ 46 Abs. 3 EStG, § 70 EStDV).

# 5   Die Einkommensteuer

## Schema

Die Berechnung der festzusetzenden Einkommensteuer eines Kalenderjahres erfolgt im Wesentlichen – ausgehend vom zu versteuernden Einkommen – nach folgendem Schema:

>   Ermittlung des **Steuerbetrags** nach dem Grund-/Splittingtarif ggf. unter Berücksichtigung des Progressionsvorbehalts für steuerfreie Einnahmen bzw. steuerfreie ausländische Einkünfte
>
> \+ ermäßigte Steuer auf außerordentliche Einkünfte
>
> \+ 25 % Abgeltungsteuer auf Kapitaleinkünfte (soweit die Einkünfte aus Kapitalvermögen im Rahmen der Veranlagung der Abgeltungsteuer unterworfen werden bzw. ein Antrag auf Überprüfung der einbehaltenen Abgeltungsteuer gestellt wurde)
>
> \+ 28,25 % Steuersatz für nicht entnommene Gewinne (Thesaurierungsrücklagen)
>
> **= tarifliche Einkommensteuer**
>
> – Anrechnung ausländischer Steuer
>
> – Steuerermäßigung bei gewerblichen Einkünften
>
> – Steuerermäßigung für Zuwendungen an politische Parteien und unabhängige Wählervereinigungen
>
> – Steuerermäßigung für haushaltsnahe Beschäftigungsverhältnisse und Dienstleistungen
>
> – Steuerermäßigung bei Belastung mit Erbschaftsteuer
>
> \+ Anspruch auf Zulage für Altersvorsorge
>
> \+ Anspruch auf Kindergeld bei Abzug der Freibeträge für Kinder
>
> **= festzusetzende Einkommensteuer**

Die Höhe des Erstattungs- oder Nachzahlungsbetrages wird im Wesentlichen wie folgt errechnet:

>   festzusetzende Einkommensteuer
>
> – Einkommensteuervorauszahlungen
>
> – einbehaltene Lohnsteuer/Kapitalertragsteuer
>
> **= Erstattungs- oder Nachzahlungsbetrag**

# 5.1  Tarifliche Einkommensteuer

Für die Ermittlung der tariflichen Einkommensteuer stellt die anhand des Steuertarifs errechnete Steuer die Basis dar. Enthält das maßgebende zu versteuernde Einkommen bestimmte Einkünfte, wird dieser Steuerbetrag durch die Anwendung gesonderter Steuertarife zur tariflichen Einkommensteuer weiterentwickelt.

## 5.1.1  Einkommensteuertarif

Der aktuelle Einkommensteuertarif hat einen zweistufig linear-progressiven Verlauf, das heißt, innerhalb jeder der beiden Progressionsstufen steigt der Grenzsteuersatz linear an. Die Werte für den Tarif ab 2010 können aus nachstehender Tabelle entnommen werden:

Tarif ab 2010

| Grundfreibetrag | bis | 8.004 € | Steuerfrei |
|---|---|---|---|
| Erste Progressionszone | bis<br>bis | 8.004 €<br>13.469 € | Steuersatz linear steigend von 14 %<br>(Eingangssteuersatz) bis 24 % |
| Zweite Progressionszone | von<br>bis | 13.470 €<br>52.881 € | Steuersatz linear steigend von<br>24,1 % bis 42 % |
| Erste Proportionalzone | von<br>bis | 52.882 €<br>250.730 € | Spitzensteuersatz 42 % |
| Zweite Proportionalzone | ab | 250.731 € | Spitzensteuersatz 45 % |

Die oben genannten Werte beziehen sich auf den Grundtarif.

Er ist anzuwenden für ledige, verwitwete und geschiedene Steuerpflichtige sowie für Verheiratete, bei denen die Voraussetzungen für eine Ehegattenveranlagung nicht vorliegen (→ 6.2 Ehegattenveranlagung, S. 33).

### Splittingverfahren

Das sog. Splittingverfahren wird für zusammenveranlagte Ehegatten angewandt. Dabei wird das zu versteuernde Einkommen der Ehegatten halbiert. Auf dieses hälftige Einkommen wird der Steuerbetrag nach dem Grundtarif ermittelt, der dann verdoppelt wird. Insbesondere bei Ehegatten mit unterschiedlich hohen Einkünften ergibt sich durch dieses Verfahren ein erheblicher Steuervorteil gegenüber der getrennten Veranlagung (→ 6.2 Ehegattenveranlagung, Getrennte Veranlagung, S. 34) bzw. Einzelveranlagungen.

## Progressionsvorbehalt

Die Steuerfreiheit bestimmter Einnahmen führt im Allgemeinen dazu, dass sich hinsichtlich des verbleibenden zu versteuernden Einkommens – infolge des progressiven Tarifverlaufs – der Steuertarif auch für die steuerpflichtigen Einkünfte ermäßigt. Um dies zu korrigieren, sind diese vom Gesetzgeber steuerfrei gestellten Einkünfte in bestimmten Fällen in die Steuerberechnung miteinzubeziehen. Dadurch erhöht sich der auf das zu versteuernde Einkommen anzuwendende Steuersatz. Der Progressionsvorbehalt ist u. a. bei Zahlungen von Kurzarbeiter-, Arbeitslosengeld, Krankengeld, Mutterschaftsgeld oder Elterngeld sowie ausländischen (durch ein Doppelbesteuerungsabkommen steuerfrei gestellten) Einkünften anzuwenden.

## 5.1.2 Gesonderte Steuertarife

### Außerordentliche Einkünfte

Sind im zu versteuernden Einkommen außerordentliche Einkünfte enthalten, wird die darauf entfallende Einkommensteuer mit einem ermäßigten Steuersatz ermittelt. Zu den außerordentlichen Einkünften gehören im Wesentlichen:

- Gewinne aus der Veräußerung von (Teil-)Betrieben oder Mitunternehmeranteilen (§§ 14, 16, 18 EStG)

- Entschädigungen im Sinne des § 24 Nr. 1 EStG (z.B. Ersatzleistungen für entgangene Einnahmen, Entschädigungen für die Aufgabe einer Tätigkeit oder Ausgleichszahlungen an Handelsvertreter nach § 89b HGB)

- Vergütungen für mehrjährige Tätigkeit (Abfindungszahlungen)

Die ermäßigte Steuer beträgt das Fünffache des Unterschiedsbetrags zwischen der Einkommensteuer für das um diese Einkünfte verminderte zu versteuernde Einkommen und der Einkommensteuer für das so verbleibende zu versteuernde Einkommen zuzüglich eines Fünftels der außerordentlichen Einkünfte (sog. „Fünftelregelung").

Für Veräußerungsgewinne kann unter bestimmten Voraussetzungen ein ermäßigter Steuersatz von 56 % des durchschnittlichen Steuersatzes, mindestens jedoch 14 % gewählt werden.

### Kapitaleinkünfte

Die Einkommensteuer auf originäre Einkünfte aus Kapitalvermögen beträgt 25 % (§ 32d EStG). Da die Erhebung der Steuer in Form der Kapitalertragsteuer grundsätzlich direkt „an der Quelle" erfolgt, ist die Steuerlast i. Allg. bereits abgegolten. Der Steuerpflichtige muss diese Einkünfte daher grundsätzlich nicht mehr im Rahmen der Einkommensteuererklärung angeben. Lediglich steuerpflichtige Erträge, die nicht dem Kapitalertragsteuereinbehalt unterlegen haben, werden im Rahmen der Steuerveranlagung mit dem gesonderten Steuertarif von 25 % belastet. Ausländische Quellensteuer, die von ausländischen Kapitalerträgen einbehalten wurde, darf – ggf. im Rahmen des Veranlagungsverfahrens – auf die Abgeltungsteuer angerechnet werden. Im Fall der Kirchensteuerpflicht ermäßigt sich die Abgeltungsteuer um 25 % der auf die Kapitalerträge entfallenden Kirchensteuer.

Vom gesonderten Steuertarif für Kapitaleinkünfte sind u. a. folgende Einnahmen ausgenommen (der Einbehalt der Kapitalertragsteuer als Vorauszahlung auf die Einkommen- bzw. Körperschaftsteuer ist davon unberührt):

- Kapitaleinkünfte, die anderen Einkunftsarten zuzurechnen sind (Land- und Forstwirtschaft, Gewerbebetrieb, aus selbständiger Arbeit oder Vermietung und Verpachtung)[22]

- Leistungen aus Lebensversicherungen, die nach Vollendung des 60. Lebensjahres (ab 2012: 62. Lebensjahr) des Steuerpflichtigen und nach Ablauf von 12 Jahren seit Vertragsbeginn erfolgen

### Nicht entnommene Gewinne

Personenunternehmen haben die Möglichkeit, im Unternehmen verbleibende Gewinne mit einem gesonderten Steuersatz von 28,25 % zu besteuern. Ein entsprechender Antrag kann für jeden Betrieb und jeden Mitunternehmeranteil jährlich neu im Rahmen der Einkommensteuerveranlagung gestellt werden. Dabei sind gewisse Voraussetzungen einzuhalten (z. B. Mindestgrößen für Mitunternehmeranteile).

Der gesonderte Steuertarif kann nicht mit anderen Steuervergünstigungen für Gewinneinkünfte (z. B. Freibetrag im Rahmen der Unternehmensnachfolge oder Steuerermäßigung nach § 34 EStG) kombiniert werden.

## 5.2 Festzusetzende Einkommensteuer

Die tarifliche Einkommensteuer wird durch die Anrechnung ausländischer Steuern und die Berücksichtigung einer Vielzahl von Steuerermäßigungen gemindert. Ansprüche auf eine Zulage für geleistete Altersvorsorgebeiträge sowie das bereits unterjährig ausbezahlte Kindergeld erhöhen die festzusetzende Einkommensteuer.

### 5.2.1 Anrechnung ausländischer Steuern

Um eine Doppelbesteuerung ausländischer Einkünfte für unbeschränkt Steuerpflichtige zu vermeiden, kann unter bestimmten Voraussetzungen die im Ausland festgesetzte und entrichtete Steuer auf die inländische Einkommensteuer angerechnet werden (§ 34c Abs. 1 und Abs. 6 EStG).

---

22  § 43 Abs. 5 S. 2 EStG.

## 5.2.2  Steuerermäßigungen

### Gewerbliche Einkünfte

Seit dem Veranlagungszeitraum 2008 ist ein Abzug der Gewerbesteuer als gewinnmindernde Betriebsausgabe nicht mehr zulässig. Der Gesetzgeber hat als Ausgleich dafür die bereits im Jahr 2001 eingeführte Steuerermäßigung für gewerbliche Einkünfte deutlich erhöht.

Ausgangsgröße für die Steuerermäßigung ist die tarifliche Einkommensteuer, ggf. vermindert um die anzurechnenden ausländischen Steuern (→ 5.2.1 Anrechnung ausländischer Steuern, S. 29). Diese Steuer ermäßigt sich um das 3,8-Fache des für den Erhebungszeitraum festgesetzten Gewerbesteuer-Messbetrags (bei Mitunternehmerschaften ist der anteilige Gewerbesteuer-Messbetrag maßgebend). Das Anrechnungsvolumen ist begrenzt auf den Ermäßigungshöchstbetrag und darf die tatsächlich zu zahlende Gewerbesteuer nicht übersteigen. Der Ermäßigungshöchstbetrag errechnet sich aus:

$$\frac{\text{Summe der positiven gewerblichen Einkünfte}}{\text{Summe aller positiven Einkünfte}} \times \text{gemindderte tarifliche Steuer.}$$

### Zuwendungen an politische Parteien und unabhängige Wählervereinigungen

Für Mitgliedsbeiträge und Spenden an politische Parteien und unabhängige Wählervereinigungen kann eine Ermäßigung der Einkommensteuer um 50 % der Ausgaben, maximal aber 825 € bzw. 1.650 € für zusammenveranlagte Ehegatten berücksichtigt werden. Wird die Steuerermäßigung für Teile der Zuwendungen nicht gewährt, können die Ausgaben bis 1.650 €/3.300 € als Sonderausgaben geltend gemacht werden (→ 4.2 Einkommen, Sonderausgaben, S. 21).

### Haushaltsnahe Beschäftigungsverhältnisse und Dienstleistungen

Abhängig von der Art des Beschäftigungsverhältnisses können für haushaltsnahe Dienste 20 % der Aufwendungen, maximal jedoch 510 € (bei geringfügig Beschäftigten) bzw. 4.000 € (alle übrigen) als Steuerermäßigung abgezogen werden. Die Steuerermäßigung kann unter bestimmten Voraussetzungen auch für die Inanspruchnahme von Pflege- und Betreuungsleistungen sowie für Unterbringungskosten in einem Heim gewährt werden.

Kosten für die Arbeitsleistungen eines Handwerkers, die dem Steuerpflichtigen anlässlich der Renovierung, Erhaltung oder Modernisierung seines selbstgenutzten Eigenheims entstehen, können auf Antrag ebenfalls in Höhe von 20 %, maximal 1.200 € die Einkommensteuer ermäßigen.

Die Steuerermäßigung für haushaltsnahe Beschäftigungsverhältnisse und Dienstleistungen wird nur gewährt, soweit für diese Aufwendungen ein Abzug als Betriebsausgaben, Werbungskosten oder außergewöhnliche Belastungen ausgeschlossen ist. Des Weiteren müssen gewisse Formalitäten (z. B. ordnungsmäßige Rechnung, Zahlung auf Bankkonto) eingehalten werden.

### Belastung mit Erbschaftsteuer

Sind bei der Ermittlung des Einkommens Einkünfte berücksichtigt worden, die im Veranlagungszeitraum oder in den vorangegangenen vier Veranlagungszeiträumen als Erwerb von Todes (→ IX Grundzüge des Erbschaftsteuerrechts, S. 419 f.) wegen der Erbschaftsteuer unterlegen haben, wird die Einkommensteuer auf Antrag um einen bestimmten Prozentsatz gekürzt. Der Prozentsatz wird wie folgt ermittelt:

$$\frac{\text{Festgesetzte Erbschaftsteuer}}{\text{Um berücksichtigte Freibeträge sowie Zugewinnausgleich korrigierter steuerpflichtiger Erwerb}}$$

## 5.2.3 Hinzurechnungen

### Anspruch auf Zulage für geleistete Altersvorsorgebeiträge

Wird durch den Sonderausgabenabzug nach § 10a EStG eine höhere steuerliche Entlastung für die vom Zulageberechtigten geleisteten Eigenbeiträge zuzüglich der vom Staat gewährten Altersvorsorgezulagen erreicht, erhöht der Anspruch auf Altersvorsorgezulage die tariflich (unter Ansatz der betreffenden Sonderausgaben) ermittelte Einkommensteuer. Welcher der beiden Ansätze für den Steuerpflichtigen tatsächlich günstiger ist, prüft die Finanzverwaltung von Amts wegen (→ II A Altersvorsorgeverträge [Riester-Verträge], Günstigerprüfung, S. 72).

### Anspruch auf Kindergeld

Wird in einem Veranlagungszeitraum durch den Abzug der Freibeträge für Kinder eine höhere steuerliche Entlastung der für das Kind angefallenen Aufwendungen als durch das Kindergeld erreicht, ist der Anspruch auf Kindergeld der Einkommensteuer hinzuzurechnen (§ 31 EStG). Die Günstigerprüfung erfolgt im Rahmen der Veranlagung von Amts wegen.

## 5.3   Erstattungs- oder Nachzahlungsbetrag

Auf die festzusetzende Einkommensteuer werden die für den Veranlagungszeitraum entrichteten Einkommensteuer-Vorauszahlungen sowie die durch Steuerabzug erhobene Einkommensteuer (v. a. Lohnsteuer) angerechnet.

Verbleibt danach noch eine restliche Einkommensteuerschuld, hat der Steuerpflichtige eine Abschlusszahlung zu leisten. Ergibt die Anrechnung der vorab erhobenen Einkommensteuer eine Überzahlung der Einkommensteuerschuld, wird die zuviel entrichtete Steuer zurückerstattet.

Auf die voraussichtliche Einkommensteuerschuld des nächsten Jahres sind ggf. quartalsweise Vorauszahlungen zu leisten. Vorauszahlungen werden nur festgesetzt, wenn sie bestimmte Grenzen (z. B. 400 € pro Kalenderjahr, mindestens 100 € pro Quartal) übersteigen. Sie werden vom Finanzamt durch Vorauszahlungsbescheid festgesetzt.

# 6    Veranlagung

Die Steuer auf das Einkommen ist – hinsichtlich der Ergiebigkeit der Steuerquelle – eine der wichtigsten Einnahmequellen des Staates. Als Gemeinschaftsteuer fließt sie Bund, Ländern und Gemeinden zu. Die Einkommensteuer berücksichtigt die individuelle Leistungsfähigkeit des Steuerpflichtigen. So bestimmen beispielsweise Familienstand, Anzahl und Alter der Kinder neben den Einkünften die Höhe der Steuer.

Die Einkommensteuer ist eine Veranlagungsteuer. Die Steuerfestsetzung erfolgt aufgrund einer vom Steuerpflichtigen angefertigten Steuererklärung für jeweils ein Kalenderjahr (= Veranlagungszeitraum). Ab dem Veranlagungszeitraum 2011 muss – bis auf wenige begründete Ausnahmen – die Steuererklärung bei Veranlagungen mit Gewinneinkünften nach amtlich vorgeschriebenem Datensatz durch Datenfernübertragung eingereicht werden. Sie wird dem Steuerpflichtigen durch den Einkommensteuerbescheid bekanntgegeben. Zur Klärung eines Sachverhalts hat die Finanzbehörde das Recht, eigene Ermittlungen anzustellen.

Für die Festsetzung der Einkommensteuer kommen folgende Veranlagungsarten in Betracht:

- Einzelveranlagung
- Ehegattenveranlagung

## 6.1   Einzelveranlagung

Die Einzelveranlagung gilt für ledige, verwitwete und geschiedene Steuerpflichtige sowie für Verheiratete, bei denen die Voraussetzungen für die Ehegattenveranlagung nicht vorliegen. Die tarifliche Einkommensteuer wird mit Hilfe des Grundtarifs ermittelt.

## 6.2　Ehegattenveranlagung

Voraussetzungen der Ehegattenveranlagung sind,

- dass die Ehe nach bürgerlichem Recht rechtsgültig geschlossen wurde
- dass beide Ehegatten unbeschränkt steuerpflichtig sind
- dass die Ehegatten nicht dauernd getrennt leben.

Liegen diese Voraussetzungen zu Beginn des Veranlagungszeitraums vor bzw. treten sie im Laufe des Veranlagungszeitraums ein, können die Steuerpflichtigen zwischen der Zusammenveranlagung, der getrennten Veranlagung oder – im Jahr der Eheschließung – der besonderen Veranlagung (§ 26c Abs. 1 EStG) wählen.

### Zusammenveranlagung

Die Zusammenveranlagung wird durchgeführt, wenn beide Ehegatten diese wählen oder keine Wahl getroffen wurde. Die Ehegatten geben dann eine gemeinsame Steuererklärung ab. Für jeden Ehegatten wird der Gesamtbetrag der Einkünfte ermittelt und dann zusammengefasst. Erst bei der Bestimmung des zu versteuernden Einkommens werden Ehegatten wie ein Steuerpflichtiger behandelt. Sonderausgaben, außergewöhnliche Belastungen sowie die vom Einkommen abziehbaren Beträge sind für die Ehegatten einheitlich zu ermitteln und zu berücksichtigen. Auf das gemeinsam zu versteuernde Einkommen wird dann der Splittingtarif angewandt.

Der Splittingtarif ist auch bei verwitweten Steuerpflichtigen für das dem Todesjahr folgenden Kalenderjahr anzuwenden.

Ist nur ein Ehegatte unbeschränkt einkommensteuerpflichtig oder wird ein Ehegatte auf seinen Antrag hin in Deutschland als unbeschränkt einkommensteuerpflichtig behandelt, kann eine Zusammenveranlagung gewählt werden, wenn:

- beide Ehegatten nicht dauernd getrennt leben,
- der unbeschränkt einkommensteuerpflichtige oder gleichgestellte Ehegatte Staatsangehöriger eines Mitgliedstaates der Europäischen Union (EU) oder des Europäischen Wirtschaftsraumes (EWR) ist,
- die Gesamteinkünfte der Ehegatten im Kalenderjahr mindestens zu 90 % der deutschen Einkommensteuer unterliegen oder die anderen Einkünfte beider Ehegatten den (verdoppelten) Grundfreibetrag (ab 2010: 16.008 €) nicht übersteigen,
- der andere Ehegatte seinen Wohnsitz oder gewöhnlichen Aufenthalt in einem Mitgliedstaat der EU oder des EWR hat und beantragt, für die Zusammenveranlagung in Deutschland als unbeschränkt einkommensteuerpflichtig behandelt zu werden.

## Getrennte Veranlagung

Die Ehegatten werden getrennt zur Einkommensteuer veranlagt, wenn nur ein Ehegatte dies wählt. Bei der getrennten Veranlagung gibt jeder Ehegatte eine eigene Steuererklärung ab. Die tarifliche Einkommensteuer wird nach dem Grundtarif ermittelt. Sonderausgaben kann nur der Ehegatte zum Abzug bringen, der sie geleistet hat. Außergewöhnliche Belastungen werden in der Höhe berücksichtigt, wie sie bei der Zusammenveranlagung entstehen und jedem zur Hälfte zugerechnet. Eine andere Aufteilung der Aufwendungen kann gewählt werden.

## Besondere Veranlagung

Für das Jahr der Eheschließung kann die besondere Veranlagung durchgeführt werden, wenn beide Ehegatten dies wählen. Die Ehegatten werden dann steuerlich so veranlagt, als seien sie nicht miteinander verheiratet.

Ab dem Veranlagungszeitraum 2013 können Ehegatten lediglich noch zwischen der Einzelveranlagung (bisher: getrennte Veranlagung) und der Zusammenveranlagung wählen.

# 6.3 Steuererklärungspflicht

## Grenzen für Nichtveranlagung

Zusammenveranlagte Ehegatten müssen eine gemeinsame Steuererklärung abgeben, wenn keiner der beiden Arbeitslohn bezogen hat und der Gesamtbetrag der Einkünfte den zweifachen Grundfreibetrag (ab 2010: 16.008 €) übersteigt. Bei Ledigen, Geschiedenen oder dauernd getrennt lebenden Ehegatten ist eine Steuererklärung abzugeben, wenn der Gesamtbetrag der Einkünfte den aktuell gültigen Grundfreibetrag (ab 2010: 8.004 €) übersteigt und darin keine Lohneinkünfte enthalten sind (§ 56 EStDV).

## Veranlagung von Arbeitnehmern

Bei Arbeitnehmern ist eine Veranlagung regelmäßig nicht vorzunehmen, wenn sie ausschließlich Arbeitslohn von einem Arbeitgeber oder aber neben ihrem Arbeitslohn lediglich andere Einkünfte in geringem Umfang bezogen haben. Als unschädlich gilt der Bezug von anderen Einkünften, wenn diese – vermindert um den Abzug für Land- und Forstwirte sowie den Altersentlastungsbetrag – 410 € nicht übersteigen. Arbeitnehmer müssen auch keine Steuererklärung abgeben, wenn sie neben den Lohneinkünften lediglich (steuerfreie) dem Progressionsvorbehalt unterliegende Einkünfte (z. B. Arbeitslosengeld) von weniger als 410 € erhielten.

Arbeitnehmer sind aber unter anderem dann zu veranlagen, wenn sie im Veranlagungszeitraum

- nebeneinander von mehreren Arbeitgebern Arbeitslohn bezogen haben (Lohnsteuerklasse VI)
- auf der Lohnsteuerkarte ein Freibetrag eingetragen wurde
- zusammenveranlagt werden, beide Ehegatten Arbeitslohn bezogen haben und einer nach der Steuerklasse V, VI oder ab 2010: Steuerklasse IV mit Faktor besteuert wurde
- freiwillig eine Steuererklärung abgeben, damit zuviel einbehaltene Lohnsteuer vom Finanzamt erstattet wird

oder zum Schluss des vorangegangenen Veranlagungszeitraums ein verbleibender Verlustvortrag festgestellt wurde.[23]

## Nichtveranlagungsbescheinigung

Ist eine Veranlagung zur Einkommensteuer gesetzlich nicht vorgeschrieben und keine Veranlagung durch freiwillige Abgabe einer Steuererklärung beantragt, können Steuerpflichtige bei ihrem Wohnsitz-Finanzamt eine Nichtveranlagungsbescheinigung beantragen. Mit Vorlage einer Nichtveranlagungsbescheinigung kann für bestimmte Fälle (u. a. Auszahlung von steuerpflichtigen Erträgen aus Versicherungen) erreicht werden, dass vom Kapitalertragsteuereinbehalt abgesehen wird.


# 7 Zuschlagsteuern

Die Einkommensteuer dient als Bemessungsgrundlage für die Festsetzung und Erhebung von Zuschlagsteuern. Zuschlagsteuern zur Einkommensteuer sind die Kirchensteuer und der Solidaritätszuschlag.

## Bemessungsgrundlage

Basis für die Ermittlung der Höhe der Zuschlagsteuern ist die festzusetzende Einkommensteuer. In bestimmten Fällen ist jedoch eine Korrektur der Bemessungsgrundlage erforderlich. Sind beispielsweise Kinder zu berücksichtigen, ist die festzusetzende Einkommensteuer unter Abzug der Freibeträge für Kinder zu ermitteln. Diese (fiktive) Einkommensteuer ist dann Grundlage für die Berechnung der Zuschlagsteuern. Dabei wird ein gezahltes Kindergeld nicht berücksichtigt.

Bei der Ermittlung der festzusetzenden Einkommensteuer als Bemessungsgrundlage für die Zuschlagsteuern darf zudem die Steuerermäßigung für Einkünfte aus Gewerbebetrieb nicht berücksichtigt werden.

---

23  § 46 Abs. 2 EStG.

## Kirchensteuer

Die Kirchensteuer wird aufgrund von landesrechtlichen Kirchensteuergesetzen erhoben. Sie wird vom Staat eingezogen, ihre Einnahmen stehen jedoch den Religionsgemeinschaften zu. Kirchensteuerpflichtig sind alle Mitglieder einer sogenannten steuererhebenden Religionsgemeinschaft. Dies sind im Wesentlichen die „großen" christlichen Glaubensgemeinschaften (evangelisch, katholisch und alt-katholisch). Die Kirchensteuer beträgt in Baden-Württemberg und Bayern 8 %, in allen anderen Bundesländern 9 %.

## Solidaritätszuschlag

Näheres → XI Lebensversicherungen und Solidaritätszuschlag, S. 453.

# II Lebensversicherung und Einkommensteuer

| | | |
|---|---|---|
| II A | Altersvorsorgeverträge (Riester-Verträge) | 38 |
| II B | Basisrentenverträge (Basisrente) | 99 |
| II C | Private Lebensversicherungen | 127 |
| II D | Direktversicherungen | 235 |
| II E | Rückdeckungsversicherungen zu Pensionszusagen | 283 |
| II F | Rückdeckungsversicherungen von Unterstützungskassen | 315 |
| II G | Weitere betriebliche Lebensversicherungen | 337 |
| II H | Vermögensbildende Lebensversicherungen | 343 |
| II I | Befreiungsversicherungen | 345 |

# II A  Altersvorsorgeverträge (Riester-Verträge)

| | | |
|---|---|---|
| 1 | **Überblick** | **42** |
| | Förderung mit Altersvorsorgezulage | 42 |
| | Förderung durch Steuerersparnis aus Sonderausgabenabzug | 42 |
| | | |
| 2 | **Begünstigte Personen** | **43** |
| 2.1 | Unmittelbar zulageberechtigte Personen | 43 |
| | Pflichtversicherte in der inländischen gesetzlichen Rentenversicherung | 44 |
| | Empfänger von Arbeitslosengeld II (Hartz-IV-Empfänger) | 45 |
| | Grenzgänger | 45 |
| | Besitzstandsregelung für Grenzgänger | 45 |
| | Beamte und gleichgestellte Personen | 46 |
| | Landwirte | 47 |
| | Arbeitslose | 47 |
| | Bezieher einer Erwerbs- oder Dienstunfähigkeitsrente | 47 |
| | Beschäftigte internationaler Institutionen | 48 |
| | | |
| 2.2 | Mittelbar zulageberechtigte Personen | 49 |
| | | |
| 2.3 | Nicht zulageberechtigte Personen | 50 |
| | | |
| 3 | **Zertifizierung von Altersvorsorgeverträgen** | **52** |
| | Zertifikate | 52 |
| | | |
| 3.1 | Riester-Rente | 53 |
| | Vertragspartner | 54 |
| | Beitragszahlung | 55 |
| | Beitragsgarantie | 55 |
| | Lebenslange Leibrente | 55 |
| | Auszahlungsplan | 56 |
| | Teilkapitalauszahlung | 56 |
| | Kleinbetragsrenten | 56 |
| | Ergänzende Absicherung gegen Berufsunfähigkeit, gegen verminderte Erwerbsfähigkeit oder Dienstunfähigkeit und für Hinterbliebene | 57 |
| | Abschluss- und Vertriebskosten | 57 |
| | | |
| 3.2 | Riester-Darlehen | 58 |
| | Wohnungswirtschaftliche Verwendung | 59 |
| | Abschluss- und Vertriebskosten | 59 |
| | | |
| 3.3 | Anbieter im Sinne des AltZertG | 60 |

| 4 | Förderung der Altersvorsorgebeiträge | 60 |
|---|---|---|
|  | Altersvorsorgebeiträge | 61 |
|  |  |  |
| 4.1 | Förderung mit Altersvorsorgezulage | 62 |
|  | Überzahlungen | 62 |
|  | Betriebliche Altersversorgung | 62 |
|  | Grundzulage | 63 |
|  | Berufseinsteiger-Bonus | 63 |
|  | Kinderzulage | 63 |
|  | Mindesteigenbeitrag | 64 |
|  | Nachträgliche Korrekturmöglichkeit | 65 |
|  | Ehegatten | 67 |
|  | Nachweise | 68 |
|  | Sockelbetrag | 69 |
|  | Zentrale Zulagenstelle für Altersvermögen (ZfA) | 69 |
|  | Zulagenantrag | 69 |
|  | Mehrere Altersvorsorgeverträge | 70 |
|  |  |  |
| 4.2 | Zusätzlicher Sonderausgabenabzug | 71 |
|  | Ehegatten | 72 |
|  | Mehrere Altersvorsorgeverträge | 72 |
|  | Günstigerprüfung | 72 |
|  | Meldeverfahren | 73 |
|  |  |  |
| 5 | Eigenheim-Förderung | 75 |
| 5.1 | Altersvorsorge-Eigenheimbetrag | 75 |
|  | Begünstigte Verwendung | 75 |
|  | Höhe des Altersvorsorge-Eigenheimbetrags | 76 |
|  | Unmittelbarer zeitlicher Zusammenhang | 76 |
|  | Verfahren | 77 |
|  | Begünstigte Wohnung | 77 |
|  |  |  |
| 5.2 | Riester-Darlehen | 78 |
| 5.3 | Wohnförderkonto | 79 |
|  |  |  |
| 6 | Schädliche Verwendung | 80 |
| 6.1 | Schädliche Verwendung bei Riester-Renten | 81 |
|  | Wegzug ins Ausland | 81 |
|  | Übertragung auf eine andere Riester-Rente | 81 |
|  | Abfindung von Kleinbetragsrenten | 82 |
|  | Ergänzende Absicherung bei Invalidität und Tod | 82 |
|  | Tod des Zulageberechtigten | 82 |
|  | Versorgungsausgleich bei Ehescheidungen | 82 |
|  |  |  |
| 6.2 | Schädliche Verwendung bei Altersvorsorge-Eigenheimbetrag und Riester-Darlehen | 83 |
|  | Immobilien | 83 |
|  | Folgeobjekt | 84 |
|  | Ablösung des Wohnförderkontos durch Einzahlung in eine Riester-Rente | 85 |

IIA

Altersvorsorgeverträge (Riester-Verträge)

Beruflich bedingter Umzug                                              85
Trennung der Eheleute                                                 86
Krankheit oder Pflegebedürftigkeit des Zulageberechtigten             86
Tod des Zulageberechtigten                                            86

7      Besteuerung der Leistungen aus Altersvorsorgeverträgen         87

7.1    Leistungen aus gefördertem Altersvorsorgevermögen              87

7.2    Leistungen aus nicht gefördertem Altersvorsorgevermögen        88
       Rentenzahlungen                                                89
       Kapitalzahlungen aus Riester-Renten mit Beginn
       vor dem 01.01.2005                                             89
       Kapitalzahlungen aus Riester-Renten mit Beginn
       nach dem 31.12.2004                                            89
       Auszahlungsplan                                                90

7.3    Leistungen aus gefördertem und nicht gefördertem
       Altersvorsorgevermögen                                        90

7.4    Wohnungswirtschaftliche Verwendung                            90
       Jährlicher Verminderungsbetrag                                91
       Einmaliger Auflösungsbetrag                                   92

7.5    Leistungen bei schädlicher Verwendung oder Wegzug
       aus Deutschland                                               93

8      Einzelfragen zu Riester-Verträgen                             94
       Nachträgliche Änderung der Vertragsbedingungen                94
       Provisionserstattungen                                        95
       Bonusleistungen                                               95

9      Informations- und Meldepflichten                              95
       Vorvertragliche Informationspflicht                           95
       Jährliche Vertragsinformationspflicht                         96
       Rentenbezugsmitteilung                                        97
       Jährliche Bescheinigung                                       98

Altersvorsorgeverträge sind staatlich geförderte Verträge zum Aufbau einer kapitalgedeckten Altersversorgung, deren Leistung in einer bis zu 30%igen Teil-kapitalauszahlung und in einer lebenslangen Leibrente oder in einem befristeten Auszahlungsplan mit lebenslanger Anschlussrente besteht (Riester-Rente). Zusätz-lich ist eine ergänzende Absicherung der verminderten Erwerbsfähigkeit oder des Ehegatten oder der Waisen bei Tod des Vertragsinhabers möglich. Außerdem kann das Kapital einer Riester-Rente für den Kauf, den Bau oder die Entschuldung einer als Hauptwohnung selbstgenutzten Wohnimmobilie eingesetzt werden (Altersvorsorge-Eigenheimbetrag).

Als Altersvorsorgevertrag gilt auch ein Vertrag, dessen Hauptzweck die Gewäh-rung eines Darlehens zur Finanzierung einer als Hauptwohnung selbstgenutzten Wohnimmobilie ist (Riester-Darlehen).

Die Altersvorsorgebeiträge werden durch staatliche Grund- und Kinderzulagen gefördert. Ergänzend können die Altersvorsorgebeiträge im Rahmen von Höchst-beträgen als zusätzliche Sonderausgaben abgezogen werden; dadurch kann sich eine zusätzliche Steuerersparnis ergeben. Im Gegenzug sind die Leistungen aus Altersvorsorgeverträgen im Veranlagungszeitraum ihrer Zahlung zu versteuern (nachgelagerte Besteuerung). Bei einer Entnahme des Altersvorsorge-Eigen-heimbetrags oder einem Riester-Darlehen unterliegt im Alter eine fiktive Leistung der Einkommensteuer, so dass im Ergebnis gleichfalls eine „nachgelagerte Besteuerung" erfolgt.

Die staatliche Förderung von Altersvorsorgeverträgen soll Anreize für die Mitglie-der der gesetzlichen Alterssicherungssysteme schaffen, die zum 01.07.2001 beschlossene Absenkung des Leistungsniveaus der gesetzlichen Rente bzw. die Absenkung der Beamtenversorgung durch eine kapitalgedeckte private Zusatz-versorgung zu kompensieren. Nach Auffassung des Gesetzgebers dient auch die Anschaffung/Herstellung oder die Entschuldung einer selbstgenutzten Wohn-immobilie durch mietfreies Wohnen im Alter der Kompensation einer künftig geringeren gesetzlichen Altersversorgung.

# 1    Überblick

## Förderung mit Altersvorsorgezulage

Altersvorsorgebeiträge werden durch Altersvorsorgezulagen (Grund- und Kinderzulage) gefördert.

Voraussetzung für die Zulagenförderung ist, dass

- die Altersvorsorgebeiträge für einen zertifizierten Altersvorsorgevertrag geleistet werden
- der Vertragsinhaber unmittelbar oder mittelbar zulageberechtigt ist
- der Zulageberechtigte für das Beitragsjahr einen Antrag auf Altersvorsorgezulage stellt oder seinen Anbieter (z. B. ein Versicherungsunternehmen) ermächtigt, diesen Antrag für ihn zu stellen (Dauerzulagenantrag)

und – für die Förderung bei mittelbar Zulageberechtigten – dass

- dem unmittelbar zulageberechtigten Ehegatten des mittelbar Zulageberechtigten Altersvorsorgezulage für das Beitragsjahr gewährt wird, für das der mittelbar Zulageberechtigte seinen Zulagenantrag gestellt hat,
- er ab 2012 zugunsten seines Altersvorsorgevertrags einen Mindestbeitrag von 60 € im Jahr geleistet hat.

## Förderung durch Steuerersparnis aus Sonderausgabenabzug

Wenn der Steuervorteil aus dem Sonderausgabenabzug der Beiträge höher als der Anspruch auf Altersvorsorgezulage ist, können die Altersvorsorgebeiträge als Sonderausgaben abgezogen werden; in diesem Fall wird die Steuerersparnis zusätzlich gewährt, soweit sie den Anspruch aus Altersvorsorgezulage übersteigt.

## Voraussetzung für den Sonderausgabenabzug ist, dass

- die Altersvorsorgebeiträge für einen zertifizierten Altersvorsorgevertrag geleistet werden
- der Vertragsinhaber unmittelbar zulageberechtigt und in Deutschland unbeschränkt einkommensteuerpflichtig ist
- der Vertragsinhaber gegenüber dem Versicherungsunternehmen (oder einem anderen Anbieter) zustimmt, dass der Anbieter die geleisteten berücksichtigungsfähigen Altersvorsorgebeiträge der Finanzverwaltung (zentrale Stelle) mitteilt[1].

  Vor 2010 war eine solche Datenübermittlung nicht vorgesehen. Für die Jahre 2009 und früher musste der Steuerpflichtige die Altersvorsorgebeiträge in seiner Steuererklärung (Anlage AV) angeben und durch eine Bescheinigung des Versicherungsunternehmens oder des anderen Anbieters nachweisen.

---

1    § 10a Abs. 2a EStG.

Soweit Altersvorsorgebeiträge und die hierfür gewährte Altersvorsorgezulage die für sie geltenden Sonderausgaben-Höchstbeträge überschreiten,
ist der Sonderausgabenabzug nicht möglich.

# 2 Begünstigte Personen

Die staatliche Förderung für Beiträge zu Altersvorsorgeverträgen wird den
Personen gewährt, die zumindest während eines Teils des Kalenderjahres
die persönlichen Voraussetzungen für die Förderung erfüllen (z. B. nur zu
einem Teil des Beitragsjahres Pflichtversicherte der gesetzlichen Rentenversicherung oder der gesetzlichen Alterssicherung der Landwirte sind, ein
Dienstverhältnis als Beamte oder Gleichgestellte ausüben oder – als mittelbar zulageberechtigte Ehegatten – verheiratet sind oder nicht dauernd getrennt leben).[2]

## 2.1 Unmittelbar zulageberechtigte Personen

Zum Kreis der unmittelbar zulageberechtigten Personen gehören

- Pflichtversicherte in der inländischen gesetzlichen Rentenversicherung[3]

- Empfänger von inländischer Besoldung wie z. B. Beamte, Richter, Soldaten und diesen Gleichgestellte[4]

- Pflichtversicherte in der inländischen Alterssicherung der Landwirte[5]

- Bezieher von Arbeitslosengeld II (Hartz-IV-Empfänger)[6] sowie

- Bezieher von Rente wegen voller Erwerbsminderung/Erwerbsunfähigkeit
  oder von Versorgung wegen Dienstunfähigkeit aus der inländischen gesetzlichen Rentenversicherung, der inländischen Alterssicherung der
  Landwirte oder einem gesetzlichen Alterssicherungssystem für Beamte
  und diesen gleichgestellten Personen[7]

Für ihre Altersvorsorgebeiträge können unmittelbar zulageberechtigte Personen Altersvorsorgezulage erhalten. Sind sie zugleich unbeschränkt einkommensteuerpflichtig, können sie ggf. die zusätzliche Steuerersparnis aus
dem Sonderausgabenabzug der Beiträge beanspruchen.

---

2  BMF-Schreiben vom 31.03.2010, Rz 1.
3  § 10a Abs. 1 S. 1 EStG.
4  § 10a Abs. 1 S. 1 Nr. 1–5 EStG.
5  § 10a Abs. 1 S. 3 1. Halbsatz EStG.
6  § 10a Abs. 1 S. 3 2. Halbsatz EStG.
7  § 10a Abs. 1 S. 4 EStG.

## Pflichtversicherte in der inländischen gesetzlichen Rentenversicherung

Zu den Pflichtversicherten in der inländischen gesetzlichen Rentenversicherung zählen u. a.:

- Arbeitnehmer und Auszubildende (= gegen Arbeitsentgelt beschäftigte Personen)

  Hierzu gehören auch Arbeitnehmer, die von ihrem Arbeitgeber ins Ausland entsendet worden sind, soweit für sie die Versicherungspflicht in der inländischen gesetzlichen Rentenversicherung besteht.[8] Ausgenommen sind Arbeitnehmer, soweit sie von der Versicherungspflicht in der gesetzlichen Rentenversicherung befreit worden sind oder wenn sie versicherungsfrei beschäftigt werden.

- im öffentlichen Dienst beschäftigte Arbeitnehmer, die bei der Versorgungsanstalt des Bundes und der Länder (VBL) oder einer kommunalen Zusatzversorgungskasse (ZVK) versichert sind

- versicherungspflichtig selbständig Tätige (wie z.B. arbeitnehmerähnliche Selbständige, Künstler und Publizisten, …)

- Auszubildende, die in einer außerbetrieblichen Einrichtung im Rahmen eines Berufsausbildungsvertrags nach dem Berufsbildungsgesetz ausgebildet werden

- Helfer im freiwilligen sozialen oder ökologischen Jahr sowie Personen im Bundesfreiwilligendienst (BUFDI)

- Geringfügig beschäftigte Arbeitnehmer, die auf die Versicherungsfreiheit verzichtet haben und den pauschalen Arbeitgeberbeitrag zur gesetzlichen Rentenversicherung auf den vollen Beitragssatz aufstocken

- Personen in der Zeit
  - für die ihnen Kindererziehungszeiten anzurechnen sind
  - in der sie einen Pflegebedürftigen nicht erwerbsmäßig wenigstens 14 Stunden wöchentlich in seiner häuslichen Umgebung pflegen
  - für die sie von einer gesetzlichen Krankenkasse Krankengeld erhalten, von einem Leistungsträger (Bundesagentur für Arbeit, gesetzliche Rentenversicherung oder Berufsgenossenschaft) Übergangsgeld bekommen oder von der Bundesagentur für Arbeit Arbeitslosengeld II beziehen
  - für die sie Vorruhestandsgeld beziehen, wenn sie unmittelbar zuvor Pflichtversicherte der inländischen gesetzlichen Rentenversicherung waren.

8 BMF-Schreiben vom 31.03.2010, Rz 9.

Die vollständige Auflistung der Pflichtversicherten in der gesetzlichen Rentenversicherung ist in Anlage 1, Abschnitt A des BMF-Schreibens vom 31.03.2010 (→ Anhang) enthalten.

## Empfänger von Arbeitslosengeld II (Hartz-IV-Empfänger)

Personen, die wegen Arbeitslosigkeit bei einer inländischen Agentur für Arbeit als Arbeitssuchende gemeldet sind und der Versicherungspflicht in der Rentenversicherung nicht unterliegen, sind unmittelbar förderberechtigt.[9] Dazu zählen auch Personen, soweit sie eine Leistung nach dem Zweiten Buch Sozialgesetzbuch nur wegen des zu berücksichtigenden Einkommens oder Vermögens nicht beziehen. Wird eine Leistung nicht gezahlt, weil sich der Arbeitslose nicht bei einer Agentur für Arbeit als Arbeitssuchender gemeldet hat, besteht keine Förderberechtigung.[10]

## Grenzgänger

Grenzgänger, die nach Deutschland „einpendeln"(= ihren Arbeitsplatz regelmäßig im Inland haben) und in der inländischen gesetzlichen Rentenversicherung pflichtversichert sind, gehören zu den unmittelbar zulageberechtigten Personen. Für Beiträge zu Altersvorsorgeverträgen können sie – unabhängig davon, ob sie in Deutschland unbeschränkt einkommensteuerpflichtig sind oder nicht – Zulagen (Grund- und Kinderzulage) erhalten.

Soweit Grenzgänger im Inland nicht unbeschränkt einkommensteuerpflichtig sind, können sie die Beiträge zu Riester-Verträgen nicht als zusätzliche Sonderausgaben abziehen.[11]

Grenzgänger, die aus Deutschland „auspendeln"(= ihren Arbeitplatz regelmäßig im Ausland haben) und nicht in der inländischen gesetzlichen Rentenversicherung pflichtversichert sind, erhalten seit dem 01.01.2010 weder die Zulagenförderung noch den zusätzlichen Sonderausgabenabzug.

## Besitzstandsregelung für Grenzgänger

Für „auspendelnde" Grenzgänger, die Pflichtmitglieder in einem ausländischen gesetzlichen Alterssicherungssystem sind, gilt jedoch die folgende Besitzstandsregelung:[12]

* Die Pflichtmitgliedschaft in der ausländischen gesetzlichen Alterssicherung bestand bereits vor dem 01.01.2010.

* Die Pflichtmitgliedschaft in einem ausländischen gesetzlichen Alterssicherungssystem ist mit der in einem inländischen gesetzlichen Alterssi-

---

9   § 10a Abs. 1 S. 3 2. Halbsatz EStG.
10  BMF-Schreiben vom 31.03.2010, Rz 6.
11  § 50 Abs. 1 S. 3 EStG.
12  § 52 Abs. 24c S. 2 EStG.

cherungssystem (gesetzliche Rentenversicherung, Alterssicherung der Landwirte, Alterssicherung der Beamten usw.) vergleichbar.

- Der Grenzgänger ist in Deutschland unbeschränkt einkommensteuerpflichtig bzw. wird für das Beitragsjahr auf Antrag als unbeschränkt einkommensteuerpflichtig behandelt (→ I Grundzüge der Einkommensteuer, 1.1.2 Unbeschränkte Steuerpflicht auf Antrag, S. 5).

Die Regelung zur Besitzstandswahrung gilt auch für Personen, die eine Rente wegen vollständiger Erwerbs- oder Dienstunfähigkeit aus einem ausländischen Altersicherungssystem beziehen, wenn sie unmittelbar vor dem Bezug der Leistungen als rentenversicherungspflichtige Arbeitnehmer, Landwirte oder Beamte beschäftigt waren und das 67. Lebensjahr noch nicht vollendet haben.

Grenzgänger, die diese Anforderungen erfüllen, sind unmittelbar zulageberechtigt.

## Beamte und gleichgestellte Personen

Empfänger von Besoldung sind insbesondere Beamte, Richter, Berufssoldaten und Soldaten auf Zeit sowie Empfänger von Amtsbezügen („Wahlbeamte" wie beispielsweise Bürgermeister). Zu diesem Kreis der unmittelbar zulageberechtigten Personen gehören auch rentenversicherungsfreie Kirchenbeamte und Geistliche in öffentlich-rechtlichen Dienstverhältnissen.[13]

Unmittelbar Zulageberechtigte können außerdem ohne Bezüge beurlaubte Beamte und Gleichgestellte sein, sofern sie Kindererziehungszeiten in der inländischen Rentenversicherung angerechnet bekämen, wenn sie als Beamte usw. dort nicht versicherungsfrei wären.[14]

Beamte, denen von ihrem Dienstherrn vorübergehend eine Tätigkeit bei einer öffentlichen Einrichtung außerhalb Deutschlands zugewiesen wurde, gehören zum Kreis der unmittelbar Zulageberechtigten, solange sie in ihrem bisherigen inländischen Alterssicherungssystem verbleiben.[15]

Eine vollständige Auflistung der Personen, die als Beamte oder Gleichgestellte zu den unmittelbar zulageberechtigten Personen gehören, enthält Anlage 2 des BMF-Schreibens vom 31.03.2010 (→ Anhang).

Beamte und diesen gleichgestellte Personen sind nur dann unmittelbar zulageberechtigt, wenn sie gegenüber ihrem Dienstherrn einwilligen, dass dieser Angaben zur Förderberechtigung und Gewährung von Zulagen an die zentrale Stelle der Finanzverwaltung übermittelt (insbesondere Höhe ihrer Bezüge sowie Anzahl der Kinder) und diese die Daten hierfür verwenden darf.

---

13 § 10a Abs. 1 Satz 1 Nr. 1-4 EStG.
14 § 10a Abs. 1 Satz 1 Nr. 5 EStG; BMF-Schreiben vom 31.03.2010, Rz 4.
15 BMF-Schreiben vom 31.03.2010, Rz 10.

Die Zustimmung des Beamten und der gleichgestellten Personen muss spätestens innerhalb einer Frist von 2 Jahren nach Ablauf des Beitragsjahres dem Dienstherrn (zuständige Stelle) schriftlich vorliegen. Das Einverständnis gilt auch für zukünftige Beitragsjahre, es sei denn, der Beamte oder Gleichgestellte widerruft seine Erklärung vor Beginn des betreffenden Beitragsjahres schriftlich gegenüber seinem Dienstherrn (zuständige Stelle).

## Landwirte

Landwirte, die Pflichtversicherte in der gesetzlichen Alterssicherung der Landwirte sind, ihr dort versicherungspflichtiger Ehegatte und ihre versicherungspflichtig mitarbeitenden Angehörigen gehören zu den unmittelbar zulageberechtigten Personen.

Eine Aufzählung der Pflichtversicherten nach dem Gesetz über die Alterssicherung der Landwirte enthält Anlage 1 Abschnitt B des BMF-Schreibens vom 31.03.2010 (→ Anhang).

## Arbeitslose

Personen, die Arbeitslosengeld II beziehen (Hartz-IV-Empfänger) sind unmittelbar zulageberechtigt, wenn sie unmittelbar vor der Arbeitslosigkeit Pflichtversicherte der inländischen gesetzlichen Rentenversicherung, Pflichtversicherte in der gesetzlichen Alterssicherung der Landwirte, Beamte oder Gleichgestellte waren.[16]

Arbeitslose Personen sind auch dann unmittelbar zulageberechtigt, wenn sie bei einer Agentur für Arbeit als Arbeitssuchende gemeldet sind, aber wegen ihres Einkommens oder Vermögens kein Arbeitslosengeld erhalten. Die arbeitslose Person muss gleichfalls unmittelbar vor der Arbeitslosigkeit Pflichtversicherte der inländischen gesetzlichen Rentenversicherung, Pflichtversicherte in der gesetzlichen Alterssicherung der Landwirte, Beamte oder Gleichgestellter gewesen sein.

Eine arbeitslose Person, die nicht bei der Agentur für Arbeit als arbeitsuchend gemeldet ist, gehört dagegen nicht zu den unmittelbar zulageberechtigten Personen.[17]

## Bezieher einer Erwerbs- oder Dienstunfähigkeitsrente

Personen, die eine

- Rente wegen vollständiger Erwerbsminderung/Erwerbsunfähigkeit

oder

- Versorgung wegen Dienstunfähigkeit

---

16   § 10a Abs. 1 S. 3 2. Halbsatz EStG.
17   BMF-Schreiben vom 31.03.2010, Rz 6.

aus einem inländischen gesetzlichen Alterssicherungssystem (z. B. gesetzliche Rentenversicherung, Alterssicherung der Landwirte, Beamtenversorgung) beziehen, sind unmittelbar zulageberechtigt. Voraussetzung hierfür ist allerdings, dass sie unmittelbar vor dem Bezug der Leistungen Pflichtversicherte in einem dieser vorgenannten Systeme oder als Arbeitsuchende bei der Agentur für Arbeit gemeldet waren und jeweils das 67. Lebensjahr noch nicht vollendet haben.[18]

Renten wegen teilweiser Erwerbsminderung oder Berufsunfähigkeit begründen keine Zugehörigkeit zum Kreis der unmittelbar zulageberechtigten Personen. Abhängig von den persönlichen Umständen können diese Personen aufgrund einer rentenversicherungspflichtigen Tätigkeit oder des Bezugs von Arbeitslosengeld II (Hartz-IV-Empfänger) dennoch unmittelbar förderberechtigt sein.

Es genügt, dass der Rentenanspruch dem Grunde nach besteht; ein tatsächlicher Bezug ist nicht erforderlich. Bei Beziehern einer Versorgung wegen Dienstunfähigkeit ist die Zustimmung zur Datenübertragung an die zentrale Stelle der Finanzverwaltung zwingende Voraussetzung für die Inanspruchnahme der steuerlichen Förderung.[19]

Unmittelbar zulageberechtigt sind auch Personen, die

- aus einem ausländischen gesetzlichen Alterssicherungssystem eine Leistung erhalten, die mit einer Rente wegen voller Erwerbsminderung oder einer Versorgung wegen Dienstunfähigkeit aus einem inländischen gesetzlichen Alterssicherungssystem vergleichbar ist,

- vor dem Bezug dieser Leistung zum Kreis der unmittelbar zulageberechtigten Personen gehört haben,

- das 67. Lebensjahr noch nicht vollendet haben und

- in Deutschland unbeschränkt einkommensteuerpflichtig sind bzw. für das Beitragsjahr auf Antrag als unbeschränkt einkommensteuerpflichtig behandelt werden.[20]

### Beschäftigte internationaler Institutionen

Beamte oder sonstige Bedienstete internationaler Institutionen werden für die Beteilung der Zugehörigkeit zum begünstigten Personenkreis und für das Verfahren grundsätzlich so behandelt, als bestünde für sie eine Pflichtmitgliedschaft in einem ausländischen gesetzlichen Alterssicherungssystem, die mit einer inländischen Pflichtmitgliedschaft vergleichbar ist. Diese Regelung ist u. a. für Bedienstete folgender Institutionen anzuwenden:

- Europäische Gemeinschaft (EU)

- Europarat

---

18 § 10a Abs. 1 S. 4 EStG.
19 BMF-Schreiben vom 31.03.2010, Rz 11, 12.
20 BMF-Schreiben vom 31.03.2010, Rz 13.

- Nordatlantikvertragsorganisation (NATO)
- Organisation für wirtschaftliche Zusammenarbeit und Entwicklung (OECD).[21]

Die Bediensteten der internationalen Institutionen gehören nur noch dann zu den begünstigten Personen, soweit sie die Besitzstandsregelung für „auspendelnde Grenzgänger" erfüllen.

## 2.2 Mittelbar zulageberechtigte Personen

Ein Ehegatte, der nicht selbst unmittelbar zulageberechtigt ist (z. B. nicht selbst Pflichtversicherter in der gesetzlichen Rentenversicherung), kann als mittelbar Zulageberechtigter Altersvorsorgezulage erhalten, wenn

- sein Ehegatte unmittelbar zulageberechtigt ist,
- er und sein unmittelbar zulageberechtigter Ehegatte nicht dauernd getrennt leben,
- das Ehepaar seinen Wohnsitz oder gewöhnlichen Aufenthalt in einem Mitgliedstaat der Europäischen Union (EU) oder des Europäischen Wirtschaftsraums (EWR) hat,
- er (der nicht unmittelbar zulageberechtigte Ehegatte) einen eigenen Altersvorsorgevertrag abgeschlossen hat und – ab dem Beitragsjahr 2012 – für diesen Vertrag mindestens 60 € im Beitragsjahr gezahlt hat[22]. Der Anbieter ist verpflichtet, seinen Vertragspartner bis 31.07.2012 in hervorgehobener schriftlicher Weise auf diese Rechtsänderung hinzuweisen.[23]
- sein unmittelbar zulageberechtigter Ehegatte einen Altersvorsorgevertrag für seine eigene Altersversorgung abgeschlossen hat oder für ihn eine mit Altersvorsorgezulage förderfähige Direktversicherung oder Pensionsfonds- oder Pensionskassenversorgung besteht

und

- seinem unmittelbar zulageberechtigten Ehegatten Altersvorsorgezulage für das Beitragsjahr gewährt wird, für das er (der nicht unmittelbar zulageberechtigte Ehegatte) Altersvorsorgezulage beantragt hat.

Leistet der mittelbar Zulageberechtigte für seinen Altersvorsorgevertrag ab 2012 keinen Beitrag oder einen förderfähigen Altersvorsorgebeitrag von weniger als 60 € im Beitragsjahr, erhält er für dieses Beitragsjahr keine Al-

---

21  BMF-Schreiben vom 31.03.2010, Rz 8.
22  § 79 Satz 2 EStG.
23  § 52 Abs. 63a Satz 2 EStG.

tersvorsorgezulage. Eine anteilige Zulagengewährung für mittelbar Zulageberechtigte ist nicht möglich.

Mittelbar zulageberechtigte Ehegatten können Altersvorsorgezulage erhalten. Ihre Altersvorsorgebeiträge und die gewährte Zulage können sie generell nicht als Sonderausgaben abziehen. Sowohl die Zulage, die dem mittelbar zulageberechtigten Ehegatten gewährt wird, als auch die von ihm gezahlten Altersvorsorgebeiträge werden nach besonderen Regeln bei deren unmittelbar zulageberechtigten Ehegatten berücksichtigt.

Bei eingetragenen Lebenspartnerschaften kommt eine mittelbare Zulageberechtigung nicht in Betracht.[24]

In einem Beitragsjahr, in dem

- der Ehegatte eines unmittelbar Zulageberechtigten während eines Teils oder des ganzen Jahres selbst unmittelbar zulageberechtigt ist,

- während des gesamten Jahres keiner der Ehegatten unmittelbar zulageberechtigt ist,

- der unmittelbar zulageberechtigte Ehegatte und der mittelbar zulageberechtigte Ehegatte während des gesamten Jahres dauernd getrennt leben,

- mindestens einer der Ehegatten seinen Wohnsitz oder gewöhnlichen Aufenthalt während des gesamten Jahres in einem Staat außerhalb der EU oder des EWR hat

oder – ab dem Beitragsjahr 2012 –

- der mittelbar zulageberechtigte Ehegatte für seinen Altersvorsorgevertrag weniger als 60 € aufwendet,

ist die mittelbare Zulageberechtigung eines Ehegatten ausgeschlossen. Dies gilt auch dann, wenn der nicht selbst unmittelbar zulageberechtigte Ehegatte in den Beitragsjahren zuvor oder danach mittelbar zulageberechtigt war oder ist.[25]

## 2.3   Nicht zulageberechtigte Personen

Von der unmittelbaren Zulageberechtigung ausgeschlossen sind insbesondere

- Selbständige, die in der gesetzlichen Rentenversicherung nicht versicherungspflichtig sind oder von der Versicherungspflicht in der gesetzlichen Rentenversicherung befreit sind,

---

24  BMF-Schreiben vom 31.03.2010, Rz 21.
25  BMF-Schreiben vom 31.03.2010, Rz 19.

- Vorstandsmitglieder einer AG oder SE (europäische AG), soweit sie ihr Vorstandsmandat ausüben und zusätzlich in anderweitigen Unternehmen des Konzerns beschäftigt sind,

- freiwillig Versicherte in der gesetzlichen Rentenversicherung,

- von der Versicherungspflicht in der gesetzlichen Rentenversicherung befreite Personen, insbesondere Pflichtversicherte in einer berufsständischen Versorgungseinrichtung, deren Mitgliedschaft in der Versorgungseinrichtung auf gesetzlicher Grundlage beruht,

oder

- in der gesetzlichen Rentenversicherung versicherungsfreie Personen, insbesondere

  * geringfügig Beschäftigte, für die vom Arbeitgeber nur der pauschale Rentenversicherungsbeitrag gezahlt wird (sog. „Minijobs"),

  * ein Praktikum absolvierende Studenten, wenn das Praktikum vorgeschrieben ist,

    oder

  * Bezieher einer Vollrente wegen Alters aus einer gesetzlichen Rentenversicherung oder Versorgungsempfänger nach Erreichen der Altersgrenze.

Eine Aufzählung der nicht unmittelbar zulageberechtigten Personen enthält Anlage 1 Abschnitt C des BMF-Schreibens vom 31.03.2010 (→ Anhang).

Die nicht unmittelbar zulageberechtigten Personen können aber ggf. mittelbar zulageberechtigt sein, wenn ihr Ehegatte unmittelbar zulageberechtigt ist (→ 2.2. Mittelbar zulageberechtigte Personen, S. 49).

# 3 Zertifizierung von Altersvorsorgeverträgen

Altersvorsorgeverträge im Sinne des Altersvorsorgeverträge-Zertifizierungsgesetzes (AltZertG) müssen gesetzlich vorgegebene Mindeststandards erfüllen.[26] Sie können außerdem nur von solchen Versicherungs- oder Finanzdienstleistungsunternehmen und Wohnungsbaugenossenschaften angeboten werden, die den gesetzlichen Anforderungen des AltZertG genügen (= Anbieter).[27] Ob die Bestimmungen eines Vertrags oder eines Vertragsmusters die Voraussetzungen eines förderfähigen Altersvorsorgevertrags erfüllen und ob der Anbieter des Vertrags die geforderte Qualifikation aufweist, wird auf dessen Antrag hin vom Bundeszentralamt für Steuern (BZSt) in einem Zertifizierungsverfahren geprüft und bejahendenfalls in einem Zertifizierungsbescheid bestätigt.[28] Erst wenn das BZSt den Vertrag/das Vertragsmuster des Anbieters zertifiziert hat, liegt ein Altersvorsorgevertrag i. S. d. EStG und damit eine förderfähige Riester-Rente oder ein förderfähiges Riester-Darlehen vor.[29]

## Zertifikate

Von der Zertifizierungsstelle des BZSt erteilte Zertifikate (Zertifizierungsbescheide) für Altersvorsorgeverträge stellen für die Finanzverwaltung einen bindenden Nachweis (Grundlagenbescheid) dar, dass der jeweils zertifizierte Vertrag ein Altersvorsorgevertrag i. S. d. EStG (= förderfähige Riester-Rente oder förderfähiges Riester-Darlehen) ist.[30]

Bei der Zertifizierung wird jedoch nicht geprüft, ob der Altersvorsorgevertrag wirtschaftlich tragfähig, die zugesagten Leistungen des Anbieters erfüllt werden können und die Vertragsbedingungen zivilrechtlich wirksam sind. Das Zertifikat stellt insoweit ausdrücklich keine Bestätigung dar.[31]

Der Anbieter muss seinen künftigen Vertragspartner vor dessen Antrag auf Zustimmung zum Abschluss einer Riester-Rente oder eines Riester-Darlehens über die Zertifizierung des Vertragsmusters informieren.[32]

Für jeden Antrag auf Zertifizierung eines einzelnen Altersvorsorgevertrags oder eines Vertragsmusters des Anbieters erhebt das BZSt eine Gebühr von

---

26  § 1 Abs. 1 oder Abs. 1a AltZertG.
27  § 1 Abs. 2 AltZertG.
28  § 5 AltZertG; bis zum 30.07.2010 war die Bundesanstalt für Finanzdienstleistungsaufsicht (BaFin) Zertifizierungsstelle für Altersvorsorgeverträge.
29  § 82 Abs. 1 Satz 1 EStG; BMF-Schreiben vom 31.03.2010, Rz. 22; BFH-Urteil vom 21.07.2009, BStBl II 2009 S. 995.
30  § 82 Abs. 1 Satz 2 EStG.
31  § 3 Abs. 3 und § 7 Abs. 2 AltZertG.
32  § 7 Abs. 2 AltZertG.

5.000 €. Lässt der Anbieter ein Vertragsmuster für sich zertifizieren, das dem zertifizierten Vertragsmuster eines Spitzenverbands (z. B. GDV) entspricht, ermäßigt sich die Gebühr auf 500 € bzw. 250 €.

Abweichungen von den zertifizierten Altersvorsorgeverträgen erfordern ein neues Zertifikat, wenn für die Zertifizierung bedeutsame Vertragsbestandteile geändert werden.

Anderweitige Abweichungen sind dem BZSt anzuzeigen.

Anbieter werden bei ihrer Vertragsgestaltung durch das Zertifizierungsverfahren ggf. stark eingeschränkt.

## 3.1 Riester-Rente

Im Einzelnen müssen Altersvorsorgeverträge folgende Anforderungen erfüllen:

* Der gesamte Vertrag ist ausschließlich in deutscher Sprache zu verfassen.[33]

* Vertragspartner eines Anbieters (→ 3.3 Anbieter im Sinne des AltZertG, S. 60) kann lediglich eine natürliche Person sein.[34]

* Der Vertrag darf nur eine auf das Leben des Vertragspartners bezogene lebenslange und unabhängig vom Geschlecht berechnete Altersvorsorgung mit monatlichen Zahlungen vorsehen. Die Zahlungen dürfen grundsätzlich nicht vor Vollendung des 60. Lebensjahres beginnen. Ein früherer Auszahlungsbeginn ist möglich, wenn Leistungen aus einem gesetzlichen Alterssicherungssystem bereits vor Vollendung des 60. Lebensjahres gezahlt werden.[35]

  Ab dem 01.01.2012 werden Riester-Renten nur zertifiziert, wenn eine Zahlung nicht vor Vollendung des 62. Lebensjahres beginnt oder eine vor Vollendung des 62. Lebensjahres beginnende Leistung aus einem gesetzlichen Alterssicherungssystem des Vertragspartners gezahlt werden darf.[36]

* Eine ergänzende Absicherung gegen Berufsunfähigkeit, gegen verminderte Erwerbs- oder Dienstunfähigkeit oder für bestimmte Hinterbliebene ist möglich. Hinterbliebene in diesem Sinne sind ausschließlich der Ehegatte des Vertragspartners sowie die Kinder, für die der Vertragspartner zum Zeitpunkt des Eintritts des Versorgungsfalls einen Anspruch auf Kindergeld oder einen Kinderfreibetrag nach dem Einkommensteuergesetz hat (→ 3.1 Riester-Rente, Ergänzende Absicherung gegen Be-

---

33  § 1 Abs. 1 1. Halbsatz AltZertG.
34  § 1 Abs. 1 1. Halbsatz AltZertG.
35  § 1 Abs. 1 Nr. 2 AltZertG.
36  § 14 Abs. 2 AltZertG.

rufsunfähigkeit, gegen verminderte Erwerbsfähigkeit oder Dienstunfähigkeit und für Hinterbliebene, S. 57).[37]

- Für die Auszahlung müssen zu Beginn der Auszahlungsphase mindestens die eingezahlten Altersvorsorgebeiträge (Eigenbeiträge samt Zulagen) zur Verfügung stehen. Beinhaltet der Vertrag eine ergänzende Absicherung gegen verminderte Erwerbs- oder Dienstunfähigkeit oder für bestimmte Hinterbliebene, dürfen bis zu 15 % der Altersvorsorgebeiträge unberücksichtigt bleiben.[38]

- Die monatlichen Zahlungen können in Form einer lebenslangen Leibrente, als Ratenzahlungen im Rahmen eines Auszahlungsplans und Anschlussrente oder bis zu 30%igen Teilkapitalauszahlungen erbracht werden.[39]

- Zudem können im Wesentlichen Wohnungsbaugenossenschaften ihre Zahlungen als lebenslange oder zeitlich befristet Mietminderung für eine selbstgenutzte Genossenschaftswohnung erbringen, wenn sich ab dem 85. Lebensjahr eine Teilkapitalverrentung anschließt.[40]

- Bei Aufgabe der Selbstnutzung einer Genossenschaftswohnung und Beendigung der Mitgliedschaft in der Wohnungsbaugenossenschaft muss der Vertragspartner zumindest die eingezahlten Altersvorsorgebeiträge samt Erträge auf einen anderen Altersvorsorgevertrag übertragen können. Die vor Beginn der Auszahlungsphase erwirtschafteten Erträge müssen daher für den Erwerb weiterer Genossenschaftsanteile eingesetzt werden.[41] Das Kündigungsrecht für einen Anbieter- oder Produktwechsel bei Aufgabe der Selbstnutzung der Genossenschaftswohnung muss auch während der Auszahlungsphase fortbestehen.

- Abschluss- und Vertriebskosten müssen gleichmäßig mindestens auf die ersten 5 Vertragsjahre verteilt werden.[42]

- Der Altersvorsorgevertrag muss ein dreimonatiges Kündigungsrecht für einen Anbieter- oder Produktwechsel beinhalten. Dem Vertragspartner muss außerdem ein Anspruch auf ein Ruhen des Vertrags eingeräumt werden. Zudem muss der Vertrag einen Anspruch auf (Teil-)Auszahlung des gebildeten Kapitals für eine wohnungswirtschaftliche Verwendung nach § 92a Abs. 1 EStG beinhalten (Altersvorsorge-Eigenheimbetrag).[43]

## Vertragspartner

Jede natürliche Person kann – unabhängig davon, ob sie mittelbar oder unmittelbar begünstigt oder nicht gefördert ist – Vertragspartner eines Altersvorsorgevertrags sein. Zudem kann der Anbieter auf Grundlage einer rah-

---

37  § 1 Abs. 1 Nr. 2 AltZertG.
38  § 1 Abs. 1 Nr. 3 AltZertG.
39  § 1 Abs. 1 Nr. 4a AltZertG.
40  § 1 Abs. 1 Nr. 4b AltZertG.
41  § 1 Abs. 1 Nr. 5 AltZertG.
42  § 1 Abs. 1 Nr. 8 AltZertG.
43  § 1 Abs. 1 Nr. 10 AltZertG.

menvertraglichen Vereinbarung mit Vereinigungen (z. B. Gewerkschaften) Altersvorsorgeverträge abschließen.[44]

## Beitragszahlung

Die Art der Beitragszahlung ist für die Zertifizierung der Altersvorsorgeverträge unerheblich. Es sind laufende Beiträge, variable Beiträge oder Einmalzahlungen möglich. Leistet ein Dritter Beitragszahlungen auf einen Altersvorsorgevertrag, werden diese dem Zulageberechtigten wie eigene Zahlungen zugerechnet.[45]

## Beitragsgarantie

Zum Beginn der Auszahlungsphase muss der Anbieter zumindest ein Kapital in Höhe der eingezahlten Altersvorsorgebeiträge bereitstellen und für die Leistungserbringung nutzen. Die Beitragsgarantie umfasst sowohl die eingezahlten Eigenbeiträge des Vertragspartners als auch die darauf erhaltenen staatlichen Zulagen. Abzüge jeglicher Art (z. B. für Abschluss-, Vertriebs- oder Verwaltungskosten) sind unzulässig. Beinhaltet der Vertrag eine ergänzende Absicherung gegen verminderte Erwerbs- oder Dienstunfähigkeit oder für bestimmte Hinterbliebene dürfen bis zu insgesamt höchstens 15 % der Altersvorsorgebeiträge unberücksichtigt bleiben.

Wird der Altersvorsorgevertrag nach Kündigung auf einen anderen Anbieter übertragen, erhöht sich dessen Beitragszusage um die tatsächlich vom vorherigen Anbieter erhaltene „Ersteinlage".

## Lebenslange Leibrente

Eine zertifizierungsfähige Auszahlung liegt vor, wenn die Leistungen in Form einer monatlich gleichbleibenden oder steigenden lebenslangen Leibrente erbracht werden. Anbieter und Vertragspartner können vereinbaren, dass bis zu 12 Monatsleistungen in einer Auszahlung zusammengefasst werden können.

Die Leibrentenzahlungen dürfen der Höhe nach nicht sinken. Geringfügige Schwankungen der einzelnen Rentenzahlungen sind unschädlich, sofern diese auf in den einzelnen Jahren unterschiedlich hohen Überschussanteilen in der Auszahlungsphase beruhen, die für die ab Beginn der Auszahlung garantierten Rentenleistungen gewährt werden.[45]

Die Kalkulation der Rentenhöhe erfolgt unabhängig vom Geschlecht nach sogenannten Unisex-Tarifen.

Die Rentenzahlungen dürfen nicht vor Vollendung des 60. Lebensjahres oder einer vor Vollendung des 60. Lebensjahres beginnenden Leistung aus einem gesetzlichen Alterssicherungssystem (DRV, landwirtschaftliche Alterskasse oder Beamtenversorgung) beginnen. Ein späterer Rentenbeginn ist zulässig. Von Gesetzes wegen ist nicht vorgesehen, wann die Rentenzahlung spätestens beginnen muss.

Ab dem 01.01.2012 werden Riester-Verträge nur zertifiziert, wenn eine Zahlung nicht vor Vollendung des 62. Lebensjahres beginnt oder eine vor Vollendung des 62. Lebensjahres beginnende Leistung aus einem gesetzlichen Alterssicherungssystem des Vertragspartners gezahlt werden darf.[47]

## Auszahlungsplan

Die Leistung einer Riester-Rente kann auch als Ratenzahlung im Rahmen eines Auszahlungsplans und Anschlussrente erfolgen. Spätestens ab dem 85. Lebensjahr muss die unabhängig vom Geschlecht lebenslang zu zahlende Anschlussrente beginnen.

Die einzelnen Auszahlungsraten und späteren Rentenzahlungen dürfen der Höhe nach nicht sinken. Die gesonderte Auszahlung der in der Auszahlungsphase anfallenden Zinsen und Erträge ist zulässig. Anbieter und Vertragspartner können vereinbaren, dass bis zu 12 Monatsleistungen in einer Auszahlung zusammengefasst werden können.

## Teilkapitalauszahlung

Zu Beginn der Auszahlungsphase kann der Anbieter eine einmalige Teilkapitalauszahlung in Höhe von bis zu 30 % des verfügbaren Kapitals vereinbaren. Eine Verteilung auf mehrere Auszahlungszeitpunkte ist nicht möglich. Das verbleibende Kapital muss anschließend im Rahmen einer lebenslangen Leibrente bzw. eines Auszahlungsplans mit Anschlussrente gezahlt werden.

## Kleinbetragsrenten

Die Vereinbarung einer Abfindungsmöglichkeit von Kleinbetragsrenten ist unschädlich, wenn die Abfindung frühestens zum Beginn der Auszahlungsphase, d. h. regelmäßig mit Vollendung des 60. Lebensjahres (ab 2012: Vollendung des 62. Lebensjahres) erfolgt. Eine Kleinbetragsrente liegt vor, wenn die Rente, die sich bei gleichmäßiger Verrentung des zu Beginn der Auszahlungsphase verfügbaren geförderten Altersvorsorgevermögens ergibt, 1 % der monatlichen Bezugsgröße nach § 18 des Vierten Buches Sozialgesetzbuch (2010 und 2011: 25,50 €, ab 2012: 26,25 €) nicht übersteigt.[48]

---

47   § 14 Abs. 2 AltZertG.
48   § 1 Abs. 1 Nr. 4a AltZertG.

## Ergänzende Absicherung gegen Berufsunfähigkeit, gegen verminderte Erwerbsfähigkeit oder Dienstunfähigkeit und für Hinterbliebene

Altersvorsorgeverträge können zusätzlich zu einer Versorgung im Alter den Eintritt der Berufsunfähigkeit, die verminderte Erwerbsfähigkeit oder Dienstunfähigkeit oder eine Hinterbliebenenversorgung absichern, sofern die Leistung als Rente erbracht wird. Nach Auffassung der Zertifizierungsstelle müssen auch im Fall einer ergänzenden Absicherung lebenslange Renten gezahlt werden. Bei Berufsunfähigkeits- oder Erwerbsminderungsrenten ist eine zeitliche Befristung auf den tatsächlichen Beginn der Altersrente aus dem entsprechenden Vertrag, frühestens auf das vollendete 60. Lebensjahr (ab 2012: 62. Lebensjahr) möglich. Ebenso kann die Rente enden, wenn die Versorgungsbedürftigkeit entfallen ist (z. B. Wiedererlangung der Erwerbsfähigkeit).

Nach Praxis der Zertifizierungsstelle kann die Leistung aus einer ergänzenden Absicherung der Berufsunfähigkeit oder verminderten Erwerbsfähigkeit auch enden, wenn

* die versicherte Person stirbt,
* die Altersgrenze erreicht wird oder
* die Altersrente beginnt.

Der Versicherungsnehmer kann bestimmen, dass die Berufs- oder Erwerbsunfähigkeitsrente mit den Beiträgen verrechnet wird; dadurch kann im Ergebnis eine Beitragsfreistellung erreicht werden.[49]

Steuerlich begünstigte Hinterbliebene sind nur der Ehegatte des Vertragspartners sowie die Kinder, für die der Steuerpflichtige Kindergeld oder einen Kinderfreibetrag nach § 32 Abs. 6 EStG erhält.

Nach Auffassung der Zertifizierungsstelle muss eine Hinterbliebenenrente zugunsten des hinterbliebenen Ehegatten grundsätzlich lebenslang vereinbart werden.[50]

Der Anspruch auf Waisenrente muss vertraglich längstens auf den Zeitraum begrenzt sein, in dem für das Kind Kindergeld gewährt wird oder ein Anspruch auf einen Kinderfreibetrag nach § 32 EStG besteht.

## Abschluss- und Vertriebskosten

Abschluss- und Vertriebskosten, mit denen der Anbieter seinen Vertragspartner individuell belastet (rechnungsmäßige Kosten) müssen vertragsgemäß auf einen Zeitraum von mindestens 5 Jahren verteilt werden. Sonstige Kosten, z. B. für im Zusammenhang mit einem Vertrags- oder Anbieterwechsel ent-

---

49  Bundeszentralamt für Steuern: Inoffizielle Kommentierung der Mitarbeiter („staff interpretations") zum AltZertG, Rz 20.
50  Bundeszentralamt für Steuern: Inoffizielle Kommentierung der Mitarbeiter („staff interpretations") zum AltZertG, Rz 16.

stehende Verwaltungskosten, dürfen gesondert – auch einmalig – belastet werden. Werden Abschluss- und Vertriebskosten als Prozentsatz von den Altersvorsorgebeiträgen erhoben (z. B. bei Investmentfonds oder fondsgebundenen Riester-Renten), können diese dem Vertrag unmittelbar belastet werden.

Wechselt der Vertragspartner innerhalb des Fünfjahreszeitraums den Anbieter, darf dieser die bis dahin noch nicht amortisierten Kostenanteile dem Vertrag nicht belasten.

## 3.2  Riester-Darlehen

Als Altersvorsorgevertrag gilt auch ein Vertrag, der der Finanzierung einer selbst genutzten Wohnung dient (Riester-Darlehen). Folgende Varianten können als Altersvorsorgeverträge mit Darlehenskomponente zertifiziert werden:

*   Vertrag, der für den Vertragspartner einen Rechtsanspruch auf Gewährung eines Darlehens vorsieht (Darlehensvertrag)[51];
    Der Vertrag wird unmittelbar bei Darlehensaufnahme geschlossen; bei dieser Vertragsart ist ein Sparvorgang nicht vorgesehen.

*   Vertrag, der eine Riester-Rente mit einer Darlehensoption kombiniert[52];
    Nach dieser Vertragsart können Bausparverträge als Altersvorsorgeverträge zertifiziert werden, wenn sie im Alter die Zahlung einer lebenslangen Rente/eines Auszahlungsplans mit Anschlussrente vorsehen (Riester-Bausparvertrag). Ebenso können Lebensversicherungsunternehmen, Kreditinstitute und Kapitalanlagegesellschaften zertifizierte Riester-Renten mit einer Darlehensoption anbieten.
    Ein Riester-Darlehen liegt auch dann vor, wenn ein Rechtsanspruch auf Abschluss eines Darlehensvertrags ohne Kombination mit einer Riester-Rente abgeschlossen wird.

*   Vertrag, der eine Riester-Rente mit einer Darlehensoption und einem Vorschaltdarlehen kombiniert und bei dem das Vorsorgekapital der Riester-Rente verbindlich zur Tilgung des Vorschaltdarlehens eingesetzt wird (Kombiverträge = z. B. Riester-Bausparvertrag mit Vorschaltdarlehen).[53]

Altersvorsorgeverträge mit Darlehenskomponenten müssen für eine Zertifizierung neben den vorab genannten Kriterien (→ 3.1 Riester-Rente, S. 53) folgende Anforderungen erfüllen:

*   Das Darlehen wird ausschließlich für eine wohnungswirtschaftliche Verwendung eingesetzt (§ 92a Abs. 1 EStG),

---

51  § 1 Abs. 1a Nr. 1 AltZertG.
52  § 1 Abs. 1a Nr. 2 AltZertG.
53  § 1 Abs. 1a Nr. 3 AltZertG.

- die Verteilung der Abschluss- und Vertriebskosten erfolgt mindestens auf die ersten 5 Vertragsjahre und

- das Darlehen wird spätestens bis zur Vollendung des 68. Lebensjahres getilgt.

## Wohnungswirtschaftliche Verwendung

Das Riester-Darlehen darf ausschließlich

1. bis zum Beginn der Auszahlungsphase unmittelbar für die Anschaffung/Herstellung einer Wohnung,
2. zu Beginn der Auszahlungsphase zur Entschuldung einer Wohnung,
3. für den Erwerb von Geschäftsanteilen (Pflichtanteilen) an einer eingetragenen Genossenschaft für die Selbstnutzung einer Genossenschaftswohnung,
4. für ein Dauerwohnrecht[54]

verwendet werden.

Eine begünstigte Wohnung ist eine Wohnung im eigenen Haus, eine eigene Eigentumswohnung oder eine Genossenschaftswohnung. Die Wohnung muss im Inland oder in einem EU- bzw. EWR-Staat belegen sein. Sie muss außerdem die Hauptwohnung oder der Mittelpunkt der Lebensinteressen des Steuerpflichtigen sein.

## Abschluss- und Vertriebskosten

Abschluss- und Vertriebskosten, mit denen der Anbieter seinen Vertragspartner individuell belastet (rechnungsmäßige Kosten) müssen vertragsgemäß auf einen Zeitraum von mindestens 5 Jahren verteilt werden.[55] Sonstige Kosten, z. B. für im Zusammenhang mit einem Vertrags- oder Anbieterwechsel entstehende Verwaltungskosten, dürfen gesondert – auch einmalig – belastet werden.

Wechselt der Vertragspartner innerhalb des Fünfjahreszeitraums den Anbieter, darf dieser die bis dahin noch nicht amortisierten Kostenanteile dem Vertrag nicht belasten.

---

54   § 92a Abs. 1 Satz 4 EStG.
55   § 1 Abs. 1a Satz 3 i.V.m. § 1 Abs. 1 Satz 1 Nr. 8 AltZertG.

## 3.3 Anbieter im Sinne des AltZertG

Anbieter[56] eines Altersvorsorgevertrags können sein:

- Lebensversicherungsunternehmen, die das Versicherungsgeschäft im Inland betreiben dürfen

- Kreditinstitute, die eine Erlaubnis zum Betreiben des Einlagengeschäfts im Inland haben

- Bausparkassen im Sinne des Bausparkassengesetzes

- Inländische Kapitalanlagegesellschaften bzw. Verwaltungs- oder Investmentgesellschaften

- in das Genossenschaftsregister eingetragene Genossenschaften, die eine Erlaubnis nach dem Kreditwesengesetz besitzen (Volks- und Raiffeisenbanken) bzw. satzungsgemäß ihren Mitgliedern Wohnraum zur Verfügung stellen (Wohnungsbaugenossenschaften)

# 4 Förderung der Altersvorsorgebeiträge

Die Förderung durch Altersvorsorgezulage und ggf. zusätzlich mit Steuerersparnis aus dem Sonderausgabenabzug der Beiträge hängt von den geleisteten Altersvorsorgebeiträgen i.S.d. EStG ab, die eine unmittelbar zulageberechtigte Person zugunsten ihres Altersvorsorgevertrags leistet.

Für Altersvorsorgebeiträge i.S.d. EStG, die eine mittelbar zulageberechtigte Person zugunsten ihres Altersvorsorgevertrags zahlt, erhält die unmittelbar zulageberechtigte Person keine Förderung. Die Altersvorsorgebeiträge werden bei deren unmittelbar zulageberechtigten Ehegatten ggf. zusätzlich mit Steuerersparnis aus dem Sonderausgabenabzug der Beiträge gefördert.

Altersvorsorgebeiträge i.S.d. EStG können von den Altersvorsorgebeiträgen i.S.d. AltZertG abweichen.
Für die steuerlich förderfähigen Altersvorsorgebeiträge gelten zusätzliche Anforderungen (z.B. Zertifizierung des Vertrags) oder Ausgrenzungen, mit denen eine doppelte oder mehrfache Förderung der aufgewendeten Beiträge ausgeschlossen wird.

Zusätzlich können gesetzliche Anforderungen, die der Verwaltungstechnik der Förderung geschuldet sind, dazu führen, dass Altersvorsorgebeiträge i.S.d. EStG nicht mit Altersvorsorgezulage oder zusätzlicher Steuerersparnis gefördert werden (z.B. unterlassener Antrag auf Altersvorsorgezulage).

---

56  § 1 Abs. 2 AltZertG.

## Altersvorsorgebeiträge

Altersvorsorgebeiträge i. S. d. EStG (= förderfähige Altersvorsorgebeiträge) sind Beiträge (zu einer Riester-Rente) oder Tilgungsleistungen (zu einem Riester-Darlehen), die der Zulageberechtigte für seinen Altersvorsorgevertrag zahlt. Altersvorsorgebeiträge zugunsten von Verträgen, bei denen mehrere Personen Vertragspartner sind (z. B. Ehegatten), sind nicht begünstigt.

Zu den Altersvorsorgebeiträgen gehören auch die Beitragsanteile, die zur ergänzenden Absicherung der Berufsunfähigkeit, verminderten Erwerbsfähigkeit oder Dienstunfähigkeit oder für Hinterbliebene geleistet werden.[57]

Anders als im AltZertG gehören Zulagen nicht zu den Altersvorsorgebeiträgen; eine doppelte Förderung bereits erhaltener Zulagen wird dadurch vermieden. Eine Förderung für Altersvorsorgebeiträge, die nach Beginn der Auszahlungsphase geleistet werden, ist ebenfalls ausgeschlossen.[58]

Nicht zu den Altersvorsorgebeiträgen zählen[59]

- vermögenswirksame Leistungen,
- prämienbegünstigte Aufwendungen nach dem Wohnungsbau-Prämiengesetz,
- Aufwendungen, für die ein Sonderausgabenabzug nach § 10 EStG geltend gemacht wird sowie
- bestimmte Zahlungen zur Verminderung des Wohnförderkontos[60].

Tilgungsleistungen für zertifizierte Riester-Darlehen werden nur gefördert, wenn das zugrunde liegende Darlehen ausschließlich für eine nach dem 31.12.2007 vorgenommene wohnungswirtschaftliche Verwendung eingesetzt wurde.

Bei Riester-Darlehen, denen ein modifizierter Bausparvertrag zugrunde liegt, werden die Einzahlungen als Altersvorsorgebeiträge und die zur Tilgung des Darlehens geleisteten Zahlungen als Tilgungsleistungen gefördert.[61] Zahlungen für einen „Kombivertrag" gelten als förderfähige Tilgungsleistungen, unabhängig davon, ob mit den Zahlungen Altersvorsorgevermögen gebildet oder das Darlehen getilgt wird.[62] Wird mit gefördertem Altersvorsorgevermögen das Vorfinanzierungsdarlehen eines „Kombivertrags" (§ 1 Abs. 1a Nr. 3 AltZertG) getilgt, scheidet eine erneute Zulagenförderung der Tilgung aus.[63]

Als förderfähige Tilgungsleistung gilt nur der Tilgungsanteil der Kreditrate. Zinsen und Kosten/Gebühren gelten nicht als Altersvorsorgebeiträge.[64]

---

57  § 82 Abs. 3 EStG.
58  BMF-Schreiben vom 31.03.2010, Rz 29.
59  § 82 Abs. 4 EStG.
60  § 92a Abs. 2 Satz 4 Nr. 1 EStG sowie § 92a Abs. 3 Satz 9 Nr. 2 EStG.
61  BMF-Schreiben vom 31.03.2010, Rz 24.
62  § 82 Abs. 1 S. 3 EStG, BMF-Schreiben vom 31.03.2010, Rz 25.
63  BMF-Schreiben vom 31.03.2010, Rz 27.
64  BMF-Schreiben vom 31.03.2010, Rz 26.

## 4.1 Förderung mit Altersvorsorgezulage

Zulageberechtigte erhalten zu ihren Altersvorsorgebeiträgen auf Antrag eine jährliche Zulage. Die Zulage besteht aus einer Grundzulage, die jeder Zulageberechtigte erhält. Abhängig von den persönlichen Lebensumständen kann zusätzlich eine Kinderzulage gezahlt werden. Leistet der Zulageberechtigte Altersvorsorgebeiträge unter dem gesetzlich vorgegebenen Mindesteigenbeitrag, werden die Zulagen anteilig gekürzt. Der Mindesteigenbeitrag darf einen zu leistenden Sockelbetrag von jährlich 60 € nicht unterschreiten.

### Überzahlungen

Beiträge zu Altersvorsorgeverträgen können in beliebiger Höhe vereinbart werden. In der Praxis wird die Höhe der möglichen Beitragszahlung häufig vertraglich auf einen Höchstbetrag (z. B. den Betrag nach § 10a EStG 2.100 €) begrenzt. Leistet der Zulageberechtigte über den vereinbarten Rahmen hinausgehende Zahlungen, handelt es sich zivilrechtlich um Zahlungen ohne Rechtsgrund (nicht geschuldete Beträge) hinsichtlich derer dem Einzahlenden ein Rückerstattungsanspruch gegenüber dem Anbieter zusteht. Diese Beiträge stellen grundsätzlich keine förderfähigen Altersvorsorgebeiträge dar.[65]

### Betriebliche Altersversorgung

Zu den Altersvorsorgebeiträgen gehören auch die aus dem individuell versteuerten Arbeitslohn des Arbeitnehmers geleisteten Beiträge an einen Pensionsfonds, eine Pensionskasse oder eine Direktversicherung zum Aufbau einer kapitalgedeckten Altersversorgung.[66] Dies sind im Wesentlichen durch Entgeltumwandlung finanzierte Beiträge, die die Begrenzung der Steuerfreiheit auf 4 % der Beitragsbemessungsgrenze in der allgemeinen Rentenversicherung (West) übersteigen. Eine steuerliche Förderung der Beiträge des Arbeitgebers durch Zulage und ggf. zusätzlichen Sonderausgabenabzug ist auch möglich, wenn der Arbeitnehmer freiwillig auf die Steuerfreiheit der Beiträge nach § 3 Nr. 63 EStG verzichtet.

Ebenfalls gefördert werden Beiträge des (ehemaligen) Arbeitnehmers zum Aufbau einer kapitalgedeckten Altersversorgung, die dieser wegen eines Rechts auf Vertragsfortführung[67] nun selbst erbringt. Voraussetzung ist, dass die Beiträge zunächst durch Entgeltumwandlung finanziert wurden, an einen Pensionsfonds, eine Pensionskasse oder eine Direktversicherung geleistet werden und der Arbeitnehmer eigene Beiträge entrichtet, weil

---

65  BMF-Schreiben vom 31.03.2010, Rz 31.
66  § 82 Abs. 2 Satz 1 Buchstabe a EStG.
67  § 1a Abs. 4 BetrAVG und § 1b Abs. 5 S. 1 Nr. 2 BetrAVG.

- sein Arbeitsverhältnis ohne Entgelt fortgeführt wird (z. B. während der Elternzeit) oder

- das Arbeitsverhältnis beendet wurde.[68]

Grundsätzlich müssen die zugesagten Altersvorsorgeleistungen in Form einer lebenslangen Rente oder eines Auszahlungsplans mit Anschlussrente ausgezahlt werden. Nach Auffassung der Finanzverwaltung ist die Vereinbarung eines Kapitalwahlrechts – auch für Invaliditäts- oder Hinterbliebenenversorgungsleistungen – möglich. Entscheidet sich der Arbeitnehmer während der Vertragslaufzeit zugunsten einer Einmalzahlung, können die Beitragsleistungen ab diesem Zeitpunkt nicht mehr steuerlich gefördert werden. Erfolgt die Ausübung des Kapitalwahlrechts innerhalb des letzten Jahres vor dem altersbedingten Ausscheiden aus dem Erwerbsleben, können die Beiträge aus Vereinfachungsgründen weiterhin mit Zulagen und ggf. zusätzlichem Sonderausgabenabzug gefördert werden.[69]

## Grundzulage

Jeder Zulageberechtigte erhält zunächst eine Grundzulage. Die Grundzulage beträgt

| Jahr | 2002 und 2003 | 2004 und 2005 | 2006 und 2007 | Ab 2008 |
|---|---|---|---|---|
| € | 38 | 76 | 114 | 154 |

## Berufseinsteiger-Bonus

Für unmittelbar Zulageberechtigte, die das 25. Lebensjahr noch nicht vollendet haben, erhöht sich die Grundzulage einmalig um einen Betrag von 200,00 € (sog. Berufseinsteiger-Bonus). Für die Erhöhung ist kein gesonderter Antrag erforderlich. Die erhöhte Grundzulage wird einmalig für das erste nach dem 31.12.2007 beginnende Beitragsjahr gezahlt, für das der Zulageberechtigte die Altersvorsorgezulage beantragt. Zu Beginn des betreffenden Beitragsjahres darf er jedoch das 25. Lebensjahr noch nicht vollendet haben. Wann der Altersvorsorgevertrag tatsächlich abgeschlossen wurde, ist insoweit ohne Bedeutung.

## Kinderzulage

Ein Anspruch auf Kinderzulage besteht für jedes Kind, für das für mindestens einen Monat des Beitragsjahres Kindergeld an den Förderberechtigten ausgezahlt worden ist. Die Kinderzulage beträgt ab dem Jahr 2008 für jedes

---

68   § 82 Abs. 2 Satz 1 Buchstabe b EStG.
69   BMF-Schreiben vom 31.03.2010, Rz 291.

vor dem 01.01.2008 geborene Kind 185,00 € und für jedes nach dem 31.12.2007 geborene Kind 300,00 € jährlich.

Auf den Zeitpunkt der Auszahlung des Kindergeldes kommt es nicht an. Für die Frage, wer von den beiden Eltern kinderzulageberechtigt ist, gilt Folgendes:

Werden Eltern bei der Einkommensteuer zusammen veranlagt (→ I Grundzüge des Einkommensteuerrechts, 6.2 Ehegattenveranlagung, Zusammenveranlagung, S. 33), erhält die Kinderzulage grundsätzlich die Mutter. Eine Zuordnung beim Vater kann erfolgen, wenn die Eltern dies für das jeweilige Beitragsjahr gemeinsam beantragen. Die Übertragung der Kinderzulage muss auch in den Fällen beantragt werden, in denen die Mutter keinen Anspruch auf Altersvorsorgezulage hat, weil sie beispielsweise keinen Altersvorsorgevertrag abgeschlossen hat.

Der Antrag kann für jedes Kind gesondert gestellt werden und ist nach Eingang beim Anbieter nicht mehr widerrufbar. Hat der Zulageberechtigte seinem Anbieter für einen Dauerzulageantrag bevollmächtigt, gilt der Antrag auf Übertragung der Kinderzulage von der Mutter auf den Vater auch für zukünftige Beitragsjahre, es sei denn, der Förderberechtigte widerruft ihn vor Beginn des betreffenden Beitragsjahres.

Bei nicht verheirateten, geschiedenen oder dauernd getrennt lebenden Eltern erhält die Person die Kinderzulage, der das Kindergeld für das Kind ausgezahlt wird. Eine Übertragung der Kinderzulage ist in diesen Fällen nicht möglich. Gleiches gilt, wenn beispielsweise das Kindergeld einem Großelternteil oder dem Kind selbst ausgezahlt wird.[70]

Wurde während des Beitragsjahres mehreren Zulageberechtigten für unterschiedliche Zeiträume Kindergeld ausgezahlt, erhält grundsätzlich derjenige die Kinderzulage, dem für den ersten Anspruchszeitraum im Kalenderjahr Kindergeld ausgezahlt wurde. Im Jahr der Geburt ist dies der Geburtsmonat und in den Folgejahren regelmäßig der Monat Januar.

## Mindesteigenbeitrag

Die Zulagen werden nur dann in voller Höhe gewährt, wenn der Förderberechtigte den Mindesteigenbeitrag geleistet hat. Der Mindesteigenbeitrag beträgt 4 % des/der vom Förderberechtigten im Vorjahr bezogenen

* rentenversicherungspflichtigen Einkommens,

* Besoldung bzw. Amtsbezüge,

* Bruttorente wegen voller Erwerbsminderung bzw. Dienst- oder Erwerbsunfähigkeit,

maximal aber 2.100 € abzüglich Zulagen.

---

70  BMF-Schreiben vom 31.03.2010, Rz 42-45.

In den Jahren 2002 bis 2007 war der für eine volle Zulagengewähr erforderliche Mindesteigenbeitrag wie folgt zu ermitteln:

| Jahr | 2002/2003 | 2004/2005 | 2006/2007 |
|---|---|---|---|
| % der Einnahmen | 1 | 2 | 3 |
| maximal € abzüglich Zulagen | 525 | 1.050 | 1.575 |

Ist der Mindesteigenbeitrag geringer als der Sockelbetrag von 60 €, wird die ungekürzte Zulage nur gezahlt, wenn der Förderberechtigte mindestens den Sockelbetrag zahlt.[71]

Zahlt der Zulageberechtigte weniger als den erforderlichen Mindesteigenbeitrag, werden die Zulagen entsprechend anteilig gekürzt.

Bei einem Land- und Forstwirt, der nach dem Gesetz über die Alterssicherung der Landwirte pflichtversichert ist, ist für die Berechnung des Mindesteigenbeitrags auf die Einkünfte aus Land- und Forstwirtschaft des zweiten dem Beitragsjahr vorangegangenen Veranlagungszeitraums abzustellen. Bei Nebenerwerbslandwirten sind die beitragspflichtigen Einnahmen des Vorjahres (Arbeitslohn) und die positiven Einkünfte aus Land- und Forstwirtschaft des zweiten dem Beitragsjahr vorangegangenen Veranlagungszeitraums zusammenzurechnen.

Erhält der Förderberechtigte Elterngeld, ist dies bei der Ermittlung des maßgebenden Mindesteigenbeitrags nicht zu berücksichtigen.[72]

## Nachträgliche Korrekturmöglichkeit

Für Zulageberechtigte, die in der Vergangenheit in Unkenntnis ihres tatsächlichen Zulagestatus zu geringe Altersvorsorgebeiträge (insbesondere bei sog. „Null-Verträgen") geleistet haben, hat der Gesetzgeber eine rückwirkende Korrekturvorschrift (§ 52 Abs. 63b EStG) geschaffen.

Der Zulageberechtigte kann für Beitragsjahre vor 2011 nachträglich Altersvorsorgebeiträge auf einen eigenen Altersvorsorgevertrag leisten, wenn

- er dem Anbieter schriftlich mitteilt, in welcher Höhe und für welches Beitragsjahr die Altersvorsorgebeiträge berücksichtigt werden sollen,

- in dem Beitragsjahr, für das die Altersvorsorgebeiträge berücksichtigt werden sollen, tatsächlich bereits ein Altersvorsorgevertrag bestanden hat,

- für dieses Beitragsjahr ein fristgerechter Zulagenantrag für mittelbar Zulageberechtigte eingereicht wurde,

---

71   BMF-Schreiben vom 31.03.2010, Rz 53.
72   BMF-Schreiben vom 31.03.2010, Rz 70.

- die Zahlung des zurück zu beziehenden Altersvorsorgebeitrags innerhalb von 2 Jahren nach Erteilung der jährlichen Bescheinigung für das betreffende Beitragsjahr (→ 9. Informations- und Meldepflichten, Jährliche Bescheinigung, S. 98) geleistet wurde und

- dem Anbieter eine Bestätigung des Zulageberechtigten über die Kenntnis der Besteuerung der aus den Altersvorsorgebeiträgen resultierenden Leistung (nachgelagerte Besteuerung nach § 22 Nr. 5 EStG) vorliegt.

Der Anbieter ist verpflichtet, seinen Vertragspartner bis 31.07.2012 in hervorgehobener schriftlicher Weise auf diese Rechtsänderung hinzuweisen.[73]

Der Mindesteigenbeitrag ist durch Altersvorsorgebeiträge i. S. d. EStG zu erbringen. Geleistete Altersvorsorgebeiträge i. S. d. EStG können ggf. als Sonderausgaben abgezogen werden und dadurch zu einer zusätzlichen Steuerersparnis führen.

Beispiel:

Familie Schmitt hat bereits 2008 Familienzuwachs bekommen. Bis zur Geburt ihrer Tochter war Ute Schmitt als angestellte Bankkauffrau berufstätig (beitragspflichtige Einkünfte 2008: 40.000 €). Nach der Geburt blieb Ute Schmitt bis Ende des Jahres 2009 zu Hause und bezog Elterngeld. Seit Januar 2010 arbeitet sie wieder bei ihrem Arbeitgeber in Teilzeit (beitragspflichtige Einkünfte 2010: 15.000 €). Frau Schmitt hat im Jahr 2009 einen Riester-Vertrag abgeschlossen und in den Jahren 2009 und 2010 nur den Eigenbeitrag in Höhe von 60 € geleistet.

Bernd Schmitt ist als selbständiger Rechtsanwalt freiberuflich tätig und im Versorgungswerk der Rechtsanwälte versichert. Er ist daher nicht unmittelbar förderberechtigt. Als mittelbar Förderberechtigter hat er einen eigenen Altersvorsorgevertrag abgeschlossen.

| Ermittlung des maßgebenden Mindestbeitrags für 2009: | Euro |
|---|---|
| Beitragspflichtige Einnahmen des Vorjahres (2008) | 40.000 |
| davon 4 % | 1.600 |
| • Zulagen (Grundzulage [2 x 154 €] + Kinderzulage [300 €]) | 608 |
| maßgebender Mindesteigenbeitrag | 992 |
| tatsächlich geleisteter Eigenbeitrag für 2009 | 60 |

Ute Schmitt hat den Mindesteigenbeitrag lediglich zu 6,05 % geleistet, so dass für 2009 lediglich 27,47 € (6,05 % von 454 €) als Zulagen gewährt werden.

---

73   § 52 Abs. 63a EStG.

| Ermittlung des maßgebenden Mindestbeitrags für 2010: | Euro |
|---|---|
| Beitragspflichtige Einnahmen des Vorjahres (2009) | 0 |
| mindestens aber Sockelbetrag als maßgebender Mindesteigenbeitrag | 60 |
| tatsächlich geleisteter Eigenbeitrag für 2010 | 60 |

Ute Schmitt erhält die Zulagen (Grund- und Kinderzulage) in 2010 ungekürzt, da sie einen Eigenbeitrag in Höhe des Sockelbetrags als maßgebenden Mindesteigenbeitrag geleistet hat.

Herr Schmitt erhält für 2009 eine anteilige Grundzulage (6,05 %) von 9,32 €. Für 2010 erhält er die Grundzulage ungekürzt in Höhe von 154 €.

*Hinweis:*

*Ab dem Beitragsjahr 2012 muss Herr Schmitt als mittelbar Zulageberechtigter den jährlichen Eigenbeitrag von mindestens 60 € entrichten!*

## Ehegatten

Gehören beide Ehegatten zum unmittelbar begünstigten Personenkreis, ist für jeden Ehegatten anhand seiner jeweiligen maßgebenden Einnahmen ein eigener Mindesteigenbeitrag zu ermitteln. Die Grundsätze zur Zuordnung der Kinderzulage gelten auch für die Ermittlung des Mindesteigenbeitrags.

Ist nur ein Ehegatte unmittelbar und der andere mittelbar begünstigt, ist der Mindesteigenbeitrag nur für den unmittelbar begünstigten Ehegatten zu ermitteln. Berechnungsgrundlage sind seine (rentenversicherungspflichtigen) Einnahmen. Der sich nach Anwendung des maßgebenden Prozentsatzes ergebende Betrag ist um die den Ehegatten insgesamt zustehenden Zulagen zu vermindern.

Hat der unmittelbar begünstigte Ehegatte den erforderlichen geförderten Mindesteigenbeitrag zugunsten seines Altersvorsorgevertrags oder einer förderbaren betrieblichen Altersversorgung erbracht, erhält auch der mittelbar begünstigte Ehegatte die Altersvorsorgezulagen ungekürzt. Bis 2012 war es nicht erforderlich, dass er neben der Zulage eigene Beiträge zugunsten seines Altersvorsorgevertrags leistet (sogenannter „Null-Vertrag").[75] Ab 2012 muss der mittelbar Zulageberechtigte mindestens einen jährlichen Eigenbeitrag von 60 € entrichten.

Erbringt der unmittelbar Förderberechtigte in einem Beitragsjahr nicht den erforderlichen Mindesteigenbeitrag, sind die für dieses Beitragsjahr zustehenden Altersvorsorgezulagen nach dem Verhältnis der geleisteten Altersvorsorgebeiträge zum erforderlichen Mindesteigenbeitrag zu kürzen. Dieser Kürzungsmaßstab ist auch für den mittelbar Zulageberechtigten anzuwenden.[76]

---

75   BMF-Schreiben vom 31.03.2010, Rz 76.
76   BMF-Schreiben vom 31.03.2010, Rz 78.

Beispiel:

Familie Kurz hat drei Kinder, die in den Jahren 2000, 2003 und 2005 geboren wurden. Anton Kurz ist als Angestellter tätig und erzielte 2009 rentenversicherungspflichtige Einnahmen in Höhe von 60.000 €. Seine Ehefrau Margret war als Hausfrau und Mutter nicht berufstätig und hatte 2010 auch keinen Anspruch auf Kindererziehungszeiten mehr. Beide Ehegatten haben 2006 jeweils einen auf ihren Namen lautenden Altersvorsorgevertrag abgeschlossen.

Anton Kurz zahlt jährlich einen Eigenbeitrag von 1.237 € zugunsten seiner Riester-Rente. Margret erbringt keine eigenen Beiträge; ihrem Vertrag werden folgende Zulagen gutgeschrieben: Grundzulage (154 €) sowie Kinderzulagen für 3 Kinder (3 x 185 € = 555 €).

| Ermittlung des maßgebenden Mindesteigenbeitrags Anton Kurz | Euro |
|---|---|
| Beitragspflichtige Einnahmen | 60.000 |
| davon 4 % = 2.400 €, max. aber | 2.100 |
| • Zulagen: Grundzulage Anton und Margret, jeweils 154 € | 308 |
| Kinderzulage für 3 Kinder jeweils 185 € | 555 |
| = maßgebender Mindesteigenbeitrag 2010 | 1.237 |

Beide Ehegatten haben Anspruch auf die volle Zulage, da Anton seinen maßgebenden Mindesteigenbeitrag bezahlt hat, der sich unter Berücksichtigung der seiner Ehefrau zustehenden Grund- und Kinderzulagen ergibt.

*Hinweis:*

*Ab 2012 muss auch die mittelbar zulageberechtigte Ehefrau mindestens einen jährlichen Eigenbeitrag von 60 € entrichten.*

## Nachweise

Die beitragspflichtigen Einnahmen können bei Arbeitnehmern und Beziehern von Vorruhestandsgeld aus der Durchschrift der jährlichen „Meldung zur Sozialversicherung nach der DEÜV" entnommen werden.[76]

Bei rentenversicherungspflichtigen Selbständigen (z. B. Scheinselbständige) wird die Höhe der beitragspflichtigen Einnahmen aus der vom Rentenversicherungsträger erstellten Bescheinigung entnommen.

Für Beamte und gleichgestellte Personen kann die Höhe der Besoldung bzw. Amtsbezüge der Meldung des Dienstherrn an die zentrale Stelle entnommen werden (→ 2.1 Unmittelbar zulageberechtigte Personen, Beamte und gleichgestellte Personen, S. 46).

---

76  BMF-Schreiben vom 31.03.2010, Rz 60.

## Sockelbetrag

Um die Zulagenförderung zu erhalten, ist mindestens der Sockelbetrag von jährlich 60 € als Altersvorsorgebeitrag zu leisten.

## Zentrale Zulagenstelle für Altersvermögen (ZfA)

Sämtliche mit der Förderung von Riester-Verträgen verbundenen Aufgaben hat der Gesetzgeber an die Deutsche Rentenversicherung Bund abgegeben.[77] Die eigens dafür eingerichtete Stelle heißt „Zentrale Zulagenstelle für Altersvermögen", kurz: ZfA, und hat ihren Dienstsitz in Brandenburg an der Havel. Die wesentlichen Aufgaben der zentralen Stelle sind:

- die Berechnung und Auszahlung der Zulagen
- eine eventuelle Rückabwicklung zu Unrecht gezahlter Zulagen
- die jährlich wiederkehrende Festsetzung des Zulagenanspruchs
- das Verfahren bei Verwendung von Kapital aus einem Altersvorsorgevertrag zum Erwerb oder der Herstellung von selbstgenutztem Wohneigentum
- der Datenabgleich mit dem Rentenversicherungsträger, den Familienkassen der Bundesagentur für Arbeit, den zuständigen Besoldungsstellen und den Finanzämtern zur Überprüfung der gezahlten Zulagen

## Zulagenantrag

Die Festsetzung der Zulagen erfolgt auf schriftlichen Antrag des Zulageberechtigten. Der Antrag ist nach amtlich vorgeschriebenem Vordruck bis zum Ablauf des zweiten Kalenderjahres nach dem Beitragsjahr, für das die Altersvorsorgebeiträge geleistet wurden, beim jeweiligen Anbieter einzureichen. Der Zulageberechtigte ist verpflichtet, seinen Anbieter unverzüglich über eine Änderung der Verhältnisse zu informieren, soweit dies zu einer Minderung oder zum Wegfall des Zulagenanspruchs führt.[78]

Aus Vereinfachungsgründen kann der Zulageberechtigte seinen Anbieter schriftlich bevollmächtigen, die Zulagen jährlich wiederkehrend für ihn zu beantragen (Dauerzulagenantrag).[79] Dabei ist der Zulageberechtigte verpflichtet, den Anbieter unverzüglich über die Änderung seiner persönlichen Verhältnisse zu informieren, soweit dies Einfluss auf die Berechnung der Zulagenhöhe hat. Der Dauerzulagenantrag kann bis zum Ablauf des Beitragsjahres, für das der Anbieter erstmals keinen Antrag mehr stellen soll, widerrufen werden.

---

77  § 81 EStG.
78  § 89 Abs. 1 Satz 5 EStG.
79  § 89 Abs. 1a EStG.

Der Anbieter ist verpflichtet, folgende Daten für die Ermittlung und Überprüfung des Zulageanspruchs und Durchführung des Zulageverfahrens an die zentrale Stelle zu übermitteln:

- die Vertragsdaten

- die Sozialversicherungsnummer oder die Zulagenummer des Zulageberechtigten und dessen Ehegatten. Falls für den mittelbar zulageberechtigten Ehegatten bislang weder eine Sozialversicherungsnummer noch eine Zulagenummer vorliegt, ist diese über den Anbieter bei der zentralen Stelle zu beantragen.

- die vom Zulageberechtigten mitgeteilten Angaben zur Ermittlung des Mindesteigenbeitrags

- die für die Gewährung der Kinderzulage erforderlichen Daten (z. B. Name, Geburtsdatum, Identifikationsnummer, Kindergeldnummer)

- die Höhe der geleisteten Altersvorsorgebeiträge

Der Anbieter muss die bei ihm innerhalb eines Kalendervierteljahres eingegangenen Anträge oder Verhältnisänderungen bis zum Ende des folgenden Monats nach amtlich vorgeschriebenem Datensatz an die zentrale Stelle weiterleiten.

Bei einem Dauerzulagenantrag ist neben den aufgelisteten Daten die vom Zulageberechtigten erteilte Vollmacht vorzulegen. Im Dauerzulagenantragsverfahren müssen die Daten innerhalb des dem Beitragsjahr folgenden Kalenderjahres übermittelt werden. Liegt die Vollmacht des Zulageberechtigten erst nach diesem Zeitpunkt vor, muss der Anbieter die Datenübertragung bis zum Ende des folgenden Kalendervierteljahres, spätestens bis zum Ablauf des zweiten Kalenderjahres nach dem Beitragsjahr, für das die Altersvorsorgebeiträge geleistet wurden, nachholen. Teilt der Zulageberechtigte dem Anbieter Änderungen seiner persönlichen Verhältnisse mit, muss er die innerhalb eines Kalendervierteljahres eingegangenen Informationen bis zum Ende des folgenden Monats nach amtlich vorgeschriebenem Datensatz an die zentrale Stelle weiterleiten.

## Mehrere Altersvorsorgeverträge

Hat der Zulageberechtigte mehrere Altersvorsorgeverträge abgeschlossen, kann er im Zulagenantrag jährlich neu bestimmen, auf welche Verträge die Zulage überwiesen werden soll. Die Zulage wird bei einem unmittelbar Zulageberechtigten höchstens für zwei Verträge gewährt.[80] Wurde nicht der gesamte erforderliche Mindesteigenbeitrag zugunsten dieser Verträge geleistet, wird die Zulage entsprechend gekürzt. Die zu gewährende Zulage wird dann entsprechend dem Verhältnis der zugunsten dieser beiden Ver-

---

80   § 87 Abs. 1 Satz 1 EStG.

träge geleisteten Altersvorsorgebeiträge verteilt. Erfolgt bei mehreren Verträgen keine Bestimmung oder wird die Zulage für mehr als zwei Verträge beantragt, wird die Zulage nur für die beiden Verträge mit den höchsten Altersvorsorgebeiträgen im Beitragsjahr gewährt.[81]

Mittelbar Zulageberechtigte können ihre Zulage nicht auf mehrere Riester-Verträge verteilen.[82]

## 4.2 Zusätzlicher Sonderausgabenabzug

Neben der Zulagenförderung können die unmittelbar zum förderberechtigten Personenkreis gehörenden Steuerpflichtigen ihre Altersvorsorgebeiträge zuzüglich Zulagenanspruch bis zu bestimmten Höchstbeträgen als zusätzliche Sonderausgaben nach § 10a EStG geltend machen. Dabei ist der für das jeweilige Veranlagungsjahr entstandene Anspruch auf Zulage für die Berücksichtigung bei der Ermittlung des zusätzlichen Sonderausgabenabzugs maßgebend. Ob und wann die Zulage dem begünstigten Vertrag gutgeschrieben wird oder ob der Förderberechtigte die Zulage tatsächlich beantragt hat, ist unerheblich.

Der einmalige Berufseinsteiger-Bonus wird für die Ermittlung des zusätzlichen Sonderausgabenabzugs nicht berücksichtigt.[83]

Seit 2008 beträgt der jährliche Höchstbetrag für den zusätzlichen Sonderausgabenabzug 2.100 €.

In den Jahren 2002 bis 2007 wurde dieser Betrag stufenweise erhöht. Er betrug

| Jahr | 2002/2003 | 2004/2005 | Ab 2006/2007 |
|------|-----------|-----------|--------------|
| € | 525 | 1.050 | 1.575 |

Weitere Voraussetzung für die Abzugsfähigkeit der geleisteten Beiträge als zusätzliche Sonderausgaben ist ab 2010, dass der Steuerpflichtige gegenüber dem Versicherungsunternehmen (oder dem anderen Anbieter) einer Datenübermittlung an die Finanzverwaltung (zentrale Stelle) einwilligt. Mittelbar zulageberechtigte Ehegatten müssen – obwohl sie keinen Anspruch auf zusätzlichen Sonderausgabenabzug haben – ebenfalls in eine Datenübermittlung einwilligen.[84]

---

81 § 87 Abs. 1 Satz 3 EStG.
82 § 87 Abs. 2 EStG.
83 BMF-Schreiben vom 31.03.2010, Rz 81.
84 § 10a Abs. 2a Satz 3 EStG.

Der zusätzliche Sonderausgabenabzug wird nur festgesetzt, wenn dieser für den Steuerpflichtigen günstiger ist als die gewährte Zulage. Diese Günstigerprüfung wird vom Finanzamt von Amts wegen vorgenommen.[85]

## Ehegatten

Für zusammenveranlagte Ehegatten, die beide unmittelbar begünstigt sind, ist die Begrenzung auf den Höchstbetrag jeweils gesondert vorzunehmen.[86] Eine Übertragung nicht ausgeschöpfter Höchstbeträge eines Ehegatten auf den anderen Ehegatten ist nicht zulässig.

Für mittelbar förderberechtigte Ehegatten besteht kein Anspruch auf einen eigenen zusätzlichen Sonderausgabenabzug. Wird allerdings der zusätzliche Sonderausgabenabzug des unmittelbar förderberechtigten Ehegatten durch diesen selbst nicht in vollem Umfang ausgeschöpft, können Zahlungen zugunsten des Altersvorsorgevertrags des mittelbar förderberechtigten Ehegatten ebenfalls steuerlich geltend gemacht werden. Dabei ist zu beachten, dass beim zusätzlichen Sonderausgabenabzug des unmittelbar Förderberechtigten der Zulagenanspruch des mittelbar förderberechtigten Ehegatten zu berücksichtigen ist.[87] Ab dem Veranlagungszeitraum 2012 erhöht sich der zusätzliche Sonderausgabenabzug in diesen Fällen auf 2.160 €.[88]

## Mehrere Altersvorsorgeverträge

Anders als im Zulageverfahren gibt es für den zusätzlichen Sonderausgabenabzug keine Begrenzung der Anzahl berücksichtigungsfähiger Altersvorsorgeverträge. Der Steuerpflichtige kann im Rahmen des Höchstbetrags auch Altersvorsorgebeiträge für Verträge geltend machen, für die keine Zulage beantragt bzw. gewährt wurde.[89]

## Günstigerprüfung

Beantragt der Steuerpflichtige im Rahmen seiner Einkommensteuererklärung (Anlage AV) die Berücksichtigung seiner Altersvorsorgebeiträge als zusätzliche Sonderausgaben oder hat er in die elektronische Datenübertragung eingewilligt, überprüft das Finanzamt automatisch, ob dieser Ansatz für den Steuerpflichtigen günstiger ist als die Zulagenförderung. In diesem Fall mindern die zusätzlichen Sonderausgaben das zu versteuernde Einkommen und damit die Einkommensteuerschuld. Im Gegenzug wird die Einkommensteuerschuld um den Anspruch auf Zulage[90] erhöht, so dass der

---

85  § 10a Abs. 2 EStG
86  § 10a Abs. 3 Satz 1 EStG.
87  § 10a Abs. 3 Satz 2 EStG.
88  § 10a Abs. 3 Satz 3 EStG.
89  BMF-Schreiben vom 31.03.2010, Rz 112.
90  Für die Berücksichtigung des Anspruchs auf Zulage ist es unerheblich, ob die Zulage tatsächlich beantragt und gewährt worden ist.

Differenzbetrag als Vorteil aus dem zusätzlichen Sonderausgabenabzug beim Steuerpflichtigen verbleibt.[91]

Haben beide unmittelbar begünstigten Ehegatten Altersvorsorgebeiträge geleistet, wird die Steuerermäßigung für die Summe der für jeden Ehegatten anzusetzenden Aufwendungen mit dem den Ehegatten insgesamt zustehenden Zulageanspruch verglichen. Dies gilt auch, wenn nur einer der beiden unmittelbar begünstigten Ehegatten in der gemeinsamen Einkommensteuererklärung den zusätzlichen Sonderausgabenabzug beantragt.[92]

Ist nur einer der beiden Ehegatten unmittelbar begünstigt und hat der andere aufgrund seiner mittelbaren Zulageberechtigung einen Zulageanspruch, wird die Steuerermäßigung für den zusätzlichen Sonderausgabenabzug mit dem den Ehegatten insgesamt zustehenden Zulageanspruch verglichen.[93]

Die zusätzliche Steuerersparnis wird – anders als die Zulagen – nicht dem Altersvorsorgevertrag gutgeschrieben.

Das Wohnsitzfinanzamt stellt die über den Zulagenanspruch hinausgehende Steuerersparnis gesondert fest und teilt das Ergebnis der zentralen Stelle mit. Gegen den Feststellungsbescheid, der in der Regel mit dem Einkommensteuerbescheid verbunden ist, kann der Steuerpflichtige innerhalb eines Monats Einspruch einlegen.

Bei Ehegatten ist die über den Zulagenanspruch hinausgehende Steuerersparnis – unabhängig von der gewählten Veranlagungsart – jeweils getrennt zuzurechnen.[94] Im Fall einer Zusammenveranlagung erfolgt die Zurechnung im Verhältnis der als Sonderausgaben berücksichtigten Altersvorsorgebeiträge.

## Meldeverfahren

Beiträge zu Altersvorsorgeverträgen können steuerlich als zusätzliche Sonderausgaben nur geltend gemacht werden, wenn der Steuerpflichtige gegenüber seinem Anbieter einer Datenübermittlung an die zentrale Stelle (Deutsche Rentenversicherung Bund) zugestimmt hat. Bis 2009 musste der Steuerpflichtige dem Finanzamt die Höhe der Altersvorsorgebeiträge durch eine Bescheinigung seines Anbieters nach amtlich vorgeschriebenem Vordruck nachweisen.

Die Einwilligung des Steuerpflichtigen muss innerhalb einer Frist von 2 Jahren nach Ablauf des Beitragsjahres dem Anbieter (übermittelnde Stelle) schriftlich vorliegen. Das Einverständnis gilt auch für künftige Beitragsjahre, es sei denn, der Steuerpflichtige widerruft seine Erklärung vor Beginn des betreffenden Beitragsjahres schriftlich gegenüber dem Anbieter (übermittelnde Stelle).

---

91 BMF-Schreiben vom 31.03.2010, Rz 92.
92 BMF-Schreiben vom 31.03.2010, Rz 96.
93 BMF-Schreiben vom 31.03.2010, Rz 95.
94 § 10a Abs. 4 Satz 3 EStG.

Hat der Steuerpflichtige seinen Anbieter bevollmächtigt, für ihn die jährliche Zulage zu beantragen, gilt dies zugleich als Einverständniserklärung zur Datenübermittlung an die zentrale Stelle. Hat der Steuerpflichtige einen solchen Dauerzulagenantrag nicht erteilt, liegt die Einwilligung zur Datenübermittlung für das Beitragsjahr vor, für das er einen individuellen Zulagenantrag gestellt hat.[95]

Der Anbieter übermittelt folgende Daten des Steuerpflichtigen an die zentrale Stelle (Deutsche Rentenversicherung Bund):

- die Höhe der im jeweiligen Beitragsjahr zu berücksichtigenden Altersvorsorgebeiträge

- Vertragsdaten

- Datum der Einwilligungserklärung

- die Zulagenummer oder die Versicherungsnummer nach § 147 des Sechsten Buches Sozialgesetzbuch. Soweit noch keine Zulage- oder Versicherungsnummer vergeben wurde, gilt die Einwilligung des Zulageberechtigten auch als Antrag auf Vergabe einer Zulagenummer durch die zentrale Stelle.[96]

- die Identifikationsnummer des Steuerpflichtigen. Teilt dieser trotz Aufforderung seine steuerliche Identifikationsnummer dem Anbieter nicht mit, darf der Anbieter diese beim Bundeszentralamt für Steuern erfragen.

Die Daten müssen bis zum 01.03. des dem Beitragsjahr folgenden Kalenderjahres übermittelt werden. Wird die Einwilligung erst nach Ablauf des Beitragsjahres, jedoch innerhalb der oben genannten 2-Jahresfrist abgegeben, sind die Daten bis zum Ende des folgenden Kalenderjahres zu übermitteln. Die Datenübermittlung kann zu einer Änderung des Steuerbescheids führen.[97]

Die zentrale Stelle führt eine ausschließlich automatisierte Prüfung der ihr übermittelten Daten daraufhin durch, ob sie vollständig und schlüssig sind und ob das vorgeschriebene Datenformat verwendet worden ist.

Der Anbieter ist verpflichtet, dem Steuerpflichtigen die erfolgte Datenübermittlung zu bestätigen.[98]

Werden die erforderlichen Daten aus Gründen, die der Steuerpflichtige nicht zu vertreten hat (z. B. technische Probleme) vom Anbieter nicht übermittelt, kann der Steuerpflichtige den Nachweis über die geleisteten Altersvorsorgebeiträge auch in anderer Weise erbringen.[99]

---

95  § 10a Abs. 2a Sätze 4 und 5 EStG.
96  BMF-Schreiben vom 31.03.2010, Rz 83.
97  § 10a Abs. 5 Satz 2 EStG.
98  § 92 Abs. 1 Nr. 7 EStG.
99  BMF-Schreiben vom 31.03.2010, Rz 83.

# 5   Eigenheim-Förderung

## 5.1   Altersvorsorge-Eigenheimbetrag

Der Förderberechtigte kann unmittelbar bei Anschaffung oder Herstellung einer selbstgenutzten Wohnung bis zu 75 % oder 100 % des geförderten Kapitals aus seinem zertifizierten Atersvorsorgevertrag entnehmen (Altersvorsorge-Eigenheimbetrag). Zudem kann er zu Beginn der Auszahlungsphase einen Altersvorsorge-Eigenheimbetrag zur Entschuldung einer selbstgenutzten Wohnung entnehmen. Dabei ist u. E. der Zeitpunkt der Anschaffung oder Herstellung der selbstgenutzten Wohnung unbeachtlich. Eine begünstigte Entnahme liegt auch vor, wenn der Förderberechtigte Gelder für den Erwerb von Geschäftsanteilen (Pflichtanteilen) an einer eingetragenen Genossenschaft für die Selbstnutzung einer Genossenschaftswohnung entnimmt.

Soweit die Riester-Förderung im Bereich der betrieblichen Altersvorsorge genutzt wird, ist diese Möglichkeit nicht vorgesehen.

Der Altersvorsorge-Eigenheimbetrag gilt nicht als Leistung aus einem Altersvorsorgevertrag, die dem Zulageberechtigten im Zeitpunkt der Auszahlung zufließt.[100] Eine Besteuerung im Zeitpunkt der Auszahlung findet daher nicht statt.

### Begünstigte Verwendung

Eine Entnahme von Altersvorsorgevermögen ist in folgenden Fällen möglich:

* bis zum Beginn der Auszahlungsphase unmittelbar für die Anschaffung oder Herstellung einer begünstigten Wohnung

* zu Beginn der Auszahlungsphase zur Entschuldung einer begünstigten Wohnung

* ohne zeitliche Beschränkung Beträge für den Erwerb von Geschäftsanteilen (Pflichtanteilen) an einer eingetragenen Genossenschaft für die Selbstnutzung einer Genossenschaftswohnung

---

100   § 92a Abs. 1 Satz 3 EStG.

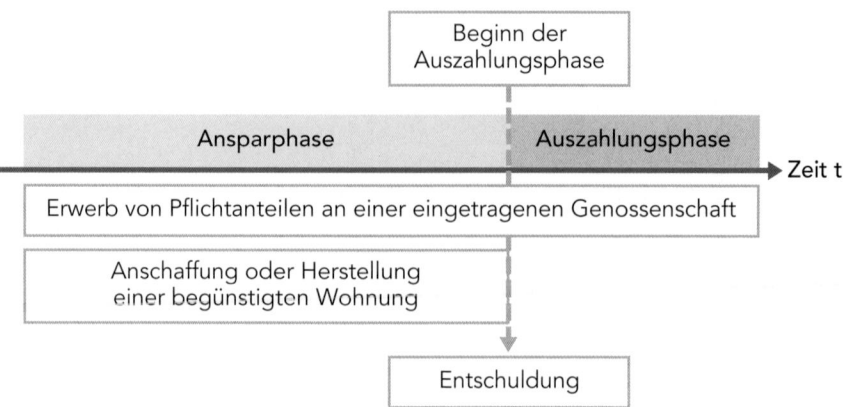

## Höhe des Altersvorsorge-Eigenheimbetrags

Der Altersvorsorge-Eigenheimbetrag darf die Anschaffungs- oder Herstellungskosten der Wohnung inklusive der Anschaffungsnebenkosten (z. B. Grunderwerbsteuer, Notarkosten für den Kaufvertrag) zuzüglich der Anschaffungskosten für den dazugehörenden Grund und Boden nicht übersteigen. Die Höhe der Entnahme ist zudem auf bis zu 75 % oder auf 100 % des durch Zulagen und/oder zusätzlichen Sonderausgabenabzug geförderten Altersvorsorgevermögens einschließlich der erwirtschafteten Erträge, Wertsteigerungen und Zulagen beschränkt.

Die bislang betragsmäßig festgeschriebene Mindest-/Höchstentnahmesumme wurde 2008 durch das neue Eigenheimrentengesetz abgeschafft.

Nicht gefördertes Kapital kann – wenn der Vertrag dies zulässt – unbegrenzt ausgezahlt werden. Die darin enthaltenen Erträge sind jedoch nach § 22 Abs. 5 Satz 2 EStG zu versteuern.[100]

## Unmittelbarer zeitlicher Zusammenhang

Entnimmt der Zulageberechtigte gefördertes Altersvorsorgevermögen für die Anschaffung oder Herstellung einer begünstigten Wohnung, muss dies in einem unmittelbaren zeitlichen Zusammenhang erfolgen. Davon ist regelmäßig auszugehen, wenn die entsprechenden Aufwendungen für die Anschaffung oder Herstellung innerhalb von einem Monat vor Antragstellung bei der zentralen Stelle (ZfA) und bis zu 12 Monaten nach Auszahlung entstanden sind.[101] Die Entnahme für die Ablösung eines für die Finanzierung von Anschaffungs- oder Herstellungskosten aufgenommenen Darlehens steht nicht in unmittelbarem Zusammenhang mit der Anschaffung oder Herstellung und ist somit nicht begünstigt. Anders ist dies zu Beginn der

---

101   BMF-Schreiben vom 31.03.2010, Rz 201.
102   BMF-Schreiben vom 31.03.2010, Rz 209.

Auszahlungsphase. Hier kann der Altersvorsorge-Eigenheimbetrag zur Entschuldung einer begünstigten Wohnung verwendet werden.

Hat der Zulageberechtigte mehrere Altersvorsorgeverträge, kann er die Entnahmemöglichkeit für jeden dieser Verträge nutzen. Jede Entnahme muss jedoch unmittelbar mit einer der dargestellten wohnungswirtschaftlichen Verwendungen zusammenhängen. Auch eine Entnahme in mehreren Teilbeträgen in Abhängigkeit vom Baufortschritt ist zulässig, solange die prozentuale Beschränkung der Entnahmemöglichkeiten beachtet wird.[103]

## Verfahren

Der Zulageberechtigte hat eine beabsichtigte Entnahme zu wohnungswirtschaftlichen Zwecken bei der zentralen Stelle (ZfA) anzuzeigen und dabei die notwendigen Nachweise für eine wohnungswirtschaftliche Verwendung zu erbringen (Nachweis der Anschaffungs-/Herstellungskosten z. B. durch notariellen Kaufvertrag oder Baukostenbelege sowie den Zeitpunkt der Anschaffung/Herstellung). Er hat zu bestimmen, aus welchen Altersvorsorgeverträgen welche Beträge ausgezahlt werden sollen. Die zentrale Stelle teilt dem Zulageberechtigten durch Bescheid und den Anbietern mittels Datenübertragung mit, welche Beträge förderunschädlich ausgezahlt werden können. Im Anschluss kann dann eine Auszahlung der Beträge erfolgen. Der Anbieter wiederum muss der zentralen Stelle gesetzlich vorgeschriebene Daten melden.

Zu bestimmten Zeitpunkten (Beginn der Auszahlungsphase, Anbieterwechsel oder Aufgabe der Selbstnutzung der geförderten Wohnimmobilie) hat die zentrale Stelle den Stand des Wohnförderkontos von Amts wegen gesondert festzustellen. Der Stand wird dem Zulageberechtigten durch Steuerbescheid und den Anbietern durch amtlich vorgeschriebenen Datensatz mitgeteilt. Weiterhin hat der Zulageberechtigte die Möglichkeit, den Stand des Wohnförderkontos auf Antrag gesondert feststellen zu lassen.[104]

## Begünstigte Wohnung

Als begünstigte Wohnung zählt eine Wohnung des Zulageberechtigten in einem eigenen (Mehrfamilien-)Haus, eine eigene Eigentumswohnung oder eine Genossenschaftswohnung einer eingetragenen Genossenschaft. Ebenfalls begünstigt ist die Begründung eines eigentumsähnlichen oder lebenslangen Dauerwohnrechts. Die selbstgenutzte Wohnung muss die Hauptwohnung des Zulageberechtigten sein oder dessen Mittelpunkt der Lebensinteressen darstellen. Nicht begünstigt sind somit Ferien- oder Wochenendwohnungen. Die Wohnung muss in einem Staat der EU bzw. des EWR liegen.

Dient die Wohnung teilweise beruflichen oder betrieblichen Zwecken (z. B. durch berufliche Nutzung eines Arbeitszimmers), liegt insoweit keine Nutzung zu eigenen Wohnzwecken vor.[105]

---

103  BMF-Schreiben vom 31.03.2010, Rz 204.
104  § 92b Abs. 2 EStG.
105  BMF-Schreiben vom 31.03.2010, Rz 223.

Nach Auffassung der Finanzverwaltung dient die unentgeltliche Überlassung einer Wohnung an Angehörige ebenfalls nicht den eigenen Wohnzwecken des Zulageberechtigten.[106]

Der Zulageberechtigte muss wirtschaftlicher Eigentümer der begünstigten Wohnung sein. Der Erwerb eines Miteigentumsanteils ist grundsätzlich ausreichend. Der Entnahmebetrag darf jedoch die Anschaffungs- oder Herstellungskosten des Miteigentumsanteils nicht übersteigen. Gleiches gilt im Fall einer Entschuldung.[107]

## 5.2 Riester-Darlehen

Riester-Darlehen können eingesetzt werden für ab dem 01.01.2008

- angeschaffte oder hergestellte begünstigte Wohnungen,
- erworbene Geschäftsanteile (Pflichtanteile) an einer eingetragenen Genossenschaft für die Selbstnutzung einer Genossenschaftswohnung.

Wegen der Anforderungen an eine begünstigte Wohnung bzw. der begünstigte Erwerb von Pflichtanteilen an einer eingetragenen Genossenschaft → 5.1 Altersvorsorge-Eigenheimbetrag, Begünstigte Wohnung, S. 77.

Außerdem kann ein Darlehen, das für eine ab dem 01.01.2008 begünstigte wohnungswirtschaftliche Verwendung aufgenommen wurde, auf ein Riester-Darlehen umgeschuldet werden. Es kommt nicht darauf an, ob dem abzulösenden Darlehen ein Riester-Darlehen zugrunde lag.[108]

Das Riester-Darlehen kann begünstigt ausgezahlt werden, bevor die Kosten der Anschaffung oder Herstellung entstanden sind oder der Kaufpreis für die Genossenschaftsanteile zu zahlen ist. Wir gehen davon aus, dass ein zeitlicher Zusammenhang gewahrt ist, wenn die Aufwendungen für die Anschaffung oder Herstellung innerhalb eines Monats vor und bis zu einem Jahr nach Antrag auf Auszahlung des Darlehens entstanden sind. Wird dieser zeitliche Rahmen nicht eingehalten, werden die Tilgungsleistungen nicht gefördert.

Der Zulageberechtigte muss seinem Anbieter die vertragsgemäße Verwendung des Darlehens nachweisen. Der Anbieter hat solange ganz oder teilweise von nicht ordnungsgemäß verwendeten Darlehensbeträgen auszugehen, bis die wohnungswirtschaftliche Verwendung nachgewiesen ist. Dies ist beispielsweise dann der Fall, wenn die Darlehenssumme die Anschaffungs- oder Herstellungskosten der Wohnung übersteigt oder die Wohnung z. B. wegen eines Arbeitszimmers nicht ausschließlich wohnungswirtschaftlich verwendet wird.[109]

---

106  BMF-Schreiben vom 31.03.2010, Rz 222.
107  BMF-Schreiben vom 31.03.2010, Rz 216, 217.
108  BMF-Schreiben vom 31.03.2010, Rz 23.
109  BMF-Schreiben vom 31.03.2010, Rz 23.

Ein Riester-Darlehen muss bis zur Vollendung des 68. Lebensjahres getilgt werden.

## 5.3   Wohnförderkonto

Die Tilgungsleistungen für ein Riester-Darlehen sowie die hierfür gewährten Zulagen und der Altersvorsorge-Eigenheimbetrag müssen vom jeweiligen Anbieter erfasst und kontenmäßig aufgezeichnet werden. Dieses rein fiktive Konto heißt „Wohnförderkonto".[110] Es ist vom Anbieter vertragsbezogen zu führen. Das Wohnförderkonto dient dazu, die geförderten Tilgungsleistungen, die Zulagen und das für eine begünstigte Wohnung eingesetzte geförderte Altersvorsorgevermögen ab dem Beginn der Auszahlungsphase nachgelagert zu besteuern.

Die Tilgungsleistungen für ein Riester-Darlehen sind in das Wohnförderkonto einzustellen, sobald die Meldung der ZfA über die steuerliche Förderung der Tilgungsleistungen dem Anbieter vorliegt. Die Zulagen für Tilgungsleistungen sind spätestens in das Wohnförderkonto einzustellen, wenn sie dem Altersvorsorgevertrag gutgeschrieben sind.[111]

Wird ein Riester-Bausparvertrag mit Vorschaltdarlehen aufgenommen, gelten die vom Zulageberechtigten geleisteten Beiträge für den Riester-Bausparvertrag bereits im Zeitpunkt der Beitragszahlung als Tilgungsleistung. Die geförderten Beiträge, die Zulagen und die darauf gewährten Erträge sind allerdings erst dann in das Wohnförderkonto einzustellen, wenn das Vorschaltdarlehen getilgt wird, mit dem die wohnungswirtschaftliche Verwendung finanziert wurde.[112]

Nach Ablauf eines Beitragsjahres ist der Gesamtbetrag des Wohnförderkontos bis zum Beginn der Auszahlungsphase jährlich um 2 % zu erhöhen. Diese Erhöhung erfolgt unabhängig vom Zeitpunkt der Einstellung der entsprechenden Beträge ins Wohnförderkonto, letztmals im Zeitpunkt des Beginns der Auszahlungsphase.[113] Durch diese (fiktive) Verzinsung soll die Nutzung des geförderten Kapitals bereits in der Ansparphase ausgeglichen werden.

Das Wohnförderkonto kann zurückgeführt werden, indem der Zulageberechtigte Beiträge auf eine auf seinen Namen lautende Riester-Rente einzahlt, sofern dies vertraglich zulässig ist. Der Zulageberechtigte hat dem Anbieter diese Zweckbestimmung mitzuteilen.

Beiträge zur Minderung des Wohnförderkontos sind keine förderfähigen Altersvorsorgebeiträge. Eine erneute Förderung scheidet daher aus; der Zulageberechtigte überführt quasi das bisher in der Immobilie gebundene steuerlich geförderte Altersvorsorgekapital auf einen anderen zertifizierten

---

110   § 92a Abs. 2 Satz 1 EStG.
111   BMF-Schreiben vom 31.03.2010, Rz 135.
112   § 92a Abs. 2 Satz 2 EStG.
113   BMF-Schreiben vom 31.03.2010, Rz 136.

Altersvorsorgevertrag.[114] Die Zahlungen führen deshalb zu gefördertem Altersvorsorgevermögen.

Erfolgt die Einzahlung nicht beim Anbieter, der das Wohnförderkonto führt, hat der Zulageberechtigte dies beiden Anbietern bzw. der ZfA mitzuteilen.[115]

Der Anbieter muss der zentralen Stelle melden[116]:

- Tilgungen eines Vorschaltdarlehens durch das geförderte Vorsorgekapital aus einem Riester-Bausparvertrag mit Vorschaltdarlehen im Zeitpunkt der Umbuchung

- zu Beginn der Auszahlungsphase den vertraglich vorgesehenen Beginn der Auszahlungsphase.

Bei Beginn der Auszahlungsphase wird der Stand des Wohnförderkontos festgeschrieben und die Besteuerung der erfassten Beträge beginnt (→ 7.4 Wohnungswirtschaftliche Verwendung, S. 90).

Endet der Altersvorsorgevertrag z. B. wegen der vollständigen Entnahme des Altersvorsorgekapitals oder einer vollständigen Tilgung des gewährten Darlehens, wird das betreffende Wohnförderkonto von dem Anbieter geschlossen und auf die ZfA bzw. auf Antrag des Zulageberechtigten auf ein Wohnförderkonto übertragen, das zu einem anderen Altersvorsorgevertrag bei demselben oder einem anderen Anbieter geführt wird.[117]

# 6 Schädliche Verwendung

Unter einer schädlichen Verwendung versteht man eine Verwendung des geförderten Altersvorsorgevermögens für Zwecke, die gegen das vom Gesetzgeber vorgeschriebene Ziel der Förderung einer zusätzlichen, lebenslangen Altersversorgung gerichtet sind. In der Folge müssen die auf das ausgezahlte Altersvorsorgevermögen entfallenden Zulagen und Steuerermäßigung aus dem zusätzlichen Sonderausgabenabzug nach § 10a EStG zurückgezahlt werden. Dies gilt auch bei einer Auszahlung nach Beginn der Auszahlungsphase sowie bei Auszahlungen im Fall des Todes des Zulageberechtigten.[118]

---

114  § 92a Abs. 2 Satz 4 Nr. 1 i.V.m. § 82 Abs. 4 Nr. 4 EStG, BMF-Schreiben vom 31.03.2010, Rz 143.
115  BMF-Schreiben vom 31.03.2010, Rz 145, 146.
116  § 92a Abs. 2 Satz 7 EStG.
117  § 92a Abs. 2 Sätze 11, 12 EStG, BMF-Schreiben vom 31.03.2010, Rz 138, 139.
118  § 93 Abs. 1 Sätze 1, 2 EStG.

# 6.1 Schädliche Verwendung bei Riester-Renten

Altersvorsorgevermögen führt zur schädlichen Verwendung, wenn es nicht ausgezahlt wird als

- lebenslange Leibrente,
- Auszahlungsplan und Anschlussrente,
- 30%ige Teilkapitalauszahlung,
- Altersvorsorge-Eigenheimbetrag.

## Wegzug ins Ausland

Eine Verpflichtung zur Rückzahlung der gewährten Zulagen und Steuerermäßigungen liegt vor, wenn

- die Zulageberechtigung endet oder die Auszahlungsphase des Altersvorsorgevertrags begonnen hat

und

- der Zulageberechtigte seinen Wohnsitz oder gewöhnlichen Aufenthalt in einen Staat außerhalb der Mitgliedstaaten der EU bzw. des EWR-Abkommens hat. Eine Verpflichtung zur Rückzahlung der gewährten Zulagen und Steuerermäßigungen besteht auch dann, wenn der Zulageberechtigte ungeachtet seines tatsächlichen Wohnsitzes oder gewöhnlichen Aufenthalts in einem EU- bzw. EWR-Staat aufgrund eines Doppelbesteuerungsabkommens mit einem Drittstaat als im Drittstaat ansässig gilt.[119]

Auf Antrag des Zulageberechtigten wird der Rückzahlungsbetrag bis zum Beginn der Auszahlungsphase gestundet. Die Stundung wird darüber hinaus verlängert, wenn der Rückzahlungsbetrag mit mindestens 15 % der monatlichen Zahlung aus dem Altersvorsorgevertrag getilgt wird.[120] Die Stundungszinsen betragen 6 % p. a.; sie werden zeitanteilig für volle Monate festgesetzt.[121]

Entfallen durch einen Rückzug in einen EU- oder EWR-Staat die Gründe für eine Verpflichtung zur Rückzahlung der gewährten Zulagen und Steuerermäßigungen oder wird der ehemals Zulageberechtigte erneut zulageberechtigt, ist der noch offene Rückzahlungsbetrag samt Stundungszinsen von der zentralen Stelle zu erlassen.[122]

## Übertragung auf eine andere Riester-Rente

Die Übertragung von gefördertem Altersvorsorgevermögen auf einen anderen auf den Namen des Zulageberechtigten lautenden Altersvorsorgevertrag stellt keine schädliche Verwendung dar.[123] Die Übernahme des Vor-

---

119  § 95 Abs. 1 EStG.
120  § 95 Abs. 2 Satz 2 EStG.
121  § 234 Abs. 1 AO, § 238 AO.
122  § 95 Abs. 3 EStG.
123  § 93 Abs. 2 EStG.

sorgekapitals bleibt im Übertragungszeitpunkt steuerfrei; erst im Zeitpunkt der Zahlung erfolgt die Besteuerung.[124]

## Abfindung von Kleinbetragsrenten

Die Abfindung einer Kleinbetragsrente zu Beginn der Auszahlungsphase gilt nicht als schädliche Verwendung[125] (→ 3.1 Riester-Rente, Kleinbetragsrenten, S. 56).

## Ergänzende Absicherung bei Invalidität und Tod

Eine Rückzahlungsverpflichtung für erhaltene Zulagen und/oder Steuerermäßigung besteht nicht, soweit das Altersvorsorgevermögen für eine ergänzende Absicherung gegen Berufsunfähigkeit, gegen verminderte Erwerbs- oder Dienstunfähigkeit und für Hinterbliebene verwendet wird.[126]

## Tod des Zulageberechtigten

Im Fall des Todes des Zulageberechtigten ist die Übertragung des geförderten Altersvorsorgevermögens auf einen auf den Namen des Ehegatten lautenden Altersvorsorgevertrag ohne Rückzahlungsverpflichtung zulässig, falls die Ehegatten im Zeitpunkt des Todes des Zulageberechtigten nicht dauernd getrennt gelebt haben und ihren Wohnsitz oder gewöhnlichen Aufenthalt in einem Staat der EU oder einem EWR-Staat innehatten.[127] Die Übernahme des Vorsorgekapitals bleibt im Übertragungszeitpunkt steuerfrei; erst im Zeitpunkt der Zahlung erfolgt die Besteuerung.[128]

## Versorgungsausgleich bei Ehescheidungen

Bei Scheidungen müssen alle von den Ehegatten während der Zeit ihrer Ehe erworbenen Ansprüche auf eine Versorgung im Alter und bei Invalidität, bei der die Leistung insbesondere in einer Rente besteht, ausgeglichen werden. Bei Riester-Renten erstreckt sich der Versorgungsausgleich auch auf Ansprüche auf Kapitalzahlungen.

Der Versorgungsausgleich erfolgt vorrangig durch interne Teilung der erworbenen Anrechte. Bei einer internen Teilung wird die Riester-Rente im Zeitpunkt der Scheidung geteilt und ein eigenständiges Versorgungsanrecht des Ausgleichsberechtigten aus einer Riester-Rente geschaffen. Dabei ist es unbeachtlich, ob die ausgleichsberechtigte Person selbst zulageberechtigt ist.[129]

Der Ausgleichsberechtigte kann stattdessen eine externe Teilung wählen. Bei einer externen Teilung wird eine Versorgung des Ausgleichsberechtigten

---

124  § 3 Nr. 55c Satz 1 EStG.
125  § 93 Abs. 3 EStG.
126  § 93 Abs. 1 Satz 4 Buchstabe a, b EStG.
127  § 93 Abs. 1 Satz 4 Buchstabe c EStG.
128  § 3 Nr. 55c Satz 2 Buchstabe b EStG.
129  BMF-Schreiben vom 31.03.2010, Rz 378.

durch Einzahlung des Ausgleichswerts in einen bereits bestehenden oder neuen Vertrag bei demselben oder einem anderen Anbieter begründet. Der Ausgleichsberechtigte kann die Zielversorgung bestimmen; sie muss jedoch eine angemessene Versorgung (insbesondere aus einer Riester-Rente, Direktversicherung, Pensionskasse oder Pensionsfonds) gewährleisten.

Wird eine Riester-Rente intern geteilt oder wählt der Ausgleichsberechtigte als Zielversorgung eine Riester-Rente oder eine mit Altersvorsorgezulage förderfähige betriebliche Altersversorgung (Direktversicherung, Pensionskasse oder Pensionsfonds), liegt keine schädliche Verwendung des übertragenen Altersvorsorgevermögens vor.[130] Entscheidet sich der Ausgleichsberechtigte für eine andere Versorgung, hat der Ausgleichspflichtige die darauf entfallende Förderung zurückzuzahlen. Eine solche externe Teilung ist deshalb nur mit Zustimmung des Ausgleichspflichtigen möglich.

Die bisher erfolgte steuerliche Förderung der Riester-Rente des Ausgleichspflichtigen geht anteilig mit allen Rechten und Pflichten auf die ausgleichsberechtigte Person über. Dies hat zur Folge, dass im Falle einer nachfolgenden schädlichen Verwendung der Ausgleichsberechtigte die darauf entfallende Förderung zurückzahlen muss.[131]

Die Leistungen aus gefördertem Altersvorsorgevermögen sind vom jeweiligen Steuerpflichtigen voll nachgelagert (§ 22 Nr. 5 EStG) zu versteuern (→ 7 Besteuerung der Leistungen, S. 87).

Stellt die ausgleichspflichtige Person nach der Übertragung einen Antrag auf Altersvorsorgezulage für ein Beitragsjahr in der Ehezeit, sind bei der Ermittlung des Zulageanspruchs die gesamten von der ausgleichspflichtigen Person gezahlten Altersvorsorgebeiträge des Beitragsjahres – also auch der übertragene Teil der Altersvorsorgebeiträge – zugrunde zu legen. Die Zulage wird vollständig dem Vertrag der ausgleichspflichtigen Person gutgeschrieben. Die Zuordnung der Steuerverstrickung auf die ausgleichspflichtige und die ausgleichsberechtigte Person erfolgt, als wenn die Zulage bereits vor der Übertragung dem Vertrag gutgeschrieben worden wäre.[132]

## 6.2 Schädliche Verwendung bei Altersvorsorge-Eigenheimbetrag und Riester-Darlehen

### Immobilien

Wurde Altersvorsorgevermögen für den Erwerb einer selbstgenutzten Wohnimmobilie bzw. eines Genossenschaftsanteils verwendet oder zur Entschuldung eingesetzt, liegt eine schädliche Verwendung vor, wenn der Zulage-

---

130   § 93 Abs. 1a Satz 1 EStG.
131   BMF-Schreiben vom 31.03.2010, Rz 384.
132   BMF-Schreiben vom 31.03.2010, Rz 386.

berechtigte die Selbstnutzung der eigenen Immobilie endgültig aufgibt.[133] In diesen Fällen hat der Zulageberechtigte den Gesamtbetrag des Wohnförderkontos zu versteuern (Auflösungsbetrag).[134] Im Anschluss daran wird das Wohnförderkonto aufgelöst.[135] Die Rückforderung der steuerlichen Förderung erfolgt von der ZfA unmittelbar gegenüber dem Zulageberechtigten. Der Zulageberechtigte ist verpflichtet, die Aufgabe der Selbstnutzung seinem Anbieter bzw. der zentralen Stelle anzuzeigen, wenn diese das Wohnförderkonto führt.

Als Aufgabe der Selbstnutzung gilt auch der Verkauf der geförderten Wohnung. Nach Auffassung der Finanzverwaltung kann nach Würdigung des Einzelfalls bei einem Zeitraum von bis zu einem Jahr von einer nur vorübergehenden Aufgabe der Selbstnutzung ausgegangen werden.[136] In diesem Fall kann die Besteuerung des Auflösungsbetrags unterbleiben.

Das Gesetz kennt jedoch eine ganze Reihe von Ausnahmen einer schädlichen Verwendung bei Aufgabe der Selbstnutzung:

* Investition in ein selbstgenutztes Folgeobjekt
* Ablösung des Wohnförderkontos durch Einzahlung in eine Riester-Rente
* beruflich bedingter Wohnsitzwechsel
* Trennung der Eheleute
* Krankheit oder Pflegebedürftigkeit des Zulageberechtigten
* Tod des Zulageberechtigten

### Folgeobjekt

Die Auflösung des Wohnförderkontos unterbleibt, wenn der Zulageberechtigte einen Betrag in Höhe des noch nicht zurückgeführten Stands des Wohnförderkontos innerhalb eines Jahres vor und von vier Jahren nach Ablauf des Veranlagungszeitraums, in dem die Nutzung zu eigenen Wohnzwecken aufgegeben wurde, für eine andere begünstigte Wohnung verwendet. Übersteigt der Stand des Wohnförderkontos die Anschaffungs- oder Herstellungskosten des Zulageberechtigten für die andere Wohnung, ist der übersteigende Anteil zum Zeitpunkt der Reinvestition aufzulösen und zu versteuern. Soweit der Zulageberechtigte einen Betrag in Höhe des übersteigenden Anteils in eine eigene Riester-Rente einzahlt, unterbleibt die Besteuerung.

Der Zulageberechtigte hat seine Reinvestitionsabsicht seinem Anbieter bzw. der zentralen Stelle mitzuteilen, wenn diese das Wohnförderkonto führt. Gibt er die Reinvestitionsabsicht auf, ist das Wohnförderkonto zu diesem Zeitpunkt aufzulösen und der Auflösungsbetrag zu versteuern.[137]

---

133  § 92a Abs. 3 Satz 1 EStG.
134  § 22 Nr. 5 Satz 4 EStG.
135  § 92a Abs. 3 Satz 5 EStG.
136  BMF-Schreiben vom 31.03.2010, Rz 224.
137  § 92a Abs. 3 Satz 9 Nr. 1 EStG, BMF-Schreiben vom 31.03.2010, Rz 226 Buchstabe a.

## Ablösung des Wohnförderkontos durch Einzahlung in eine Riester-Rente

Die Besteuerung des Auflösungsbetrags entfällt, sofern der Zulageberechtigte innerhalb eines Jahres nach Ablauf des Veranlagungszeitraums, in dem die Nutzung zu eigenen Wohnzwecken aufgegeben wurde, einen Betrag in Höhe des Stands des Wohnförderkontos auf eine eigene Riester-Rente einzahlt. Die Rückführung des Wohnförderkontos führt dabei weder zu Zulagenförderung noch zum zusätzlichen Sonderausgabenabzug nach § 10a EStG.[138] Ist die Einzahlung geringer als der Stand des Wohnförderkontos, ist das Wohnförderkonto zu diesem Zeitpunkt aufzulösen und der Auflösungsbetrag zu versteuern.

Der Zulageberechtigte hat die Absicht, eine Einzahlung in eine auf seinen Namen lautende Riester-Rente zu leisten, seinem Anbieter bzw. der zentralen Stelle mitzuteilen, wenn diese das Wohnförderkonto führt. Gibt er diese Absicht auf oder hat er die Einzahlung innerhalb eines Jahres nach Ablauf des Veranlagungszeitraums, in dem die Nutzung zu eigenen Wohnzwecken aufgegeben wurde, unterlassen, ist das Wohnförderkonto aufzulösen und der Auflösungsbetrag zu versteuern.[139]

## Beruflich bedingter Umzug

Auf Antrag des Zulageberechtigten kann eine Besteuerung des steuerlich geförderten Kapitals (Auflösungsbetrag) unterbleiben, wenn

- die begünstigte Wohnung aufgrund eines beruflich bedingten Umzugs für die Dauer der beruflich bedingten Abwesenheit nicht selbst genutzt wird. Diese nicht nur vorübergehende Aufgabe der Selbstnutzung hat der Zulageberechtigte seinem Anbieter bzw. der zentralen Stelle mitzuteilen, wenn diese das Wohnförderkonto führt.[140]

- der Steuerpflichtige beabsichtigt, die Selbstnutzung wieder aufzunehmen. Vermietet der Zulageberechtigte die begünstigte Wohnung an eine andere Person, ist die Mietdauer von vornherein auf die Dauer des beruflich bedingten Wegzugs zu befristen.

- er die Selbstnutzung spätestens mit der Vollendung seines 67. Lebensjahres wieder aufnimmt.[141]

Der Zulageberechtigte hat den Antrag an die zentrale Stelle zu richten. Diese prüft die eingereichten Nachweise und erteilt dem Steuerpflichtigen einen Bescheid über die Bewilligung des Antrags.[142]

---

138  § 92a Abs. 3 Satz 9 Nr. 2 i.V.m. § 82 Abs. 4 Nr. 4 EStG, BMF-Schreiben vom 31.03.2010, Rz 143.
139  § 92a Abs. 3 Satz 9 Nr. 2 EStG, BMF-Schreiben vom 31.03.2010, Rz 226 Buchstabe b.
140  § 92a Abs. 3 Satz 1 EStG.
141  § 92a Abs. 4 Satz 1 EStG.
142  § 92a Abs. 4 Satz 2, 3 EStG.

Gibt der Zulageberechtigte seine Absicht, die Selbstnutzung wieder aufzunehmen, auf oder hat er die Selbstnutzung nach einem Wegfall der berufsbedingten Abwesenheitsgründe nicht wieder aufgenommen, ist das Wohnförderkonto aufzulösen und der Auflösungsbetrag zu versteuern. Wird die Selbstnutzung bis zur Vollendung des 67. Lebensjahres nicht wieder aufgenommen, erfolgt die Auflösung des Wohnförderkontos und Besteuerung des Auflösungsbetrags mit Vollendung des 67. Lebensjahres.[143]

## Trennung der Eheleute

Wird eine bis dato gemeinsam genutzte Ehewohnung aufgrund einer richterlichen Entscheidung dem Ehegatten des Zulageberechtigten zugewiesen und von dem anderen Ehegatten selbst genutzt, liegt ausnahmsweise keine Aufgabe der Selbstnutzung durch den Zulageberechtigten vor. Das Wohnförderkonto des Zulageberechtigten wird bis zu einer Regelung im Rahmen der Ehescheidung fortgeführt.[144] Im Zeitpunkt der Scheidung ist im Zusammenhang mit dem Versorgungsausgleich zu prüfen, ob es zu einer Auflösung des Wohnförderkontos kommt.

## Krankheit oder Pflegebedürftigkeit des Zulageberechtigten

Kann der Zulageberechtigte krankheits- oder pflegebedingt die geförderte Wohnung nicht mehr selbst bewohnen, kann unter bestimmten Umständen eine Besteuerung des Auflösungsbetrags unterbleiben:

* der Zulageberechtigte bleibt Eigentümer der geförderten Wohnung

* die Wohnimmobilie wird nicht von Dritten, mit Ausnahme seines Ehegatten, genutzt und steht dem Zulageberechtigten dadurch weiterhin (theoretisch) zur Selbstnutzung zur Verfügung.

## Tod des Zulageberechtigten

Von der Selbstnutzung der Wohnimmobilie kann weiterhin ausgegangen werden, wenn der Ehegatte des verstorbenen Zulageberechtigten innerhalb eines Jahres Eigentümer der Wohnung wird, die Wohnung (weiterhin) zu eigenen Wohnzwecken nutzt und im Zeitpunkt des Todes die beiden Ehegatten nicht dauernd getrennt gelebt haben. Zudem musste ihr Wohnsitz oder gewöhnlicher Aufenthalt im Zeitpunkt des Todes des Zulageberechtigten in einem EU-Staat bzw. EWR-Staat liegen. Das Wohnförderkonto aus dem Vertrag des verstorbenen Zulageberechtigten wird in diesen Fällen vom überlebenden Ehegatten weitergeführt. Dies gilt auch in der Auszahlungsphase, solange das Wohnförderkonto noch nicht vollständig zurückgeführt wurde. Einer Übertragung auf einen Vertrag des Ehegatten bedarf es nicht.[145]

---

143   BMF-Schreiben vom 31.03.2010, Rz 226 Buchstabe f.
144   § 92a Abs. 3 Satz 9 Nr. 4 EStG, BMF-Schreiben vom 31.03.2010, Rz 226 Buchstabe d.
145   § 92a Abs. 3 Satz 9 Nr. 3 EStG, BMF-Schreiben vom 31.03.2010, Rz 226 Buchstabe c.

Verstirbt der Zulageberechtigte nachdem er zu Beginn der Auszahlungsphase seine Steuerschuld durch die einmalige Besteuerung des Auflösungsbetrags (70 %) beglichen hat, führt dies stets zu keiner Nacherfassung der bis dato unversteuerten 30 % des Auflösungsbetrags.[146] (→ 7.4 Wohnungswirtschaftliche Verwendung: Einmaliger Auflösungsbetrag, S. 92)

# 7 Besteuerung der Leistungen aus Altersvorsorgeverträgen

Leistungen aus Altersvorsorgeverträgen sind bei Zufluss oder schädlicher Verwendung als sonstige Einkünfte zu versteuern[147]. Während der Ansparphase erfolgt keine Besteuerung der Erträge und Wertsteigerungen.[148]

Die Regelungen für die „Abgeltungsteuer" gelten nicht.

## 7.1 Leistungen aus gefördertem Altersvorsorgevermögen

Die Leistungen sind in vollem Umfang zu versteuern, soweit sie beruhen auf:

- Beiträgen, die mit Altersvorsorgezulage und/oder Steuerersparnis nach § 10a EStG gefördert wurden

- Altersvorsorgezulage

- der Übertragung von gefördertem Altersvorsorgevermögen aus einer anderen Riester-Rente des Zulageberechtigten[149]

- der Übertragung von gefördertem Altersvorsorgevermögen aufgrund der Abfindung einer Direktversicherung bzw. Pensionskassen-/Pensionsfondsversorgung[150]

- der Übertragung von gefördertem Altersvorsorgevermögen aus einer Direktversicherung bzw. Pensionskassen-/Pensionsfondsversorgung anlässlich eines Arbeitgeberwechsels[151]

---

146   BMF-Schreiben vom 31.03.2010, Rz 151.
147   § 22 Nr. 5 EStG.
148   BMF-Schreiben vom 31.03.2010, Rz 115.
149   § 93 Abs. 2 Satz 1 EStG.
150   § 93 Abs. 2 Satz 3 EStG.
151   § 93 Abs. 2 Satz 2 EStG.

- Beiträgen zur Verminderung des Wohnförderkontos[152] (→ 5.3 Wohnförderkonto, S. 79, sowie 6.2 Schädliche Verwendung bei Altersvorsorge-Eigenheimbetrag und Riester-Darlehen, Ablösung des Wohnförderkontos durch Einzahlung in eine Riester-Rente, S. 85 sowie Beruflich bedingter Umzug, S. 85)

- dem Ausgleichswert, der bei einer internen oder externen Teilung im Rahmen einer Ehescheidung aus dem geförderten Altersvorsorgevermögen des Ausgleichspflichtigen übertragen worden ist.

Durch diese Behandlung werden sowohl die Einzahlungen und Zulagen als auch die Erträge und Wertsteigerungen in vollem Umfang nachgelagert besteuert.

Dies gilt auch für Leistungen aus einer ergänzenden Absicherung der verminderten Erwerbsfähigkeit oder bei Tod des Versicherten für den Ehegatten bzw. Waisen.[153]

## 7.2 Leistungen aus nicht gefördertem Altersvorsorgevermögen

Soweit die Leistungen auf Altersvorsorgevermögen beruhen, das aus nicht geförderten Beiträgen oder Einzahlungen gebildet worden ist, sind lediglich die in den Auszahlungen enthaltenen Wertsteigerungen und Erträge zu versteuern. Dies gilt auch für Erträge und Wertsteigerungen, die auf zu Unrecht gezahlte und dementsprechend später zurückgeforderte Zulagen entfallen (schädliche Verwendung).[154]

Zu den nicht geförderten Beiträgen gehören insbesondere:

- Beiträge, die von einem im Jahr der Zahlung nicht förderberechtigten Steuerpflichtigen zugunsten seines Altersvorsorgevertrags geleistet wurden

- Beiträge, für die der Steuerpflichtige weder Zulage noch den zusätzlichen Sonderausgabenabzug erhalten hat (z. B. Beiträge über dem Höchstbetrag [2.100 €])[155]

- Übertragung von nicht gefördertem Altersvorsorgevermögen in eine Riester-Rente (z. B. Versorgungsausgleich bei Ehescheidungen, Abfindung einer Direktversicherung, Pensionskassen-/Pensionsfondsversorgung)

---

152  § 92a Abs. 2 Satz 4 und 5 EStG.
153  BMF-Schreiben vom 31.03.2010, Rz 117.
154  BMF-Schreiben vom 16.02.2011.
155  BMF-Schreiben vom 31.03.2010, Rz 122.

Die Besteuerung von Leistungen, die auf nicht geförderten Beiträgen beruhen, richtet sich nach der Art der Leistung. Dabei werden folgende Gruppen unterschieden:

## Rentenzahlungen

Soweit lebenslange Altersrenten sowie Berufsunfähigkeits-, Erwerbsminderungs- und Hinterbliebenenrenten aus nicht geförderten Beiträgen gezahlt werden, unterliegen sie mit ihrem Ertragsanteil als sonstige Einkünfte der Einkommensteuer.[156] Die Höhe des Ertragsanteils bestimmt sich für lebenslange Renten nach dem Alter des Rentenberechtigten bei Beginn der Rentenzahlung. Zeitlich befristete Leibrenten werden mit dem Ertragsanteil nach § 55 EStDV besteuert.

Überschussanteile, die die garantierte Leibrente erhöhen, werden als Teil dieser Rente mit deren Ertragsanteil besteuert.

## Kapitalzahlungen aus Riester-Renten mit Beginn vor dem 01.01.2005

Die rechnungsmäßigen und außerrechnungsmäßigen Zinsen in einer Kapitalzahlung unterliegen der Einkommensteuer. Die Zinsen sind dagegen einkommensteuerfrei, wenn die Kapitalzahlung nach Ablauf von 12 Jahren seit Vertragsabschluss gezahlt wird und der Vertrag die weiteren Voraussetzungen des § 10 Abs. 1 Nr. 2 EStG in der am 31.12.2004 geltenden Fassung erfüllt (→ II C Private Lebensversicherungen, 2.1.2.1 Kapitalversicherungen, Zufluss von Zinsen, S. 219).[157]

## Kapitalzahlungen aus Riester-Renten mit Beginn nach dem 31.12.2004

Bei einer Kapitalzahlung, die auf nicht gefördertem Altersvorsorgevermögen beruht, ist der Unterschiedsbetrag zwischen der Kapitalzahlung und den hierfür gezahlten Beiträgen zu versteuern.[158] Erfolgt die Auszahlung erst nach Vollendung des 60. Lebensjahres des Steuerpflichtigen und hat der Vertrag im Zeitpunkt der Auszahlung mindestens 12 Jahre bestanden, ist nur die Hälfte dieses Unterschiedsbetrags zu versteuern. Für nach dem 31.12.2011 abgeschlossene Verträge ist auf die Vollendung des 62. Lebensjahres abzustellen.[159]

---

156  § 22 Nr. 5 Satz 2 Buchstabe a i.V.m. § 22 Nr. 1 Satz 3 Buchstabe 1 Doppelbuchstabe bb EStG.
157  § 22 Nr. 5 Satz 2 Buchstabe b EStG.
158  § 22 Nr. 5 Satz 2 Buchstabe b EStG.
159  BMF-Schreiben vom 31.03.2010, Rz 131.

### Auszahlungsplan

Werden in der Auszahlungsphase gleichbleibende oder steigende Raten bzw. Teilkapitalauszahlungen gezahlt, die auf nicht geförderten Beiträgen beruhen, ist der Unterschiedsbetrag zwischen der ausgezahlten Leistung und den für sie entrichteten Beiträgen steuerpflichtig.[160] Erfolgt die Auszahlung erst nach Vollendung des 60. Lebensjahres des Steuerpflichtigen und hat der Vertrag im Zeitpunkt der Auszahlung mindestens 12 Jahre bestanden, ist nur die Hälfte dieses Unterschiedsbetrags zu versteuern. Für nach dem 31.12.2011 abgeschlossene Verträge ist auf die Vollendung des 62. Lebensjahres abzustellen.[161]

## 7.3 Leistungen aus gefördertem und nicht gefördertem Altersvorsorgevermögen

Hat der Steuerpflichtige in der Ansparphase sowohl geförderte als auch nicht geförderte Beiträge zugunsten des Vertrags geleistet, sind die Leistungen in der Auszahlungsphase aufzuteilen.

Für die Frage des Aufteilungsmaßstabs sind die Grundsätze des BMF-Schreibens vom 11.11.2004 (→ Anhang) maßgebend. Danach muss der Anbieter die Beiträge getrennt aufzeichnen und die sich daraus ergebenden Leistungen einschließlich zugeteilter Erträge ebenfalls getrennt ermitteln.

## 7.4 Wohnungswirtschaftliche Verwendung

Mit dem Beginn der Auszahlungsphase wird das Wohnförderkonto für weitere Zuführungen geschlossen. Danach beginnt die Besteuerung der im Wohnförderkonto eingestellten Beträge.

Der Steuerpflichtige kann zwischen zwei Besteuerungsalternativen wählen:

* laufende Besteuerung eines sog. Verminderungsbetrags oder
* einmalige Besteuerung eines Auflösungsbetrags.

Der Verminderungsbetrag oder der Auflösungsbetrag ist wie eine Leistung aus gefördertem Altersvorsorgevermögen in vollem Umfang als sonstige Einkünfte zu versteuern.[162]

---

160  § 22 Nr. 5 Satz 2 Buchstabe c EStG.
161  BMF-Schreiben vom 31.03.2010, Rz 132.
162  § 22 Nr. 5 Satz 4 EStG.

Ob aufgrund des Verminderungsbetrags oder des Auflösungsbetrags tatsächlich eine Steuerbelastung eintritt, hängt von der Höhe der individuell zu versteuernden Einkünfte des Steuerpflichtigen ab.

Nach dem Beginn der Auszahlungsphase gewährte Zulagen für zuvor erbrachte Tilgungsleistungen muss der Anbieter direkt an den Zulageberechtigten weiterleiten. Die ausgezahlte Zulage ist wie eine Leistung aus gefördertem Altersvorsorgevermögen in vollem Umfang als sonstige Einkünfte zu versteuern; sie ist nicht mehr im Wohnförderkonto zu erfassen.[163]

## Jährlicher Verminderungsbetrag

Dieser Betrag stellt eine jährliche Teilauflösung des Wohnförderkontos dar. Ausgangsgröße für den Verminderungsbetrag ist der Gesamtbetrag des Wohnförderkontos, der am Ende des Kalenderjahres eingestellt ist, in dem die Auszahlungsphase beginnt. Dieser Betrag ist durch die Anzahl der Veranlagungszeiträume vom Beginn der Auszahlungsphase bis einschließlich des Veranlagungszeitraums der Vollendung des 85. Lebensjahres zu teilen.[164]

Beispiel:

> Das Wohnförderkonto der ledigen Marta May (geb. 01.03.1977) hat mit Ablauf des Kalenderjahres zu Beginn der Auszahlungsphase (01.04.2044) einen Wert von 57.000 €. Während der 19 Jahre bis zur Vollendung ihres 85. Lebensjahres hat sie das Wohnförderkonto vollständig zurückzuführen. Der Verminderungsbetrag beträgt jährlich 3.000 € (57.000 €/19 Jahre); dadurch erhöhen sich ihre steuerpflichtigen Einnahmen im Rentenalter um 3.000 €.
>
> Kommt Frau May auf Basis ihrer jährlichen gesetzlichen Altersrente auf ein zu versteuerndes Einkommen von 15.000 €, steigt ihre Einkommensteuerlast (Tarif 2010) durch die nachgelagerte Besteuerung der selbstgenutzten Immobilie um insgesamt 376,00 € p. a. Ihre gesamte Einkommensteuerlast aus der nachgelagerten Besteuerung bis zum 85. Lebensjahr beträgt demnach 7.144,00 €.

Der Beginn der Auszahlungsphase kann zwischen dem Anbieter und dem Zulageberechtigten vereinbart werden. Er muss zwischen der Vollendung des 60. und des 68. Lebensjahres des Zulageberechtigten liegen und kann zwischen Anbieter und Zulageberechtigtem einvernehmlich bis zum Beginn der Auszahlungsphase geändert werden. Ist vertraglich kein Auszahlungszeitpunkt vereinbart worden, gilt die Vollendung des 67. Lebensjahres als Beginn der Auszahlungsphase.

Wird die Selbstnutzung der Wohnung ab dem Beginn der Auszahlungsphase aufgegeben (z. B. durch Wegzug oder Verkauf der Wohnung oder bei Tod

---

163  BMF-Schreiben vom 31.03.2010, Rz 135. Nach der gesetzlichen Regelung dürfte dies nur für Zulagen gelten, die in einem Kalenderjahr gewährt werden, das dem Jahr folgt, in dem die Auszahlungsphase beginnt. Der Verminderungsbetrag wird nach dem Stand des Wohnförderkontos am Ende des Kalenderjahres berechnet, in dem die Auszahlungsphase beginnt.

164  § 92a Abs. 2 Satz 5 EStG, BMF-Schreiben vom 31.03.2010, Rz 147.

des Zulageberechtigten), ist das Wohnförderkonto aufzulösen. Der Auflösungsbetrag wird dann wie eine Leistung aus gefördertem Altersvorsorgevermögen in vollem Umfang als sonstige Einkünfte versteuert.[165] Verstirbt der Zulageberechtigte, ist ihm der Auflösungsbetrag noch zuzurechnen und in seiner letzten Einkommensteuererklärung nachgelagert zu versteuern.[166]

### Einmaliger Auflösungsbetrag

Wählt der Zulageberechtigte die einmalige Besteuerung, sind 70 % des Gesamtbetrags des Wohnförderkontos (einschließlich der 2%igen Erhöhung für das Jahr, in dem die Auszahlungsphase beginnt) wie eine Leistung aus gefördertem Altersvorsorgevermögen in vollem Umfang als sonstige Einkünfte zu versteuern.[167] Spätestens zu Beginn der Auszahlungsphase muss der Zulageberechtigte seinem Anbieter oder ggf. der ZfA mitteilen, dass das Wohnförderkonto vollständig aufgelöst werden soll. Der Anbieter hat die beabsichtigte Einmalbesteuerung der ZfA mitzuteilen.

> Beispiel:
>
> Das Wohnförderkonto der ledigen Marta May (geb. 1977) hat zu Auszahlungsbeginn (01.04.2044) einen Wert von 57.000 €. Zu diesem Zeitpunkt kommt Frau May auf ein jährliches zu versteuerndes Einkommen von 15.000 €. Da der Wert des Wohnförderkontos auf einmal besteuert werden soll, werden 70 % des Wertes bei der Ermittlung ihres Einkommens berücksichtigt. Ihr gesamtes zu versteuerndes Einkommen im Jahr 2044 beträgt somit 15.000 € + (57.000 € × 70 %) = 54.900 €. Dadurch erhöht sich ihr Grenzsteuersatz und ihre Einkommensteuerlast für dieses eine Jahr um insgesamt 11.729,00 € (Tarif 2010).

Gibt der Zulageberechtigte die Selbstnutzung der geförderten Wohnung nach der Einmalbesteuerung innerhalb einer Frist von 20 Jahren nicht nur vorübergehend auf, ist der bisher noch nicht besteuerte Betrag (30 % des Auflösungsbetrags) – abhängig von der Haltedauer im Zeitpunkt der Aufgabe der Selbstnutzung –

- innerhalb eines Zeitraums von 10 Jahren ab Beginn der Auszahlungsphase dem 1½-fachen,

- innerhalb eines Zeitraums zwischen dem 10. und 20. Jahr ab Beginn der Auszahlungsphase dem 1-fachen

individuellen Steuersatz zu unterwerfen.[168] Der Tod des Zulageberechtigten führt hingegen nicht zu einer Besteuerung des bisher noch nicht erfassten Betrages.[169] Eine steuerliche Begünstigung der Nacherfassung (z. B. durch die Fünftel-Methode gemäß § 34 Abs. 1 EStG) tritt nicht ein.

---

165  § 92a Abs. 3 Satz 5 i.V.m. § 22 Nr. 5 Satz 4 EStG.
166  § 92a Abs. 3 Satz 6 EStG, BMF-Schreiben vom 31.03.2010, Rz 149.
167  § 92a Abs. 2 Satz 6 i.V.m. § 22 Nr. 5 Satz 5 EStG.
168  § 22 Nr. 5 Satz 6 EStG.
169  BMF-Schreiben vom 31.03.2010, Rz 151.

Beispiel:

> Die Zulageberechtigte Marta May bestimmt zum Beginn der Auszahlungs-
> phase, die am 01.04.2044 beginnt, die Auflösung des Wohnförderkontos.
> 8 Jahre später kann sie krankheitsbedingt ihre Wohnung nicht mehr selbst
> nutzen und zieht in ein Pflegeheim.
>
> Da die Aufgabe der Selbstnutzung in den ersten 10-Jahreszeitraum seit Be-
> ginn der Auszahlungsphase fällt, muss die Steuerpflichtige das 1 ½-Fache
> des bislang noch nicht besteuerten Betrags individuell versteuern. Das zu
> versteuernde Einkommen erhöht sich im vorliegenden Fall um 57.000 € ×
> 30 % × 1,5 = 25.650 €.

## 7.5   Leistungen bei schädlicher Verwendung oder Wegzug aus Deutschland

Werden Leistungen aus geförderten Altersvorsorgeverträgen „schädlich verwendet", unterliegen diese Leistungen nach Abzug der auf sie entfallenden
Altersvorsorgezulagen der Einkommensteuer. In dem verbleibenden Betrag
enthaltene Erträge sind nach den unter → Leistungen aus gefördertem und
nicht gefördertem Altersvorsorgevermögen, S. 90 dargestellten Grundsätzen zu versteuern.[170]

Die Rechtsfolgen der „schädlichen Verwendung" treten ebenfalls ein, wenn
der Zulageberechtigte seinen Wohnsitz oder gewöhnlichen Aufenthalt in
einem Staat außerhalb der Mitgliedstaaten der EU bzw. des EWR-Abkom-
men nimmt. Eine Verpflichtung zur Rückzahlung der gewährten Zulagen und
Steuerermäßigungen besteht auch dann, wenn der Zulageberechtigte ungeachtet seines tatsächlichen Wohnsitzes oder gewöhnlichen Aufenthalts
in einem EU- bzw. EWR-Staat aufgrund eines Doppelbesteuerungsabkommens mit einem Drittstaat als im Drittstaat ansässig gilt.[171]

In diesen Fällen wird der Rückzahlungsbetrag jedoch auf Antrag des Zulageberechtigten bis zum Beginn der Auszahlungsphase gestundet (→ 6.1
Schädliche Verwendung bei Riester-Renten, Wegzug ins Ausland, S. 81).

Grundsätzlich sind die Altersvorsorgezulagen im Zeitpunkt des Wegzugs
aus Deutschland zurückzuzahlen. Auf Antrag des Steuerpflichtigen kann die
Rückzahlung zunächst bis zur Fälligkeit der Leistung gegen Zahlung von
Stundungszinsen gestundet werden. Verpflichtet sich der Zulageberechtigte,
mindestens 15 % der monatlichen Zahlung aus dem Altersvorsorgevertrag
zur Tilgung des gestundeten Betrags einzusetzen, verlängert sich die zinspflichtige Stundung bis zur vollständigen Rückzahlung der Altersvorsorgezulagen. Nach unserer Auffassung bewirkt die Stundung gegen Zinsen, dass

---

170   § 22 Nr. 5 Satz 3 EStG.
171   BMF-Schreiben vom 31.03.2010, Rz 197-199.

auch in diesem Fall steuerlich von einer Rückzahlung im Zeitpunkt des Wegzugs auszugehen ist.

Werden die zurückzuzahlenden Altersvorsorgezulagen dem Vorsorgekapital bereits im Zeitpunkt des Wegzugs oder bei Fälligkeit der Leistung entnommen, wird die danach verbleibende Leistung des Versicherungsunternehmens nach den unter → 7 Besteuerung der Leistungen aus Altersvorsorgeverträgen, S. 87 dargestellten Grundsätzen der Besteuerung unterworfen.

Wird der Rückzahlungsbetrag aus den Leistungen des Altersvorsorgevertrags getilgt, weichen die tatsächlichen Leistungen von den zu versteuernden Leistungen ab, weil die Rückzahlung steuerlich bereits als im Zeitpunkt des Wegzugs erfolgt zu berücksichtigen ist. Die zu versteuernde Leistung ist danach wie folgt zu ermitteln:

| | Altersvorsorgevermögen im Zeitpunkt des Wegzugs |
|---|---|
| ./. | steuerlich bereits im Zeitpunkt des Wegzugs zu berücksichtigender Rückzahlungsbetrag |
| + | eventuell weiterhin gezahlte Beiträge |
| + | Erträge aus dem tatsächlich nicht gekürzten Altersvorsorgevermögen |
| = | fiktives Altersvorsorgevermögen, nach dem die zu versteuernde Rente zu bemessen ist |
| = | zu versteuernde Rente |
| × | Ertragsanteil nach § 22 Abs. 1 Nr. 1 Buchstabe a Doppelbuchstabe bb EStG |
| = | steuerpflichtige Leistung (§ 22 Nr. 5 Satz 3 EStG) |

In diesen Fällen weicht die vom Versicherungsunternehmen gezahlte Rente von der zu bescheinigenden Rente (Rentenbezugsmitteilung) ab.

# 8    Einzelfragen zu Riester-Verträgen

### Nachträgliche Änderung der Vertragsbedingungen

Erfüllt ein Altersvorsorgevertrag aufgrund nachträglicher Änderungen nicht mehr die Zertifizierungskriterien nach dem AltZertG (→ 3 Zertifizierung von Altersvorsorgeverträgen, S. 52), gilt im Zeitpunkt der Vertragsänderung das Altersvorsorgevermögen als zugeflossen.

Wird das Darlehen aus einem Riester-Darlehen mit Darlehensoption nicht für wohnungswirtschaftliche Zwecke verwendet, ist dies unbeachtlich, soweit das in dem Vertrag gebildete Altersvorsorgevermögen zuvor auf eine Riester-Rente oder ein anderes Riester-Darlehen mit Darlehensoption übertragen wird.[172] Ansonsten liegt eine schädliche Verwendung bzw. eine Auszahlung von ungefördertem Altersvorsorgevermögen vor.[173]

### Provisionserstattungen

Abschluss- und Vertriebskosten eines Altersvorsorgevertrags, die dem Steuerpflichtigen erstattet werden, unterliegen der vollen nachgelagerten Besteuerung (§ 22 Nr. 5 Satz 9 EStG). Dies gilt unabhängig davon, ob der Erstattungsbetrag auf den Altersvorsorgevertrag eingezahlt oder an den Steuerpflichtigen ausgezahlt wird.

### Bonusleistungen

Bonusleistungen, die im Zusammenhang mit einem Altersvorsorgevertrag stehen, z. B. Sonderauszahlungen oder Zins-Boni für die Nichtinanspruchnahme eines Bau-Darlehens, unterliegen der vollen nachgelagerten Besteuerung.[174]

## 9   Informations- und Meldepflichten

### Vorvertragliche Informationspflicht

Bereits vor Vertragsabschluss muss der Anbieter seinen (künftigen) Vertragspartner über Folgendes informieren:[175]

- Höhe und zeitliche Verteilung der zu tragenden Abschluss- und Vertriebskosten,

- Verwaltungskosten für das gebildete Kapital,

- Einwilligung von Beamten und diesen gleichgestellten Personen gegenüber ihrem Dienstherrn in eine Datenübertragung an die Finanzverwaltung (zentrale Stelle) als Voraussetzung für die Förderberechtigung,

für Riester-Renten weiterhin:

- anfallende Kosten bei einem Wechsel des Produkts bzw. einem Anbieterwechsel bei Kapitalmitnahme,

- eine Vergleichsberechnung über das zu erwartende Guthaben bei unterschiedlichen Ertragserwartungen,

---

172   BMF-Schreiben vom 31.03.2010, Rz 153.
173   BMF-Schreiben vom 31.03.2010, Rz 154.
174   BMF-Schreiben vom 31.03.2010, Rz 156.
175   § 7 Abs. 1 AltZertG.

- Struktur des Anlagenportfolios und das Risikopotential sowie darüber, ob und wie ethische, soziale und ökologische Belange berücksichtigt werden,

**für Riester-Darlehen weiterhin:**

- bei Vorfinanzierungsdarlehen, die mit einem Sparvertrag verbunden sind, ist darüber hinaus die Angabe eines Gesamteffektivzinses notwendig.

Zudem muss die Information **für alle Altersvorsorgeverträge** folgende Daten beinhalten:

- Postanschrift der Zertifizierungsstelle,
- die Zertifizierungsnummer des Vertrags sowie
- das Datum der Zertifizierung.

Die Information muss einen deutlich hervorgehobenen Hinweis mit gesetzlich vorgeschriebenem Wortlaut enthalten, der dem Kunden den Gehalt der Zertifizierung (Einhalten gesetzlicher Vorschriften, keine Überprüfung der Wirtschaftlichkeit) verdeutlicht.[176]

Kommt der Anbieter seinen vorvertraglichen Informationspflichten nicht nach, kann der Vertragspartner binnen eines Monats nach Zahlung des ersten Beitrages vom Vertrag zurücktreten.

Liegen die Bedingungen für eine Zertifizierung nicht mehr vor oder verzichtet der Anbieter durch schriftliche Erklärung gegenüber der Zertifizierungsstelle für die Zukunft auf eine Zertifizierung, muss er seinen Vertragspartner darüber unverzüglich unterrichten.[177] Da für die Förderfähigkeit der tatsächliche Vertragsschluss maßgeblich ist, hat dies i. Allg. lediglich für den Abschluss zukünftiger Verträge Konsequenzen.[178]

## Jährliche Vertragsinformationspflicht

Der Anbieter ist nach § 7 Abs. 4 AltZertG verpflichtet, dem Vertragspartner jährlich schriftlich Folgendes mitzuteilen:

- wie die eingezahlten Altersvorsorgebeiträge verwendet wurden,
- welche Höhe das bisher gebildete Kapital erreicht hat,
- in welchem Umfang Abschluss-, Vertriebs- und Verwaltungskosten einbehalten wurden,[179]
- die Höhe der erwirtschafteten Erträge,
- ob und wie ethische, soziale und ökologische Belange bei der Verwendung der eingezahlten Altersvorsorgebeiträge berücksichtigt werden.

---

176 § 7 Abs. 2 AltZertG.
177 § 8 Abs. 3 AltZertG.
178 § 7 Abs. 3 AltZertG.
179 § 7 Abs. 4 AltZertG.

## Rentenbezugsmitteilung

Die Anbieter sind verpflichtet, steuerpflichtige Leistungen aus Altersvorsorgeverträgen und ihre Empfänger der zentralen Stelle (Deutsche Rentenversicherung Bund) mitzuteilen. Diese Rentenbezugsmitteilung erfolgt bis zum 01.03. des Folgejahres nach amtlich vorgeschriebenem Datensatz im Wege der Datenfernübertragung.[180]

Der Anbieter übermittelt folgende Daten des Steuerpflichtigen an die zentrale Stelle:

- die vom Leistungsempfänger genannte Identifikationsnummer. Teilt dieser trotz Aufforderung seine steuerliche Identifikationsnummer dem Anbieter nicht mit, darf der Anbieter diese beim Bundeszentralamt für Steuern erfragen.

- Familienname, Vorname und das Geburtsdatum des Leistungsempfängers sowie, falls dem Anbieter bekannt, eine ausländische Anschrift und die Staatsangehörigkeit des Leistungsempfängers.

- je gesondert den Betrag der ausgezahlten Leibrenten oder anderen Leistungen (z. B. Abfindungszahlung einer Kleinbetragsrente, Auflösungsbetrag/Verminderungsbetrag eines Wohnförderkontos, nach dem Beginn der Auszahlungsphase gewährte, an den Zulageberechtigten ausgezahlte Zulagen).

- Zeitpunkt des Beginns und des Endes des jeweiligen Leistungsbezugs. Folgen nach dem 31.12.2004 Renten aus derselben Versicherung einander nach, ist auch die Laufzeit der vorhergehenden Renten mitzuteilen.

- Bezeichnung und Anschrift des Anbieters.

Wird die Rentenbezugsmitteilung nicht fristgerecht bis zum 01.03. des Folgejahres übermittelt, ist für jeden Monat der verspäteten Abgabe ein Verspätungsgeld in Höhe von 10 € für jede Mitteilung zu entrichten. Das Verspätungsgeld darf für alle für einen Veranlagungszeitraum zu übermittelnden Rentenbezugsmeldungen 50.000 € nicht übersteigen.[181]

Gegen einen Anbieter kann zudem ein Bußgeld wegen einer Ordnungswidrigkeit von bis zu 50.000 € festgesetzt werden, wenn er vorsätzlich oder grob fahrlässig die Daten der Rentenbezugsmitteilung bzw. die Mitteilung selbst nicht, nicht richtig, nicht vollständig oder nicht rechtzeitig an die zentrale Stelle übermittelt.[182]

Außerdem ist der Anbieter jeweils verpflichtet, den Leistungsempfänger über die erstattete Rentenbezugsmitteilung zu unterrichten. Diese Information des Leistungsempfängers kann formlos erfolgen.

---

180  § 22a EStG.
181  § 22a Abs. 5 EStG.
182  § 50f EStG.

Die zentrale Stelle hat das Recht, bei den Anbietern die Einhaltung der Meldepflicht im Rahmen einer steuerlichen Außenprüfung zu überprüfen.

## Jährliche Bescheinigung

Der Anbieter hat dem Zulageberechtigten jährlich eine Bescheinigung nach amtlich vorgeschriebenem Vordruck zu erteilen über[183]

- die Höhe der im abgelaufenen Beitragsjahr geleisteten Altersvorsorgebeiträge (Beiträge und Tilgungsleistungen),
- die im abgelaufenen Beitragsjahr getroffenen, aufgehobenen oder geänderten Ermittlungsergebnisse,
- die Summe der bis zum Ende des abgelaufenen Beitragsjahres dem Vertrag gutgeschriebenen Zulagen,
- die Summe der bis zum Ende des abgelaufenen Beitragsjahres geleisteten Altersvorsorgebeiträge (Beiträge und Tilgungsleistungen),
- den Stand des Altersvorsorgevermögens,
- den Stand des Wohnförderkontos und
- die Bestätigung der durch den Anbieter erfolgten Datenübermittlung an die zentrale Stelle.

---

183   § 92 EStG.

# II B  Basisrentenverträge (Basisrente)

| | | |
|---|---|---|
| 1 | Beiträge als Basisvorsorgeaufwendungen | 100 |
| | Überblick | 100 |
| | Abzugsberechtigter | 101 |
| | | |
| 2 | Zertifizierungsanforderungen | 101 |
| | Bestandsverträge | 103 |
| | Zertifizierung von Bestandsverträgen | 103 |
| | Personenidentität | 103 |
| | Art der Beitragszahlung | 104 |
| | Zeitpunkt des Vertragsabschlusses | 104 |
| | Lebenslange Leibrente | 104 |
| | Ergänzende Absicherung gegen Berufsunfähigkeit, gegen verminderte Erwerbsfähigkeit und für Hinterbliebene | 105 |
| | Nichtvererblichkeit | 105 |
| | Nichtübertragbarkeit | 106 |
| | Nichtbeleihbarkeit | 107 |
| | Nichtveräußerbarkeit | 107 |
| | Nichtkapitalisierbarkeit | 107 |
| | Anbieter im Sinne des AltZertG | 108 |
| | | |
| 3 | Sonderausgabenabzug für Basisvorsorgeaufwendungen | 108 |
| | Anbieter im Sinne des EStG | 109 |
| | Steuerfreie Einnahmen | 109 |
| | Beiträge | 109 |
| | Beitragszahlung | 109 |
| | Vertragsbeginn ab 2005 | 110 |
| | Ermittlung der abziehbaren Basisvorsorgeaufwendungen | 110 |
| | | |
| 4 | Meldeverfahren | 114 |
| | Bestandsverträge | 115 |
| | | |
| 5 | Besteuerung der Leistungen aus Basisrentenverträgen | 116 |
| | | |
| 6 | Rentenbezugsmitteilung | 119 |
| | | |
| 7 | Einzelfragen zu Basisrentenverträgen | 120 |
| | Änderungen des Versicherungsvertrages | 120 |
| | Basisrentenvertrag → „Neuvertrag" nach dem 31.12.2004 | 121 |
| | Basisrentenvertrag → Basisrentenvertrag | 121 |
| | „Altvertrag" vor dem 01.01.2005 → Basisrentenvertrag | 121 |
| | „Neuvertrag" nach dem 31.12.2004 → Basisrentenvertrag | 122 |
| | Übersicht: Vertragsänderungen bei Rentenversicherungsverträgen | 123 |
| | Kapitallebensversicherungsvertrag → Basisrentenvertrag | 124 |
| | Versorgungsausgleich | 124 |

Basisrentenverträge sind Verträge zum Aufbau einer kapitalgedeckten Altersversorgung, deren Leistung in einer lebenslangen Leibrente besteht. Zusätzlich ist eine ergänzende Rente bei Berufsunfähigkeit, verminderter Erwerbsfähigkeit oder bei Tod des Versicherten für den Ehegatten oder Waisen möglich.

Beiträge zu Basisrentenverträgen vermindern im Veranlagungszeitraum der Zahlung als Sonderausgaben im Rahmen der Höchstbeträge das zu versteuernde Einkommen und damit die Einkommensteuer des Steuerpflichtigen. Im Gegenzug erhöhen die Rentenleistungen im Veranlagungszeitraum des Rentenbezugs das zu versteuernde Einkommen und damit die Einkommensteuer.

# 1 Beiträge als Basisvorsorge-aufwendungen

## Überblick

Beiträge zu Basisrentenverträgen sind seit dem 01.01.2010 als Sonderausgaben im Rahmen von Höchstbeträgen abzugsfähig, wenn der Basisrentenvertrag zertifiziert ist. Vor 2010 waren die Beiträge abzugsfähig, wenn der Basisrentenvertrag die Anforderungen des Einkommensteuergesetzes erfüllte. Eine Zertifizierung war in diesen Veranlagungszeiträumen nicht vorgesehen.

Weitere Voraussetzungen für die Abzugsfähigkeit der geleisteten Beiträge zu Basisrentenverträgen sind, dass

- der Steuerpflichtige gegenüber dem Versicherungsunternehmen (oder dem anderen Anbieter) einer Datenübermittlung an die Finanzverwaltung (zentrale Stelle) einwilligt[1] (→ 4 Meldeverfahren, S. 114).

  Vor 2010 war eine Datenübermittlung nicht vorgesehen. Für diese Veranlagungszeiträume muss der Steuerpflichtige die Beiträge zu Basisrentenverträgen in seiner Steuererklärung angeben und durch eine Bescheinigung des Versicherungsunternehmens oder eines Anbieters nachweisen.

- die Beiträge nicht im Zusammenhang mit steuerfreien Einnahmen stehen,

- die Beiträge an einen im Altersvorsorgeverträge-Zertifizierungsgesetz (AltZertG) genannten Anbieter[2] (insbesondere Versicherungsunternehmen und Pensionsfonds) gezahlt werden.

---

1   § 10 Abs. 2 S. 2 Nr. 2 EStG.
2   § 10 Abs. 2 S. 1 Nr. 2 i. V. m. § 80 EStG.

## Abzugsberechtigter

Zum Abzug von Versicherungsbeiträgen als Basisvorsorgeaufwendungen ist nur der Versicherungsnehmer berechtigt, soweit er die Beiträge selbst entrichtet hat.[3]

Hat ein anderer als der Versicherungsnehmer die Beiträge an das Versicherungsunternehmen gezahlt, kann weder der Beitragszahler noch der Versicherungsnehmer die Zahlungen als Basisvorsorgeaufwendungen abziehen.[4] Werden dagegen dem Versicherungsnehmer die Mittel für die Beitragszahlung zur Verfügung gestellt, kann er die Beiträge geltend machen.

Für die Abzugsfähigkeit der Beiträge ist es bei zusammenveranlagten Ehegatten unbeachtlich, welcher der beiden Ehegatten Versicherungsnehmer und welcher Beitragszahler ist.[5]

Individuell lohnversteuerte Beitragsteile einer Direktversicherung oder einer Versorgung bei Pensionsfonds oder Pensionskassen kann der Arbeitnehmer im Rahmen der Höchstbeträge als Basisvorsorgeaufwendungen geltend machen. Steuerfrei gestellte Beitragsteile (z. B. nach § 3 Nr. 63 EStG) können nicht berücksichtigt werden.

Der Abzugsberechtigte muss im Inland unbeschränkt einkommensteuerpflichtig sein oder als solcher behandelt werden. Beschränkt Einkommensteuerpflichtige, die einem inländischen Abzugsberechtigten nicht gleichgestellt sind, können Beiträge zu Basisrentenverträgen bei der Veranlagung zur Einkommensteuer nicht als Sonderausgaben abziehen.[6]

# 2 Zertifizierungsanforderungen

Mit der Zertifizierung stellt das Bundeszentralamt für Steuern (Zertifizierungsstelle) fest, dass die Vertragsbedingungen des Basisrentenvertrages mit den steuerlichen Anforderungen (§ 10 Abs. 1 Nr. 2 Buchstabe b EStG) übereinstimmen und der Anbieter zum begünstigten Anbieterkreis (§ 1 Abs. 2 AltZertG) gehört.[7] Vor dem 01.07.2010 war die Bundesanstalt für Finanzdienstleistungsaufsicht (BaFin) zuständige Zertifizierungsstelle.

Im Einzelnen müssen folgende Anforderungen erfüllt sein:

* Der gesamte Vertrag ist ausschließlich in deutscher Sprache zu verfassen.[8]
* Vertragspartner eines Anbieters (→ Anbieter im Sinne des AltZertG, S. 108) kann lediglich eine natürliche Person sein. Eine Ausnahme gilt für

---

3  Stellungnahme des BMF vom 11.12.2009.
4  H 10.1 EStH 2010 Stichwort: Abkürzung des Zahlungsweges.
5  R 10.1 EStR 2008.
6  § 50 Abs. 1 EStG.
7  § 2 Abs. 3 AltZertG.
8  § 2 Abs. 1 S. 1 AltZertG.

Basisrentenverträge, die zum Aufbau einer kapitalgedeckten betrieblichen Altersversorgung abgeschlossen werden. Diese Basisrentenverträge können auch zwischen dem Anbieter und einem Arbeitgeber zugunsten des Arbeitnehmers abgeschlossen werden (Direktversicherung, Versorgungsverhältnis bei Pensionskasse oder Pensionsfonds).[9]

- Der Versicherungsnehmer ist zugleich Beitragszahler, versicherte Person und Leistungsempfänger (→ Personenidentität, S. 103).

- Der Vertrag darf nur eine auf das Leben des Versicherungsnehmers bezogene lebenslange Leibrente mit monatlichen Rentenraten vorsehen. Die Rentenzahlungen dürfen nicht vor Vollendung des 60. Lebensjahres beginnen. Bei nach dem 31.12.2011 abgeschlossenen Verträgen muss der Steuerpflichtige bei Rentenbeginn das 62. Lebensjahr vollendet haben. (→ Lebenslange Leibrente, S. 104).

- Eine ergänzende Absicherung gegen Berufsunfähigkeit, gegen verminderte Erwerbsfähigkeit oder für bestimmte Hinterbliebene ist möglich. Die Leistungen dürfen ebenfalls nur als Renten gezahlt werden. Hinterbliebene in diesem Sinne sind ausschließlich der Ehegatte des Steuerpflichtigen sowie die Kinder, für die der Versicherungsnehmer einen Anspruch auf Kindergeld oder einen Kinderfreibetrag nach dem Einkommensteuergesetz hat. (→ Ergänzende Absicherung gegen Berufsunfähigkeit, gegen verminderte Erwerbsfähigkeit und für Hinterbliebene, S. 105).

- Die Versorgungsansprüche dürfen nicht vererblich, nicht übertragbar, nicht beleihbar, nicht veräußerbar und nicht kapitalisierbar sein (→ Nichtvererblichkeit, Nichtübertragbarkeit, Nichtbeleihbarkeit, Nichtveräußerbarkeit, Nichtkapitalisierbarkeit, S. 106 f.).

- Außer den genannten Rentenleistungen dürfen keine weiteren Ansprüche auf Auszahlung bestehen.

Die erteilten Zertifikate stellen für die Finanzverwaltung einen bindenden Nachweis (Grundlagenbescheid) dar, dass die in § 10 Abs. 1 Nr. 2 Buchstabe b EStG genannten Voraussetzungen für den Basisrentenvertrag vorliegen und der Anbieter zum zulässigen Anbieterkreis (→ Anbieter im Sinne des AltZertG, S. 108) gehört. Der Anbieter muss den Vertragspartner schriftlich über die erhaltene Zertifizierung informieren. Die Information muss folgende Daten beinhalten:

- Postanschrift der Zertifizierungsstelle,
- die Zertifizierungsnummer des Vertrags sowie
- das Datum der Zertifizierung.

Die Information muss zudem einen deutlich hervorgehobenen Hinweis mit gesetzlich vorgeschriebenem Wortlaut enthalten, der dem Kunden den Ge-

---

9  § 2 Abs. 1 S. 2 AltZertG.

halt der Zertifizierung (Einhalten gesetzlicher Vorschriften, keine Überprüfung der Wirtschaftlichkeit) verdeutlicht.[10]

## Bestandsverträge

Ab 2010 sind Beiträge zu Basisrentenverträgen stets nur abzugsfähig, wenn die Vertragsvereinbarungen zertifiziert sind. Eine Zertifizierung ist deshalb auch für Basisrentenverträge erforderlich, die vor dem 01.01.2010 abgeschlossen wurden (sog. Bestandsverträge). Für die Berücksichtigung der Beiträge zu Basisrentenverträgen rückwirkend ab 2010 reicht es aus, wenn der Vertrag bis spätestens 31.12.2011 zertifiziert wurde.[11] Für bis zum 31.03.2010 abgeschlossene Basisrentenverträge gestattet die Finanzverwaltung die Zertifizierung nach einem vereinfachten Verfahren.

## Zertifizierung von Bestandsverträgen

Die Zertifizierung für die vorgenannten Bestandsverträge nach dem vereinfachten Verfahren war nur möglich, wenn der Anbieter gegenüber der Zertifizierungsstelle zugesichert hatte, dass die Basisrentenverträge sämtliche Zertifizierungsvoraussetzungen erfüllen. Bestimmte Voraussetzungen (Personenidentität, lebenslange Rente, Beitragsverhältnis Altersvorsorge zu ergänzender Absicherung) brauchten nicht wörtlich in den Vertragsbedingungen enthalten zu sein. Der Bestandsvertrag musste jedoch spätestens zum 31.12.2011 – ggf. mit Zustimmung des Vertragspartners – auf ein zertifiziertes Muster überführt werden.[12] Zudem durften nur bis 31.03.2010 Verträge auf der Grundlage dieser (bislang nicht zertifizierten) Bedingungen abgeschlossen werden. Wird die Zertifizierung später endgültig nicht erteilt, kann die Finanzverwaltung die den Steuerpflichtigen gewährte Steuerermäßigung zurückfordern. Für den Anbieter kann dies haftungsrechtliche Konsequenzen haben.[13]

## Personenidentität

Beiträge zu Basisrenten werden als Basisvorsorgeaufwendungen nur berücksichtigt, wenn Personenidentität zwischen dem Beitragszahler (Versicherungsnehmer), der versicherten Person und dem Leistungsempfänger besteht. Leistungen der Hinterbliebenenabsicherung können davon abweichend an den überlebenden Ehegatten (Witwer-/Witwenrente) oder Waisen (Waisenrente) gezahlt werden.[14]

---

10  § 7 Abs. 7 AltZertG.
11  BMF-Schreiben vom 11.10.2011.
12  BMF-Schreiben vom 11.10.2011.
13  BMF-Schreiben vom 08.12.2009.
14  BMF-Schreiben vom 13.09.2010, Rz 8.

## Art der Beitragszahlung

Die Art der Beitragszahlung ist für die Zertifizierung der Basisrente unerheblich. Es sind laufende Beiträge, variable Beiträge oder Einmalzahlungen möglich.

## Zeitpunkt des Vertragsabschlusses

Die Vertragsdauer für Basisrentenversicherungen beginnt im Zeitpunkt des bürgerlich-rechtlichen Vertragsabschlusses, frühestens jedoch mit dem vereinbarten Versicherungsbeginn. Der bürgerlich-rechtliche Vertragsabschluss erfolgt im Regelfall durch Zugang des Versicherungsscheines beim Versicherungsnehmer. Steht dem Versicherungsnehmer die 30-tägige Widerspruchsfrist nach § 152 Abs. 1 VVG zu, weil er die Versicherungsbedingungen und die Verbraucherinformationen erst mit dem Versicherungsschein erhalten hat, gilt der Vertrag bei unterbliebenem Widerspruch rückwirkend ab dem Zeitpunkt des Zugangs der Police als abgeschlossen. Dem Datum der Policierung oder der ersten Prämienzahlung kommt bei der Bestimmung des Abschlusszeitpunkts grundsätzlich keine Bedeutung zu.

## Lebenslange Leibrente

Basisrentenverträge liegen vor, wenn der Vertrag ausschließlich Leistungen in Form einer monatlich gleichbleibenden oder steigenden lebenslangen Leibrente vorsieht. Die Rentenzahlungen dürfen nicht vor Vollendung des 60. Lebensjahres beginnen. Bei nach dem 31.12.2011 abgeschlossenen Verträgen muss der Steuerpflichtige bei Rentenbeginn das 62. Lebensjahr vollendet haben. Ein späterer Rentenbeginn ist zulässig. Von Gesetzeswegen ist nicht vorgegeben, wann die Rentenzahlung spätestens beginnen muss.

Wird der Beitrag einer vor 2012 abgeschlossenen Basisrente nach 2011 erhöht, kann auch die erhöhte Rente frühestens ab der Vollendung des 60. Lebensjahres beginnen. Es ist nicht erforderlich zu vereinbaren, dass die Rentenerhöhung erst ab Alter 62 gezahlt werden darf.[15]

Ein Auszahlungsplan – auch in Kombination mit einer sich anschließenden Teilkapitalverrentung – ist keine lebenslange Leibrente. Auch die Auszahlung einer gleichbleibenden oder steigenden Anzahl von Investmentanteilen ist keine lebenslange Leibrente.

Die Leibrentenzahlungen dürfen der Höhe nach nicht sinken. Geringfügige Schwankungen der einzelnen Rentenzahlungen sind unschädlich, sofern diese auf in einzelnen Jahren unterschiedlich hohen Überschussanteilen in der Auszahlungsphase beruhen, die für die ab Beginn der Auszahlung garantierten Rentenleistungen gewährt werden.[16]

---

15  BMF-Schreiben vom 17.10.2011.
16  BMF-Schreiben vom 13.09.2010, Rz 11.

Der Vertrag muss die Verpflichtung enthalten, vor Rentenbeginn die Leibrente auf Grundlage einer anerkannten Sterbetafel zu berechnen und dabei den während der Laufzeit der Rente geltenden Zinsfaktor festzulegen.[17]

## Ergänzende Absicherung gegen Berufsunfähigkeit, gegen verminderte Erwerbsfähigkeit und für Hinterbliebene

Basisrenten können zusätzlich zu einer Versorgung im Alter den Eintritt der Berufsunfähigkeit, die verminderte Erwerbsfähigkeit oder eine Hinterbliebenenversorgung absichern, sofern die Leistung als Rente erbracht wird. Nach Auffassung der Finanzverwaltung müssen auch im Fall einer ergänzenden Absicherung lebenslange Renten gezahlt werden.[18] Bei Berufsunfähigkeits- oder Erwerbsminderungsrenten ist eine zeitliche Befristung auf den tatsächlichen Beginn der Altersrente aus dem entsprechenden Vertrag möglich. Ebenso kann die Rente enden, wenn die Versorgungsbedürftigkeit entfallen ist (z. B. Wiedererlangung der Erwerbsfähigkeit).[19]

Nach Praxis der Zertifizierungsstelle kann die Leistung aus einer ergänzenden Absicherung der Berufsunfähigkeit oder verminderten Erwerbfähigkeit auch enden, wenn

- die Berufsunfähigkeit oder verminderte Erwerbsfähigkeit endet, d. h. wenn die betroffene Person wieder berufs- oder erwerbsfähig wird,
- die versicherte Person stirbt,
- die Altersgrenze erreicht wird oder
- bei Beginn der Zahlung einer Altersrente.

Nach Auffassung der Finanzverwaltung muss eine Hinterbliebenenrente zugunsten des hinterbliebenen Ehegatten grundsätzlich lebenslang vereinbart werden.[20]

Der Anspruch auf Waisenrente muss vertraglich auf den Zeitraum begrenzt sein, in dem für das Kind Kindergeld gewährt wird oder ein Anspruch auf einen Kinderfreibetrag nach § 32 Abs. 6 EStG besteht. Für die vor dem 01.01.2007 abgeschlossenen Basisrenten gilt für das Vorliegen einer begünstigten Hinterbliebenenversorgung die Altersgrenze des § 32 EStG in der bis zum 31.12.2006 geltenden Fassung (maximal Vollendung des 27. Lebensjahres des Kindes).[21]

Anstelle der Rentenzahlung ist auch eine (ergänzende) Beitragsfreistellung möglich.[22]

---

17  BMF-Schreiben vom 13.09.2010, Rz 13.
18  BMF-Schreiben vom 21.12.2009.
19  BMF-Schreiben vom 13.09.2010, Rz 17.
20  BMF-Schreiben vom 13.09.2010, Rz 20.
21  § 52 Abs. 40 Satz 7 EStG.
22  BMF-Schreiben vom 13.09.2010, Rz 17.

Die Altersvorsorgung und die ergänzende Absicherung müssen in einem einheitlichen Vertrag vereinbart sein.[23]

Der Beitragsanteil für die Altersversorgung muss stets mehr als 50 % der gezahlten Beiträge betragen. Für die ergänzende Absicherung ist daher nur ein Beitragsanteil von weniger als 50 % zulässig.[24]

Für die Berechnung des Verhältnisses werden die für eine Beitragsbefreiung aufgewandten Beitragsteile der Altersversorgung des Steuerpflichtigen zugerechnet, wenn durch die Beitragsbefreiung lediglich der Anspruch auf eine Altersversorgung weiter aufgebaut wird. Kann der Versicherungsnehmer bei Eintritt des Versorgungsfalls zwischen Beitragsbefreiung oder Rentenzahlung wählen, werden die darauf entfallenden Beitragsanteile der ergänzenden Absicherung zugerechnet.[25]

Beitragsteile, die auf die Absicherung einer Hinterbliebenenrente entfallen, werden den Altersversorgungsbeiträgen zugeordnet, wenn die Zahlung einer Hinterbliebenenrente vertraglich nicht vor Vollendung des 60. Lebensjahres (ab 2012: Vollendung des 62. Lebensjahres) beginnt.

Wird die Hinterbliebenenversorgung ausschließlich aus dem bei Tod des Steuerpflichtigen vorhandenen Altersvorsorge-Restkapital finanziert, handelt es sich bei der Hinterbliebenenabsicherung nicht um eine Risikoabsicherung und der Betrag ist insoweit der Altersvorsorge zuzurechnen. Das gilt auch, wenn der Steuerpflichtige eine entsprechend gestaltete Absicherung des Ehegatten als besondere Komponente im Rahmen eines (einheitlichen) Basisrentenvertrages hinzu- (z. B. Heirat) oder später wieder abwählen kann (z. B. Scheidung).[26]

Steuerlich begünstigte Hinterbliebene sind nur der Ehegatte des Steuerpflichtigen sowie die Kinder, für die der Steuerpflichtige Kindergeld oder einen Kinderfreibetrag nach § 32 Abs. 6 EStG erhält.

## Nichtvererblichkeit

Es darf nach den Vertragsbedingungen nicht zu einer Auszahlung an die Erben kommen. Eine Nichtvererblichkeit ist auch noch gegeben, wenn im Rahmen des gesetzlich Zulässigen Hinterbliebenenleistungen an Witwer/Witwen oder Waisen erbracht werden. Zudem ist eine Rentenzahlung für die Zeit bis zum Ablauf des Todesmonats an die Erben unschädlich.

## Nichtübertragbarkeit

Der Vertrag darf keine Übertragung der Ansprüche des Leistungsempfängers auf eine andere Person vorsehen. Die Pfändbarkeit nach den Vorschrif-

---

23  BMF-Schreiben vom 13.09.2010, Rz 22.
24  BMF-Schreiben vom 13.09.2010, Rz 18.
25  BMF-Schreiben vom 13.09.2010, Rz 19.
26  BMF-Schreiben vom 13.09.2010, Rz 21.

ten der ZPO steht dem nicht entgegen. Die Übertragbarkeit zur Regelung von Scheidungsfolgen wird von der Finanzverwaltung toleriert. Nach Auffassung der Finanzbehörde dürfen die Ansprüche des Leistungsempfängers aus dem Vertrag unmittelbar auf einen anderen Basisrentenvertrag desselben Leistungsempfängers übertragen werden.[27]

## Nichtbeleihbarkeit

Durch vertragliches Übertragungsverbot muss eine Verpfändung oder Sicherungsabtretung der Ansprüche ausgeschlossen sein.

## Nichtveräußerbarkeit

Der Vertrag muss die Möglichkeit, Ansprüche an Dritte zu veräußern, ausschließen.

## Nichtkapitalisierbarkeit

Die Basisrente darf kein Recht auf Kapitalisierung des Rentenanspruchs vorsehen. Enthält der Vertrag beispielsweise

- ein Kapitalwahlrecht,
- ein Wahlrecht oder einen Anspruch auf (Teil-)Auszahlung nach Eintritt des Versorgungsfalls,
- die Zahlung eines Sterbegeldes,
- eine Beitragsrückerstattung oder die Zahlung eines Rückkaufswerts bei Vertragskündigung,

liegt keine steuerbegünstigte Basisrente vor.[28]

Nach Auffassung der Finanzverwaltung ist die Vereinbarung einer Abfindungsmöglichkeit von Kleinbetragsrenten unschädlich, wenn die Abfindung frühestens zum Beginn der Auszahlungsphase, d.h. mit Vollendung des 60. Lebensjahres (ab 2012: Vollendung des 62. Lebensjahres) erfolgt. Eine Kleinbetragsrente liegt vor, wenn die Rente, die sich bei gleichmäßiger Verrentung des gesamten zu Beginn der Auszahlungsphase verfügbaren Kapitals ergibt, 1 % der monatlichen Bezugsgröße nach § 18 des Vierten Buches Sozialgesetzbuch (2010 und 2011: 25,55 €, ab 2012: 26,25 €) nicht übersteigt.[29]

---

27  BMF-Schreiben vom 13.09.2010, Rz 25.
28  BMF-Schreiben vom 13.09.2010, Rz 27.
29  BMF-Schreiben vom 13.09.2010, Rz 25.

## Anbieter im Sinne des AltZertG

Anbieter eines Basisrentenvertrags können sein:[30]

- Lebensversicherungsunternehmen, die das Versicherungsgeschäft im Inland betreiben dürfen (einschließlich Pensionskassen im Sinne des § 118a VAG)
- Pensionsfonds im Sinne des § 112 VAG
- Kreditinstitute, die eine Erlaubnis zum Betreiben des Einlagengeschäfts im Inland haben
- Bausparkassen
- inländische Kapitalanlagegesellschaften bzw. Verwaltungs- oder Investmentgesellschaften
- in das Genossenschaftsregister eingetragene Genossenschaften, die eine Erlaubnis nach dem KWG besitzen (Volks- und Raiffeisenbanken) bzw. satzungsgemäß ihren Mitgliedern Wohnraum zur Verfügung stellen (Wohnungsbaugenossenschaften)

# 3 Sonderausgabenabzug für Basisvorsorgeaufwendungen

Als Basisvorsorgeaufwendungen sind folgende Beiträge begünstigt:

- Beiträge für die Deutsche Rentenversicherung (Arbeitnehmer- und Arbeitgeberanteil)
- Beiträge zu landwirtschaftlichen Alterskassen
- Beiträge zu berufsständischen Versorgungseinrichtungen, die den gesetzlichen Rentenversicherungen vergleichbare Leistungen erbringen
- Beiträge zu zertifizierten Basisrentenverträgen.

## Anbieter im Sinne des EStG

Anbieter im Sinne des Einkommensteuergesetzes[31] sind:

- Lebensversicherungsunternehmen, die das Versicherungsgeschäft im Inland betreiben dürfen
- Kapitalanlagegesellschaften

---

30  § 2 Abs. 2 AltZertG i.V.m. § 1 Abs. 2 AltZertG.
31  § 10 Abs. 2 S. 1 Nr. 2 Buchstabe d EStG i.V.m. § 80 EStG i.V.m. § 1 Abs. 2 AltZertG.
    § 1 Abs. 2 AltZertG umschreibt die Anbieter von Altersvorsorgeverträgen; nach § 2 Abs. 2 AltZertG. sind die dort bezeichneten Einrichtungen zugleich die zulässigen Anbieter von Basisrentenverträgen.

- Bausparkassen
- Kreditinstitute, die eine Erlaubnis zum Betreiben des Einlagengeschäfts i. S. d. § 1 Abs. 1 Satz 2 Nr. 1 KWG haben oder aber nach § 53b Abs. 1 Satz 1 KWG Geschäfte im Inland betreiben dürfen
- in das Genossenschaftsregister eingetragene Genossenschaften, die eine Erlaubnis nach dem KWG besitzen (Volks- und Raiffeisenbanken) bzw. satzungsgemäß ihren Mitgliedern Wohnraum zur Verfügung stellen (Wohnungsbaugenossenschaften).

Zudem können Pensionskassen (§ 118a VAG) und Pensionsfonds (§ 112 VAG) Anbieter von zertifizierten Basisrentenverträgen sein.[32]

## Steuerfreie Einnahmen

Beiträge zu Basisrentenverträgen werden steuerlich als Basisvorsorgeaufwendungen berücksichtigt, soweit diese Beiträge nicht in unmittelbarem Zusammenhang mit steuerfreien Einnahmen stehen.[33] Steuerfreie Einnahmen können z. B. Beiträge zu einem als Direktversicherung abgeschlossenen Basisrentenvertrag sein.[34]

Hat ein Versicherungsnehmer Provisionen für den Abschluss eigener (privater) Basisrentenverträge bezogen, sind diese im Rahmen seiner gewerblichen Tätigkeit als Betriebseinnahmen zu erfassen. Die geleisteten Beiträge können unvermindert als Basisvorsorgeaufwendungen berücksichtigt werden.[35]

## Beiträge

Unabhängig von der Art der Beitragszahlung sind laufende Beiträge oder Einmalzahlungen steuerbegünstigt. Variable und dynamische Beitragszahlungen sind möglich; bestimmte Fristen (z. B. Mindestbeitragszahlungsdauer, Mindestlaufzeit o. ä.) sind nicht zu beachten.

## Beitragszahlung

Begünstigte Beiträge sind grundsätzlich in dem Kalenderjahr als Basisvorsorgeaufwendungen absetzbar, in dem sie geleistet werden. Ein Beitrag liegt vor, wenn die Verpflichtung für die Zahlung entstanden ist. Allerdings gilt der laufende Beitrag, der in der Zeit vom 01.01. bis zum 10.01. des nachfolgenden Jahres geleistet wird, als im Jahr der Fälligkeit (altes Jahr) geleistet, wenn der Beitrag zwischen dem 21. und 31.12. des alten Jahres fällig war.[36] Als laufende Beiträge gelten regelmäßig zu zahlende Beiträge (monatliche, vierteljährliche, halbjährliche oder jährliche Zahlungsweise).

---

32  § 80 EStG i.V.m. § 82 Abs. 2 Buchstabe a EStG.
33  § 10 Abs. 2 S. 1 Nr. 1 EStG.
34  § 3 Nr. 63 EStG.
35  BFH-Urteil vom 27.05.1998 – X R 92/95 (NV), BFH/NV 1998 S. 1476.
36  BMF-Schreiben vom 02.01.2012 und BMF-Schreiben vom 12.03.2012: Diese Regelung ist ab dem 22.12.2012 anzuwenden.

Als Zahlungszeitpunkt gilt

- bei Überweisungen der Tag, an dem der Überweisungsauftrag der Bank zugegangen ist, soweit zu diesem Zeitpunkt auf dem Konto eine ausreichende Deckung besteht,

- bei Zahlung durch gedeckten Scheck der Tag der Hingabe oder Absendung des Schecks,

- bei Lastschriftverfahren der Zeitpunkt der Fälligkeit, wenn dem Versicherungsunternehmen zu diesem Zeitpunkt die Abbuchungsermächtigung vorliegt und das Konto des Versicherungsnehmers ausreichende Deckung aufweist.[37]

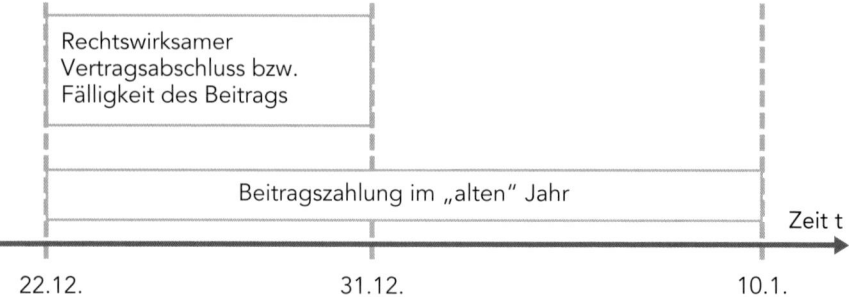

## Vertragsbeginn ab 2005

Die Laufzeit des Basisrentenvertrags muss nach dem 31.12.2004 beginnen.[38]

## Ermittlung der abziehbaren Basisvorsorgeaufwendungen

Für die Berechnung der berücksichtigungsfähigen Basisvorsorgeaufwendungen gilt folgendes Schema:

## 1. Schritt: Ermittlung der Basisvorsorgeaufwendungen:

- bei rentenversicherungspflichtigen Arbeitnehmern:

  der Gesamtbeitrag (Arbeitgeber- und Arbeitnehmeranteil) zur Deutschen Rentenversicherung (DRV)

- bei Versicherten einer landwirtschaftlichen Alterskasse:

  der Beitrag an die landwirtschaftliche Alterskasse einschließlich eines ggf. gezahlten steuerfreien Arbeitgeberbeitrags

---

37 Erlass des Finanzministeriums Baden-Württemberg vom 20.11.1975.
38 BMF-Schreiben vom 13.09.2010, Rz 9.

- bei Versicherten einer berufsständischen Versorgung:

  der Beitrag für die berufsständische Versorgung einschließlich eines ggf. gezahlten steuerfreien Arbeitgeberbeitrags

- von allen:
  - +  Beiträge für Basisrentenversicherungen
  - =  Summe der Basisvorsorgeaufwendungen

## 2. Schritt: Begrenzung (Maximierung) der Basisvorsorgeaufwendungen auf den Höchstbetrag

Der Höchstbetrag für Basisvorsorgeaufwendungen beträgt 20.000 € (40.000 € bei zusammenveranlagten Ehegatten).

Für Arbeitnehmer, die während des ganzen oder eines Teils des Kalenderjahres nicht der gesetzlichen Rentenversicherungspflicht unterliegen bzw. auf Antrag des Arbeitgebers von der Versicherungspflicht befreit waren, ist eine Kürzung des Höchstbetrags (20.000 €/40.000 €) in Höhe des fiktiven Gesamtbeitrags zur DRV vorzunehmen, wenn ihnen aufgrund ihres Beschäftigungsverhältnisses eine lebenslängliche Versorgung oder an deren Stelle eine Abfindung zusteht. Hat der Arbeitnehmer im Fall seines Ausscheidens aus dem Beschäftigungsverhältnis einen Nachversicherungsanspruch in der gesetzlichen Rentenversicherung, ist die fiktive Kürzung des Höchstbetrags ebenfalls vorzunehmen.[39] Zu diesem Personenkreis gehören insbesondere Beamte, Richter, Berufssoldaten sowie Soldaten auf Zeit.[40]

Der Höchstbetrag ist auch zu kürzen bei Arbeitnehmern, die nicht der gesetzlichen Rentenversicherung unterliegen, die aber im Zusammenhang mit ihrer Berufstätigkeit aufgrund vertraglicher Vereinbarungen Anwartschaftsrechte auf eine Altersversorgung erworben haben[41] (z. B. Vorstandsmitglieder einer AG, beherrschende Gesellschafter-Geschäftsführer einer GmbH). Für die Beurteilung der Zugehörigkeit zu diesem Personenkreis sind alle Formen der betrieblichen Altersversorgung zu berücksichtigen. Ohne Bedeutung sind dabei die Art der Finanzierung, der Durchführungsweg oder die Höhe der Versorgungszusage. Für die Durchführung der Kürzung unerheblich ist, ob im betreffenden Veranlagungszeitraum Beiträge erbracht wurden oder die Versorgungsanwartschaft angewachsen ist. Eine Kürzung ist nicht vorzunehmen, wenn der Steuerpflichtige einen Direktversicherungsvertrag privat fortführt.[42]

---

39  § 10 Abs. 3 Nr. 1 Buchstabe a EStG.
40  BMF-Schreiben vom 13.09.2010, Rz 33.
41  § 10 Abs. 3 Nr. 1 Buchstabe b EStG.
42  BMF-Schreiben vom 13.09.2010, Rz 36, 37.

Des Weiteren ist eine Kürzung vorzunehmen bei Steuerpflichtigen, die Bezüge aus einem Abgeordneten-Mandat erzielen und die ganz oder teilweise ohne eigene Beitragsleistung einen Anspruch auf Altersversorgung erwerben.[43] Dazu zählen insbesondere Abgeordnete, die Mitglieder des Europaparlaments, des Deutschen Bundestags oder der Parlamente der Bundesländer sind. Bei ehrenamtlichen Mitgliedern kommunaler Vertretungen sowie bei kommunalen Wahlbeamten (Landräten, Bürgermeistern) sind die Höchstbeträge nicht zu kürzen.[44]

Bemessungsgrundlage für den fiktiven Gesamtbeitrag zur DRV sind die erzielten steuerpflichtigen Einnahmen aus der Tätigkeit, die die Befreiung von der gesetzlichen Rentenversicherungspflicht begründet haben. Der fiktive Gesamtbeitrag zur DRV wird dabei höchstens aus der Beitragsbemessungsgrenze Ost zur DRV (in 2011 und 2012: 57.600 €) errechnet. Die Kürzung beträgt in 2011: 19,9 %, in 2012: 19,6 % dieser Bemessungsgrundlage.

> Höchstbetrag 20.000 €/40.000 € (allgemein)
>
> –  ggf. fiktiver Gesamtbeitrag zur DRV (2011: 19,9 %, 2012: 19,6 % aus dem Gehalt bzw. den Bezügen, max. aus der BBG Ost zur DRV, in 2011 und 2012: 57.600 €)
>
> =  Höchstbetrag (reduziert)

Ist die Summe der Basisvorsorgeaufwendungen geringer als der allgemeine Höchstbetrag (20.000 €/40.000 €) bzw. der reduzierte Höchstbetrag, ist mit dem Betrag der Summe der Basisvorsorgeaufwendungen weiterzurechnen.

Ist die Summe der Basisvorsorgeaufwendungen größer als der allgemeine Höchstbetrag (20.000 €/ 40.000 €) bzw. der reduzierte Höchstbetrag, ist mit dem allgemeinen bzw. reduzierten Höchstbetrag weiterzurechnen.

> Basisvorsorgeaufwendungen
>
> maximal aber Höchstbetrag (allgemein oder reduziert)
>
> =  abzugsfähige (maximierte) Basisvorsorgeaufwendungen

## 3. Schritt: Ermittlung des steuerwirksamen Anteils während der Übergangsphase auf die nachgelagerte Besteuerung (2005 bis 2024)

Während der Übergangszeit auf die nachgelagerte Besteuerung (Veranlagungszeiträume 2005 bis 2024) sind die abzugsfähigen Basisvorsorgeaufwendungen nur mit einem gesetzlich bestimmten Teilbetrag steuerwirksam. Im Jahr 2012 sind die ggf. maximierten abzugsfähigen Basisvorsorgeaufwendungen mit 74 % (in 2011: 72 %/in 2010: 70 %) abzugsfähig. Der steu-

---

43  § 10 Abs. 3 Nr. 2 EStG.
44  BMF-Schreiben vom 13.09.2010, Rz 40, 41.

erwirksame Anteil steigt jährlich um 2 Prozentpunkte an. Ab dem Jahr 2025 können dann 100 % der Basisvorsorgeaufwendungen steuerwirksam abgezogen werden.

> Abzugsfähige (ggf. maximierte) Basisvorsorgeaufwendungen
>
> Davon steuerwirksamer Anteil in %
> (2012: 74 %; 2011: 72 %; 2010: 70 %)

## 4. Schritt: Minderung des steuerwirksamen Anteils der abzugsfähigen (ggf. maximierten) Basisvorsorgeaufwendungen bei Arbeitnehmern

Bei Arbeitnehmern, die steuerfreie Arbeitgeberanteile zur DRV oder diesen gleichgestellte steuerfreie Zuschüsse des Arbeitgebers erhalten haben, ist der steuerwirksame Anteil der abzugsfähigen (ggf. maximierten) Basisvorsorgeaufwendungen um diese Beträge zu kürzen. Haben beide Ehegatten steuerfreie Arbeitgeberleistungen erhalten, ist der Abzugsbetrag um beide Beträge zu kürzen.

> Steuerwirksamer Anteil der abzugsfähigen (ggf. maximierten) Basisvorsorgeaufwendungen
>
> – steuerfreier Arbeitgeberanteil zur DRV oder diesem gleichgestellter steuerfreier Zuschuss
>
> = als Basisvorsorgeaufwendungen abziehbare Sonderausgaben

Beispiel: Familie Mayer

> Die beiden zusammenveranlagten Ehegatten Antje (A) und Klaus (K) Mayer sind beide Arbeitnehmer. Zur Familie gehören außerdem noch zwei gemeinsame Kinder, die in 2011 beide noch zur Schule gehen (Freibeträge für Kinder).
>
> A ist Beamtin in Teilzeit, K steht in einem sozialversicherungspflichtigen Beschäftigungsverhältnis. Im Veranlagungszeitraum 2011 erzielen sie folgenden Arbeitslohn: A erhält eine Vergütung von 20.000 €, K einen Bruttoarbeitslohn von 50.000 € .
>
> Die gesetzlichen Sozialversicherungsbeiträge für K betragen:

| | Arbeitnehmer-anteil | Arbeitgeber-anteil | Summe |
|---|---|---|---|
| Rentenversicherung (19,9 %) | 4.975 € | 4.975 € | 9.950 € |

> A hat für ihre Altersvorsorge zusätzlich eine Basisrente mit monatlichen Beiträgen in Höhe von 150 € (1.800 € p. a.) abgeschlossen.

Lösung:

| Ermittlung der Basisvorsorgeaufwendungen | EUR |
|---|---|
| Beiträge zur gesetzlichen Rentenversicherung (K) | 9.950 |
| Beiträge zur Basisrente (A) | 1.800 |
| = Summe der Basisvorsorgeaufwendungen für A und K | 11.750 |

**Begrenzung (Maximierung) der Basisvorsorgeaufwendungen auf den Höchstbetrag**

| | |
|---|---|
| Höchstbetrag für Basisvorsorgeaufwendungen (2 x 20.000 €) | 40.000 |
| – Kürzung um fiktiven Beitrag zur DRV (A): 20.000 € x 19,9 % = | – 3.980 |
| = (gekürzter) Höchstbetrag | 36.020 |
| hier aber maximal: tatsächliche Basisvorsorgeaufwendungen | 11.750 |

| Ermittlung des steuerfreien Anteils während der Übergangsphase auf die nachgelagerte Besteuerung (bis 2024) | EUR |
|---|---|
| in 2011: steuerwirksamer Anteil 72 % von 11.750 € = | 8.460 |

**Minderung des steuerwirksamen Anteils bei Arbeitnehmern**

| | |
|---|---|
| Steuerwirksamer Anteil der Basisvorsorgeaufwendungen | 8.460 |
| – steuerfreier Arbeitgeberanteil zur DRV (K) | 4.975 |
| = als Basisvorsorgeaufwendungen abziehbare Sonderausgaben | 3.485 |

# 4 Meldeverfahren

Beiträge zu Basisrentenverträgen können ab dem Veranlagungszeitraum 2010 steuerlich nur geltend gemacht werden, wenn der Steuerpflichtige gegenüber seinem Anbieter einer Datenübermittlung an die zentrale Stelle (Deutsche Rentenversicherung Bund) zugestimmt hat.[45] Die Einwilligung des Steuerpflichtigen muss spätestens innerhalb einer Frist von 2 Jahren nach Ablauf des Beitragsjahres dem Anbieter (übermittelnde Stelle) schriftlich vorliegen. Das Einverständnis gilt auch für zukünftige Beitragsjahre, es sei denn, der Steuerpflichtige widerruft seine Erklärung vor Beginn des betreffenden Beitragsjahres schriftlich gegenüber dem Anbieter (übermittelnde Stelle).

Die übermittelten Werte werden von der Finanzverwaltung ohne weiteren Antrag im Veranlagungsverfahren des Steuerpflichtigen berücksichtigt. Werden die Daten aus Gründen, die der Steuerpflichtige nicht zu vertreten hat, nicht übermittelt (z. B. technische Probleme), kann er den Nachweis über

---

45   § 10 Abs. 2 S. 2 Nr. 2 EStG.

die entrichteten Beiträge auch im Rahmen seiner Steuererklärung erbringen. Der Steuerbescheid kann geändert werden, wenn

- die übermittelten Daten unzutreffend waren oder
- die Daten erstmals nach Bekanntgabe des Steuerbescheids aber innerhalb der 2-Jahresfrist vom Anbieter übermittelt wurden.[46]

Der Anbieter übermittelt folgende Daten des Steuerpflichtigen an die zentrale Stelle (Deutsche Rentenversicherung Bund):

- die Höhe der im jeweiligen Veranlagungszeitraum geleisteten und erstatteten Beiträge,
- Zertifizierungsnummer des Basisrentenvertrags,
- Vertrags- oder Versicherungsdaten,
- Datum der Einwilligungserklärung und
- die vom Versicherungsnehmer genannte Identifikationsnummer. Teilt dieser trotz Aufforderung seine steuerliche Identifikationsnummer dem Anbieter nicht mit, darf der Anbieter diese beim Bundeszentralamt für Steuern erfragen.

Sind Versicherungsnehmer und versicherte Person nicht identisch, müssen ab 2011 zusätzlich die Identifikationsnummer und das Geburtsdatum des Versicherungsnehmers angegeben werden.

Die Daten müssen bis zum 01.03. des dem Beitragsjahr folgenden Kalenderjahres übermittelt werden. Wird die Einwilligung erst nach Ablauf des Beitragsjahres, jedoch innerhalb der oben genannten 2-Jahresfrist abgegeben, sind die Daten bis zum Ende des folgenden Kalendervierteljahres zu übermitteln. Die Datenübermittlung kann zu einer Änderung des Steuerbescheids führen.[47]

Der Anbieter muss die übermittelten Daten dem Steuerpflichtigen gesondert mitteilen. Die Mitteilung an den Versicherungsnehmer kann formlos erfolgen.

## Bestandsverträge

Für Veranlagungszeiträume vor 2010 wurden Beiträge zu Basisrentenverträgen berücksichtigt, wenn sie der Steuerpflichtige in seiner Einkommensteuererklärung angegeben hat.

Bei Basisrentenverträgen mit Vertragsabschluss vor 2010 gilt die Einwilligung des Steuerpflichtigen für die künftigen Veranlagungen ab 2010 als erteilt, wenn der Anbieter den Steuerpflichtigen schriftlich informiert,

- dass vom Vorliegen einer Einwilligung ausgegangen wird,
- die Datenübermittlung an die zentrale Stelle (Deutsche Rentenversicherung Bund) erfolgt und
- der Steuerpflichtige dieser Information nicht innerhalb einer Frist von 4 Wochen nach Erhalt schriftlich widerspricht.[48]

---

46  § 10 Abs. 2 S. 4 EStG, BMF-Schreiben vom 13.09.2010, Rz 15.
47  § 10 Abs. 2a S. 8 EStG.
48  § 52 Abs. 24 S. 2 EStG.

# 5 Besteuerung der Leistungen aus Basisrentenverträgen

Leibrenten aus Basisrentenverträgen werden – wie Renten und andere Leistungen aus den gesetzlichen Rentenversicherungen, den landwirtschaftlichen Alterskassen oder berufsständischen Versorgungseinrichtungen seit dem Veranlagungszeitraum 2005 auch – vollumfänglich nachgelagert besteuert (§ 22 Nr. 1 Satz 3 Buchstabe a Doppelbuchstabe aa EStG).

Der Besteuerung unterliegen alle Leistungen, unabhängig davon, ob sie als Rente oder Teilrente lebenslang (z. B. Altersrente, Hinterbliebenenrente als Witwen-/Witwerrente) oder abgekürzt (z. B. Berufsunfähigkeitsrente, Hinterbliebenenrente als Waisenrente) oder als einmalige Leistung (z. B. Abfindung von Kleinbetragsrenten) ausgezahlt werden.[49] Renten aus Basisrentenverträgen werden auch dann besteuert, wenn die Beiträge zu der Versicherung nicht oder nur zu einem Teil im Rahmen der Höchstbeträge für Basisvorsorgeaufwendungen steuerlich abgezogen werden konnten oder während der Übergangszeit von 2005 bis 2024 nur mit einem Teilbetrag steuerlich wirksam geworden sind (→ 3 Sonderausgabenabzug für Basisvorsorgeaufwendungen, Ermittlung der abziehbaren Basisvorsorgeaufwendungen, S. 110).

Renten, die bereits vor 2005 begonnen haben oder die während der Übergangszeit in den Jahren 2005 bis 2039 beginnen, werden nur mit einem Teilbetrag der gesamten Rentenzahlung besteuert. Ab dem Jahr 2040 beginnende Renten sind in vollem Umfang zu versteuern. Der steuerfreie Anteil der Renten, die vor 2040 begonnen haben oder beginnen werden, ist abhängig

- vom Kalenderjahr des Rentenbeginns,
- von dem prozentualen Besteuerungsanteil der Rente, der nach dem Rentenbeginnjahr zu bestimmen ist,
- von der Jahresrente,
  - die 2006 gezahlt wird, falls die Rente vor dem oder im Jahr 2005 begonnen hat,

oder

  - die im zweiten Jahr des Rentenbezugs gezahlt wird, falls die Rente in den Jahren 2005 bis 2039 begonnen hat oder beginnt.

Nachfolgender Tabelle kann der prozentuale Besteuerungsanteil bzw. der prozentuale steuerfreie Anteil für die Übergangszeit von 2005 bis 2040 entnommen werden:

---

49  BMF-Schreiben vom 13.09.2010, Rz 135.

| Beginnjahr | Besteuerungsanteil | Prozentualer steuerfreier Anteil |
|---|---|---|
| Vor 2005 | 50 % | 50 % |
| 2005 | 50 % | 50 % |
| 2006 | 52 % | 48 % |
| 2007 | 54 % | 46 % |
| 2008 | 56 % | 44 % |
| 2009 | 58 % | 42 % |
| 2010 | 60 % | 40 % |
| 2011 | 62 % | 38 % |
| 2012 | 64 % | 36 % |
| 2013 | 66 % | 34 % |
| 2014 | 68 % | 32 % |
| 2015 | 70 % | 30 % |
| 2016 | 72 % | 28 % |
| 2017 | 74 % | 26 % |
| 2018 | 76 % | 24 % |
| 2019 | 78 % | 22 % |
| 2020 | 80 % | 20 % |
| 2021 | 81 % | 19 % |
| 2022 | 82 % | 18 % |
| 2023 | 83 % | 17 % |
| 2024 | 84 % | 16 % |
| 2025 | 85 % | 15 % |
| 2026 | 86 % | 14 % |
| 2027 | 87 % | 13 % |
| 2028 | 88 % | 12 % |
| 2029 | 89 % | 11 % |
| 2030 | 90 % | 10 % |
| 2031 | 91 % | 9 % |
| 2032 | 92 % | 8 % |
| 2033 | 93 % | 7 % |
| 2034 | 94 % | 6 % |
| 2035 | 95 % | 5 % |
| 2036 | 96 % | 4 % |
| 2037 | 97 % | 3 % |
| 2038 | 98 % | 2 % |
| 2039 | 99 % | 1 % |
| Ab 2040 | 100 % | 0 % |

Bei Renten, die in den Jahren 2005 bis 2039 beginnen, bleibt die jährliche Rente ab dem dritten Jahr des Rentenbezugs während der gesamten künftigen Laufzeit der Rente konstant in Höhe des Betrags einkommensteuerfrei, in dessen Höhe die Rente im zweiten Jahr des Rentenbezugs nach dem prozentualen Anteil der Tabelle des § 22 Nr. 1 Satz 3 Buchstabe a Doppelbuchstabe aa EStG steuerfrei bleibt (= persönlicher Rentenfreibetrag).[50]

Regelmäßige Erhöhungen der Rente haben keine Auswirkung auf die Höhe des Freibetrags und führen daher auch nicht zu einer Aufstockung des Freibetrags. Dagegen ist der Freibetrag bei einer außerordentlichen Änderung der Rentenhöhe im Verhältnis der Rentenhöhe vor und nach der Änderung anzupassen.

Werden aus derselben Versicherung nacheinander Renten der gleichen Rentenart (z. B. Berufsunfähigkeitsrenten bei wiederholter Berufsunfähigkeit) oder Renten aus unterschiedlichen Anspruchsgrundlagen (z. B. Ende der Leistungsdauer einer Berufsunfähigkeitsrente und anschließender Bezug einer Altersrente oder Ende der Altersrente bei Tod des Versicherten und Beginn einer Hinterbliebenenrente) bezogen, ist der prozentuale steuerfreie Anteil nach dem Beginnjahr der nachfolgenden Rente abzüglich der Laufzeit der vorhergehenden Rente(n) zu bestimmen. Es ist allerdings von einem (kombinierten) Rentenbeginn frühestens im Jahr 2005 auszugehen.

Beispiel: Herr Schmidt

Herr Schmidt bezieht nach einem Unfall seit dem 01.03.2007 eine Berufsunfähigkeitsrente (monatlich 800 €) aus seinem Basisrentenvertrag. Aufgrund der Überschussbeteiligung erfolgt – jeweils zum 01.03. – eine jährliche Rentenanpassung von 3 % (2008: 824 €, 2009: 849 €, 2010: 874 €). Ab September 2010 bezieht Herr Schmidt aus dem Vertrag eine Altersrente von 1.500 € pro Monat, die – jeweils zum 01.09. – ebenfalls um 3 % jährlich angepasst wird.

Lösung:

| Rentenbezugsjahr | 2007 | 2008 | 2009 |
|---|---|---|---|
| Jahresrente | 8.000 € | 9.840 € | 10.138 € |
| Davon steuerpflichtig lt. Tabelle | 54 % | 54 % | – |
| Steuerpflichtiger Anteil der Rente | | 5.314 € | |
| Persönlicher Freibetrag | | 4.526 € | 4.526 € |
| Voll als sonstige Einkünfte zu versteuernder Betrag | 4.320 € | 5.314 € | 5.612 € |

---

50   § 22 Nr. 1 Satz 3 Buchstabe a Doppelbuchstabe aa EStG: Tabelle.

| Rentenbezugsjahr | 2010 | 2011 |
|---|---|---|
| Jahresrente | 12.942 €[1] | 18.180 € |
| Davon steuerpflichtig lt. Tabelle | Entspricht 54 % (01.09.2010 ./. 3 Jahre, 6 Monate = 01.03.2007)[2] | Entspricht 54 % |
| Steuerpflichtiger Anteil der Rente | 3.240 € (6.000 € x 54 %) | 9.817 € |
| Persönlicher Freibetrag | 3.017 € ($^8/_{12}$ von 4.526 €) | 8.363 € |
| Voll als sonstige Einkünfte zu versteuernder Betrag | 7.165 €: davon BU-Rente: 3.925 €, Altersrente: 3.240 € | 9.817 € |

1) Aus der Basis-Berufsunfähigkeitsrente fließen Herrn Schmidt 2010 6.942 € zu. Für die Zeit 01.09. bis 31.12.2010 erhält er Altersrente in Höhe von 6.000 €.
2) maßgebend für Besteuerung der ab 01.09. gezahlten Altersrente

Ab dem Veranlagungszeitraum 2012 bleibt der persönliche Rentenfreibetrag für die Basis-Altersrente konstant (8.363 €).

# 6 Rentenbezugsmitteilung

Die Anbieter sind verpflichtet, Leistungen aus Basisrentenverträgen und ihre Empfänger der zentralen Stelle (Deutsche Rentenversicherung Bund) mitzuteilen. Diese Rentenbezugsmitteilung erfolgt bis zum 01.03. des Folgejahres nach amtlich vorgeschriebenem Datensatz im Wege der Datenfernübertragung.[51]

Der Anbieter übermittelt folgende Daten des Steuerpflichtigen an die zentrale Stelle:

- die vom Leistungsempfänger genannte Identifikationsnummer. Teilt dieser trotz Aufforderung seine steuerliche Identifikationsnummer dem Anbieter nicht mit, darf der Anbieter diese beim Bundeszentralamt für Steuern erfragen.

- Familienname, Vorname und das Geburtsdatum des Leistungsempfängers sowie, falls dem Anbieter bekannt, eine ausländische Anschrift und die Staatsangehörigkeit des Leistungsempfängers.

---

51  § 22a EStG.

- je gesondert den Betrag der ausgezahlten (abgekürzten) Leibrenten oder anderen Leistungen (z. B. Abfindungszahlung einer Kleinbetragsrente). Der im Betrag der Rente enthaltene Teil, der ausschließlich auf einer Anpassung der Rente beruht, ist gesondert mitzuteilen.

- Zeitpunkt des Beginns und des Endes des jeweiligen Leistungsbezugs. Folgen nach dem 31.12.2004 Renten aus derselben Versicherung einander nach, ist auch die Laufzeit der vorhergehenden Renten mitzuteilen.

- Bezeichnung und Anschrift des Anbieters.

Wird die Rentenbezugsmitteilung nicht fristgerecht bis zum 01.03. des Folgejahres übermittelt, ist für jeden Monat der verspäteten Abgabe ein Verspätungsgeld in Höhe von 10 € für jede Mitteilung zu entrichten. Das Verspätungsgeld darf für alle für einen Veranlagungszeitraum zu übermittelnden Rentenbezugsmeldungen 50.000 € nicht übersteigen.[52]

Gegen einen Anbieter kann zudem ein Bußgeld wegen einer Ordnungswidrigkeit von bis zu 50.000 € festgesetzt werden, wenn er vorsätzlich oder grob fahrlässig die Daten der Rentenbezugsmitteilung bzw. die Mitteilung selbst nicht, nicht richtig, nicht vollständig oder nicht rechtzeitig an die zentrale Stelle übermittelt.[53]

Außerdem ist der Anbieter jeweils verpflichtet, den Leistungsempfänger über die erstattete Rentenbezugsmitteilung zu unterrichten. Die Information des Leistungsempfängers kann formlos erfolgen.

Die zentrale Stelle hat das Recht, bei den Anbietern die Einhaltung der Meldepflicht im Rahmen einer steuerlichen Außenprüfung zu überprüfen.


# 7    Einzelfragen zu Basisrentenverträgen

### Änderungen des Versicherungsvertrages

Während der Laufzeit einer Lebensversicherung können sich die Lebensumstände oder Versorgungsbedürfnisse des Versicherungsnehmers erheblich verändern, so dass auch eine Anpassung des Vertrages zur Sicherung oder zum Ausbau der privaten Alters- und Hinterbliebenenversorgung erforderlich werden kann. Ein Basisrentenvertrag kann innerhalb der gesetzlich vorgegebenen Bestimmungen geändert werden (z.B. Beitragserhöhung, Änderung der Laufzeit). Weitergehende Vertragsänderungen können dazu führen, dass die gesetzlichen Voraussetzungen für eine steuerbegünstigte Basis-Rente nicht mehr vorliegen („Störfall").

---

52   § 22a Abs. 5 EStG.
53   § 50f EStG.

## Basisrentenvertrag → „Neuvertrag" nach dem 31.12.2004

Führt die Änderung des Versicherungsvertrags dazu, dass die Basisrente aufgrund der Vertragsanpassungen nicht mehr begünstigt ist, ist steuerlich von einem neuen Vertrag auszugehen („Störfall"). Wird dabei die auf den „alten" Vertrag entfallende Versicherungsleistung ganz oder teilweise auf den „neuen" Vertrag angerechnet, fließt die angerechnete Versicherungsleistung (Rückkaufswert) dem Versicherungsnehmer zu. Sie unterliegt im Zeitpunkt der Umwandlung des Vertrags als sonstige Leistung der vollen Besteuerung (§ 22 Nr. 1 Satz 3 Buchstabe a Doppelbuchstabe aa EStG). Erfolgt die Vertragsanpassung ohne erkennbaren sachlichen Grund innerhalb kurzer Zeit nach Vertragsabschluss, liegt nach Auffassung der Finanzverwaltung ein Gestaltungsmissbrauch vor. Für die vor der Umwandlung geleisteten Beiträge ist daher der Sonderausgabenabzug zu versagen oder rückgängig zu machen.[54]

## Basisrentenvertrag → Basisrentenvertrag

Werden die Ansprüche von einem Basisrentenvertrag auf einen anderen, ebenfalls steuerlich begünstigten Basisrentenvertrag übertragen, liegt steuerlich kein Zufluss der Versicherungsleistung (Rückkaufswert) beim Steuerpflichtigen vor. Erst mit Ablauf der Versicherung sind die lebenslangen Leibrentenzahlungen voll zu besteuern.[55] Eine erneute Förderung des übertragenen Betrags als Sonderausgaben ist nicht möglich.[56]

## „Altvertrag" vor dem 01.01.2005 → Basisrentenvertrag

Wird ein Rentenversicherungsvertrag mit Versicherungsbeginn vor dem 01.01.2005 („Altvertrag") in einen begünstigten Basisrentenvertrag umgewandelt, bleibt für die steuerliche Beurteilung der Versicherungsbeginn des ursprünglichen Vertrages maßgebend. Die Beträge zu dem umgewandelten Vertrag sind daher nicht als Basisvorsorgeaufwendungen steuerbegünstigt. Die Beiträge können aber als sonstige Vorsorgeaufwendungen im Rahmen der Höchstbeträge (1.900 €/2.800 €) als Sonderausgaben berücksichtigt werden. Die (späteren) lebenslangen Leibrentenzahlungen unterliegen mit dem Ertragsanteil der Besteuerung.[57]

---

54  BMF-Schreiben vom 13.09.2010, Rz 149.
55  BMF-Schreiben vom 13.09.2010, Rz 150, § 3 Nr. 55d EStG.
56  § 10 Abs. 2 Nr. 1 EStG.
57  BMF-Schreiben vom 13.09.2010, Rz 151, Ertragsanteilsbesteuerung nach § 22 Nr. 1 Satz 3 Buchstabe a Doppelbuchstabe bb EStG.

## „Neuvertrag" nach dem 31.12.2004 → Basisrentenvertrag

Wird ein Rentenversicherungsvertrag mit Versicherungsbeginn nach dem 31.12.2004 („Neuvertrag") in einen begünstigten Basisrentenvertrag umgewandelt, führt dies nach Ansicht der Finanzverwaltung zur Beendigung des bisherigen Vertrags und damit zum Zufluss der bislang erwirtschafteten Erträge.

Die für den „Neuvertrag" entrichteten Beiträge können nicht als Sonderausgaben berücksichtigt werden. Die bis zur Vertragsumwandlung erwirtschafteten Erträge sind steuerpflichtig (§ 20 Abs. 1 Nr. 6 EStG). Sie unterliegen grundsätzlich der 25 %-igen Abgeltungsteuer zuzüglich Solidaritätszuschlag (5,5 %) und auf Antrag ggf. einem Kirchensteuer-Zuschlag (→ I Grundzüge des Einkommensteuerrechts, 3.5 Kapitalvermögen, Abgeltungsteuer/Kapitalertragsteuer, S. 15).

Erfolgt die Vertragsumwandlung erst nach Vollendung des 60. Lebensjahres des Steuerpflichtigen (für Vertragsabschlüsse nach 31.12.2011: nach Vollendung des 62. Lebensjahres) und nach Ablauf von 12 Jahren seit dem Vertragsabschluss des ursprünglichen Rentenversicherungsvertrags, gilt die Hälfte des Unterschiedsbetrags zwischen der Versicherungsleistung und der für sie geleisteten Beitragssumme (halber Wertzuwachs) als steuerpflichtiger Ertrag (§ 20 Abs. 1 Nr. 6 Satz 2 EStG). Der halbe Wertzuwachs unterliegt stets dem allgemeinen Einkommensteuertarif. Im Zeitpunkt der Auszahlung behält das Versicherungsunternehmen vom gesamten Wertzuwachs 25 % Kapitalertragsteuer, 5,5 % der Kapitalertragsteuer als Solidaritätszuschlag sowie auf Antrag ggf. einen Kirchensteuer-Zuschlag ein. Die einbehaltenen Steuern werden auf die individuelle Einkommensteuer angerechnet. Der Steuerpflichtige muss die hälftigen Erträge in die Einkommensteuer aufnehmen.

Die in den neuen Basisrentenvertrag übernommenen Beiträge (i. Allg. Rückkaufswert) sind im Zeitpunkt der Vertragsumwandlung als Basisvorsorgeaufwendungen abzugsfähig. Eventuell weitere Beiträge sind ebenfalls steuerlich als Basisvorsorgeaufwendungen abzugsfähig. Die (späteren) lebenslangen Leibrentenzahlungen werden voll besteuert.[58]

---

58  BMF-Schreiben vom 13.09.2010, Rz 147.

# Übersicht: Vertragsänderungen bei Rentenversicherungsverträgen

| | „Altvertrag" vor dem 01.01.2005 | „Neuvertrag" nach dem 31.12.2004 | Basisrente |
|---|---|---|---|
| **„Altvertrag" vor dem 01.01.2005** | **Beiträge:** Sonstige Vorsorge-aufwendungen (1.900 € / 2.800 €)[1] **Leistungen:** • Lebenslange Rente: Ertragsanteil[2] • Temporäre Rente: Ertragsanteil[3] • Kapitalzahlung: Steuerfrei | Nicht möglich | *Ursprünglicher Vertragsbeginn* **Beiträge:** Sonstige Vorsorge-aufwendungen (1.900 €/ 2.800 €)[1] **Leistungen:** • Lebenslange Rente Ertragsanteil[2] |
| **„Neuvertrag" nach dem 31.12.2004** | Nicht möglich | **Beiträge:** Steuerlich keine Berück-sichtigung möglich **Leistungen:** • Lebenslange Rente: Ertragsanteil[2] • Temporäre Rente: (Teil-)Erträge[4] • Kapital: Erträge, ggf. hälftiger Wertzuwachs[4] | *„Neuer" Vertragsbeginn* **Wert der Versicherung bei Umwandlung:** Erträge, ggf. hälftiger Wertzuwachs[4] **Beiträge einschließlich Einmalbetrag aus Übertra-gung:** Basis-Vorsorge-aufwendungen (20.000 € /40.000 €)[5] **Leistungen:** • Lebenslange Rente: Nachgelagerte Besteuerung[6] |
| **Basis-Rente** | Nicht möglich | *„Neuer" Vertragsbeginn* **Wert der Versicherung bei Umwandlung:** Nachgelagerte Besteuerung[6] **Beiträge:** Steuerlich keine Berück-sichtigung möglich **Leistungen:** • Lebenslange Rente: Ertragsanteil[2] • Temporäre Rente: (Teil-)Erträge[4] • Kapital: Erträge, ggf. hälftiger Wertzuwachs[4] | **Wert der Versicherung bei Übertragung:** Keine Begünstigung des Einmalbetrags aus Über-tragung **Beiträge:** Basis-Vorsorgeaufwendun-gen (20.000 €/40.000 €)[5] **Leistungen:** • Lebenslange Rente: Nachgelagerte Besteuerung[6] |

1) § 10 Abs. 1 Nr. 3a EStG
2) § 22 Nr. 1 Satz 3 Buchstabe a Doppelbuchstabe bb EStG
3) § 22 Nr. 1 Satz 3 Buchstabe a Doppelbuchstabe bb EStG i. V. m. § 55 EStDV
4) § 20 Abs. 1 Nr. 6 EStG; bei Auszahlung nach Vollendung des 60. Lebensjahres (für Vertrags-abschlüsse ab 2012: Vollendung des 62. Lebensjahres) und nach Ablauf von 12 Jahren seit Vertragsabschluss: lediglich hälftiger Wertzuwachs
5) § 10 Abs. 3 EStG
6) § 22 Nr. 1 Satz 3 Buchstabe a Doppelbuchstabe aa EStG

## Kapitallebensversicherungsvertrag → Basisrentenvertrag

Wird ein Kapitallebensversicherungsvertrag in einen begünstigten Basisrentenvertrag umgewandelt, führt dies zur Beendigung des bisherigen Vertrags und im Zeitpunkt der Umstellung zum Abschluss eines neuen Basisrentenvertrags. Nach Auffassung der Finanzverwaltung ist es dabei unerheblich, wann der ursprüngliche Kapitallebensversicherungsvertrag abgeschlossen wurde.

Die bis zur Umwandlung geleisteten Beiträge können aber – sofern die Voraussetzungen hierfür vorliegen (→ II C Private Lebensversicherungen, 1.1.2 Verträge vor dem 01.01.2005 [„Altverträge"], S. 135) – in Höhe von 88 % der Beiträge als sonstige Vorsorgeaufwendungen bis 1.900 € (rentenversicherungspflichtige Arbeitnehmer)/2.800 € (insbesondere Beamte, beherrschende Gesellschafter-Geschäftsführer, Rentner) berücksichtigt werden. Die bis zum Zeitpunkt der Vertragsumwandlung erwirtschafteten Erträge sind steuerpflichtig (§ 20 Abs. 1 Nr. 6 EStG). Sie unterliegen der 25%-igen Abgeltungsteuer zuzüglich Solidaritätszuschlag (5,5 %) und auf Antrag ggf. einem Kirchensteuer-Zuschlag. Die Steuern werden vom Anbieter im Zeitpunkt der Auszahlung einbehalten und an das Finanzamt abgeführt (→ I Grundzüge des Einkommensteuerrechts, 3.5 Kapitalvermögen, Abgeltungsteuer/Kapitalertragsteuer, S. 15). Erfolgt die Vertragsumwandlung erst nach Vollendung des 60. Lebensjahres des Steuerpflichtigen (für Vertragsabschlüsse nach 31.12.2011: nach Vollendung des 62. Lebensjahres) und nach Ablauf von zwölf Jahren seit dem Vertragsabschluss des ursprünglichen Kapitallebensversicherungsvertrags, gilt die Hälfte des Unterschiedsbetrags zwischen der Versicherungsleistung und der für sie geleisteten Beitragssumme (halber Wertzuwachs) als steuerpflichtiger Ertrag (§ 20 Abs. 1 Nr. 6 Satz 2 EStG). Der halbe Wertzuwachs unterliegt stets dem allgemeinen Einkommensteuertarif. Im Zeitpunkt der Auszahlung behält das Versicherungsunternehmen für den gesamten Wertzuwachs 25 % Kapitalertragsteuer, 5,5 % der Kapitalertragsteuer als Solidaritätszuschlag sowie ggf. auf Antrag einen Kirchensteuer-Zuschlag ein. Die einbehaltenen Steuern werden auf die individuelle Einkommensteuer angerechnet. Der Steuerpflichtige muss die hälftigen Erträge in die Einkommensteuer aufnehmen.

Die in den neuen Basisrentenvertrag übernommenen Beiträge (i. Allg. Rückkaufswert) sind im Zeitpunkt der Vertragsumwandlung als Basisvorsorgeaufwendungen abzugsfähig. Eventuell weitere Beiträge sind ebenfalls steuerlich als Basisvorsorgeaufwendungen abzugsfähig. Die (späteren) lebenslangen Leibrentenzahlungen werden nachgelagert besteuert.[59]

## Versorgungsausgleich

Bei Scheidungen müssen alle von den Ehegatten während der Zeit ihrer Ehe erworbenen Anrechte auf eine Versorgung wegen Alter und Invalidität ausgeglichen werden. Dies geschieht für alle Systeme der betrieblichen und

---

59   BMF-Schreiben vom 13.09.2010, Rz 148.

privaten Altersversorgung vorrangig durch interne Teilung der erworbenen Anrechte. Im Zeitpunkt der Scheidung wird der Basisrentenvertrag geteilt (interne Teilung) und ein eigenständiges Versorgungsanrecht des Ausgleichsberechtigten geschaffen. Im Zeitpunkt der Teilung unterliegt der Vermögenstransfer bei keinem der Beteiligten (Ausgleichsverpflichteter bzw. Ausgleichsempfänger) der Einkommensteuer.[60] Eine Besteuerung erfolgt erst während der Auszahlungsphase. Die später aus dem Basisrentenvertrag fälligen Leibrenten werden vom jeweiligen Empfänger nachgelagert versteuert. Dabei sind bei jedem Ehegatten die individuellen Merkmale (z. B. Jahr des Rentenbeginns) gesondert zu ermitteln[61] (→ 5 Besteuerung von Leistungen aus Basisrentenverträgen, S. 116).

Wird der Ausgleichswert in einen bereits bestehenden oder neu begründeten Vertrag bei demselben oder einem anderen Anbieter eingebracht, liegt eine externe Teilung der erworbenen Anwartschaften vor. Überträgt der Ausgleichsempfänger seine Ansprüche in eine Basisrente, entsteht im Zeitpunkt der Teilung keine Steuer. Die später aus dem Basisrentenvertrag fälligen Leibrenten werden nachgelagert besteuert. Dabei wird die Höhe des %-Satzes nach dem Jahr des Rentenbeginns ermittelt (→ 5 Besteuerung von Leistungen aus Basisrentenverträgen, S. 116). Die individuellen Merkmale (z. B. Jahr des Rentenbeginns) sind für jeden Ehegatten gesondert zu ermitteln.

---

60  § 3 Nr. 55a EStG, BMF-Schreiben vom 13.09.2010, Rz 213.
61  BMF-Schreiben vom 13.09.2010, Rz 215.

# II C  Private Lebensversicherungen

| 1 | Beiträge als sonstige Vorsorgeaufwendungen | 131 |
| | Überblick | 131 |
| | Abzugsberechtigter | 131 |
| | Zeitpunkt der Beitragszahlung | 132 |
| | Steuerfreie Einnahmen | 133 |
| | Verrechnete/ausgezahlte Gewinnanteile | 133 |
| | Steuerfrei bezogene Provisionen | 133 |
| | Versicherungsunternehmen | 133 |
| | Verträge mit ausländischen Versicherern | 134 |
| 1.1 | Kapitalbildende Lebensversicherungen | 135 |
| 1.1.1 | Verträge nach dem 31.12.2004 („Neuverträge") | 135 |
| 1.1.2 | Verträge vor dem 01.01.2005 („Altverträge") | 135 |
| 1.1.2.1 | Versicherungsformen | 136 |
| | Rentenversicherung ohne Kapitalwahlrecht | 136 |
| | Rentenversicherung mit Kapitalwahlrecht | 137 |
| | Kapitalversicherung gegen laufenden Beitrag mit Sparanteil | 137 |
| | Fondsgebundene Lebensversicherung | 138 |
| 1.1.2.2 | Vertragsdauer/Sperrfrist für Kapitalwahlrecht | 138 |
| | Zeitpunkt des Vertragsabschlusses | 138 |
| | Rückdatierung des Versicherungsbeginns | 139 |
| | Mindestvertragsdauer | 139 |
| | Dread-Disease-Versicherung | 139 |
| | Sperrfrist für Kapitalwahlrecht | 139 |
| 1.1.2.3 | Laufende Beitragszahlung | 140 |
| | Laufende variable Beitragszahlung | 140 |
| | Verwendung der Gewinnbeteiligung zur Dauerabkürzung | 140 |
| | Beitragsdepot | 141 |
| 1.1.2.4 | Mindesttodesfallschutz | 142 |
| | Übersicht | 142 |
| | Mindesttodesfallschutz bei Rentenversicherungen mit Kapitalwahlrecht | 142 |
| | Mindesttodesfallschutz bei Kapitallebensversicherungen | 142 |
| | Mindesttodesfallschutz bei Termfix-Versicherungen | 143 |
| | Wartefrist/ansteigende Todesfallsumme | 143 |
| | Mindesttodesfallschutz bei fondsgebundenen Lebensversicherungen | 143 |
| | Mindesttodesfallschutz bei Vertragsänderungen | 144 |
| | Maßgebende Beitragssumme | 144 |
| | Nachweis des Mindesttodesfallschutzes | 145 |
| 1.1.2.5 | Entgeltlicher Erwerb von Versicherungsansprüchen | 146 |
| | Prüfschema zum entgeltlichen Erwerb | 147 |

| 1.1.2.6 | Finanzierung | 148 |
| | Steuerunschädliche Finanzierungen | 149 |
| | Begriff Beleihung | 149 |
| | Auswirkungen bei steuerschädlichem Einsatz | 149 |
| | Ausnahme für Todesfallrisiko bzw. Pflegerentenversicherung | 150 |
| | Ausnahme für Direktversicherungen | 150 |
| | Sicherung betrieblicher Darlehen | 150 |
| | Sicherung von Betriebsmittelkrediten | 150 |
| | Stichtag 14.02.1992 | 151 |
| | Anzeigepflichten | 151 |
| | Prüfschema zur Finanzierung | 153 |
| | Einsatz von Versicherungsansprüchen während der Vertragsdauer | 156 |
| | Darlehen | 156 |
| | Sicherung von Darlehen | 156 |
| | Tilgung von Darlehen | 157 |
| | Versicherungsansprüche | 158 |
| | Sicherung von Refinanzierungsdarlehen | 159 |
| | Anspruch auf die Todesfallleistung | 159 |
| | Finanzierungskosten | 159 |
| | Finanzierungskosten als Betriebsausgaben/Werbungskosten | 159 |
| | Begünstigte Wirtschaftsgüter | 160 |
| | Forderungen | 161 |
| | Nicht begünstigte Wirtschaftsgüter | 161 |
| | Umwidmung von Wirtschaftsgütern | 161 |
| | Anschaffungs- oder Herstellungskosten | 162 |
| | Unmittelbare Verwendung | 162 |
| | 30-Tage-Frist | 163 |
| | Bagatellregelung bei nicht unmittelbarer Verwendung | 163 |
| | Ausschließliche Verwendung | 164 |
| | Bagatellregelung bei nicht ausschließlicher Verwendung | 164 |
| | Banktübliche einmalige Finanzierungskosten bei Erstdarlehen | 165 |
| | Auszahlung des Darlehens in Teilbeträgen | 165 |
| | Erwerb von Betrieben/Einlagen in Personengesellschaften | 166 |
| | Begrenzung der Versicherungsansprüche | 166 |
| | Umschuldung/Prolongation von Darlehen | 168 |
| | Umschuldung bei „Neufall" | 169 |
| | Umschuldung von steuerlich unschädlichen Darlehen | 169 |
| | Umschuldung/Prolongation von Darlehen, wenn banktübliche einmalige Finanzierungskosten mitfinanziert werden | 171 |
| | Umschuldung von Darlehen, die teilweise für steuerschädliche Zwecke verwendet wurden | 173 |
| | Umschuldung bei „Altfall" | 176 |
| | Umschuldung von Vorschaltdarlehen | 177 |
| | Veräußerung von Wirtschaftsgütern | 178 |
| 1.1.2.7 | Änderungen des Versicherungsvertrages | 178 |
| | Wechsel des Versicherungsnehmers | 179 |
| | Wechsel der versicherten Person | 179 |
| | Wechsel des Versicherers | 179 |
| | Versorgungsausgleich bei Ehescheidungen vor dem 01.09.2009 | 180 |
| | Versorgungsausgleich bei Ehescheidungen ab dem 01.09.2009 | 180 |
| | Wiederherstellung des Versicherungsschutzes | 181 |
| | Vertragsumwandlungen | 181 |
| | Umstellung auf neue Tarife | 182 |

Fortführung als Einzelversicherung 182
Fest vereinbarte Vertragsänderung 182
Vereinbartes Recht auf Vertragsänderung (Optionen) 183
Nachträglich vereinbarte Erhöhung wesentlicher
Vertragsbestandteile 183
Nachträglich vereinbarte Verminderung wesentlicher
Vertragsbestandteile 185
Nachträglich vereinbarte Verminderung und gleichzeitige
Erhöhung wesentlicher Vertragsbestandteile 185

1.2 Risikoversicherungen 186
Risikolebensversicherung 186
Berufs- oder Erwerbsunfähigkeitsversicherung 186
Krankenversicherung 186
Pflegeversicherung 187

1.3 Sonstige Vorsorgeaufwendungen 188
1.3.1 Höchstbetragsberechnung 188
1.3.2 Günstigerprüfung für die Veranlagungszeiträume 2005 bis 2019 190
1.3.3 Günstigerprüfung nach altem Recht 2004 (Stufe 1) 191
Grundhöchstbetrag 191
Hälftiger Höchstbetrag 192
Vorwegabzug 192
Kürzungsbetrag Vorwegabzug 193
Zukunftssicherungsleistungen nach § 3 Nr. 62 EStG 194
Höchstbetrag für zusätzliche freiwillige Pflegeversicherung 194
1.3.4 Günstigerprüfung nach modifiziertem Recht (Stufe 2) 195

2 Besteuerung der Leistungen 198
2.1 Leistungen aus kapitalbildenden Versicherungen 198
2.1.1 Leistungen aus nach dem 31.12.2004 abgeschlossenen
„Neuverträgen" 198
2.1.1.1 Rentenversicherungen 198
Rentenversicherung 198
Fondsgebundene Rentenversicherung 198
„Variable Annuities" 198
Langlebigkeitsrisiko 199
Übergangsregelung bis 01.07.2010 199
Aufgeschobene Rentenzahlung 199
Lebenslange Leibrenten 200
Abgekürzte Leibrenten 202
Temporäre Leibrenten 202
Witwen-/Witwerrenten 204
Waisenrenten 204
Erwerbs- oder Berufsunfähigkeitsrenten 204
Pflegerenten 204
Rentenbezugsmitteilung 204
Kapitalleistungen aus Rentenversicherungen 205
2.1.1.2 Kapitalversicherungen 207
Kapitalversicherung mit Sparanteil 207
„Lebenslange" Todesfallversicherung 207
Unfallversicherung mit Prämienrückgewähr 208
Fondsgebundene Lebensversicherung 208

| | Mindesttodesfallschutz „Neuverträge" | 208 |
|---|---|---|
| | Kapitalleistungen bei Tod des Versicherten | 209 |
| | Kapitalleistungen im Erlebensfall oder bei Rückkauf | 209 |
| | Hälftiger Wertzuwachs (12/62-Regelung) | 210 |
| | Gesamter Wertzuwachs | 210 |
| | Ermittlung des Wertzuwachses | 210 |
| | Kapitalertragsteuer/Solidaritätszuschlag | 213 |
| | Zurechnung des steuerpflichtigen Wertzuwachses | 214 |
| | Termfix-Versicherung/Ausbildungsversicherung | 214 |
| 2.1.1.3 | Vermögensverwaltender Versicherungsvertrag | 215 |
| 2.1.1.4 | Vertragsänderungen | 215 |
| | Wesentliche Vertragsmerkmale | 215 |
| | Fest vereinbarte Vertragsänderung | 216 |
| | Vereinbartes Recht auf Vertragsänderung (Optionen) | 216 |
| | Nachträglich vereinbarte Vertragsänderung | 216 |
| 2.1.2 | Leistungen aus vor dem 01.01.2005 abgeschlossenen „Altverträgen" | 217 |
| 2.1.2.1 | Kapitalversicherungen | 217 |
| | Rechnungsmäßige Zinsen | 218 |
| | Außerrechnungsmäßige Zinsen | 219 |
| | Zufluss von Zinsen | 219 |
| | Kapitalertragsteuer/Solidaritätszuschlag | 220 |
| | Steuerunschädliche Finanzierungen | 221 |
| | Steuerschädliche Finanzierungen | 222 |
| | Sicherung von Betriebsmittelkrediten | 222 |
| | Gesonderte Feststellung von steuerpflichtigen Zinsen aus Lebensversicherungen | 223 |
| | Fondsgebundene Lebensversicherungen | 223 |
| | Kapitalversicherungen mit Rentenwahlrecht | 224 |
| 2.1.2.2 | Rentenleistungen | 224 |
| | Lebenslange Leibrenten | 226 |
| | Abgekürzte Leibrenten | 226 |
| | Witwen-/Witwerrenten | 226 |
| | Waisenrenten | 226 |
| | Erwerbs- oder Berufsunfähigkeitsrenten | 226 |
| | Pflegerenten | 226 |
| | Rentenbezugsmitteilung | 227 |
| 2.2 | Besteuerung der Leistungen aus Risikoversicherungen | 228 |
| | Risikolebensversicherung | 228 |
| | Berufs- und Erwerbsunfähigkeitsversicherung | 228 |
| | Pflegerentenversicherung | 228 |
| 2.3 | Versorgungsausgleich bei Ehescheidungen | 229 |
| | Interne Teilung | 229 |
| | Externe Teilung | 229 |
| 2.4 | Veräußerung von Ansprüchen aus Kapital- und Rentenversicherungen | 231 |
| | Lebensversicherungen mit Vertragsabschluss ab 2005 | 231 |
| | Lebensversicherungen mit Vertragsabschluss vor 2005 | 231 |
| | Veräußerungsgewinn | 232 |
| | Entgeltlicher Erwerb von Ansprüchen aus Lebensversicherungen mit Vertragsabschluss ab 2005 | 232 |

# 1 Beiträge als sonstige Vorsorgeaufwendungen

## Überblick

Beiträge zu bestimmten Risikoversicherungen (z. B. Risikolebensversicherung, Berufsunfähigkeitsversicherung, Pflegerentenversicherung) sind im Rahmen der Höchstbeträge für sonstige Vorsorgeaufwendungen (1.900 €/ 2.800 €) als Sonderausgaben abzugsfähig.

Ebenfalls im Rahmen dieser Höchstbeträge abzugsfähig sind Beiträge zu begünstigten Versicherungen auf den Erlebens- oder Todesfall (= Kapitalbildende Versicherungen), wenn der Versicherungsvertrag vor dem 01.01.2005 abgeschlossen wurde („Altverträge").

Weitere Voraussetzung für die Abzugsfähigkeit ist, dass

- die Beiträge nicht im Zusammenhang mit steuerfreien Einnahmen stehen

und

- die Beiträge an ein im Inland zum Geschäftsbetrieb zugelassenes Versicherungsunternehmen gezahlt werden.

Beiträge zu Rentenversicherungen oder Kapitalversicherungen mit Sparanteil, die nach dem 31.12.2004 abgeschlossen wurden („Neuverträge") und keine Basisrenten oder Riester-Rentenverträge sind, können dagegen stets nicht als Sonderausgaben abgezogen werden.

## Abzugsberechtigter

Zum Abzug von Versicherungsbeiträgen als sonstige Vorsorgeaufwendungen ist nur der Versicherungsnehmer berechtigt, soweit er die Beiträge selbst entrichtet hat.

Hat ein anderer als der Versicherungsnehmer die Beiträge an das Versicherungsunternehmen gezahlt, kann weder der Beitragzahler noch der Versicherungsnehmer die Zahlungen als sonstige Vorsorgeaufwendungen abziehen[1]. Werden dagegen dem Versicherungsnehmer die Mittel für die Beitragszahlung zur Verfügung gestellt, kann er die Beiträge geltend machen.

Bei Ehegatten, die zusammenveranlagt werden, ist es für den Abzug von Sonderausgaben ohne Bedeutung, welcher der Ehegatten Versicherungsnehmer und welcher Beitragzahler ist.[2]

Individuell lohnversteuerte Beitragteile einer Direktversicherung kann der Arbeitnehmer im Rahmen der Höchstbeträge für sonstige Vorsorgeaufwen-

---

1   H 10.1 EStH 2010 Stichwort: Abkürzung des Zahlungsweges.
2   R 10.1 EStR 2008.

dungen geltend machen. Steuerfrei gestellte Beitragsteile (z. B. nach § 3 Nr. 63 EStG) können nicht berücksichtigt werden.

Der Abzugsberechtigte muss im Inland unbeschränkt einkommensteuerpflichtig sein oder als solcher behandelt werden. Beschränkt Einkommensteuerpflichtige, die einem inländischen Abzugsberechtigten nicht gleichgestellt sind, können Beiträge zu begünstigten Lebensversicherungen bei der Veranlagung zur Einkommensteuer nicht als sonstige Vorsorgeaufwendungen abziehen.[3]

## Zeitpunkt der Beitragszahlung

Begünstigte Beiträge sind grundsätzlich in dem Kalenderjahr als sonstige Vorsorgeaufwendungen absetzbar, in dem sie geleistet werden. Ein Beitrag liegt vor, wenn die Verpflichtung für die Zahlung entstanden ist. Beispielsweise gilt der laufende Beitrag, der in der Zeit vom 01.01. bis zum 10.01. des nachfolgenden Jahres geleistet wird, als im Jahr der Fälligkeit (altes Jahr) geleistet, wenn der Beitrag zwischen dem 21.12. und 31.12. des alten Jahres fällig war.[4] Als laufende Beiträge gelten regelmäßig zu zahlende Beiträge (monatliche, vierteljährliche, halbjährliche oder jährliche Zahlungsweise).[5]

Als Zahlungszeitpunkt gilt

- bei Überweisungen der Tag, an dem der Überweisungsauftrag der Bank zugegangen ist, soweit zu diesem Zeitpunkt auf dem Konto eine ausreichende Deckung besteht

- bei Zahlung durch gedeckten Scheck der Tag der Hingabe oder Absendung des Schecks

- bei Lastschriftverfahren der Zeitpunkt der Fälligkeit, wenn dem Versicherungsunternehmen zu diesem Zeitpunkt die Abbuchungsermächtigung vorliegt und das Konto des Versicherungsnehmers ausreichende Deckung aufweist.[6]

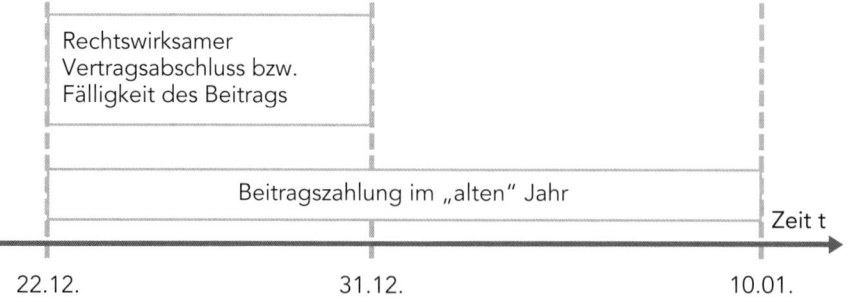

---

3   § 50 Abs. 1 EStG.

4   BMF-Schreiben vom 02.01.2012 und BMF-Schreiben vom 12.03.2012: Diese Regelung ist ab dem 22.12.2012 anzuwenden.

5   FG Münster, Urteil vom 17.08.2010, 1 K 1821/07E.

6   Erlass des Finanzministeriums Baden-Württemberg vom 20.11.1975.

## Steuerfreie Einnahmen

Voraussetzung für den Abzug von Beiträgen zu begünstigten Lebensversicherungen als sonstige Vorsorgeaufwendungen ist, dass diese nicht in unmittelbarem Zusammenhang mit steuerfreien Einnahmen stehen.

Steuerfreie Einnahmen sind z. B. lohnsteuerfreie Zuschüsse des Arbeitgebers zu befreienden Lebensversicherungen oder Erstattungen nach dem Arbeitsplatzschutzgesetz, die für Aufwendungen zur Alters- und Hinterbliebenenversorgung geleistet werden.

## Verrechnete/ausgezahlte Gewinnanteile

Werden steuerfreie Gewinnanteile aus einer Lebensversicherung mit Beiträgen zu diesem oder einem anderen begünstigten Lebensversicherungsvertrag verrechnet, dürfen diese nur in Höhe des Saldos als sonstige Vorsorgeaufwendungen geltend gemacht werden. Dies gilt auch, wenn Gewinnanteile einer Versicherung vor Fälligkeit der Versicherungsleistung steuerfrei ausgezahlt wurden (z. B. Bonusrückkauf).

Werden Überschussanteile als Zuzahlung zur Dauerabkürzung, zur Abkürzung der Beitragszahlungsdauer oder zur Summenerhöhung verwendet, sind die Beiträge ungekürzt als sonstige Vorsorgeaufwendungen steuerbegünstigt. Bei einer Auszahlung von Gewinnanteilen aus einem begünstigten Vertrag im Versicherungsfall (Tod, bestimmte schwere Erkrankung oder Ablauf) sind die sonstigen Vorsorgeaufwendungen ebenfalls nicht zu kürzen. Die gleiche steuerliche Behandlung gilt in den Fällen, in denen die Barauszahlung von Gewinnanteilen zu steuerpflichtigen Kapitaleinkünften führt.[7]

## Steuerfrei bezogene Provision

Hat ein Versicherungsnehmer Provisionen für den Abschluss eigener (privater) Lebensversicherungen steuerfrei bezogen[8], mindern diese Leistungen den Beitrag, der ggf. als sonstige Vorsorgeaufwendungen zu berücksichtigen ist.

## Versicherungsunternehmen

Versicherungsbeiträge sind nur dann als sonstige Vorsorgeaufwendungen abziehbar, wenn sie an Versicherungsunternehmen geleistet werden, die ihren Sitz oder ihre Geschäftsleitung im Inland oder einem anderen Mitgliedstaat der Europäischen Union (EU) bzw. des Europäischen Wirtschaftsraums (EWR) haben und das Versicherungsgeschäft im Inland betreiben dürfen, oder wenn die Beiträge an andere (ausländische) Versicherungsunternehmen geleistet werden, denen die Erlaubnis zum Geschäftsbetrieb im Inland erteilt ist. Dies gilt auch für Beiträge zu Lebensversicherungen, die in

---

7   BMF-Schreiben vom 22.08.2002, Rz 16.
8   Urteil des Hessischen Finanzgerichts vom 08.06.1983, EFG 1984, S. 122 und Urteil des Finanzgerichts Münster vom 23.04.1991, EFG 1992, S. 132.

fremder Währung abgeschlossen wurden. Beiträge zu Versicherungen, die im Korrespondenzweg mit nicht zugelassenen Versicherungsunternehmen abgeschlossen worden sind, können nicht als sonstige Vorsorgeaufwendungen berücksichtigt werden.

Versicherungsunternehmen mit Sitz in Deutschland dürfen Versicherungsgeschäfte betreiben, wenn ihnen die Erlaubnis zum Geschäftsbetrieb durch die Aufsichtsbehörde, regelmäßig die Bundesanstalt für Finanzdienstleistungsaufsicht (BaFin), erteilt worden ist.

Versicherungsunternehmen mit Sitz in einem anderen Mitgliedstaat der EU oder des EWR dürfen im Inland Versicherungsgeschäfte betreiben, wenn ihnen von der Aufsichtsbehörde ihres Sitzlandes die Erlaubnis zum Geschäftsbetrieb im Sitzland erteilt ist und wenn die BaFin die erforderlichen Angaben über die Errichtung einer Niederlassung oder über die Aufnahme des Dienstleistungsverkehrs von der ausländischen Aufsichtsbehörde erhalten hat. Unterliegen die Versicherungsunternehmen nicht den Richtlinien der EU im Bereich des Versicherungswesens, dürfen sie das Versicherungsgeschäft im Inland nur nach Erlaubnis durch die BaFin betreiben.

Versicherungsbeiträge an Versicherungsunternehmen mit Sitz in einem Staat des EWR, der nicht zugleich Mitgliedstaat der EU ist, können als Altersvorsorgeaufwendungen abgezogen werden, wenn ihnen die Aufsichtsbehörde ihres Sitzlandes die Genehmigung zum Geschäftsbetrieb im Inland erteilt hat.

Ausländischen Versicherungsunternehmen eines Drittstaates kann die Erlaubnis zum Geschäftsbetrieb im Inland erteilt werden, wenn sie im Inland eine Niederlassung errichten.[9] Diese Versicherungsunternehmen dürfen dann Versicherungsverträge mit inländischen Versicherungsnehmern nicht mehr im Korrespondenzwege abschließen.

Weitere Anbieter sind aufgrund versicherungsaufsichtsrechtlicher Bestimmungen nicht möglich.

## Verträge mit ausländischen Versicherern

Schließt eine im Inland ansässige Person eine Lebensversicherung mit einem ausländischen Versicherer (Sitz und Geschäftsleitung liegt im Ausland) ab, muss der Versicherungsvermittler dies bis zum 30.03. des Folgejahres dem Bundeszentralamt für Steuern mitteilen.[10]

Folgende Daten sind zu übermitteln:

- Vor- und Zunamen sowie das Geburtsdatum, Anschrift und Identifikationsnummer des Versicherungsnehmers,
- Name und Anschrift des Versicherers,
- ggf. Name und Anschrift des Versicherungsvermittlers,

---

9  Verzeichnis der entsprechenden Versicherungsunternehmen: Anlage 32 EStH 2004 (Anlage zu H 10.4 EStH 2009).
10  § 45d Abs. 3 EStG.

- Vertragsnummer,
- Versicherungssumme und Laufzeit sowie
- Angaben, ob es sich um einen konventionellen, einen fondsgebundenen oder einen vermögensverwaltenden Versicherungsvertrag handelt.

Die Mitteilung hat erstmals zum 30.03.2011 für nach dem 31.12.2008 abgeschlossene Verträge zu erfolgen.[11] Die Mitteilung darf unterbleiben, wenn das Versicherungsunternehmen eine Niederlassung im Inland hat oder das Bundeszentralamt für Steuern bereits vom Versicherer über das Zustandekommen eines Lebensversicherungsvertrags informiert wurde.

## 1.1 Kapitalbildende Lebensversicherungen

Kapitalbildende Lebensversicherungen sind Versicherungen, bei denen im Versicherungsfall eine Kapitalzahlung oder eine (lebenslange) Rentenzahlung zu leisten ist. In den Beiträgen kapitalbildender Lebensversicherungen sind Sparanteile enthalten, wenn der Eintritt des Versicherungsfalls gewiss ist, d. h. wenn feststeht, dass der Versicherer die vereinbarte Leistung stets zu erbringen hat.

Nach Auffassung der Finanzverwaltung liegt steuerlich eine Versicherung vor, wenn der Versicherungsvertrag ein nennenswertes Versicherungswagnis (biometrisches Risiko) des Versicherungsunternehmens aufweist. Die durch eine Kapitalversicherung abgedeckten Gefahren sind der Tod (Todesfallrisiko) oder die ungewisse Lebensdauer (Erlebensfallrisiko, Langlebigkeitsrisiko). Ein Versicherungsvertrag liegt nicht vor, wenn bei Risikoeintritt nur eine Leistung der angesammelten und verzinsten Sparanteile zuzüglich einer Überschussbeteiligung vereinbart ist.

### 1.1.1 Verträge nach dem 31.12.2004 („Neuverträge")

Beiträge für nach 2004 abgeschlossene kapitalbildende Verträge („Neuverträge") können bei der Veranlagung zur Einkommensteuer nicht mehr als Sonderausgaben abgezogen werden.

### 1.1.2 Verträge vor dem 01.01.2005 („Altverträge")

Beiträge zu den nachfolgend aufgelisteten Versicherungsverträgen auf den Erlebens- oder Todesfall sind nur dann steuerlich begünstigt, wenn die Laufzeit dieser Versicherungen vor dem 01.01.2005 begonnen hat und mindestens ein Versicherungsbeitrag bis zum 31.12.2004 entrichtet wurde:

---

11  § 52a Abs. 16 Satz 9 EStG.

in voller Höhe:

- Rentenversicherungen ohne Kapitalwahlrecht

**in Höhe von 88 % der geleisteten Beiträge:**

- Rentenversicherungen mit Kapitalwahlrecht gegen laufende Beitragszahlung, wenn das Kapitalwahlrecht nicht vor Ablauf von 12 Jahren seit Vertragsabschluss ausgeübt werden kann. Ist für den Todesfall während der Aufschubfrist eine Kapitalzahlung versichert (Ausnahme: Beitragsrückgewähr), muss der Todesfallschutz mindestens 60 % der maßgebenden Beitragssumme betragen.[12]

- Kapitalversicherungen gegen laufende Beitragszahlung mit Sparanteilen, wenn der Vertrag für die Dauer von mindestens 12 Jahren abgeschlossen worden ist und die Todesfallleistung – in der Regel – mindestens 60 % der maßgebenden Beitragssumme beträgt.[13]

Weitere Voraussetzung für die Abzugsfähigkeit der Beiträge ist, dass

- der Versicherungsnehmer (oder ein anderer Abzugsberechtigter) die Ansprüche aus der Versicherung nicht steuerschädlich von einem Dritten erworben hat

und

- die Ansprüche auf die Versicherungsleistung während der Vertragsdauer nicht oder nur in steuerunschädlichen Fällen der Sicherung oder Tilgung von Darlehen dienen.

### 1.1.2.1 Versicherungsformen

### Rentenversicherung ohne Kapitalwahlrecht

Beiträge zu Rentenversicherungen ohne Kapitalwahlrecht sind unabhängig davon steuerlich begünstigt, ob der Versicherungsvertrag laufende oder einmalige Beitragszahlung vorsieht oder ob eine sofort beginnende oder eine aufgeschobene Rentenzahlung vereinbart wurde. Eine Mindesttodesfallleistung muss nicht versichert sein, eine Mindestvertragsdauer (Sperrfrist) ist ebenfalls nicht erforderlich.

Zu den Rentenversicherungen ohne Kapitalwahlrecht gehören insbesondere Versicherungen, deren Leistung in einer Leibrente besteht. Die Dauer der Rentenzahlung ist regelmäßig durch die Lebensdauer der versicherten Person bestimmt. Daneben kann die Dauer der Rentenzahlung auch durch andere Leistungsvoraussetzungen wie z. B. die Berufsunfähigkeit oder Pflegebedürftigkeit abhängig sein.

---

12  BMF-Schreiben vom 22.08.2002, Rz 30.
13  BMF-Schreiben vom 22.08.2002, Rz 23.

## Rentenversicherung mit Kapitalwahlrecht

Bei einer Rentenversicherung mit Kapitalwahlrecht kann der Versicherungsnehmer anstelle der fälligen Rente eine einmalige Kapitalzahlung wählen.

Laufende Beiträge zu Rentenversicherungen mit Kapitalwahlrecht sind als sonstige Vorsorgeaufwendungen begünstigt, wenn die vereinbarte Sperrfrist, in der eine Kapitaloption gegenüber dem Versicherer nicht ausgeübt werden kann, ab Vertragsabschluss mindestens 12 Jahre beträgt. Zu den Ausnahmen von der 12-jährigen Sperrfrist: → Sperrfrist für Kapitalwahlrecht, S. 139.

Ist im Todesfall während der Aufschubfrist eine Kapitalzahlung zu leisten, muss die Todesfallleistung in Höhe von mindestens 60 % der maßgebenden Beitragssumme vereinbart sein. Die bloße Rückzahlung von gezahlten Beiträgen zuzüglich gutgeschriebener Gewinnanteile im Todesfall ist nicht als versicherter Todesfallschutz anzusehen. Sind im Todesfall während der Aufschubdauer lediglich Leibrenten (an Hinterbliebene) zu zahlen, muss der Vertrag wegen des mitversicherten Langlebigkeitsrisikos der Leibrenten keinen zusätzlichen Mindesttodesfallschutz aufweisen.[14]

## Kapitalversicherung gegen laufenden Beitrag mit Sparanteil

Kapitalversicherungen sind Lebensversicherungen, bei denen im Versicherungsfall eine Kapitalzahlung zu leisten ist. In den Beiträgen zu Kapitalversicherungen sind Sparanteile enthalten, wenn der Eintritt des Versicherungsfalles gewiss ist, d. h. wenn feststeht, dass der Versicherer die vereinbarte Leistung stets zu erbringen hat.

Kapitalversicherungen gegen Beitragsleistung mit Sparanteil sind vor allem Lebensversicherungen, bei denen sowohl im Todesfall als auch im Erlebensfall eine Kapitalzahlung zu leisten ist. Zu den Kapitalversicherungen, für die Beiträge mit Sparanteil zu entrichten sind, gehören auch Ausbildungs-, Aussteuer- und Termfix-Versicherungen sowie Lebensversicherungen, die mehrere Erlebensfallleistungen während der Versicherungsdauer und eine Kapitalzahlung im Todesfall vorsehen. Sind mehrere Personen gleichzeitig versichert und ist die Versicherungsleistung entweder bei Tod einer der versicherten Personen oder im Erlebensfall zu zahlen, liegt ebenfalls eine Kapitalversicherung gegen Beitragsleistung mit Sparanteil vor. Schließlich zählen Lebensversicherungen, bei denen die Kapitalzahlung neben dem Todes- und Erlebensfall auch bei bestimmten schweren Erkrankungen fällig wird (sog. Dread-Disease-Versicherungen), zu den Kapitalversicherungen, deren Beiträge Sparanteile enthalten.[15]

Kapitalversicherungen, für die Beiträge mit Sparanteil zu entrichten sind, sind steuerlich nur begünstigt, wenn

---

14  BMF-Schreiben vom 22.08.2002, Rz 30.
15  BMF-Schreiben vom 22.08.2002, Rz 20.

- der Versicherungsvertrag gegen laufende Beitragzahlung abgeschlossen wurde,

- die Versicherungsdauer mindestens 12 Jahre beträgt

und

- die Todesfallsumme mindestens der Erlebensfallsumme entspricht oder bei einem geringeren Todesfallschutz die Todesfallleistung mindestens 60 % der maßgebenden Beitragssumme beträgt (→ Maßgebende Beitragssumme, S. 144).

## Fondsgebundene Lebensversicherung

Bei fondsgebundenen Lebensversicherungen ist die Versicherungsleistung regelmäßig in Anteilen an einem Sondervermögen einer Kapitalanlagegesellschaft (Investmentfonds) zu erbringen. Üblicherweise kann der Versicherungsnehmer während der Vertragsdauer bereits investierte Sparanteile umschichten (shiften) und/oder künftige Sparanteile frei wählbar investieren (switchen).

Beiträge zu fondsgebundenen Lebensversicherungen können – unabhängig vom Datum des Vertragsabschlusses – nicht als sonstige Vorsorgeaufwendungen abgezogen werden.[16]

## 1.1.2.2 Vertragsdauer/Sperrfrist für Kapitalwahlrecht

### Zeitpunkt des Vertragsabschlusses

Die (Mindest-)Vertragsdauer für Lebensversicherungen beginnt im Zeitpunkt des bürgerlich-rechtlichen Vertragsabschlusses, frühestens jedoch mit dem vereinbarten Versicherungsbeginn. Der bürgerlich-rechtliche Vertragsabschluss erfolgt im Regelfall durch Zugang des Versicherungsscheines beim Versicherungsnehmer. Steht dem Versicherungsnehmer die 30-tägige Widerspruchsfrist nach § 152 Abs. 1 VVG zu, weil er die Versicherungsbedingungen und die Verbraucherinformationen erst mit dem Versicherungsschein erhalten hat, gilt der Vertrag bei unterbliebenem Widerspruch rückwirkend ab dem Zeitpunkt des Zugangs der Police als abgeschlossen. Dem Datum der Policierung oder der ersten Prämienzahlung kommt bei der Bestimmung des Abschlusszeitpunkts grundsätzlich keine Bedeutung zu.

Die Finanzverwaltung erkennt aber aus Vereinfachungsgründen als Zeitpunkt des Vertragsabschlusses den im Versicherungsschein genannten Versicherungsbeginn an, wenn der Versicherungsschein innerhalb von drei Monaten nach diesem Zeitpunkt ausgestellt und eingelöst wurde. Wird die Drei-Monats-Frist überschritten, beginnt die Mindestvertragsdauer nach Auffassung der Finanzverwaltung im Zeitpunkt der ersten Beitragszahlung.[17]

---

16   § 10 Abs. 1 Nr. 2 Buchstabe b Satz 5 EStG 2004 sowie BMF-Schreiben vom 22.08.2002, Rz 4.
17   BMF-Schreiben vom 01.10.2009, Rz 66.

## Rückdatierung des Versicherungsbeginns

Außerhalb der 3-Monats-Regelung kann bei Rückdatierung des Vertrages der technische Versicherungsbeginn, d. h. der in der Police genannte Vertragsbeginn, für die Bestimmung des steuerrechtlich maßgebenden Zeitpunktes des Vertragsabschlusses nicht zugrunde gelegt werden.[18] Etwas anderes gilt ausnahmsweise für Rückdatierungen in 1990.[19]

## Mindestvertragsdauer

Die steuerliche Mindestvertragsdauer von 12 Jahren ist erfüllt, wenn die vereinbarte Erlebensfallleistung frühestens nach Ablauf von 12 Jahren seit Vertragsabschluss fällig wird. Bei Kapitalversicherungen gegen laufende Beiträge mit Sparanteil, die während der Versicherungsdauer mehrere Erlebensfallleistungen vorsehen, darf die erste Erlebensfallzahlung ebenfalls erst nach Ablauf von 12 Jahren erfolgen.[20]

## Dread-Disease-Versicherung

Die Mindestvertragsdauer ist jedoch gewahrt, wenn die vereinbarte Erlebensfallleistung bei bestimmten schweren Erkrankungen bereits vor Ablauf von 12 Jahren fällig wird. Als schwere Erkrankung sind von der Finanzverwaltung bisher anerkannt: Herzinfarkt, Bypass-Operation, Krebs, Schlaganfall, Nierenversagen, Aids und Multiple Sklerose.[21]

## Sperrfrist für Kapitalwahlrecht

Das Kapitalwahlrecht einer Rentenversicherung darf nicht vor Ablauf von 12 Jahren seit Vertragsabschluss ausgeübt werden können. Nach Auffassung der Finanzverwaltung muss die Ausübung des Kapitalwahlrechts während dieser steuerlichen „Sperrfrist" vertraglich ausgeschlossen sein. Dieser Anforderung wird entsprochen, wenn eine vor Ablauf von 12 Jahren abgegebene Erklärung zugunsten einer Kapitalzahlung gegenüber dem Versicherer unwirksam ist.

Soll die vereinbarte Rentenzahlung exakt 12 Jahre nach dem steuerlich maßgebenden Vertragsabschluss beginnen, kann das Kapitalwahlrecht bereits nach 11 Jahren und 7 Monaten, also 5 Monate vor Rentenbeginn, wirksam ausgeübt werden. In diesen Fällen darf allerdings die Kapitalleistung nicht vor Ablauf von 12 Jahren fällig werden.

Bei Versicherungen, die vor dem 01.10.1996 abgeschlossen wurden, genügt es dagegen, wenn die Kapitalzahlung frühestens 12 Jahre nach Vertragsab-

---

18   BMF-Schreiben vom 22.08.2002, Rz 9.
19   BMF-Schreiben vom 22.08.2002, Rz 10.
20   Erlass Finanzministerium Baden-Württemberg von 20.11.1984
21   BMF-Schreiben vom 22.08.2002, Rz 20.

schluss zu leisten ist. Eine „Sperrfrist" für die Ausübung des Kapitalwahlrechts muss in diesen Fällen weder vereinbart sein noch eingehalten werden. In diesen Altfällen ist es unschädlich, wenn die Erklärung über die Art der gewünschten Versicherungsleistung während der Vertragsdauer vor Ablauf von 12 Jahren abgegeben wird.

Wird bei einer Rentenversicherung mit Beitragsrückgewähr das Kapitalwahlrecht von vornherein ausgeübt, ist der Vertrag steuerrechtlich nicht mehr als Lebensversicherung zu behandeln.[22] Ein solcher Vertrag weist nach Auffassung des BFH kein ausreichendes Versicherungsrisiko auf.

### 1.1.2.3 Laufende Beitragszahlung

Von einer laufenden Beitragszahlung wird ausgegangen, wenn vereinbart ist, dass mindestens während einer Dauer von 5 Jahren Beiträge zu zahlen sind. Die Beitragszahlungsdauer kann also kürzer sein als die Vertragsdauer. Bei einer abgekürzten Beitragszahlungsdauer von weniger als 5 Jahren werden die laufenden Beiträge einem steuerlich nicht begünstigten Einmalbeitrag gleichgestellt.[23] Die Beitragszahlungsdauer beginnt wie die Mindestvertragsdauer im Zeitpunkt des steuerlich maßgebenden Vertragsabschlusses.

Beiträge, die für einen Zeitraum vor dem Beginn der Beitragszahlungsdauer gezahlt werden (Rückdatierung des technischen Versicherungsbeginns), sind nach Auffassung der Finanzverwaltung wie Einmalbeiträge zu behandeln. Die Zahlungen können somit weder als Sonderausgaben berücksichtigt werden noch sind die darauf entfallenden Erträge steuerfrei.[24]

### Laufende variable Beitragszahlung

Wird in einem Versicherungsvertrag eine laufende Beitragszahlung vereinbart, die Beitragshöhe aber jährlich neu nach Kriterien bestimmt, die bei Versicherungsbeginn für die Dauer des Vertrages festgelegt wurden, ist steuerlich von einer laufenden Beitragszahlung auszugeben.

### Verwendung der Gewinnbeteiligung zur Dauerabkürzung

Bei Versicherungen, die spätestens am Ende des Versicherungsjahres erlöschen, in dem erstmals das Deckungskapital der gewährten Gewinnanteile zusammen mit dem Deckungskapital der Stammversicherung die Versicherungssumme erreicht, findet keine Gewinnverrechnung statt. Somit kann der Beitrag ungekürzt als Vorsorgeaufwendung abgesetzt werden, sofern die übrigen Voraussetzungen für eine steuerliche Begünstigung der Beiträge gegeben sind.

---

22  BFH-Urteil vom 09.11.1990, VI R 164/86, BStBl 1991 II, S. 189.
23  BMF-Schreiben vom 22.08.2002, Rz 12.
24  BMF-Schreiben vom 22.08.2002, Rz 14.

Die gleiche steuerliche Behandlung gilt in den Fällen, in denen der Rückkaufswert der gewährten Gewinnanteile als Zuzahlung zur Dauerabkürzung verwendet wird.

## Beitragsdepot

Werden nach Abschluss des Vertrages Beiträge für mehrere Jahre im Voraus und diskontiert gezahlt und werden sie bei dem Lebensversicherungsunternehmen nach der Art eines Sparkontos bis zur Fälligkeit angelegt, können die Beiträge erst in dem Jahr als sonstige Vorsorgeaufwendungen abgesetzt werden, in dem die voraus gezahlten Beiträge mit den fälligen Beiträgen verrechnet werden.

Zinsen für eine Beitragsvorauszahlung gehören zu den Einkünften aus Kapitalvermögen (§ 20 Abs. 1 Nr. 7 EStG).[25] Sie sind in dem Jahr zu versteuern, in dem eine Gutschrift auf dem Beitragsdepot erfolgt. Von den gutgeschriebenen Zinsen für eine Beitragsvorauszahlung müssen Lebensversicherungsunternehmen die Kapitalertragsteuer in Höhe von 25 % zuzüglich Solidaritätszuschlag (5,5 % der Kapitalertragsteuer) sowie ggf. Kirchensteuer einbehalten und an das Finanzamt abführen. Dieser Besteuerung kommt in der Regel eine abgeltende Wirkung zu (→ I Grundzüge des Einkommensteuerrechts, 3.5 Kapitalvermögen, Abgeltungsteuer/Kapitalertragsteuer, S. 15).

---

25   BMF-Schreiben vom 22.08.2002, Rz 15.

### 1.1.2.4 Mindesttodesfallschutz

Übersicht

## Entwicklung des Mindesttodesfallschutzes

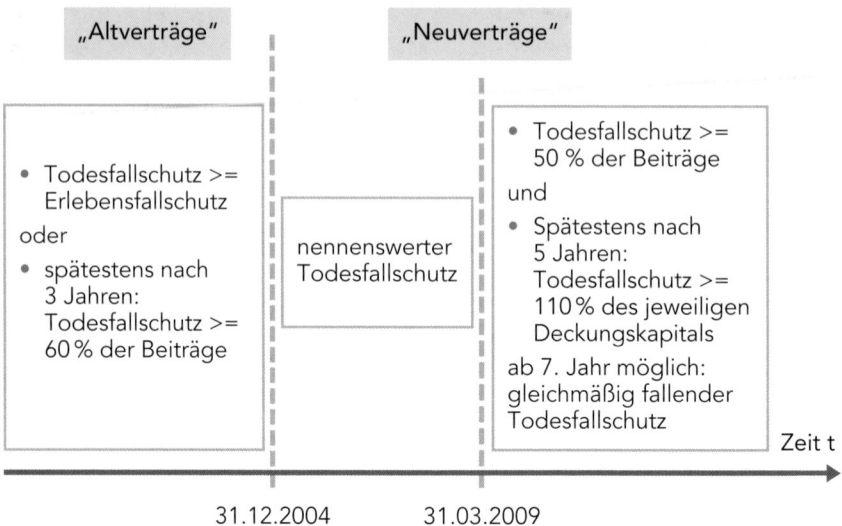

| „Altverträge" | | „Neuverträge" |
|---|---|---|

- Todesfallschutz >= Erlebensfallschutz

oder

- spätestens nach 3 Jahren: Todesfallschutz >= 60 % der Beiträge

nennenswerter Todesfallschutz

- Todesfallschutz >= 50 % der Beiträge

und

- Spätestens nach 5 Jahren: Todesfallschutz >= 110 % des jeweiligen Deckungskapitals

ab 7. Jahr möglich: gleichmäßig fallender Todesfallschutz

Zeit t

31.12.2004          31.03.2009

## Mindesttodesfallschutz bei Rentenversicherungen mit Kapitalwahlrecht

Bei einer Rentenversicherung mit Beitragsrückgewähr und mit einer zusätzlich versicherten Todesfallkapitalzahlung wird ein ausreichender Todesfallschutz eingehalten, wenn (spätestens nach Ablauf von 3 Jahren seit Vertragsabschluss) der Todesfallschutz während der gesamten restlichen Aufschubfrist eine Todesfallleistung einschließlich einer evtl. Beitragsrückgewähr und Gewinnbeteiligung von mindestens 60 % der Summe der nach dem Versicherungsvertrag für die gesamte Vertragsdauer zu zahlenden Beiträge beträgt. Die bloße Rückzahlung von gezahlten Beiträgen zuzüglich gutgeschriebener Gewinnanteile im Todesfall ist nicht als versicherter Todesfallschutz anzusehen.

## Mindesttodesfallschutz bei Kapitallebensversicherungen

Die steuerliche Begünstigung einer Kapitallebensversicherung hängt wesentlich davon ab, dass der Versicherungsvertrag für den Fall des Todes der versicherten Person einen ins Gewicht fallenden, angemessenen Versicherungsschutz vorsieht.

Der Todesfallschutz ist bei einer Kapitalversicherung gegen laufenden Beitrag mit Sparanteil aus steuerlicher Sicht ausreichend, wenn

- die vereinbarte Versicherungssumme im Todesfall mindestens der Versicherungssumme im Erlebensfall entspricht

oder wenn

- spätestens nach Ablauf von 3 Jahren seit Vertragsabschluss während der gesamten restlichen Vertragsdauer eine Todesfallleistung (Versicherungssumme und Gewinnanteile) von mindestens 60 % der maßgebenden Beitragssumme zu zahlen ist. Sind weitere Risiken mitversichert, bleiben nur die Beitragsanteile für Berufs- und Erwerbsunfähigkeit bzw. Erwerbsminderung und Pflege außer Betracht.

Dieser Mindesttodesfallschutz ist einzuhalten bei Versicherungsverträgen, die nach dem 31.03.1996 abgeschlossen worden sind.[26]

Ist die Kapitallebensversicherung als Direktversicherung abgeschlossen worden, gelten die oben genannten Festlegungen für den Mindesttodesfallschutz für Vertragsabschlüsse ab dem 01.01.1997.[27]

## Mindesttodesfallschutz bei Termfix-Versicherungen

Ist die Todesfallsumme einer Termfix-Versicherung am vereinbarten Fälligkeitstermin mindestens so hoch wie die Erlebensfallsumme, werden auch bei dieser Versicherungsform die Anforderungen an einen ausreichenden Mindesttodesfallschutz stets eingehalten.[28] Es ist aber ausreichend, wenn die Todesfallleistung bei Fälligkeit ebenfalls mindestens 60 % der maßgebenden Beitragssumme beträgt.

## Wartefrist/ansteigende Todesfallsumme

Bei Versicherungen, die eine Todesfallleistung erst nach einer Wartefrist vorsehen oder deren Todesfallschutz stufenweise ansteigt, wird von der Finanzverwaltung zugelassen, dass der Mindesttodesfallschutz erst 3 Jahre nach Vertragsabschluss mindestens 60 % der maßgeblichen Beitragssumme betragen muss. Im Ergebnis wird damit während der ersten 3 Jahre seit Vertragsabschluss auf eine einzuhaltende Mindesttodesfallleistung verzichtet.

## Mindesttodesfallschutz bei fondsgebundenen Lebensversicherungen

Die Regelungen des Mindesttodesfallschutzes gelten auch für fondsgebundene Lebensversicherungen.[29]

---

26  BMF-Schreiben vom 22.08.2002, Rz 23, 28.
27  BMF-Schreiben vom 22.08.2002, Rz 31.
28  BMF-Schreiben vom 22.08.2002, Rz 27.
29  BMF-Schreiben vom 22.08.2002, Rz 31.

## Mindesttodesfallschutz bei Vertragsänderungen

Ändert sich ein für die Bestimmung des Mindesttodesfallschutzes maßgebendes Vertragsmerkmal (versicherte Leistung, Beitragshöhe), ist jeweils neu zu prüfen, ob die Versicherung für die restliche Vertragsdauer bzw. Aufschubfrist einen ausreichenden Todesfallschutz aufweist.

Hat der Versicherungsnehmer das Recht, Vertragsänderungen zu verlangen, ist der erforderliche Mindesttodesfallschutz erst dann neu zu prüfen, wenn die Vertragsänderung wirksam geworden ist. Sieht der Versicherungsvertrag dagegen für den Versicherungsnehmer verbindliche Änderungen während der Vertragsdauer vor, sind diese bereits ab dem Zeitpunkt der getroffenen Vereinbarung bei der Bemessung des Todesfallschutzes zugrunde zu legen.

## Maßgebende Beitragssumme

Die maßgebende Bemessungsgrundlage für das Mindestrisiko ist die Summe aller Beiträge, die nach dem Versicherungsvertrag zu zahlen sind. Ausgenommen sind nur Beitragsanteile für mitversicherte Leistungen bei Berufsunfähigkeit, Erwerbsunfähigkeit bzw. -minderung sowie Pflegebedürftigkeit. Dagegen dürfen nach Auffassung der Finanzverwaltung u. a. Zuschläge für ein erhöhtes Todesfallrisiko, für eine unterjährige Beitragszahlung oder für den Verzicht auf eine Gesundheitsprüfung nicht abgezogen werden. Ferner sind Beitragsanteile für andere versicherte Risiken wie z. B. die vorgezogene Fälligkeit der Versicherungsleistung bei schweren Erkrankungen oder eine zusätzliche Leistung bei Unfalltod in die maßgebende Beitragssumme einzubeziehen.

Ist der Versicherungsnehmer nach dem Vertrag berechtigt, aber nicht verpflichtet, den Versicherungsbeitrag zu erhöhen (z. B. Versicherungen mit dynamischer Beitragszahlung), sind die künftigen Beitragserhöhungen bei der maßgeblichen Beitragssumme erst dann zu berücksichtigen, wenn die jeweilige Erhöhung auch wirksam geworden ist. Dies gilt auch dann, wenn der Versicherungsnehmer das einseitige Recht hat, eine Erhöhung des Beitrags nach dem Mindestbeitrag (sog. Mindestdynamik) verlangen zu können.

Steht dem Versicherungsnehmer das Recht zu, die Beitragszahlungsdauer verlängern zu können, kann die verlängerte Beitragszahlung ebenfalls erst dann berücksichtigt werden, wenn sie wirksam wurde.

Ist der Versicherungsnehmer berechtigt, die Leistung seiner Versicherung evtl. veränderten Versorgungsbedürfnissen (wie z. B. bei Heirat oder bei der Geburt eines Kindes) anzupassen, sind auch die sich danach ergebenden Änderungen bei der Beitragshöhe erst nach Inanspruchnahme des Rechts einzubeziehen.

Die geänderte maßgebliche Beitragssumme gilt in diesen Fällen bei der Bestimmung des steuerlich erforderlichen Mindesttodesfallschutzes jeweils ab dem Zeitpunkt der Änderung und nur für die künftige Versicherungsdauer.

Dagegen sind die mit dem Versicherungsnehmer vereinbarten künftigen Beitragserhöhungen (z. B. bei Versicherungen nach einem sog. Stufentarif) bei der maßgebenden Beitragssumme bereits ab dem Zeitpunkt der verbindlichen Vereinbarung zu berücksichtigen. Die Vertragsänderung wird nämlich wirksam, ohne dass es einer weiteren Erklärung des Versicherungsnehmers bedarf.[30]

Hat der Versicherungsnehmer das Recht, die Versicherungsleistung während einer sog. Abrufphase vor Ablauf der Beitragszahlungs- und Versicherungsdauer verlangen zu können, muss die maßgebliche Beitragssumme dennoch nach der längstmöglichen Beitragszahlung ermittelt werden.

Erfolgt die Beitragszahlung in variabler Höhe, aber nach einem bei Vertragsbeginn bereits vereinbarten Maßstab (z. B. Umsatz, Gewinn, Dividendenzahlung), ist die Beitragssumme wie folgt zu ermitteln:

Versicherungsjahre, für die eine laufende variable Beitragszahlung vereinbart ist multipliziert mit

- im ersten Versicherungsjahr:
  dem vereinbarten Beitrag für das erste Versicherungsjahr

- im zweiten Versicherungsjahr:
  dem im ersten Versicherungsjahr tatsächlich fälligen Beitrag

- im dritten und jedem weiteren Versicherungsjahr:
  dem Durchschnitt aller vorher fälligen Beiträge.[31]

War aufgrund des vereinbarten Maßstabs in einem Jahr kein Beitrag zu zahlen, geht dieses Jahr mit einem fälligen Beitrag von 0 € in die Durchschnittsberechnung ein.

Bei Kapitalversicherungen mit mehreren Erlebensfallzahlungen während der Versicherungsdauer ermäßigt sich der Mindesttodesfallschutz von 60 % der maßgeblichen Beitragssumme nach jeder Erlebensfallleistung in dem Verhältnis, in dem die jeweilige Erlebensfallsumme zum ursprünglichen Gesamtbetrag der Erlebensfallsummen steht.

Wird die Beitragszahlung vor Ablauf der Beitragszahlungsdauer eingestellt, ist ein ausreichender Todesfallschutz jedenfalls dann gewährleistet, wenn die beitragsfreie Todesfallsumme mindestens der beitragsfreien Erlebensfallsumme entspricht.

## Nachweis des Mindesttodesfallschutzes

Der Versicherungsnehmer hat für den Abzug der Beiträge zu seiner Lebensversicherung durch gesonderten Ausweis des Versicherungsunternehmens den Nachweis für die Einhaltung des Mindesttodesfallschutzes zu erbringen.

---

30  BMF-Schreiben vom 22.08.2002, Rz 26.
31  BMF-Schreiben vom 22.08.2002, Rz 24.

Der Nachweis muss in geeigneter Form erfolgen. Die erforderliche Information des Versicherers an den Versicherungsnehmer ist zu Vertragsbeginn zu geben. Den Nachweis hat der Steuerpflichtige seiner Steuererklärung beizufügen.[32]

### 1.1.2.5 Entgeltlicher Erwerb von Versicherungsansprüchen

Beiträge zu begünstigten Lebensversicherungen sind abzugsfähig, wenn der Abzugsberechtigte (in der Regel der Versicherungsnehmer) den Versicherungsvertrag selbst abgeschlossen hat. Hat der Abzugsberechtigte die Ansprüche aus einem nicht von ihm selbst abgeschlossenen Versicherungsvertrag entgeltlich erworben, ist ein Sonderausgabenabzug der Beiträge im Allgemeinen nicht möglich, es sei denn, dass der Erwerb ausnahmsweise steuerunschädlich ist.

Wurde die Versicherung von einer anderen Person abgeschlossen, kann der neue Versicherungsnehmer die künftigen Beiträge abziehen, wenn er die Rechte des bisherigen Versicherungsnehmers und andere Ansprüche aus dem Vertrag (z. B. Bezugsrechte) unentgeltlich erworben hat. Die Lebensversicherung bleibt nach einem unentgeltlichen Erwerb weiterhin begünstigt, wenn der neue Versicherungsnehmer eigene Beiträge leistet und insoweit auch Ansprüche gegen das Versicherungsunternehmen erwirbt.

Hat der neue Versicherungsnehmer/Abzugsberechtigte Versicherungsansprüche entgeltlich erworben, kann er künftige Beiträge nur dann als sonstige Vorsorgeaufwendungen absetzen, wenn mit den übertragenen Ansprüchen arbeitsrechtliche, erbrechtliche oder familienrechtliche Abfindungs- oder Ausgleichsansprüche erfüllt wurden. Arbeitsrechtliche Ansprüche werden beispielsweise dann erfüllt, wenn Leistungen aus einer Direktversicherung zugesagt worden sind und der Arbeitnehmer mit unverfallbaren Anwartschaften aus dem Dienstverhältnis ausscheidet. Erbrechtliche oder familienrechtliche Ausgleichsansprüche können z. B. bei Erbauseinandersetzungen oder bei Scheidungen einer Ehe entstehen.

Die Voraussetzungen bei dem Erwerb von Versicherungsansprüchen sind nach jedem Versicherungsnehmerwechsel neu zu prüfen. Die besonderen Voraussetzungen für entgeltlich erworbene Ansprüche aus Lebensversicherungen gelten für Erwerbe ab 1997.

---

32    BMF-Schreiben vom 22.08.2002, Rz 23.

# Prüfschema zum entgeltlichen Erwerb

| Der Abzugsberechtigte hat Ansprüche aus einem Lebensversicherungsvertrag entgeltlich erworben. |
|---|

ja / nein

> Ein unentgeltlicher Erwerb von Versicherungs- ansprüchen ist stets steuerunschädlich.

| Die Ansprüche aus der Versicherung sind nach dem 31.12.1996 entgeltlich erworben worden. |
|---|

ja / nein

> Der entgeltlicher Erwerb von Versicherungs- ansprüchen ist steuerunschädlich.

Die Versicherung ist eine
- Todesfall-Risikoversicherung
- Rentenversicherung ohne Kapitalwahlrecht
- Rentenversicherung mit Kapitalwahlrecht gegen laufende Beiträge und einge-haltener Sperrfrist für das Kapitalwahlrecht von mindestens 12 Jahren
- Kapitalversicherung gegen laufende Beiträge mit Sparanteil und einer Min-destversicherung von 12 Jahren

ja / ncin

| Die Versicherung ist eine fondsgebundene Lebensversicherung. |
|---|

ja / nein

| Die Versicherung ist eine als zusätzliche freiwillige Pflege-versicherung abgeschlossene Pflegerentenversicherung. |
|---|

nein / ja

> Ein steuerschädlicher Erwerb hat Auswirkun-gen auf die Steuerfrei-heit der Erträge.

> Ein entgeltlicher Er-werb ist ohne steuer-liche Auswirkung.

> Ein entgeltlicher Erwerb von Ansprüchen ist stets steuerunschädlich.

| Die Versicherung wurde von einer anderen Person als dem Abzugsberechtigten abgeschlossen. |
|---|

ja / nein

> Ein entgeltlicher Erwerb ist stets steuerunschädlich.

| Die entgeltliche erworbenen Ansprüche resultieren aus der eigenen Beitragszahlung des Anspruchberechtigten. |
|---|

nein / ja

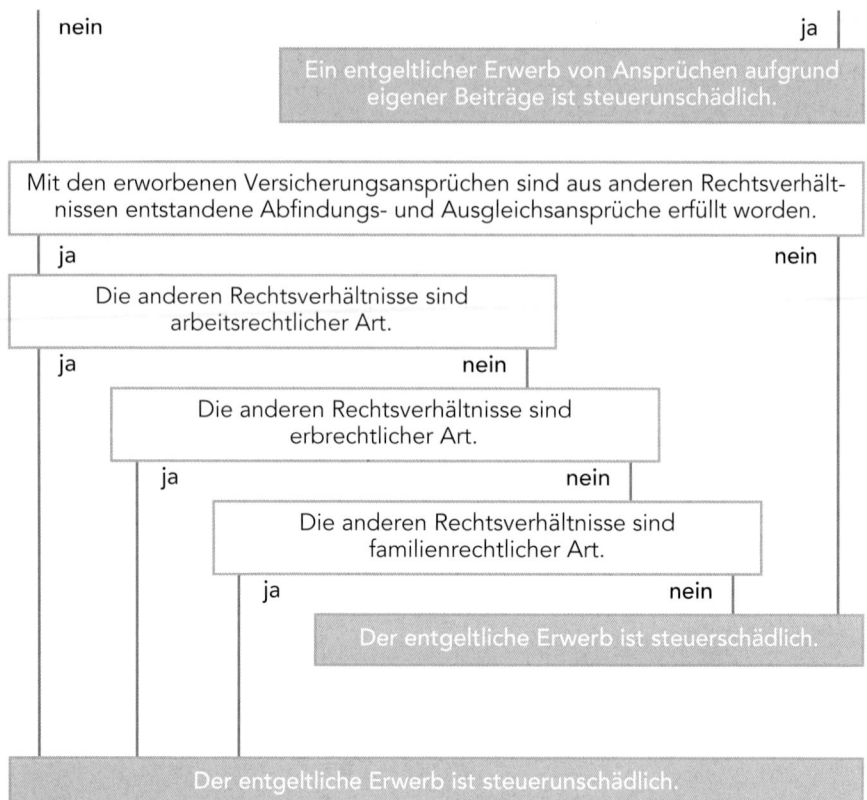

ja | Ein entgeltlicher Erwerb von Ansprüchen aufgrund eigener Beiträge ist steuerunschädlich.

nein

Mit den erworbenen Versicherungsansprüchen sind aus anderen Rechtsverhältnissen entstandene Abfindungs- und Ausgleichsansprüche erfüllt worden.

ja — Die anderen Rechtsverhältnisse sind arbeitsrechtlicher Art.

nein

ja — Die anderen Rechtsverhältnisse sind erbrechtlicher Art.

nein

ja — Die anderen Rechtsverhältnisse sind familienrechtlicher Art.

nein

ja — Der entgeltliche Erwerb ist steuerschädlich.

nein

Der entgeltliche Erwerb ist steuerunschädlich.

## 1.1.2.6 Finanzierung

Dienen Ansprüche aus

- Kapitallebensversicherungen gegen laufende Beitragsleistung mit Sparanteil und einer Vertragsdauer von mindestens 12 Jahren,

- Rentenversicherungen ohne Kapitalwahlrecht

oder

- Rentenversicherungen mit Kapitalwahlrecht gegen laufende Beitragsleistungen, bei denen das Kapitalwahlrecht nicht vor Ablauf von 12 Jahren ausgeübt werden kann,

der Sicherung oder Tilgung von Darlehen, sind ab dem 14.02.1992 für den Abzug der Beiträge als Sonderausgaben und die Steuerfreiheit der Zinsen zusätzliche Anforderungen einzuhalten.

## Steuerunschädliche Finanzierungen

Die Sicherung oder Tilgung eines Darlehens durch eine der vorgenannten Renten- oder Kapitalversicherungen ist für den Sonderausgabenabzug der Beiträge steuerlich unschädlich, wenn

- die Lebensversicherung vor dem 14.02.1992 zur Sicherung oder Tilgung des Darlehens eingesetzt und das Darlehen vor diesem Stichtag vollständig ausgezahlt wurde („Altfälle Finanzierung")

oder

- die Finanzierungskosten des Darlehens keine Betriebsausgaben oder Werbungskosten sind

oder

- nur über die Ansprüche auf die Versicherungsleistungen im Todesfall verfügt wird

oder

- die eingesetzte Lebensversicherung eine Direktversicherung ist

oder

- mit dem Darlehen unmittelbar oder ausschließlich Anschaffungs- oder Herstellungskosten von Wirtschaftsgütern (Ausnahme: Forderungen) finanziert werden, die dauernd zur Erzielung von Einkünften bestimmt sind,

und

- die eingesetzten Versicherungsansprüche die mit dem Darlehen finanzierten Anschaffungs- und Herstellungskosten nicht übersteigen. Werden die Voraussetzungen an das Darlehen oder an die eingesetzten Versicherungsansprüche bei einem Teilbetrag des Darlehens bzw. der Versicherungsansprüche von jeweils höchstens 2.556 € nicht erfüllt, ist dies nach der gesetzlichen Bagatellregelung unschädlich.

## Begriff Beleihung

Ansprüche aus einem Versicherungsvertrag sind beliehen, wenn sie (sicherungshalber) abgetreten oder verpfändet werden und die zu sichernde Schuld entstanden ist. Ansprüche aus einem Versicherungsvertrag sich auch dann beliehen, wenn ein Policendarlehen (Vorauszahlung) gewährt wird.

## Auswirkungen bei steuerschädlichem Einsatz

Werden die Voraussetzungen für einen steuerunschädlichen Einsatz der Lebensversicherung bei Finanzierung nicht erfüllt, sind die Beiträge keine Sonderausgaben und die Zinsen aus der Lebensversicherung gehören in den Fällen einer Kapitalzahlung zu den Einkünften aus Kapitalvermögen. Tritt die Steuerschädlichkeit erst während der Vertragsdauer ein, ist ein bis dahin gewährter Sonderausgabenvorteil für die Beiträge der eingesetzten Lebensversicherung nachzuversteuern. Diese Folgen treten auch zu Versicherungen ein, die vor dem 01.01.1974 abgeschlossen wurden und deren Zinsen ansonsten generell steuerfrei sind.

Werden die Voraussetzungen beim Einsatz einer fondsgebundenen Lebensversicherung nicht eingehalten, sind auch die Erträge aus der fondsgebundenen Lebensversicherung zu versteuern.

## Ausnahme für Todesfallrisiko bzw. Pflegerentenversicherung

Risikolebensversicherungen sind stets unschädlich zur Sicherung oder Tilgung von Darlehen einsetzbar. Pflegerentenversicherungen sind den vorgenannten Rentenversicherungen mit oder ohne Kapitalwahlrecht nicht zuzuordnen. Auch für sie gelten daher die zusätzlichen Anforderungen nicht.

## Ausnahme für Direktversicherungen

Sind Renten- oder Kapitallebensversicherungen als Direktversicherungen abgeschlossen, ist der Einsatz von Versicherungsansprüchen aus diesen Verträgen steuerunschädlich. Eine Beleihung von Direktversicherungen durch den Arbeitgeber ist deshalb ohne steuerbelastende Auswirkungen für die begünstigten Arbeitnehmer möglich.

## Sicherung betrieblicher Darlehen

Dienen Ansprüche auf die Versicherungsleistung im Erlebensfall insgesamt nicht länger als 3 Jahre nur der Sicherung, aber nicht der Tilgung von betrieblichen Darlehen, sind die Beiträge zu Renten- oder Kapitallebensversicherungen nur in den Kalenderjahren nicht als Sonderausgaben abziehbar, in denen die Versicherungsansprüche zur Sicherung eingesetzt worden sind.

Beispiel:

| | |
|---|---|
| Aufnahme des Darlehens (z. B. Kontokorrentkredit) | 01.07.2005 |
| 1. Besicherung mit Lebensversicherung | 01.04.2006 – 30.09.2006 |
| 2. Besicherung mit Lebensversicherung | 01.12.2008 – 31.01.2009 |
| 3. Besicherung mit Lebensversicherung | 01.01.2010 – 31.12.2010 |
| Besicherung mit Lebensversicherung insgesamt | 1 Jahr 8 Monate |

Kein Sonderausgabenabzug für Beiträge
und
bei Fälligkeit der Versicherung Steuerpflicht
der gutgeschriebenen Zinsen in den Jahren:    2006, 2008, 2009 und 2010

## Sicherung von Betriebsmittelkrediten

Die Regelung ist anzuwenden, wenn betriebliche Darlehen zur Finanzierung sonstiger Betriebsmittel aufgenommen werden, also nicht der Finanzierung von Anschaffungs- oder Herstellungskosten begünstigter Wirtschaftsgüter dienen. Außerdem kann auch für den Fall geholfen werden, dass bei der Finanzierung begünstigter Wirtschaftsgüter nur zur Sicherung eingesetzte Versicherungsansprüche nicht auf die zulässige Darlehenshöhe beschränkt wurden.

## Stichtag 14.02.1992

Die Beschränkungen für Lebensversicherungen bei Finanzierungen gelten nicht, wenn die Darlehen vor dem 14.02.1992 vollständig ausgezahlt worden sind und die Sicherung oder Tilgung durch Ansprüche aus Lebensversicherungen vor diesem Zeitpunkt vereinbart wurde. Die eingesetzten Versicherungsverträge müssen vor dem Stichtag abgeschlossen worden sein. Der maßgebende Zeitpunkt des Vertragsabschlusses kann nach der sog. „3-Monats-Regelung" bestimmt werden.

| Auszahlung des Darlehens | und | Einsatz der Lebensversicherung | | Altfall | Neufall |
|---|---|---|---|---|---|
| vor dem 14.02.1992 | nach dem 13.02.1992 | vor dem 14.02.1992 | nach dem 13.02.1992 | | |
| ✗ | | ✗ | | ja | – |
| ✗ | | | ✗ | – | ja |
| | ✗ | ✗ | | – | ja |
| | ✗ | | ✗ | – | ja |

Die Teilauszahlung eines Darlehens vor dem 14.02.1992 reicht nicht aus, um das Gesamtdarlehen als „Altfall" zu behandeln. Die Finanzverwaltung geht aber auch von einem insgesamt schädlichen Darlehen aus, wenn ein nach dem 13.02.1992 ausgezahlter Teilbetrag steuerschädlich eingesetzt wird.

Bei der Prolongation oder Umschuldung eines Darlehens wird die steuerliche Behandlung einer Finanzierung als „Altfall" regelmäßig fortgeführt (→ Umschuldung bei „Altfall", S. 176).

## Anzeigepflichten

Werden Ansprüche aus „Altverträgen" zur Sicherung oder Tilgung von Darlehen eingesetzt, müssen die Sicherungsnehmer (i. d. R. Zessionare oder Pfandgläubiger wie z.B. darlehensgewährende Banken, Sparkassen, Bausparkassen oder Versicherungsunternehmen) den Einsatz der Ansprüche unverzüglich dem Finanzamt des Versicherungsnehmers anzeigen, wenn der Versicherungsnehmer seinen Wohnsitz oder gewöhnlichen Aufenthalt im Inland hat und das Darlehen 25.565 € übersteigt.[33]

---

33   § 29 Abs. 1 Sätze 1, 3 EStDV.

Hat der Sicherungsnehmer seinen Wohnsitz, seinen Sitz oder seine Geschäftsleitung im Ausland, sind diese Fälle vom Versicherungsunternehmen ebenfalls anzuzeigen. Werden die Versicherungsansprüche von Versicherungsnehmern, Bezugsberechtigten oder sonstigen Berechtigten eingesetzt, die weder Wohnsitz noch gewöhnlichen Aufenthalt im Inland haben, ist die Anzeige an das Finanzamt des Sicherungsnehmers zu richten. Die Mindestgrenze für die Darlehenssumme von 25.565 € gilt in diesen Fällen ebenfalls.

Der Einsatz von Lebensversicherungen zur Sicherung oder Tilgung von Darlehen ist in den Fällen der Umschuldung oder Prolongation eines Darlehens auch dann anzuzeigen, wenn die Versicherungsansprüche bereits der Sicherung oder Tilgung des ursprünglichen Darlehens dienten.

Die Sicherungsnehmer bzw. Versicherungsnehmer haben die Anzeige unabhängig davon abzugeben, ob die Verfügungen über die Versicherungsansprüche steuerschädlich sind oder nicht.

Daneben müssen die Anspruchsberechtigten auf die Versicherungsleistung (z. B. Versicherungsnehmer, unwiderruflich Bezugsberechtigter, Zessionar) ihrem Finanzamt unverzüglich anzeigen, wenn die Ansprüche aus der Lebensversicherung zur Sicherung oder Tilgung von Darlehen abgetreten oder beliehen sind.[34]

---

34   § 29 Abs. 1 Satz 4 EStDV.

## Prüfschema zur Finanzierung

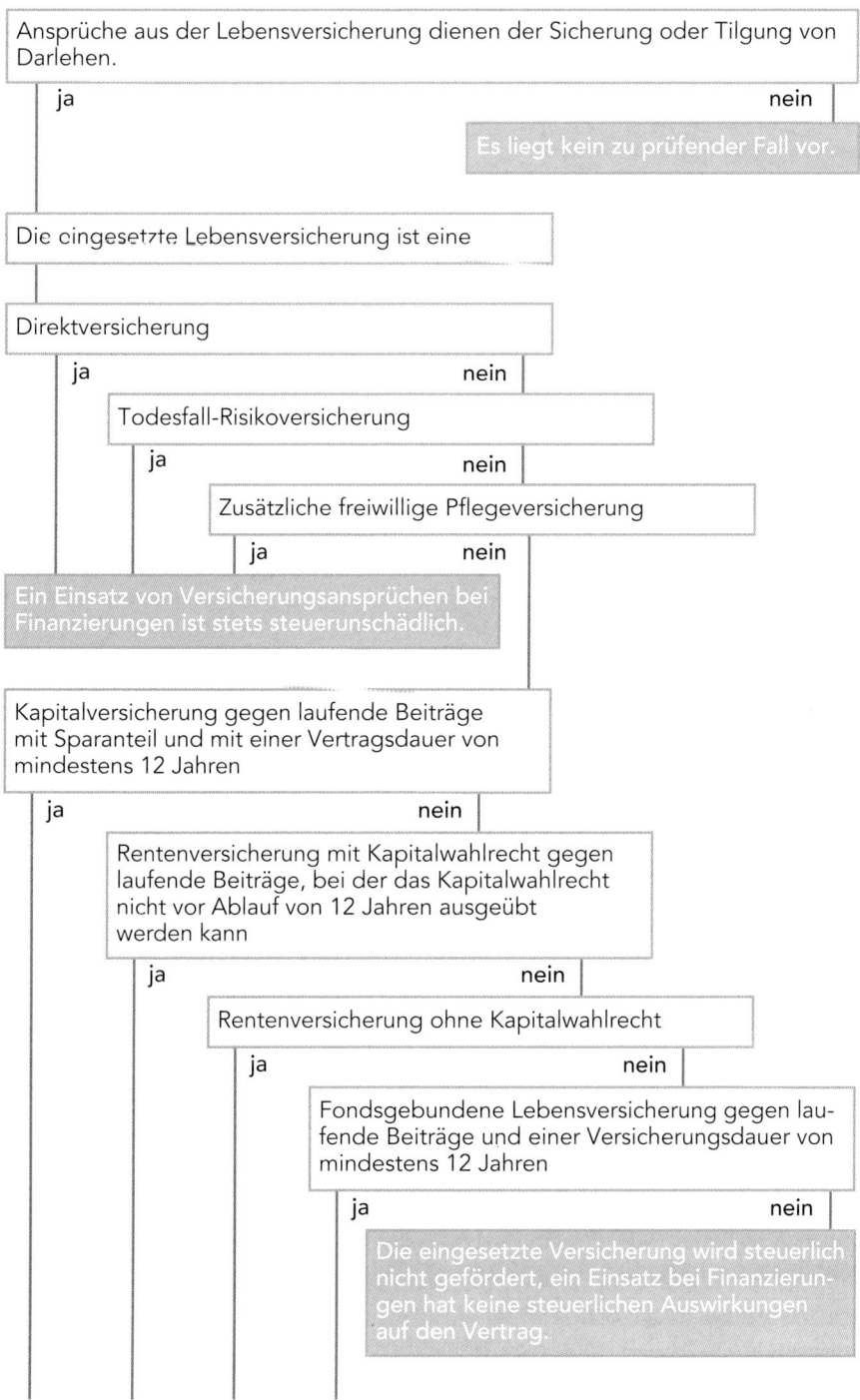

Ansprüche aus der Lebensversicherung dienen der Sicherung oder Tilgung von Darlehen.

ja      nein

Es liegt kein zu prüfender Fall vor.

Die eingesetzte Lebensversicherung ist eine

Direktversicherung

ja      nein

Todesfall-Risikoversicherung

ja      nein

Zusätzliche freiwillige Pflegeversicherung

ja      nein

Ein Einsatz von Versicherungsansprüchen bei Finanzierungen ist stets steuerunschädlich.

Kapitalversicherung gegen laufende Beiträge mit Sparanteil und mit einer Vertragsdauer von mindestens 12 Jahren

ja      nein

Rentenversicherung mit Kapitalwahlrecht gegen laufende Beiträge, bei der das Kapitalwahlrecht nicht vor Ablauf von 12 Jahren ausgeübt werden kann

ja      nein

Rentenversicherung ohne Kapitalwahlrecht

ja      nein

Fondsgebundene Lebensversicherung gegen laufende Beiträge und einer Versicherungsdauer von mindestens 12 Jahren

ja      nein

Die eingesetzte Versicherung wird steuerlich nicht gefördert, ein Einsatz bei Finanzierungen hat keine steuerlichen Auswirkungen auf den Vertrag.

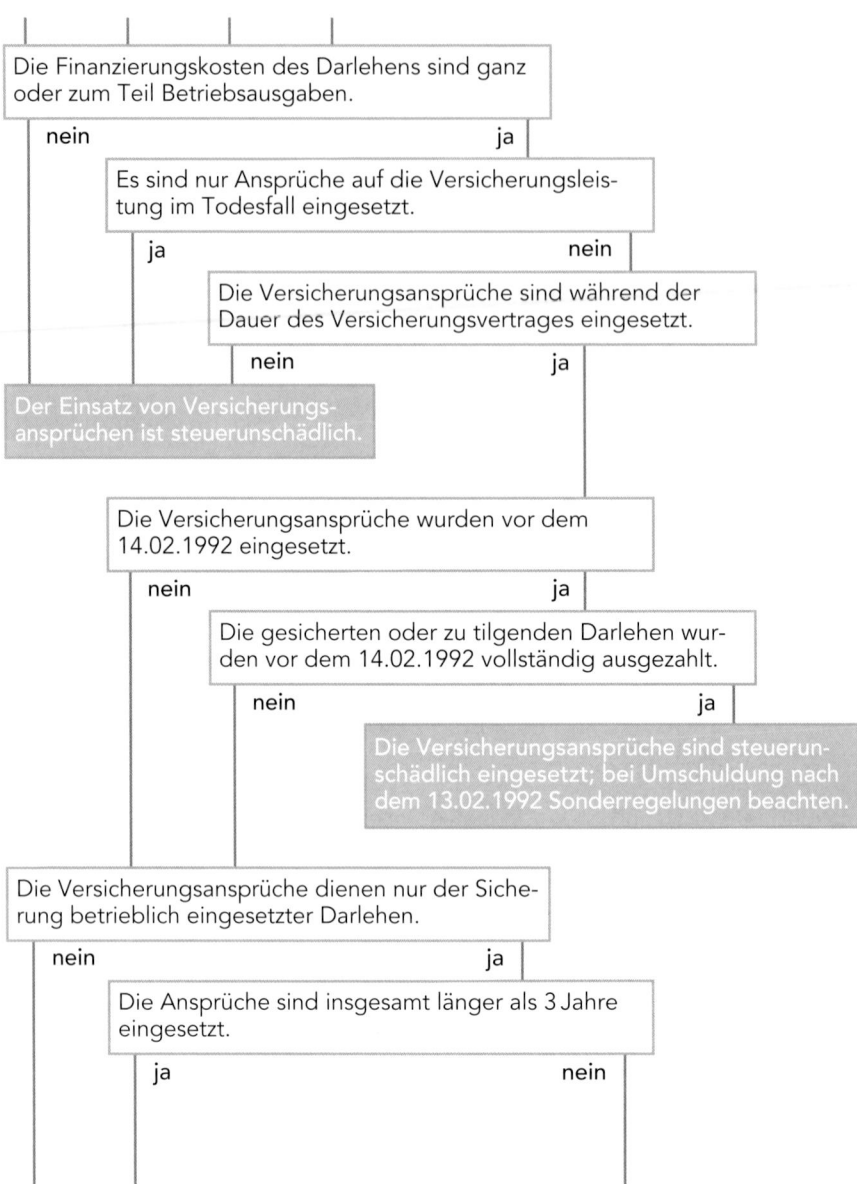

Die Finanzierungskosten des Darlehens sind ganz oder zum Teil Betriebsausgaben.

nein | ja

Es sind nur Ansprüche auf die Versicherungsleistung im Todesfall eingesetzt.

ja | nein

Die Versicherungsansprüche sind während der Dauer des Versicherungsvertrages eingesetzt.

nein | ja

Der Einsatz von Versicherungsansprüchen ist steuerunschädlich.

Die Versicherungsansprüche wurden vor dem 14.02.1992 eingesetzt.

nein | ja

Die gesicherten oder zu tilgenden Darlehen wurden vor dem 14.02.1992 vollständig ausgezahlt.

nein | ja

Die Versicherungsansprüche sind steuerunschädlich eingesetzt; bei Umschuldung nach dem 13.02.1992 Sonderregelungen beachten.

Die Versicherungsansprüche dienen nur der Sicherung betrieblich eingesetzter Darlehen.

nein | ja

Die Ansprüche sind insgesamt länger als 3 Jahre eingesetzt.

ja | nein

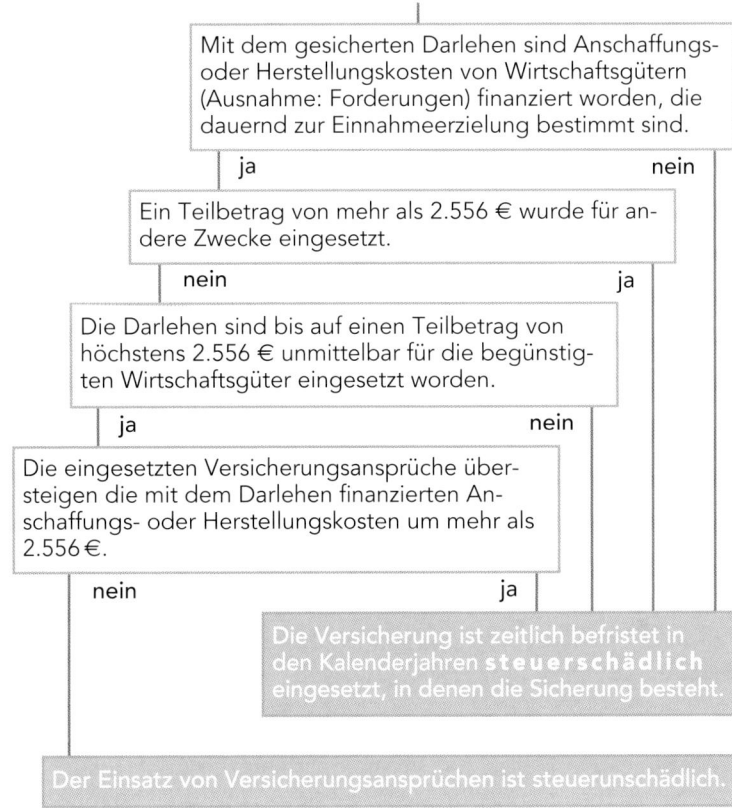

Mit dem gesicherten Darlehen sind Anschaffungs- oder Herstellungskosten von Wirtschaftsgütern (Ausnahme: Forderungen) finanziert worden, die dauernd zur Einnahmeerzielung bestimmt sind.

ja — nein

Ein Teilbetrag von mehr als 2.556 € wurde für andere Zwecke eingesetzt.

nein — ja

Die Darlehen sind bis auf einen Teilbetrag von höchstens 2.556 € unmittelbar für die begünstigten Wirtschaftsgüter eingesetzt worden.

ja — nein

Die eingesetzten Versicherungsansprüche übersteigen die mit dem Darlehen finanzierten Anschaffungs- oder Herstellungskosten um mehr als 2.556 €.

nein — ja

Die Versicherung ist zeitlich befristet in den Kalenderjahren **steuerschädlich** eingesetzt, in denen die Sicherung besteht.

Der Einsatz von Versicherungsansprüchen ist steuerunschädlich.

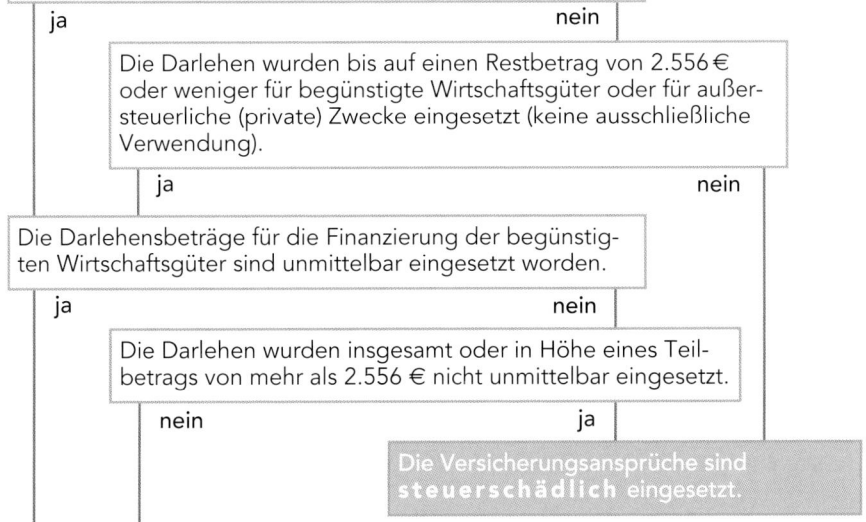

Mit den gesicherten oder zu tilgenden Darlehen sind nur Anschaffungs- oder Herstellungskosten von Wirtschaftsgütern (Ausnahme: Forderungen) finanziert worden, die dauernd zur Erzielung von Einkünften bestimmt sind (ausschließlich Finanzierung begünstigter Wirtschaftsgüter).

ja — nein

Die Darlehen wurden bis auf einen Restbetrag von 2.556 € oder weniger für begünstigte Wirtschaftsgüter oder für außersteuerliche (private) Zwecke eingesetzt (keine ausschließliche Verwendung).

ja — nein

Die Darlehensbeträge für die Finanzierung der begünstigten Wirtschaftsgüter sind unmittelbar eingesetzt worden.

ja — nein

Die Darlehen wurden insgesamt oder in Höhe eines Teilbetrags von mehr als 2.556 € nicht unmittelbar eingesetzt.

nein — ja

Die Versicherungsansprüche sind **steuerschädlich** eingesetzt.

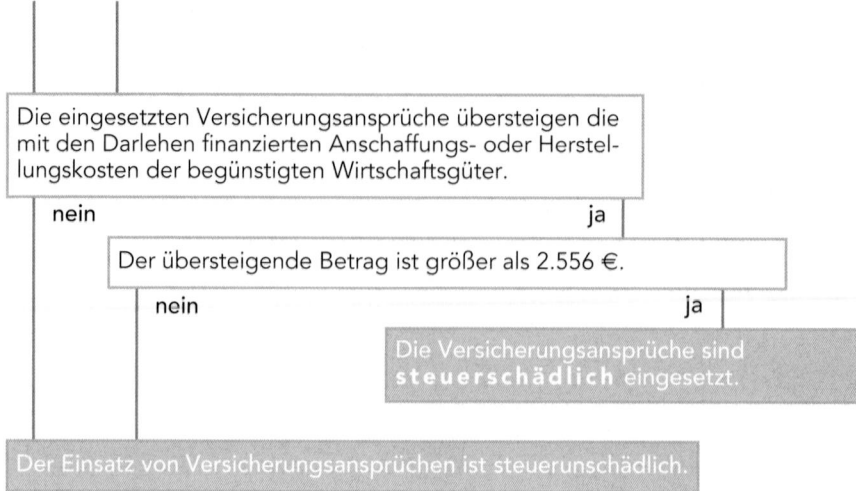

Die eingesetzten Versicherungsansprüche übersteigen die mit den Darlehen finanzierten Anschaffungs- oder Herstellungskosten der begünstigten Wirtschaftsgüter.

nein                                                          ja

Der übersteigende Betrag ist größer als 2.556 €.

nein                                                          ja

Die Versicherungsansprüche sind **steuerschädlich** eingesetzt.

Der Einsatz von Versicherungsansprüchen ist steuerunschädlich.

## Einsatz von Versicherungsansprüchen während der Vertragsdauer

Die Einschränkung des Sonderausgabenabzugs für Beiträge zu Lebensversicherungen steht unter der Voraussetzung, dass die Versicherungsansprüche während der Vertragsdauer im Erlebensfall zur Sicherung oder Tilgung von Darlehen dienen. Eine Sicherung oder Tilgung durch Versicherungsansprüche „während der Versicherungsdauer im Erlebensfall" liegt deshalb bei der erstmaligen Verfügung über die im Todesfall oder durch Ablauf fällig gewordene Versicherungsleistung nicht vor.

## Darlehen

Von dem Begriff des „Darlehens" sind sämtliche Formen der Darlehensgewährung erfasst. Hierzu zählen z.B. Darlehen von Kreditinstituten (sämtliche Kreditgewährungen, insbesondere auch Giro- und Kontokorrentkredite), Darlehen von Bausparkassen, Policendarlehen („Vorauszahlungen") oder Hypothekendarlehen von Versicherungsunternehmen. Von der Finanzverwaltung werden aber auch Ratenzahlungsvereinbarungen, Kaufpreisstundungen oder Zahlungszielvereinbarungen als Darlehensgewährung angesehen.

Wird ein Darlehen in der Form eines Kontokorrentkredits geführt, stellt jede Belastung eine zusätzliche neue Darlehensgewährung dar.[35]

## Sicherung von Darlehen

Versicherungsansprüche dienen dann der Sicherung eines Darlehens, wenn zwischen dem Darlehensgeber und dem Inhaber der Ansprüche vereinbart

---

35   BMF-Schreiben vom 15.06.2000, Rz 35.

worden ist, dass eine zu leistende Sicherung für die Darlehensschuld mit Ansprüchen aus einer Versicherung bewirkt werden soll (Sicherungsabrede).

Die Sicherungsabrede kann schriftlich, mündlich oder stillschweigend getroffen worden sein.

Auf eine bestimmte rechtliche Form, in der Ansprüche aus der Lebensversicherung zur Sicherung des Darlehens eingesetzt werden, kommt es nicht an. In der Praxis wird die Darlehenssicherung insbesondere durch die Abtretung oder Verpfändung der Versicherungsansprüche, durch eine Hinterlegung des Versicherungsscheins, durch die Verfügung eines Bezugsrechts auf die Versicherungsleistung oder durch Zahlungsauftrag bewirkt.

Eine Darlehenssicherung liegt auch aufgrund eines sogenannten AGB-Pfandrechts vor, das in den Allgemeinen Geschäftsbedingungen der Kreditinstitute enthalten ist.[36] Aufgrund dieses Pfandrechts dienen die Ansprüche aus Lebensversicherungen ohne zusätzliche Vereinbarung der Sicherung eines Darlehens, wenn der Versicherungsschein in den Besitz des Kreditinstituts gelangt oder von ihm (beispielsweise in einem Depot oder Schließfach) verwahrt wird.

Nach Auffassung der Finanzverwaltung ist eine Darlehenssicherung durch Lebensversicherungsansprüche auch dann anzunehmen, wenn eine sogenannte Negativklausel (Verpflichtung, über die Versicherungsansprüche nicht anderweitig zu verfügen) vereinbart wird.[37]

## Tilgung von Darlehen

Die Versicherungsansprüche dienen der Tilgung eines Darlehens, wenn der Darlehensgeber und der Inhaber der Ansprüche vor Fälligkeit der Versicherungsansprüche eine Tilgungsabrede getroffen haben oder wenn die Ansprüche zur Rückführung der Darlehensschuld gepfändet werden. Inhalt der Abrede ist die Verwendung der Versicherungsleistung zur Darlehenstilgung, z. B. in einem Hypotheken-Verrechnungsabkommen.

Dagegen fällt die Verwertung der Versicherungsansprüche aufgrund einer getroffenen Sicherungsabrede nicht unter diesen Tatbestand der „Tilgung". Von einer steuerunschädlichen Verwendung ist ferner auszugehen, wenn anlässlich des bevorstehenden Versicherungsablaufs in einer Vorausverfügung bestimmt wird, auf welches Konto die Versicherungsleistung ausgezahlt werden soll. In diesen Fällen ist es unschädlich, wenn das genannte Konto einen Negativsaldo aufweist oder ein Darlehenskonto ist.[38]

Eine Vorausverfügung über die fällig werdende Versicherungsleistung steht nach Auffassung der Finanzverwaltung einer Tilgungsabrede gleich, wenn im Hinblick auf die bevorstehende Abwicklung des Vertrages eine Tilgungsaussetzung oder eine vorzeitige Darlehensrückzahlung vereinbart wird.

---

36  BMF-Schreiben vom 15.06.2000, Rz 5.
37  BMF-Schreiben vom 15.06.2000, Rz 7.
38  BMF-Schreiben vom 15.06.2000, Rz 7.

In der Praxis werden Sicherungs- und Tilgungsabreden sowohl zusammen als auch einzeln getroffen. Die Unterscheidung zwischen einer Sicherungs- und einer Tilgungsabrede hat deshalb praktische Bedeutung, weil bei betrieblichen Darlehen ausnahmsweise nur eine beschränkte Steuerschädlichkeit vorliegt, wenn die Lebensversicherung ausschließlich zur Sicherung des Darlehens eingesetzt wird.[39]

Unschädlich ist es, wenn

- dem Versicherungsunternehmen anlässlich des bevorstehenden Versicherungsablaufs **vor Fälligkeit** der Erlebensfallleistung mitgeteilt wird, auf welches Konto die Versicherungsleistung ausgezahlt werden soll. Sofern keine Sicherungsabrede getroffen worden ist oder eine Tilgungsabrede nicht besteht bzw. nicht unterstellt werden kann, ist eine solche Vorausverfügung selbst dann unschädlich, wenn das genannte Konto einen Negativsaldo aufweist oder ein Darlehenskonto ist,

oder

- **nach Fälligkeit** der Versicherung im Erlebensfall die Versicherungsleistung zur Darlehenstilgung verwendet wird und vorher keine Tilgungs-/Sicherungsabrede über andere als Todesfallansprüche getroffen wurde,

oder

- **nach Eintritt des Versicherungsfalls** durch Tod der versicherten Person die Versicherungsleistung zur Darlehenstilgung verwendet wird und vorher keine Sicherungs-/Tilgungsabrede für den Erlebensfall getroffen wurde.

## Versicherungsansprüche

Die steuerlichen Voraussetzungen gelten grundsätzlich für alle Ansprüche aus

- Kapitallebensversicherungen gegen laufende Beitragsleistung mit Sparanteil und einer Versicherungsdauer von mindestens 12 Jahren,

- Rentenversicherungen ohne Kapitalwahlrecht,

- Rentenversicherungen mit Kapitalwahlrecht gegen laufende Beitragsleistung, bei denen das Kapitalwahlrecht nicht vor Ablauf von 12 Jahren ausgeübt werden kann.

Zu diesen Ansprüchen gehören z. B. der Anspruch auf die Versicherungssumme im Erlebensfall, der Anspruch auf die Rente bzw. die Kapitalabfindung, wenn die versicherte Person das Ende der Aufschubfrist einer Rentenversicherung erlebt, Ansprüche aus einem unwiderruflichen Bezugsrecht für den Todesfall sowie der Anspruch auf die Gewinnbeteiligung oder auf den Rückkaufswert. Es kommt nicht darauf an, dass die eingesetzten Versicherungsansprüche dem Darlehensnehmer zustehen.

---

39   § 10 Abs. 2 Satz 2 Buchstabe c EStG 2004 i.V.m. § 20 Abs. 1 Nr. 6 Satz 3 EStG 2004.

## Sicherung von Refinanzierungsdarlehen

Die Voraussetzungen beim Einsatz von Versicherungsansprüchen für Finanzierungen sind auch dann zu beachten, wenn zunächst steuerunschädlich eingesetzte Versicherungsansprüche zur Sicherung oder Tilgung eines vom Sicherungsnehmer (Darlehensgeber) aufgenommenen Darlehens erneut eingesetzt werden. Von der Besicherung eines Refinanzierungsdarlehens durch die abgetretene Lebensversicherung sollte wegen der steuerschädlichen Auswirkungen abgesehen werden.

## Anspruch auf die Todesfallleistung

Es ist unschädlich, wenn Ansprüche auf die Versicherungsleistung nur für den Todesfall (z. B. die Versicherungssumme oder die Beitragsrückgewähr) zur Sicherung oder Tilgung eines Darlehens eingesetzt werden.[40] Dies ist insbesondere anzunehmen, wenn nur der Anspruch auf die Versicherungsleistung im Todesfall abgetreten oder beliehen bzw. nur ein widerrufliches Todesfallbezugsrecht zugunsten des Darlehensgebers verfügt wird.

Bei einem unwiderruflichen Bezugsrecht auf die Todesfallleistung geht die Finanzverwaltung dagegen von Versicherungsansprüchen aus, die auch im Erlebensfall der Darlehenssicherung dienen. Diese Auffassung wird auf unwiderrufliche Bezugsrechte angewendet, die ab dem 01.07.1994 verfügt worden sind.[41]

## Finanzierungskosten

Finanzierungskosten sind insbesondere Zinsen, Überziehungsprovisionen, Geldbeschaffungskosten (z. B. Vermittlungsgebühren, Bereitstellungszinsen, Schätzgebühren, Notargebühren für die Darlehenssicherung durch eine Hypothek oder Grundschuld), Bearbeitungsgebühren oder Darlehensaufgelder und -abgelder (Agio, Disagio, Damnum).[42]

## Finanzierungskosten als Betriebsausgaben/Werbungskosten

Sind die Finanzierungskosten ganz oder teilweise Betriebsausgaben oder Werbungskosten, müssen die steuerlichen Anforderungen an die Finanzierung und den Darlehenszweck nach § 10 Abs. 2 Satz 2 EStG 2004 eingehalten werden. Finanzierungskosten sind dann Betriebsausgaben, wenn sie durch den Betrieb veranlasst sind;[43] Werbungskosten liegen vor, wenn die Finanzierungskosten mit einer Überschusseinkunftsart im Zusammenhang stehen. Finanzierungskosten können teilweise Werbungskosten sein (z. B. wenn ein Privat-Pkw für Fahrten zwischen Wohnung und Arbeitsstätte ge-

---

40  BMF-Schreiben vom 15.06.2000, Rz 1.
41  BMF-Schreiben vom 15.06.2000, Rz 62 und 63.
42  BMF-Schreiben vom 15.06.2000, Rz 15.
43  § 4 Abs. 4 EStG.

nutzt wird). Die besonderen Anforderungen für den steuerunschädlichen Einsatz von Lebensversicherungen zur Darlehenssicherung oder -tilgung sind selbst dann zu beachten, wenn sich die Finanzierungskosten wegen eventuell vorhandener steuerlicher Pauschalregelungen (z. B. bei Fahrtkosten Wohnung – Arbeitsstätte oder einem häuslichen Arbeitszimmer) nicht steuermindernd auswirken.

Auch sind die Voraussetzungen für den steuerunschädlichen Einsatz von Lebensversicherungen selbst dann zu erfüllen, wenn bei der Einkünfteermittlung auf den Abzug der Finanzierungskosten als Betriebsausgaben oder Werbungskosten verzichtet wird.

Es ist unschädlich, wenn Versicherungsansprüche zur Sicherung oder Tilgung eines Darlehens eingesetzt werden, dessen Finanzierungskosten **keine** Werbungskosten oder Betriebsausgaben sind.

Weder Werbungskosten noch Betriebsausgaben sind Finanzierungskosten für Anschaffungen oder Ausgaben im privaten Bereich. Dazu gehören auch die Finanzierungskosten für eine ausschließlich zu eigenen Wohnzwecken genutzte Wohnung im eigenen Haus. Ebenfalls keine Werbungskosten oder Betriebsausgaben sind Zusatzbeiträge für Policendarlehen, die zur Beitragszahlung von sonderausgabenbegünstigten Kapitallebensversicherungen aufgenommen wurden.

## Begünstigte Wirtschaftsgüter

Finanzierungen mit Lebensversicherungen sind steuerlich begünstigt, wenn das Darlehen für solche Wirtschaftsgüter eingesetzt wird, die dauerhaft zur Erzielung von Einkünften bestimmt und keine Forderungen sind. Von den Wirtschaftsgütern des Betriebsvermögens sind demnach die Wirtschaftsgüter begünstigt, die zum Anlagevermögen gehören und keine Forderungen sind. Darunter fallen auch immaterielle Wirtschaftsgüter (z. B. ein erworbener Firmenwert).

Im Bereich der Überschusseinkünfte zählen beispielsweise der beruflich genutzte Pkw eines angestellten Außendienstmitarbeiters, eine vermietete Wohnung oder Anteile an Kapitalgesellschaften (Aktien, GmbH-Anteile, Genossenschaftsanteile), die dauernd zur Einkünfteerzielung bestimmt sind, zu den begünstigten Wirtschaftsgütern.[44]

Ein Anteil oder eine Beteiligung an einer Personengesellschaft (z. B. BGB-Gesellschaft, OHG oder KG) ist steuerrechtlich kein Wirtschaftsgut. Der Gesellschafter ist vielmehr unmittelbar an den Wirtschaftsgütern der Personengesellschaft beteiligt. Zu den Auswirkungen: → Erwerb von Betrieben/Beteiligungen an Personengesellschaften, S. 166. Geschlossene Immobilienfonds oder Grundstücksgemeinschaften werden typischerweise in der Rechtsform einer Personengesellschaft geführt, so dass ein Anteil an dem

---

44   BMF-Schreiben vom 15.06.2000, Rz 12.

Fonds zu einer unmittelbaren Beteiligung an den einzelnen Wirtschaftsgütern des Fonds führt.[45]

Werden mit **einem** Darlehen mehrere Wirtschaftsgüter finanziert, muss die Begünstigung für jedes Wirtschaftsgut vorliegen. Anderenfalls liegt eine insgesamt für die Lebensversicherung schädliche Finanzierung vor.[46]

## Forderungen

Forderungen aus Darlehen, Namens-Pfandbriefen, Namens-Kommunalobligationen, Anleihen oder festverzinslichen Wertpapieren gehören nicht zu den begünstigten Wirtschaftsgütern. Als (nicht begünstigte) Forderung gilt auch der Anspruch auf Rentenzahlung aus einer Rentenversicherung.[47]

Dagegen sind Kapitalanlagen in Form von Beteiligungsrechten (z. B. Aktien oder GmbH-Anteile) keine Forderungen.

## Nicht begünstigte Wirtschaftsgüter

Darlehen sind beim Einsatz von Lebensversicherungen zur Sicherung oder Tilgung der Finanzierung schädlich verwendet, wenn sie u. a. dem Erwerb von Umlaufvermögen eines Betriebs dienen.

Zur Abgrenzung von Anlagevermögen und Umlaufvermögen: siehe R 6.1 Abs. 1, 2 EStR 2008.

Als nicht begünstigte Wirtschaftsgüter gelten ferner Anteile an einem offenen Renten-, Aktien- oder Immobilienfonds.[48]

## Umwidmung von Wirtschaftsgütern

Zunächst privat veranlasste Finanzierungskosten können nach einer späteren Nutzungsänderung des finanzierten Wirtschaftsguts Betriebsausgaben oder Werbungskosten sein (z. B. bei Vermietung einer ursprünglich selbstgenutzten Wohnung). Werden privat genutzte Wirtschaftsgüter während der Finanzierungsdauer zur Erzielung von Einkünften eingesetzt, bleibt die Lebensversicherung nach der Umwidmung nur begünstigt, wenn ab dem Zeitpunkt der Umwidmung alle Voraussetzungen für eine unschädliche Finanzierung erfüllt sind. Wurden mit dem Darlehen einmalige bankübliche Finanzierungskosten verrechnet, sind die zur Sicherung oder Tilgung eingesetzten Lebensversicherungsansprüche auf den Auszahlungsbetrag zu beschränken. Sind mit einem Darlehen sowohl begünstigte als auch andere nichtbegünstigte Aufwendungen finanziert worden, kann das mit einer Lebensversicherung gesicherte Darlehen durch Umschulung auf den Betrag

---

45  BMF-Schreiben vom 15.06.2000, Rz 11 und 14.
46  BMF-Schreiben vom 15.06.2000, Rz 10.
47  BMF-Schreiben vom 15.06.2000, Rz 12.
48  BMF-Schreiben vom 15.06.2000, Rz 13.

der steuerlich begünstigten Aufwendungen begrenzt werden. Es sollte angestrebt werden, die Finanzierung von steuerlich nicht genutzten Wirtschaftsgütern unter Einsatz einer Lebensversicherung von vornherein so zu gestalten, als ob eine steuerlich wirksame Nutzung des Wirtschaftsguts vorläge.

## Anschaffungs- oder Herstellungskosten

Zum Begriff der Anschaffungs- oder Herstellungskosten wird auf § 255 Abs. 1 HGB, auf R 6.2 und R 6.3 EStR 2008 verwiesen.

Anschaffungskosten sind danach der Anschaffungspreis und eventuelle Anschaffungsnebenkosten, soweit sie dem einzelnen Wirtschaftsgut zugeordnet werden können (z. B. Beurkundungsgebühren für den Kaufvertrag, Provisionen für die Vermittlung einer Immobilie, Grunderwerbsteuer). Die Umsatzsteuer gehört nicht zu den Anschaffungs- oder Herstellungskosten, soweit sie als Vorsteuer (§ 15 UStG) abgezogen werden kann.[49] Zu den Anschaffungs- oder Herstellungskosten zählen regelmäßig jedoch Verbindlichkeiten, die im Zusammenhang mit dem Erwerb eines Wirtschaftsguts übernommen worden sind (Ausnahme: vorweggenommene Erbfolge).[50]

## Unmittelbare Verwendung

Ein Darlehen dient unmittelbar der Finanzierung von Anschaffungs- oder Herstellungskosten, wenn die Darlehensmittel direkt oder über ein Zwischenkonto des Darlehensnehmers unverzüglich für diese Aufwendungen verwendet werden.

Von der Finanzverwaltung wird regelmäßig auf die tatsächliche Verwendung der Darlehensmittel für Anschaffungs- oder Herstellungskosten abgestellt (sachlich unmittelbare Verwendung). Für die steuerliche Beurteilung ist der Zahlungsvorgang maßgebend, mit dem die Darlehensmittel konkret verwendet worden sind.

Eine unmittelbare Verwendung der Darlehensmittel liegt danach nicht vor, wenn Anschaffungs- oder Herstellungskosten mit Eigenmitteln beglichen wurden und ein Darlehen zum Ausgleich dieser Mittel aufgenommen wird.[51] Dies gilt auch bei einer finanzierten Einlage in eine Personengesellschaft. Hat die Gesellschaft begünstigte Wirtschaftsgüter aus bereits vorhandenen Eigenmitteln finanziert, gelten die danach eingelegten Darlehensmittel nicht mehr als für diese Wirtschaftsgüter verwendet.[52]

Werden die Darlehensmittel von dem Kreditinstitut, dem Versicherungsunternehmen oder einem anderen Darlehensgeber auf ein Konto des Darlehensnehmers (z. B. Sparkonto, Giro- oder Kontokorrentkonto) überwiesen, lässt es die Finanzverwaltung genügen, wenn die Darlehensmittel von die-

---

49 § 9b Abs. 1 EStG, R 9b EStR 2008.
50 BMF-Schreiben vom 15.06.2000, Rz 17.
51 BMF-Schreiben vom 15.06.2000, Rz 55.
52 BMF-Schreiben vom 15.06.2000, Rz 69.

sem Zwischenkonto aus unmittelbar für Anschaffungs- oder Herstellungskosten verwendet werden.[53] Ebenso liegt eine unmittelbare Darlehensverwendung in den Fällen einer Darlehensumschuldung vor (→ Umschuldung, Prolongation von Darlehen, S. 168).

## 30-Tage-Frist

Bei der Auszahlung auf ein Zwischenkonto (z. B. Sparkonto, Giro- oder Kontokorrentkonto) müssen die mit dem Darlehen finanzierten Anschaffungs- oder Herstellungskosten innerhalb von 30 Tagen nach der Gutschrift der Darlehensmittel von dem Konto abgebucht worden sein (zeitlich unmittelbare Verwendung).[54] Es gilt jeweils das Wertstellungsdatum. Die 30-Tage-Frist ist auch bei der Finanzierung einer Beteiligung an einer Personengesellschaft (z. B. einem geschlossenen Immobilienfonds) zu beachten. Hat ein Gesellschafter seine Beteiligung mit einem Darlehen finanziert, müssen die Zahlungsmittel von der Personengesellschaft vor Ablauf von 30 Tagen für Anschaffungs- oder Herstellungskosten verwendet worden sein.[55] Die Frist beginnt im Zeitpunkt der Gutschrift des Darlehensbetrages auf dem Zwischenkonto des Gesellschafters oder – bei einer unmittelbaren Auszahlung an die Gesellschaft – auf dem Zwischenkonto der Gesellschaft. Eine unmittelbare Verwendung liegt auch dann vor, wenn die Darlehensmittel zunächst auf ein Konto des Gesellschafters ausgezahlt, anschließend auf ein Zwischenkonto der Gesellschaft überwiesen und von diesem Konto binnen 30 Tagen seit Auszahlung des Darlehens die begünstigten Anschaffungs- oder Herstellungskosten abgebucht werden.

Ist der Zeitraum von 30 Tagen nicht eingehalten, liegt regelmäßig ein steuerschädlicher Verstoß gegen das Gebot der unmittelbaren Verwendung vor.

Die Darlehensmittel gelten ausnahmsweise als unmittelbar verwendet, wenn sie frühestens 30 Tage vor Fälligkeit des Kaufpreises vereinbarungsgemäß auf ein Anderkonto u. a. bei einem Notar oder Rechtsanwalt bzw. auf ein dem Anderkonto entsprechendes Treuhandkonto bei einer Bank überwiesen worden sind und sich die Weiterleitung an den Verkäufer wegen der von ihm noch nicht erfüllten Voraussetzungen verzögert. Die Finanzverwaltung geht in diesen Fällen auch dann von steuerunschädlich eingesetzten Darlehen aus, wenn das Ander- oder Treuhandkonto als Festgeldkonto geführt wird.[56]

## Bagatellregelung bei nicht unmittelbarer Verwendung

Ist ein Teilbetrag von höchstens 2.556 € nicht unverzüglich eingesetzt worden, liegt aufgrund einer gesetzlich festgelegten Bagatellregelung jedoch kein steuerschädlicher Verstoß gegen die Voraussetzungen einer unmittel-

53 BMF-Schreiben vom 15.06.2000, Rz 53.
54 BMF-Schreiben vom 15.06.2000, Rz 53.
55 BMF-Schreiben vom 15.06.2000, Rz 66.
56 BMF-Schreiben vom 15.06.2000, Rz 56 und 57.

baren Verwendung von Darlehensmitteln vor. Der Betrag von 2.556 € steht insgesamt einmal für sämtliche Darlehen zur Verfügung, deren Finanzierungskosten Betriebsausgaben oder Werbungskosten sind.

## Ausschließliche Verwendung

Ein Darlehen dient ausschließlich der Finanzierung von Anschaffungs- oder Herstellungskosten eines begünstigten Wirtschaftsguts, wenn die Darlehensmittel nur für diesen Zweck eingesetzt werden.

Gegen das Erfordernis der ausschließlichen Verwendung wird nicht verstoßen, wenn

- mit dem Darlehen Aufwendungen mitfinanziert werden, die dem privaten Bereich zugehören (die Finanzierungskosten für diese Aufwendungen sind nämlich keine Betriebsausgaben oder Werbungskosten), oder

- mit einem Darlehen mehrere begünstigte Wirtschaftsgüter finanziert werden (→ Erwerb von Betrieben/Beteiligungen an Personengesellschaften, S. 166).

Ein Darlehen dient dagegen nicht ausschließlich der Finanzierung von Anschaffungs- oder Herstellungskosten, wenn mit den Darlehensmitteln auch andere Aufwendungen (wie z. B. Zinsen, sonstige Kosten der Finanzierung, Anschaffungs- oder Herstellungskosten von Umlaufvermögen oder laufende Betriebsausgaben) bestritten werden.

## Bagatellregelung bei nicht ausschließlicher Verwendung

Ist ein Teilbetrag von höchstens 2.556 € für andere Zwecke verwendet worden, liegt aufgrund der gesetzlichen Bagatellregelung dennoch kein steuerschädlicher Verstoß gegen das Erfordernis der ausschließlichen Verwendung für begünstigte Wirtschaftsgüter vor. Der Betrag von 2.556 € steht insgesamt einmal für sämtliche Darlehen zur Verfügung, deren Finanzierungskosten Betriebsausgaben oder Werbungskosten sind.

Werden mit einem oder mit mehreren Darlehen über den Bagatellbetrag hinaus nicht begünstigte Aufwendungen finanziert, sind die zur Sicherung oder Tilgung dieser Darlehen eingesetzten Lebensversicherungen in vollem Umfang steuerlich nicht mehr begünstigt.

Enthält der Gesamtkaufpreis eines begünstigten Wirtschaftsguts auch nicht begünstigte Aufwendungen (z. B. bei einem vorsteuerabzugsberechtigten Unternehmer die Umsatzsteuer), können mit dem Darlehen jedoch steuerbegünstigt die darin enthaltenen Anschaffungs- oder Herstellungskosten finanziert werden.[57] Eine ausschließliche Verwendung ist in diesen Fällen gegeben, wenn die eingesetzten Darlehensmittel die Anschaffungs- oder Herstellungskosten nicht übersteigen.

---

57   BMF-Schreiben vom 15.06.2000, Rz 23.

## Banktübliche einmalige Finanzierungskosten bei Erstdarlehen

Es ist außerdem unschädlich, wenn bei der erstmaligen Finanzierung mit dem Darlehen banktübliche einmalige Finanzierungskosten (z. B. Disagio, Bereitstellungszinsen oder Schätzgebühren) verrechnet werden.[58] Regelmäßig wird von der Finanzverwaltung bei einem Zinsfestschreibungszeitraum von mindestens 5 Jahren ein Disagio bis zu 10 % des Darlehensbetrages anerkannt. Bereitstellungszinsen gehören nicht zu den einmaligen Finanzierungskosten, wenn sie während des Bereitstellungszeitraums laufend erhoben werden. Die zur Sicherung oder Tilgung eingesetzten Ansprüche aus Lebensversicherungen sind auf den Auszahlungsbetrag des Darlehens zu begrenzen, der nach der Verrechnung verbleibt.

Beispiel:

| | |
|---|---:|
| Anschaffungs- oder Herstellungskosten des begünstigten Wirtschaftsguts | 150.000 € |
| Erstdarlehen | 100.000 € |
| davon verwendet für | |
| • banktübliche einmalige Finanzierungskosten | 10.000 € |
| • begünstigte Anschaffungs-/Herstellungskosten | 90.000 € |
| Besicherung des Erstdarlehens mit Lebensversicherung, unschädlich höchstens | 90.000 € |

## Auszahlung des Darlehens in Teilbeträgen

Wird ein Darlehen in Raten ausgezahlt, muss jede Rate das Erfordernis einer ausschließlichen Verwendung erfüllen. Ist bei der Teilvalutierung eines Darlehens eine Rate – über die Bagatell- und Ausnahmeregelungen hinaus – auch für nicht begünstigte Aufwendungen verwendet worden, liegt insgesamt ein steuerschädliches Darlehen vor.

Die Finanzverwaltung geht von einer Darlehens-Teilvalutierung auch dann aus, wenn ausstehende Zinsen, Gebühren usw. den Darlehensbetrag erhöhen oder wenn sie gestundet werden.[59] Aus Vereinfachungsgründen wird ein Verstoß gegen die ausschließliche Verwendung in den Fällen nicht angenommen, in denen (insbesondere bei Bauspardarlehen) Zinsen u.a. aus technischen Gründen zunächst dem Darlehensbetrag hinzugerechnet, aber mit der nächstfälligen Zahlung verrechnet werden.[60]

Dagegen führt bei einem Kontokorrentkredit jede zusätzliche Belastung in Höhe des hinzukommenden Kreditbetrags zu einem selbständigen Darlehen.

Werden Anschaffungs- oder Herstellungskosten begünstigter Wirtschaftsgüter zulasten eines Kontokorrentkontos gezahlt, führt eine spätere Belas-

---

58  BMF-Schreiben vom 15.06.2000, Rz 15.
59  BMF-Schreiben vom 15.06.2000, Rz 77.
60  BMF-Schreiben vom 15.06.2000, Rz 38.

tung des Kontos, z. B. mit den hierfür zu entrichtenden Finanzierungskosten, nicht zu einer steuerschädlichen Erhöhung des ursprünglichen Darlehens.

Werden bereits gezahlte Anschaffungs- oder Herstellungskosten nachträglich z. B. durch Rückzahlung, Rabatte oder Zuschüsse gemindert, ist das Darlehen innerhalb von 3 Monaten nach der Rückzahlung oder der Zuschussgewährung bis auf den Betrag der Anschaffungs- oder Herstellungskosten zu tilgen.[61] Werden Anschaffungs- oder Herstellungskosten teilweise mit Eigenmitteln und teilweise mit Darlehen finanziert, ist das Darlehen anteilig zurückzuzahlen. Die Frist beginnt u.E. zum Zeitpunkt, in dem die Rückzahlung vereinnahmt wird. Alternativ können die zugeflossenen Mittel innerhalb der 3-Monats-Frist als Anschaffungs- oder Herstellungskosten für ein anderes begünstigtes Wirtschaftsgut eingesetzt werden. Wegen einer Anpassung der eingesetzten Versicherungsansprüche (→ Begrenzung der Versicherungsansprüche, S. 166).

## Erwerb von Betrieben/Einlagen in Personengesellschaften

Wird ein Betrieb, eine Praxis oder ein Gesellschaftsanteil an einer Personengesellschaft erworben, kann eine Lebensversicherung bei der Finanzierung steuerunschädlich eingesetzt werden. Das zu sichernde oder zu tilgende Darlehen darf allerdings den Betrag nicht übersteigen, der für den Erwerb der steuerlich begünstigten Wirtschaftsgüter des Betriebs bzw. der Gesellschaft aufgewendet wird (das sind Wirtschaftsgüter, die dauernd zur Erzielung von Einkünften bestimmt und keine Forderungen sind). Werden bei dem Erwerb auch nichtbegünstigte Wirtschaftsgüter finanziert, kann hierfür ein zweites Darlehen aufgenommen werden, das nicht mit einer Lebensversicherung unterlegt wird.

Einlagen des Gesellschafters in eine Personengesellschaft können unter Einsatz von Lebensversicherungen finanziert werden, wenn mit der Einlage unmittelbar und ausschließlich Anschaffungs- oder Herstellungskosten bestritten werden (→ Unmittelbare Verwendung, S. 162 und Ausschließliche Verwendung, S. 164).[62]

## Begrenzung der Versicherungsansprüche

Ansprüche aus einer Lebensversicherung dürfen nur insoweit zur Sicherung oder Tilgung eines Darlehens eingesetzt werden, als begünstigte Anschaffungs- oder Herstellungskosten mit dem Darlehen finanziert wurden. Geringfügige Überschreitungen dieser Grenze um bis zu 2.556 € sind nach der gesetzlichen Bagatellregelung allerdings unschädlich. Der Betrag von 2.556 € kann für sämtliche Versicherungen, die der Sicherung oder Tilgung von Darlehen dienen, insgesamt nur einmal ausgeschöpft werden.

---

61  BMF-Schreiben vom 15.06.2000, Rz 21.
62  BMF-Schreiben vom 15.06.2000, Rz 24.

Zur Begrenzung der Versicherungsansprüche in den Fällen der Umschuldung → Umschuldung bei „Neufall", S. 169 bzw. Umschuldung bei „Altfall", S. 176.

Werden Versicherungsansprüche abgetreten oder verpfändet, ist die Begrenzung in der Abtretungs- oder Verpfändungserklärung vorzunehmen. Es reicht nicht aus, wenn sich die Einschränkung nur aus einer Sicherungsabrede ergibt.

Die Begrenzung auf die finanzierten Anschaffungs- oder Herstellungskosten sollte selbst dann vereinbart werden, wenn die Versicherungsleistung voraussichtlich geringer sein wird als der Darlehensbetrag.

Es ist steuerunschädlich möglich, dass Ansprüche aus einem bzw. aus mehreren Versicherungsverträgen zur Sicherung oder Tilgung von einem oder von mehreren Darlehen eingesetzt werden.[63] In diesen Fällen reicht es aus, wenn der Einsatz in **einer** Urkunde vereinbart und in der Sicherungszweck-Erklärung die Zuordnung der eingesetzten Versicherungsansprüche zu den einzelnen Darlehen festgelegt wird.

Wird ein Darlehen nicht in der ursprünglich vorgesehenen Höhe abgerufen (z. B. weil sich die Anschaffungs- oder Herstellungskosten nachträglich verringert haben) und sind Versicherungsansprüche in Höhe des ursprünglichen Darlehensbetrages zur Sicherung oder Tilgung eingesetzt worden, müssen die eingesetzten Versicherungsansprüche innerhalb von 3 Monaten nach der Herabsetzung des Darlehens an den geringeren Betrag angepasst werden.[64]

Soll sichergestellt werden, dass Versicherungsansprüche nach einer laufenden oder besonderen Teiltilgung des gesicherten Darlehens nicht zusätzlich als Sicherheit für danach aufgenommene Darlehen dienen, muss die Höhe der Sicherung bereits in der Abtretungsvereinbarung auf die jeweilige (Rest-) Schuld des bestimmten Darlehens beschränkt werden.

Sind Versicherungsansprüche in einem Altfall ohne Beschränkung eingesetzt worden, müssen sie vor einer neuen Darlehensaufnahme ausdrücklich auf den Altfall bzw. die Rest-Verbindlichkeit des Darlehens begrenzt werden, wenn der Einsatz der Lebensversicherung auf den Altfall beschränkt bleiben soll.[65]

Eine nachträgliche Begrenzung von eingesetzten Versicherungsansprüchen ist in der Sicherungsabrede zu treffen. Zusätzlich wird von der Finanzverwaltung verlangt, dass der Sicherungsnehmer gegenüber dem Versicherungsunternehmen darauf verzichtet, über die nachträgliche Begrenzung hinaus Ansprüche aus der Versicherung geltend zu machen.

Die Besicherung von Zusatzbeiträgen (Zinsen) für ein Policendarlehen durch ein vertragliches Verrechnungsrecht oder durch das gesetzliche Aufrechnungsrecht nach § 35 VVG mit Ansprüchen aus der Lebensversicherung

---

63  BMF-Schreiben vom 15.06.2000, Rz 31.
64  BMF-Schreiben vom 15.06.2000, Rz 22.
65  BMF-Schreiben vom 15.06.2000, Rz 72.

muss ab dem 01.01.1994 ausgeschlossen sein.[66] Anderenfalls steht den Versicherungsunternehmen nach § 35 VVG das Recht zu, solche Nebenleistungen mit der Versicherungsleistung zu verrechnen. Dagegen kann aus dem allgemeinen Aufrechnungsrecht nach § 387 BGB ein (steuerschädliches) „Dienen" der Lebensversicherung zur Sicherung oder Tilgung von Zusatzbeiträgen aus Policendarlehen nicht hergeleitet werden. Es ist deshalb auch nicht erforderlich, dass das Aufrechnungsrecht nach § 387 BGB ausdrücklich ausgeschlossen wird.

In einem Altfall kann die zur Sicherung oder Tilgung eingesetzte Lebensversicherung steuerunschädlich ausgetauscht werden.[67] Wird die Versicherung anlässlich einer Umschuldung ausgewechselt, müssen allerdings die Voraussetzungen der Umschuldung in einem Altfall eingehalten werden (→ Umschuldung bei „Altfall", S. 176).

Ein Gesamtrechtsnachfolger (z. B. Erbe) kann auf ihn übergegangene Verbindlichkeiten durch Versicherungsansprüche steuerunschädlich sichern oder tilgen, soweit dies auch beim Erblasser steuerunschädlich möglich gewesen wäre.

## Umschuldung/Prolongation von Darlehen

Wenn ein Umschuldungsdarlehen oder ein prolongiertes Darlehen der fortgesetzten unmittelbaren und ausschließlichen Finanzierung von Anschaffungs- oder Herstellungskosten begünstigter Wirtschaftsgüter dient, wird es einem Erstdarlehen steuerlich gleichgestellt (Ausnahme: einmalige Finanzierungskosten).

Ansprüche aus einer Lebensversicherung können deshalb unter den nachfolgenden Voraussetzungen auch nach der Umschuldung oder Prolongation steuerunschädlich zur Sicherung oder Tilgung eines zweiten oder weiteren Darlehens (Umschuldungsdarlehen) eingesetzt werden.

Weder eine Umschuldung noch eine Prolongation, sondern das ursprüngliche Darlehen liegt vor, wenn die vereinbarte Zinsbindungsfrist kürzer ist als die Darlehenslaufzeit und nach Ablauf der Zinsbindungsfrist lediglich der Zins angepasst wird. Eine Prolongation liegt dagegen vor, wenn am Ende der Laufzeit des Darlehensvertrages die weitere Behandlung des Darlehens neu zu vereinbaren ist.[68]

Die steuerliche Behandlung der eingesetzten Lebensversicherung ist danach zu unterscheiden, ob die Umschuldung/Prolongation eines Darlehens (Vordarlehen) in einem „Neufall" oder in einem „Altfall" erfolgt.

---

66  BMF-Schreiben vom 19.11.1993, sowie BMF-Schreiben vom 20.01.1994.
67  BMF-Schreiben vom 15.06.2000, Rz 73 und 74.
68  BMF-Schreiben vom 08.11.1993.

## Umschuldung bei „Neufall"

In einem „Neufall" wird die Lebensversicherung nach dem 13.02.1992 zur Sicherung oder Tilgung des Darlehens herangezogen.

Bei der Umschuldung in einem Neufall gelten für das Umschuldungsdarlehen regelmäßig die gleichen Anforderungen, die bei Beginn der Finanzierung von einem gesicherten und/oder zu tilgenden Erstdarlehen und den dazu eingesetzten Versicherungsansprüchen einzuhalten sind:

Die Darlehensmittel des Umschuldungsdarlehens müssen zur Tilgung des Vordarlehens entweder

* unmittelbar an den Darlehensgläubiger des Vordarlehens gezahlt

oder

* bei einer Überweisung auf ein Konto (Kontokorrentkonto, Sparkonto) des Darlehensschuldners binnen 30 Tagen nach der Auszahlung des Darlehensbetrages abgebucht werden.[69]

Wurde ein Erst- bzw. Vordarlehen nicht unmittelbar (z. B. innerhalb der 30-Tage-Frist) für begünstigte Anschaffungs- oder Herstellungskosten bzw. zur Umschuldung eingesetzt, ist der Einsatz von Versicherungsansprüchen auch nach einer (weiteren) Umschuldung steuerschädlich.

## Umschuldung von steuerlich unschädlichen Darlehen

Wird ein Vordarlehen, das unmittelbar und ausschließlich der Finanzierung von Anschaffungs- oder Herstellungskosten begünstigter Wirtschaftsgüter dient, prolongiert oder mit einem zweiten Darlehen umgeschuldet, dient auch das prolongierte Darlehen bzw. das Umschuldungsdarlehen der steuerlich unschädlichen Finanzierung.

Eine ausschließliche Finanzierung von Anschaffungs- oder Herstellungskosten durch das Umschuldungsdarlehen ist gewährleistet, wenn dessen Darlehenssumme die Restvaluta des Vordarlehens im Zeitpunkt der Umschuldung nicht übersteigt und vollständig zur Ablösung des Vordarlehens eingesetzt wird.

Ist die gesetzliche Bagatellregelung anwendbar, kann die Darlehenssumme des Umschuldungsdarlehens die Restvaluta des Vordarlehens um bis zu 2.556 € übersteigen. Aus Gründen der Rechtssicherheit dürfte es jedoch nicht zu empfehlen sein, anlässlich der Umschuldung die gesetzliche Bagatellregelung gezielt auszuschöpfen.

Werden bei einer Finanzierung Lebensversicherungsansprüche erstmals zur Sicherung oder Tilgung des prolongierten oder des Umschuldungsdarlehens eingesetzt, sind die Ansprüche auf die Restvaluta des Vordarlehens zu

---

69 BMF-Schreiben vom 15.06.2000, Rz 54.

beschränken. Dadurch ist sichergestellt, dass auch die Versicherungsansprüche nur in Höhe der mit dem Darlehen finanzierten Anschaffungs- oder Herstellungskosten eingesetzt werden.

Soll die gesetzliche Bagatellregelung in Anspruch genommen werden, kann eine „Übersicherung" bzw. eine überhöhte Tilgungsabrede um bis zu 2.556 € erfolgen. Auch hier ist es aus Gründen der Rechtssicherheit regelmäßig nicht ratsam, die gesetzliche Bagatellregelung gezielt für eine „Übersicherung" in Anspruch zu nehmen.

Beispiel:

für eine steuerunschädliche Umschuldung (Prolongation), bei der die Bagatellregelung nicht angewendet werden muss:

| | |
|---|---:|
| Anschaffungs- oder Herstellungskosten des begünstigten Wirtschaftsguts | 150.000 € |
| Erstdarlehen (2000) davon verwendet für | 100.000 € |
| • banktübliche einmalige Finanzierungskosten (u. a. Disagio) | 0 € |
| • begünstigte Anschaffungs- oder Herstellungskosten | 100.000 € |
| Besicherung des Erstdarlehens mit Lebensversicherung | — |
| Restvaluta des Erstdarlehens (2010) | 80.000 € |
| Umschuldungsdarlehen (2010), ohne Anwendung der Bagatellregelung unschädlich höchstens | 80.000 € |
| davon zu verwenden für Umschuldung des Erstdarlehens, ohne Anwendung der Bagatellregelung unschädlich | 80.000 € |
| Besicherung des Umschuldungsdarlehens mit Lebensversicherung, ohne Anwendung der Bagatellregelung unschädlich höchstens | 80.000 € |

Sind Ansprüche aus einer Lebensversicherung bereits zur Sicherung oder Tilgung des Erstdarlehens eingesetzt worden, sollte aus Gründen der Rechtssicherheit die Besicherung/Tilgung durch Versicherungsansprüche ebenfalls auf die Restvaluta des jeweiligen Vordarlehens beschränkt werden.

Beispiel:

für eine Umschuldung eines Darlehens, wenn Versicherungsansprüche bereits beim Erstdarlehen zur Sicherung oder Tilgung eingesetzt worden sind und die Bagatellregelung nicht beansprucht werden soll:

| | |
|---|---:|
| Anschaffungs- oder Herstellungskosten des begünstigten Wirtschaftsguts | 150.000 € |
| Erstdarlehen (2000) davon verwendet für | 100.000 € |
| • banktübliche einmalige Finanzierungskosten (u. a. Disagio) | 0 € |
| • begünstigte Anschaffungs- oder Herstellungskosten | 100.000 € |
| Besicherung des Erstdarlehens mit Lebensversicherung | 100.000 € |

| | |
|---|---:|
| Restvaluta des Erstdarlehens (2010) | 80.000 € |
| Umschuldungsdarlehen (2010 – ohne Disagioabzug) unschädlich höchstens | 80.000 € |
| Besicherung des Umschuldungsdarlehens mit Lebensversicherung, unschädlich höchstens | 80.000 € |

## Umschuldung/Prolongation von Darlehen, wenn bankübliche einmalige Finanzierungskosten mitfinanziert werden

Steuerunschädlich ist es, wenn ein Darlehen umgeschuldet oder prolongiert wird, das auch bankübliche einmalige Finanzierungskosten umfasst.[70] Die zur Sicherung oder Tilgung eingesetzten Ansprüche aus Lebensversicherungen sind allerdings wie beim Erstdarlehen auf die mit dem Vordarlehen finanzierten Anschaffungs- oder Herstellungskosten, höchstens auf die Restvaluta des Vordarlehens zu beschränken, wenn die Bagatellregelung nicht beansprucht werden soll. Dagegen wäre es ohne Anwendung der Bagatellregelung in jedem Fall steuerschädlich, wenn ein Umschuldungsdarlehen neue Finanzierungskosten einschließt.

Beispiel:

| | |
|---|---:|
| Anschaffungs- oder Herstellungskosten des begünstigten Wirtschaftsguts | 150.000 € |
| Erstdarlehen (2000) davon verwendet für | 100.000 € |
| • bankübliche einmalige Finanzierungskosten (u. a. Disagio) | 10.000 € |
| • begünstigte Anschaffungs- oder Herstellungskosten | 90.000 € |
| Besicherung des Erstdarlehens mit Lebensversicherung Alternativ: | — |
| Besicherung des Erstdarlehens mit Lebensversicherung unschädlich höchstens | 90.000 € |
| Restvaluta des Erstdarlehens (2010) | 100.000 € |
| Umschuldungsdarlehen (2010), unschädlich höchstens davon für unschädliche Umschuldung des Erstdarlehens zu verwenden | 100.000 € 100.000 € |
| Besicherung des Umschuldungsdarlehens mit Lebensversicherung, unschädlich höchstens | 90.000 € |

Aus Gründen der Rechtssicherheit empfiehlt es sich, die gesetzliche Bagatellregelung nicht zusätzlich zu der praxisgerechten Regelung der Finanzverwaltung einzusetzen, nach der bankübliche einmalige Finanzierungskosten des Erstdarlehens mitfinanziert werden dürfen. Es ist nicht auszuschließen, dass die Finanzverwaltung in einem solchen Fall nur die gesetzliche Bagatellregelung auf die banküblichen einmaligen Finanzierungskosten und

---

70  BMF-Schreiben vom 15.06.2000, Rz 44.

die zusätzlichen steuerschädlichen Aufwendungen anwendet. Bei einem Gesamtbetrag der Finanzierungskosten und der sonstigen Aufwendungen von mehr als 2.556 € läge dann ein Darlehen vor, das nicht mehr ausschließlich der Finanzierung begünstigter Wirtschaftsgüter dient.

Wird ein Darlehen, mit dem steuerunschädliche Aufwendungen und bankübliche einmalige Finanzierungskosten des Erstdarlehens finanziert werden, vor der Umschuldung teilweise getilgt, dürfen die Tilgungsleistungen vorrangig auf die mitfinanzierten einmaligen Finanzierungskosten angerechnet werden.[71] Aus Gründen der Rechtssicherheit sollte diese Verrechnung allerdings nur dann zugrunde gelegt werden, wenn bereits beim Erstdarlehen Versicherungsansprüche eingesetzt wurden.

Beispiele:

zur Umschuldung von teilweise getilgten Erstdarlehen, die mit Lebensversicherungen gesichert sind:

|  | Beispiel 1 | Beispiel 2 |
|---|---|---|
| Anschaffungs- oder Herstellungskosten des begünstigten Wirtschaftsguts | 150.000 € | 150.000 € |
| Erstdarlehen (2000) | 100.000 € | 100.000 € |
| davon verwendet für | | |
| • bankübliche einmalige Finanzierungskosten | 10.000 € | 10.000 € |
| • begünstigte Anschaffungs- oder Herstellungskosten | 90.000 € | 90.000 € |
| Besicherung des Erstdarlehens mit Lebensversicherung (2000), unschädlich höchstens | 90.000 € | 90.000 € |
| Restvaluta des Erstdarlehens (2010) | 95.000 € | 50.000 € |
| Umschuldungsdarlehen (2010), unschädlich höchstens | 95.000 € | 50.000 € |
| davon für unschädliche Umschuldung des Erstdarlehens zu verwenden | 95.000 € | 50.000 € |
| Besicherung des Umschuldungsdarlehens mit Lebensversicherung, unschädlich höchstens | 90.000 € | 50.000 € |

Im Beispiel 1 ist es ratsam, über die mitfinanzierten banküblichen einmaligen Finanzierungskosten des Erstdarlehens hinaus mit dem Umschuldungsdarlehen keine zusätzlichen steuerschädlichen Aufwendungen zu finanzieren.

---

71   BMF-Schreiben vom 15.06.2000, Rz 44.

Beispiele:

zur Umschuldung von teilweise getilgten Erstdarlehen, wenn die Lebensversicherungen erstmals zur Sicherung der Umschuldungsdarlehen eingesetzt werden:

|  | Beispiel 1 | Beispiel 2 |
|---|---|---|
| Anschaffungs- oder Herstellungskosten des begünstigten Wirtschaftsguts | 150.000 € | 150.000 € |
| Erstdarlehen (2000) davon verwendet für | 100.000 € | 100.000 € |
| • bankübliche einmalige Finanzierungskosten | 10.000 € | 10.000 € |
| • begünstigte Anschaffungs- oder Herstellungskosten | 90.000 € | 90.000 € |
| Besicherung des Erstdarlehens mit Lebensversicherung | — | — |
| Restvaluta des Erstdarlehens (2010) | 95.000 € | 50.000 € |
| Umschuldungsdarlehen (2010), unschädlich höchstens | 95.000 € | 50.000 € |
| davon für unschädliche Umschuldung des Erstdarlehens zu verwenden | 95.000 € | 50.000 € |

Besicherung des Umschuldungsdarlehens mit Lebensversicherung (2010), ohne Anwendung der Bagatellgrenze, unschädlich höchstens

$$\frac{95.000 \times 90.000}{100.000} = 85.500 \,€$$

$$\frac{50.000 \times 90.000}{100.000} = 45.000 \,€$$

## Umschuldung von Darlehen, die teilweise für steuerschädliche Zwecke verwendet wurden

Wenn das Erst- bzw. das Vordarlehen nicht ausschließlich der Finanzierung von Anschaffungs- oder Herstellungskosten eines begünstigten Wirtschaftsguts dient, können nach einer Umschuldung des Darlehens Ansprüche aus Lebensversicherungen erstmals steuerunschädlich eingesetzt werden.[72] Voraussetzung ist allerdings, dass Ansprüche aus Lebensversicherungen für das Erst- bzw. Vordarlehen bisher nicht eingesetzt waren, das Umschuldungsdarlehen weder die Restvaluta des Vordarlehens noch die mit dem Erstdarlehen finanzierten begünstigten Anschaffungs- oder Herstellungs-

---

72   BMF-Schreiben vom 15.06.2000, Rz 45.

Es ist unschädlich, wenn mehrere Darlehen unter Beachtung der dargestellten Grundsätze durch ein neues Darlehen umgeschuldet werden.[73]

### Umschuldung bei „Altfall"

Ist ein Darlehen vor dem 14.02.1992 ausgezahlt worden und hat sich der Steuerpflichtige bis zu diesem Zeitpunkt verpflichtet, Ansprüche aus dem Versicherungsvertrag zur Sicherung oder Tilgung dieses Darlehens einzusetzen (Altfall), kann das Darlehen nach dem 13.02.1992 unter Einsatz der Lebensversicherung auch dann steuerlich unschädlich umgeschuldet werden, wenn mit dem Erstdarlehen nicht begünstigte Aufwendungen finanziert worden sind (z. B. Betriebsausgaben, Anschaffungskosten für Umlaufvermögen). Das Umschuldungsdarlehen darf die Restvaluta des Altfall-Darlehens nicht übersteigen und muss vollständig zu dessen Umschuldung eingesetzt werden. Finanzierungskosten des Umschuldungsdarlehens (z. B. ein Disagio oder laufende Zinsen) können nicht mitfinanziert werden. Anderenfalls geht die Finanzverwaltung wie bei einem Darlehen, das in Teilbeträgen vor und nach dem Stichtag 14.02.1992 ausgezahlt worden ist, von einem Neufall-Darlehen aus.

Die zur Sicherung/Tilgung des Umschuldungsdarlehens eingesetzten Versicherungsansprüche sind außerdem auf den zur Umschuldung eingesetzten Betrag zu begrenzen (→ Begrenzung der Versicherungsansprüche, S. 166). Eine zusätzliche Beschränkung auf die mit dem Altfall-Darlehen finanzierten (nach dem 13.02.1992 begünstigten) Anschaffungs- oder Herstellungskosten ist dagegen nicht erforderlich.

Eine Umschuldung in einem Altfall liegt auch dann vor, wenn ein Altfall-Darlehen nach dem 13.02.1992 bereits steuerunschädlich umgeschuldet worden ist und das Umschuldungsdarlehen nach den zuvor beschriebenen Regeln erneut umgeschuldet wird. Anstelle der Restvaluta des Altfall-Darlehens gilt dann jeweils die Restvaluta des umzuschuldenden Darlehens.

Beispiel:

für eine Umschuldung in einem Altfall

| | |
|---|---|
| Darlehen (1990) | 100.000 € |
| davon verwendet für | |
| • banktübliche einmalige Finanzierungskosten (u.a. Disagio) | 10.000 € |
| • (nach dem 13.02.1992) begünstigte Anschaffungs- oder Herstellungskosten | 70.000 € |
| • (nach dem 13.02.1992) nicht begünstigte Aufwendungen | 20.000 € |

---

73  BMF-Schreiben vom 15.06.2000, Rz 48.

| | |
|---|---|
| Besicherung des Darlehens mit Lebensversicherung (1990) (ab 14.02.1992 keine weiteren Darlehen von Sicherungsnehmer) | unbeschränkt |
| Restvaluta des Altfall-Darlehens (2010) | 50.000 € |
| Umschuldungsdarlehen (2010), unschädlich höchstens davon für unschädliche Umschuldung des Altdarlehens zu verwenden | 50.000 €  50.000 € |
| Besicherung des Umschuldungsdarlehens mit Lebensversicherung (2010) | 50.000 € |

Aus Gründen der Rechtssicherheit empfiehlt es sich, die Altfall-Umschuldung so abzuwickeln, dass die Bagatellregelung nicht beansprucht werden muss. Es ist nicht auszuschließen, dass die Finanzverwaltung auch bei einer „Übersicherung" von einem Neufall ausgeht.

Ein Policendarlehen, das nach dem 13.02.1992 aufgenommen wurde, kann nur zur Umschuldung des Erstdarlehens, nicht aber zur Finanzierung von Zinsen dieses Darlehens verwendet werden.

Die für die Umschuldung dargestellten Grundsätze gelten ebenfalls für die Verlängerung (Prolongation) eines Darlehens, bei dem eine Lebensversicherung zur Sicherung oder Tilgung eingesetzt wird.

## Umschuldung von Vorschaltdarlehen

Werden Aufwendungen für ein Investitionsvorhaben während einer längeren Anschaffungs- oder Herstellungsphase von einem besonderen Vorschalt-(Kredit)konto gezahlt, sind die Voraussetzungen für die Steuerunschädlichkeit einer zur Sicherung eingesetzten Lebensversicherung erst nach der Ablösung des Vorschaltdarlehens bei dem endgültigen Darlehen zu prüfen.[74]

Diese Sonderregelung ist allerdings nur dann anzuwenden, wenn

- das Vorschaltkonto für ein Investitionsvorhaben gesondert eingerichtet worden ist,

- von dem Konto nur Ausgaben für das spezielle Investitionsvorhaben geleistet worden sind

und

- die Anforderungen an eine unmittelbare Verwendung auch für die Zahlungen vom Vorschaltdarlehen eingehalten worden sind.

Mit dem Vorschaltdarlehen können trotz des Einsatzes von Versicherungsansprüchen auch andere als Anschaffungs- oder Herstellungskosten bezahlt werden, die im Zusammenhang mit der Investition entstehen.

Das endgültige Darlehen darf aber die mit dem Vorschaltkonto finanzierten Anschaffungs- oder Herstellungskosten des begünstigten Wirtschaftsguts

---

74   BMF-Schreiben vom 15.06.2000, Rz 39.

und die verrechneten banküblichen einmaligen Finanzierungskosten des Enddarlehens nicht übersteigen.

Das Enddarlehen muss außerdem innerhalb von 3 Monaten nach der Fertigstellung oder Lieferung (Anschaffung) aufgenommen werden. Zur Sicherung und/oder Tilgung eingesetzte Versicherungsansprüche sind auf die mit dem Enddarlehen finanzierten Anschaffungs- oder Herstellungskosten zu beschränken.

Liegen die Voraussetzungen für ein unschädliches Vorschaltdarlehen nicht vor, kann eine Lebensversicherung für das endgültige Darlehen eingesetzt werden, wenn das Vorschaltdarlehen bis zur Höhe der begünstigten Aufwendungen umgeschuldet wurde und das Vorschaltdarlehen nicht durch eine Lebensversicherung gesichert worden war.

### Veräußerung von Wirtschaftsgütern

Es ist steuerlich unschädlich, wenn ein Wirtschaftsgut des Anlagevermögens veräußert und mit dem Erlös das Darlehen (teilweise) getilgt oder ein anderes Wirtschaftsgut des Anlagevermögens erworben wird. Dagegen ist es steuerschädlich, wenn während der Sicherung (bzw. vor der vereinbarten Tilgung) eines Darlehens durch Versicherungsansprüche das finanzierte Wirtschaftsgut in das Umlaufvermögen überführt wird oder mit dem Veräußerungserlös Wirtschaftsgüter des Umlaufvermögens oder Forderungen erworben werden.[75] Der Veräußerungserlös gilt nach Auffassung der Finanzverwaltung auch dann als steuerschädlich verwendet, wenn zwischen der Gutschrift des Verkaufserlöses und der Bezahlung des begünstigten neuen Ersatzwirtschaftsguts mehr als 30 Tage liegen.

### 1.1.2.7 Änderungen des Versicherungsvertrages

Während der Laufzeit einer Lebensversicherung können sich die Lebensumstände oder Versorgungsbedürfnisse des Versicherungsnehmers erheblich verändern, so dass auch eine Anpassung des Vertrages zur Sicherung oder zum Ausbau der privaten Alters- und Hinterbliebenenversorgung erforderlich werden kann.

Bei der steuerlichen Behandlung einer Vertragsänderung kommt es entscheidend darauf an, ob die Änderung bereits fest im Vertrag vereinbart wurde oder ob der Versicherungsnehmer bzw. der Versicherer lediglich ein vertragliches Recht zur Änderung der Versicherung hat oder ob die Vertragsänderung nachträglich vereinbart wurde.

Die steuerliche Behandlung von Vertragsänderungen einer Kapitallebensversicherung gilt entsprechend auch für Vertragsänderungen einer Rentenversicherung mit Kapitalwahlrecht. Anstelle der Mindestvertragsdauer tritt

---

75   BMF-Schreiben vom 15.06.2000, Rz 51.

die Sperrfrist für die Ausübung des Kapitalwahlrechts i. S. v. § 10 Abs. 2 Nr. 2 Buchstabe b Doppelbuchstabe cc EStG 2004.

## Wechsel des Versicherungsnehmers

Der Eintritt eines Dritten als neuer Versicherungsnehmer in einen bestehenden Vertrag gilt auch steuerlich nicht als Abschluss eines neuen Vertrages. Der neue Versicherungsnehmer kann die Beiträge, die nach seinem Eintritt fällig werden, nach Maßgabe der für diesen Vertrag geltenden steuerlichen Bestimmungen ggf. als Vorsorgeaufwendungen abziehen, auch wenn die restliche Vertragsdauer ab seinem Eintritt weniger als 12 Jahre beträgt. Durch den Wechsel in der Person des Versicherungsnehmers wird kein Zufluss der Leistung ausgelöst; die Besteuerung der Zinsen bzw. Erträge erfolgt nach den jeweils für diesen Vertrag geltenden steuerlichen Bestimmungen (Alt- bzw. Neuvertrag).

Im Falle eines steuerschädlichen entgeltlichen Erwerbs von Versicherungsansprüchen kann der neue Versicherungsnehmer die Beiträge nicht mehr als Sonderausgaben abziehen (→ 2.4 Veräußerung von Ansprüchen aus Kapital- und Rentenversicherungen, Lebensversicherungen mit Vertragsabschluss vor 2005, S. 231).

## Wechsel der versicherten Person

Der Wechsel der versicherten Person führt – anders als der Versicherungsnehmerwechsel – steuerlich zur Beendigung des abgeschlossenen Vertrages (Zufluss der Zinsen bzw. Erträge) und zum Abschluss einer neuen Versicherung. Da von den individuellen Eigenschaften (insbesondere Alter und Gesundheitszustand) die wesentliche Vertragsgrundlage für die Lebensversicherung abhängt, ist die versicherte Person eine unveränderbare Vertragsgrundlage.[76]

## Wechsel des Versicherers

Die Fortführung einer Lebensversicherung durch ein anderes Versicherungsunternehmen führt steuerlich nicht zur Beendigung des Vertrages, wenn die Versicherung vom übernehmenden Versicherer unverändert (z. B. hinsichtlich Tarif und Versicherungsbedingungen) fortgesetzt wird.

Wird die Versicherung bei Übernahme zur Anpassung an die Vertragsgrundlagen des neuen Versicherers geändert, liegt dagegen steuerlich eine Novation vor. Die Finanzverwaltung geht allerdings in Fällen der Übertragung von Direktversicherungen oder Versorgungen bei Pensionskassen oder Pensionsfonds bei Arbeitgeberwechsel nach dem Rahmenabkommen der Ver-

---

76   BMF-Schreiben vom 01.10.2009, Rz 12.

sicherungswirtschaft von einer Fortsetzung des abgeschlossenen Vertrages aus, soweit gleichwertige Leistungen vereinbart sind.[77]

## Versorgungsausgleich bei Ehescheidungen vor dem 01.09.2009

Vertragsänderungen durch Realteilung im Fall der Ehescheidung vor dem 01.09.2009 sind steuerlich nicht zu beanstanden, wenn die Laufzeit des Versicherungsvertrages auch für den abgetrennten Teil unverändert bleibt und dem Unterhaltsberechtigten bei einer Rentenversicherung kein Kapitalwahlrecht eingeräumt wird.[78]

## Versorgungsausgleich bei Ehescheidungen ab dem 01.09.2009

Bei Scheidungen müssen alle von den Ehegatten während der Zeit ihrer Ehe erworbenen Anrechte auf eine Versorgung wegen Alter und Invalidität ausgeglichen werden. Dies geschieht vorrangig durch interne Teilung der erworbenen Anrechte. Im Zeitpunkt der Scheidung wird ein eigenständiges Versorgungsanrecht zugunsten des Ausgleichsberechtigten bei demselben Versicherungsunternehmen geschaffen, das die Merkmale der Versorgung des Ausgleichspflichtigen beibehält (z. B. Art, Beginn und Dauer der Leistung). Die Übertragung des Anrechts berührt den Sonderausgabenabzug des Ausgleichsverpflichteten nicht. Stockt der Ausgleichsberechtigte die übertragene Anwartschaft auf Versorgung durch zusätzliche eigene Beiträge auf, liegt steuerlich insoweit ein neuer Versicherungsvertrag vor. Die Beiträge zu diesem Vertrag sind nicht als Sonderausgaben abziehbar, da der Vertrag stets nach dem 31.12.2004 abgeschlossen wird.

Wird der Ausgleichswert in einen bereits bestehenden oder neu begründeten Versicherungsvertrag bei demselben oder einem anderen Versicherungsunternehmen eingebracht, liegt eine externe Teilung der erworbenen Anwartschaften vor. Eine externe Teilung liegt auch vor, wenn der Ausgleichswert in einen bereits bestehenden oder neu begründeten Vertrag bei demselben Versicherungsunternehmen eingebracht wird oder die Merkmale der Versorgung von denen der Versorgung des Ausgleichspflichtigen abweichen (z. B. andere Art der Versorgung: Wechsel in Basisrente oder Riester-Rente).

Wird ein Anrecht durch externe Teilung neu begründet, berührt dies den Sonderausgabenabzug des Ausgleichspflichtigen ebenfalls nicht. Der gezahlte Ausgleichswert führt beim Ausgleichsberechtigten nicht zu Sonderausgaben. Stockt der Ausgleichsberechtigte die neu begründete Anwartschaft auf Versorgung durch zusätzliche eigene Beiträge auf, liegt steuerlich insoweit ein neuer Versicherungsvertrag vor.

---

77  BMF-Schreiben vom 22.08.2002, Rz 35 sowie BMF-Schreiben vom 31.03.2010, Rz 313, Abkommen zur Übertragung von Direktversicherungen, Pensionskasse oder Pensionsfonds bei Arbeitgeberwechsel vom 30.07.2010 – gültig ab 01.01.2012.
78  BMF-Schreiben vom 22.08.2002, Rz 54.

Soweit der neue Vertrag keine Basisrente oder Riester-Rente ist, können die Beiträge nicht als Sonderausgaben abgezogen werden, da der Vertrag stets nach dem 31.12.2004 abgeschlossen wird.

## Wiederherstellung des Versicherungsschutzes

Gerät der Versicherungsnehmer insbesondere wegen Arbeitslosigkeit, Kurzarbeit oder Arbeitsplatzwechsel in Zahlungsschwierigkeiten, kann er nach einer Beitragsfreistellung innerhalb einer bestimmten Frist (in der Regel bis zu 2 Jahren) den alten Versicherungsschutz wiederherstellen[79]. Versicherungsunternehmen räumen ihren Kunden von Fall zu Fall eine bis zu 3-jährige Frist zur Wiederinkraftsetzung des Vertrags ein; sie schöpfen damit aus sozialen Erwägungen die nicht abschließend festgelegte Befristung aus.

Wurde die Versicherung während der Dauer der Elternzeit beitragsfrei gestellt, gestattet die Finanzverwaltung eine steuerunschädliche Wiederherstellung innerhalb von 3 Monaten nach Ende der bis zu 3-jährigen Elternzeit.[80] Der Versicherungsnehmer darf danach entweder die rückständigen Beiträge nachentrichten oder die Beitragslücke durch Verlegung des Beginn- und Ablauftermins oder durch Verlängerung der Versicherungs- und Beitragszahlungsdauer schließen.[81]

## Vertragsumwandlungen

Wird wegen einer Änderung der Familienverhältnisse (z. B. Tod von Angehörigen) eine Kapitallebensversicherung in eine Rentenversicherung ohne Kapitalwahlrecht umgewandelt, so werden steuerrechtlich keine nachteiligen Folgen aus dieser Umwandlung gezogen. Voraussetzung ist, dass die Versicherungslaufzeit und die Beiträge unverändert bleiben.[82]

Ist eine Kapitallebensversicherung vor dem 01.01.2010 in eine sog. „pfändungsgeschützte" Rentenversicherung umgewandelt worden, geht die Finanzverwaltung nicht von einer steuerschädlichen Vertragsänderung aus. Eine „pfändungsgeschützte" Rentenversicherung liegt vor, wenn

- die Leistung in regelmäßigen Zeitabständen lebenslang und nicht vor Vollendung des 60. Lebensjahres oder nur bei Eintritt der Berufsunfähigkeit gewährt wird,

- über die Ansprüche aus dem Vertrag nicht verfügt werden darf,

- die Bestimmung von Dritten mit Ausnahme von Hinterbliebenen als Berechtigte ausgeschlossen ist und

- die Zahlung einer Kapitalleistung, ausgenommen einer Zahlung auf den Todesfall, nicht vereinbart wurde.[83]

---

79  BMF-Schreiben vom 22.08.2002, Rz 55.
80  BMF-Schreiben vom 01.10.2009.
81  BMF-Schreiben vom 22.08.2002, Rz 56, 57.
82  BMF-Schreiben vom 22.08.2002, Rz 58.
83  § 851c Abs. 1 ZPO.

Die Umstellung einer Kapitallebensversicherung auf einen zertifizierten Riester-Vertrag stellt ebenfalls keine Novation dar.[84]

Die Umstellung einer Kapitallebensversicherung auf einen zertifizierten Basisrentenvertrag führt steuerlich zur Beendigung der Kapitallebensversicherung (Zufluss der Erträge) und zum Abschluss eines neuen Basisrentenvertrages[85].

## Umstellung auf neue Tarife

Umstellungen bestehender Versicherungen auf Tarife mit neuen Rechnungsgrundlagen (Sterblichkeits-Wahrscheinlichkeiten und Rechnungszins) werden nicht als Beendigung des bisherigen und Abschluss eines neuen Vertrags beurteilt.[86]

## Fortführung als Einzelversicherung

Wird im Fall des Ausscheidens aus einer Gruppenversicherung die Lebensversicherung als Einzelversicherung fortgeführt, ist keine Vertragsänderung
mit neu beginnender Mindestvertragsdauer anzunehmen, wenn das Leis-
tungsversprechen des Versicherungsunternehmens (Kapital- oder Rentenversicherung) unverändert bleibt. Dies gilt auch für den umgekehrten Fall,
dass eine Einzelversicherung in einen Gruppen- oder Sammelvertrag übernommen wird.[87]

## Fest vereinbarte Vertragsänderung

Wird die Änderung einer Lebensversicherung im ursprünglichen Vertrag bereits fest vereinbart, ist im Zeitpunkt der Vereinbarung zu prüfen, ob der
Versicherungsvertrag einschließlich der vorgesehenen Änderung den begünstigten Vertragsformen von § 10 Abs. 1 Nr. 3a) EStG entspricht. Die
Durchführung der fest vereinbarten Änderung des Versicherungsvertrages
selbst löst keine Änderung der steuerlichen Behandlung aus. Die Finanzverwaltung geht allerdings bei außerordentlichen Beitragserhöhungen von
einem Gestaltungsmissbrauch aus, der im Zeitpunkt der Beitragserhöhung
zu einer „neuen" Versicherung führen soll.[88]

Beispiele:

Bei einer Kapitallebensversicherung gegen laufende Beitragsleistung mit
einer ursprünglichen Laufzeit von mehr als 12 Jahren wird fest vereinbart,
dass die Versicherungsdauer aufgrund einer späteren Zuzahlung auf insgesamt weniger als 12 Jahre abgekürzt wird. Die Lebensversicherung ist dann

---

84  BMF-Schreiben vom 22.08.2002, Rz 58.
85  BMF-Schreiben vom 13.09.2010, Rz 148.
86  BMF-Schreiben vom 13.11.1986.
87  BMF-Schreiben vom 22.08.2002, Rz 34.
88  BMF-Schreiben vom 22.08.2002, Rz 36, 38.

von Beginn an keine begünstigte Versicherung. Die laufenden Beiträge und die Zuzahlung sind nicht als Sonderausgaben abziehbar.

Wird zu Beginn einer Kapitallebensversicherung vereinbart, dass der Beitrag und die Versicherungssumme (im Todesfall) in den Anfangsjahren der Versicherungsdauer jährlich um einen feststehenden Betrag ansteigen (sog. Startpolicen), ist die erhöhte Beitragszahlung auch aus steuerlicher Sicht aufgrund des ursprünglichen Vertrags geleistet. Sieht der Versicherungsvertrag laufende Beitragszahlung und eine Vertragsdauer von mindestens 12 Jahren vor, entspricht die Versicherung der steuerlich geförderten Gestaltungsform der Kapitalversicherung. Die Finanzverwaltung behält sich allerdings vor, einen Gestaltungsmissbrauch zu prüfen, wenn u. a. der Beitrag pro Jahr um mehr als 20 % des bisherigen Beitrags steigt.[89]

## Vereinbartes Recht auf Vertragsänderung (Optionen)

Eine steuerlich nicht relevante Vertragsänderung liegt ebenfalls vor, wenn dem Versicherungsnehmer bei Vertragsabschluss das Recht auf Zuzahlung zur Abkürzung der Vertragslaufzeit bei gleichbleibender Versicherungssumme eingeräumt wird und folgende Bedingungen eingehalten sind:

- die Zuzahlung erfolgt frühestens nach Ablauf von 5 Jahren nach Vertragsabschluss,

- die Restlaufzeit des Vertrages nach der letzten Zahlung beträgt mindestens 5 Jahre,

- die Zuzahlung beträgt im Kalenderjahr nicht mehr als 10 % und während der gesamten vereinbarten Vertragslaufzeit insgesamt nicht mehr als 20 % der Versicherungssumme und

- die im Zeitpunkt des Vertragsabschlusses geltende Mindestvertragsdauer nach § 10 Abs. 1 Nr. 2 Buchstabe b Doppelbuchstabe cc und dd EStG 2004 wird gewahrt.

In anderen Fällen, in denen dem Versicherungsnehmer bei Vertragsabschluss lediglich eine Option zu einer Änderung des Vertrags eingeräumt wird, liegt bei Ausübung des Optionsrechts eine steuerlich relevante Vertragsänderung vor. Für diese gelten die nachfolgend ausgeführten Grundsätze.

## Nachträglich vereinbarte Erhöhung wesentlicher Vertragsbestandteile

Wird während der Vertragslaufzeit ein wesentliches Merkmal des Versicherungsvertrages erweitert, ist die Erweiterung nach Auffassung der Finanzverwaltung steuerlich wie eine neue, separat abgeschlossene Versicherung zu beurteilen. Als wesentliche Vertragsmerkmale gelten:

89   BMF-Schreiben vom 01.10.2009, Rz 92.

- die Höhe des Versicherungsbeitrages
- die Höhe der Versicherungssumme
- die Beitragszahlungsdauer
- die Versicherungsdauer

Wurde die Vertragsänderung bereits vor dem 01.01.2005 durchgeführt, sind die für „Altverträge" maßgebenden Steuervorschriften auch für den neu hinzugekommenen Vertragsteil anzuwenden. Sofern die Voraussetzungen (insbesondere. laufende Beitragszahlung, Mindestvertragsdauer) vorliegen, sind die auf diesen Vertragsteil entfallenden Beiträge als Sonderausgaben abzugsfähig und die erzielten rechnungs- und außerrechnungsmäßigen Zinsen steuerfrei.

Bei Vertragsänderungen nach 2004 liegt in den Fällen eines hinzugekommenen Vertragsteils insoweit eine nach dem Stichtag 31.12.2004 abgeschlossene „neue" Versicherung vor. Auf ihn sind die ab dem 01.01.2005 geltenden Steuerregelungen für Lebensversicherungen anzuwenden. Für diese „Neuverträge" ist eine steuerliche Förderung der Beiträge ausgeschlossen; die Versicherungsleistung wird regelmäßig mit den (hälftigen) Erträgen besteuert (→ 2.1.1.2 Kapitalversicherungen, S. 206).

Bei Vertragsänderungen nach 2011 liegt in den Fällen eines hinzugekommenen Vertragsteils insoweit eine nach dem Stichtag 31.12.2011 abgeschlossene „neue" Versicherung vor. Bei diesem neuen Vertragsteil muss der Steuerpflichtige mindestens 62 Jahre alt sein und die Laufzeit des „neuen" Vertragsteils mindestens 12 Jahre betragen, damit die Erträge hälftig besteuert werden.

Beispiel:

Bei einer Kapitallebensversicherung mit einer ursprünglichen Laufzeit von 30 Jahren und einer Beitragszahlungsdauer von 10 Jahren wird nachträglich die Beitragszahlungsdauer um 5 Jahre auf insgesamt 15 Jahre erhöht, so dass sich im Ergebnis auch die Versicherungssumme erhöht. Die unveränderten Vertragsmerkmale (Laufzeit sowie laufender Beitrag) gelten als „alter Vertrag", der weiterhin steuerlich begünstigt ist. Die auf den Zeitraum der Verlängerung entfallenden Beiträge und die damit zusammenhängenden Zinsen sind steuerlich begünstigt, wenn die Vertragsänderung vor dem 01.01.2005 erfolgt ist, die Vertragslaufzeit für diesen „neuen Vertrag" nach der Änderung noch mindestens 12 Jahre beträgt und es sich bei den Beiträgen um laufende Beitragsleistungen handelt. Erfolgt die Vertragsänderung nach dem 31.12.2004 sind die für den „neuen Vertrag" geleisteten Beiträge steuerlich nicht mehr gefördert. Die Besteuerung der aus diesem Vertragsteil resultierenden Erträge erfolgt gemäß § 20 Abs. 1 Nr. 6 EStG n.F. mit dem (hälftigen) Unterschiedsbetrag zwischen der anteilig auf den „Neuvertrag" entfallenden Versicherungsleistung und der Summe der für diesen Vertragsteil entrichteten Beiträge (→ 2.1.1.2 Kapitalversicherungen, S. 206).

## Nachträglich vereinbarte Verminderung wesentlicher Vertragsbestandteile

Werden wesentliche Vertragsbestandsteile ausschließlich vermindert bzw. herabgesetzt (z. B. kürzere Laufzeit oder Beitragszahlungsdauer, geringerer Beitrag oder verminderte Versicherungssumme), ändert sich die steuerliche Beurteilung des Vertrags nicht. Ob und in welchem Umfang die Beiträge als Sonderausgaben abgezogen werden können, ist nach den gesetzlichen Bestimmungen im Zeitpunkt des ursprünglichen Vertragsabschlusses zu beurteilen.[90]

## Nachträglich vereinbarte Verminderung und gleichzeitige Erhöhung wesentlicher Vertragsbestandteile

Werden sowohl ein oder mehrere wesentliche Vertragsmerkmale vermindert/gesenkt und ein oder mehrere wesentliche Vertragsmerkmale erhöht/verlängert, liegt steuerrechtlich ein „neuer Vertrag" nur vor, soweit es zu einer Erweiterung des bisherigen Vertrags kommt. Der „alte Vertrag" wird steuerrechtlich unverändert fortgeführt. Der „neue Vertrag" ist lediglich dann begünstigt, wenn er die gesetzlichen Bestimmungen im Zeitpunkt der Erweiterung erfüllt. Für „Neuverträge" ab dem 01.01.2005 ist eine steuerliche Förderung der Beiträge ausgeschlossen, die Besteuerung der aus dem „Neuvertrag" resultierenden Versicherungsleistung erfolgt regelmäßig mit den (hälftigen) Erträgen (→ 2.1.1.2 Kapitalversicherungen, S. 206).

Beispiel:

> Bei einer Kapitallebensversicherung mit einer ursprünglichen Laufzeit von 20 Jahren werden nach Ablauf der ersten 5 Jahre folgende Änderungen vorgenommen:
> - Reduzierung der Laufzeit von bisher 20 auf neu 15 Jahre,
> - Abkürzung der Beitragszahlungsdauer von 15 Jahren (alt) auf 10 Jahre (neu)
> - Erhöhung des Beitrags von bisher 50 € auf 250 € (neu)
> - Erhöhung der Versicherungssumme von bisher 12.500 € auf 25.000 € (neu).

Die nachträglich geminderten Vertragsbestandteile (Versicherungs- und Beitragszahlungsdauer) gelten als „alter Vertrag", der weiterhin steuerlich begünstigt ist. Die auf die Beitragserhöhung und insbesondere auf die Erhöhung der Versicherungssumme entfallenden Vertragsbestandteile gelten als „neuer Vertrag", der jedoch nicht begünstigt ist, da die Laufzeit des „neuen Vertrags" nicht mindestens 12 Jahre beträgt.

---

90 BMF-Schreiben vom 22.08.2002, Rz 40.

# 1.2   Risikoversicherungen

Eine Risikoversicherung liegt vor, wenn ungewiss ist, ob der Versicherungsfall während der befristeten Versicherungsdauer eintritt. Die Beiträge enthalten keine Sparanteile, da nur ein bedingter Anspruch auf eine Versicherungsleistung im Versicherungsfall (z. B. Tod, Erwerbs- oder Berufsunfähigkeit) besteht.

Unabhängig vom Beginn der Versicherung sind Beiträge zu Risikoversicherungen im Rahmen der Höchstbeträge (1.900 €/2.800 €) in voller Höhe als
sonstige Vorsorgeaufwendungen begünstigt.

## Risikolebensversicherung

Diese Risikoversicherungen sind steuerlich begünstigt, wenn sie nur für den
Todesfall eine Leistung vorsehen. Diese Voraussetzung ist auch dann erfüllt,
wenn ein Rückkaufswert gezahlt wird oder eine Gewinnbeteiligung im Todesfall, bei Rückkauf oder bei Ablauf des Vertrages gewährt wird. Die Voraussetzung, dass „nur für den Todesfall eine Leistung" vorgesehen sein
darf, ist u. E. auf die versicherte Leistung zu beziehen.

Ein Mindesttodesfallschutz, eine Mindestversicherungsdauer oder eine bestimmte Beitragszahlungsweise ist für die Risikolebensversicherung – unabhängig vom Datum des Vertragsabschlusses – nicht erforderlich.

## Berufs- oder Erwerbsunfähigkeitsversicherung

Beiträge zu Berufs- oder Erwerbsunfähigkeitsversicherungen sind als sonstige Vorsorgeaufwendungen bis maximal 1.900 €/2.800 € abziehbar.

## Krankenversicherung

Seit dem 01.01.2010 können Beiträge zur gesetzlichen bzw. privaten Krankenversicherung, die der Basisabsicherung im Krankheitsfall dienen (Kran-
ken-/Pflege-Basisabsicherung), in voller Höhe als sonstige Vorsorgeaufwendungen abgezogen werden. Von der Krankenkasse erhobene Zusatzbeiträge können ebenfalls als sonstige Vorsorgeaufwendungen berücksichtigt
werden.

Enthalten die geleisteten Beiträge zur gesetzlichen Krankenversicherung
Anteile zur Absicherung eines Krankengeldanspruchs, erfolgt ein pauschaler
Abschlag von 4 % bezogen auf den Beitrag des Versicherten. Im Ergebnis
sind somit für die GKV-Versicherten 96 % der gezahlten Beiträge als sonstige
Vorsorgeaufwendungen abziehbar.

Werden Beiträge zur privaten Krankenversicherung geleistet, erfolgt – abhängig von der versicherten Leistung – ggf. eine proportionale Aufteilung
der Beiträge zur Bestimmung des Umfangs der Kranken-/Pflege-Basisabsi-
cherung durch Anwendung eines Punkteverfahrens. Für die Berücksichti-

gung der Beiträge zur Kranken-/Pflege-Basisabsicherung gelten keine Höchstgrenzen.

Beitragsteile zur Absicherung von Zusatzleistungen (z. B. Chefarztbehandlung, Krankenhaustagegeld) können im Rahmen der Höchstbeträge (1.900 €/ 2.800 €) als sonstige Vorsorgeaufwendungen berücksichtigt werden.

Beiträge zur Kranken-/Pflege-Basisabsicherung können vom Steuerpflichtigen steuerlich geltend gemacht werden, wenn

- er diese als Versicherungsnehmer für sich selbst, seinen Ehegatten/ eingetragenen Lebenspartner oder unterhaltsberechtigte Kinder leistet (bei Arbeitnehmern: Arbeitnehmeranteil zur gesetzlichen Krankenversicherung, in 2011: 8,2 %),

- er diese im Rahmen seiner Unterhaltspflicht für Kinder leistet, für die er einen Anspruch auf Kindergeld bzw. Freibeträge für Kinder hat (Versicherungsnehmer = Kind).

## Pflegeversicherung

Geleistete Beiträge zu selbständigen (freiwilligen) Pflegeversicherungen sind steuerlich als sonstige Vorsorgeaufwendungen bis maximal 1.900 €/2.800 € abzugsfähig. Als zusätzliche freiwillige Pflegeversicherungen gelten Pflegerentenversicherungen, die mit Lebensversicherungsunternehmen abgeschlossen werden sowie freiwillige private Pflegekrankenversicherungen.

Private Pflegepflichtversicherungen, die mit einem Krankenversicherungsunternehmen abgeschlossen werden, oder gesetzliche Pflegeversicherungen, die bei einer Pflegekasse bestehen, zählen nicht zu den zusätzlichen freiwilligen Pflegeversicherungen. Seit dem 01.01.2010 können sie zusammen mit den Beiträgen zur Basiskrankenversicherung unbegrenzt als sonstige Vorsorgeaufwendungen abgezogen werden.

Beiträge zur Kranken-/Pflege-Basisabsicherung können vom Steuerpflichtigen steuerlich geltend gemacht werden, wenn

- er diese als Versicherungsnehmer für sich selbst, seinen Ehegatten/eingetragenen Lebenspartner oder unterhaltsberechtigte Kinder leistet,

- er diese im Rahmen seiner Unterhaltspflicht für Kinder leistet, für die er einen Anspruch auf Kindergeld bzw. Freibeträge für Kinder hat (Versicherungsnehmer = Kind).

# 1.3 Sonstige Vorsorgeaufwendungen

## 1.3.1 Höchstbetragsberechnung

Bestimmte Versicherungsbeiträge können im Rahmen von Höchstbeträgen bei der Ermittlung des Einkommens als sonstige Vorsorgeaufwendungen abgezogen werden:

- Abziehbar sind in vollem Umfang die Beiträge zur Kranken-/Pflege-Basisabsicherung.

Soweit die Beiträge zur Kranken-/Pflege-Basisabsicherung geringer sind als die gesetzlichen Höchstbeträge für sonstige Vorsorgeaufwendungen (1.900 €/2.800 €), können daneben Beiträge für folgende Versicherungen im Rahmen der Höchstbeträge abgezogen werden:

- Kranken- und Pflegeversicherung, soweit diese nicht Kranken-/Pflege-Basisabsicherung sind
- Arbeitslosenversicherung
- Berufs- oder Erwerbsunfähigkeitsversicherung
- Unfallversicherung
- Haftpflichtversicherung
- Risikolebensversicherung
- begünstigte kapitalbildende Lebensversicherungen (→ 1.1.2 Verträge vor dem 01.01.2005 [„Altverträge"], S. 135)

Beiträge für nach dem 01.01.2005 abgeschlossene kapitalbildende Lebensversicherungen („Neuverträge") können nicht mehr steuermindernd im Rahmen der Höchstbeträge als Sonderausgaben berücksichtigt werden.

Der Höchstbetrag wird von 2.800 € auf 1.900 € gekürzt

- bei Steuerpflichtigen, die ganz oder teilweise ohne eigene Aufwendungen einen Anspruch auf Erstattung bzw. Übernahme von Krankheitskosten haben (v. a. Beamte, familienversicherte Angehörige), sowie
- bei Steuerpflichtigen, für deren Krankenversicherung (steuerfreie) Leistungen i. S. d. § 3 Nr. 9, 14, 57 oder Nr. 62 EStG erbracht werden (Rentner, Arbeitnehmer).

Bei rentenversicherungspflichtigen Arbeitnehmern sind die Höchstbeträge für sonstige Vorsorgeaufwendungen ab einem Arbeitslohn von 21.568 € Ledige/43.137 € Verheiratete durch die Beiträge zur Kranken-/Pflege-Basisabsicherung bereits ausgeschöpft.

Beispiel:

Ein alleinstehender sozialversicherungspflichtiger Arbeitnehmer erzielt im Jahr 2010 einen Arbeitslohn von 20.000 €. Zudem bestehen folgende Verträge:

Haftpflicht (150 €), Krankenzusatzversicherung (500€), eine vor 2005 abge-schlossene Kapitallebensversicherung (1.200€) sowie eine Basisrente (3.600€). Der Beitrag zur gesetzlichen Rentenversicherung beträgt 19,9% aus 20.000€, d.h. Arbeitgeber- und Arbeitnehmeranteil zur GRV jeweils 1.990€.

Der Arbeitnehmer entrichtet in 2010 folgende Beiträge aufgrund seiner ge-setzlichen Sozialversicherungspflicht:

| | |
|---|---|
| Arbeitslosenversicherung (1,4 % aus 20.000 €) | 280 € |
| Krankenversicherung (7,9 % aus 20.000 €) | 1.580 € |
| Pflegeversicherung (1,225 % aus 20.000 €) | 245 € |

Als Arbeitnehmer besteht ein Anspruch auf Lohnfortzahlung im Krankheitsfall, d.h., der geleistete Beitrag zur Krankenversicherung ist pauschal um 4% aus 1.580€ (63€) zu kürzen.[91] Für die Basiskrankenabsicherung sind damit lediglich 1.517 € berücksichtigungsfähig. Als Beiträge für die Kranken-/Pflege-Basisabsicherung können insgesamt abgezogen werden:

| | |
|---|---|
| Beiträge für die Basiskrankenabsicherung | 1.517 € |
| Beiträge zur Pflegepflichtversicherung | 245 € |
| | 1.762 € |

Lösung:

a) Ermittlung der sonstigen Vorsorgeaufwendungen:

Als sonstige Vorsorgeaufwendungen sind abzugsfähig:

| | |
|---|---|
| Beiträge für die Kranken-/Pflege-Basisabsicherung | 1.762 € |
| Nicht abzugsfähiger Krankenversicherungsbeitrag (Kürzung für Krankengeld bei der GKV: 4%) | 63 € |
| Beiträge zur ALV (Arbeitnehmeranteil) | 280 € |
| Krankenzusatzversicherung | 500 € |
| Kapitallebensversicherung (mit 88%) | 1.056 € |
| Haftpflichtversicherung | 150 € |
| | 3.811 € |

| | |
|---|---|
| maximal aber Höchstbetrag für sozialversicherungs-pflichtige Arbeitnehmer | 1.900 € |

Für die geleisteten sonstigen Vorsorgeaufwendungen gilt der Höchstbetrag von 1.900 €, weil die geleisteten Beiträge zur Kranken-/Pflege-Basisabsicherung lediglich € 1.762 betragen.

b) Ermittlung der Basisvorsorgeaufwendungen

Neben den sonstigen Vorsorgeaufwendungen in Höhe von 1.900 € kann der Steuerpflichtige folgende Basisvorsorgeaufwendungen als Sonder-ausgaben abziehen:

91  § 10 Abs. 1 Nr. 3 Buchstabe a Satz 4 EStG.

| | |
|---|---:|
| Beiträge zur gesetzlichen Rentenversicherung (AN + AG) | 3.980 € |
| Beiträge zur Basisrente | 3.600 € |
| | 7.580 € |

| | |
|---|---:|
| Maximierung auf den Höchstbetrag | 20.000 € |
| (keine Kürzung, da SV-pflichtiger AN) | |
| hier: abzugsfähige Basisvorsorgeaufwendungen | 7.580 € |

| | |
|---|---:|
| in 2010 steuerwirksam: 70 % | 5.306 € |
| – steuerfreier ArbG-Zuschuss zur DRV | 1.990 € |
| = tatsächlich abziehbare Basisvorsorgeaufwendungen | 3.316 € |

c) Abzugsfähige Vorsorgeaufwendungen 2010

Insgesamt kann der Steuerpflichtige im Veranlagungszeitraum folgende Vorsorgeaufwendungen als Sonderausgaben steuermindernd geltend machen:

| | |
|---|---:|
| Sonstige Vorsorgeaufwendungen | 1.900 € |
| Basisvorsorgeaufwendungen | 3.316 € |
| | 5.216 € |

## 1.3.2 Günstigerprüfung für die Veranlagungszeiträume 2005 bis 2019

Für die Jahre 2005 bis 2019 ist aufgrund der Systemumstellung im Bereich der Besteuerung der Alterseinkünfte auf die nachgelagerte Besteuerung eine zweistufige Günstigerprüfung durchzuführen. Dabei werden die sich nach dem neuen Recht ergebenden Abzugsbeträge für Vorsorgeaufwendungen mit den Werten verglichen, die sich nach dem alten Recht (bis 2004) ergeben würden. Es werden allerdings nur diejenigen Aufwendungen einbezogen, die nach geltendem Recht den Vorsorgeaufwendungen zuzuordnen sind. Nicht berücksichtigt wird der steuerfreie Arbeitgeberanteil zur gesetzlichen Rentenversicherung und ein diesem gleichgestellter steuerfreier Zuschuss des Arbeitgebers. Durch die Günstigerprüfung wird erreicht, dass für 2010 mindestens so hohe Vorsorgeaufwendungen berücksichtigt werden wie dies nach altem Recht (bis 2004) möglich war. Für die Veranlagungszeiträume 2011 bis 2019 wird dann ein sinkender Wert als Mindestbetrag berücksichtigt. Ab dem Veranlagungszeitraum 2020 entfällt die Günstigerprüfung.

Die erste Stufe garantiert dem Steuerpflichtigen eine Berücksichtigung der Vorsorgeaufwendungen (mindestens) in der Höhe, wie dies nach altem Recht (bis 2004) möglich war. In einem zweiten Schritt erfolgt die Berechnung der berücksichtigungsfähigen Vorsorgeaufwendungen nach modifiziertem Recht unter Berücksichtigung der Basisrentenverträge.

Die Alternativberechnungen führt das Finanzamt automatisch bei der Einkommensteuerveranlagung durch.

### 1.3.3 Günstigerprüfung nach altem Recht 2004 (Stufe 1)

Die Günstigerprüfung (1. Stufe) erfolgt nach folgendem Schema:

Beiträge für

- gesetzliche Rentenversicherung (nur Arbeitnehmeranteil), die landwirtschaftliche Alterskasse oder berufsständische Versorgungswerke (ohne steuerfreie Arbeitgeberzuschüsse)
- Kranken-/Pflege-Basisabsicherung ohne Berücksichtigung einer Kürzung wegen eines etwaigen Krankengeldanspruchs
- Basisrentenverträge (→ II B Basisrentenverträge [Basisrente], S. 99)
- steuerlich geförderte Versicherungsverträge – im Einzelnen:
  - Kranken- und Pflegeversicherung, soweit diese nicht Kranken-/Pflege-Basisabsicherung sind
  - Arbeitslosenversicherung
  - Berufs- oder Erwerbsunfähigkeitsversicherung
  - Unfallversicherung
  - Haftpflichtversicherung
  - Risikolebensversicherung (→ 1.2 Risikoversicherungen, Risikolebensversicherung, S. 186)
  - bestimmte kapitalbildende Lebensversicherungen (→ 1.1.2 Verträge vor dem 01.01.2005 [„Altverträge"], S. 135)

können 2010 bis zu folgenden Höchstbeträgen bei der Ermittlung des Einkommens als Vorsorgeaufwendungen abgezogen werden:

|  | Alleinstehende, für jeden getrennt veranlagten Ehegatten | Zusammenveranlagte Ehegatten |
|---|---|---|
| Grundhöchstbetrag | 1.334 € | 2.668 |
| Hälftiger Höchstbetrag | 667 € | 1.334 |
| Vorwegabzug | 3.068 € bis 2019 auf 300 € abgeschmolzen | 6.136 € bis 2019 auf 600 € abgeschmolzen |

### Grundhöchstbetrag

Der Steuerpflichtige kann Vorsorgeaufwendungen bis zu einem Höchstbetrag von 1.334 € (bei Zusammenveranlagung: 2.668 €) voll abziehen.

## Hälftiger Höchstbetrag

Soweit die geleisteten Vorsorgeaufwendungen den genannten Grundhöchstbetrag übersteigen, sind sie zur Hälfte, jedoch höchstens bis zu 667 € (bei Zusammenveranlagung: 1.334 €) abzugsfähig.

## Vorwegabzug

Vorsorgeaufwendungen, die bei den Höchstbeträgen nicht mehr berücksichtigt werden konnten, sind im Rahmen des Vorwegabzugs abziehbar. Die Höchstbeträge für den Vorwegabzug werden in den Jahren 2011 bis 2019 jährlich bis auf 300 € abgeschmolzen.

| Kalenderjahr | Vorwegabzug für Alleinstehende bzw. jeden getrennt veranlagten Ehegatten (in EUR) | Vorwegabzug für zusammenveranlagte Ehegatten (in EUR) |
|---|---|---|
| 2011 | 2.700 | 5.400 |
| 2012 | 2.400 | 4.800 |
| 2013 | 2.100 | 4.200 |
| 2014 | 1.800 | 3.600 |
| 2015 | 1.500 | 3.000 |
| 2016 | 1.200 | 2.400 |
| 2017 | 900 | 1.800 |
| 2018 | 600 | 1.200 |
| 2019 | 300 | 600 |

Ab dem Veranlagungszeitraum 2020 entfällt die Günstigerprüfung.

Die Vorwegabzugs-Höchstbeträge sind zu kürzen

- bei Arbeitnehmern, für die der Arbeitgeber (steuerfreie) Leistungen i. S. d. § 3 Nr. 62 EStG für die Zukunftssicherung des Arbeitnehmers erbringt,

- bei Arbeitnehmern, die in der gesetzlichen Rentenversicherung versicherungsfrei oder auf Antrag des Arbeitgebers von der Versicherungspflicht befreit sind und die aufgrund ihres Beschäftigungsverhältnisses eine lebenslängliche Versorgung erhalten oder in der gesetzlichen Rentenversicherung nachzuversichern sind (z. B. Beamte und Richter),

- bei Arbeitnehmern, die nicht der gesetzlichen Rentenversicherung unterliegen (z. B. Vorstandsmitglieder einer AG, beherrschende Gesellschafter-Geschäftsführer einer GmbH), die aber im Zusammenhang mit ihrer Berufstätigkeit Anwartschaftsrechte auf eine Altersversorgung ganz oder teilweise ohne eigene Beitragsleistung erwerben,

- bei Abgeordneten, die Mitglieder des Europaparlaments, des Deutschen Bundestages oder der Parlamente der Bundesländer sind.

## Kürzungsbetrag Vorwegabzug

Bei Arbeitnehmern ist der Vorwegabzug zu kürzen um 16 % der Einnahmen aus nichtselbständiger Arbeit ohne Versorgungsbezüge. Bei den Parlamentsabgeordneten beträgt die Kürzung 16 % der Einnahmen aus der Mandatsausübung, soweit die Einnahmen zu den sonstigen Einkünften gehören. Bei zusammenveranlagten Ehegatten sind die Einnahmen beider Ehegatten zusammenzurechnen, wenn die Voraussetzungen für eine Kürzung bei beiden Ehegatten vorliegen.

Versorgungsbezüge aus einem Arbeits- oder Dienstverhältnis, für die der Versorgungsfreibetrag gewährt wird[92], sind nicht als Einnahmen zu berücksichtigen. Erzielt ein Arbeitnehmer nach Beendigung seiner beruflichen Tätigkeit in einem Kalenderjahr nur noch Versorgungsbezüge oder Einnahmen aus den anderen Einkunftsarten, ist der Vorwegabzug nicht zu kürzen. Dies trifft insbesondere für Beamte im Ruhestand, Betriebspensionäre und Bezieher von Altersruhegeld aus der gesetzlichen Rentenversicherung zu.

Bei geringfügig Beschäftigten mit pauschal versteuertem Arbeitslohn unterbleibt eine Kürzung des Vorwegabzugs, weil dieser Arbeitslohn bei der Ermittlung des Kürzungsbetrags nicht berücksichtigt wird.[93]

Ferner sind in die Bemessungsgrundlage für die Kürzung des Vorwegabzugs nicht einzubeziehen u. a. steuerfreier Arbeitslohn, steuerfreier Werbungskostenersatz des Arbeitgebers, pauschal versteuerter Arbeitslohn, steuerfreie Lohnersatzleistungen (z. B. Arbeitslosen- oder Kurzarbeitergeld) oder Leistungen aus der gesetzlichen Rentenversicherung. Dagegen können Werbungskosten oder der Arbeitnehmerpauschbetrag von der maßgebenden Summe der Einnahmen nicht abgezogen werden.

Die Kürzung des Vorwegabzugs ist beschränkt auf dessen Höchstbetrag. Auf die anderen Sonderausgaben-Höchstbeträge wirkt sich deshalb eine Kürzung des Vorwegabzugs nicht aus.

Bei Steuerpflichtigen ohne Einnahmen aus nichtselbständiger Arbeit oder ohne Einnahmen aus einem Abgeordnetenmandat ist der Vorwegabzug nicht zu kürzen. Dies gilt selbst dann, wenn sie aufgrund ihrer Tätigkeit eine Altersversorgung ohne eigene Beitragsleistung erhalten (z. B. selbständige Handelsvertreter).

---

92  § 19 Abs. 2 EStG.
93  § 40 Abs. 3 Satz 3 EStG.

## Zukunftssicherungsleistungen nach § 3 Nr. 62 EStG

Zu den Zukunftssicherungsleistungen i. S. d. § 3 Nr. 62 EStG, die bei Arbeitnehmern zu einer Kürzung des Vorwegabzugs führen, gehören insbesondere die Pflichtbeiträge des Arbeitgebers zur gesetzlichen Sozialversicherung (gesetzlichen Rentenversicherung, gesetzlichen Krankenversicherung, Arbeitslosenversicherung und gesetzlichen Pflegeversicherung) sowie an deren Stelle tretende Einrichtungen wie z. B. öffentlich-rechtliche berufsständische Altersversorgungswerke oder die landwirtschaftlichen Alterskassen.[94] Unter bestimmten Voraussetzungen gilt dies auch für Pflichtbeiträge an ausländische Sozialversicherungsträger. Außerdem zählen Zuschüsse des Arbeitgebers zu den Beiträgen für eine private Krankenversicherung sowie für eine private Pflegeversicherung unter bestimmten Voraussetzungen zu diesen Zukunftssicherungsleistungen.[95]

Schließlich gehören zu den Zukunftssicherungsleistungen die Zuschüsse des Arbeitgebers zur Beitragszahlung für eine Lebensversicherung (Befreiungsversicherung), sofern der Arbeitnehmer von der Versicherungspflicht in der gesetzlichen Rentenversicherung befreit worden ist.[96]

Dagegen sind Beiträge zu Direktversicherungen, für einen Pensionsfonds oder Zuwendungen zu Pensionskassen zwar Leistungen des Arbeitgebers für die Zukunftssicherung des Arbeitnehmers, jedoch nicht solche i. S. d. § 3 Nr. 62 EStG: Wegen der Beitragszahlung oder der Zuwendung des Arbeitgebers zu einer Direktversicherung, einem Pensionsfonds oder einer Pensionskasse wird also der Vorwegabzug beim begünstigten Arbeitnehmer nicht gekürzt.

## Höchstbetrag für zusätzliche freiwillige Pflegeversicherung

Höchstbetrag für zusätzliche freiwillige Pflegeversicherung kann von Steuerpflichtigen, die nach 1957 geboren sind, bis zu einem besonderen Höchstbetrag von 184 € zusätzlich als Sonderausgaben abgezogen werden.

Bei zusammenveranlagten Ehegatten steht der Höchstbetrag von 184 € jedem Ehegatten zu, der die altersmäßigen Voraussetzungen erfüllt. Nach dem Sinn und Zweck der altersmäßigen Beschränkung ist es u. E. erforderlich, dass jeder der Ehegatten selbst Versicherungsnehmer der zusätzlichen freiwilligen Pflegeversicherung ist, für deren Beiträge er im Rahmen der Zusammenveranlagung den besonderen Höchstbetrag beansprucht. Bei Verheirateten, die zusammen veranlagt werden, kommt es für den Abzug von Sonderausgaben nicht darauf an, welcher der Ehegatten die Ausgaben leistet.

Soweit der Beitrag für die zusätzliche freiwillige Pflegeversicherung den Höchstbetrag von 184 € übersteigt, kann der übersteigende Aufwand beim Grundhöchstbetrag, beim hälftigen Grundhöchstbetrag oder beim Vorweg-

---

94   R 3.62 Abs. 1 LStR 2011.
95   R 3.62 Abs. 2 LStR 2011.
96   R 3.62 Abs. 3 LStR 2011.

abzug berücksichtigt werden, wenn diese Beiträge durch andere Vorsorge-aufwendungen noch nicht ausgeschöpft sind.

Steuerpflichtige, denen der besondere Höchstbetrag nicht zusteht, können den Beitrag zu einer zusätzlichen freiwilligen Pflegeversicherung im Rahmen des Grundhöchstbetrags, des hälftigen Grundhöchstbetrags bzw. des Vor-wegabzugs abziehen.

### 1.3.4   Günstigerprüfung nach modifiziertem Recht (Stufe 2)

Hat der Steuerpflichtige im Veranlagungszeitraum Beiträge zu Basisrenten-verträgen geleistet, prüft das Finanzamt von Amts wegen, ob der Ansatz der Vorsorgeaufwendungen nach altem Recht zuzüglich einem Erhöhungs-betrag (modifiziertes Verfahren) zu höheren abzugsfähigen Sonderausgaben führt als der Ansatz der aktuell gültigen Höchstbeträge bzw. der berücksichtigungsfähigen Sonderausgaben nach altem Recht 2004 (Günstigerprüfung 1. Stufe).

Für die Günstigerprüfung nach modifiziertem Recht werden die Beiträge für

* gesetzliche Rentenversicherung (nur Arbeitnehmeranteil), die landwirt-schaftliche Alterskasse oder berufsständische Versorgungswerke (ohne steuerfreie Arbeitgeberzuschüsse)

* Basisabsicherung (Kranken- und Pflegepflichtversicherung) ohne Berück-sichtigung einer Kürzung wegen eines etwaigen Krankengeldanspruchs

* steuerlich geförderte Versicherungsverträge – im Einzelnen:
    * Kranken- und Pflegeversicherung, soweit diese nicht der Kranken-/Pflege-Basisabsicherung dienen
    * Arbeitslosenversicherung
    * Berufs- oder Erwerbsunfähigkeitsversicherung
    * Unfallversicherung
    * Haftpflichtversicherung
    * Risikolebensversicherung (→ 1.2 Risikoversicherungen, Risikolebens-versicherung, S. 186)
    * bestimmte kapitalbildende Lebensversicherungen (→ 1.1.2 Verträge vor dem 01.01.2005 [„Altverträge"], S. 135)

bis zu folgenden Höchstbeträgen bei der Ermittlung des Einkommens als Vorsorgeaufwendungen abgezogen:

| | Alleinstehende, für jeden getrennt veranlagten Ehegatten | Zusammenveranlagte Ehegatten |
|---|---|---|
| Grundhöchstbetrag | 1.334 € | 2.668 € |
| Hälftiger Höchstbetrag | 667 € | 1.334 € |
| Vorwegabzug | 3.068 € bis 2019 auf 300 € abgeschmolzen | 6.136 € bis 2019 auf 600 € abgeschmolzen |

Ab dem Veranlagungszeitraum 2020 wird keine Günstigerprüfung mehr durchgeführt.

Beiträge für Basisrentenverträge werden bis zum Höchstbetrag für Basisvorsorgeaufwendungen (20.000 €, bei Zusammenveranlagung 40.000 €) berücksichtigt. Die Ermittlung des Erhöhungsbetrags für Basisrentenbeiträge erfolgt nach dem unter → II B Basisrentenverträge (Basisrente), 3 Sonderausgabenabzug für Basisvorsorgeaufwendungen, S. 108 dargestellten Schema. Ausgangsbasis für den Erhöhungsbetrag der Günstigerprüfung nach modifiziertem Recht sind aber – anders als beim Sonderausgabenabzug für Basisvorsorgeaufwendungen – lediglich die aufgrund privatrechtlich abgeschlossener Basisrentenverträge geleisteten Beiträge.

Weiterführung des vorherigen Beispiels (S. 189):

| | |
|---|---:|
| Als sonstige Vorsorgeaufwendungen sind abzugsfähig: Beiträge zur GRV (nur Arbeitnehmeranteil) | 1.990 € |
| Beiträge für die Kranken-/Pflege-Basisabsicherung (Arbeitnehmer-Anteil zur GKV, GPV) | 1.762 € |
| Nicht abzugsfähiger Krankenversicherungsbeitrag (Kürzung für Krankengeld bei der GKV: 4%) | 63 € |
| Arbeitslosenversicherung (Arbeitnehmeranteil) | 280 € |
| Haftpflichtversicherung | 150 € |
| Krankenzusatzversicherung | 500 € |
| Kapitallebensversicherung (88%) | 1.056 € |
| Basisrente | 3.600 € |
| Begünstigte Beiträge Rechtslage 2004 (1. Stufe) | 9.401 € |
| – Basisrente | – 3.600 € |
| Begünstigte Beiträge Rechtslage 2004/2006 (2. Stufe) | 5.801 € |

| | | Rechtslage 2004 (1. Stufe) – Mindestbetrag | | Rechtslage 2004/2006 |
|---|---|---|---|---|
| Begünstigte Beiträge | | 9.401 € | | 5.801 € |
| Vorwegabzug | 3.068 € | | | |
| Kürzung 16 % | 3.200 € | | | |
| verbleiben | – | – | 0 € | |
| | | 9.401 € | | 5.801 € |
| max. Höchstbetrag | | 1.334 € | 1.334 € | 1.334 € |
| verbleiben | | 8.067 € | | 4.467 € |
| davon die Hälfte | | 4.034 € | | 2.234 € |
| max. hälftiger Grundhöchstbetrag | | 667 € | 667 € | 667 € |
| insgesamt | | | 2.001 € | 2.001 € |
| Erhöhungsbetrag | | | | |
| Basisrente | | | | 3.600 € |
| davon 70 % | | | | 2.520 € |
| insgesamt | | | | 4.521 € |

Aufgrund der Günstigerprüfung ergibt sich für die Vorsorgeaufwendungen ein Abzugsbetrag von 4.521 €. Durch die Anwendung der aktuellen Rechtslage 2010 können 5.216 € steuermindernd als Vorsorgeaufwendungen abgezogen werden (siehe Beispiel S. 189). Bei der Steuerveranlagung wird von Amts wegen der höhere der beiden ermittelten Abzugsbeträge, hier: 5.216 €, berücksichtigt.

# 2 Besteuerung der Leistungen

## 2.1 Leistungen aus kapitalbildenden Versicherungen

### 2.1.1 Leistungen aus nach dem 31.12.2004 abgeschlossenen „Neuverträgen"

#### 2.1.1.1 Rentenversicherungen

#### Rentenversicherung

Eine Rentenversicherung liegt vor, wenn die Leistung des Vertrages in einer Leibrente besteht. Rentenversicherungen können eine sofort beginnende oder aufgeschobene Rentenzahlung vorsehen. Bei einer aufgeschobenen Rentenzahlung beginnt die Rente häufig mit der Vollendung eines bestimmten Lebensalters der versicherten Person. Die Dauer der Rentenzahlung kann lebenslang oder zeitlich befristet sein. Daneben können der Beginn und die Dauer der Rentenzahlung auch von anderen Leistungsvoraussetzungen wie z. B. der Berufsunfähigkeit oder Pflegebedürftigkeit abhängig sein (Risikorentenversicherungen).

Bei Rentenversicherungen mit aufgeschobener Rentenzahlung kann vereinbart sein, dass der Versicherungsnehmer anstelle der Rente eine Kapitalzahlung wählen kann (Rentenversicherung mit Kapitalwahlrecht).

Rentenversicherungen – mit Ausnahme von Risikorentenversicherungen – werden steuerlich nur anerkannt, wenn das Versicherungsunternehmen von Anfang an ein Langlebigkeitsrisiko übernimmt.

#### Fondsgebundene Rentenversicherung

Bei fondsgebundenen Rentenversicherungen hängt die Höhe der aufgeschobenen Rente von der Wertentwicklung der Anteile an einem Sondervermögen einer Kapitalanlagegesellschaft (Investmentfonds) ab. Die Höhe der garantierten Leibrente errechnet sich durch Multiplikation des Rentenfaktors mit dem am Ende der Aufschubdauer vorhandenen Fondsvermögen.

Häufig kann sich der Versicherungsnehmer zum Ende der Aufschubdauer zwischen der Zahlung einer lebenslang garantierten Leibrente, einer Kapitalauszahlung oder der Übertragung der Fondsanteile auf ein persönliches Depot entscheiden.

#### „Variable Annuities"

Als „Variable Annuities" bezeichnete Rentenversicherungen sind eine Sonderform der fondsgebundenen Rentenversicherungen. Im Gegensatz zur herkömmlichen fondsgebundenen Rentenversicherung investiert das Versicherungsunternehmen auch während der Rentenbezugsphase in Anteile an einem Sondervermögen einer Kapitalanlagegesellschaft (Investmentfonds). Dem Versicherten wird allerdings eine der Höhe nach festgeschriebene lebenslange gleichbleibende Rente garantiert. Abhängig von der Entwicklung am Kapitalmarkt kann die zugesagte Rente steigen. Ein Absinken der Rentenzahlungen wird ausgeschlossen. Bei Tod der versicherten Person erfolgt die Auszahlung des verbliebenen Fondswerts.

Die lebenslangen Renten unterliegen mit dem Ertragsanteil (§ 22 Nr. 1 Satz 3 Buchstabe a Doppelbuchstabe bb EStG) der Einkommensteuer. Kapitalzahlungen, die aus dem Vertrag geleistet werden (Rückkauf, Todesfallleistung) unterliegen mit den in der Zahlung enthaltenen Erträgen aus der Versicherung als Einkünfte aus Kapitalvermögen der Einkommensteuer (§ 20 Abs. 1 Nr. 6 EStG).[97]

## Langlebigkeitsrisiko

Nach Auffassung der Finanzverwaltung liegt bei einem Vertragsabschluss nach dem 01.07.2010 eine steuerlich anzuerkennende Rentenversicherung nur dann vor, wenn bereits bei Vertragsabschluss eine garantierte Leibrente in Form eines konkreten Geldbetrages festgelegt wird oder ein konkreter Rentenfaktor garantiert wird.[98] Es ist allerdings auch zulässig, die bei Vertragsbeginn für die Rentenberechnung unterstellten Rechnungsgrundlagen mit Zustimmung eines unabhängigen Treuhänders, der die Voraussetzung und die Angemessenheit prüft, gemäß § 163 VVG zu ändern.

Erfolgt die Verrentung am Ende der Aufschubphase zu den dann gültigen Bedingungen, liegt steuerrechtlich keine Rentenversicherung vor. Die Besteuerung der während der Aufschubdauer entstehenden Erträge muss dann laufend jährlich erfolgen.

## Übergangsregelung bis 01.07.2010

Bei Rentenversicherungen mit aufgeschobener Rentenzahlung mit Vertragsabschluss nach dem 31.12.2004 und vor dem 01.07.2010 werden die Anforderungen der Finanzverwaltung erfüllt, wenn Grundlagen für die Berechnung der Rentenhöhe oder des Rentenfaktors spätestens ab dem 01.07.2010 hinreichend konkret vereinbart sind. Auch in diesen Fällen dürfen die vereinbarten Berechnungsgrundlagen mit Zustimmung eines Treuhänders abgeändert werden.[99]

## Aufgeschobene Rentenzahlung

Die Finanzverwaltung geht bei Rentenversicherungen mit aufgeschobener Rentenzahlung, die nach dem 01.07.2010 abgeschlossen werden, außer-

---

97  BMF-Schreiben vom 17.04.2008.
98  BMF-Schreiben vom 01.10.2009, Rz 3a.
99  BMF-Schreiben vom 01.10.2009, Rz 3b.

dem nur dann von einer steuerlich anzuerkennenden Rentenversicherung aus, wenn die aufgeschobene Rente innerhalb der ersten 90 % der Zeitspanne zwischen dem Vertragsbeginn und dem Alter des Versicherten bei dessen mittlerer Lebenserwartung beginnt. Die mittlere statistische Lebenserwartung ist nach der Sterbetafel zu bestimmen, die dem jeweiligen Vertrag zugrunde liegt.[100]

Beispiel:

| | | |
|---|---|---|
| Alter des Versicherten bei Vertragsbeginn | | 25 Jahre |
| Mittlere Lebenserwartung nach der Sterbetafel, die der Rentenversicherung zugrunde liegt | | 85 Jahre |
| Zeitspanne zwischen Rentenbeginn und mittlerer Lebenserwartung | | 60 Jahre |
| 90 % dieser Zeitspanne | | 54 Jahre |
| spätest möglicher Rentenbeginn: 25 Jahre + 54 Jahre | = | 79 Jahre |

Diese Regelungen sind auch bei Rentenversicherungen, die vor 2005 mit einem Versicherungsbeginn nach dem 31.03.2005 abgeschlossen wurden, anzuwenden.[101]

### Lebenslange Leibrenten

Lebenslang zu zahlende Renten einer steuerlich anerkannten Rentenversicherung unterliegen mit dem Ertragsanteil für Leibrenten als sonstige Einkünfte der Einkommensteuer. Der Ertragsanteil ist nach dem Alter des Versicherten bei Beginn der Rentenzahlung nach der Tabelle in § 22 EStG zu ermitteln. Er gilt während der gesamten Dauer der Rentenzahlung.

Eine Leibrente liegt vor, wenn aus einer einheitlichen Rechtsgrundlage gleichbleibende wiederkehrende Zahlungen (Renten) während der Lebenszeit der Person zu erbringen sind.

Durch die Besteuerung des Ertragsanteils von Leibrenten unterliegen die Erträge der Einkommensteuer, die während der Dauer der Rentenzahlung aus dem Rentenkapital erzielt werden und in den Renten enthalten sind. Der Ertragsanteil von lebenslang laufenden Renten beträgt bei einem Beginn der Rentenzahlung im Alter

| 58 | 59 | 60 | 61 | 62 | 63 | 64 | 65 | 66 | 67 |
|---|---|---|---|---|---|---|---|---|---|
| 24 % | 23 % | 22 % | 22 % | 21 % | 20 % | 19 % | 18 % | 18 % | 17 % |

der Rente.

---

100  BMF-Schreiben vom 01.10.2009, Rz 3c.
101  BMF-Schreiben vom 01.10.2009, Rz 91 i.V.m. Rz 3b.

Renten, die mit dem Ertragsanteil zu versteuern sind, gehören zu den sonstigen Einkünften. Sie unterliegen nicht der Kapitalertragsteuer („Abgeltungsteuer"). Das Versicherungsunternehmen muss aber die von ihm gezahlten Renten eines Jahres unter Benennung des Empfängers einer zentralen Stelle der Finanzverwaltung melden (→ Rentenbezugsmitteilung, S. 204).

Für die einkommensteuerliche Beurteilung laufender Rentenzahlungen aus einer Versicherung mit garantierter Rentenleistung ist maßgebend, ob die Rentengarantiezeit länger ist als die durchschnittliche Lebenserwartung der versicherten Person bei Rentenbeginn. Die durchschnittliche Lebenserwartung ist nach der Sterbetafel zu bestimmen, die der Kalkulation der Rentenversicherung bei Vertragsabschluss zugrunde lag. Ist der Zeitraum für die Todesfallleistung kürzer oder gleich der voraussichtlichen durchschnittlichen Lebenserwartung des Versicherten, wird die versicherte Rente lediglich mit dem Ertragsanteil besteuert. Sollte der Zeitraum für die Todesfallleistung länger als die durchschnittliche Lebenserwartung des Versicherten ab Rentenbeginn sein, sind die Renten nicht mit dem Ertragsanteil gemäß § 22 EStG, sondern einzeln als jeweils gesonderte Kapitalzahlungen (Teilleistungen) im Erlebensfall in Höhe der darin enthaltenen Erträge als Einkünfte aus Kapitalvermögen zu versteuern.

Ist die vereinbarte Rentengarantiezeit nicht länger als die durchschnittliche Lebenserwartung des Versicherten und werden nach dessen Tod die vereinbarten Garantierenten gezahlt, sind diese weiterhin mit dem Ertragsanteil der vereinbarten Leibrente zu versteuern.

Die Rentenleistung ist auch dann als Leibrente zu besteuern, wenn zu der bereits laufenden Leibrente eine Gewinnbeteiligung in Form der „Bonusrente" (Zusatzrente) gewährt wird. Der bei Rentenbeginn festgestellte Ertragsanteil gilt für den Gesamtbetrag der jährlichen Rente einschließlich Bonusrente. Wird die Rente aus einer Versicherung aufgrund der vertraglichen Gewinnbeteiligung in Form einer abänderbaren „Gewinnrente" (Überschussrente) oder der „Barausschüttung" (Auszahlung der Überschussanteile) erhöht, erfolgt die Besteuerung ebenfalls mit dem bei Rentenbeginn festgelegten Ertragsanteil als sonstige Einkünfte.[102] Bei der „Gewinnrente" wird die Rente unter dem Vorbehalt erhöht, dass die künftige Gewinnbeteiligung des Versicherungsunternehmens unverändert bleibt. Wird der Gewinnbeteiligungssatz des Unternehmens reduziert, sinkt die künftige „Gewinnrente" und damit auch der Gesamtbetrag der Rentenzahlung aus der Versicherung. Bei der „Barausschüttung" orientiert sich der jährliche Gewinnanteil an der Entwicklung des Barwerts der Rente. Da der Barwert mit jeder Rentenzahlung abnimmt, vermindert sich die Erhöhung der vertraglichen Rente selbst bei gleichbleibendem Gewinnanteilsatz.

---

102  H 22.4 Stichwort: Überschussbeteiligung EStH 2010.

## Abgekürzte Leibrenten

Bei abgekürzten Leibrenten aus einer Risikorentenversicherung (z. B. Berufs-unfähigkeitsversicherung, Waisenrente) bestimmt sich der Ertragsanteil nach der voraussichtlichen Laufzeit der Rentenzahlungen ab Beginn des Renten-bezugs. Der Ertragsanteil ist aus der Tabelle des § 55 EStDV zu entnehmen.[103]

## Temporäre Leibrenten

Rentenversicherungen, die keine Risikorentenversicherungen sind und bei denen keine lebenslange Rentenleistung erbracht wird (temporäre Renten) unterliegen nicht der Ertragsanteilsbesteuerung nach § 22 EStG. Sie werden vielmehr als Kapitaleinkünfte mit dem (hälftigen) Unterschiedsbetrag zwi-schen der einzelnen Rentenrate und den darauf entfallenden anteiligen Bei-trägen besteuert.[104]

Die anteiligen Beiträge für die Jahre 01–05 werden wie folgt ermittelt:

$$\frac{\text{Versicherungsleistung} \times (\text{Summe der entrichteten Beiträge} - \text{bereits verbrauchte Beiträge})}{\text{Zeitwert der Versicherung zum Auszahlungszeitpunkt}}$$

Beispiel:

Die Steuerpflichtige F hat einen Rentenversicherungsvertrag abgeschlossen. Die Rentenzahlung (6.000 € jährlich) erfolgt ab dem vollendeten 60. Lebens-jahr lebenslang, längstens jedoch für 5 Jahre (temporäre Rente). An Beiträ-gen wurden insgesamt 10.000 € gezahlt.

Der nach den anerkannten Regeln der Versicherungsmathematik unter Be-rücksichtigung der geschlechtsspezifischen Sterbewahrscheinlichkeit ermit-telte Zeitwert der Versicherung vor Auszahlung der jeweiligen Bezüge be-trägt im

| | |
|---|---|
| Jahr 01 | 25.000 € |
| Jahr 02 | 20.000 € |
| Jahr 03 | 17.500 € |
| Jahr 04 | 15.000 € |
| Jahr 05 | 12.500 € |

---

103   BMF-Schreiben vom 01.10.2009, Rz 7.
104   BMF-Schreiben vom 01.10.2009, Rz 63.

Für das Jahr 01 ergeben sich somit folgende Werte:

$$\frac{6.000\,€ \times 10.000\,€}{25.000\,€} = 2.400\ € \text{ anteiliger Beitrag Jahr 01}$$

Der steuerpflichtige Ertrag für den Veranlagungszeitraum 01 errechnet sich folgendermaßen:

| | | |
|---|---|---:|
| | Versicherungsleistung (temporäre Rentenzahlung Jahr 01) | 6.000 € |
| – | anteilig geleisteter Beitrag für Jahr 01 | 2.400 € |
| = | steuerpflichtiger Ertrag (§ 20 Abs. 1 Nr. 6 EStG) | 3.600 € |

Bei der Ermittlung des Unterschiedsbetrags der letzten Teilleistung sind die noch nicht angesetzten Beiträge abzuziehen.

Die nachfolgende Übersicht enthält die entsprechenden Beträge für die Jahre 01–05:

| Jahr | Temporäre Rente | Anteilige Beiträge | Steuerpflichtiger Ertrag |
|---|---|---|---|
| 01 | 6.000,00 € | 2.400,00 € | 3.600,00 € |
| 02 | 6.000,00 € | 2.280,00 € | 3.720,00 € |
| 03 | 6.000,00 € | 1.824,00 € | 4.176,00 € |
| 04 | 6.000,00 € | 1.398,40 € | 4.601,60 € |
| 05 | 6.000,00 € | 2.097,60 € | 3.902,40 € |
| Kontrollsumme | 30.000,00 € | 10.000,00 € | 20.000,00 € |

Wurde der Rentenversicherungsvertrag nach 2004 und vor 2007 mit einer temporären Rentenzahlung von mindestens 5 Jahren abgeschlossen, sind die Rentenzahlungen mit dem Ertragsanteil nach § 55 EStDV als sonstige Einkünfte zu versteuern. Werden im Todesfall während der zeitlich befristeten Rentenzahlung garantierte Rentenleistungen fällig, muss der Zeitraum, in dem eine Todesfallleistung gezahlt wird, mindestens 5 Jahre kürzer als die vereinbarte Rentenzahlungsdauer sein.

## Temporäre Rente in Form eines Kapitalisierungsprodukts

In der Praxis haben sich Gestaltungen herausgebildet, bei denen im Rahmen von sogenannten temporären Renten Auszahlungspläne ohne jegliche Biometrie und Langlebigkeitsrisiko angeboten werden. Die Besteuerung der Erträge erfolgt nach § 20 Abs. 1 Nr. 7 EStG; die (hälftige) Besteuerung der Erträge nach einer Laufzeit von 12 Jahren und einer Vollendung des 60. Lebensjahres (ab 2012: Vollendung des 62. Lebensjahres) ist nicht möglich.

## Witwen-/Witwerrenten

Bei Einschluss einer Witwenrente berechnet sich der Ertragsanteil nach dem Alter der Witwe bei Beginn der Witwenrente. Entsprechendes gilt für Witwerrenten.

## Waisenrenten

Waisenrenten, die nur bis zu einem bestimmten Höchstalter des Kindes gezahlt werden, sind als abgekürzte Leibrenten mit dem sich aus § 55 EStDV ergebenden Ertragsanteil als sonstige Einkünfte zu versteuern.

## Erwerbs- oder Berufsunfähigkeitsrenten

Erwerbs- oder Berufsunfähigkeitsrenten sind regelmäßig als zeitlich begrenzte Leibrenten zu behandeln und mit dem Ertragsanteil, der sich nach § 55 EStDV ergibt, als sonstige Einkünfte zu versteuern.

## Pflegerenten

Leistungen aus einer Pflegeversicherung sind steuerfrei.[105] Dies gilt sowohl für die gesetzliche Pflegeversicherung, private Pflegepflichtversicherung und freiwillige private Pflegeversicherungen. Werden Leistungen aus einer Erwerbs- oder Berufsunfähigkeitsversicherung aufgrund der vorliegenden Pflegebedürftigkeit gezahlt, gilt diese Steuerbefreiung nicht. Die Leistungen im Pflegefall sind dann als Erwerbs- oder Berufsunfähigkeitsrenten zu versteuern.

Wird aus einer Pflegerentenversicherung ab einem vereinbarten Höchstalter eine Altersrente gezahlt, ist die Altersrente als gesonderte Leibrente mit dem Ertragsanteil nach § 22 EStG zu versteuern. Für die Höhe des Ertragsanteils ist das Alter bei Rentenbeginn maßgebend.

## Rentenbezugsmitteilung

Die Versicherungsunternehmen sind verpflichtet, Rentenzahlungen und ihre Empfänger der Finanzverwaltung (zentrale Stelle: Deutsche Rentenversicherung Bund) mitzuteilen. Diese Rentenbezugsmitteilung erfolgt bis zum 01.03. des Folgejahres nach amtlich vorgeschriebenem Datensatz im Wege der Datenfernübertragung.[106]

Der Versicherer übermittelt folgende Daten des Steuerpflichtigen an die zentrale Stelle:

- die vom Leistungsempfänger genannte Identifikationsnummer. Teilt dieser trotz Aufforderung seine steuerliche Identifikationsnummer dem Anbieter nicht mit, darf der Anbieter diese beim Bundeszentralamt für Steuern erfragen.

---

105 § 3 Nr. 1 Buchstabe a EStG.
106 § 22a EStG.

- Familienname, Vorname und das Geburtsdatum des Leistungsempfängers sowie, falls dem Versicherer bekannt, eine ausländische Anschrift und die Staatsangehörigkeit des Rentenempfängers.

- je gesondert den Betrag der ausgezahlten (abgekürzten) Leibrenten oder anderen Leistungen (z. B. Abfindungszahlung einer Kleinbetragsrente). Der im Betrag der Rente enthaltene Teil, der ausschließlich auf einer Anpassung der Rente beruht, ist gesondert mitzuteilen.

- Zeitpunkt des Beginns und des Endes des jeweiligen Leistungsbezugs. Folgen nach dem 31.12.2004 Renten aus derselben Versicherung einander nach, ist auch die Laufzeit der vorhergehenden Renten mitzuteilen.

- Bezeichnung und Anschrift des Versicherers.

Wird die Rentenbezugsmitteilung nicht fristgerecht bis zum 01.03. des Folgejahres übermittelt, ist für jeden Monat der verspäteten Abgabe ein Verspätungsgeld in Höhe von 10 € für jede Mitteilung zu entrichten. Das Verspätungsgeld darf für alle für einen Veranlagungszeitraum zu übermittelnden Rentenbezugsmeldungen 50.000 € nicht übersteigen.[107]

Gegen einen Anbieter kann zudem ein Bußgeld wegen einer Ordnungswidrigkeit von bis zu 50.000 € festgesetzt werden, wenn er vorsätzlich oder grob fahrlässig die Daten der Rentenbezugsmitteilung bzw. die Mitteilung selbst nicht, nicht richtig, nicht vollständig oder nicht rechtzeitig an die zentrale Stelle übermittelt.[108]

Außerdem ist das Versicherungsunternehmen jeweils verpflichtet, den Leistungsempfänger über die erstattete Rentenbezugsmitteilung zu unterrichten. Die Information des Leistungsempfängers kann formlos erfolgen.

Die zentrale Stelle hat das Recht, bei den Versicherern die Einhaltung der Meldepflicht im Rahmen einer steuerlichen Außenprüfung zu überprüfen.

## Kapitalleistungen aus Rentenversicherungen

- **Kapitalzahlungen bei Tod der versicherten Person**

  Kapitalzahlungen, die bei Tod der versicherten Person erbracht werden, sind stets und in vollem Umfang einkommensteuerfrei. Darunter fallen beispielsweise die Beitragsrückzahlung im Todesfall, vereinbarte Kapitalleistungen bei Tod oder Leistungen bei Unfalltod aus einer Unfalltodzusatzversicherung.[109]

- **Kapitalzahlungen zu Lebzeiten der versicherten Person**

  Bei Kapitalzahlungen aus Rentenversicherungen (z. B. Kapitalzahlungen bei Ausübung des Kapitalwahlrechts zu Rentenbeginn, Entnahmen, Rückkaufswert bei Kündigung des Vertrags) sind nur die in der Versiche-

---

107   § 22a Abs. 5 EStG.
108   § 50f EStG.
109   BMF-Schreiben vom 01.10.2009, Rz 22 und Rz 37.

rungsleistung enthaltenen Erträge (= Wertzuwachs/hälftiger Wertzuwachs) als Einkünfte aus Kapitalvermögen zu versteuern. Zur Ermittlung des Wertzuwachses, → 2.1.1.2 Kapitalversicherungen, Kapitalleistungen im Erlebensfall und bei Rückkauf, S. 209; zum Kapitalertragsteuerabzug und zum anzuwendenden Steuertarif: → 2.1.1.2 Kapitalversicherungen; Kapitalertragsteuerabzug/Solidaritätszuschlag, S. 213.

Der Wertzuwachs einer Kapitalzahlung, die nach Rentenbeginn erbracht wird, ist wie folgt zu ermitteln:

Beispiel:

Der Steuerpflichtige H hat einen Rentenversicherungsvertrag mit Todesfallleistung ab Rentenbeginn abgeschlossen. Als Einmalbeitrag wurden 20.000 € gezahlt. Die Rentenzahlung (1.200 € jährlich) erfolgt ab dem vollendeten 65. Lebensjahr (Jahr 01) lebenslang. Zwei Jahre nach dem Beginn des Rentenbezugs, im Alter von 67 Jahren (Jahr 03), lässt sich H einen Kapitalbetrag von 5.000 € auszahlen.

Der nach den anerkannten Regeln der Versicherungsmathematik unter Berücksichtigung der geschlechtsspezifischen Sterbewahrscheinlichkeit ermittelte Zeitwert der Versicherung vor Auszahlung der jeweiligen Bezüge beträgt im

| Jahr 01 | 20.000 € |
| Jahr 02 | 18.900 € |
| Jahr 03 | 17.800 € |
| Jahr 04 | 12.900 € |

Ermittlung der in der Teilkapital-Rückzahlung enthaltenen Erträge:

| Zeitwert 03 | 17.800 € |
| Zeitwert 04 | – 12.900 € |
| | 4.900 € |

Im Teilrückkauf (5.000 €) sind Erträge von 100 € enthalten. Diese unterliegen in voller Höhe der Einkommensteuer (§ 20 Abs. 1 Nr. 6 EStG).

- **Kapitalleistungen aus Erwerbs- und Berufsunfähigkeitsversicherungen oder Pflegerentenversicherungen**

  Kapitalleistungen aus Erwerbs- und Berufsunfähigkeitsversicherungen oder Pflegerentenversicherungen, die ausnahmslos aus Überschussanteilen finanziert werden, sind einkommensteuerfrei.[110]

---

110   BMF-Schreiben vom 01.10.2009, Rz 7.

## 2.1.1.2 Kapitalversicherungen

### Kapitalversicherung mit Sparanteil

Kapitalversicherungen sind Lebensversicherungen, bei denen im Versicherungsfall eine Kapitalzahlung zu leisten ist. In den Beiträgen zu Kapitalversicherungen sind Sparanteile enthalten, wenn der Eintritt des Versicherungsfalls gewiss ist, d. h. wenn feststeht, dass der Versicherer die vereinbarte Leistung stets zu erbringen hat.

Eine Kapitalversicherung liegt nur vor, wenn eine nennenswerte Risikotragung vorgesehen ist. Dies ist dann der Fall, wenn die Leistung bei Risikoeintritt nicht nur in der Auszahlung der angesammelten Beiträge zuzüglich Zins besteht.[111] In der Regel liegt bei einem Versicherungsvertrag im Sinne des Versicherungsaufsichtsrechts diese nennenswerte Risikotragung vor. Gesondert davon zu beurteilen ist, ob eine Kapitallebensversicherung den Mindesttodesfallschutz aufweist, der für eine Besteuerung der Erträge mit dem hälftigen Wertzuwachs vorausgesetzt wird.

Kapitalversicherungen gegen Beitragsleistungen mit Sparanteil sind vor allem Lebensversicherungen, bei denen sowohl im Todesfall als auch im Erlebensfall eine Kapitalzahlung zu leisten ist. Zu den Kapitalversicherungen, für die Beiträge mit Sparanteil zu entrichten sind, gehören auch Ausbildungs-, Aussteuer- und Termfix-Versicherungen sowie Lebensversicherungen, die mehrere Erlebensfallleistungen während der Versicherungsdauer und eine Kapitalzahlung im Todesfall vorsehen. Sind mehrere Personen gleichzeitig versichert und ist die Versicherungsleistung entweder bei Tod einer der versicherten Personen oder im Erlebensfall zu zahlen, liegt ebenfalls eine Kapitalversicherung gegen Beitragsleistung mit Sparanteil vor. Schließlich zählen Lebensversicherungen, bei denen die Kapitalzahlung neben dem Todes- und Erlebensfall auch bei bestimmten schweren Erkrankungen fällig wird (sog. Dread-Disease-Versicherungen), zu den Kapitalversicherungen, deren Beiträge Sparanteile enthalten.[112]

Kapitalversicherungen mit Sparanteil werden steuerlich nur anerkannt, wenn der Vertrag ein Risiko (Tod, Erleben) in nennenswertem Umfang absichert.[113]

### „Lebenslange" Todesfallversicherung

Bei einer „lebenslangen" Todesfallversicherung wird eine versicherte Leistung nur im Todesfall erbracht. Der vornehmliche Zweck eines solchen Versicherungsvertrages ist die Deckung von Kosten und Aufwendungen im Todesfall (sog. Sterbegeld- oder Erbschaftsteuerversicherungen). Nach Auffassung der Finanzverwaltung handelt es sich bei dieser Art von Versicherung um eine Kapitalversicherung mit Sparanteil.[114] Lebenslange Todesfallversicherungen werden wie Kapitalversicherungen mit Sparanteil steuerlich

---

111  BMF-Schreiben vom 01.10.2009, Rz 3.
112  BMF-Schreiben vom 01.10.2009, Rz 30 und BMF-Schreiben vom 22.08.2002, Rz 20.
113  BMF-Schreiben vom 01.10.2009, Rz 3.
114  BMF-Schreiben vom 01.10.2009, Rz 30.

nur anerkannt, wenn der Vertrag ein Risiko (Tod) in nennenswertem Umfang absichert.[115]

## Unfallversicherung mit Prämienrückgewähr

Unfallversicherungen mit Prämienrückgewähr werden steuerlich den Kapitalversicherungen mit Sparanteil gleichgestellt. Bei der Unfallversicherung mit garantierter Beitragsrückzahlung stellen das Unfallrisiko und das Risiko der Beitragsrückzahlung im Todesfall die mit der Versicherung untrennbar verbundenen charakteristischen Hauptrisiken dar. Wegen des andersartigen Risikos der Unfallversicherung mit Prämienrückgewähr kann für eine steuerliche Begünstigung ein Mindesttodesfallschutz bei Tod durch Unfall nicht vorausgesetzt werden.

Sofern die Unfallversicherung mit garantierter Beitragsrückzahlung als Rentenversicherung mit Kapitalwahlrecht abgeschlossen wird, sind die unter → 2.1.11 Rentenversicherung, Langlebigkeitsrisiko, S. 199 und Aufgeschobene Rentenzahlung, S. 199 dargestellten Regelungen zur steuerlichen Anerkennung einer Rentenversicherung zu beachten.

## Fondsgebundene Lebensversicherung

Eine fondsgebundene Lebensversicherung sieht Leistungen im Todes- oder Erlebensfall vor. Die Versicherungsleistung ist in Anteilen an einem Sondervermögen einer Kapitalanlagegesellschaft (Investmentfonds) oder einem wertgleichen Kapitalbetrag zu erbringen.

## Mindesttodesfallschutz „Neuverträge"

Der Todesfallschutz einer nach dem 31.03.2009 abgeschlossenen Kapitallebensversicherung ist aus steuerlicher Sicht ausreichend, wenn

- die vereinbarte Leistung bei Tod spätestens ab dem 6. Jahr nach dem Vertragsabschluss um mindestens 10 % des Deckungskapitals, des Zeitwerts (bei fondsgebundenen Lebensversicherungen) oder der Summe der gezahlten Beiträge höher ist als das Deckungskapital oder der Zeitwert. Ab dem Zeitpunkt, ab dem die vereinbarte Leistung bei Tod erstmals diesen Betrag erreicht, darf dieser %-Satz bis zum Ende der Vertragslaufzeit jährlich gleichmäßig bis auf 0 % sinken (fallender Todesfallschutz).

oder

- bei Kapitallebensversicherungen gegen laufende Beitragszahlung während der gesamten Vertragsdauer die vereinbarte Versicherungssumme bei Tod stets mindestens 50 % der Beitragssumme des Vertrags beträgt.

Der geforderte Mindesttodesfallschutz ist bei Kapitallebensversicherungen gegen laufende Beitragszahlungen erfüllt, wenn durchgehend eine der beiden oben dargestellten Regelungen eingehalten wurde. Ein Wechsel zwischen den Regelungen während der Vertragsdauer ist nicht möglich.[116]

---

115   BMF-Schreiben vom 01.10.2009, Rz 2, 3.
116   BMF-Schreiben vom 01.10.2009, Rz 78o.

Die Regelung zum Absinken des Versicherungsschutzes ist nicht auf Kapitallebensversicherungen mit lebenslangem Todesfallschutz anwendbar, da es an einem zeitlich bestimmten Laufzeitende fehlt.[117]

Ist für den geforderten Todesfallschutz die Beitragssumme maßgebend, so sind dies alle nach dem Versicherungsvertrag zu zahlenden Beiträge. Ausgenommen sind nur Beitragsanteile für mitversicherte Leistungen insbesondere bei Invalidität, Berufs- oder Erwerbsunfähigkeit, Unfalltod, Pflegebedürftigkeit oder Dread-Disease-Absicherung.[118]

## Kapitalleistungen bei Tod des Versicherten

Kapitalzahlungen, die bei Tod der versicherten Person erbracht werden, sind stets und in vollem Umfang einkommensteuerfrei.[119] Darunter fallen beispielsweise Todesfallleistungen bei Kapitallebensversicherungen oder Leistungen bei Unfalltod aus einer Unfalltodzusatzversicherung. Dies gilt auch für die Leistung aus einer Termfix-Versicherung oder Ausbildungsversicherung, die nach dem Tod des Versicherten zum vereinbarten Leistungszeitpunkt gezahlt wird.[120]

## Kapitalleistungen im Erlebensfall oder bei Rückkauf

Werden Kapitalleistungen im Erlebensfall oder bei Rückkauf des Vertrags erbracht, sind nur die in der Versicherungsleistung enthaltenen Erträge (= Wertzuwachs/hälftiger Wertzuwachs) als Einkünfte aus Kapitalvermögen zu versteuern.[121] Dies gilt auch für sonstige Leistungen wie z. B. Entnahmen und die teilweise oder vollständige Auszahlung von Überschussanteilen aus einer Kapitallebensversicherung. Eine Besteuerung des Wertzuwachses erfolgt auch bei Teilkapitalauszahlungen.

Kapitalzahlungen, die bei Eintritt der Berufs- oder Erwerbsunfähigkeit, Pflegebedürftigkeit oder bei schwerer Erkrankung (Dread-Disease-Absicherung) geleistet werden, sind einkommensteuerfrei, soweit das Risiko versichert ist.[122]

Wir gehen davon aus, dass die Erträge bei einer Auszahlung des Deckungskapitals und der Überschussanteile einer Kapitalversicherung bei Eintritt einer schweren Erkrankung nicht steuerfrei sind. Es liegt lediglich eine Fälligkeitsabrede vor.[123]

Wird das Kapital während einer bestimmten Zeitdauer in Raten ausgezahlt (sogenannte Zeitrenten), sind die in den Raten enthaltenen Erträge ebenfalls als Einkünfte aus Kapitalvermögen zu versteuern.[124] Jede einzelne Rate gilt auch bei der Ermittlung der darin enthaltenen Erträge (Wertzuwachs/hälftiger Wertzuwachs) als gesonderte Kapitalzahlung.[125]

---

117  BMF-Schreiben vom 01.10.2009, Rz 78l.
118  BMF-Schreiben vom 01.10.2009, Rz 78h.
119  BMF-Schreiben vom 01.10.2009, Rz 24.
120  BMF-Schreiben vom 01.10.2009, Rz 29.
121  § 20 Abs. 1 Nr. 6 EStG.
122  BMF-Schreiben vom 01.10.2009, Rz 36 und Rz 37.
123  BMF-Schreiben vom 01.10.2009, Rz 36.
124  BMF-Schreiben vom 01.10.2009, Rz 20.
125  BMF-Schreiben vom 01.10.2009, Rz 75.

## Hälftiger Wertzuwachs (12/60-Regelung, ab 2012: 12/62-Regelung)

Bei Kapitalversicherungen,

- die den geforderten Mindesttodesfallschutz aufweisen und

- bei denen die Leistung nach Vollendung des 60. Lebensjahres (ab 2012: 62. Lebensjahres) des Steuerpflichtigen und

- nach Ablauf von 12 Jahren seit dem Vertragsabschluss gezahlt wird,

gilt lediglich die Hälfte des Unterschiedsbetrags zwischen der Versicherungsleistung und der für sie gezahlten Beitragssumme (hälftiger Wertzuwachs) als steuerpflichtiger Ertrag.

Zum Zeitpunkt des Vertragsabschlusses bei Vertragsänderungen → 2.1.1.4 Vertragsänderungen, S. 215.

## Gesamter Wertzuwachs

Wird die Leistung vor Vollendung des 60. Lebensjahres (ab 2012: 62. Lebensjahres) des Steuerpflichtigen oder vor Ablauf von 12 Jahren seit dem Vertragsabschluss gezahlt oder weist der Vertrag keinen ausreichenden Mindesttodesfallschutz auf, gilt der Unterschiedsbetrag zwischen der Versicherungsleistung und der für sie gezahlten Beitragssumme als steuerpflichtiger Ertrag.

## Ermittlung des Wertzuwachses

Versicherungsleistung ist die Geldleistung, die der Versicherer erbringt.[126]

Wählt der Versicherungsnehmer bei fondsgebundenen Lebensversicherungen anstelle einer Geldzahlung die Übertragung der Fondsanteile in sein Depot, ist als Versicherungsleistung der Rücknahmepreis der Fondsanteile anzusetzen, mit dem die Versicherungsleistung bei einer Geldzahlung berechnet worden wäre.[127]

Zu den Versicherungsleistungen gehört auch die Auszahlung von Überschussanteilen. Dies gilt auch in den Fällen, in denen eine gesonderte Verrechnung mit Beiträgen erfolgt. Ist von vornherein vereinbart, dass Überschussanteile mit Beiträgen verrechnet werden (Gewinnverrechnung), zählen die verrechneten Überschussanteile nicht zu der Versicherungsleistung.[128]

Als für die Versicherungsleistung im Erlebensfall oder bei Rückkauf geleistete Beiträge gelten die Beiträge (einschließlich Kosten), die aufzuwenden sind u. a. bei

- einer Kapitalversicherung auf den Todes- und Erlebensfall, um die Versicherungsleistung bei Tod oder bei Ablauf der Versicherung zu finanzieren,

---

126  BMF-Schreiben vom 01.10.2009, Rz 55.
127  BMF-Schreiben vom 01.10.2009, Rz 34.
128  BMF-Schreiben vom 01.10.2009, Rz 45, 46.

- einer Rentenversicherung mit aufgeschobener Rentenzahlung, um die Renten und ggf. eine vereinbarte Leistung bei Tod (z. B. Beitragsrück-gewähr) zu finanzieren

- einer Unfallversicherung mit Beitragsrückzahlung, um die Versicherungs-leistungen bei Unfall, Tod oder Ablauf zu finanzieren.

Zu den geleisteten Beiträgen gehören auch zusätzlich gezahlte Ausferti-gungsgebühren, Abschlussgebühren, ein eventuelles Beratungshonorar und die Versicherungsteuer. Die geleisteten Beiträge sind zu vermindern um Provisionsanteile, die der Steuerpflichtige von der Versicherungsgesellschaft oder dem Vermittler erhalten hat.[129]

Beitragsanteile, die das Versicherungsunternehmen aufgrund seiner Kalkula-tion zusätzlichen Leistungen (z. B. bei Invalidität, Berufs- oder Erwerbsunfä-higkeit, Unfalltod, Pflegebedürftigkeit oder der Dread-Disease-Absicherung) zuordnet, sind bei der Ermittlung des Unterschiedsbetrags nicht anzusetzen.

Ist von vornherein vereinbart, dass Überschussanteile mit Beiträgen verrech-net werden (Gewinnverrechnung), ist nur der gezahlte Beitrag abzugsfähig. Der beim Bonussystem für die Erhöhung der Versicherungsleistung verwen-dete Überschussanteil stellt keinen entrichteten Beitrag dar.[130]

Für die Berücksichtigung der Beiträge ist es grundsätzlich unerheblich, wer die Versicherungsbeiträge aufgewendet hat. Auch Beiträge, die der Steu-erpflichtige nicht selbst aufgewendet hat, sind abziehbar.

Hat der Versicherungsnehmer eine Beitragsbefreiung mitversichert, erhöhen die kalkulatorischen oder tatsächlich durch das Versicherungsunternehmen übernommenen Beiträge die abzugsfähige Beitragssumme.[131]

Bei Teilleistungen (z. B. für Entnahmen, Teilkündigungen oder temporäre Leibrentenzahlungen) wird der Wertzuwachs jeweils durch Abzug eines auf die Teilleistungen entfallenden Anteils der berücksichtigungsfähigen Bei-träge ermittelt[132]. Die anteilig entrichteten Beiträge sind dabei wie folgt zu ermitteln:

$$\frac{\text{Versicherungsleistung} \times (\text{Summe der entrichteten Beiträge} - \text{bereits verbrauchte Beiträge})}{\text{Zeitwert der Versicherung zum Auszahlungszeitpunkt}}$$

Bei jeder Teilleistung ist gesondert zu prüfen, ob die Auszahlung ab Alter 60 (ab 2012: Alter 62) und nach Ablauf von 12 Jahren seit Vertragsabschluss erfolgt.

---

129   BMF-Schreiben vom 01.10.2009, Rz 56.
130   BMF-Schreiben vom 01.10.2009, Rz 57.
131   BMF-Schreiben vom 01.10.2009, Rz 37.
132   BMF-Schreiben vom 01.10.2009, Rz 61.

Beispiel:[133]

> Der Steuerpflichtige M hat am 01.10.2006 eine Rentenversicherung mit Ka-
> pitalwahlrecht (Laufzeit 20 Jahre) abgeschlossen. 2011, im Alter von 55 Jah-
> ren lässt er sich einen Teilbetrag von 5.000 € auszahlen. Bis zum Auszah-
> lungszeitpunkt hat M 10.000 € Beiträge geleistet; der Zeitwert der Versi-
> cherung zum Auszahlungszeitpunkt beträgt 15.000 €. Mit Ablauf der Versi-
> cherung erfolgt die Restauszahlung von 25.000 €. Insgesamt wurden
> 20.000 € an Beiträgen geleistet.

**Veranlagungszeitraum 2011:**

|   | Versicherungsleistung | 5.000,00 |
|---|---|---|
| ./. | anteilig geleistete Beiträge: | |

$$\frac{5.000\ € \times 10.000\ €}{15.000\ €} \qquad 3.333,33$$

|   | Wertzuwachs | 1.666,67 |
|---|---|---|
| = | | |

Das Versicherungsunternehmen führt 2011 für M vom gesamten Wertzuwachs
in Höhe von 1.666,67 € 25 % Kapitalertragsteuer zuzüglich 5,5 % Solidaritätszuschlag sowie ggf. auf Antrag einen Kirchensteuer-Zuschlag an das Finanzamt
ab. Dieser Besteuerung kommt in der Regel eine abgeltende Wirkung zu. Da
M 2011 das 60. Lebensjahr noch nicht vollendet hat und der Vertrag bis dato
keine 12 Jahre besteht, kommt der hälftige Wertzuwachs nicht in Betracht.

**Veranlagungszeitraum 2026:**

|   | Versicherungsleistung | 25.000,00 |
|---|---|---|
| ./. | anteilig geleistete Beiträge: | |
|   | 20.000 € – 3.333,33€ | 16.666,67 |
| = | gesamter Wertzuwachs | 8.333,33 |
|   | davon ½ steuerpflichtig | 4.116,67 |

M hat 2026 das 62. Lebensjahr vollendet und die restliche Versicherungsleistung wurde nach mehr als 12 Jahren ausbezahlt. M muss daher lediglich den
hälftigen Wertzuwachs (4.166,67 €) versteuern. Dennoch behält das Versicherungsunternehmen 25 % Kapitalertragsteuer sowie 5,5 % Solidaritätszuschlag
und ggf. auf Antrag einen Kirchensteuer-Zuschlag vom gesamten Wertzuwachs (8.333,33 €) ein. M muss in seiner Einkommensteuererklärung die Besteuerung des hälftigen Wertzuwachses beantragen. Die vom Versicherungsunternehmen abgeführten Steuern werden ihm auf seine Steuerlast 2026
angerechnet.

---

133   BMF-Schreiben vom 01.10.2009, Rz 62.

## Kapitalertragsteuer/Solidaritätszuschlag

Die Erträge in Höhe des gesamten Wertzuwachses unterliegen einer Kapitalertragsteuer von 25 % zuzüglich Solidaritätszuschlag (5,5 %) und auf Antrag ggf. einem Kirchensteuerzuschlag, der vom Versicherer an das Finanzamt abgeführt wird. Durch diese Besteuerung ist in der Regel die jeweilige Steuer abgegolten (→ I Grundzüge des Einkommensteuerrechts, 5.1.2 Gesonderte Steuertarife, Kapitaleinkünfte, S. 28). In diesen Fällen unterbleibt die Festsetzung von Einkommensteuer, Solidaritätszuschlag und Kirchensteuer für diese Erträge.

Für Erträge, die der „Abgeltungsteuer" unterlegen haben, kann der Steuerpflichtige die Festsetzung der Einkommensteuer mit dem besonderen Steuersatz von 25 % zuzüglich Solidaritätszuschlag bzw. die Veranlagung der Kirchensteuer beantragen. Dadurch kann der beim Kapitalertragsteuerabzug ggf. noch nicht abgezogene Sparerpauschbetrag berücksichtigt oder ein anderweitiger Verlust aus Kapitalanlagen verrechnet werden. Wenn es für den Steuerpflichtigen günstiger ist, werden die Kapitalerträge auf seinen Antrag hin nach dem allgemeinen Einkommensteuertarif besteuert. Die Kapitalertragsteuer hat dann keine abgeltende Wirkung und wird auf die Einkommensteuer angerechnet.

Der halbe Wertzuwachs unterliegt stets dem allgemeinen Einkommensteuertarif. Im Zeitpunkt der Auszahlung führt der Versicherer von dem gesamten Wertzuwachs 25 % Kapitalertragsteuer zuzüglich Solidaritätszuschlag (5,5 %) und auf Antrag ggf. einen Kirchensteuerzuschlag an das Finanzamt ab.[134] Die Kapitalertragsteuer wird von Amts wegen auf die individuelle Einkommensteuer angerechnet; sie hat keine abgeltende Wirkung. Die Erträge müssen vom Steuerpflichtigen in seine Einkommensteuererklärung aufgenommen werden.[135]

Liegt dem Versicherungsunternehmen ein Freistellungsauftrag oder eine Nichtveranlagungsbescheinigung des Steuerpflichtigen vor, kann der Steuereinbehalt unterbleiben. In diesen Fällen müssen Versicherungsunternehmen dem Bundesamt für Finanzen bis zum 31.05. eines Jahres die wesentlichen Angaben aus den Freistellungsaufträgen mitteilen, die für im Vorjahr zugeflossene Erträge erteilt wurden. Außerdem ist anzugeben, in welchem Umfang Kapitalerträge tatsächlich vom Steuerabzug freigestellt wurden.[136]

Versicherungsunternehmen haften für nicht einbehaltene Kapitalertragsteuer, soweit der Abzug vorsätzlich oder grob fahrlässig unterlassen wurde.[137] Werden aufgrund einer fehlerhaften Kapitalertragsteuer-Bescheinigung des Versicherungsunternehmens Steuern verkürzt, haftet das Unternehmen für diese Steuerausfälle. Diese Haftung kann durch eine berichtigte Kapitalertragsteuer-Bescheinigung vermieden werden.[138]

---

134　§ 43 Abs. 1 Nr. 4 EStG.
135　§ 32d Abs. 2 Nr. 2 i.V.m. § 43 Abs. 5 S. 2 EStG.
136　§ 45d EStG.
137　§ 45a Abs. 7 Satz 1 EStG.
138　§ 45a Abs. 7 Nr. 2 i.V.m. Abs. 6 EStG.

Bei mit inländischen Versicherungsunternehmen abgeschlossenen Verträgen dient die Steuerbescheinigung als Nachweis für die Höhe der steuerpflichtigen Kapitalerträge. Negative Kapitalerträge sind in der Regel durch eine Berechnung des Versicherungsunternehmens zu belegen.[139]

## Zurechnung des steuerpflichtigen Wertzuwachses

Die in der Versicherungsleistung enthaltenen steuerpflichtigen Erträge aus einer Lebensversicherung sind grundsätzlich dem Versicherungsnehmer zuzurechnen, sofern nicht eine der nachfolgenden Ausnahmen greift:

- **dem (widerruflich oder unwiderruflich) Bezugsberechtigten,**
  wenn ihm die Versicherungsleistung aufgrund des Bezugsrechts zusteht

- **den Erben des Versicherungsnehmers als Gesamtrechtsnachfolger,**
  wenn bei dessen Tod die Versicherungsleistung keinem Bezugsberechtigten zusteht

- **dem Zessionar,**
  soweit ihm die Versicherungsleistung zusteht. Das heißt, dass sich bei einer Sicherungsabtretung an der Zurechnung der Zinsen so lange nicht ändert, bis der Sicherungsfall eingetreten ist.

Die steuerpflichtigen Erträge sind daher den folgenden Personen aus deren Rechtsstellung nicht zuzurechnen:

- dem Pfandgläubiger

- dem widerruflich oder unwiderruflich Bevollmächtigten

- dem widerruflich oder unwiderruflich benannten Zahlungsempfänger.

Fließt die Ablaufleistung mehreren Personen (z. B. Versicherungsnehmer- oder Erbengemeinschaft) gemeinschaftlich zu, erfolgt die Aufteilung der Erträge nach Köpfen, soweit kein abweichendes Verhältnis bestimmt wurde.[140]

Ist die Versicherungsleistung mehreren Personen zuzurechnen, ist für jeden Beteiligten gesondert zu prüfen, ob er ggf. die Voraussetzungen für die Besteuerung des hälftigen Wertzuwachses erfüllt.

## Termfix-Versicherung/Ausbildungsversicherung

Termfix-Versicherungen werden häufig zur Absicherung der Ausbildungskosten eines Kindes abgeschlossen. Stirbt die versicherte Person, ist die Leistung im Zeitpunkt der vereinbarten Fälligkeit einkommensteuerfrei. Ist bei einer Ausbildungsversicherung ein Kind mitversicherte Person, ist eine versicherte Leistung bei Tod des Kindes (z. B. Beitragsrückzahlung) als Leistung im Todesfall ebenfalls einkommensteuerfrei.[141]

---

139  BMF-Schreiben vom 01.10.2009, Rz 82.
140  BMF-Schreiben vom 01.10.2009, Rz 28, 77.
141  BMF-Schreiben vom 01.10.2009, Rz 29.

## 2.1.1.3 Vermögensverwaltender Versicherungsvertrag

Eine vermögensverwaltende Versicherung liegt vor, wenn die folgenden Voraussetzungen kumulativ vorliegen:

* Der Versicherungsvertrag wurde nach dem 31.12.2004 abgeschlossen.

* Es ist eine gesonderte Verwaltung von speziell für diesen Vertrag zusammengestellten Kapitalanlagen vereinbart.

* Die zusammengestellten Kapitalanlagen sind nicht auf öffentlich vertriebene Investmentfondsanteile oder Anlagen beschränkt, die die Entwicklung eines veröffentlichten Indexes abbilden.

* Der Versicherungsnehmer kann unmittelbar oder mittelbar über die Veräußerung der Vermögensgegenstände und die Wiederanlage der Erlöse bestimmen (Dispositionsmöglichkeit).

Vermögensverwaltende Versicherungsverträge werden von den allgemein für Versicherungen geltenden Besteuerungsvorschriften ausgenommen und transparent besteuert. Das heißt, dass im Zeitpunkt, in dem Kapitalerträge (Zinsen, Dividenden) dem vom Versicherungsunternehmen gehaltenen Depot oder Konto zufließen, diese dem Versicherungsnehmer zugerechnet werden. Die Besteuerung der nach dem 31.12.2008 zugeflossenen Erträge erfolgt nach den für das jeweilige Anlagegut geltenden Regelungen (z. B. § 20 Abs. 1 Nr. 7 EStG für Zinserträge, § 20 Abs. 1 Nr. 1 EStG für Dividenden).

Die Beiträge für vermögensverwaltende Versicherungen sind – unabhängig vom Datum des Versicherungsvertrags – steuerlich nicht abzugsfähig.

## 2.1.1.4 Vertragsänderungen

Während der Laufzeit einer Lebensversicherung können sich die Lebensumstände oder Versorgungsbedürfnisse des Versicherungsnehmers erheblich verändern, so dass auch eine Anpassung des Vertrages zur Sicherung oder zum Ausbau der privaten Alters- und Hinterbliebenenversorgung erforderlich werden kann. Die Versicherungsunternehmen sind aufgrund ausdrücklicher Vereinbarungen oder nach dem Grundsatz von Treu und Glauben verpflichtet, Wünschen auf Anpassungen der Lebensversicherung an veränderte Erfordernisse zu entsprechen, soweit dies den Belangen des Versicherers nicht entgegensteht.

### Wesentliche Vertragsmerkmale

Werden wesentliche Vertragsmerkmale einer Versicherung geändert, kann dies zu einem Neubeginn der Mindestvertragsdauer für die Anwendung der 12/60-Regelung (ab 2012: 12/62-Regelung) führen. Als wesentliche Vertragsmerkmale werden von der Finanzverwaltung neben der Vertragslaufzeit, die Versicherungssumme, die Beitragshöhe sowie die Beitragszahlungsdauer angesehen.

Der Wechsel der versicherten Person führt steuerlich zur Beendigung des abgeschlossenen Vertrages (Zufluss der Erträge) und Abschluss einer neuen Versicherung. Da von den individuellen Eigenschaften (insbesondere Alter und Gesundheitszustand) die wesentliche Vertragsgrundlage für die Lebensversicherung abhängt, ist die versicherte Person eine unveränderbare Vertragsgrundlage.[142]

## Fest vereinbarte Vertragsänderung

Wird die Änderung einer Lebensversicherung im ursprünglichen Vertrag bereits fest vereinbart, führt dies, vorbehaltlich der Grenzen des Gestaltungsmissbrauchs (z. B. außerordentliche Beitragserhöhung), nicht zu einem Neubeginn der Mindestvertragsdauer.

## Vereinbartes Recht auf Vertragsänderung (Optionen)

Werden mit dem Versicherungsnehmer bereits mit dem Abschluss des Vertrags hinreichend bestimmte Optionen zur Änderung vereinbart, führt deren Ausübung zu einem späteren Zeitpunkt ebenfalls nicht zu einem Neubeginn der Mindestvertragsdauer. Dabei sind die Grenzen des Gestaltungsmissbrauchs zu beachten.[143] Nach unserer Auffassung sind bei Versicherungen gegen laufende Beitragszahlung Zuzahlungen insgesamt bis zum Dreifachen der anfänglichen Beitragssumme steuerunschädlich.[144]

## Nachträglich vereinbarte Vertragsänderung

Werden wesentliche Vertragsbestandteile ausschließlich vermindert bzw. gesenkt (z. B. Verkürzung der Laufzeit oder der Beitragszahlungsdauer, geringere Beitragszahlungen oder Versicherungssumme), so gilt steuerrechtlich der geänderte Vertrag als „alter Vertrag", der unverändert fortgeführt wird.[145]

Nachträglich vereinbarte Änderungen der Versicherungslaufzeit oder der Beitragszahlungsdauer bleiben für die Beurteilung der Mindestvertragsdauer außer Betracht, soweit nicht die Gesamtvertragsdauer von 12 Jahren unterschritten wird. Dies ist beispielsweise dann der Fall, wenn durch eine nachträglich ausgeübte Option die Beiträge bei gleichbleibender Versicherungssumme reduziert werden und sich dadurch die Vertragslaufzeit/Beitragszahlungsdauer erhöht.

Wird bei Zahlungsschwierigkeiten die Versicherungssumme herabgesetzt, Beiträge ganz oder teilweise gestundet oder die Beitragshöhe gemindert, kann der Versicherungsnehmer innerhalb einer Frist von 3 Jahren eine Wiederherstellung des alten Versicherungsschutzes bis zur Höhe der ursprünglich vereinbarten Versicherungssumme verlangen und die Beitragsrück-

---

142   BMF-Schreiben vom 01.10.2009, Rz 12.
143   BMF-Schreiben vom 01.10.2009, Rz 68.
144   In Anlehnung an BMF-Schreiben vom 01.10.2009, Rz 92 sowie BMF-Schreiben vom 16.02.2012.
145   BMF-Schreiben vom 01.10.2009, Rz 69.

stände nachentrichten. Die nachentrichteten Beiträge werden aufgrund des ursprünglichen Vertrages als geleistet angesehen. Maßnahmen zur Schließung der Beitragslücke (z. B. Anhebung der künftigen Beiträge, Leistungsherabsetzung, Verlegung von Beginn- und Ablauftermin) führen nicht zu einem Neubeginn der Mindestvertragsdauer.[146]

Nachträglich vereinbarte Beitragserhöhungen und Erhöhungen der Versicherungssumme gelten steuerlich im Umfang der Erhöhung als gesonderter neuer Vertrag, für den die Mindestvertragsdauer ab dem vereinbarten Erhöhungszeitpunkt neu zu laufen beginnt.[147] Erfolgt die Vertragsänderung nach 2012, ist für den neuen Vertragsteil die hälftige Besteuerung der Erträge anzuwenden, wenn der Steuerpflichtige das 62. Lebensjahr vollendet hat und der neue Vertragsteil eine Mindestlaufzeit von 12 Jahren erfüllt.

## 2.1.2 Leistungen aus vor dem 01.01.2005 abgeschlossenen „Altverträgen"

### 2.1.2.1 Kapitalversicherungen

Kapitalleistungen aus steuerbegünstigten „Altverträgen" sind stets und in vollem Umfang einkommensteuerfrei, wenn sie

- aus einer Versicherung gezahlt werden, deren Beiträge als Sonderausgaben abzugsfähig sind (laufende Beitragszahlung, Mindesttodesfallschutz, Vertragsdauer)

und

- im Versicherungsfall (Tod der versicherten Person, Dread-Disease) ausgezahlt werden

oder

im Fall einer (Teil-)Kündigung des Vertrags mit laufender Beitragszahlung nach Ablauf von 12 Jahren ausgezahlt werden (Rückkauf). Dem Rückkauf des Vertrages steht die Auflösung des Vertrages, der Rückkauf der Bonussumme und die „Barausschüttung" (Auszahlung des Überschussguthabens und des Anteils an den Bewertungsreserven) gleich.[148]

oder

- mit Beiträgen einer gleichartigen Versicherung verrechnet werden.

Außerdem dürfen die Ansprüche aus dem Versicherungsvertrag nicht bzw. nur in begünstigten Fällen zur Sicherung oder Tilgung von Darlehen eingesetzt werden (→ 1.1.2.6 Finanzierung, S. 148). Der zum Sonderausgaben-

---

146   BMF-Schreiben vom 01.10.2009, Rz 72 und 73.
147   BMF-Schreiben vom 01.10.2009, Rz 71.
148   BFH vom 12.10.2005 – VIII R 87/03, BStBl 2006 II S. 251.

abzug Berechtigte (i. Allg. der Versicherungsnehmer) muss den Versicherungsvertrag selbst abgeschlossen oder die Ansprüche aus dem Vertrag steuerunschädlich erworben haben (→ 1.1.2.5 Entgeltlicher Erwerb, S. 146).

Werden diese Voraussetzungen nicht erfüllt, unterliegen die in den Leistungen enthaltenen rechnungsmäßigen und außerrechnungsmäßigen Zinsen auf die in den Beiträgen enthaltenen Sparanteile ganz oder teilweise als Einkünfte aus Kapitalvermögen der Einkommensteuer (§ 20 Abs. 1 Nr. 6 EStG 2004).

Schließlich können auch bestimmte Vertragsänderungen (z.B. die Abkürzung der Beitragszahlungs-/Versicherungsdauer, die Erhöhung der Versicherungssumme oder die Verlängerung der Beitragszahlungs-/Versicherungsdauer) oder bestimmte Vertragsgestaltungen wie z. B. Deckungskapitaleinzahlungen zur Rückdatierung des Versicherungsbeginns zu einer Steuerpflicht der Zinsen führen (→ 1.1.2.7 Änderungen des Versicherungsvertrages, S. 178).

### Rechnungsmäßige Zinsen

Aus den Sparanteilen der Beiträge und den geschäftsplanmäßig festgelegten Zinsen wird die Prämienreserve (das Deckungskapital) der Versicherung gebildet, wenn das VAG in der vor dem 29.7.1994 geltenden Fassung anzuwenden ist. Bei diesen Verträgen erhöht sich das Deckungskapital aufgrund jeder Beitragszahlung und der kalkulatorischen Gutschrift von rechnungsmäßigen Zinsen.

Rechnungsmäßige Zinsen sind die Zinsen, mit denen das Deckungskapital geschäftsplanmäßig verzinst wird.[149]

Geschäftspläne mit Regelungen über das Deckungskapital und dessen Verzinsung waren von den Versicherungsunternehmen allerdings nur für Lebensversicherungen aufzustellen, die bis zum 28.07.1994 abgeschlossen wurden. Für danach abzuschließende Versicherungen ist ein rechnungsmäßig verzinstes Deckungskapital aufsichtsrechtlich und versicherungsvertragsrechtlich nicht mehr erforderlich und regelmäßig auch nicht mehr vereinbart worden.

Bei Versicherungen mit Vertragsabschluss ab dem 29.07.1994 hat der Versicherungsnehmer bei Rückkauf oder Auflösung einen Anspruch auf den Zeitwert der vereinbarten Versicherungsleistung. Die rechnungsmäßigen Zinsen sind der Unterschiedsbetrag zwischen der Summe der Sparanteile in den Beiträgen und

- dem Zeitwert (ohne Gewinnbeteiligung) vor Abzug eines eventuellen Stornoabschlags (im Fall der Kündigung/Auflösung des Vertrags vor Eintritt des Versicherungsfalls),

- der Versicherungssumme (im Erlebensfall),

---

149   BMF-Schreiben vom 31.08.1979, Ziffer 3.

oder

- der Versicherungssumme abzüglich des „riskierten Kapitals"[150] (im Todesfall).

## Außerrechnungsmäßige Zinsen

Zusätzlich zu den rechnungsmäßigen Zinsen werden in aller Regel Zinsüberschussanteile vergütet. Die Überschussanteile werden überwiegend während der Versicherungsdauer (laufende Überschussanteile) und zu einem geringeren Teil bei Fälligkeit der Versicherungsleistung (Schlussüberschussanteile) gewährt. Daneben wird der Versicherungsnehmer bei Vertragsbeendigung an den Bewertungsreserven der Kapitalanlagen des Versicherungsunternehmens beteiligt (außerrechnungsmäßige Zinsen).[151]

Die Höhe dieser Überschüsse hängt vor allem von der Entwicklung des Kapitalmarkts ab. Die Überschussanteile werden vom Versicherer festgelegt und im Anhang zu dessen Geschäftsbericht veröffentlicht.

Soweit die Überschussanteile zurückerstattete Risiko- und Verwaltungskostenanteile enthalten, gehören diese nicht zu den außerrechnungsmäßigen Zinsen.

Die laufende Überschussbeteiligung wird vor allem in Form einer Erhöhung der Versicherungssumme ohne zusätzliche Beitragsleistung (Bonussumme) oder in Form der Gewinnansammlung gewährt. Auch das sog. Gewinnansammlungsguthaben wird erst mit der Versicherungssumme fällig.

Die Steuerpflicht umfasst nur die rechnungsmäßigen und außerrechnungsmäßigen Zinsen auf die Sparanteile der Beiträge, nicht dagegen Zinsen und Zinseszinsen auf rückerstattete Risiko- oder Verwaltungskostenanteile.

## Zufluss von Zinsen

Zinsen, die steuerpflichtig sind, sind in dem Kalenderjahr zu versteuern, in dem sie ausgezahlt oder mit Beiträgen verrechnet werden.[152]

Eine Vorauszahlung, die das Versicherungsunternehmen mit der späteren Versicherungsleistung verrechnen kann (Policendarlehen), wird steuerlich nicht als Versicherungsleistung behandelt. Ein Policendarlehen wird steuerlich nur anerkannt, wenn

- bei Darlehensgewährung der Versicherungsschutz nicht abgesenkt wird,

- marktübliche Darlehenszinsen vereinbart sind und

- die Darlehenszinsen nicht von der Wertentwicklung des Versicherungsvertrages abhängen.

---

150 Als „riskiertes Kapital" ist der Unterschied zwischen der Versicherungssumme und dem kalkulatorischen Barwert der Versicherung zu verstehen.
151 § 153 VVG.
152 BMF-Schreiben vom 31.08.1979, Ziffer 6.

Erfüllt ein Policendarlehen diese Bedingungen nicht, ist von einer Teilauszahlung auszugehen. Die in der Teilauszahlung enthaltenen rechnungs- und außerrechnungsmäßigen Zinsen sind steuerpflichtig, wenn im Zeitpunkt der Gewährung des Policendarlehens die Versicherung die Mindestvertragsdauer von 12 Jahren noch nicht erfüllt hat.[153]

## Kapitalertragsteuer/Solidaritätszuschlag

Steuerpflichtige Zinsen aus privaten Lebensversicherungen unterliegen im Zeitpunkt der Auszahlung oder Beitragsverrechnung einer Kapitalertragsteuer von 25 % zuzüglich Solidaritätszuschlag (5,5 %) und auf Antrag ggf. einem Kirchensteuerzuschlag, der vom Versicherer an das Finanzamt abgeführt wird. Durch diese Besteuerung ist in der Regel die jeweilige Steuer abgegolten (→ I Grundzüge des Einkommensteuerrechts, 5.1.2 Gesonderte Steuertarife, Kapitaleinkünfte, S. 28). In diesen Fällen unterbleibt die Festsetzung von Einkommensteuer, Solidaritätszuschlag und Kirchensteuer für diese Erträge.

Wurde eine Kapitalversicherung mit Sparanteil zur Tilgung oder Sicherung eines Darlehens eingesetzt und hat das Finanzamt dem Versicherungsunternehmen mitgeteilt, dass die Zinsen aus dem Vertrag zu den Einkünften aus Kapitalvermögen gehören, muss der Versicherer ebenfalls Kapitalertragsteuer, Solidaritätszuschlag und ggf. einen Kirchensteuerzuschlag einbehalten. In den Fällen der Verwendung einer Kapitallebensversicherung zu Finanzierungszwecken sind auch dann Steuern einzubehalten, wenn das Versicherungsunternehmen die Sicherungs- oder Tilgungsabrede nicht angezeigt hat. Ist ein Policendarlehen als steuerpflichtige Erlebensfallleistung behandelt worden, liegt keine schädliche Verwendung im Sinne des Steueränderungsgesetzes 1992 vor. Bei Endfälligkeit des Versicherungsvertrags werden bereits versteuerte rechnungs- und außerrechnungsmäßige Zinsen abgezogen.[154]

Für Zinsen, die der „Abgeltungsteuer" unterlegen haben, kann der Steuerpflichtige die Festsetzung der Einkommensteuer mit dem besonderen Steuersatz von 25 % zuzüglich Solidaritätszuschlag bzw. die Veranlagung der Kirchensteuer beantragen. Dadurch kann der beim Kapitalertragsteuerabzug ggf. noch nicht abgezogene Sparerpauschbetrag berücksichtigt oder ein anderweitiger Verlust aus Kapitalanlagen verrechnet werden. Wenn es für den Steuerpflichtigen günstiger ist, werden die Kapitalerträge auf seinen Antrag hin nach dem allgemeinen Einkommensteuertarif besteuert. Die Kapitalertragsteuer hat dann keine abgeltende Wirkung und wird auf die Einkommensteuer angerechnet.

Liegt dem Versicherungsunternehmen ein Freistellungsauftrag oder eine Nichtveranlagungsbescheinigung des Steuerpflichtigen vor, kann der Steuereinbehalt unterbleiben. In diesen Fällen müssen Versicherungsunternehmen dem Bundesamt für Finanzen bis zum 31.05. eines Jahres (ab 2013:

---

153  BMF-Schreiben vom 01.10.2009, Rz 41a.
154  BMF-Schreiben vom 01.10.2009, Rz 41a.

01.03. eines Jahres) die wesentlichen Angaben aus den Freistellungsaufträgen mitteilen, die für im Vorjahr zugeflossene Erträge erteilt wurden. Außerdem ist anzugeben, in welchem Umfang Kapitalerträge tatsächlich vom Steuerabzug freigestellt wurden.[155]

Versicherungsunternehmen haften für nicht einbehaltene Kapitalertragsteuer, soweit der Abzug unterlassen wurde.[156] Werden aufgrund einer fehlerhaften Kapitalertragsteuer-Bescheinigung des Versicherungsunternehmens Steuern verkürzt, haftet das Unternehmen für diese Steuerausfälle. Diese Haftung kann durch eine berichtigte Kapitalertragsteuer-Bescheinigung vermieden werden.[157]

Bei mit inländischen Versicherungsunternehmen abgeschlossenen Verträgen dient die Steuerbescheinigung als Nachweis für die Höhe der steuerpflichtigen Kapitalerträge.

## Steuerunschädliche Finanzierungen

Die Sicherung oder Tilgung eines Darlehens durch eine Kapitallebensversicherung ist steuerlich unschädlich, wenn

* die Kapitallebensversicherung vor dem 14.02.1992 zur Sicherung oder Tilgung des Darlehens eingesetzt wurde (Altfall)

oder

* nur über Ansprüche auf Versicherungsleistungen im Todesfall verfügt wird

oder

* die Finanzierungskosten des Darlehens keine Betriebsausgaben oder Werbungskosten sind

oder

* die eingesetzte Lebensversicherung eine Direktversicherung ist

oder

* mit dem Darlehen unmittelbar und ausschließlich Anschaffungs- oder Herstellungskosten von Wirtschaftsgütern (Ausnahme: Forderungen) finanziert werden, die dauernd zur Erzielung von Einkünften bestimmt sind; die eingesetzten Versicherungsansprüche dürfen die mit dem Darlehen finanzierten Anschaffungs- oder Herstellungskosten nicht übersteigen. Es ist unschädlich, wenn bei dem Darlehen oder den eingesetzten Versicherungsansprüchen diese Anforderungen bis zu einem Betrag von 2.556 € (Bagatellgrenze) nicht eingehalten werden.

---

155  § 45d Abs. 1 EStG.
156  § 45a Abs. 7 Satz 1 EStG.
157  § 45a Abs. 7 Nr. 2 i.V.m. Abs. 6 EStG.

## Steuerschädliche Finanzierungen

Rechnungsmäßige und außerrechnungsmäßige Zinsen aus den Sparanteilen der Beiträge sind in vollem Umfang zu versteuern, wenn

- Versicherungsansprüche während der Vertragsdauer

- der Sicherung betrieblicher Darlehen dienen und die Sicherung insgesamt mehr als 3 Jahre besteht

  oder

  der Tilgung betrieblicher Darlehen dienen

  oder

  der Sicherung oder Tilgung nichtbetrieblicher Darlehen dienen

und

- die Lebensversicherung erst nach dem 13.02.1992 zur Sicherung oder Tilgung eingesetzt wurde (Neufälle)

und

- die eingesetzten Ansprüche nicht nur auf die Leistungen im Todesfall begrenzt sind

und

- die Finanzierungskosten der Darlehen ganz oder zum Teil Betriebsausgaben oder Werbungskosten sind

und

- die eingesetzte Lebensversicherung keine Direktversicherung ist

und

- die Darlehen nicht für begünstigte Wirtschaftsgüter eingesetzt wurden
  oder
  die eingesetzten Versicherungsansprüche nicht auf die Darlehensbeträge begrenzt sind, die zur Finanzierung der Anschaffungs- oder Herstellungskosten aufgewendet wurden.

## Sicherung von Betriebsmittelkrediten

Werden Ansprüche auf die Versicherungsleistung im Erlebensfall aus steuerlich begünstigten Kapitallebensversicherungen zur Sicherung betrieblicher Darlehen eingesetzt, gilt eine beschränkte Steuerschädlichkeit, wenn die Versicherung der Sicherung betrieblicher Darlehen dient und die Sicherung nicht länger als 3 Jahre besteht. In diesen Fällen der Sicherung von Betriebsmittelkrediten sind nur die Zinsen steuerpflichtig, die in den Kalenderjahren „gutgeschrieben" wurden, in denen die Lebensversicherung zur Darlehenssicherung eingesetzt war.

## Gesonderte Feststellung von steuerpflichtigen Zinsen aus Lebensversicherungen

Bei einer Lebensversicherung, die zur Sicherung oder Tilgung eines Darlehens eingesetzt worden ist, stellt das Wohnsitz-Finanzamt des Versicherungsnehmers die eventuelle Steuerpflicht der Zinsen in einem gesonderten Verfahren fest.[158]

Über das Feststellungsergebnis wird dem Versicherungsnehmer (oder ggf. dem Anspruchsberechtigten auf die Versicherungsleistung) ein sog. Grundlagenbescheid erteilt. Ein solcher Bescheid wird auch dann erteilt, wenn die Zinsen aus der Lebensversicherung nicht zu versteuern sind (negativer Feststellungsbescheid). Außerdem wird dem Versicherungsunternehmen das Ergebnis der gesonderten Feststellung im Falle des steuerschädlichen Einsatzes der Lebensversicherung mitgeteilt. Der Versicherer ist aufgrund einer solchen Mitteilung verpflichtet, Kapitalertragsteuer abzuführen.

Beim Einsatz einer Lebensversicherung zur kurzfristigen Sicherung von betrieblichen Darlehen ergeht zu jeder angezeigten Sicherung ein gesonderter Grundlagenbescheid. Wird die Beleihungsfrist von insgesamt 3 Jahren überschritten, ergeht ein Grundlagenbescheid über die dann vollständig zu versteuernden Zinsen.

Das Ergebnis des Grundlagenbescheids ist im Zeitpunkt des Zuflusses der Zinsen bei der Einkommen- oder Körperschaftsteuerveranlagung zugrunde zu legen. Das Finanzamt ist an das Ergebnis des Grundlagenbescheids gebunden.

Rechtsmittel gegen die Entscheidung des Finanzamts sind deshalb nicht erst bei der Veranlagung, sondern innerhalb eines Monats nach Zugang des Grundlagenbescheids einzulegen.[159]

## Fondsgebundene Lebensversicherungen

Erträge aus fondsgebundenen Lebensversicherungen sind unter den für Kapitallebensversicherungen geltenden Voraussetzungen (laufende Beiträge, Mindestvertragsdauer, Mindesttodesfallschutz, kein steuerschädlicher entgeltlicher Erwerb und keine steuerschädliche Finanzierung) steuerfrei. Unbeachtlich ist dabei, dass Beiträge zu fondsgebundenen Lebensversicherungen nicht als Vorsorgeaufwendungen begünstigt sind.

Für die Zwecke einer eventuellen Zinsbesteuerung wird der Unterschiedsbetrag zwischen

*   dem Wert sämtlicher Fondsanteile, die der Versicherung im Zeitpunkt des steuerpflichtigen Zuflusses zugeordnet werden,

und

---

158   BMF-Schreiben vom 15.06.2000, Rz 65, § 9 der Verordnung über die gesonderte Feststellung von Besteuerungsgrundlagen nach § 180 Abs. 2 AO.

159   § 351 Abs. 2 AO.

- der Summe der Anschaffungspreise aller Fondsanteile, die aufgrund der Beitragzahlung erworben wurden, ggf. vermindert um die Summe der Entnahmewerte der Fondsanteile, die zur Deckung des Risikos und der Kosten entnommen worden sind,

den rechnungs- und außerrechnungsmäßigen Zinsen auf die Sparanteile einer Kapitallebensversicherung gleichgestellt.

## Kapitalversicherungen mit Rentenwahlrecht

Wird das in einer Kapitallebensversicherung eingeräumte Rentenwahlrecht ausgeübt, fließen die Zinsen aus der Lebensversicherung in dem Zeitpunkt zu, in dem die Kapitalleistung zu zahlen wäre. Die gewährten rechnungs- und außerrechnungsmäßigen Zinsen sind steuerfrei, wenn auch die Kapitalleistung steuerfrei ausgezahlt werden könnte (Versicherung gegen laufenden Beitrag, Mindestvertragsdauer 12 Jahre). Zur Besteuerung der Rentenleistungen aus der Versicherung → 2.1.2.2 Rentenleistungen, S. 224.

## 2.1.2.2 Rentenleistungen

### Lebenslange Leibrenten

Leibrenten aus privaten Lebensversicherungen sind mit dem sog. Ertragsanteil als sonstige Einkünfte zu versteuern. Der Ertragsanteil ist nach dem Alter des Versicherten bei Beginn der Rentenzahlung nach der Tabelle in § 22 Nr. 1 Satz 3 Buchstabe a Doppelbuchstabe bb EStG zu ermitteln. Er gilt während der gesamten Dauer der Rentenzahlung.

Eine Leibrente liegt vor, wenn aus einer einheitlichen Rechtsgrundlage gleichbleibende wiederkehrende Zahlungen (Renten) während der Lebenszeit der Person zu erbringen sind.

Durch die Besteuerung des Ertragsanteils von Leibrenten unterliegen die Erträge der Einkommensteuer, die während der Dauer der Rentenzahlung aus dem Rentenkapital erzielt werden und in den Renten enthalten sind. Der Ertragsanteil von lebenslang laufenden Renten beträgt bei einem Beginn der Rentenzahlung im Alter

| 58 | 59 | 60 | 61 | 62 | 63 | 64 | 65 | 66 | 67 |
|------|------|------|------|------|------|------|------|------|------|
| 24 % | 23 % | 22 % | 22 % | 21 % | 20 % | 19 % | 18 % | 18 % | 17 % |

der Rente.

Renten, die mit dem Ertragsanteil zu versteuern sind, gehören zu den sonstigen Einkünften. Sie unterliegen nicht der Kapitalertragsteuer („Abgeltungsteuer").

Das Versicherungsunternehmen muss aber die von ihm gezahlten Renten eines Jahres unter Benennung des Empfängers einer zentralen Stelle der

Finanzverwaltung melden (→ Rentenbezugsmitteilung, S. 227). Der Rentenempfänger ist vom Versicherungsunternehmen über diese Rentenbezugsmitteilung jeweils zu informieren.

Für die einkommensteuerliche Beurteilung laufender Rentenzahlungen aus einer Versicherung mit garantierter Rentenleistung ist maßgebend, ob die Rentengarantiezeit länger ist als die durchschnittliche Lebenserwartung der versicherten Person bei Rentenbeginn. Die durchschnittliche Lebenserwartung ist nach der Sterbetafel zu bestimmen, die der Kalkulation der Rentenversicherung bei Vertragsabschluss zugrunde lag. Ist der Zeitraum für die Todesfallleistung kürzer oder gleich der voraussichtlichen durchschnittlichen Lebenserwartung des Versicherten, wird die versicherte Rente lediglich mit dem Ertragsanteil besteuert. Sollte der Zeitraum für die Todesfallleistung länger als die durchschnittliche Lebenserwartung des Versicherten ab Rentenbeginn sein, sind die Renten nicht mit dem Ertragsanteil gemäß § 22 Nr. 1 Satz 3 Buchstabe a Doppelbuchstabe bb EStG, sondern einzeln als jeweils gesonderte Kapitalzahlungen (Teilleistungen) im Erlebensfall in Höhe der darin enthaltenen Erträge als Einkünfte aus Kapitalvermögen zu versteuern. Die gewährten rechnungs- und außerrechnungsmäßigen Zinsen sind steuerfrei, wenn die einzelne Teilleistung die Voraussetzungen für eine steuerfreie Kapitalzahlung erfüllt (Versicherung gegen laufenden Beitrag, Mindestvertragsdauer 12 Jahre).

Ist die vereinbarte Rentengarantiezeit nicht länger als die durchschnittliche Lebenserwartung des Versicherten und werden nach dessen Tod die vereinbarten Garantierenten gezahlt, sind diese weiterhin mit dem Ertragsanteil der vereinbarten Leibrente zu versteuern.

Die Rentenleistung ist auch dann als Leibrente zu besteuern, wenn zu der bereits laufenden Leibrente eine Gewinnbeteiligung in Form der „Bonusrente" gewährt wird. Der bei Rentenbeginn festgestellte Ertragsanteil gilt für den Gesamtbetrag der jährlichen Rente einschließlich Bonusrente. Wird die Rente aus einer Versicherung aufgrund der vertraglichen Gewinnbeteiligung in Form einer abänderbaren „Gewinnrente" oder der „Barausschüttung" erhöht, erfolgt die Besteuerung ebenfalls mit dem bei Rentenbeginn festgelegten Ertragsanteil als sonstige Einkünfte.[160] Bei der „Gewinnrente" wird die Rente unter dem Vorbehalt erhöht, dass die künftige Gewinnbeteiligung des Versicherungsunternehmens unverändert bleibt. Wird der Gewinnbeteiligungssatz des Unternehmens reduziert, sinkt die künftige „Gewinnrente" und damit auch der Gesamtbetrag der Rentenzahlung aus der Versicherung. Bei der „Barausschüttung" orientiert sich der jährliche Gewinnanteil an der Entwicklung des Barwerts der Rente. Da der Barwert mit jeder Rentenzahlung abnimmt, vermindert sich die Erhöhung der vertraglichen Rente selbst bei gleichbleibendem Gewinnanteilsatz.

---

160   BMF-Schreiben vom 26.11.1998.

## Abgekürzte Leibrenten

Bei abgekürzten Leibrenten bestimmt sich der Ertragsanteil nach der voraussichtlichen Laufzeit der Rentenzahlungen ab Beginn des Rentenbezugs. Der Ertragsanteil ist aus der Tabelle des § 55 EStDV zu entnehmen.

Auch für diese Renten erfolgt eine Rentenbezugsmitteilung (→ Rentenbezugsmitteilung, S. 227).

## Witwen-/Witwerrenten

Bei Einschluss einer Witwenrente berechnet sich der Ertragsanteil nach dem Alter der Witwe bei Beginn der Witwenrente. Entsprechendes gilt für Witwerrenten.

Auch für diese Renten erfolgt eine Rentenbezugsmitteilung (→ Rentenbezugsmitteilung, S. 227).

## Waisenrenten

Waisenrenten, die nur bis zu einem bestimmten Höchstalter des Kindes gezahlt werden, sind als abgekürzte Leibrenten mit dem sich aus § 55 EStDV ergebenden Ertragsanteil als sonstige Einkünfte zu versteuern.

Auch für diese Renten erfolgt eine Rentenbezugsmitteilung (→ Rentenbezugsmitteilung, S. 227).

## Erwerbs- oder Berufsunfähigkeitsrenten

Erwerbs- oder Berufsunfähigkeitsrenten sind regelmäßig als zeitlich begrenzte Leibrenten zu behandeln und mit dem Ertragsanteil, der sich nach § 55 EStDV ergibt als sonstige Einkünfte zu versteuern.

Auch für diese Renten erfolgt eine Rentenbezugsmitteilung (→ Rentenbezugsmitteilung, S. 227).

## Pflegerenten

Leistungen aus einer Pflegeversicherung sind steuerfrei.[161] Werden Leistungen aus einer Erwerbs- oder Berufsunfähigkeitsversicherung augrund der vorliegenden Pflegebedürftigkeit gezahlt, gilt diese Steuerbefreiung nicht. Die Leistungen im Pflegefall sind dann als Erwerbs- oder Berufsunfähigkeitsrenten zu versteuern.

Wird aus einer Pflegerentenversicherung ab einem vereinbarten Höchstalter eine Altersrente gezahlt, ist die Altersrente als gesonderte Leibrente mit dem Ertragsanteil nach § 22 Nr. 1 Satz 3 Buchstabe a Doppelbuchstabe bb EStG zu versteuern. Für die Höhe des Ertragsanteils ist das Alter bei Rentenbeginn maßgebend.

---

161   § 3 Nr. 1 Buchstabe a EStG.

## Rentenbezugsmitteilung

Die Versicherungsunternehmen sind verpflichtet, Rentenzahlungen und ihre Empfänger der zentralen Stelle (Deutsche Rentenversicherung Bund) mitzuteilen. Diese Rentenbezugsmitteilung hat bis zum 01.03. des Folgejahres nach amtlich vorgeschriebenem Datensatz im Wege der Datenfernübertragung zu erfolgen.[162]

Der Versicherer übermittelt folgende Daten an die zentrale Stelle:

- die vom Leistungsempfänger genannte Identifikationsnummer. Teilt dieser trotz Aufforderung seine steuerliche Identifikationsnummer dem Versicherungsunternehmen nicht mit, darf es diese beim Bundeszentralamt für Steuern erfragen.

- Familienname, Vorname und das Geburtsdatum des Leistungsempfängers sowie, falls dem Versicherer bekannt, eine ausländische Anschrift und die Staatsangehörigkeit des Rentenempfängers.

- je gesondert den Betrag der ausgezahlten (abgekürzten) Leibrenten oder anderen Leistungen (z. B. Abfindungszahlung einer Kleinbetragsrente). Der im Betrag der Rente enthaltene Teil, der ausschließlich auf einer Anpassung der Rente beruht, ist gesondert mitzuteilen.

- Zeitpunkt des Beginns und des Endes des jeweiligen Leistungsbezugs. Folgen nach dem 31.12.2004 Renten aus derselben Versicherung einander nach, ist auch die Laufzeit der vorhergehenden Renten mitzuteilen.

- Bezeichnung und Anschrift des Versicherers

Wird die Rentenbezugsmitteilung nicht fristgerecht bis zum 01.03. des Folgejahres übermittelt, ist für jeden Monat der verspäteten Abgabe ein Verspätungsgeld in Höhe von 10 € für jede Mitteilung zu entrichten. Das Verspätungsgeld darf für alle für einen Veranlagungszeitraum zu übermittelnden Rentenbezugsmeldungen 50.000 € nicht übersteigen.[163]

Gegen einen Anbieter kann zudem ein Bußgeld wegen einer Ordnungswidrigkeit von bis zu 50.000 € festgesetzt werden, wenn er vorsätzlich oder grob fahrlässig die Daten der Rentenbezugsmitteilung bzw. die Mitteilung selbst nicht, nicht richtig, nicht vollständig oder nicht rechtzeitig an die zentrale Stelle übermittelt.[164]

Außerdem ist das Versicherungsunternehmen jeweils verpflichtet, den Leistungsempfänger über die erstattete Rentenbezugsmitteilung zu unterrichten. Die Information des Leistungsempfängers kann formlos erfolgen.

Die zentrale Stelle hat das Recht, bei den Versicherern die Einhaltung der Meldepflicht im Rahmen einer steuerlichen Außenprüfung zu überprüfen.

---

162  § 22a EStG.
163  § 22a Abs. 5 EStG.
164  § 50f EStG.

## 2.2 Besteuerung der Leistungen aus Risikoversicherungen

### Risikolebensversicherung

Die im Todesfall zu erbringende Kapitalleistung ist stets einkommensteuerfrei. Eine Barauszahlung von Überschussanteilen sowie die Leistung aufgrund einer verzinslichen Ansammlung der Überschüsse sind bei einer reinen Risikoversicherung ebenfalls einkommensteuerfrei.[165]

### Berufs- oder Erwerbsunfähigkeitsversicherung

Renten aus einer Berufs- oder Erwerbsunfähigkeitsversicherung sind regelmäßig als zeitlich begrenzte Leibrenten zu behandeln und mit dem Ertragsanteil zu versteuern, der sich nach § 55 EStDV ergibt.

Die Laufzeit der Rentenzahlung bemisst sich nach der Dauer der Berufs- oder Erwerbsunfähigkeit bzw. der ggf. mitversicherten Pflegebedürftigkeit, längstens nach dem Zeitraum, für den die Rentenzahlung zugesagt bzw. tatsächlich geleistet wurde. Lässt sich die Dauer der Rentenzahlung bei Beginn der Berufs- oder Erwerbsunfähigkeit nicht bestimmen, ist die voraussichtliche Laufzeit zu schätzen. Wird die Rente lediglich für einen begrenzten Zeitraum zugesagt, der später ggf. verlängert wird, ist der Ertragsanteil jeweils ab dem Zeitpunkt der Verlängerung nach der neuen Gesamtlaufzeit der Rente zu bestimmen.[166]

Die Gewinnbeteiligung einer Berufsunfähigkeitsrente erfolgt regelmäßig in Form der Bonusrente. Sollte die Gewinnbeteiligungsform zu variablen Rentenleistungen führen, liegen anstelle einer abgekürzten Leibrente befristete „wiederkehrende Bezüge" vor. Die variablen Rentenleistungen sind auch in diesem Fall mit dem Ertragsanteil nach § 55 EStDV zu versteuern.

Auch für diese Renten erfolgt eine Rentenbezugsmitteilung (→ 2.1.2.2 Rentenleistungen, Rentenbezugsmitteilung, S. 227).

### Pflegerentenversicherung

Leistungen aus einer Pflegerentenversicherung sind steuerfrei (§ 3 Nr. 1a EStG).

Werden Leistungen aus einer Berufsunfähigkeitsversicherung aufgrund der vorliegenden Pflegebedürftigkeit gezahlt, gilt diese Steuerbefreiung nicht. Die Leistungen im Pflegefall sind dann als Berufsunfähigkeitsrenten zu versteuern. (→ Berufs- oder Erwerbsunfähigkeitsversicherung, S. 228).

---

165  BMF-Schreiben vom 1.10.2009, Rz 7.
166  Urteil des Niedersächsischen Finanzgerichts vom 28.04.1997, EFG 1997 S. 1186.

Wird aus einer Pflegerentenversicherung ab einem vereinbarten Höchstalter eine Altersrente gezahlt, ist die Altersrente als gesonderte Leibrente mit dem Ertragsanteil (§ 22 Nr. 1 Satz 3 Buchstabe a Doppelbuchstabe bb EStG) zu versteuern.

Soweit die aus einer Pflegerentenversicherung geleisteten Renten nicht steuerfrei sind, erfolgt eine Rentenbezugsmitteilung (→ 2.1.2.2 Rentenleistungen, Rentenbezugsmitteilung, S. 227).

## 2.3   Versorgungsausgleich bei Ehescheidungen

Bei Scheidung einer Ehe wird ein jedes von den Ehegatten während der Ehezeit erworbene Anrecht auf eine Alters- oder Invaliditätsversorgung hälftig geteilt (Ausgleichswert). Dies geschieht vorrangig durch interne Teilung.

### Interne Teilung

Im Zeitpunkt der Scheidung wird die Wertveränderung, die der private Lebensversicherungsvertrag während der Ehedauer erfahren hat, halbiert (interne Teilung) und daraus ein eigenständiges Versorgungsanrecht des Ausgleichsberechtigten geschaffen. Im Zeitpunkt der Teilung unterliegt der Vermögenstransfer bei keinem der Beteiligten (Ausgleichsverpflichteter bzw. Ausgleichsempfänger) der Einkommensteuer.[167] Die Versorgungsleistungen werden erst während der Auszahlungsphase vom jeweiligen Empfänger versteuert. Dabei unterliegen die aus den übertragenen Anrechten bezogenen Leistungen der gleichen Einkunftsart und werden nach der gleichen steuerlichen Systematik („Alt- bzw. „Neuvertrag") wie beim ausgleichsverpflichteten Ehegatten besteuert. Die Versorgungsleistungen aus privaten Lebensversicherungen können daher beim Ausgleichsberechtigten zu Einkünften aus Kapitalvermögen oder bei Renten zu sonstigen Einkünften führen. Für die Besteuerung sind bei jedem Ehegatten die individuellen Merkmale (bei Renten: Jahr des Rentenbeginns für die Festlegung der Höhe des Ertragsanteils; bei Kapitalzahlungen vollendetes Lebensalter für hälftigen Wertzuwachs) gesondert zu ermitteln.

### Externe Teilung

Eine externe Teilung der erworbenen Anteile liegt vor, wenn der Ausgleichswert in einen bereits bestehenden oder neu begründeten Vertrag bei demselben oder einem anderen Anbieter eingebracht wird. Über die Art der Zielversorgung entscheidet die ausgleichsberechtigte Person. Dabei darf die Zahlung des Kapitalbetrags für die gewählte Zielversorgung nicht zu nachteiligen steuerlichen Folgen beim Ausgleichsverpflichteten führen, es

---

167   § 3 Nr. 55a EStG, BMF-Schreiben vom 13.09.2010, Rz 213.

sei denn, dieser stimmt der Wahl des ausgleichsberechtigten Ehegatten zu.[168] Unabhängig davon, ob der Ausgleichswert auf einen neuen oder bereits bestehenden Vertrag des Ausgleichsberechtigten übertragen wird, gilt der Vertrag(steil) zu dem gleichen Zeitpunkt als abgeschlossen wie derjenige der ausgleichsverpflichteten Person.[169]

Beruht das auszugleichende Anrecht auf einer Versorgung aus einer privaten Rentenversicherung und wählt der Ausgleichsberechtigte als Zielversorgung[170]

- eine Riester-Rente,

- eine Direktversicherung, Pensionskasse oder Pensionsfonds,

- die gesetzliche Rentenversicherung,

- eine private Lebensversicherung (Kapital- oder Rentenversicherung),

- eine Basisrente,

ist die Übertragung beim Ausgleichspflichtigen einkommensteuerfrei.[171]

Entscheidet sich der Ausgleichsberechtigte für eine private Lebensversicherung als Zielversorgung und beruht der Ausgleichswert auf einem Anrecht aus einer privaten Rentenversicherung,

- ist die Einzahlung des Ausgleichswerts einkommensteuerfrei.

- unterliegt die spätere Rentenzahlung mit dem für die ausgleichsberechtigte Person maßgebenden Ertragsanteil der Einkommensteuer.

- ist eine spätere Kapitalzahlung einkommensteuerfrei, wenn der ursprüngliche Vertrag des Ausgleichspflichtigen bis zum 31.12.2004 abgeschlossen wurde und die sonstigen Voraussetzungen für die Steuerfreiheit erfüllt (§ 20 Abs. 1 Nr. 6 EStG 2004).[172]

- ist eine spätere Kapitalzahlung im Erlebensfall oder bei Rückkauf des Vertrages in Höhe des (hälftigen) Wertzuwachses einkommensteuerpflichtig, wenn der ursprüngliche Vertrag des Ausgleichspflichtigen ab dem 01.01.2005 abgeschlossen wurde.

---

168  BMF-Schreiben vom 13.09.2010, Rz 206.
169  § 52 Abs. 36 Satz 12 EStG.
170  § 15 VersAusglG: Die Zielversorgung muss eine angemessene Versorgung gewährleisten. Als angemessen gilt stets ein Anrecht aus der gesetzlichen Rentenversicherung, einer Riester-Rente und bei einer Direktversicherung, einer Pensionskasse oder einem Pensionsfonds. Unseres Erachtens erfüllt auch die Basisrente die Voraussetzungen einer angemessenen Versorgung. Eine Versorgung in einer privaten Lebensversicherung kann ebenfalls eine angemessene Versorgung sein – in diesen Fällen muss das Familiengericht die Angemessenheit im Einzelfall feststellen. (Bundestag-Drucksache 16/11903 S. 105).
171  BMF-Schreiben vom 13.09.2010, Rz 219: Übertragung von Ansprüchen aus einer privaten Lebensversicherung auf einen anderen privaten Lebensversicherungsvertrag: externe Teilung als „richterlicher Gestaltungsakt" stellt keinen steuerbaren Tatbestand nach § 20 Abs. 1 Nr. 6 EStG dar (keine Leistung im Erlebensfall, kein Rückkauf des Vertrags).
172  Die Annahme eines „Einmalbeitrags" ist u. E. für die steuerliche Beurteilung unbeachtlich, da ansonsten der gesetzliche Zweck des fiktiven Vertragsabschlusses nicht erreicht werden kann.

Beruht der Ausgleichswert für eine private Lebensversicherung des Ausgleichsberechtigten aus einer geteilten Riester-Rente, Basisrente oder betrieblichen Altersversorgung des Ausgleichsverpflichteten, ist die Einzahlung des Ausgleichswerts einkommensteuerfrei. Die Einzahlung des Ausgleichswerts führt stets zur Begründung eines neuen Versicherungsvertrages oder bei Aufstockung einer vorhandenen Versorgung eines neuen Vertragsteils. Zu den Auswirkungen bei Riester-Rente, Basisrente sowie betrieblicher Altersversorgung beim Ausgleichsverpflichteten → im jeweiligen Kapitel unter Versorgungsausgleich.

## 2.4 Veräußerung von Ansprüchen aus Kapital- und Rentenversicherungen

### Lebensversicherungen mit Vertragsabschluss ab 2005

Werden Ansprüche auf die Versicherungsleistung im Erlebensfall (Kapital- oder Rentenzahlung) oder bei Rückkauf aus ab 2005 abgeschlossenen Kapitallebensversicherungen mit Sparanteil oder Rentenversicherungen nach 2008 veräußert, unterliegt der daraus erzielte Gewinn stets als Einkünfte aus Kapitalvermögen der Einkommensteuer.

### Lebensversicherungen mit Vertragsabschluss vor 2005

Werden Ansprüche auf die Versicherungsleistung im Erlebensfall (Kapital- oder Rentenzahlung) oder bei Rückkauf aus vor 2005 abgeschlossenen Kapitallebensversicherungen mit Sparanteil oder Rentenversicherungen nach 2008 veräußert, unterliegt der daraus erzielte Gewinn in folgenden Fällen als Einkünfte aus Kapitalvermögen der Einkommensteuer:

- Kapitalversicherungen gegen Einmalbeitrag oder laufenden Beitrag und mit einer Beitragszahlungsdauer von weniger als 5 Jahren

- Kapitalversicherungen gegen laufenden Beitrag, sofern die Ansprüche innerhalb der ersten 12 Jahre nach Vertragsabschluss veräußert werden

- Rentenversicherungen mit Kapitalwahlrecht gegen Einmalbeitrag oder laufenden Beitrag und einer Beitragszahlungsdauer von weniger als 5 Jahren

- Rentenversicherungen mit Kapitalwahlrecht gegen laufenden Beitrag, sofern die Ansprüche innerhalb der ersten 12 Jahre nach Vertragsabschluss veräußert werden

- Rentenversicherungen ohne Kapitalwahlrecht, sofern die Ansprüche innerhalb der ersten 12 Jahre nach Vertragsabschluss veräußert werden

- Kapital- oder Rentenversicherungen, die steuerschädlich zur Sicherung oder Tilgung eines Darlehens eingesetzt wurden

- Kapital- oder Rentenversicherungen, deren Ansprüche von einem anderen als dem Versicherungsnehmer in anderen Fällen als dem Ausgleich von arbeitsrechtlichen, erbrechtlichen oder familienrechtlichen Ansprüchen entgeltlich erworben worden sind, wenn dieser Erwerber die Ansprüche veräußert. Sind die Versicherungsansprüche aufgrund arbeitsrechtlicher, erbrechtlicher oder familienrechtlicher Abfindungs- oder Ausgleichsansprüche entgeltlich erworben worden, ist der Gewinn aus einer nachfolgenden Veräußerung lediglich dann zu versteuern, wenn einer der oben genannten Fälle vorliegt.

## Veräußerungsgewinn

Veräußerungsgewinn ist der Unterschiedsbetrag zwischen dem Veräußerungserlös und den bis dahin gezahlten Beiträgen (→ 2.1.1.2 Kapitalversicherungen, Ermittlung des Wertzuwachses, S. 210). Auf Verlangen des Steuerpflichtigen muss das Versicherungsunternehmen eine Bescheinigung über die Höhe der bis zum Zeitpunkt der Veräußerung entrichteten Beiträge erteilen.[173]

Versicherungsunternehmen müssen eine ihnen bekannt gewordene Veräußerung von Versicherungsansprüchen der Finanzverwaltung mitteilen.[174] Vom Veräußerungsgewinn ist keine Kapitalertragsteuer abzuführen.

Der Veräußerungsgewinn ist in die Einkommensteuererklärung aufzunehmen. Er unterliegt dem besonderen Einkommensteuersatz von 25 % zuzüglich Solidaritätszuschlag von 5,5 % der Einkommensteuer und auf Antrag ggf. einem Kirchensteuer-Zuschlag. Wenn es für den Steuerpflichtigen günstiger ist, wird der Veräußerungserlös auf seinen Antrag hin nach dem allgemeinen Einkommensteuertarif besteuert.

## Entgeltlicher Erwerb von Ansprüchen aus Lebensversicherungen mit Vertragsabschluss ab 2005

Nach einem entgeltlichen Erwerb sind die Erträge in einer Versicherungsleistung (z. B. Kapitalzahlung, temporäre Rente, Entnahme oder Rückkaufswert) als Unterschiedsbetrag zwischen der Versicherungsleistung einerseits und den Aufwendungen für den Erwerb der Ansprüche (Anschaffungskosten) sowie den ab dem Erwerb für die Versicherungsleistung gezahlten Beiträgen andererseits zu ermitteln. Diese Regelung gilt für Erträge in Versicherungsleistungen, die ab 2008 zugeflossen sind.[175]

Abhängig vom Zeitpunkt der Auszahlung (vor oder nach Vollendung des 60. Lebensjahres – ab 2012: 62. Lebensjahres bzw. vor oder nach Ablauf von 12 Jahren seit Vertragsabschluss) unterliegt der gesamte oder hälftige Wertzuwachs als steuerpflichtiger Ertrag der Einkommensteuer.

---

173  § 20 Abs. 2 Nr. 6 EStG.
174  § 20 Abs. 2 Nr. 6 EStG.
175  § 20 Abs. 1 Nr. 6 Satz 3 EStG, BMF-Schreiben vom 01.10.2009, Rz 64a.

Für den Kapitalertragsteuer-Einbehalt des Versicherungsunternehmens ist jeweils der Unterschiedsbetrag zwischen der Kapitalzahlung und der Summe der Beiträge als allgemeine Bemessungsgrundlage maßgebend.[176] In diesen Fällen hat die einbehaltene Kapitalertragsteuer keine abgeltende Wirkung. In der Regel ist es für den Steuerpflichtigen günstiger, die um die Anschaffungskosten verminderten Erträge auf seinen Antrag hin mit dem gesonderten Steuertarif für Kapitaleinkünfte (25 %) zu versteuern.[177]

---

176   § 43 Abs. 1 Nr. 4 Satz 1 2. Halbsatz EStG.
177   § 32d Abs. 4 EStG.

Verlust der Direktversicherungsansprüche 258
Vervielfältigungsregelung 259
Vervielfältigungsregelung und Pauschalbesteuerung 260
Gehaltsumwandlung (Barlohnumwandlung) 260
Direktversicherungsbeitrag als Abfindung/Entschädigung 261
Solidaritätszuschlag 261
Pauschale Kirchenlohnsteuer 261

2.2   Besteuerung der Versicherungsleistung 262
2.2.1  Leistungen aus steuerfreien oder geförderten Beiträgen
       und aus Altersvorsorgezulagen 263
2.2.2  Leistungen aus versteuerten und nicht geförderten Beiträgen 263
       Renten 263
       Kapitalzahlungen aus Direktversicherungen mit
       Vertragsabschluss vor 2005 264
       Kapitalzahlungen aus Direktversicherungen mit
       Vertragsabschluss nach 2004 264
2.2.3  Leistungen, die auf Altersvorsorgezulage, auf geförderten
       und nicht geförderten Beiträgen beruhen 265
2.2.4  Leistungen bei schädlicher Verwendung oder Wegzug aus
       Deutschland 265
2.2.5  Aufteilungsverfahren beim Versicherer 266
2.2.6  Pflichten des Arbeitgebers 267
       Aufzeichnungspflichten 267
       Mitteilungspflichten 267
2.2.7  Rentenbezugsmitteilung 268

3      Steuerliche Behandlung beim Arbeitgeber 270
       Rechnungsabgrenzung 270
       Zurechnung der Versicherungsansprüche 270
       Konzerngesellschaft als Versicherungsnehmer 271
       Bewertung der Ansprüche 271
       Gewinnermittlung nach § 4 Abs. 3 EStG 272
       Überschussbeteiligung zugunsten des Arbeitgebers 272
       Verlust der Ansprüche aus einer Direktversicherung 272

4      Einzelfälle 273
       Arbeitnehmer-Ehegatte 273
       Umwandlung Rückdeckungsversicherung in
       Direktversicherung 274
       Umwandlung private Lebensversicherung in
       Direktversicherung 275
       Direktversicherung für Gesellschafter einer
       Personengesellschaft 275
       Direktversicherung für Gesellschafter-Geschäftsführer
       einer Kapitalgesellschaft 275
       Versorgungsausgleich bei Ehescheidungen 276
       Versorgungsausgleichskasse 281
       Arbeitgeberwechsel nach § 3 Nr. 55 EStG 281

# 1 Allgemeines

Eine Direktversicherung liegt vor, wenn der Arbeitgeber als Versicherungsnehmer auf das Leben des Arbeitnehmers (als versicherte Person) eine Lebensversicherung abschließt, aus der der Arbeitnehmer oder seine Hinterbliebenen ganz oder teilweise bezugsberechtigt sind.[1] Eine Lebensversicherung, die von einer mit dem Arbeitgeber verbundenen Konzerngesellschaft abgeschlossen worden ist, wird von der Finanzverwaltung als Direktversicherung anerkannt, wenn das Bezugsrecht des Arbeitnehmers durch dessen Dienstverhältnis veranlasst ist und die Beiträge vom Arbeitgeber getragen werden.[2]

Beiträge zu Direktversicherungen sind beim Arbeitgeber als Betriebsausgaben abzugsfähig. Sie führen im Zeitpunkt der Beitragszahlung zu steuerlichem Arbeitslohn des Arbeitnehmers. Seit 2005 sind Beiträge zu einer Direktversicherung bis zum Höchstbetrag von 4 % der Beitragsbemessungsgrenze Deutsche Rentenversicherung (West) steuerfrei, wenn die Anforderungen des § 3 Nr. 63 EStG eingehalten sind. Bei nach dem 31.12.2004 erteilten „Neuzusagen" sind zusätzlich 1.800 € jährlich steuerfrei. Soweit die Beiträge nicht steuerfrei sind, unterliegen sie der Lohnsteuer. Der Arbeitgeber kann die Lohnsteuer individuell nach den steuerlichen Verhältnissen des Arbeitnehmers oder – bei „Altzusagen" vor dem 01.01.2005 – mit einem pauschalen Satz ermitteln.[3] Individuell lohnversteuerte Beiträge können mit Altersvorsorgezulage und dem zusätzlichen Sonderausgabenabzug nach § 10a EStG gefördert werden.

Leistungen, die auf den steuerfreien Beiträgen beruhen, sind im Zeitpunkt der Zahlung in vollem Umfang nachgelagert zu versteuern. Ebenfalls in vollem Umfang als sonstige Einkünfte der Einkommensteuer unterliegen Leistungen aus Direktversicherungen, soweit sie auf geförderten Altersvorsorgebeiträgen und/oder Altersvorsorgezulagen beruhen.

Leistungen aus Direktversicherungen, die auf pauschal versteuerten oder auf individuell versteuerten und nicht geförderten Beiträgen beruhen, sind

- mit dem Ertragsanteil zu versteuern, wenn sie als lebenslange Leibrenten erbracht werden,

- im Falle einer Kapitalzahlung aus einer Versicherung mit Vertragsabschluss vor 2005 regelmäßig einkommensteuerfrei,

- im Falle einer Kapitalzahlung aus einer Versicherung mit Vertragsabschluss seit 2005 in Höhe des (hälftigen) Wertzuwachses zu versteuern.

---

1  § 1b Abs. 2 Satz 1 BetrAVG.
2  R 40b.1 Abs. 1 Satz 3 LStR 2011; bei Lebensversicherungsunternehmen: Erlass des bayerischen Staatsministeriums der Finanzen (koordinierter Ländererlass) vom 07.04.1976 sowie Finanzministerium Niedersachsen, Erlass vom 13.01.1978.
3  § 52 Abs. 6 EStG i.V.m. § 40b EStG 2004.

## Formen der Direktversicherung

Lebensversicherungen als Direktversicherungen können in der Form von Risiko-, Kapitallebens- oder Rentenversicherungen sowie als fondsgebundene Lebensversicherungen abgeschlossen werden. Unfalltodzusatz- und Berufsunfähigkeitszusatzversicherungen dürfen in die Direktversicherungen einbezogen werden. Zudem können Direktversicherungen als selbständige Berufsunfähigkeitsversicherungen und Unfallversicherungen mit Prämienrückgewähr, bei denen der Arbeitnehmer Anspruch auf die Prämienrückgewähr hat, abgeschlossen werden.[4] Unfallversicherungen ohne Prämienrückgewähr sind keine Lebensversicherungen und können somit auch keine Direktversicherungen sein. Allerdings können Beiträge zu Unfallversicherungen unter den Voraussetzungen des § 40b Abs. 3 EStG mit 20 % pauschal lohnversteuert werden.

## Arbeitnehmer

Zum Begriff des Arbeitnehmers → I Grundzüge des Einkommensteuerrechts, 3.4 Nichtselbständige Arbeit, Arbeitnehmer, S. 13.

## Bezugsrecht

Für die Annahme einer Direktversicherung ist es unbeachtlich, ob das Bezugsrecht widerruflich oder unwiderruflich ist. Bei gespaltenem Bezugsrecht liegt eine Direktversicherung nur insoweit vor, als der Arbeitnehmer oder seine Hinterbliebenen bezugsberechtigt sind.[5] Steuerlich unerheblich ist ebenfalls, ob die Anwartschaft des Arbeitnehmers auf die Direktversicherung arbeitsrechtlich verfallbar oder unverfallbar ist.[6]

---

4   R 40b.1 Abs. 2 Sätze 7, 8 LStR 2011.
5   R 40b.1 Abs. 2 Satz 10 LStR 2011.
6   R 40b.1 Abs. 2 Satz 11 LStR 2011.

# 2 Steuerliche Behandlung beim Arbeitnehmer

## 2.1 Steuerliche Behandlung der Beiträge

### Steuerliche Zuordnung

Die vom Arbeitgeber entrichteten Beiträge stellen Arbeitslohn dar, der dem Arbeitnehmer im Zeitpunkt der Zahlung zufließt. Steuerlich wird der Beitrag des Arbeitgebers wie eine Geldleistung behandelt, die dem Barlohn gleichsteht. Die Direktversicherung wird einkommensteuerlich dem Vermögen des Arbeitnehmers zugerechnet.

### Besteuerung der Beiträge

Zum steuerpflichtigen Arbeitslohn gehört die gesamte Beitragsleistung des Arbeitgebers, die er für die Direktversicherung zu zahlen hat. Dies gilt nach Auffassung der Finanzverwaltung selbst dann, wenn der Arbeitnehmer nur teilweise bezugsberechtigt ist. Werden Gewinnanteile aus der Direktversicherung mit den Beiträgen verrechnet, sind im Ergebnis nur die tatsächlich zu zahlenden Beiträge Arbeitslohn.[7] Dem Arbeitgeber zustehende Ansprüche gegen das Versicherungsunternehmen (z. B. Rückkaufswerte aus anderen Versicherungen), die mit dem Beitrag verrechnet werden, sind dagegen vom maßgebenden Beitrag nicht abzuziehen.

Der Unterschiedsbetrag zwischen dem Tarifbeitrag einer Direktversicherung, die im Rahmen eines Gruppen- bzw. Kollektiv-Versicherungsvertrags abgeschlossen worden ist, und dem Tarifbeitrag einer Einzel-Direktversicherung gehört weder als fiktiver Direktversicherungsbeitrag noch als sonstiger geldwerter Vorteil zum Arbeitslohn.[8]

### Im Ausland tätige Arbeitnehmer

Beiträge zu Direktversicherungen, die ein ausländischer Arbeitgeber für einen im Inland wohnhaften Arbeitnehmer entrichtet, gehören aufgrund der unbeschränkten Einkommensteuerpflicht des Arbeitnehmers in Deutschland im Inland zu den Einkünften aus nichtselbständiger Arbeit. Zugleich unterliegen die Beiträge regelmäßig im Tätigkeitsstaat der beschränkten Einkommensteuerpflicht. Das Besteuerungsrecht für den Arbeitslohn wird in diesen Fällen nach den bestehenden Abkommen zur Vermeidung einer Doppelbesteuerung (DBA) regelmäßig dem Staat zugeordnet, in dem der Arbeit-

---

7  R 40b.1 Abs. 7 LStR 2011.
8  BMF-Schreiben vom 04.11.2009 sowie BMF-Schreiben vom 20.03.1996.

nehmer tätig ist (Tätigkeitsstaat). Ist dies der Fall, besteuert der Tätigkeitsstaat den Arbeitslohn des Arbeitnehmers; dem Wohnsitzstaat steht dann kein Besteuerungsrecht mehr zu.

Steht Deutschland das Besteuerungsrecht zu, unterliegt der Arbeitslohn im Inland der Einkommensteuer. Ist der Arbeitnehmer bei einer ausländischen Betriebsstätte beschäftigt, muss der Arbeitgeber im Ausland von dem Arbeitslohn keine inländische Lohnsteuer einbehalten.

### Arbeitnehmer mit Wohnsitz im Ausland

Der aus einer inländischen Tätigkeit erzielte Arbeitslohn eines Arbeitnehmers mit Wohnsitz im Ausland gehört zu den inländischen Einkünften, wenn nach dem DBA Deutschland das Besteuerungsrecht zusteht. Dies ist mit Ausnahme von Frankreich und Österreich bei sämtlichen Anrainerstaaten Deutschlands der Fall.

Wird der Arbeitslohn dagegen dem Wohnsitzstaat zugeordnet, unterliegt er in diesem der Einkommensteuer. Dies gilt für sogenannte Grenzgänger (insbesondere Pendler mit Wohn- und Arbeitsstätte im grenznahen Bereich) nach den DBA mit Frankreich und Österreich. In diesen Fällen können die Beiträge zu einer Direktversicherung im Inland nicht besteuert werden.

### Freigrenze für Sachbezüge

Die Freigrenze für Sachbezüge (44 € pro Monat) kann nicht auf Direktversicherungsbeiträge angewendet werden.[9]

### Individuelle Lohnsteuer

Soweit die Beiträge zu einer Direktversicherung der individuellen Lohnbesteuerung unterliegen, hat der Arbeitgeber die vom Arbeitnehmer zu tragende Lohnsteuer nach der jeweils maßgebenden Lohnsteuerklasse zu ermitteln und abzuführen.

### Sonderausgabenabzug von Direktversicherungsbeiträgen

Beiträge zu Direktversicherungen mit Vertragsabschluss vor 2005 können als Vorsorgeaufwendungen geltend gemacht werden, wenn sie individuell lohnversteuert und die Anforderungen an den Sonderausgabenabzug für „Altverträge" eingehalten wurden (→ II C Private Lebensversicherungen, 1.1.2 Verträge vor dem 01.01.2005 [„Altverträge"], S. 135).

Beiträge zu Direktversicherungen mit Vertragsabschluss oder Versicherungsbeginn nach 2004 können bei der Veranlagung zur Einkommensteuer nicht

---

9   H 40b.1 Stichwort „44-Euro-Freigrenze" LStH 2012.

mehr als Vorsorgeaufwendungen geltend gemacht werden. Ausgenommen davon sind Direktversicherungen, die in der Form einer

- Risikolebensversicherung (→ II C Private Lebensversicherungen, 1.2 Risikoversicherungen, Risikolebensversicherung, S. 186)

- Berufsunfähigkeitsversicherung (→ II C Private Lebensversicherungen, 1.2 Risikoversicherungen, Berufs- oder Erwerbsunfähigkeitsversicherung, S. 186)

- Basisrente (→ II B Basisrentenverträge [Basisrente], 3 Sonderausgabenabzug für Basisvorsorgeaufwendungen, S. 108)

abgeschlossen worden sind.

## 2.1.1 Abgrenzung Alt-/Neuzusage

Entscheidend für die steuerliche Behandlung der Beiträge zu einer Direktversicherung beim Arbeitnehmer ist, ob sie aufgrund einer Versorgungszusage geleistet werden, die vor dem 01.01.2005 („Altzusage") oder nach dem 31.12.2004 („Neuzusage") erteilt wurde.

Für die Frage, zu welchem Zeitpunkt eine Versorgungszusage erstmalig erteilt wurde, ist grundsätzlich die zu einem Rechtsanspruch führende arbeitsrechtliche bzw. betriebsrentenrechtliche Verpflichtungserklärung des Arbeitgebers (z. B. Einzelvertrag, Betriebsvereinbarung oder Tarifvertrag) maßgebend. Entscheidend ist danach nicht, wann Mittel an die Versorgungseinrichtung fließen. Bei kollektiven, rein arbeitgeberfinanzierten Versorgungsregelungen ist die Zusage daher in der Regel mit Abschluss der Versorgungsregelung bzw. mit Beginn des Dienstverhältnisses des Arbeitnehmers erteilt.

Im Fall der ganz oder teilweise durch Entgeltumwandlung finanzierten Zusage gilt diese regelmäßig mit Abschluss der erstmaligen Gehaltsänderungsvereinbarung als erteilt. Liegen zwischen der Gehaltsänderungsvereinbarung und der erstmaligen Herabsetzung des Arbeitslohns mehr als 12 Monate, gilt die Versorgungszusage erst im Zeitpunkt der erstmaligen Herabsetzung als erteilt.[10]

Eine Versorgungszusage, die erst mit dem Abschluss der Gehaltsänderungsvereinbarung als erteilt gilt, ist unserer Auffassung nach nur dann anzunehmen, wenn zuvor keine schriftliche Versorgungszusage erteilt wurde.[11] Die Finanzverwaltung selbst geht davon aus, dass es nicht entscheidend ist, wann Mittel an die Versorgungseinrichtung fließen.[12]

Wurde die einer Direktversicherung zugrunde liegende Versorgungszusage arbeitsrechtlich wirksam vor dem 01.01.2005 erteilt, liegt steuerrechtlich eine sog. „Altzusage" vor.

---

10  BMF-Schreiben vom 31.03.2010, Rz 307.
11  § 52 Abs. 52b Satz 1 EStG.
12  BMF-Schreiben vom 31.03.2010, Rz 307.

Eine „Altzusage" besteht weiterhin, wenn insbesondere

- die Beträge und/oder die Leistungen erhöht bzw. vermindert werden,

- die Finanzierungsform ersetzt bzw. ergänzt wird (z. B. Wechsel von Entgeltumwandlung in Arbeitgeberfinanzierung),

- der Versorgungsträger/Durchführungsweg gewechselt wird (z. B. Wechsel von Pensionskasse in Direktversicherung; Wechsel von Versicherungsunternehmen A zu Versicherungsunternehmen B),

- die Rechtsgrundlage der Versorgung geändert wird (z. B. bisher tarifvertraglich in einzelvertraglich),

- eine befristete Entgeltumwandlung erneut befristet oder unbefristet fortgesetzt wird.[13]

Werden einzelne Leistungskomponenten der Versorgungszusage im Rahmen einer von vornherein vereinbarten Wahloption verringert, erhöht oder erstmals aufgenommen (z. B. Einbeziehung der Hinterbliebenenabsicherung nach Heirat) und kommt es infolge dessen nicht zu einer Beitragsanpassung, liegt ebenfalls keine „Neuzusage" vor; es handelt sich weiterhin um eine „Altzusage".[14]

Wird die Übertragung einer vor dem 01.01.2005 erteilten Versorgungszusage auf einen neuen Arbeitgeber unter Anwendung des „Abkommens zur Übertragung von Direktversicherungen, Pensionskasse oder Pensionsfonds bei Arbeitgeberwechsel"[15] vorgenommen oder der (Alt-)Vertrag unmittelbar vom neuen Arbeitgeber fortgeführt, kann weiterhin von einer „Altzusage" ausgegangen werden.[16]

Wird eine vor dem 01.01.2005 abgeschlossene Direktversicherung infolge der Beendigung des Dienstverhältnisses auf den Arbeitnehmer übertragen (versicherungsvertragliche Lösung), dann von diesem zwischenzeitlich privat und später von einem neuen Arbeitgeber ohne wesentliche Änderung wieder als Direktversicherung fortgeführt, kann weiterhin von einer „Altzusage" ausgegangen werden. Die Beiträge für die Direktversicherung können ggf. vom neuen Arbeitgeber weiter pauschal besteuert werden.[17]

Eine bestehende „Altzusage" wird auch im Fall der Übernahme der Zusage (Schuldübernahme) nach § 4 Abs. 1 Nr. 1 BetrAVG durch den neuen Arbeitgeber und bei Betriebsübergang (§ 613a BGB) fortgeführt.[18]

Von einer „Neuzusage" ist auszugehen, wenn dem Arbeitnehmer erstmals nach dem 31.12.2004 Leistungen der betrieblichen Altersversorgung zugesagt worden sind.

---

13 BMF-Schreiben vom 31.03.2010, Rz 308.
14 BMF-Schreiben vom 31.03.2010, Rz 311.
15 Vgl. Abkommen zur Übertragung von Direktversicherungen, Pensionskasse oder Pensionsfonds bei Arbeitgeberwechsel vom 30.07.2010, gültig ab 01.01.2012.
16 BMF-Schreiben vom 31.03.2010, Rz 313, 314.
17 § 52 Abs. 6 und § 52b EStG i.V.m. § 40b EStG 2004, BMF-Schreiben vom 31.03.2010, Rz 315.
18 BMF-Schreiben vom 31.03.2010, Rz 309.

Von einer „Neuzusage" ist auch dann auszugehen, wenn der Arbeitgeber dem Arbeitnehmer nach 2004 eine Versorgungszusage mit der Maßgabe erteilt, dass diese neue Zusage eine vor 2004 erteilte „Altzusage" unberührt lässt.[19]

Besteht eine vor 2004 erteilte „Altzusage" und wird insbesondere

- die „Altzusage" erweitert um zusätzliche biometrische Risiken, die mit einer Beitragserhöhung verbunden sind, so gilt die Erweiterung als Neuzusage.

- bei einem Arbeitgeberwechsel der Wert der Versorgung auf einen neuen Arbeitgeber für eine von diesem zugesagte Versorgung übertragen, liegt eine „Neuzusage" vor. Die Versorgungszusage des ehemaligen Arbeitgebers erlischt nach der Übertragung des Übertragungswerts.[20]

## 2.1.2 Neuzusagen nach dem 31.12.2004

Beiträge des Arbeitgebers aus einem ersten Dienstverhältnis für eine Direktversicherung zum Aufbau einer kapitalgedeckten betrieblichen Altersversorgung sind beim Arbeitnehmer im Rahmen von Höchstbeträgen einkommensteuerfrei, wenn nur Leistungen der Alters-, Invaliditäts- oder Hinterbliebenenversorgung erbracht werden und diese grundsätzlich in Form einer lebenslangen Leibrente oder von Raten eines Auszahlungsplans mit Anschlussrente vorgesehen sind.

Nach Auffassung der Finanzverwaltung sind Beiträge für eine Direktversicherung außerdem nur dann einkommensteuerfrei[21], wenn

- Leistungen für die Altersversorgung des Arbeitnehmers grundsätzlich frühestens ab dem 60. Lebensjahr (bei Zusagen ab dem 01.01.2012: 62. Lebensjahr) vorgesehen sind,

- Versorgungsleistungen bei Tod des Arbeitnehmers lediglich zugunsten des Ehegatten, der Kinder oder Stiefkinder im Sinne des EStG, des geschiedenen Ehegatten, des Partners einer eingetragenen Lebenspartnerschaft oder eheähnlichen Lebensgemeinschaft zugesagt worden sind.

Hat ein Arbeitnehmer die Steuerfreiheit der Beiträge zugunsten der Förderung mit Altersvorsorgezulage abgewählt oder erfüllt der Versicherungsvertrag die Anforderungen des § 3 Nr. 63 EStG nicht, unterliegen die Beiträge der Lohnsteuer.

---

19  BMF-Schreiben vom 31.03.2010, Rz 312.
20  BMF-Schreiben vom 31.03.2010, Rz 310.
21  § 3 Nr. 63 EStG.

## Erstes Dienstverhältnis

Ein erstes Dienstverhältnis liegt vor, wenn der Arbeitnehmer dem Arbeitgeber seine Lohnsteuerkarte 2010 mit einer der Lohnsteuerklassen I-V vorlegt. Ab dem 01.01.2013 ersetzt ein elektronisches Verfahren (ELSTAM) das bisherige Lohnsteuerkartenverfahren. Zukünftig stellt die Finanzverwaltung dem Arbeitgeber automatisch generierte Lohnsteuer-Abzugsmerkmale für den Lohnsteuereinbehalt zur Verfügung.

Ein erstes Dienstverhältnis kann ferner bei Teilzeitbeschäftigten anzunehmen sein, deren Arbeitslohn unter Verzicht auf die Vorlage einer Lohnsteuerkarte nach § 40a EStG pauschal lohnversteuert wird. Somit gehören zum begünstigten Personenkreis alle Arbeitnehmer, unabhängig davon, ob sie in der gesetzlichen Rentenversicherung pflichtversichert sind oder nicht (z. B. beherrschender Gesellschafter-Geschäftsführer).[22]

Bei Lohnsteuerklasse VI liegt kein erstes Dienstverhältnis vor.[23]

## Kapitaldeckungsverfahren

Die Beiträge einer Direktversicherung sind nur einkommensteuerfrei, wenn sie dem Aufbau einer betrieblichen Altersversorgung im Kapitaldeckungsverfahren dienen. Für Umlagen, die vom Arbeitgeber an eine nicht kapitalgedeckte Versorgungseinrichtung geleistet werden (z. B. an die Versorgungsanstalt des Bundes und der Länder VBL) kommt die Steuerfreiheit nach § 3 Nr. 63 EStG nicht in Betracht.

## Versorgungsformen

Betriebliche Altersversorgung liegt vor, wenn dem Arbeitnehmer aus Anlass seines Arbeitsverhältnisses vom Arbeitgeber Leistungen zur Absicherung mindestens eines biometrischen Risikos (Alter, Tod, Invalidität) zugesagt werden und Ansprüche auf diese Leistungen erst mit dem Eintritt des biologischen Ereignisses fällig werden (§ 1 BetrAVG). Werden mehrere biometrische Risiken abgesichert, müssen die Voraussetzungen für jedes Einzelrisiko erfüllt werden.

Das biologische Ereignis ist bei der Altersversorgung das altersbedingte Ausscheiden aus dem Erwerbsleben, bei der Hinterbliebenenversorgung der Tod des Arbeitnehmers und bei der Invaliditätsversorgung der Invaliditätseintritt. Bei der Invaliditätsversorgung (Erwerbsunfähigkeit, Dienstunfähigkeit oder Berufsunfähigkeit) kommt es auf den Invaliditätsgrad nicht an.

Eine Hinterbliebenenversorgung im steuerlichen Sinne darf nur Leistungen an die Witwe bzw. den Witwer des Arbeitnehmers, die Kinder oder Stiefkinder im Sinne des EStG, die Lebensgefährtin/den Lebensgefährten oder den früheren Ehegatten sowie den Partner einer ehemaligen Lebenspartnerschaft vorsehen. Bei nicht ehelichen Lebensgemeinschaften müssen die Partner in

---

22  BMF-Schreiben vom 31.03.2010, Rz 263, 264.
23  H 40b.1 Stichwort „Allgemeines" LStH 2012.

eheähnlicher Gemeinschaft zusammenleben. Zudem muss in der schriftlichen Versorgungszusage der Partner namentlich mit Anschrift und Geburtsdatum genannt werden. Die Begünstigung anderer Personen ist nicht möglich, da dies steuerlich als Vererblichkeit der Anwartschaft gewertet wird.

## Begünstigte Auszahlungsformen

Voraussetzung für die Steuerfreiheit ist, dass die Auszahlung der zugesagten Alters-, Invaliditäts- oder Hinterbliebenenversorgungsleistungen in Form einer lebenslangen Rente oder eines Auszahlungsplans mit Anschlussrente nach Maßgabe der Regelungen für Riester-Renten vorgesehen ist. Es ist jedoch auch möglich, eine 30%ige Teilkapitalauszahlung des zu Beginn der Auszahlung zur Verfügung stehenden Vorsorgekapitals und/oder ein Wahlrecht zu vereinbaren, nach dessen Ausübung das gesamte Vorsorgekapital in einem Kapitalbetrag und nicht als Rente ausgezahlt wird. Die vertragliche Möglichkeit, eine Einmalkapitalzahlung wählen zu können, steht der Steuerfreiheit noch nicht entgegen.

Entscheidet sich der Arbeitnehmer für die Einmalkapitalzahlung, sind die Voraussetzungen des § 3 Nr. 63 EStG von diesem Zeitpunkt an nicht mehr erfüllt und die Beitragsleistungen unterliegen der Lohnsteuer. Erfolgt die Ausübung des Wahlrechts innerhalb des letzten Jahres vor dem altersbedingten Ausscheiden aus dem Erwerbsleben, so ist es aus Vereinfachungsgründen nicht zu beanstanden, wenn die Beitragsleistungen weiterhin nach § 3 Nr. 63 EStG steuerfrei belassen werden. Für die Berechnung der Jahresfrist ist dabei auf das im Zeitpunkt der Ausübung des Wahlrechts vertraglich vorgesehene Ausscheiden aus dem Erwerbsleben abzustellen.[24]

## Sterbegeld

Ausgenommen von dieser Beschränkung ist die Zahlung eines angemessenen Sterbegelds von derzeit insgesamt nicht mehr als 8.000 €.

## Höchstbeträge

Beiträge eines Arbeitgebers sind jährlich bis zu 4 % der Beitragsbemessungsgrenze Deutsche Rentenversicherung (West) – in 2012: 2.688 € – einkommensteuerfrei. Dieser Höchstbetrag erhöht sich um weitere 1.800 € (Aufstockungsbetrag), wenn die Beiträge aufgrund einer Versorgungszusage geleistet werden, die nach dem 31.12.2004 erteilt wurde („Neuzusage"), und im gleichen Jahr keine Beiträge gemäß § 40b EStG pauschal lohnversteuert werden.

Die Steuerfreiheit der Beiträge ist betragsmäßig auf 4 % der Beitragsbemessungsgrenze in der Deutschen Rentenversicherung (West) begrenzt. Unabhängig vom Ort der Beschäftigung ist bundesweit für alle Arbeitnehmer die im jeweiligen Veranlagungszeitraum gültige Beitragsbemessungsgrenze

---

24   BMF-Schreiben vom 31.03.2010, Rz 272.

(West) anzuwenden. Bei den Höchstbeträgen handelt es sich jeweils um Jahresbeträge. Eine zeitanteilige Kürzung ist daher nicht vorzunehmen, wenn das Arbeitsverhältnis nicht während des ganzen Jahres besteht oder nicht für das ganze Jahr Beiträge gezahlt werden.[25]

Soweit die Beiträge die Höchstbeträge übersteigen, sind sie individuell zu besteuern. Für die individuell besteuerten Beiträge kann eine Förderung durch den zusätzlichen Sonderausgabenabzug nach § 10a EStG und Zulagenförderung (§§ 79 ff. EStG) in Betracht kommen.[26]

## Endalter 60 Jahre/62 Jahre

Als Untergrenze für betriebliche Altersversorgungsleistungen bei altersbedingtem Ausscheiden aus dem Erwerbsleben gilt im Regelfall das 60. Lebensjahr. Eine Ausnahme ist für Berufsgruppen möglich, bei denen üblicherweise bereits vor dem 60. Lebensjahr Versorgungsleistungen gewährt werden (z. B. Piloten). Das frühere Ausscheiden muss sich aus Gesetz, Tarifvertrag oder Betriebsvereinbarung ergeben.

Für Versorgungsleistungen, die nach dem 31.12.2011 erteilt werden, tritt an die Stelle des 60. Lebensjahres regelmäßig das 62. Lebensjahr.[27] Für die Abgrenzungskriterien einer Zusage, die vor 2012 bzw. nach 2011 erteilt worden ist, sind die Ausführungen zu Alt-/Neuzusage analog anzuwenden (→ 2.1.1 Abgrenzung Alt-/Neuzusage, S. 241).

## Arbeitgeberwechsel

Tritt bei einem Arbeitgeberwechsel der neue Arbeitgeber als Versicherungsnehmer in einen bestehenden Direktversicherungsvertrag ein, so gilt dies nicht als neuer Vertragsabschluss. Ein entgeltlicher Erwerb von Versicherungsansprüchen liegt nach unserer Auffassung ebenfalls nicht vor.

Werden Direktversicherungen aus Anlass eines Arbeitgeberwechsels unmittelbar auf ein anderes Lebensversicherungsunternehmen übertragen (vgl. Abkommen zur Übertragung von Direktversicherungen, Pensionskasse oder Pensionsfonds bei Arbeitgeberwechsel vom 30.07.2010, gültig ab 01.01.2012), fließen dem Arbeitnehmer im Zeitpunkt der Übertragung keine Leistungen zu.

Bei der übertragenen Direktversicherung ist steuerlich von einer Fortsetzung des ursprünglichen Vertrages auszugehen, soweit gleichwertige Leistungen vereinbart sind.

---

25  BMF-Schreiben vom 31.03.2010, Rz 268.
26  BMF-Schreiben vom 31.03.2010, Rz 269.
27  BMF-Schreiben vom 31.03.2010, Rz 249.

## Vervielfältigungsregelung nach § 3 Nr. 63 Satz 4 EStG

Beiträge, die aus Anlass der Beendigung des Dienstverhältnisses gezahlt werden, können nach einer Vervielfachungsregelung (§ 3 Nr. 63 Satz 4 EStG) steuerfrei belassen werden. Voraussetzung ist, dass die Direktversicherung die Voraussetzungen des § 3 Nr. 63 EStG (v. a. begünstigte Auszahlungsform) erfüllt. Danach bleibt höchstens ein Betrag steuerfrei, der sich aus 1.800 € multipliziert mit der Anzahl der Jahre ergibt, in denen das Dienstverhältnis ab 2005 bestand. Dieser Höchstbetrag ist allerdings um die Summe der Beiträge zu kürzen, die in dem aktuellen Kalenderjahr und in den sechs vorangegangenen Kalenderjahren geleistet worden sind. Beiträge, die vor 2005 gezahlt wurden, sind dabei nicht zu berücksichtigen.

Die Vervielfältigung des Höchstbetrags von 1.800 € steht in einem Zusammenhang mit der Beendigung des Dienstverhältnisses. Die Vervielfältigungsregelung ist jedenfalls auf Beiträge anwendbar, die frühestens 3 Monate vor dem feststehenden Termin gezahlt werden, zu dem das Dienstverhältnis aufgelöst wird.[28]

Die aus Anlass der Beendigung des Dienstverhältnisses aufgebrachte Beitragsleistung kann als Einmalbeitrag oder in Form von laufenden Beiträgen gezahlt werden. Es ist unschädlich, wenn die Beitragszahlungsdauer der Direktversicherung länger als die Restdauer des Dienstverhältnisses ist oder der Arbeitgeber die laufenden Beiträge oder den Einmalbeitrag erst nach dem Ende des Dienstverhältnisses zahlt.[29]

Bei Umwandlung von Versorgungszusagen in Direktversicherungen kann die Vervielfältigungsregelung nur angewendet werden, wenn gleichzeitig das Dienstverhältnis beendet wird.

Die Dauer des Dienstverhältnisses zum Arbeitgeber ist nach steuerlichen und nicht nach arbeitsrechtlichen Grundsätzen zu bestimmen.

Beispiel:

Udo Maier, der bereits seit 2000 Angestellter der Firma ABC ist, erhält ab 2005 eine vom Arbeitgeber finanzierte Direktversicherung (jährlicher Beitrag 1.200 €). Zum 31.12.2012 scheidet er aus dem Unternehmen aus.

| Firmenzugehörigkeit seit 2005: | | 8 Dienstjahre |
|---|---|---|
| Höchstbetrag Vervielfältigungsregelung | 8 × 1.800 € | = 14.400 € |
| anzurechnende steuerfreie Beiträge | 7 × 1.200 € | = − 8.400 € |
| = mögliche steuerfreie Beitragszahlung | | 6.000 € |

Anlässlich der Beendigung des Arbeitsverhältnisses kann Udo Maier seine Direktversicherung mit maximal 6.000 € nach § 3 Nr. 63 Satz 4 EStG steuerfrei ausfinanzieren.

---

28  R 40b.1 Abs. 11 Satz 1 LStR 2011.
29  BFH-Urteil vom 18.12.1987, VI R 245/80, BStBl. II 1988, S. 554.

Schöpft ein Arbeitgeber die Höchstbeträge des § 3 Nr. 63 EStG vollumfänglich aus (jährlicher Beitrag: 4 % der BBG GRV West zuzüglich 1.800 €), kann erst nach langer Dienstzugehörigkeit die Vervielfältigungsregelung in Anspruch genommen werden. Nach aktueller BBG GRV West ist dies erst bei einer Dienstzugehörigkeit von mehr als 18 Jahren seit 2005 der Fall.

Die Vervielfältigungsregelung steht jedem Arbeitnehmer aus demselben Dienstverhältnis insgesamt nur einmal zu. Werden die Beiträge statt als Einmalbeitrag in Teilbeträgen geleistet, sind diese so lange steuerfrei, bis der für den Arbeitnehmer maßgebende Höchstbetrag ausgeschöpft ist.[30]

## Verzicht auf die Steuerfreiheit der Beiträge

Für Direktversicherungsbeiträge bis 4 % der BBG GRV West, die durch Entgeltumwandlung finanziert werden, kann der Arbeitnehmer verlangen oder mit seinem Arbeitgeber einvernehmlich vereinbaren, dass sie die Voraussetzungen für Altersvorsorgebeiträge erfüllen. Diese Beiträge sind dann nicht steuerfrei, sondern unterliegen der individuell nach den Verhältnissen des Arbeitnehmers zu ermittelnden Lohnsteuer.[31] Dadurch können sie mit Altersvorsorgezulage bzw. dem zusätzlichen Sonderausgabenabzug nach § 10a EStG gefördert werden.

Arbeitnehmer, die in der gesetzlichen Rentenversicherung pflichtversichert sind, können verlangen, dass der Vertrag die Voraussetzungen für einen Altersvorsorgevertrag erfüllt und damit auf die Steuerfreiheit verzichten. Alle anderen Arbeitnehmer wählen die Anwendung des § 3 Nr. 63 EStG ab, wenn der Arbeitgeber ihrem Antrag zustimmt.[32]

Bei arbeitgeberfinanzierten Beiträgen kann auf die Steuerfreiheit der Beiträge nicht verzichtet werden.[33] Arbeitgeberfinanzierte Beiträge werden vom Arbeitgeber zusätzlich zum ohnehin geschuldeten Arbeitslohn erbracht.

## Förderung von Direktversicherungen mit Zulage und zusätzlichem Sonderausgabenabzug

Beiträge zu einer Direktversicherung können durch Zulagen (Grund- und Kinderzulagen) und zusätzlichen Sonderausgabenabzug gefördert werden, wenn sie Altersvorsorgebeiträge sind und der Arbeitnehmer zum Kreis der unmittelbar Zulageberechtigten gehört (→ II A Altersvorsorgeverträge, 2.1 Unmittelbar begünstige Personen, S. 43).

Die Beiträge zu einer Direktversicherung sind Altersvorsorgebeiträge, wenn

- sie individuell lohnversteuert worden sind

  und

---

30  BMF-Schreiben vom 31.03.2010, Rz 280.
31  § 3 Nr. 63 Satz 2 EStG.
32  BMF-Schreiben vom 31.03.2010, Rz 276.
33  BMF-Schreiben vom 31.03.2010, Rz 277.

- die Auszahlung der zugesagten Altersversorgungsleistung zugunsten des Arbeitnehmers in Form einer lebenslangen Leibrente oder eines Auszahlungsplans mit Anschlussrente (→ II A Altersvorsorgeverträge, 3.1 Riester-Rente, Lebenslange Leibrente, S. 55 und Auszahlungsplan S. 56) vorgesehen ist.

Es ist aber unschädlich, eine

- Teilkapitalauszahlung bis zu 30 % des Vorsorgekapitals oder
- eine vollständige Kapitalauszahlung

zu vereinbaren.

Entscheidet sich der Arbeitnehmer allerdings während der Versicherungsdauer für die Einmalkapitalzahlung, werden die Beiträge von diesem Zeitpunkt an nicht mehr gefördert. Aus Vereinfachungsgründen wird der Vertrag jedoch weiterhin gefördert, wenn der Arbeitnehmer sein Wahlrecht innerhalb des letzten Jahres vor dem altersbedingten Ausscheiden aus dem Erwerbsleben ausübt.[34]

Im Gegensatz zu zertifizierten Altersvorsorgeverträgen ist es nicht erforderlich, dass das Versicherungsunternehmen Leistungen für die Versorgung im Alter aus einem Mindestkapital in Höhe der Summe der eingezahlten Beiträge garantiert (→ II A Altersvorsorgeverträge, 3.1 Riester-Rente, Beitragsgarantie, S. 55).

Förderfähig sind außerdem sämtliche Beitragsanteile für die Absicherung der Berufs- oder Erwerbsunfähigkeit oder für die Sicherung von Hinterbliebenen, wenn die versicherten Leistungen als Renten erbracht werden; anders als bei zertifizierten Altersvorsorgeverträgen können deshalb mehr als 15 % der Beiträge für die Absicherung der Berufs- oder Erwerbsunfähigkeit oder für die Hinterbliebenenabsicherung verwendet werden (→ II A Altersvorsorgeverträge, 3.1 Riester-Rente, Ergänzende Absicherung gegen Berufsunfähigkeit, gegen verminderte Erwerbsfähigkeit oder Dienstunfähigkeit und für Hinterbliebene, S. 57). Die Finanzverwaltung verlangt einerseits, dass entweder eine lebenslange Leibrente oder ein Auszahlungsplan mit Anschlussrente vereinbart ist. Andererseits gestattet sie, dass eine Teilkapitalauszahlung von bis zu 30 % des Vorsorgekapitals oder eine vollständige Kapitalauszahlung gewählt werden können. Schließlich ermöglicht sie, dass die Invaliditäts- oder Hinterbliebenenversorgung enden kann, wenn die Versorgungsbedürftigkeit entfällt. Die Berufs- oder Erwerbsunfähigkeitsrente kann beispielsweise bei wiederhergestellter Arbeitsfähigkeit entfallen. Zudem kann die Laufzeit bis zum Beginn der Altersrente begrenzt werden. Eine Witwen- oder Witwerrente darf bei Wiederverheiratung entfallen. Nach Auffassung der Finanzverwaltung entfällt die Versorgungsbedürftigkeit bei Waisen grundsätzlich mit Vollendung des 18. Lebensjahres, spätestens aber mit Vollendung des 25. Lebensjahres.[35]

---

34  BMF-Schreiben vom 31.03.2010, Rz 291.
35  BMF-Schreiben vom 31.03.2010, Rz 272 und Rz 250.

Erhält der Arbeitnehmer für die Direktversicherungsbeiträge Altersvorsor-gezulage, wird auch seinem Ehegatten als mittelbar Zulageberechtigtem (→ II A Altersvorsorgeverträge, 2.2 Mittelbar zulageberechtigte Personen, S. 49) Zulage gewährt, wenn er einen auf seinen Namen lautenden Alters-vorsorgevertrag im Sinne des AltZertG abgeschlossen hat.[36] Zu der Höhe der Zulage, den dafür aufzuwendenden Mindesteigenbeitrag und den evtl. maßgebenden Sockelbetrag → II A Altersvorsorgeverträge, 4 Förderung der Altersvorsorgeverträge, S. 60.

Im Gegensatz zu zertifizierten Altersvorsorgeverträgen kann bei Direktversi-cherungen ein Altersvorsorge-Eigenheimbetrag nicht entnommen werden.[37]

Wird das geförderte Altersvorsorgevermögen einer Direktversicherung schädlich verwendet, ist die steuerliche Förderung durch Zulagen und zu-sätzlichen Sonderausgabenabzug zurückzuzahlen (→ II A Altersvorsorgever-träge, 6 Schädliche Verwendung, S. 80).

### Basisrentenverträge

Beiträge für Direktversicherungen, die in der Form einer zertifizierten Basis-rente abgeschlossen worden sind, können steuerlich im Rahmen der Basis-Vorsorgeaufwendungen als Sonderausgaben berücksichtigt werden.[38] Vo-raussetzung hierfür ist, dass die Beiträge individuell versteuert worden sind und der Versicherungsnehmer damit einverstanden ist, dass das Versiche-rungsunternehmen die Beitragszahlungen an die Finanzverwaltung übermit-telt (→ II B Basisrentenverträge [Basisrente], 1 Beiträge als Basisvorsorge-aufwendungen, Überblick, S. 100).

## 2.1.3 Altzusagen vor dem 01.01.2005

Seit 2005 sind Beiträge zu einer Direktversicherung beim Arbeitnehmer steu-erfrei, wenn die Anforderungen des § 3 Nr. 63 EStG eingehalten werden.

Hat ein Arbeitnehmer die Steuerfreiheit der Beiträge abgewählt oder erfüllt der Versicherungsvertrag die Anforderungen des § 3 Nr. 63 EStG nicht, un-terliegen die Beiträge der Lohnsteuer (Ausnahme → Im Ausland tätige Ar-beitnehmer, S. 239). Für Beiträge zu einer Direktversicherung, die auf einer „Altzusage" beruhen, kann der Arbeitgeber die Lohnsteuer individuell nach den steuerlichen Verhältnissen des Arbeitnehmers oder wahlweise mit einem pauschalen Satz (§ 40b EStG 2004) ermitteln. Mangels Verpflichtung zum Lohnsteuereinbehalt ist die Übernahme der Lohnsteuer mit einem pauscha-len Satz durch einen Arbeitgeber im Ausland ausgeschlossen.

Individuell lohnversteuerte Beiträge können ggf. mit Altersvorsorgezulage und dem zusätzlichen Sonderausgabenabzug (§ 10a EStG) gefördert werden

---

36  BFH-Urteil vom 21.07.2009, X R 33/07, BStBl II 2009, S. 995.
37  § 1 Abs. 1 Satz 1 Nr. 10 Buchstabe c AltZertG.
38  § 2 Abs. 1 AltZertG.

oder im Rahmen der Höchstbeträge für Vorsorgeaufwendungen als Sonderausgaben berücksichtigt werden.

## Steuerfreiheit der Beiträge gemäß § 3 Nr. 63 EStG

Beiträge des Arbeitgebers aus einem ersten Dienstverhältnis (Lohnsteuerklasse I bis V) für eine Direktversicherung zum Aufbau einer kapitalgedeckten betrieblichen Altersversorgung sind jährlich bis zu 4 % der Beitragsbemessungsgrenze Rentenversicherung (West) – in 2012: 2.688 € – einkommensteuerfrei, wenn eine Auszahlung der zugesagten Alters-, Invaliditäts- oder Hinterbliebenenversorgungsleistungen in Form einer Rente oder von Raten eines Auszahlungsplans mit Anschlussrente nach Maßgabe der Regelungen für Riester-Renten vorgesehen ist. Es ist jedoch auch möglich, eine 30%ige Teilkapitalauszahlung des zu Beginn der Auszahlung zur Verfügung stehenden Vorsorgekapitals und/oder ein Wahlrecht zu vereinbaren, nach dessen Ausübung das Vorsorgekapital in einem Kapitalbetrag und nicht als Rente ausgezahlt wird. Die vertragliche Möglichkeit, eine Einmalkapitalzahlung wählen zu können, steht der Steuerfreiheit noch nicht entgegen.

Nach Auffassung der Finanzverwaltung sind die Beiträge für eine Direktversicherung außerdem nur dann gemäß § 3 Nr. 63 EStG einkommensteuerfrei, wenn

- Leistungen für die Altersversorgung des Arbeitnehmers grundsätzlich frühestens ab dem 60. Lebensjahr vorgesehen sind,

- Versorgungsleistungen bei Tod des Arbeitnehmers lediglich zugunsten des Ehegatten, der Kinder oder Stiefkinder im Sinne des EStG, des geschiedenen Ehegatten, des Partners einer eingetragenen Lebenspartnerschaft oder eheähnlichen Lebensgemeinschaft zugesagt worden sind. Ausgenommen von dieser Beschränkung ist die Zahlung eines angemessenen Sterbegelds von insgesamt nicht mehr als 8.000 €.

Für Beiträge zu Direktversicherungen, die auf einer „Altzusage" beruhen, erhöht sich der steuerfreie Höchstbetrag von 4 % der Beitragsbemessungsgrenze Rentenversicherung (West) **nicht** um den Aufstockungsbetrag von 1.800 €.[39]

## Wahlrecht für Lohnsteuerpauschalierung

Arbeitnehmer konnten durch eine bis zum 30.06.2005 gegenüber ihrem Arbeitgeber abzugebende Erklärung auf die Steuerfreiheit der Beiträge zugunsten der Lohnsteuerpauschalierung (§ 40b EStG 2004) verzichten, wenn die Versorgungszusage vor 2005 erteilt worden war. Besteht nach einem Arbeitgeberwechsel die vor 2005 erteilte Versorgungszusage fort, kann der Arbeitnehmer die Steuerfreiheit der Beiträge auch noch nach dem 30.06.2005

---

39   § 3 Nr. 63 Satz 3 EStG.

durch eine entsprechende Erklärung abwählen; die Abwahl muss allerdings vor der ersten Beitragszahlung des neuen Arbeitgebers diesem gegenüber abgegeben worden sein.[40]

## Pauschale Lohnsteuer

Anstelle der individuellen Besteuerung können steuerpflichtige Beiträge zu Direktversicherungen pauschal mit 20 % versteuert werden, wenn

- der Arbeitgeber die pauschale Lohnsteuer (samt Solidaritätszuschlag und ggf. Kirchensteuer) als Schuldner übernimmt

- eine Erlebensfallleistung frühestens mit dem 60. Lebensjahr des Arbeitnehmers fällig wird

- bei Kapitalversicherungen bzw. Rentenversicherungen mit Kapitalwahlrecht eine Mindestlaufzeit von 5 Jahren vereinbart ist

- bei Kapitalversicherungen und ggf. Rentenversicherungen mit Kapitalwahlrecht eine Todesfallleistung von mindestens 60 % der maßgebenden Beiträge versichert ist

- eine vorzeitige Kündigung der Versicherung durch den Arbeitnehmer ausgeschlossen wurde

- eine Verfügung (Abtretung, Beleihung) über das Bezugsrecht durch den Arbeitnehmer im Versicherungsvertrag ausgeschlossen ist

- die Direktversicherung im Rahmen des ersten Dienstverhältnisses abgeschlossen wurde

und soweit folgende Jahreshöchstbeträge nicht überschritten werden:

- bei Einzel-Direktversicherungen bis 1.752 €

- bei „Gemeinsamen Direktversicherungen" bis 2.148 €, sofern der durchschnittliche Beitrag 1.752 € nicht übersteigt

- bei Ausscheiden des Arbeitnehmers aus dem Dienstverhältnis ein Vielfaches von 1.752 €.

Beiträge zu Direktversicherungen können auch dann pauschal versteuert werden, wenn sie zu einer Versicherung geleistet werden, die nicht nach § 10 Abs. 1 Nr. 2 Buchstabe b Doppelbuchstabe bb) – dd) EStG 2004 begünstigt ist.

Pauschalbesteuerte Beiträge und die pauschale Steuer bleiben bei einer Einkommensteuerveranlagung des Arbeitnehmers außer Ansatz.[41] Schuldner der pauschalen Lohnsteuer ist der Arbeitgeber. Wird die pauschale

---

40   § 52 Abs. 6 EStG, § 52 Abs. 52b Satz 2 EStG i.V.m. § 40b EStG 2004, BMF-Schreiben vom 31.03.2010, Rz 318.
41   § 40b Abs. 4 i.V.m. § 40 Abs. 3 EStG.

Steuer wirtschaftlich auf den Arbeitnehmer abgewälzt (z. B. aufgrund einer Regelung im Arbeitsvertrag oder durch Gehaltsumwandlungsvereinbarungen), gilt diese ebenfalls als zugeflossener Arbeitslohn. Die vom Arbeitnehmer übernommene Pauschalsteuer darf die Steuerbemessungsgrundlage daher nicht mindern.[42]

Die pauschal besteuerten Beiträge, die darauf entfallende pauschale Lohnsteuer und (bei gemeinsamen Direktversicherungen) der durchschnittliche Beitrag sind in den Lohnkonten aufzuzeichnen.

## Arbeitgeber als Steuerschuldner

Während bei der individuellen Besteuerung der Arbeitnehmer Schuldner der Lohnsteuer ist, wird für die pauschale Lohnsteuer der Arbeitgeber Steuerschuldner. Dies schließt nicht aus, dass im Fall einer Direktversicherung durch Gehaltsumwandlung der Arbeitnehmer wirtschaftlich die pauschale Lohnsteuer trägt.

## Endalter 60 Jahre

Die Voraussetzung, dass die Erlebensfallleistung nicht vor dem 60. Lebensjahr liegen darf, ist dann erfüllt, wenn die Leistung nach Vollendung des 59. Lebensjahres des Arbeitnehmers fällig wird.

Leistungen aus einer Direktversicherung mit Vertragsabschluss nach 2004 müssen davon abweichend die Voraussetzung der Vollendung des 62. Lebensjahres erfüllen, wenn die Erträge nur in Höhe des hälftigen Wertzuwachses zu versteuern sein sollen.

## Mindestvertragsdauer für Lohnsteuerpauschalierung

Der Beitrag zu einer Kapitallebensversicherung kann nach Auffassung der Finanzverwaltung nur dann pauschal lohnversteuert werden, wenn der Vertrag mit einer Dauer von mindestens 5 Jahren abgeschlossen wurde. Bei Rentenversicherungen mit Kapitalwahlrecht wird anstelle der 5-jährigen Mindestvertragsdauer vorausgesetzt, dass das Kapitalwahlrecht nicht vor Ablauf von 5 Jahren wirksam werden kann. Die Mindestlaufzeit gilt auch für fondsgebundene Lebensversicherungen, die als Kapitalversicherung oder als Rentenversicherung mit Kapitalwahlrecht abgeschlossen werden. Eine kürzere Vertragsdauer wird ausnahmsweise anerkannt, wenn die Direktversicherung aufgrund arbeitsrechtlich gebotener Gleichbehandlung mit einer Vertragsdauer (bzw. einer Sperrfrist für das Kapitalwahlrecht) von weniger als 5 Jahren im Rahmen eines Gruppenvertrages abgeschlossen wurde.[43]

---

42   § 40b Abs. 3 Satz 2 EStG; BMF-Schreiben vom 10.01.2000.
43   R 40b.1 Abs. 2 Satz 5 LStR 2011.

Wird der Beitrag einer Direktversicherung in der Vertragsform einer Kapitallebensversicherung oder Rentenversicherung mit Kapitalwahlrecht innerhalb der letzten 5 Jahre vor Ablauf des Vertrages bzw. vor Ablauf der Sperrfrist für das Kapitalwahlrecht erhöht, beginnt die Frist von 5 Jahren für die Beitragserhöhung von neuem. Nach unserer Auffassung gilt dies allerdings nur für Beitragserhöhungen, die zusätzlich zum bestehenden Versicherungsvertrag vereinbart werden. Bei Beitragserhöhungen, die im Vertrag fest vereinbart worden sind oder die aufgrund eines vertraglichen Rechts durchgeführt werden, beginnt die 5-jährige Mindestlaufzeit des Aufstockungsbetrags bereits ab der Vereinbarung des Rechts auf Vertragserweiterung. Dem Zeitpunkt der tatsächlichen Durchführung kommt in diesen Fällen keine Bedeutung zu. Für die Beitragserhöhung im Zusammenhang mit der Anhebung der Pauschalierungsgrenzen des § 40b EStG durch das Steuer-Euroglättungsgesetz muss aus Billigkeitsgründen die 5-jährige Restlaufzeit nicht eingehalten werden.[44]

## Mindesttodesfallschutz von Direktversicherungen

Beiträge zu einer Direktversicherung können nach § 40b EStG nur pauschal lohnversteuert werden, wenn ein für die Vertragsform typisches Risiko versichert ist. So muss bei einer Kapitallebensversicherung das Todesfallrisiko in dem steuerlich erforderlichen Umfang versichert sein. Bei einer Rentenversicherung mit Kapitalwahlrecht darf ein vereinbartes Kapitalwahlrecht nicht bereits bei Vertragsabschluss ausgeübt werden.

Nach Auffassung der Finanzverwaltung ist bei einer Kapitallebensversicherung das Versicherungsrisiko aus steuerlicher Sicht ausreichend, wenn

• die vereinbarte Versicherungssumme im Todesfall mindestens der Versicherungssumme im Erlebensfall entspricht

  oder wenn

• spätestens nach Ablauf von 3 Jahren seit Vertragsabschluss während der gesamten restlichen Versicherungsdauer eine Todesfallleistung von mindestens 60 % der maßgebenden Beitragssumme zu zahlen ist.

Bei Rentenversicherungen mit Kapitalwahlrecht ist dieser Mindesttodesfallschutz einzuhalten, wenn für den Todesfall während der Aufschubfrist eine Kapitalzahlung mitversichert ist, die über eine Rückerstattung der Beiträge (ggf. zuzüglich des Gewinnguthabens) hinausgeht.

Diese Anforderungen gelten für Direktversicherungen, die nach 1996 abgeschlossen wurden. Seitdem sind dieselben Voraussetzungen an den Mindesttodesfallschutz wie bei privaten Lebensversicherungen einzuhalten, damit die Beiträge als Sonderausgaben abgezogen und die Zinsen steuerfrei vereinnahmt werden können.

---

44   R 40b.1 Abs. 2 Satz 6 LStR 2011.

Bei Kapitallebensversicherungen, die zwischen dem 01.08.1994 und dem 31.12.1996 abgeschlossen wurden, können die Beiträge nur dann pauschal lohnversteuert werden, wenn die Todesfallleistung während der gesamten Versicherungsdauer mindestens 50 % der Erlebensfallsumme beträgt. Ist die Kapitalversicherung vor dem 01.08.1994 abgeschlossen worden, genügt es, wenn die Todesfallleistung bei Vertragsbeginn mindestens 10 % der Erlebensfallsumme beträgt und während der Versicherungsdauer ansteigt.[45]

Für Rentenversicherungen mit Kapitalwahlrecht, die vor 1997 abgeschlossen wurden, hat die Finanzverwaltung einen bestimmten Mindesttodesfallschutz nicht festgelegt. Bei diesen Rentenversicherungen ist die Pauschalierung der Lohnsteuer nach § 40b EStG aber ausgeschlossen, wenn im Todesfall nur die Beiträge erstattet werden und das Kapitalwahlrecht bereits bei Vertragsbeginn ausgeübt wurde.[46]

Leistungen aus einer Direktversicherung mit Vertragsabschluss oder erstmaliger Beitragszahlung nach dem 31.03.2009 müssen davon abweichend die Mindesttodesfallschutz-Anforderungen für Neuverträge erfüllen (→ II C Private Lebensversicherungen, 2.1.1.2 Kapitalversicherungen, Mindesttodesfallschutz „Neuverträge", S. 208), wenn die Erträge nur in Höhe des hälftigen Wertzuwachses zu versteuern sein sollen.

## Ausschluss der vorzeitigen Kündigung

Der Ausschluss der vorzeitigen Kündigung durch den Arbeitnehmer ist anzunehmen, wenn im Versicherungsvertrag folgende Vereinbarung getroffen wurde:

*„Es wird unwiderruflich vereinbart, dass während der Dauer des Dienstverhältnisses eine Übertragung der Versicherungsnehmer-Eigenschaft und eine Abtretung von Rechten aus diesem Vertrag auf den versicherten Arbeitnehmer bis zu dem Zeitpunkt, in dem der versicherte Arbeitnehmer sein 59. Lebensjahr vollendet, insoweit ausgeschlossen ist, als die Beträge vom Versicherungsnehmer (Arbeitgeber) entrichtet worden sind."*[47]

## Ausschluss der Verfügung über das Bezugsrecht

Bei Direktversicherungen wird eine Lohnsteuerpauschalierung der Beiträge nur dann zugelassen, wenn die Abtretung oder Beleihung des unwiderruflichen Bezugsrechts im Versicherungsvertrag oder in Vereinbarungen zwischen dem Versicherungsunternehmen und den Bezugsberechtigten ausgeschlossen ist.

---

45  R 40b.1 Abs. 2 Sätze 2,3 LStR 2011.
46  BFH-Urteil vom 09.11.1990, VI R 146/86, BStBl II 1991, S. 189.
47  R 40b.1 Abs. 6 Satz 4 LStR 2011.

## Höchstbeträge

Die Lohnsteuerpauschalierung für Beiträge zu Direktversicherungen und Zuwendungen an Pensionskassen (pauschalierungsfähige Leistungen) ist im Allgemeinen auf insgesamt 1.752 € pro Jahr und Arbeitnehmer begrenzt. Soweit die Leistungen den Grenzbetrag von 1.752 € überschreiten, sind sie individuell zu versteuern.

Der Höchstbetrag wird unabhängig davon gewährt, ob die Versicherungsperiode, für die der Beitrag entrichtet wurde, über das Kalenderjahr der Zahlung hinausreicht oder ob im Fall des Arbeitgeberwechsels der frühere Arbeitgeber im selben Kalenderjahr bereits pauschalbesteuerte Leistungen erbracht hat.

## Durchschnittsbildung

Sind in einem gemeinsamen Vertrag mehrere Arbeitnehmer versichert, können für den einzelnen Arbeitnehmer mehr als 1.752 € – höchstens aber 2.148 € – pauschal lohnversteuert werden, wenn der durchschnittliche Beitrag 1.752 € nicht übersteigt.[48]

Arbeitnehmer, für die insgesamt mehr als 2.148 € pauschalbesteuerungsfähige Leistungen aufgewendet werden, scheiden aus der Durchschnittsberechnung aus. Diese Beiträge und Zuwendungen können bis 1.752 € pauschal lohnbesteuert werden, der übersteigende Beitrag ist individuell zu versteuern. Für die Arbeitnehmer, für die eine Durchschnittsberechnung möglich ist, gilt der durchschnittliche Beitrag als maßgebender Arbeitslohn. Bestehen bei einem Arbeitgeber mehrere gemeinsame Direktversicherungsverträge und/oder Pensionskassen, ist ein einheitlicher durchschnittlicher Beitrag für alle diese Versorgungseinrichtungen zu ermitteln. Übersteigt der durchschnittliche Beitrag 1.752 €, ist der allgemeine Höchstbetrag von 1.752 € auf jeden Arbeitnehmer gesondert anzuwenden.[49]

Beispiel:

Ein Arbeitgeber erbringt im Kalenderjahr folgende Beiträge für Direktversicherungen im Rahmen eines gemeinsamen Vertrages:
- für 20 Arbeitnehmer je 1.500 €
- für 10 Arbeitnehmer je 1.752 €
- für  7 Arbeitnehmer je 2.148 €
- für 2 der 7 Arbeitnehmer bestehen zusätzlich Einzel-Direktversicherungen, für die je 500 € an Beiträgen entrichtet wurden.

Der Durchschnitt aller Aufwendungen für die gemeinsamen Direktversicherungen wäre zwar weniger als 1.752 € (genau: 1.717,73 €), trotzdem können

---

[48]   BFH-Urteil vom 11.03.2010, VI R 9/08, BStBl II 2011, S. 183.
[49]   R 40b.1 Abs. 9 LStR 2011.

die beiden Arbeitnehmer, für die zusätzlich Einzel-Direktversicherungen bestehen, nicht in die Durchschnittsbildung einbezogen werden, weil die Gesamtaufwendungen für jeden dieser Arbeitnehmer 2.148 € übersteigen.

In die Durchschnittsberechnung sind die verbleibenden 35 Arbeitnehmer mit einem Gesamtaufwand von 58.260 € einzubeziehen, so dass sich ein Durchschnittsbeitrag von 1.664,57 € ergibt.

Für die 35 Arbeitnehmer kommt eine Pauschalversteuerung unter Ansatz des Durchschnittsbeitrages von 1.664,57 € zur Anwendung. Für die aus der Durchschnittsberechnung ausgeschlossenen Arbeitnehmer kommt eine Pauschalversteuerung der Beiträge nur bis zu 1.752 € in Betracht; der übersteigende Betrag von jeweils 896 € ist individuell zu versteuern.

## Gemeinsamer Vertrag

Der Gruppenversicherungsvertrag ist stets ein gemeinsamer Vertrag. Darüber hinaus liegt ein gemeinsamer Vertrag vor, wenn über mehrere Direktversicherungen eine Rahmenvereinbarung getroffen wird, die ihrem Inhalt nach einem Versicherungsvertrag entspricht.

Ein gemeinsamer Direktversicherungsvertrag kann durch eine entsprechende Rahmenvereinbarung auch über mehrere Direktversicherungen bei verschiedenen Versicherungsgesellschaften abgeschlossen werden.[50]

## Durchschnittsbildung bei Unfallversicherungen

Sind mehrere Arbeitnehmer gemeinsam in einem Gruppen-Unfallversicherungsvertrag versichert, können die Beiträge für die Versicherung pauschal lohnbesteuert werden, wenn der Durchschnittsbetrag für jeden Arbeitnehmer 62 € im Kalenderjahr nicht übersteigt. Die Versicherungsteuer auf die Beiträge bleibt hierbei unberücksichtigt.[51]

## Pauschalierung bei Teilzeitbeschäftigten

Bei Teilzeitbeschäftigten, die kurzfristig beschäftigt werden und deren Arbeitslohn pauschal nach § 40a Abs. 1 EStG besteuert wird, können daneben Beiträge für Direktversicherungen nach § 40b EStG pauschal lohnversteuert werden, wenn dessen Voraussetzungen (z. B. erstes Dienstverhältnis) vorliegen. Die Direktversicherungsbeiträge des Kalenderjahres sind bei den Höchstbeträgen für die Pauschalierung nach § 40a Abs. 1 EStG zu berücksichtigen.[52]

Weichen die Zahlungszeiträume des Arbeitslohns und der Direktversicherungsbeiträge voneinander ab, sind die Versicherungsbeiträge gleichmäßig auf die Lohnzahlungszeiträume des Kalenderjahres aufzuteilen. Werden da-

---

50   BFH-Urteil vom 11.03.2010, VI R 9/08, BStBl II 2011, S. 183.
51   § 40b Abs. 3 EStG.
52   BFH-Urteil vom 08.12.1989 – IV R 165/86, BStBl II 1990, S. 398 und BFH-Urteil vom 26.11.2002, VI R 68/01, BStBl II 2003, S. 492.

durch die Höchstbeiträge für die Lohnsteuer-Pauschalierung nach § 40a Abs. 1 EStG in den einzelnen Lohnzahlungszeiträumen überschritten, ist der Arbeitslohn in den jeweiligen Lohnzahlungszeiträumen nachträglich individuell zu versteuern. Die Lohnsteuerpauschalierung nach § 40b EStG für die Direktversicherungsbeiträge bleibt dabei unverändert bestehen.

Bei Teilzeitbeschäftigten, die Arbeitsentgelt aus einer geringfügigen Beschäftigung im Sinne des SGB IV erhalten (sog. Minijobs) und deren Arbeitslohn pauschal nach § 40a Abs. 2 EStG besteuert wird, können daneben Beiträge für Direktversicherungen nach § 40b EStG pauschal lohnversteuert werden, wenn dessen Voraussetzungen (z. B. erstes Dienstverhältnis) vorliegen. Pauschal versteuerte Direktversicherungsbeiträge zählen nicht zum Arbeitsentgelt des SGB IV. Daher erfolgt in diesen Fällen keine Anrechnung auf die Höchstbeträge des § 40a Abs. 2 EStG.

## Gewinnbeteiligung

Werden Gewinnanteile zugunsten des Arbeitgebers beim Versicherungsunternehmen angesammelt, während der Versicherungsdauer mit fälligen Beiträgen verrechnet oder an den Arbeitgeber ausgezahlt, liegt keine Arbeitslohnrückzahlung vor. Erstattet der Versicherer dem Arbeitgeber hingegen lohnversteuerte Beiträge oder Prämien zurück, liegen negative Einnahmen vor.[53]

Die bisherige Regelung, nach der bei einer Verrechnung oder Auszahlung von Gewinnanteilen negative Einnahmen vorlagen, gilt lediglich noch für bis zum 31.12.2010 beim Arbeitgeber zugeflossene Gewinnausschüttungen.[54]

## Verlust der Direktversicherungsansprüche

Verliert der Arbeitnehmer den Anspruch aus der Direktversicherung ganz oder teilweise ersatzlos (z. B. bei vorzeitigem Ausscheiden aus dem Dienstverhältnis) und zahlt das Versicherungsunternehmen als Arbeitslohn versteuerte Beiträge an den Arbeitgeber zurück, liegt eine Arbeitslohnrückzahlung vor.[55]

Ein Arbeitnehmer verliert seinen Anspruch auf Direktversicherung, wenn ihm das Bezugsrecht entzogen wird. Ein Bezugsrechtswiderruf führt nie zur Rückzahlung von Beiträgen an den Arbeitgeber. Die Anforderungen der Finanzverwaltung schließen daher die Annahme einer Arbeitslohnrückzahlung stets aus.

---

53  BFH Urteil vom 12.11.2009, IV R 20/07, BStBl II 2010, S. 845.
54  BMF-Schreiben vom 28.09.2010.
55  R 40b.1 Abs. 13 LStR 2011.

## Vervielfältigungsregelung

Beiträge des Arbeitgebers für eine Direktversicherung, die dem Grunde nach die Anforderungen des § 3 Nr. 63 EStG[56] erfüllen und die der Arbeitgeber aus Anlass der Beendigung des Dienstverhältnisses nach dem 31.12.2004 leistet, sind zusätzlich steuerfrei, soweit sie 1.800 € vervielfältigt mit der Anzahl der Kalenderjahre, in denen das Dienstverhältnis des Arbeitnehmers zu dem Arbeitgeber bestanden hat, nicht übersteigen. Der vervielfältigte Betrag vermindert sich um die steuerfreien Beiträge, die der Arbeitgeber in dem Kalenderjahr, in dem das Dienstverhältnis beendet wird und in den sechs vorangegangenen Kalenderjahren erbracht hat. Kalenderjahre vor 2005 sind dabei jeweils nicht zu berücksichtigen.[57]

Die Vervielfältigung des Höchstbetrags von 1.800 € steht in einem Zusammenhang mit der Beendigung des Dienstverhältnisses. Die Vervielfältigungsregelung ist jedenfalls auf Beiträge anwendbar, die frühestens 3 Monate vor dem feststehenden Termin gezahlt werden, zu dem das Dienstverhältnis aufgelöst wird.[58]

Die aus Anlass der Beendigung des Dienstverhältnisses aufgebrachte Beitragsleistung kann als Einmalbeitrag oder in Form von laufenden Beiträgen gezahlt werden. Es ist unschädlich, wenn die Beitragszahlungsdauer der Direktversicherung länger als die Restdauer des Dienstverhältnisses ist oder der Arbeitgeber die laufenden Beiträge oder den Einmalbeitrag erst nach dem Ende des Dienstverhältnisses zahlt.[59]

Bei Umwandlung von Versorgungszusagen in Direktversicherungen kann die Vervielfältigungsregelung nur angewendet werden, wenn gleichzeitig das Dienstverhältnis beendet wird.

Die Dauer des Dienstverhältnisses zum Arbeitgeber ist nach steuerlichen und nicht nach arbeitsrechtlichen Grundsätzen zu bestimmen.

Die Anwendung dieser Steuerbefreiungsregelung ist nicht möglich, wenn der Arbeitnehmer bei „Altzusagen"

- bereits für laufende Beiträge auf die Anwendung des § 3 Nr. 63 EStG zugunsten der Pauschalbesteuerung nach § 40b EStG 2004 verzichtet hat oder

- für die aus Anlass der Beendigung des Dienstverhältnisses geleisteten Beiträge die Vervielfältigungsregelung nach § 40b Abs. 2 Satz 2, 3 EStG 2004 angewendet wird.[60]

---

56  → Steuerfreiheit der Beiträge (§ 3 Nr. 63 EStG), S. 251.
57  § 3 Nr. 63 Satz 4 EStG, BMF-Schreiben vom 31.03.2010, Rz 322.
58  R 40b.1 Abs. 11 Satz 1 LStR 2011.
59  BFH-Urteil vom 18.12.1987, VI R 245/80, BStBl II 1988, S. 554.
60  § 52 Abs. 6 EStG, BMF-Schreiben vom 31.03.2010, Rz 322.

## Vervielfältigungsregelung und Pauschalbesteuerung

Werden Beiträge zu einer Direktversicherung aus Anlass der Beendigung des Dienstverhältnisses geleistet, gilt in diesem Kalenderjahr ein Vielfaches von 1.752 € als Pauschalierungs-Höchstbetrag. Für die Anwendung der Vervielfältigungsregelung kommt es nicht darauf an, aus welchem Grund das Dienstverhältnis beendet wird. Die Vervielfältigung ist möglich, wenn das Dienstverhältnis vorzeitig beendet wird oder der Versorgungsfall (Alter/Invalidität) eintritt. Endet das Dienstverhältnis durch den Tod des Arbeitnehmers, kann nach Auffassung der Finanzverwaltung für Hinterbliebene keine Direktversicherung abgeschlossen werden.

Der pauschalbesteuerungsfähige Höchstbeitrag nach der Vervielfältigungsregelung bestimmt sich wie folgt:

1.752 € x Anzahl der Kalenderjahre, in denen das Dienstverhältnis zum Arbeitgeber bestanden hat, abzüglich der nach § 40b EStG pauschal versteuerten Aufwendungen, die im Jahr des Ausscheidens und in den sechs vorangegangenen Kalenderjahren für den Arbeitnehmer tatsächlich geleistet wurden.

Zu den tatsächlichen Aufwendungen rechnen auch die Beiträge, die über den Höchstbetrag von 1.752 € hinaus für den Arbeitnehmer aufgewendet und im Wege der Durchschnittsbildung pauschal versteuert werden.

## Gehaltsumwandlung (Barlohnumwandlung)

Eine Direktversicherung liegt auch dann vor, wenn die Beiträge des Arbeitgebers durch Entgeltumwandlung finanziert werden.[61] Die Herabsetzung von Arbeitslohn (laufender Arbeitslohn, Einmal- und Sonderzahlungen) zugunsten der betrieblichen Altersversorgung wird aus Vereinfachungsgründen grundsätzlich auch dann als Entgeltumwandlung steuerlich anerkannt, wenn die Gehaltsänderungsvereinbarung bereits erdiente, aber noch nicht fällig gewordene Anteile umfasst. Dies gilt auch, wenn eine Einmal- oder Sonderzahlung einen Zeitraum von mehr als einem Jahr betrifft.[62] Ebenfalls unschädlich ist es, wenn der bisherige ungekürzte Arbeitslohn weiterhin Bemessungsgrundlage für künftige Erhöhungen des Arbeitslohns oder anderer Arbeitgeberleistungen (z. B. Weihnachtsgeld, Tantiemen) bleibt, die Gehaltsminderung zeitlich begrenzt oder vereinbart wird, dass der Arbeitnehmer oder der Arbeitgeber sie für künftigen Arbeitslohn einseitig ändern können.[63]

Die Vervielfältigungsregelung gilt auch bei der Umwandlung von Barlohn in Direktversicherungsbeiträge.

---

61  R 40b.1 Abs. 5 LStR 2011.
62  BMF-Schreiben vom 31.03.2010, Rz 256.
63  BMF-Schreiben vom 31.03.2010, Rz 257.

## Direktversicherungsbeitrag als Abfindung/Entschädigung

Gehört der Einmalbeitrag für eine Direktversicherung zu einer Entschädigung (§ 24 Nr. 1 EStG), die als außerordentliche Einkünfte besteuert wird, kann der Einmalbeitrag ggf. einer ermäßigten Einkommensteuer unterliegen. Dies gilt auch für Einmalbeiträge, die als Vergütung für eine mehrjährige Tätigkeit außerordentliche Einkünfte darstellen (§ 34 Abs. 2 Nr. 4 EStG).

Die Versteuerung von Entschädigungen als außerordentliche Einkünfte ist regelmäßig nur dann möglich, wenn die Bezüge zusammengeballt (d. h. regelmäßig in einem Kalenderjahr) gezahlt werden und die Entschädigung die wegfallenden Einnahmen des Veranlagungszeitraums überschreitet.

Bei dieser Sonderform der individuellen Besteuerung kann sich eine geringere Steuerbelastung ergeben als bei einer Lohnsteuerpauschalierung nach § 40b EStG 2004 (→ I Grundzüge des Einkommensteuerrechts, 5.1.2 Gesonderte Steuertarife, Außerordentliche Einkünfte, S. 28).

## Solidaritätszuschlag

Zusätzlich zu der individuellen oder pauschalen Lohnsteuer auf den Direktversicherungsbeitrag wird ein Solidaritätszuschlag erhoben. Schuldner des Solidaritätszuschlags ist der Arbeitnehmer, soweit die Beiträge individuell versteuert werden. Übernimmt der Arbeitgeber die Lohnsteuer pauschal, wird er auch Schuldner des Solidaritätszuschlags. Die Übernahme des Solidaritätszuschlags durch den Arbeitgeber stellt in den Fällen der Lohnsteuerpauschalierung keinen lohnsteuerpflichtigen geldwerten Vorteil des Arbeitnehmers dar.

Der Solidaritätszuschlag beträgt 5,5 % der individuellen oder pauschalen Lohnsteuer. Bei geringen individuellen Lohnsteuerbeträgen wird ggf. nur ein reduzierter oder kein Solidaritätszuschlag erhoben (vgl. § 3 Abs. 3–5 SolZG).

## Pauschale Kirchenlohnsteuer

Bei pauschaler Erhebung der Lohnsteuer ist vom Arbeitgeber ggf. pauschale Kirchensteuer zu entrichten. Pauschale Kirchensteuer kann grundsätzlich nicht für solche Personen erhoben werden, die keiner kirchensteuerberechtigten Körperschaft angehören.

Weist der Arbeitgeber für einzelne Arbeitnehmer nach, dass sie keiner steuererhebenden Kirche angehören, ist für diese Arbeitnehmer keine Kirchensteuer und für die Beiträge der übrigen Arbeitnehmer individuelle Kirchensteuer zu entrichten. Führt der Arbeitgeber einen solchen Nachweis nicht, so gilt der pauschale Kirchenlohnsteuersatz für die Beiträge aller versicherten Arbeitnehmer. Die Höhe des Kirchensteuersatzes der röm.-kath. bzw. evangelischen Kirchen auf Direktversicherungsbeiträge variiert in den einzelnen Bundesländern (siehe nachfolgende Tabelle – Stand 2012).

| Bundesland | Normalsatz | Pauschalsatz ohne Nachweis der Kirchenzugehörigkeit |
|---|---|---|
| Baden-Württemberg | 8 % | 6 % |
| Bayern | 8 % | 7 % |
| Berlin | 9 % | 5 % |
| Brandenburg | 9 % | 5 % |
| Bremen | 9 % | 7 % |
| Hamburg | 9 % | 4 % |
| Hessen | 9 % | 7 % |
| Mecklenburg-Vorpommern | 9 % | 5 % |
| Niedersachsen | 9 % | 6 % |
| Nordrhein-Westfalen | 9 % | 7 % |
| Rheinland-Pfalz | 9 % | 7 % |
| Saarland | 9 % | 7 % |
| Sachsen | 9 % | 5 % |
| Sachsen-Anhalt | 9 % | 5 % |
| Schleswig-Holstein | 9 % | 6 % |
| Thüringen | 9 % | 5 % |

## 2.2 Besteuerung der Versicherungsleistung

Steuerpflichtige Leistungen aus Direktversicherungen zugunsten des Arbeitnehmers gehören stets zu den sonstigen Einkünften (§ 22 Nr. 5 EStG).

Die seit 2009 wirksamen Regelungen für die Abgeltungsteuer gelten deshalb für Leistungen aus Direktversicherungen nicht.[64] Von Leistungen aus Direktversicherungen mit gespaltenem Bezugsrecht zugunsten des Arbeitgebers ist dagegen Kapitalertragsteuer einzubehalten, wenn in den Leistungen steuerpflichtige Erträge nach § 20 Abs. 1 Nr. 6 EStG enthalten sind.

Diese Form der Leistungsbesteuerung gilt unabhängig vom Zeitpunkt des Vertragsabschlusses oder des Versicherungsbeginns oder der Erteilung der

---

64   BMF-Schreiben vom 31.03.2010, Rz 329, 114.

Versicherungszusage. Unbeachtlich ist ebenfalls, in welcher Form (Renten oder Kapitalzahlung) die Leistungen aus der Direktversicherung bezahlt werden.

Leistungen aus Direktversicherungen können in vollem Umfang oder in Höhe der Erträge zu versteuern sein. Der Umfang der Besteuerung hängt regelmäßig davon ab, inwieweit die Beiträge in der Ansparphase durch die Steuerfreiheit (§ 3 Nr. 63 EStG) oder durch Sonderausgabenabzug nach § 10a EStG und/oder Altersvorsorgezulage gefördert wurden.[65]

## 2.2.1 Leistungen aus steuerfreien oder geförderten Beiträgen und aus Altersvorsorgezulagen

Leistungen aus Direktversicherungen sind in vollem Umfang nachgelagert als sonstige Einkünfte nach § 22 Nr. 5 EStG zu versteuern, soweit sie auf steuerfreien oder geförderten Beiträgen und auf Altersvorsorgezulagen einschließlich der darauf erzielten Erträge beruhen. Dies gilt unabhängig davon, ob die Leistungen als lebenslange Leibrenten, zeitlich befristete Leibrenten (z. B. Renten bei Berufsunfähigkeit oder an Waisen) oder in Form einer Kapitalzahlung erbracht werden.

Geförderte Beiträge sind Altersvorsorgebeiträge, die mit Altersvorsorgezulage und/oder dem zusätzlichen Sonderausgabenabzug nach § 10a EStG gefördert wurden.

Steuerfreie Beiträge sind Beiträge, die nach § 3 Nr. 63 EStG oder aufgrund einer externen Teilung im Rahmen des Versorgungsausgleichs bei Ehescheidungen nach § 3 Nr. 55b EStG steuerfrei sind.[66]

Soweit Leistungen auf Vorsorgekapital beruhen, das anlässlich eines Arbeitgeberwechsels auf eine Direktversicherung übertragen worden ist (Portabilität) und das seinerseits durch geförderte oder steuerfreie Beiträge aufgebaut wurde, sind die Leistungen ebenfalls in vollem Umfang nachgelagert zu versteuern.[67]

## 2.2.2 Leistungen aus versteuerten und nicht geförderten Beiträgen

Für Leistungen aus Direktversicherungen, die auf pauschal oder individuell versteuerten und nicht geförderten Beiträgen beruhen, gilt Folgendes:

### Renten

Leistungen, die in Form von lebenslangen Leibrenten aus einer Direktversicherung gezahlt werden (Renten für die Versorgung im Alter oder des Ehe-

---

65 BMF-Schreiben vom 31.03.2010, Rz 329.
66 BMF-Schreiben vom 31.03.2010, Rz 329 und 263 f.
67 § 22 Nr. 5 Satz 11 EStG i.V.m. § 3 Nr. 55 Satz 3 EStG.

gatten), sind mit dem Ertragsanteil aus § 22 Nr. 1 Satz 3 Buchstabe a Doppelbuchstabe bb EStG als sonstige Einkünfte zu versteuern.

Renten bei Berufsunfähigkeit oder an Hinterbliebene, die während einer befristeten Rentenzahlungsdauer gezahlt werden, sind als zeitlich begrenzte Leibrenten mit dem Ertragsanteil aus § 55 EStDV als sonstige Einkünfte zu versteuern.

Abweichend davon unterliegen Leibrenten und andere Leistungen aus Direktversicherungen in der Form einer Basisrente der Einkommensteuer wie die entsprechenden Leistungen aus einer Basisrente des Arbeitnehmers; (→ II B Basisrentenverträge [Basisrente], 5 Besteuerung der Leistungen aus Basisrentenverträgen, S. 116).

## Kapitalzahlungen aus Direktversicherungen mit Vertragsabschluss vor 2005

Zinsen aus Direktversicherungen sind beim Arbeitnehmer oder seinen Hinterbliebenen unter den Voraussetzungen steuerfrei, die für Zinsen aus vor dem 01.01.2005 abgeschlossenen „Altverträgen" gelten; → II C Private Lebensversicherungen, 2.1.2.1 Kapitalversicherungen, S. 217.

Abweichend von den genannten Anforderungen ist es für die Besteuerung der Zinsen aus Direktversicherungen unbeachtlich, wenn die Direktversicherung der Sicherung oder Tilgung von Darlehen des Arbeitgebers dient[68].

## Kapitalzahlungen aus Direktversicherungen mit Vertragabschluss nach 2004

Erträge aus Direktversicherungen sind beim Arbeitnehmer in Höhe des Unterschiedsbetrags zwischen der Versicherungsleistung und den dafür entrichteten Beiträgen entsprechend den für Lebensversicherungen ab dem 31.12.2004 geltenden Regelungen zu versteuern, → II C Private Lebensversicherungen, 2.1.1.2 Kapitalversicherungen, S. 207.

Wird die Leistung nach Vollendung des 60. Lebensjahres (ab 2012: 62. Lebensjahres) des Steuerpflichtigen und nach Ablauf von 12 Jahren seit dem Vertragsabschluss gezahlt, gilt lediglich die Hälfte des Unterschiedsbetrags zwischen der Versicherungsleistung und der für sie gezahlten Beiträge (hälftiger Wertzuwachs) als steuerpflichtiger Ertrag.

Kapitalleistungen, die bei Tod fällig werden, sind stets einkommensteuerfrei.

---

68  § 20 Abs. 1 Nr. 6 Satz 3 EStG 2004, § 10 Abs. 2 Satz 2 Buchstabe b Doppelbuchstabe bb-dd EStG 2004.

### 2.2.3 Leistungen, die auf Altersvorsorgezulage, auf geförderten und nicht geförderten Beiträgen beruhen

Sind für eine Direktversicherung sowohl nicht geförderte Beiträge als auch steuerfreie oder geförderte Beiträge gezahlt worden oder neben solchen Beiträgen Altersvorsorgezulage gutgeschrieben worden, sind die Leistungen:

• in vollem Umfang zu versteuern, soweit sie auf steuerfreien, auf geförderten Beiträgen oder auf Altersvorsorgezulage beruhen,

• wie zuvor unter → 2.2.2 (S. 263) beschrieben zu versteuern, soweit sie auf nicht geförderten Beiträgen beruhen.

Das Versicherungsunternehmen muss die Leistungen entsprechend aufteilen (→ 2.2.5 Aufteilungsverfahren beim Versicherer, S. 266).

### 2.2.4 Leistungen bei schädlicher Verwendung oder Wegzug aus Deutschland

Werden Leistungen aus Direktversicherungen, die auf Altersvorsorgezulagen und geförderten Altersvorsorgebeiträgen beruhen, „schädlich verwendet"[69], unterliegen die Leistungen nach Abzug der auf sie entfallenden Altersvorsorgezulagen der Einkommensteuer. In dem verbleibenden Betrag enthaltene Erträge sind nach den unter 2.2.2 (S. 263) dargestellten Grundsätzen zu versteuern.[70]

Die Rechtsfolgen der „schädlichen Verwendung"[71] treten ebenfalls ein, wenn der Zulageberechtigte seinen Wohnsitz oder gewöhnlichen Aufenthalt in einem Staat außerhalb der Mitgliedstaaten der EU bzw. des EWR-Abkommens nimmt. Eine Verpflichtung zur Rückzahlung der gewährten Zulagen und Steuerermäßigungen besteht auch dann, wenn der Zulageberechtigte ungeachtet seines tatsächlichen Wohnsitzes oder gewöhnlichen Aufenthalts in einem EU- bzw. EWR- Staat aufgrund eines Doppelbesteuerungsabkommens mit einem Drittstaat als im Drittstaat ansässig gilt.[72]

In diesen Fällen wird der Rückzahlungsbetrag jedoch auf Antrag des Zulageberechtigten bis zum Beginn der Auszahlungsphase gestundet. Einzelheiten → II A Altersvorsorgeverträge (Riester-Verträge), 6 Schädliche Verwendung bei Riester-Renten, Wegzug ins Ausland, S. 81.

Grundsätzlich sind die Altersvorsorgezulagen im Zeitpunkt des Wegzugs aus Deutschland zurückzuzahlen. Auf Antrag des Steuerpflichtigen kann die Rückzahlung zunächst bis zur Fälligkeit der Versorgungsleistungen gegen Zahlung von Stundungszinsen gestundet werden. Verpflichtet sich der Versorgungsberechtigte mindestens 15 % der Leistungen aus der Direktversi-

---

69   → II A Altersvorsorgeverträge (Riester-Verträge), 6 Schädliche Verwendung, S. 80.
70   § 22 Nr. 5 Satz 3 EStG.
71   → II A Altersvorsorgeverträge (Riester-Verträge), 6 Schädliche Verwendung, S. 80.
72   BMF-Schreiben vom 31.03.2010, Rz 348 i.V.m. Rz 197–199.

cherung zur Tilgung des gestundeten Betrags einzusetzen, verlängert sich die zinspflichtige Stundung bis zur vollständigen Rückzahlung der Altersvorsorgezulagen. Nach unserer Auffassung bewirkt die Stundung gegen Zinsen, dass auch in diesem Fall steuerlich von einer Rückzahlung im Zeitpunkt des Wegzugs auszugehen ist.

Werden die zurückzuzahlenden Altersvorsorgezulagen dem Vorsorgekapital bereits im Zeitpunkt des Wegzugs oder bei Fälligkeit der Versorgungsleistungen entnommen, wird die danach verbleibende Leistung des Versicherungsunternehmens nach den unter 2.2.2 (S. 263) dargestellten Grundsätzen der Besteuerung unterworfen.

Wird der Rückzahlungsbetrag aus den Leistungen der Direktversicherung getilgt, weichen die tatsächlichen Leistungen von den zu versteuernden Leistungen ab, weil die Rückzahlung steuerlich bereits als im Zeitpunkt des Wegzugs erfolgt zu berücksichtigen ist. Die zu versteuernde Leistung ist danach wie folgt zu ermitteln:

|   | Vorsorgekapital im Zeitpunkt des Wegzugs |
|---|---|
| ./. | steuerlich bereits im Zeitpunkt des Wegzugs zu berücksichtigender Rückzahlungsbetrag |
| + | eventuell weiterhin gezahlte Beiträge |
| + | Erträge aus dem tatsächlich nicht gekürzten Vorsorgekapital |
| = | fiktives Vorsorgekapital, nach dem die zu versteuernde Rente zu bemessen ist |
| = | zu versteuernde Rente |
| x | Ertragsanteil nach § 22 Abs. 1 Nr. 1 Buchstabe a Doppelbuchstabe bb EStG |
| = | steuerpflichtige Leistung aus der Direktversicherung (§ 22 Nr. 5 Satz 3 EStG) |

In diesen Fällen weicht die vom Versicherungsunternehmen gezahlte Rente von der zu bescheinigenden Rente (Rentenbezugsmitteilung) ab.

## 2.2.5  Aufteilungsverfahren beim Versicherer

Wurden für eine Direktversicherung sowohl nicht geförderte Beiträge als auch steuerfreie oder geförderte Beiträge gezahlt oder neben solchen Beiträgen Altersvorsorgezulage gutgeschrieben, sind die Leistungen vom Versicherer aufzuteilen. Die Aufteilung ist bei erstmaligem Bezug von Leistungen und in den Fällen einer schädlichen Verwendung vorzunehmen. Dabei muss der Versicherer die Beiträge für den jeweiligen Vertrag individualisieren und nach den steuerlich maßgebenden Kriterien getrennt aufzeichnen. Die sich daraus ergebenden Leistungen einschließlich zugeteilter Erträge sind ebenfalls getrennt zu ermitteln.

Kann der Versicherer die Beiträge, Leistungen und Erträge eines Vertrages nicht gesondert ermitteln, darf die Aufteilung anhand eines abgestimmten versicherungsmathematischen Verfahrens (sog. Wertstandsverfahren) vorgenommen werden. Aus Vereinfachungsgründen lässt die Finanzverwaltung auch eine Verhältnisaufteilung der steuerfreien und/oder nicht geförderten Beiträge zur Summe der insgesamt geleisteten Beiträge ohne die Berücksichtigung von Zinseffekten zu (beitragsproportionales Verfahren).[73]

### 2.2.6 Pflichten des Arbeitgebers

#### Aufzeichnungspflichten

Hat der Arbeitgeber seinem Arbeitnehmer Leistungen aus Direktversicherungen zugesagt, ist er verpflichtet, gesondert für jede Versorgungszusage und für jeden Arbeitnehmer folgende Aufzeichnungen zu führen:

- Bei Inanspruchnahme des zusätzlichen steuerfreien Höchstbetrags von 1.800 € den Zeitpunkt der erstmaligen Erteilung der Versorgungszusage.

  Bei einer Übertragung nach dem Abkommen zur Übertragung von Direktversicherungen, Pensionskasse oder Pensionsfonds bei Arbeitgeberwechsel vom 30.07.2010, gültig ab 01.01.2012 ist der Übertragungszeitpunkt festzuhalten. Bei einer Änderung einer vor dem 01.01.2005 erteilten Versorgungszusage („Altzusage") müssen alle Änderungen der Zusage nach dem 31.12.2004 aufgezeichnet werden, damit eine Überprüfung hinsichtlich der steuerlichen Einordnung möglich ist.[74]

- Bei Direktversicherungen, für die weiterhin die Lohnsteuerpauschalierung nach § 40b EStG 2004 angewendet wird („Altzusage"), den Inhalt der am 31.12.2004 bestehenden Versorgungszusage. Zudem ist das Datum der Verzichtserklärung des Arbeitnehmers aufzuzeichnen, aus dem sich die Abwahl der Steuerbefreiung nach § 3 Nr. 63 EStG zugunsten der Fortführung der Lohnsteuerpauschalierung ergibt.[75]

  Wird eine Direktversicherung im Rahmen des Abkommens zur Übertragung von Direktversicherungen, Pensionskasse oder Pensionsfonds bei Arbeitgeberwechsel vom 30.07.2010, gültig ab 01.01.2012 übertragen oder im Fall der Übernahme der Zusage (Schuldübernahme) nach § 4 Abs. 1 Nr. 1 BetrAVG durch den neuen Arbeitgeber fortgeführt, ist zusätzlich eine Erklärung des ehemaligen Arbeitgebers erforderlich, dass diese Versorgungszusage vor dem 01.01.2005 erteilt und bis zum Arbeitgeberwechsel nicht als „Neuzusage" behandelt wurde.[76]

#### Mitteilungspflichten

Der Arbeitgeber hat bei Durchführung einer kapitalgedeckten betrieblichen Altersversorgung über eine Direktversicherung dem Versicherer jährlich ge-

---

73  BMF-Schreiben vom 11.11.2004.
74  § 5 Abs. 1 Nr. 1 LStDV.
75  → 2.1.3 Altzusagen vor dem 01.01.2005, Wahlrecht für Lohnsteuerpauschalierung, S. 251.
76  § 5 Abs. 1 Nr. 2 LStDV.

sondert je Versorgungszusage und für jeden einzelnen Arbeitnehmer Folgendes mitzuteilen:

- die nach § 3 Nr. 63 EStG steuerfrei belassenen Beiträge
- die pauschal versteuerten Beiträge nach § 40b EStG 2004
- die individuell besteuerten Beiträge.

Die Daten müssen dem Versicherer spätestens zwei Monate nach Ablauf des Kalenderjahres oder nach Beendigung des Dienstverhältnisses im Laufe des Kalenderjahres mitgeteilt werden.

Die Mitteilung kann unterbleiben, wenn das Versicherungsunternehmen die steuerliche Behandlung der für den einzelnen Arbeitnehmer im Kalenderjahr geleisteten Beiträge bereits kennt oder aus den bei ihm vorhandenen Daten feststellen kann. Unterbleibt eine Meldung des Arbeitgebers, gilt die Annahme, dass es sich insgesamt bis zu den in § 3 Nr. 63 EStG genannten Höchstbeträgen um danach steuerfreie Beiträge handelt, die in der Auszahlungsphase voll nachgelagert als sonstige Einkünfte (§ 22 Nr. 5 Satz 1 EStG) zu versteuern sind.[77]

Eine Anzeige der individuell versteuerten Beiträge kann ebenfalls unterbleiben, wenn der Versicherer dem Arbeitgeber mitgeteilt hat, dass eine Förderung der Beiträge durch Altersvorsorgezulagen und ggf. den zusätzlichen Sonderausgabenabzug nicht möglich ist. Unterbleibt die Mitteilung des Arbeitgebers und kennt der Versicherer die für den einzelnen Arbeitnehmer individuell versteuerten Beiträge nicht oder hat der Arbeitnehmer gegenüber dem Versicherer auf eine Förderung der individuell versteuerten Beiträge als Altersvorsorgebeiträge verzichtet, gilt die Annahme, dass die geleisteten Beiträge keine förderfähigen Altersvorsorgebeiträge sind.[78]

### 2.2.7 Rentenbezugsmitteilung

Die Versicherungsunternehmen sind verpflichtet, Zahlungen (Renten und Kapitalzahlungen) aufgrund einer betrieblichen Altersversorgung und ihre Empfänger (Arbeitnehmer) der Finanzverwaltung (zentrale Stelle: Deutsche Rentenversicherung Bund) mitzuteilen. Diese Rentenbezugsmitteilung erfolgt bis zum 01.03. des Folgejahres nach amtlich vorgeschriebenem Datensatz im Wege der Datenfernübertragung,[79] erstmals für das Jahr des Leistungsbeginns.[80]

Der Versicherer übermittelt folgende Daten des Steuerpflichtigen an die zentrale Stelle:

- die vom Leistungsempfänger genannte Identifikationsnummer. Teilt dieser trotz Aufforderung seine steuerliche Identifikationsnummer dem An-

---

77  § 5 Abs. 2 und 3 LStDV.
78  § 6 AltvDV.
79  § 22a EStG.
80  § 22 Nr. 5 Satz 7 EStG.

bieter nicht mit, darf der Anbieter diese beim Bundeszentralamt für Steuern erfragen.

- Familienname, Vorname und das Geburtsdatum des Leistungsempfängers sowie, falls dem Versicherer bekannt, eine ausländische Anschrift und die Staatsangehörigkeit des Rentenempfängers.

- je gesondert den Betrag der ausgezahlten (abgekürzten) Leibrenten oder anderen Leistungen (z. B. Kapitalzahlungen oder Abfindungszahlung einer Kleinbetragsrente). Der im Betrag der Rente enthaltene Teil, der ausschließlich auf einer Anpassung der Rente beruht, ist gesondert mitzuteilen. Dabei ist lediglich die Höhe der tatsächlich steuerpflichtigen Leistungen zu melden (z. B. bei Kapitalleistungen aus „Neuzusagen": hälftiger Wertzuwachs, falls der Steuerpflichtige das 60. Lebensjahr (ab 2012: 62. Lebensjahr) bereits vollendet hat und die Auszahlung frühestens nach 12 Jahren erfolgte). Für Leistungen, die auf nicht gefördertem Kapital beruhen, erfolgt keine Mitteilung, wenn die Auszahlung aufgrund einer „Altzusage" erst nach Ablauf von 12 Jahren seit Vertragsabschluss erfolgt.[81]

- Zeitpunkt des Beginns und des Endes des jeweiligen Leistungsbezugs. Folgen nach dem 31.12.2004 Renten aus derselben Versicherung einander nach, ist auch die Laufzeit der vorhergehenden Renten mitzuteilen.

- Bezeichnung und Anschrift des Versicherers.

Wird die Rentenbezugsmitteilung nicht fristgerecht bis zum 01.03. des Folgejahres übermittelt, ist für jeden Monat der verspäteten Abgabe ein Verspätungsgeld in Höhe von 10 € für jede Mitteilung zu entrichten. Das Verspätungsgeld darf für alle für einen Veranlagungszeitraum zu übermittelnden Rentenbezugsmeldungen 50.000 € nicht übersteigen. Wird die Frist ohne Verschulden des Mitteilungspflichtigen überschritten, entfällt das Verspätungsgeld.[82]

Gegen einen Anbieter kann zudem ein Bußgeld von bis zu 50.000 € festgesetzt werden, wenn er vorsätzlich oder leichtfertig die Daten der Rentenbezugsmitteilung bzw. die Mitteilung selbst nicht, nicht richtig, nicht vollständig oder nicht rechtzeitig an die zentrale Stelle übermittelt.[83]

Außerdem ist das Versicherungsunternehmen verpflichtet, dem Leistungsempfänger jeweils mitzuteilen, dass die zentrale Stelle über die Leistungserbringung informiert wird. Die Information des Leistungsempfängers kann formlos erfolgen.

Die zentrale Stelle hat das Recht, bei den Versicherern die Einhaltung der Meldepflicht im Rahmen einer steuerlichen Außenprüfung zu überprüfen.

---

81  BMF-Schreiben vom 17.12.2010.
82  § 22a Abs. 5 EStG.
83  § 50f EStG.

## Gewinnermittlung nach § 4 Abs. 3 EStG

Wird der Gewinn durch Einnahmen-Überschussrechnung ermittelt, sind die Beitragsteile, die auf den Anspruch des Arbeitgebers entfallen, erst dann als Betriebsausgaben abzugsfähig, wenn die entsprechenden Versicherungsleistungen vereinnahmt werden oder endgültig ausfallen.

## Überschussbeteiligung zugunsten des Arbeitgebers

Steht der Anspruch auf Überschussbeteiligung dem Arbeitgeber zu, ist dieser zu aktivieren. Werden die Überschussanteile an den Arbeitgeber ausgezahlt, sind sie als Betriebseinnahmen zu erfassen. Werden die Überschussanteile mit Beiträgen des Arbeitgebers verrechnet, ist nur der Saldo Betriebsausgabe.

Werden Überschussanteile zugunsten des Arbeitgebers angesammelt, während der Versicherungsdauer mit fälligen Beiträgen verrechnet oder an den Arbeitgeber ausgezahlt, liegt keine Arbeitslohnrückzahlung vor.[90]

Die Auffassung der Finanzverwaltung, nach der bei einer Verrechnung oder Auszahlung von Überschussanteilen eine Arbeitslohnrückzahlung vorlag, galt lediglich für Überschussanteile, die bis zum 31.12.2010 an den Arbeitgeber ausgezahlt worden sind.[91]

Überschussanteile, die dem Arbeitgeber zustehen, mindern deshalb die als Arbeitslohn zu erfassende Beiträge ab dem 01.01.2011 nicht (mehr). Bemessungsgrundlage für die pauschale Lohnsteuer sind stets die gezahlten Beiträge des Arbeitgebers.

## Verlust der Ansprüche aus einer Direktversicherung

Verliert der Arbeitnehmer den Anspruch aus einer Direktversicherung ganz oder teilweise ersatzlos (z. B. bei vorzeitigem Ausscheiden aus dem Dienstverhältnis) und zahlt das Versicherungsunternehmen als Arbeitslohn versteuerte Beiträge an den Arbeitgeber zurück, liegt eine Arbeitslohnrückzahlung vor.[92] Die Höhe der Arbeitslohnrückzahlung ist auf die im Kalenderjahr der Arbeitslohnrückzahlung geleisteten Beiträge begrenzt.[93] Insoweit wird die Bemessungsgrundlage für die pauschale Lohnsteuer gemindert.

Ein Arbeitnehmer verliert seinen Anspruch auf Direktversicherung, wenn ihm das Bezugsrecht entzogen wird. Ein Bezugsrechtswiderruf führt nie zur Rückzahlung von Beiträgen an den Arbeitgeber. Die Anforderungen der Finanzverwaltung schließen daher die Annahme einer Arbeitslohnrückzahlung stets aus.

---

90   BFH-Urteil vom 12.11.2009, IV R 20/07, BStBl II 2010, S. 845.
91   BMF-Schreiben vom 28.09.2010.
92   R 40b.1 Abs. 13 LStR 2011.
93   R 40b.1 Abs. 12, 13 LStR 2011.

# 4 Einzelfälle

## Arbeitnehmer-Ehegatte

Eine Direktversicherung für den Arbeitnehmer-Ehegatten wird steuerlich anerkannt, wenn

- ein steuerlich anerkanntes Arbeitsverhältnis zwischen den Ehegatten vorliegt,

- die Gesamtvergütung einschließlich der Beiträge zur Direktversicherung der Höhe nach angemessen ist

und

- die Leistungen aus der Direktversicherung zusammen mit den übrigen Leistungen aus der gesetzlichen und betrieblichen Altersversorgung angemessen sind.

Sind die vorstehenden Voraussetzungen erfüllt, gehören die Beiträge bei dem Arbeitgeber-Ehegatten zu den Betriebsausgaben.

Wegen der gleichgerichteten Interessen wird ein Arbeitverhältnis zwischen den Ehegatten steuerlich nur anerkannt, wenn es ernsthaft vereinbart und auch tatsächlich durchgeführt wird.

Bei Beschäftigung mehrerer Arbeitnehmer ist die steuerliche Anerkennung der Ehegattendirektversicherung davon abhängig, dass familienfremden Arbeitnehmern mit gleichwertigen oder geringerwertigen Tätigkeits- oder Leistungsmerkmalen eine entsprechende betriebliche Altersversorgung eingeräumt oder zumindest ernsthaft angeboten wurde.[94]

Werden keine familienfremden Arbeitnehmer beschäftigt oder wird diesen keine vergleichbare Zusage erteilt oder ernsthaft angeboten, ist eine Direktversicherung angemessen, wenn die Leistung aus der Direktversicherung zusammen mit den übrigen Leistungen aus der gesetzlichen und betrieblichen Altersversorgung 75 % der letzten Aktivbezüge nicht überschreitet. Bei Ermittlung der Höhe der letzten anzuerkennenden Aktivbezüge sind neben dem normalen Arbeitslohn u. a. auch pauschal versteuerte Direktversicherungsbeiträge zu berücksichtigen. Künftige Gewinnanteile aus der Direktversicherung sind in die Berechnung nicht einzubeziehen.[95] Ein betriebsexterner Üblichkeitsnachweis ist nicht erforderlich.

In der Vergangenheit konnte von der Angemessenheitsprüfung abgesehen werden, wenn die laufenden Aufwendungen für die Altersversorgung 30 % des steuerpflichtigen Jahresarbeitslohns nicht überschritten haben.[96]

---

94  BMF-Schreiben vom 09.01.1986.
95  BMF-Schreiben vom 04.09.1984 (Ehegatten-Erlass).
96  BMF-Schreiben vom 03.11.2004, Tz 23 sowie Erlass FinMin Saarland vom 07.03.2005.

Eine Arbeitnehmer-Ehegatten-Direktversicherung, die durch Umwandlung von Barlohn in Versicherungsbeiträge finanziert wird, ist betrieblich veranlasst, wenn eine vergleichbare Direktversicherung eventuell vorhandenen familienfremden Arbeitnehmern ebenfalls angeboten wurde.

Verzichtet der Arbeitnehmer-Ehegatte ohne weitere Änderungen seines steuerlich anzuerkennenden Arbeitsverhältnisses auf einen Teil seines bestehenden, angemessenen Lohnanspruchs, um damit Beiträge zu einer Direktversicherung zu finanzieren (= echte Barlohnumwandlung), kann regelmäßig von einer betrieblichen Veranlassung ausgegangen werden.[97]

Steuerlich ist es unschädlich, wenn aus einer Ehegatten-Direktversicherung der Arbeitnehmer-Ehegatte oder die gemeinsamen Kinder für den Todesfall bezugsberechtigt sind.

Ist das Ehegatten-Arbeitsverhältnis steuerlich anerkannt, können die Beiträge im Rahmen des § 3 Nr. 63 EStG steuerfrei belassen werden.

## Umwandlung Rückdeckungsversicherung in Direktversicherung

Wird dem Arbeitnehmer bzw. den Hinterbliebenen das Bezugsrecht aus einer Rückdeckungsversicherung eingeräumt, liegt ab diesem Zeitpunkt eine Direktversicherung vor.

Die Einräumung des Bezugsrechts zugunsten des Arbeitnehmers oder seiner Hinterbliebenen stellt in Höhe des Deckungskapitals bzw. des Zeitwerts der Versicherung und eines eventuellen Gewinnguthabens einen lohnsteuerpflichtigen Vorteil dar. Diese Rechtsfolgen lassen sich nach unserer Auffassung dadurch vermeiden, dass eine Direktversicherung abgeschlossen wird, die anstelle der Rückdeckungsversicherung tritt. Die Einzahlung in die Direktversicherung kann mit dem Betrag verrechnet werden, der aus der Rückdeckungsversicherung zur Verfügung steht.

Die Vervielfältigungsregelung kann bei einer Umwandlung der Rückdeckungsversicherung in eine Direktversicherung nur angewendet werden, wenn gleichzeitig der Arbeitnehmer aus dem Dienstverhältnis ausscheidet.

Bei einem Wechsel des Durchführungswegs der betrieblichen Altersversorgung kann für den Umwandlungsbetrag ggf. die ermäßigte Besteuerung nach § 34 Abs. 2 Nr. 4 EStG (Vergütung für mehrjährige Tätigkeiten) in Betracht kommen.

---

[97]  BFH-Urteil vom 10.06.2008, VIII R 68/06, BStBl II 2008, S. 973.

## Umwandlung private Lebensversicherung in Direktversicherung

Private Lebensversicherungen können durch Übertragung der Versicherungsnehmereigenschaft auf den Arbeitgeber zu Direktversicherungen umgestaltet werden, so dass die Beiträge, die nach dem Versicherungsnehmerwechsel fällig werden, als Direktversicherungsbeiträge behandelt werden können.

## Direktversicherung für Gesellschafter einer Personengesellschaft

Für angestellte Gesellschafter einer Personengesellschaft ist der Abschluss einer Direktversicherung mit steuerlicher Wirkung nicht möglich, weil alle Vergütungen für eine Tätigkeit im Dienst der Gesellschaft dem Gewinn aus Gewerbebetrieb zugerechnet werden. Die Beiträge der Personengesellschaft sind nicht nach § 3 Nr. 63 EStG einkommensteuerfrei, weil kein steuerliches Arbeitsverhältnis besteht. Der Direktversicherungsbeitrag ist zwar Betriebsausgabe der Personengesellschaft. Im Gegenzug hat der begünstigte Gesellschafter den Beitrag aber korrespondierend als Einnahme in seiner Sonderbilanz zu erfassen.

Wird ein Arbeitnehmer einer Personengesellschaft zum Gesellschafter, bleibt die bisherige steuerliche Behandlung (z. B. Lohnsteuerpauschalierung) der Versicherung unberührt.

## Direktversicherung für Gesellschafter-Geschäftsführer einer Kapitalgesellschaft

Bei angestellten Gesellschafter-Geschäftsführern von Kapitalgesellschaften wird eine Direktversicherung steuerlich anerkannt, wenn die Direktversicherung rechtlich wirksam zugesagt wurde, die Gesamtvergütung einschließlich der Versicherungsbeiträge angemessen ist und die Direktversicherung keine nachträgliche Vergütung für Dienste als Gesellschafter darstellt. An der ernsthaften Durchführung der betrieblichen Altersversorgung zugunsten des Gesellschafter-Geschäftsführers besteht bei einer Direktversicherung kein Zweifel. Nach Auffassung der Finanzverwaltung gilt für die Versorgung im Alter aus einer betrieblichen Altersversorgung das 60. Lebensjahr (für Vertragsabschlüsse ab 2012: 62. Lebensjahr) im Regelfall als Untergrenze. Es ist unschädlich, wenn der Gesellschafter-Geschäftsführer im Zeitpunkt der Auszahlung oder bei Rentenbeginn seine berufliche Tätigkeit tatsächlich noch nicht beendet hat.[98]

Auch für den beherrschenden Gesellschafter-Geschäftsführer kann die Direktversicherung – im Gegensatz zum Mindestalter für die Bildung einer Pensionsrückstellung[99] – frühestens auf das 60. Lebensjahr (bei Vertragsabschluss ab 2012: 62. Lebensjahr) abgeschlossen und die Leistung daraus bezogen werden.

---

98   BMF-Schreiben vom 31.03.2010, Tz 249.
99   Bei Pensionszusagen für beherrschende Gesellschafter-Geschäftsführer: 65. Lebensjahr, ab 2012: 67. Lebensjahr.

Eine Direktversicherung ist wirksam zugesagt, wenn die Zusage von dem Organ der Gesellschaft erteilt wurde, das für den Abschluss und die Änderung des Anstellungsvertrags zuständig ist (regelmäßig die Gesellschafterversammlung).[100]

Aufgrund der steuerlichen Gleichstellung des Direktversicherungsbeitrags mit Barlohn kommt es auf die Höhe der Versicherungsleistungen aus der Direktversicherung nicht an, da die Leistung dem Arbeitnehmer (Gesellschafter-Geschäftsführer) in dessen Privatsphäre zufließt.

Eine Direktversicherung kann mit steuerlicher Wirkung nicht abgeschlossen werden, wenn bei einer GmbH & Co. KG der Geschäftsführer der GmbH zugleich Gesellschafter der KG ist und die GmbH nur die Geschäfte der KG führt.

## Versorgungsausgleich bei Ehescheidungen

Bei Ehescheidungen müssen alle von den Ehegatten während der Zeit ihrer Ehe erworbenen Anrechte auf eine Versorgung wegen Alter und Invalidität ausgeglichen werden.

### Interne Teilung

Seit dem 01.09.2009 werden Anrechte auf Altersversorgung grundsätzlich intern geteilt. Zum Zeitpunkt der Scheidung werden die erworbenen Anrechte geteilt und für den Ausgleichsberechtigten beim Arbeitgeber des geschiedenen Ehegatten ein eigenständiges Versorgungsanrecht geschaffen, das die Merkmale der Versorgung des Ausgleichspflichtigen beibehält (z. B. Art, Beginn und Dauer der Leistung).

Die Teilung der Anrechte ist für beide Ehegatten steuerfrei.[101] Erst während der Auszahlungsphase unterliegen die Leistungen aus der Direktversicherung des **Ausgleichsberechtigten** als sonstige Einkünfte (§ 22 Nr. 5 EStG) der Einkommensteuer. Dabei gilt Folgendes:

- Leistungen aus der Direktversicherung des ausgleichsberechtigten Ehegatten, die auf **steuerfreien Beiträgen** für die Direktversicherung des ausgleichsverpflichteten Ehegatten beruhen, sind im Zeitpunkt der Zahlung in vollem Umfang nachgelagert zu versteuern. Ebenfalls in vollem Umfang als sonstige Einkünfte der Einkommensteuer unterliegen Leistungen aus der Direktversicherung des ausgleichsberechtigten Ehegatten, soweit sie auf **geförderten Altersvorsorgebeiträgen und/oder Altersvorsorgezulagen** für die Direktversicherung des ausgleichsverpflichteten Ehegatten beruhen.

- Leistungen aus Direktversicherungen des ausgleichsberechtigten Ehegatten, die auf **nicht geförderten Beiträgen** des ausgleichsverpflichteten

---

100  BMF-Schreiben vom 16.05.1994.
101  § 3 Nr. 55a Satz 1 EStG, BMF-Schreiben vom 31.03.2010, Rz 365.

Ehegatten beruhen, unterliegen nach den allgemeinen Grundsätzen für Direktversicherungen der Einkommensteuer (→ 2.2.2 Leistungen aus versteuerten und nicht geförderten Beiträgen, S. 263).

Kapitalzahlungen können – abhängig vom Beginn der Versicherung des Ausgleichsverpflichteten – steuerfrei vereinnahmt werden oder unterliegen in Höhe des (hälftigen) Ertrags als Einkünfte aus Kapitalvermögen der Einkommensteuer. Leibrenten werden mit dem Ertragsanteil (§ 22 Nr. 1 Satz 3 Buchstabe a Doppelbuchstabe bb EStG) als sonstige Einkünfte versteuert. Dabei werden die persönlichen Verhältnisse des Ausgleichsberechtigten (Rentenbeginn und Lebensalter) berücksichtigt.[102]

Der Ausgleichsberechtigte kann die ihm zuzuordnende intern geteilte Direktversicherung wie ein ausgeschiedener Arbeitnehmer mit eigenen Beiträgen fortsetzen, wenn dem ausgleichsverpflichteten Ehegatten ein solches Recht zustand (siehe § 1b Abs. 5 Nr. 2 BetrAVG und § 2 Abs. 2 Satz 2 Nr. 3 BetrAVG). Die Beiträge des Ausgleichsberechtigten können förderfähige Altersvorsorgebeiträge sein, wenn das Fortsetzungsrecht des ausgleichsverpflichteten Ehegatten aufgrund einer Entgeltumwandlung bestand.[103] Soweit die Leistung aus der Direktversicherung

- auf Altersvorsorgebeiträgen und/oder Altersvorsorgezulagen beruhen, sind sie in vollem Umfang als sonstige Einkünfte zu versteuern (§ 22 Nr. 5 EStG).

- auf nicht geförderten Beiträgen beruhen, unterliegen sie nach den allgemeinen Grundsätzen für Direktversicherungen der Einkommensteuer. (→ 2.2.2 Leistungen aus versteuerten und nicht geförderten Beiträgen, S. 263)

### Externe Teilung

Bei einer externen Teilung der Anrechte wird der vom Familiengericht ermittelte Ausgleichswert der Direktversicherung des ausgleichsverpflichteten Ehegatten entnommen und auf eine Versorgung des ausgleichsberechtigten Ehegatten bei demselben oder einem anderen Versorgungsträger übertragen. Als Zielversorgung kann der Ausgleichsberechtigte jeden Durchführungsweg der betrieblichen Altersversorgung oder eine private Versorgung (z. B. Riester-Rente, Basisrente oder private Rentenversicherung) wählen. Dabei darf die Zahlung des Ausgleichswerts in die gewählte Zielversorgung nicht zu nachteiligen steuerlichen Folgen beim Ausgleichsverpflichteten führen, es sei denn, dieser stimmt der Wahl des ausgleichsberechtigten Ehegatten zu.[104] Entscheidet sich der Ausgleichsberechtigte für keine Zielversorgung, wird eine Versorgung bei der Versorgungsausgleichskasse (→ Versorgungsausgleichskasse, S. 281) begründet[105].

---

102    BMF-Schreiben vom 31.03.2010, Rz 369.
103    BMF-Schreiben vom 31.03.2010, Rz 382, Rz 292 ff.
104    § 15 Abs. 5 VersAusglG.
105    BMF-Schreiben vom 31.03.2010, Rz 359.

Wird im Rahmen der externen Teilung für den Ausgleichsberechtigten ein Anrecht auf betriebliche Altersversorgung neu begründet, richtet sich die Beurteilung Alt-/Neuzusage nach der Art der ursprünglichen Versorgungszusage des Ausgleichsverpflichteten.[106] Wird eine bereits bestehende Versorgung des Ausgleichsberechtigten durch den übertragenen Ausgleichswert aus der Versorgung des Ausgleichspflichtigen aufgestockt, bleibt die bestehende Versorgung des Ausgleichsberechtigten

- eine Altzusage, wenn sie vor 2005 erteilt wurde,
- eine Neuzusage, wenn sie nach 2004 erteilt wurde.[107]

Entscheidend für die Frage, ob die Übertragung des Ausgleichswerts im Zeitpunkt der externen Teilung der Einkommensteuer unterworfen wird, ist die bisherige Besteuerung der Beiträge während der Ehezeit sowie die Besteuerung der künftigen Leistungen beim Ausgleichsberechtigten. Werden die späteren Leistungen steuerlich günstiger gestellt als dies aufgrund der bisherigen Beitragsbehandlung erfolgen müsste, entsteht ein „Besteuerungsgefälle", das durch die Besteuerung des Ausgleichswerts im Zeitpunkt der Übertragung kompensiert wird.

---

106   BMF-Schreiben vom 31.03.2010, Rz 372.
107   BMF-Schreiben vom 31.03.2010, Rz 372 und 306 ff.

| Bisherige Beitragsbehandlung | Künftige Besteuerung der Leistungen beim Ausgleichsberechtigten | Übertragung des Ausgleichswerts |
|---|---|---|
| Steuerfrei § 3 Nr. 63 EStG | Voll nachgelagert (§ 22 Nr. 5 Satz 1 EStG) z. B. Neuzusage steuerfrei nach § 3 Nr. 63 EStG, Riester-Rente | Steuerfrei nach § 3 Nr. 55b EStG |
| | (hälftiger) Wertzuwachs/ Ertrag (§ 20 Abs. 1 Nr. 6 EStG) oder Ertragsanteilsbesteuerung (§ 22 Nr. 1 Satz 3 Buchstabe a Doppelbuchstabe bb EStG) z. B. pauschal besteuerte Altzusage nach § 40b EStG, Privater Lebensversicherungsvertrag | Steuerpflichtig nach § 3 Nr. 55b Satz 2 EStG beim Ausgleichsverpflichteten (Einwilligung des Ausgleichsverpflichteten erforderlich!)[108] |
| | Voll nachgelagert (§ 22 Nr. 1 Satz 3 Buchstabe a Doppelbuchstabe aa EStG) z. B. Basisrente | Steuerfrei nach § 3 Nr. 55b EStG |
| Pauschal versteuert § 40b EStG oder Individuell versteuert | (hälftiger) Wertzuwachs/ Ertrag bzw. rechnungs-/ außerrechnungsmäßige Zinsen (§ 20 Abs. 1 Nr. 6 EStG) oder Ertragsanteilsbesteuerung (§ 22 Nr. 1 Satz 3 Buchstabe a Doppelbuchstabe bb EStG) z. B. pauschal besteuerte Altzusage nach § 40b EStG, Privater Lebensversicherungsvertrag | Nicht steuerbar, da „richterlicher Gestaltungsakt" weder Rückkauf noch Erlebensfall (§ 22 Nr. 5 Satz 2 Buchstabe b i. V. m. § 20 Abs. 1 Nr. 6 EStG) |
| | Voll nachgelagert (§ 22 Nr. 1 Satz 3 Buchstabe a Doppelbuchstabe aa EStG) z. B. Basisrente | Nicht steuerbar, da „richterlicher Gestaltungsakt" weder Rückkauf noch Erlebensfall (§ 22 Nr. 5 Satz 2 Buchstabe b i. V. m. § 20 Abs. 1 Nr. 6 EStG) |

Beispiel:

Im Rahmen einer externen Teilung zahlt das Versicherungsunternehmen X, bei dem der Arbeitnehmerehegatte A eine betriebliche Altersversorgung über eine Direktversicherung (nach § 40b EStG pauschal besteuerte Altzu-

---

108   § 15 Abs. 3 VersAusglG.

sage) aufgebaut hat, den vom Familiengericht festgesetzten Ausgleichswert in eine vom Ausgleichsberechtigten B neu abgeschlossene Rentenversicherung.

Der Ausgleichswert führt nicht zu steuerbaren Einkünften, da der „richterliche Gestaltungsakt" weder den Erlebensfall noch einen Rückkauf darstellt. Einer Steuerbefreiung nach § 3 Nr. 55b EStG bedarf es daher nicht. Eine spätere durch die externe Teilung gekürzte Kapitalzahlung kann vom Ausgleichsverpflichteten A – abhängig vom Beginn der Versicherung – steuerfrei vereinnahmt werden (falls Versicherungsbeginn vor dem 01.01.2005) oder unterliegt in Höhe des (hälftigen) Ertrags als Einkünfte aus Kapitalvermögen der Einkommensteuer. Werden auf dem Ausgleichswert beruhende lebenslange Renten gezahlt, sind diese mit dem Ertragsanteil als sonstige Einkünfte zu versteuern (§ 22 Nr. 5 Satz 2 a i. V. m. § 22 Nr. 1 Satz 3 Buchstabe a Doppelbuchstabe bb EStG).

Wählt der Ausgleichsberechtigte als Zielversorgung anstelle eines privaten Lebensversicherungsvertrags eine bereits bestehende Direktversicherung (nach § 40b EStG pauschal versteuerte Altzusage), gelten die oben genannten steuerlichen Folgen entsprechend.

Beispiel:

Im Rahmen einer externen Teilung zahlt das Versicherungsunternehmen X, bei dem der Arbeitnehmerehegatte B eine betriebliche Altersversorgung über eine Direktversicherung aufgebaut hat, einen Ausgleichswert zugunsten einer für den Ausgleichsberechtigten bereits bestehenden Versorgungszusage (nach § 40b EStG pauschal besteuerte Direktversicherung). Die Beiträge an das Versicherungsunternehmen X waren nach § 3 Nr. 63 EStG steuerfrei.

Der Ausgleichswert unterliegt im Zeitpunkt der Übertragung als sonstige Einkünfte der Einkommensteuer (§ 22 Nr. 5 Satz 1 EStG). Da die späteren Kapitalzahlungen – abhängig vom Beginn der Versicherung – steuerfrei bzw. lediglich in Höhe des (hälftigen) Ertrags zu versteuern wären und für Rentenzahlungen die Ertragsanteilsbesteuerung greifen würde, kommt es zu einem „Besteuerungsgefälle". Durch die Besteuerung des Ausgleichswerts wird dies kompensiert. Beim Ausgleichsverpflichteten unterliegen die durch die externe Teilung gekürzten Leistungen der vollen nachgelagerten Besteuerung (§ 22 Nr. 5 Satz 1 EStG).

Die gleiche Lösung ergibt sich, wenn die vom Ausgleichsberechtigten gewählte Zielversorgung ein privater Lebensversicherungsvertrag ist. Die Zustimmung des Ausgleichsverpflichteten muss in beiden Fällen vorliegen.

Wird im Rahmen der externen Teilung für den Ausgleichsberechtigten ein Anrecht auf betriebliche Altersversorgung (z. B. Direktversicherung, Pensionskasse oder Pensionsfonds) neu begründet, ergibt sich kein Besteuerungsgefälle. Die Übertragung des Ausgleichswerts ist nach § 3 Nr. 55b EStG steuerfrei. Die späteren Leistungen unterliegen sowohl beim Ausgleichsverpflichteten wie auch beim Ausgleichsberechtigten in vollem Umfang der nachgelagerten Besteuerung (§ 22 Nr. 5 Satz 1 EStG).

Der Versorgungsträger der ausgleichspflichtigen Person hat grundsätzlich den Versorgungsträger der ausgleichsberechtigten Person über die für die Besteuerung der Leistungen erforderlichen Grundlagen zu informieren. Diese Informationspflicht entfällt, wenn der aufnehmende Versorgungsträger diese Grundlagen bereits kennt oder aus den bei ihm vorhandenen Daten feststellen kann; er muss den abgebenden Versorgungsträger davon in Kenntnis setzen.[109]

## Versorgungsausgleichskasse

Die Versorgungsausgleichskasse ist eine Pensionskasse, die dem ausschließlichen Zweck dient, eine kapitalgedeckte Versorgung des Ausgleichsberechtigten durchzuführen, wenn dieser sich im Fall der externen Teilung einer betrieblichen Altersversorgung für keine Zielversorgung entscheidet. Leistungen der Versorgungsausgleichskasse sind vom Ausgleichsberechtigten wie Leistungen zu versteuern, die von einer „normalen" Pensionskasse aufgrund einer externen Teilung gewährt werden.

## Arbeitgeberwechsel nach § 3 Nr. 55 EStG

Tritt bei einem Arbeitgeberwechsel der neue Arbeitgeber als Versicherungsnehmer in einen bestehenden Direktversicherungsvertrag ein, so gilt dies nicht als neuer Vertragsabschluss. Ein entgeltlicher Erwerb von Versicherungsansprüchen liegt nach unserer Auffassung ebenfalls nicht vor.[110]

Erteilt der neue Arbeitgeber nach einem Arbeitgeberwechsel im Einvernehmen mit dem Arbeitnehmer und dem bisherigen Arbeitgeber eine der Versorgung des bisherigen Arbeitgebers wertgleiche Versorgungszusage gegen Übertragung des Werts der Versorgung des bisherigen Arbeitgebers, ist der Übertragungswert beim Arbeitnehmer einkommensteuerfrei.[111] Dies gilt, wenn die bisherige Versorgung und die neu zugesagte Versorgung in der Form einer Direktversicherung, eines Pensionsfonds oder einer Pensionskasse durchgeführt worden war bzw. durchgeführt wird.

Die Übertragung ist auch steuerfrei, wenn der Arbeitnehmer innerhalb eines Jahres nach Beendigung des Arbeitsverhältnisses von seinem bisherigen Arbeitgeber oder dem Versorgungsträger (Versicherungsunternehmen, Pensionskasse oder Pensionsfonds) verlangt, den Übertragungswert auf den neuen Arbeitgeber zu übertragen und dieser eine wertgleiche Versorgungszusage erteilt.[112] Dies gilt, wenn die bisherige Versorgung und die neu zugesagte Versorgung in der Form einer Direktversicherung, eines Pensionsfonds oder einer Pensionskasse durchgeführt worden war bzw. durchgeführt wird.

---

109  § 3 Nr. 55b Sätze 3,4 EStG.
110  § 10 Abs. 1 Nr. 2 Buchstabe b Satz 5 EStG i.V.m. § 4 Abs. 2 Nr. 1 BetrAVG.
111  § 3 Nr. 55 Satz 1 EStG.
112  § 3 Nr. 55 Satz 1 EStG.

Die Leistung aus der Versorgung des neuen Arbeitgebers ist – soweit sie auf dem Übertragungswert beruht – nach den Regeln zu versteuern, die für die Direktversicherung des ehemaligen Arbeitgebers galten.

Werden Direktversicherungen mit Vertragsabschluss vor 2005 aus Anlass eines Arbeitgeberwechsels unmittelbar auf ein anderes Lebensversicherungsunternehmen übertragen, geht die Finanzverwaltung von einer Beendigung des bisherigen und dem Abschluss einen neuen Vertrages aus. Die rechnungs- und außerrechnungsmäßigen Zinsen aus der beendeten Direktversicherung sind im Zeitpunkt der Vertragsbeendigung zu versteuern, wenn sie bei einem „Altvertrag" nach § 20 Abs. 1 Nr. 6 EStG 2004 zu den Einkünften aus Kapitalvermögen gehören.[113] Wird die Direktversicherung im Rahmen des Abkommens zur Übertragung von Direktversicherungen, Pensionskasse oder Pensionsfonds bei Arbeitgeberwechsel vom 30.07.2010, gültig ab 01.01.2012 auf ein anderes Lebensversicherungsunternehmen übertragen, geht die Finanzverwaltung von einer Fortsetzung der Direktversicherung aus, soweit gleichwertige Leistungen vereinbart sind.[114]

Für Beiträge der fortgesetzten Direktversicherung können weiterhin die Regelungen für „Altzusagen" angewendet werden; der neue Arbeitgeber kann die Beiträge also wie bisher pauschal lohnversteuern.[115] Die Zinsen aus der beendeten Direktversicherung sind zusammen mit den Zinsen aus der fortgesetzten Direktversicherung bei Auszahlung der Versicherungsleistung zu versteuern. Für die Besteuerung gelten die Regelungen für „Altverträge".[116]

---

113   BMF-Schreiben vom 04.06.2010 und BMF-Schreiben vom 07.08.2007.
114   Erstmals BMF-Schreiben vom 6.4.1984, zuletzt BMF-Schreiben vom 04.06.2010.
115   BMF-Schreiben vom 31.03.2010, Tz 313.
116   BMF-Schreiben vom 04.06.2010 und BMF-Schreiben vom 07.08.2007.

# II E  Rückdeckungsversicherungen zu Pensionszusagen

| | Begriff | 285 |
|---|---|---|
| | Abgrenzung zur Direktversicherung | 285 |
| 1 | **Behandlung beim Arbeitgeber** | **286** |
| | Beiträge als Betriebsausgaben | 286 |
| | Aktivierung | 287 |
| | „Aktivwert" des Versicherungsanspruchs | 287 |
| | Aktivierung von unselbständigen Zusatzversicherungen | 288 |
| | Vereinfachungsregelung bei Zillmerung des Deckungskapitals | 289 |
| | Aktivierung von fondsgebundenen Lebensversicherungen | 289 |
| | Getrennte Bilanzierung von Versicherungsanspruch und Pensionsverpflichtung | 292 |
| | Aktivierung von fälligen Leistungen aus Rückdeckungsversicherungen | 292 |
| | Leistungen als Betriebseinnahmen | 293 |
| | Gewinnermittlung nach § 4 Abs. 3 EStG | 293 |
| | Abtretung/Verpfändung an den Arbeitnehmer | 293 |
| 2 | **Behandlung beim Arbeitnehmer** | **294** |
| 3 | **Pensionszusage (Direktzusage)** | **295** |
| | Begriff | 295 |
| | Pensionsberechtigter | 295 |
| | Form der Zusage | 296 |
| | Pensionszusage zugunsten von Arbeitnehmern | 296 |
| | Entgeltumwandlung zugunsten Pensionszusage | 296 |
| | Steuerlich anzuerkennende betriebliche Altersversorgung | 296 |
| | Entgeltlich erworbene Pensionszusage | 298 |
| | Pensionszusage zugunsten Selbständiger | 298 |
| | Pensionsrückstellung | 298 |
| | Gewinnauswirkung bei Rückstellungsbildung | 299 |
| | Vorfinanzierungseffekt | 299 |
| | Beginn der Rückstellungsbildung | 299 |
| | Teilwert der Pensionsverpflichtung | 299 |
| | Überversorgung | 300 |
| | Teilwert der Pensionsverpflichtung vor Eintritt des Versorgungsfalls | 300 |
| | Teilwert bei Entgeltumwandlung | 301 |
| | Teilwert bei gesetzlicher Unverfallbarkeit vor Alter 27 | 301 |
| | Teilwert nach Eintritt des Versorgungsfalls oder Beendigung des Dienstverhältnisses | 301 |
| | Nachholverbot | 301 |

Gewinnauswirkung nach Eintritt des Versorgungsfalls 301
Auflösung der Pensionsrückstellung 302

**4      Einzelfragen zu Pensionszusageversorgungen                 302**

4.1    Besonderheiten bei GmbH-Gesellschafter-Geschäftsführern   302
Steuerlich wirksame Pensionszusage für Gesellschafter-
Geschäftsführer 302
Pensionsverzicht eines Gesellschafter-Geschäftsführers 305

4.2    Besonderheiten bei Arbeitnehmer-Ehegatten 306

4.3    Besonderheiten bei Personengesellschaften 306
Pensionszusage für Gesellschafter einer Personengesellschaft 306
Korrespondierende Bilanzierung 307
Rückdeckungsversicherung 308
Rücklage für Altzusagen 308
GmbH & Co. KG 309

4.4    Versorgungsausgleich bei Ehescheidungen 310
Besteuerung der Leistungen aus der intern geteilten
Pensionszusageversorgung 311
Externe Teilung 311
Auswirkungen der externen Teilung beim Versorgungs-
träger des Ausgleichspflichtigen 312
Besteuerung der Versorgung des Ausgleichspflichtigen
nach einer externen Teilung 312
Kapitalzahlung für Zielversorgung Riester-Rente oder
Basisrente 312
Leistungen aus Zielversorgung Riester-Rente oder Basisrente 313
Kapitalzahlung für Zielversorgung private Renten- oder
Kapitalversicherung 313
Leistungen aus Zielversorgung private Renten- oder
Kapitalversicherung 313
Kapitalzahlungen für eine betriebliche Altersversorgung
als Zielversorgung 314
Leistungen aus Zielversorgung in Form einer
betrieblichen Altersversorgung 314
Informationspflichten der Versorgungsträger bei externer
Teilung 314
Versorgungsausgleich und Rückdeckungsversicherung 314

II E

Rückdeckungsversicherungen zu Pensionszusagen

## Begriff

Eine Rückdeckungsversicherung liegt vor, wenn

- der Arbeitgeber als Versicherungsnehmer auf das Leben des Arbeitnehmers eine Lebensversicherung abschließt, aus der der *Arbeitgeber* bezugsberechtigt ist

  und

- die Versicherung dazu dient, dem Arbeitgeber die Mittel zu verschaffen, die zur Einhaltung einer Pensionszusage zugunsten des Arbeitnehmers erforderlich sind.

Zum Arbeitnehmer-Begriff → I Grundzüge des Einkommensteuerrechts, 3.4 Nichtselbständige Arbeit, Arbeitnehmer, S. 12.

Zu den Arbeitnehmern gehören auch

- angestellte Gesellschafter-Geschäftsführer einer GmbH
- Vorstände von Aktiengesellschaften (AG, europäische SE) oder Genossenschaften
- Arbeitnehmer-Ehegatten mit steuerlich anerkanntem Arbeitverhältnis[1].

Auf das Leben dieser Arbeitnehmer kann ebenfalls eine Rückdeckungsversicherung abgeschlossen werden.

Versicherte Personen einer Rückdeckungsversicherung können außerdem freie Mitarbeiter und Handelsvertreter sein.

Zu den Besonderheiten, wenn Gesellschafter einer Personengesellschaft versichert sind, → 4.3 Besonderheiten bei Personengesellschaften, S. 306.

## Abgrenzung zur Direktversicherung

Lebensversicherungen werden als Rückdeckungsversicherungen steuerlich regelmäßig anerkannt[2], wenn

- der Arbeitgeber seinem Arbeitnehmer eine Pensionszusage erteilt hat,
- der Arbeitgeber die Lebensversicherung als Versicherungsnehmer zur Rückdeckung der Pensionszusage abgeschlossen hat,
- der Arbeitnehmer keine eigenen Beiträge leistet. Der Arbeitnehmer leistet auch dann keine eigenen Beiträge, wenn die Versicherungsbeiträge des Arbeitgebers ganz oder teilweise durch eine zwischen Arbeitgeber und Arbeitnehmer vereinbarte Gehaltskürzung finanziert werden und

---

1  R 4.8 EStR 2008 und H 4.8 EStH 2010 Stichwort: „Arbeitsverhältnisse zwischen Ehegatten".
2  R 40b.1 Abs. 3 LStR 2011 und H 6a Abs. 23 EStH 2010 Stichwort: „Begriff der Rückdeckungsversicherung".

die Beteiligten sich darüber einig sind, dass die späteren Pensionsleistungen als Arbeitslohn versteuert werden,

und

- der Arbeitnehmer keine Ansprüche aus der Versicherung erhält. Eine Verpfändung oder eine aufschiebend bedingte Abtretung der Versicherungsansprüche an den Arbeitnehmer ist jedoch unschädlich (→ 1 Behandlung beim Arbeitgeber, Abtretung/Verpfändung an den Arbeitnehmer, S. 293).

Diese Anforderungen an Rückdeckungsversicherungen gelten auch bei versicherten Personen, die keine Arbeitnehmer sind.

# 1 Behandlung beim Arbeitgeber

### Beiträge als Betriebsausgaben

Beiträge zu Rückdeckungsversicherungen sind als Betriebsausgaben abzugsfähig.

Der Beitrag für eine Versicherungsperiode, die über das Wirtschaftsjahr der Zahlung hinausreicht, ist nach unserer Auffassung nicht aktiv abzugrenzen[3].

Wird ein Beitrag in einem Wirtschaftsjahr gezahlt, das dem Wirtschaftsjahr der Beitragsfälligkeit vorangeht, bewirkt der Beitrag im Jahr der Zahlung keine Gewinnminderung. Der Zahlung steht bis zur Fälligkeit des Beitrags in gleicher Höhe eine zu aktivierende Forderung gegenüber. Wird der Beitrag erst in dem Wirtschaftsjahr gezahlt, das auf das Wirtschaftsjahr der Beitragsfälligkeit folgt, ist die Verbindlichkeit bis zur Zahlung des Beitrags oder ihrem anderweitigen Erlöschen zu passivieren. Dadurch wird die Beitragsschuld bereits im Jahr der Fälligkeit des Beitrags erfolgswirksam.

Schließt die Rückdeckungsversicherung eine Pflegerenten-Zusatzversicherung mit ein, ist der Beitragsteil für die Zusatzversicherung auch dann als Betriebsausgabe abziehbar, wenn die Verpflichtung des Arbeitgebers zur Zahlung einer Pflegerente bei der Pensionsrückstellung nicht berücksichtigt werden darf.[4] Entsprechendes gilt für Rückdeckungsversicherungen, die eine Leistung in Fällen einer schweren Erkrankung vorsehen (sog. „Dread-Disease"-Leistung).

---

3 Die Auffassung entspricht der steuerlichen Behandlung von Ansprüchen des Arbeitgebers aus Direktversicherungen; siehe R 4b Abs. 3 Satz 4 EStR 2008.
4 Verfügung der OFD Berlin vom 22.11.1996. Nach Auffassung der Finanzverwaltung kann für die Verpflichtung zur Zahlung einer Pflegerente keine Rückstellung gebildet werden – siehe BMF-Schreiben vom 25.01.1996. Der BFH hat sich im Urteil vom 30.01.2002, I R 71/00 BStBl II 2003, S. 279 auch eine gegenteilige Entscheidung ausdrücklich vorbehalten.

## Aktivierung

Ansprüche aus einer Rückdeckungsversicherung sind in der Steuerbilanz zu aktivieren.[5]

Gegenstand der Aktivierung ist der entgeltlich erworbene Anspruch auf Abdeckung des versicherten Risikos durch Gewährung von Versicherungsschutz im Falle des Eintritts des Versorgungsfalls.[6] Danach sind Ansprüche aus Versicherungen zu aktivieren, bei denen

- gewiss ist, dass der Versicherungsfall eintreten wird (wie z. B. bei Kapitallebensversicherungen oder Rentenversicherungen mit Beitragsrückzahlung),

  oder

- ungewiss ist, ob der Versicherungsfall tatsächlich eintreten wird (wie z. B. bei Todesfall-Risikoversicherungen, Rentenversicherungen ohne Leistung bei Tod, Berufsunfähigkeits-(Zusatz-)Versicherungen oder Hinterbliebenenrenten-(Zusatz-)Versicherungen).

Zu den Besonderheiten bei Rückdeckungsversicherungen, bei denen Gesellschafter einer Personengesellschaft versichert sind, → 4.3 Besonderheiten bei Personengesellschaften, Rückdeckungsversicherung, S. 308.

## „Aktivwert" des Versicherungsanspruchs

Als Wert des Versicherungsanspruchs (sog. „Aktivwert") ist vor Eintritt des Versicherungsfalls das vom Versicherer nachgewiesene Deckungskapital der Versicherung anzusetzen.[7]

Diesem Wertansatz liegt die Auffassung[8] zugrunde, dass

- der Versicherungsanspruch grundsätzlich mit seinen Anschaffungskosten anzusetzen ist,

- die Sparanteile der vom Versicherungsnehmer aufgewendeten Beiträge und die darauf gewährte rechnungsmäßige Verzinsung die Anschaffungskosten des Versicherungsanspruchs sind,

- die verzinslich angesammelten Sparanteile betragsmäßig dem geschäftsplanmäßigen Deckungskapital des Versicherers entsprechen,

- die verzinslich angesammelten Sparanteile bzw. das diesen betragsmäßig entsprechende geschäftsplanmäßige Deckungskapital gleich hoch

---

5  H 6a Abs. 23 EStH 2010 Stichwort: „Rückdeckungsanspruch" sowie BFH-Urteil vom 5.6.1962, I 221/60 U, BStBl III 1962, S. 416.
6  BFH-Urteil vom 09.08.2006, I R 11/06, BStBl II 2006, S. 762.
7  H 6a Abs. 23 EStH 2010 Stichwort: „Rückdeckungsanspruch".
8  BFH-Urteil vom 25.02.2004, I R 54/02, BStBl II 2004, S. 654.

wie der Betrag ist, den der Versicherer in seiner Bilanz als Deckungsrückstellung passivieren muss.

Die Bewertung des Versicherungsanspruchs nach Maßgabe des Deckungskapitals der Versicherung bzw. der Deckungsrückstellung des Versicherers setzt nach unserer Auffassung voraus, dass das Deckungskapital/die Deckungsrückstellung mit den Rechnungsgrundlagen der Prämienkalkulation ermittelt worden ist.[9]

Soweit der Versicherer aufgrund handelsrechtlicher Vorgaben eine höhere Deckungsrückstellung gebildet und demzufolge ein höheres Deckungskapital vorzuhalten hat[10], ist der Unterschiedsbetrag zu dem nach den Rechnungsgrundlagen der Prämienkalkulation berechneten Deckungskapital bei der Aktivierung des Versicherungsanspruchs nicht zu berücksichtigen.[11]

Gehört zu den Ansprüchen ein aus verzinslich angesammelten Überschussanteilen gebildetes Guthaben, ist der Wert des Guthabens am Bilanzstichtag zusätzlich anzusetzen.[12]

Das Deckungskapital, das der Versicherer für die von ihm zugesagte Erhöhung der Versicherungsleistung („Bonus"-Leistung) aus Überschussanteilen bildet, erhöht den „Aktivwert" ebenfalls.

## Aktivierung von unselbständigen Zusatzversicherungen

Bei einer Kapitallebensversicherung mit Berufsunfähigkeits-Zusatzversicherung oder einer anderen Kombination von Haupt- und unselbständiger Zusatzversicherung besteht trotz der unterschiedlichen biometrischen Risiken ein einheitlicher Versicherungsanspruch.[13]

Der Aktivwert des einheitlichen Versicherungsanspruchs ist nach dem Deckungskapital zu bemessen, das der Versicherer zur Bedeckung seiner Leistungsverpflichtungen aus der Haupt- und der Zusatzversicherung insgesamt bildet. Dagegen besteht z. B. bei einer selbständigen Berufsunfähigkeitsversicherung oder Todesfall-Risikoversicherung selbst dann ein eigenständiger Versicherungsanspruch, wenn der Versicherungsnehmer eines solchen Vertrags beim gleichen Versicherer eine Kapitallebensversicherung oder Rentenversicherung abgeschlossen hat.

---

9   Nach Auffassung des BFH im Urteil vom 10.06.2009, I R 67/08, BStBl II 2010, S. 32 soll dagegen der Rechnungszins für die Bemessung der Anschaffungskosten maßgeblich sein, den der Versicherer für die Berechnung der Deckungsrückstellung der Rückdeckungsversicherung anwendet.
10  Siehe z.B. § 341f Abs. 2 HGB.
11  Eine danach geringfügig höhere Deckungsrückstellung ist wohl aber anzusetzen; siehe BFH-Urteil vom 25.02.2004, I R 8/03, BStBl II 2004, S. 654.
12  BFH-Urteil vom 28.11.1961, I R 191/59 S, BStBl III 1962, S. 101 und BFH-Urteil vom 03.03.2011, IV R 45/08, BStBl 2011 II, S. 552.
13  BFH-Urteil vom 10.06.2009, I R 67/08, BStBl II 2010, S. 32.

## Vereinfachungsregelung bei Zillmerung des Deckungskapitals

Grundsätzlich ist das ungezillmerte Deckungskapital als Aktivwert anzusetzen.[14]

Berücksichtigt der Versicherer die kalkulatorischen Abschluss- und Vertriebskosten bei der Berechnung des Deckungskapitals nach der sog. Zillmer-Methode, kann bei der Ermittlung des Aktivwerts einer Versicherung gegen laufende Beitragszahlung in den ersten 5 Jahren der Versicherungsdauer von einem linearen Anstieg des gezillmerten Deckungskapitals von „0" aus auf den Stand ausgegangen werden, der sich am Ende des 5. Versicherungsjahres ergibt.[15]

Hat der Versicherer die Abschluss- und Vertriebskosten bereits bei der Beitragskalkulation gleichmäßig auf mindestens die ersten 5 Versicherungsjahre verteilt (§ 169 Abs. 3 Satz 1 VVG), kann nach unserer Auffassung das auf dieser Grundlage ermittelte Deckungskapital angesetzt werden.

## Aktivierung von fondsgebundenen Lebensversicherungen

Von der Finanzverwaltung wird aus der Rechtsprechung des BFH abgeleitet, dass das vom Versicherer nachgewiesene Deckungskapital bzw. dessen Deckungsrückstellung Bewertungsgrundlage und Bewertungsmaßstab für die als Aktivwert anzusetzenden Anschaffungskosten des Versicherungsanspruchs ist.[16]

Es kann daher geboten sein, den Versicherungsanspruch aus einer fondsgebundenen Lebensversicherung (Lebensversicherung, deren Anlagerisiko der Versicherungsnehmer trägt oder deren Leistung indexgebunden ist) gleichfalls in Höhe des vom Versicherer nachgewiesenen Deckungskapitals anzusetzen.

Nach unserer Auffassung kann bei fondsgebundenen Lebensversicherungen deren jeweiliger Anteil am Wert des Anlagestocks des Versicherers und deren eventuellem Deckungskapital für die anderen Komponenten der Versicherungsleistung regelmäßig nicht mit dem Betrag der Anschaffungskosten des Versicherungsanspruchs gleichgesetzt werden.[17]

Bei fondsgebundenen Lebensversicherungen hat der Versicherer einen Anlagestock mit Vermögenswerten (z. B. Fondsanteilen; Vermögenswerten, die einen veröffentlichten Index abbilden) zu bilden, nach denen sich die Ver-

---

14  BFH-Urteil vom 28.11.1961, I R 191/59 S, BStBl III 1982, S. 101 und BFH-Urteil vom 03.03.2011, IV R 45/08, BStBl II 2011, S. 552.
15  H 6a Abs. 23 EStH 2010 Stichwort: Vereinfachungsregelung, BMF-Schreiben vom 19.11.1993, Erlasse der obersten Finanzbehörden der Länder vom 22.02.1963.
16  H 6a Abs. 23 EStH 2010 Stichwort: Rückdeckungsanspruch.
17  Den Urteilen des BFH insbesondere vom 25.02.2004, I R 54/02, BStBl II 2004, S. 654 und vom 09.08.2006, I R 11/06, BStBl II 2006, S. 762 lag jeweils eine Kapitallebensversicherung und keine fondsgebundene Lebensversicherung zugrunde.

sicherungsleistung bemisst oder in denen sie zu erbringen ist.[18] Die Vermögenswerte des Anlagestocks sind vom Versicherer mit dem Zeitwert zu bewerten.[19] Wird der Wert des Versicherungsanspruchs u. a. nach dem Wert des auf die Versicherung entfallenden Anteils am Zeitwert des Anlagestocks bemessen, verändert dies den Ansatz mit dem Betrag der Anschaffungskosten um nicht realisierte Wertzuwächse bzw. nicht realisierte Wertminderungen, soweit sich der Zeitwert der Vermögenswerte gegenüber deren Anschaffungskosten erhöht oder vermindert.

Der Versicherungsanspruch aus einer fondsgebundenen Lebensversicherung ist mit den Anschaffungskosten des Versicherungsanspruchs, höchstens aber mit dessen Teilwert anzusetzen, wenn der Teilwert aufgrund einer voraussichtlich dauerhaften Wertminderung niedriger ist als die Anschaffungskosten.[20]

Den Anschaffungskosten des Versicherungsnehmers entsprechen auf der Seite des Versicherers[21]

- die Anschaffungskosten des Versicherers, die dieser für den Erwerb von Fondsanteilen oder anderen Vermögenswerten zur Sicherung seiner darauf bezogenen Verpflichtung aus einer fondsgebundenen Lebensversicherung aus den für die Versicherung gezahlten Beiträgen aufgewendet hat.[22]
  Entnimmt der Versicherer dem Anlagestock einen Teil dieser Vermögenswerte wieder – z. B. zur Deckung von Verwaltungskosten oder zur Finanzierung der kalkulierten Versicherungsfälle während der Vertragsdauer –, mindern die entnommenen Vermögenswerte in Höhe ihrer Anschaffungskosten die Anschaffungskosten des Versicherers.

  und

- das Deckungskapital der Versicherung für die anderen Komponenten der Versicherungsleistung (→ „Aktivwert" des Versicherungsanspruchs, Seite 287).

Zu den Anschaffungskosten des Versicherungsnehmers zählen auf Seiten des Versicherers außerdem

- die Erträge aus den Vermögenswerten (Fondsanteilen) des Anlagestocks, die der fondsgebundenen Lebensversicherung zugeordnet werden, soweit sie dem Versicherer zugeflossen sind und vereinbarungsgemäß die Versicherungsleistung erhöhen.[23]

---

18  § 54b VAG.
19  § 341d HGB.
20  § 6 Abs. 1 Nr. 2 EStG.
21  nach den Grundsätzen u.a. des BFH-Urteils vom 25.02.2004, I R 54/02, BStBl II 2004, S. 654.
22  § 66 i.V.m. § 54b VAG.
23  Diese Erträge können u.E. den rechnungsmäßigen Zinsen gleichgestellt werden, die nach der Rechtsprechung des BFH, zuletzt im Urteil vom 03.03.2011, IV R 45/08, BStBl II, S. 552, zu Anschaffungskosten des Versicherungsanspruchs führen.

Erwirbt der Versicherer aus diesen Erträgen für die fondsgebundene Lebensversicherung zusätzlich Vermögenswerte (Fondsanteile), sind die Anschaffungskosten dieser Vermögenswerte hinzuzurechnen.

- die Anschaffungskosten, die der Versicherer im Falle einer Umschichtung von Vermögenswerten (Fondsanteilen) der fondsgebundenen Lebensversicherung aus einem Veräußerungsgewinn der veräußerten oder zurückgegebenen Vermögenswerte (Fondsanteile) aufgewendet hat. Soweit die Anschaffungskosten der neuen Vermögenswerte (Fondsanteile) den Anschaffungskosten der veräußerten oder zurückgegebenen Vermögenswerte entsprechen, ist die Umschichtung neutral.

- das aus verzinslich angesammelten Überschussanteilen gebildete Guthaben bzw. das Deckungskapital, das der Versicherer für die von ihm zugesagte Erhöhung der Versicherungsleistung („Bonus"-Leistung) aus Überschussanteilen gebildet hat.

  und

- die Anschaffungskosten, die der Versicherer beim zusätzlichen Erwerb von Vermögenswerten (Fondsanteilen) aus zugesagten Überschussanteilen der fondsgebundenen Lebensversicherung aufgewendet hat.

Soweit am Bilanzstichtag der Teilwert des Versicherungsanspruchs aufgrund einer voraussichtlich dauerhaften Wertminderung niedriger ist als dieser Gesamtbetrag der Anschaffungskosten, ist der Teilwert anzusetzen.

Der Teilwert des Versicherungsanspruchs, der auf einer voraussichtlich dauerhaften Wertminderung beruht, ist zu ermitteln als Summe

- der Teilwerte sämtlicher Vermögenswerte (Fondsanteile) des Anlagestocks, soweit sie der fondsgebundenen Lebensversicherung zugeordnet sind,

  und

- des geschäftsplanmäßigen Deckungskapitals für die anderen Komponenten der Versicherungsleistung.

Bei dieser Summenbildung sind die Teilwerte der einzelnen Vermögenswerte, die niedriger als die Anschaffungskosten der jeweiligen Vermögenswerte sind, allerdings nur anzusetzen, wenn ihr geringerer Wert auf einer voraussichtlich dauerhaften Wertminderung beruht.[24] Ist der Teilwert eines Vermögenswerts (Fondsanteils) zwar geringer als dessen Anschaffungskosten, beruht der niedrigere Teilwert aber nicht auf einer dauerhaften Wertminderung, sind bei der Summenbildung die Anschaffungskosten der jeweiligen Fondsanteile/Vermögenswerte anzusetzen.

---

[24] Zur steuerlichen Anerkennung voraussichtlich dauerhafter Wertminderungen siehe BMF-Schreiben vom 25.02.2000, BMF-Schreiben vom 26.03.2009 und BMF-Schreiben vom 05.07.2011 und BFH-Urteil vom 08.06.2011, I R 98/10, DB 2011 S. 1834.

Sieht eine fondsgebundene Rentenversicherung eine Mindestrente vor, kann der Teilwert des Versicherungsanspruchs nicht geringer sein als der Teilwert des Anspruchs auf die Mindestrente.

## Getrennte Bilanzierung von Versicherungsanspruch und Pensionsverpflichtung

Eine Saldierung des „Aktivwerts" mit der Pensionsrückstellung ist in der Steuerbilanz nicht zulässig.[25] Nach Auffassung der Finanzverwaltung gilt dies auch, wenn in der Handelsbilanz zulässigerweise eine Bewertungseinheit gebildet worden ist.[26]

Der „Aktivwert" einer Rückdeckungsversicherung ist der Höhe nach nicht auf den Wert der nach § 6a EStG zulässigen oder vom Arbeitgeber tatsächlich gebildeten Pensionsrückstellung begrenzt. Dies gilt selbst dann, wenn der Versicherungs- oder Versorgungsfall eingetreten ist.[27]

Weichen die Rechnungsgrundlagen des „Aktivwerts" und der Pensionsrückstellung voneinander ab, kann es steuerlich zu – ggf. beachtlichen – Gewinnauswirkungen kommen.

## Aktivierung von fälligen Leistungen aus Rückdeckungsversicherungen

Fällige Ansprüche aus einer Rückdeckungsversicherung sind mit dem Nennbetrag der Versicherungsleistung zu aktivieren.

Besteht die fällige Leistung einer fondsgebundenen Lebensversicherung in Fondsanteilen, ist die Leistung mit dem Rücknahmepreis der Fondsanteile anzusetzen, mit dem die Versicherungsleistung bei einer Geldzahlung berechnet worden wäre.[28]

Der Anspruch auf eine Leibrente ist während der Leistungsdauer einer Rentenversicherung jeweils in Höhe des Deckungskapitals der Versicherung nach dem Stand am Bilanzstichtag anzusetzen.[29]

Finanziert der Versicherer aus seinen Überschüssen eine Erhöhung der Rente, ist zusätzlich das Deckungskapital für die am Bilanzstichtag zugesagten Rentenerhöhungen anzusetzen. Soweit Rentenerhöhungen noch nicht zugesagt sind (z. B. weil sie von künftigen Überschussanteilen abhängen), sind sie nicht zu aktivieren.

---

25  § 5 Abs. 1a Satz 1 EStG, H 6a Abs. 23 EStH 2010 Stichwort: „Getrennte Bilanzierung".
26  BMF-Schreiben vom 27.08.2010, davon abweichend: § 5 Abs.1a Satz 2 EStG i.V.m. § 253 HGB sowie IDW RS HFA 30, IDW FN 2010, S. 437.
27  BFH-Urteil vom 10.06.2009, I R 67/08, BStBl II 2010, S. 32.
28  BMF-Schreiben vom 22.12.2009, Tz 186.
29  BFH-Urteil vom 10.06.2009, I R 67/08, BStBl II 2010, S. 32; nach dem Urteil ändert der Eintritt des Leistungsfalls nichts an der Bemessung u.a. der Anschaffungskosten.

## Leistungen als Betriebseinnahmen

Leistungen aus Rückdeckungsversicherungen (z. B. Kapitalzahlungen, Rentenraten, ausgezahlte Überschussanteile, Entnahmen von Vorsorgekapital, Rückkaufswerte) sind Betriebseinnahmen. Im Gegenzug ist die Aktivierung des Versicherungsanspruchs oder des Anspruchs auf die fällige Leistung aufzulösen oder zu vermindern. Soweit der Versicherer Renten oder Teilleistungen gezahlt hat, vermindert sich das Deckungskapital des Versicherers und damit der vom Arbeitgeber anzusetzende „Aktivwert". Dadurch ist nur der Unterschiedsbetrag zwischen diesen Werten erfolgswirksam.

Soweit die vereinnahmte Versicherungsleistung den „Aktivwert" des Versicherungsanspruchs übersteigt, tritt eine Gewinnerhöhung ein. Dem steht im Versorgungsfall durch die wirksam gewordene Verpflichtung aus der Pensionszusage (Betriebsausgabe für die erbrachte Leistung) regelmäßig eine Gewinnminderung entgegen.

Löst der Versorgungsfall/Versicherungsfall (z. B. bei Tod oder Berufsunfähigkeit) eine Rente aus, kann die bilanzielle Auswirkung einer außerplanmäßigen Erhöhung der Pensionsrückstellung durch die Rückdeckungsversicherung begrenzt oder insgesamt vermieden werden. Es ist aber auch nicht ausgeschlossen, dass der Anstieg des „Aktivwerts" der Rückdeckungsversicherung die Erhöhung der Pensionsrückstellung übertrifft.

## Gewinnermittlung nach § 4 Abs. 3 EStG

Arbeitgeber, die ihren Gewinn nach § 4 Abs. 3 EStG durch Einnahmen-Überschuss-Rechnung ermitteln, können den Teil des Beitrags, der als Anschaffungskosten des Versicherungsanspruchs gilt, nicht sofort als Betriebsausgabe absetzen. Dieser Teil des Beitrags ist erst in dem Zeitpunkt abziehbar, in dem die Versicherungsleistung vereinnahmt wird oder feststeht, dass keine Leistung fällig wird. Von Oberfinanzdirektionen wird allerdings zugelassen, ein Drittel des Beitrags sofort gewinnmindernd als Betriebsausgabe abzuziehen.[30]

Besteht die Versicherungsleistung in einer Rente, ist der nicht sofort abziehbare Teil der Beiträge ab dem Beginn der Rentenzahlung als Betriebsausgabe abziehbar, soweit er auf die Rentenrate entfällt.

## Abtretung/Verpfändung an den Arbeitnehmer

Tritt der Arbeitgeber die Ansprüche aus einer Rückdeckungsversicherung an den Arbeitnehmer ab, scheidet der Versicherungsanspruch aus dem Betriebsvermögen des Arbeitgebers aus und stellt beim Arbeitnehmer einen lohnsteuerpflichtigen Bezug dar. Die Versicherung erhält dann den Charakter einer Direktversicherung.[31]

---

30  Z.B, OFD Hannover: ⅓ des Beitrages, Verfügung vom 01.01.1981.
31  R 40b.1 Abs. 3 Satz 3 LStR 2011 und R 6a Abs. 23 EStR 2010.

Es liegt jedoch weiterhin eine Rückdeckungsversicherung vor, wenn und so-lange die Abtretung unter einer aufschiebenden Bedingung steht oder die Versicherung zu Sicherungszwecken an den Arbeitnehmer verpfändet wurde. Erst wenn der Sicherungsfall eingetreten ist, liegt in Höhe der über-gegangenen Ansprüche eine Direktversicherung vor, deren Ansprüche in-soweit, als sie dem Arbeitnehmer zustehen, vom Arbeitgeber nicht mehr zu aktivieren sind.[32]

Verfügt der Arbeitgeber ein Bezugsrecht zugunsten des versicherten Arbeit-nehmers oder dessen Hinterbliebenen, ist der Versicherungsanspruch vom Arbeitgeber insoweit nicht mehr zu aktivieren, als durch die Bezugsberech-tigung eine Direktversicherung entstanden ist.[33]

# 2 Behandlung beim Arbeitnehmer

Die Beitragszahlungen des Arbeitgebers zu einer Rückdeckungsversiche-rung stellen für den Arbeitnehmer keinen Arbeitslohn dar, ebenso wenig wie die Erteilung einer Pensionszusage oder die jährliche Zuführung zu einer Pensionsrückstellung.

Setzt der Arbeitgeber Mittel für eine Rückdeckungsversicherung ein, die ihm aufgrund einer Entgeltumwandlungs-Vereinbarung mit dem Arbeitneh-mer zur Verfügung stehen (→ 3 Pensionszusage [Direktzusage], Entgeltum-wandlung zugunsten Pensionszusage, S. 296), sind die Versicherungsbei-träge auch in diesem Fall nicht als Arbeitslohn zu besteuern.

Die Beitragszahlung des Arbeitgebers für eine Rückdeckungsversicherung ist kein Arbeitslohn, wenn die Rechte aus dem Versicherungsvertrag zur Si-cherung der zugesagten Pensionsleistungen an den Arbeitnehmer verpfän-det oder aufschiebend bedingt abgetreten worden sind.[34] Schließlich sind die Beiträge nicht zu versteuern, wenn die Leistungen aus der Pensionszu-sage auf die Versicherungsleistung aus der Rückdeckungsversicherung des Arbeitgebers beschränkt werden.[35]

Werden Ansprüche aus der Rückdeckungsversicherung auf den versicherten Arbeitnehmer übertragen, ist deren Wert im Zeitpunkt der Übertragung als

---

32  R 6a Abs. 23 EStR 2008 und R 40b.1 Abs. 3 Satz 2 Nr. 3 und Satz 4 LStR 2011; § 4b EStG. Einem nach R 40b.1 Abs. 3 Satz 4 LStR 2011 anzunehmenden lohnsteuerpflichtigen Bezug kann § 3 Nr. 65 Buchstabe c EStG entgegenstehen, wenn der Versicherer im Falle der Insolvenz des Ar-beitgebers aufgrund der Sicherungsabtretung neben dem Arbeitgeber für die Erfüllung der Ver-sorgung gegenüber dem Arbeitnehmer und dessen Hinterbliebenen einsteht; eine Stellung-nahme der Finanzverwaltung hierzu steht derzeit noch aus.
33  § 4b EStG.
34  R 49b.1 Abs. 3 Satz 2 Nr. 3 LStR 2011.
35  BFH-Urteil vom 27.05.1993, VI R 19/92, BStBl 1994 II, S. 246.
36  R 40b.1 Abs. 3 Satz 3 LStR 2011.

Arbeitslohn zu versteuern.[36] Der steuerpflichtige Wert des gesamten Versicherungsanspruchs ist im Allgemeinen mit dem Deckungskapital und der bis zur Übertragung zugesagten Überschussbeteiligung anzusetzen. Von Arbeitslohn ist nicht auszugehen, soweit der Arbeitnehmer die übergegangenen Versicherungsansprüche gegen Entgelt erworben hat.

Nach Auffassung der Finanzverwaltung gehört der Wert der übertragenen Versicherungsansprüche auch dann zum steuerpflichtigen Arbeitslohn, wenn sie anlässlich einer Insolvenz des Arbeitgebers auf den Arbeitnehmer übergehen.[37]

Der Zufluss von fälligen Versicherungsleistungen aus Rückdeckungsversicherungen beim Arbeitgeber ist den Arbeitnehmern nicht als Arbeitslohn zuzurechnen. Erst die Versorgungsleistungen des Arbeitgebers sind als steuerpflichtiger Arbeitslohn zu erfassen. Es macht dabei keinen Unterschied, ob einmalige oder laufende Versorgungsleistungen erbracht werden.

# 3 Pensionszusage (Direktzusage)

## Begriff

Durch eine rechtsverbindliche Zusage an den Pensionsberechtigten verpflichtet sich das zusagende Unternehmen, dem Pensionsberechtigten im Falle der Invalidität oder des Alters (Ausscheiden aus dem Erwerbsleben ab einer Altersgrenze) oder den Hinterbliebenen des Pensionsberechtigten im Falle dessen Todes insbesondere eine Rente („Pension") oder einen Kapitalbetrag zu zahlen.

Verzichtet der Arbeitnehmer auf einen Teilbetrag seines noch nicht erdienten Gehalts (laufender Arbeitslohn oder Sonderzahlungen) und sagt der Arbeitgeber als Ausgleich hierfür Pensionsleistungen zu, liegt eine auch steuerlich wirksame Pensionszusage vor.[38]

## Pensionsberechtigter

Als Pensionsberechtigter kommen in erster Linie die Arbeitnehmer des Unternehmens (einschließlich der Gesellschafter-Geschäftsführer einer GmbH, Vorstände einer AG, Genossenschaft oder europäischen SE) in Betracht. Es können aber auch Pensionsverpflichtungen gegenüber Personen begründet werden, die zu dem Unternehmen in einem anderen Rechtsverhältnis als einem Dienstverhältnis stehen. Hierbei wird es sich insbesondere um Handelsvertreter oder freie Mitarbeiter des Unternehmens handeln.

---

37  R 3.65 Abs. 4 LStR 2011 und R 40b Abs. 3 Satz 3 LStR 2011.
38  § 1 Abs. 2 Nr. 3 BetrAVG; Verfügung der OFD Hannover vom 05.10.1995, BMF-Schreiben vom 31.03.2010, Rz 254 ff.

Gesellschafter einer Personengesellschaft, die im Dienst der Gesellschaft tätig sind, werden steuerlich als Pensionsberechtigte anerkannt. Zu den Besonderheiten, wenn Gesellschaftern einer Personengesellschaft eine Pension zugesagt wird, → 4.3 Besonderheiten bei Personengesellschaften, S. 306.

## Form der Zusage

Eine Pensionszusage kann in einem Anstellungsvertrag, in einer besonderen Vereinbarung oder z. B. durch Betriebsvereinbarung, Tarifvertrag, Besoldungsordnung oder Pensionsordnung erteilt werden.

## Pensionszusage zugunsten von Arbeitnehmern

Die Zusage von Pensionsleistungen des Arbeitgebers führt beim Arbeitnehmer nicht zu gegenwärtig zufließendem Arbeitslohn.[39]

Arbeitslohn liegt vielmehr erst dann vor, wenn der Arbeitgeber die Pensionsleistungen nach Eintritt des Versorgungsfalls erbringt. Sind die Pensionsleistungen Versorgungsbezüge, ist davon bis 2039 der Versorgungsfreibetrag abzuziehen.[40] Erbringt der Arbeitgeber eine Einmalzahlung, kann die Pensionsleistung als Vergütung für eine mehrjährige Tätigkeit nach der sog. ⅕-Regelung für außerordentliche Einkünfte zu versteuern sein (→ I Grundzüge des Einkommensteuerrechts, 5.1.2 Gesonderte Steuertarife, Außerordentliche Einkünfte, S. 28).[41]

## Entgeltumwandlung zugunsten Pensionszusage

Verzichtet der Arbeitnehmer auf einen (Teil-)Betrag seiner künftigen Arbeitslohnansprüche (noch nicht erdienter oder zwar erdienter, aber noch nicht fälliger Arbeitslohn) und sagt der Arbeitgeber als Ausgleich hierfür Pensionsleistungen zu, fließt dem Arbeitnehmer im Zeitpunkt der Lohnzahlung auch mit steuerlicher Wirkung nur noch das geminderte Gehalt zu.[42] Voraussetzung für diese Behandlung ist, dass die Pensionszusage als Maßnahme der betrieblichen Altersversorgung steuerlich anerkannt wird.[43]

## Steuerlich anzuerkennende betriebliche Altersversorgung

Eine steuerlich anzuerkennende betriebliche Altersversorgung liegt vor, wenn Leistungen ausschließlich für den Fall der Invalidität, des altersbeding-

---

39  BMF-Schreiben vom 31.03.2010, Rz 253, BFH-Urteil vom 29.07.2010, VI R 39/09, Rz 27 ff.
40  § 19 Abs. 2 EStG.
41  § 34 Abs. 2 Nr. 4 EStG.
42  BMF-Schreiben vom 31.03.2010, Rz 253 und 254 ff., BFH-Urteil vom 29.07.2010, VI R 39/09, Rz 27 ff.
43  BMF-Schreiben vom 31.03.2010, Rz 253.

ten Ausscheidens aus dem Erwerbsleben im Allgemeinen frühestens ab dem 60. Lebensjahr (bei Versorgungszusagen ab 2012: ab dem 62. Lebensjahr) oder des Todes des Arbeitnehmers zur Versorgung der Hinterbliebenen zugesagt sind und sie erst mit dem Eintritt des jeweiligen Versorgungsfalls fällig werden.[44]

Es ist steuerlich unschädlich, wenn der Arbeitnehmer die zugesagten Versorgungsleistungen frühestens ab dem 60. Lebensjahr (bei Versorgungszusagen ab 2012: ab dem 62. Lebensjahr) tatsächlich erhält und er zu diesem Zeitpunkt noch nicht aus dem Erwerbsleben ausgeschieden ist.[45]

Bei Tod des Arbeitnehmers dürfen nach Auffassung der Finanzverwaltung Leistungen nur vorgesehen sein[46] für

- die Witwe/den Witwer,
- die Kinder (einschließlich Adoptivkinder), Pflegekinder und Stiefkinder des Arbeitnehmers, wenn und solange sie die jeweiligen Altersgrenzen für die Gewährung eines Kinderfreibetrags nach dem EStG[47] noch nicht überschritten haben; zu den Stiefkindern rechnet die Finanzverwaltung auch Kinder der Lebensgefährtin/des Lebensgefährten, die in den Haushalt des Arbeitnehmers aufgenommen sind und in einem Obhuts- und Pflegeverhältnis zu ihm stehen,
- den früheren Ehegatten,
- den gleichgeschlechtlichen Lebenspartner,
- die Lebensgefährtin/den Lebensgefährten.

Keine betriebliche Altersversorgung liegt vor, wenn die Anwartschaften vererblich sind.

Eine betriebliche Altersversorgung besteht nicht, wenn von vornherein vereinbart ist, dass die Versorgungsanwartschaften z. B. zu einem bestimmten Zeitpunkt oder unter bestimmten Voraussetzungen abgefunden werden und dies einer zugesagten Versorgung bei Invalidität, im Alter oder Tod widerspricht. Es ist jedoch steuerlich unschädlich, wenn unverfallbare Anwartschaften einer betrieblichen Altersversorgung während der Dauer des Dienstverhältnisses oder bei dessen Beendigung auf Basis einer neuen Rechtsgrundlage abgefunden werden.[48]

Die Pensionsleistungen des Arbeitgebers sind auch bei einer auf Entgeltumwandlung beruhenden Pensionszusage vom Arbeitnehmer bzw. nach dessen Tod von seinen Hinterbliebenen als Arbeitslohn zu versteuern.

---

44  BMF-Schreiben vom 31.03.2010, Rz 247 bis 249.
45  BMF-Schreiben vom 31.03.2010, Rz 249.
46  BMF-Schreiben vom 31.03.2010, Rz 250.
47  § 32 Abs. 3, Abs. 4 Satz 1 Nr. 1 bis 3 und Abs. 5 EStG.
48  BMF-Schreiben vom 31.03.2010, Rz 252.

## Entgeltlich erworbene Pensionszusage

Stellt dagegen ein Arbeitnehmer dem Arbeitgeber aus seinem (versteuerten) Vermögen Mittel zur Verfügung und erhält er dafür eine Pensionszusage über laufende Leistungen, sind die darauf beruhenden laufenden Zahlungen nach § 22 EStG als Leibrente mit dem Ertragsanteil zu versteuern.[49]

## Pensionszusage zugunsten Selbständiger

Bei Selbständigen (z. B. Handelsvertreter, Freiberufler) sind die Versorgungsleistungen (nachträgliche) Einkünfte aus Gewerbebetrieb oder Einkünfte aus selbständiger Arbeit.

Bilanzierende Selbständige müssen die Pensionsansprüche während der Anwartschaftsdauer nicht aktivieren.[50] Wird der Gewinn durch Einnahmen-Überschuss-Rechnung nach § 4 Abs. 3 EStG ermittelt, sind ebenfalls erst die zufließenden Pensionsleistungen als Einnahmen zu erfassen.

## Pensionsrückstellung

Für die Verpflichtung aus einer Pensionszusage sind in der Bilanz des Unternehmens Rückstellungen zu bilden. Pensionsrückstellungen sind nach § 6a EStG steuerlich wirksam, wenn

- der Pensionsberechtigte einen Rechtsanspruch auf die Pensionsleistungen hat,
- kein schädlicher Widerrufsvorbehalt vereinbart wurde,
- die Pensionsleistung nicht von künftigen gewinnabhängigen Bezügen abhängt und
- die Pensionszusage schriftlich erteilt wurde und eindeutige Angaben zu Art, Form, Voraussetzungen und Höhe der zugesagten Pensionsleistungen enthält.

Eine Pensionsrückstellung kann auch dann gebildet werden, wenn die Zusage des Arbeitgebers auf einer Entgeltumwandlungs-Vereinbarung mit dem Arbeitnehmer beruht.[51]

Die Verpflichtung des Arbeitgebers zur Zahlung einer Pflegerente ist nach Auffassung der Finanzverwaltung nicht rückstellungsfähig.[52]

Steuerpflichtige, die ihren Gewinn nicht durch Betriebsvermögensvergleich ermitteln, können keine steuerrechtlich wirksamen Pensionsrückstellungen bilden.

---

49  BFH-Urteil vom 07.02.1990, X R 36/86, BStBl II 1990, S. 1062 und BFH-Urteil vom 21.10.1996, VI R 46/96, BStBl II 1997, S. 127.
50  BFH-Urteil vom 14.12.1988, I R 44/83, BStBl II 1989, S. 323.
51  Verfügung der OFD Hannover vom 05.10.1995 und R 6a Abs. 12 EStR 2008.
52  BMF-Schreiben vom 25.01.1996.

## Gewinnauswirkung bei Rückstellungsbildung

Zuführungen zu einer Pensionsrückstellung mindern den Gewinn und dadurch die Einkommen-/Körperschaftsteuer und die Gewerbeertragsteuer. Außerdem verringert die Rückstellung das Betriebsvermögen.

## Vorfinanzierungseffekt

Die Steuerersparnisse, die im Jahr der Rückstellungsbildung und damit in der Zeit vor den Pensionszahlungen erzielt werden, führen bei dem Unternehmen zu Liquiditätsverbesserungen. Hieraus kann es in der Zwischenzeit Erträge erwirtschaften, die ohne die Rückstellungsbildung nicht möglich wären.

## Beginn der Rückstellungsbildung

**Vor** Eintritt des Versorgungsfalls darf eine Pensionsrückstellung erstmals für das Wirtschaftsjahr gebildet werden, in dem die Pensionszusage erteilt wird, frühestens jedoch für das Wirtschaftsjahr,

- bis zu dessen Mitte (i. d. R. 30.06.) der Pensionsberechtigte das 27. Lebensjahr[53] vollendet

  oder

- in dem die Pensionsanwartschaft gemäß den Vorschriften des Betriebsrentengesetztes unverfallbar wird.[54]

**Nach** Eintritt des Versorgungsfalls darf eine Pensionsrückstellung sofort (= für das Wirtschaftsjahr, in dem der Versorgungsfall eingetreten ist) gebildet werden.

## Teilwert der Pensionsverpflichtung

In der Steuerbilanz darf eine Pensionsrückstellung höchstens mit dem Teilwert der Pensionsverpflichtung angesetzt werden. Der Teilwert ist unter Berücksichtigung

- der zugesagten künftigen Pensionsleistungen, soweit sie am Bilanzstichtag feststehen und keine Überversorgung vorliegt,[55]

---

53 Für Zusagen ab 01.01.2009; für Zusagen ab 01.01.2001 bis 31.12.2008: 28. Lebensjahr; für Zusagen vor 31.12.2000: 30. Lebensjahr.

54 Pensionsanwartschaften sind gesetzlich unverfallbar, wenn das Dienstverhältnis nach Vollendung des 25. Lebensjahres endet und die Zusage mindestens 5 Jahre bestand oder soweit die Pensionszusage auf Entgeltumwandlung beruht (§ 1b Abs. 1 und 5 BetrAVG). Die sofortige Unverfallbarkeit bei Entgeltumwandlung berechtigt steuerlich zur Rückstellungsbildung bei nach 2000 vereinbarten Entgeltumwandlungen (§ 52 Abs. 16b EStG).

55 § 6a Abs. 3 Satz 1 Nr. 1 Satz 4 EStG; BMF-Schreiben vom 03.11.2004.

- eines Rechnungszinsfusses von 6 % und

- der anerkannten Regeln der Versicherungsmathematik

jeweils zum Bilanzstichtag zu ermitteln.

Fest vereinbarte Steigerungen der Pensionsanwartschaft bzw. der zugesagten Pensionsleistung können berücksichtigt werden, soweit sich keine überhöhte Versorgung ergibt.

## Überversorgung

Eine Überversorgung des Pensionsberechtigten liegt vor, wenn am jeweiligen Bilanzstichtag die ihm insgesamt zugesagten – endgehaltsunabhängigen – Leistungen aus sämtlichen Durchführungswegen der betrieblichen Altersversorgung und die zu erwartende Rente aus der gesetzlichen Rentenversicherung höher sind als 75 % des steuerpflichtigen Arbeitslohns.[56]

Sieht die Versorgungszusage eine Kapitalzahlung vor, gelten 10 % des Kapitals als jährliche Rente.

Soweit Leistungen der betrieblichen Altersversorgung auf Entgeltumwandlungen beruhen, sind die Leistungen und die auf sie entfallenden steuerpflichtigen Beiträge bei dem Vergleich nicht zu berücksichtigten. Fest vereinbarte Steigerungen der zugesagten Pensionsleistung von jährlich bis zu 3 % bleiben bei der Prüfung auf eine Überversorgung ebenfalls außer Ansatz.[57]

Bei Leistungen, die vom Endgehalt abhängen wie z. B. Leistungen, die nach einem festgelegten Prozentsatz des letzten Aktivlohns bemessen sind oder Leistungen aufgrund einer beitragsorientierten Leistungszusage, liegt eine Überversorgung regelmäßig nicht vor.[58]

## Teilwert der Pensionsverpflichtung vor Eintritt des Versorgungsfalls

**Vor** Beendigung des Dienstverhältnisses **und** Eintritt des Versorgungsfalls gilt als Teilwert der Differenzbetrag zwischen

- dem unter Berücksichtigung der biometrischen Rechnungsgrundlagen ermittelten Barwert der künftigen Pensionsleistungen

  und

- dem Barwert von gleichbleibenden, unter Berücksichtigung der biometrischen Rechnungsgrundlagen ermittelten jährlichen Raten.[59]

---

56  BMF-Schreiben vom 03.11.2004 und BMF-Schreiben vom 24.08.2005. Der BFH geht im Gegensatz zur Finanzverwaltung davon aus, dass bei einer sog. „Nur-Pension", die nicht auf einer Entgeltumwandlung beruht, eine Überversorgung vorliegt; BFH-Urteil vom 28.04.2010, AZ I R 78/08.
57  BMF-Schreiben vom 03.11.2004.
58  BMF-Schreiben vom 03.11.2004.
59  § 6a Abs. 3 Satz 2 Nr. 1 1. Halbsatz und Satz 2 bis 5 EStG.

## Teilwert bei Entgeltumwandlung

Beruht die Versorgungsverpflichtung auf einer Entgeltumwandlung ist der zuvor beschriebene Differenzbetrag, mindestens jedoch der versicherungsmathematisch ermittelte Barwert der gesetzlich unverfallbaren künftigen Pensionsleistungen anzusetzen.[60]

## Teilwert bei gesetzlicher Unverfallbarkeit vor Alter 27

Ist die Versorgungsanwartschaft nach den Regeln des BetrAVG bereits vor dem Wirtschaftsjahr unverfallbar, in dem der Pensionsberechtigte bis zum 30.06. 27 Jahre als wird, gilt in den vorangehenden Wirtschaftsjahren der versicherungsmathematisch ermittelte Barwert der gesetzlich unverfallbaren künftigen Pensionsleistungen als Teilwert der Pensionsverpflichtung.[61] Ab dem Wirtschaftsjahr, in dem der Pensionsberechtigte bis zum 30.06. 27 Jahre alt wird, ist als Teilwert der oben beschriebene Differenzbetrag anzusetzen; dadurch kann ein Teil der gebildeten Pensionsrückstellung ggf. gewinnerhöhend aufzulösen sein.

## Teilwert nach Eintritt des Versorgungsfalls oder Beendigung des Dienstverhältnisses

**Nach** Beendigung des Dienstverhältnisses oder **nach** Eintritt des Versorgungsfalls ist der Barwert der – im Falle des Ausscheidens aus dem Dienstverhältnis unverfallbaren – künftigen Pensionsleistungen anzusetzen.

Der Barwert der Versorgungsverpflichtung (z. B. eine in Form einer Leibrente zugesagte Pensionsleistung) ist unter Beachtung der biometrischen Wahrscheinlichkeiten und des Rechnungszinses zu ermitteln.

## Nachholverbot

Hat das Unternehmen in früheren Jahren der Pensionsrückstellung nicht den höchstmöglichen Betrag zugeführt, so besteht für unterlassene Zuführungen ein steuerrechtliches Nachholverbot. Die unterlassenen Zuführungen können erst nachgeholt werden, wenn der Versorgungsfall eintritt oder der Pensionsberechtigte mit unverfallbaren Versorgungsanwartschaften aus dem Dienstverhältnis ausscheidet.[62]

## Gewinnauswirkung nach Eintritt des Versorgungsfalls

Nach dem Eintritt des Versorgungsfalls ist die gebildete Rückstellung in jedem Wirtschaftsjahr in Höhe des Unterschiedsbetrags zwischen dem versicherungsmathematisch ermittelten Barwert der künftigen Pensionsleistun-

---

60  § 6a Abs. 3 Satz 2 Nr. 1 2. Halbsatz EStG.
61  § 6a Abs. 3 Satz 1 Nr. 1 Satz 6 EStG.
62  = Unterschiedsbetrag der Teilwerte am aktuellen und am vorangegangenen Bilanzstichtag.

die Pension (sog. „Nur-Pension") vereinbart ist. Beruht die „Nur-Pension" dagegen auf einer Entgeltumwandlung, wird sie ausnahmsweise – z. B. bei Absicherung der Versorgungsleistungen durch eine verpfändete Rückdeckungsversicherung – steuerlich anerkannt.[68] Außerdem ist eine einem beherrschenden Gesellschafter-Geschäftsführer zugesagte dienstzeitunabhängige Invaliditätsversorgung in Höhe von 75 % des Bruttogehalts unangemessen. Pensionsleistungen für die Versorgung im Alter sind angemessen, wenn sie zusammen mit anderen Anwartschaften auf betriebliche Altersversorgung und einer zu erwartenden Sozialversicherungsrente 75 % des letzten steuerlich anzuerkennenden Arbeitslohns nicht übersteigen. Bei dem Vergleich sind – anders als bei der Prüfung der Überversorgung – auch Versorgungsleistungen zu berücksichtigten, die vom Endgehalt abhängig sind.

- die zugesagten Pensionsleistungen während der verbleibenden Dauer des Dienstverhältnisses erdienbar sind.[69]
  Dies ist nur dann der Fall, wenn die Pensionszusage zugunsten eines beherrschenden Gesellschafter-Geschäftsführers vor der Vollendung des 60. Lebensjahres (ab 2012: 62. Lebensjahr) erteilt wird.[70] Außerdem muss der Zeitraum zwischen der Erteilung und dem vorgesehenen Eintritt in den Ruhestand mindestens noch 10 Jahre betragen.[71]
  Bei einem nicht beherrschenden Gesellschafter-Geschäftsführer gilt eine Pensionszusage als noch erdienbar, wenn sie mindestens 10 Jahre vor dem vorgesehenen Versorgungsfall erteilt worden ist oder wenn der Zeitraum zwischen der Erteilung und dem vorgesehenen Eintritt in den Ruhestand mindestens 3 Jahre beträgt und der Gesellschafter-Geschäftsführer dem Betrieb bis zum vorgesehenen Eintritt in den Ruhestand mindestens 12 Jahre angehören kann.[72]

- die Pensionsverpflichtungen von der GmbH tatsächlich erfüllt werden können (z. B. dadurch, dass eine Rückdeckungsversicherung abgeschlossen wird). Eine Pensionszusage gilt als nicht finanzierbar, wenn ihre Passivierung mit dem Anwartschaftsbarwert zur Überschuldung der Gesellschaft im insolvenzrechtlichen Sinn führen würde. Die Finanzierbarkeit ist vorrangig nach den Verhältnissen im Zeitpunkt der Erteilung zu prüfen.

- die Pensionszusage entweder nach den Regeln des BetrAVG unverfallbar ist oder bei davon abweichenden sofort unverfallbaren Anwartschaften lediglich eine ratierlich steigende Unverfallbarkeit vorgesehen ist.

---

68  BMF-Schreiben vom 28.01.2005 und BMF-Schreiben vom 16.06.2008.
69  BFH-Urteil vom 21.12.1994, I R 98/93, BStBl II 1995, S. 419 und BFH-Urteil vom 24.01.1996, I R 41/95, BStBl II 1997, S. 440 sowie BMF-Schreiben vom 07.03.1997.
70  BFH-Urteil vom 05.04.1995, I R 138/93, BStBl II 1995, S. 478.
71  BFH-Urteil vom 21.12.1994, I R 98/93, BStBl II 1995, S. 419; BMF-Schreiben vom 01.08.1996 und BMF-Schreiben vom 09.12.2002.
72  BMF-Schreiben vom 07.03.1997.

Werden einem beherrschenden Gesellschafter-Geschäftsführer ratierlich unverfallbare Anwartschaften zugesagt, darf die Frist, während der die Versorgung erdient werden kann bzw. der gesamte planmäßige Erdienenszeitraum erst ab dem Zeitpunkt der Zusage beginnen.

Die Pensionsrückstellung für eine Pensionsanwartschaft des beherrschenden Gesellschafter-Geschäftsführers ist mit einem vom Geburtsjahr des Gesellschafters abhängigen Pensionsalter zu ermitteln, wenn das vertragliche Pensionsalter geringer als dieses von der Finanzverwaltung vorgegebene Alter ist. Das steuerlich zugrunde zu legende Pensionsalter beträgt

- für Geburtsjahrgänge bis 1952                65 Jahre
- für Geburtsjahrgänge ab 1953 bis 1961        66 Jahre
- für Geburtsjahrgänge ab 1962                 67 Jahre

Werden diese Anforderungen nicht erfüllt, wird eine verdeckte Gewinnausschüttung angenommen, die zu einer außerbilanziellen Gewinnkorrektur bei der GmbH führt.[73] Durch Pensionszusagen verursachte verdeckte Gewinnausschüttungen führen beim Gesellschafter-Geschäftsführer regelmäßig zu Einkünften aus Kapitalvermögen, die dieser dann im Rahmen seiner Einkommensteuererklärung versteuern muss.

## Pensionsverzicht eines Gesellschafter-Geschäftsführers

Verzichtet der Gesellschafter aus gesellschaftsrechtlichem Anlass ganz oder teilweise auf seine Pension, führt dies bei ihm in Höhe der Wiederbeschaffungskosten der Pensionsanwartschaft bzw. des Pensionsanspruchs zu Arbeitslohn. Im Gegenzug hat die GmbH die Pensionsrückstellung ganz oder teilweise aufzulösen. Außerdem liegt bei ihr eine Einlage in Höhe der Wiederbeschaffungskosten vor, die mit dem Gewinn insbesondere aus der Auflösung der Pensionsrückstellung verrechnet werden kann.[74] Verzichtet der Gesellschafter ganz oder teilweise nur auf den noch nicht erdienten Teil seiner Pensionsanwartschaft („future service"), liegt regelmäßig kein Arbeitslohn und keine Einlage vor. Die auch in diesen Fällen teilweise aufzulösende Pensionsrückstellung erhöht den Gewinn der GmbH. Nach unserer Einschätzung kann davon ausgegangen werden, dass nur bei einem Verzicht auf den „bereits erdienten Anteil" (sog. „past service") ein steuerlich relevanter Teilverzicht vorliegt.

---

73  BMF-Schreiben vom 28.05.2002.
74  BFH-Beschluss vom 09.06.1997, GrS 1/94, DB 1997, S. 1693.

## 4.2 Besonderheiten bei Arbeitnehmer-Ehegatten

Für Pensionszusagen an den im Betrieb mitarbeitenden Ehegatten können im Rahmen eines steuerlich anzuerkennenden Dienstverhältnisses Rückstellungen gebildet werden. Zu den einzelnen Voraussetzungen → II D Direktversicherungen, 4 Einzelfälle, Arbeitnehmer-Ehegatten, S. 273.

Für die Bildung von Pensionsrückstellungen für Pensionszusagen an Arbeitnehmer-Ehegatten im Einzelunternehmen kann eine Zusage auf Witwen-/Witwerrente mit steuerlicher Wirkung nicht erteilt werden. Dagegen ist bei einer Pensionszusage durch eine Personengesellschaft an einen Arbeitnehmer, dessen Ehegatte Mitunternehmer ist, auch eine Zusage auf Witwen-/Witwerrente möglich.

Verzichtet der Arbeitnehmer-Ehegatte zugunsten einer Pensionszusage auf seinen gesamten laufenden Arbeitslohn, liegt keine betrieblich veranlasste Pensionszusage und kein steuerlich anzuerkennendes Arbeitsverhältnis vor.[75] Für die arbeitsrechtlich wirksame Pensionszusage kann die Personengesellschaft keine Rückstellung bilden.

## 4.3 Besonderheiten bei Personengesellschaften

### Pensionszusage für Gesellschafter einer Personengesellschaft

Ist einem Gesellschafter einer Personengesellschaft für Tätigkeiten im Dienste der Gesellschaft eine Pensionszusage erteilt worden, muss die Gesellschaft die daraus entstandene Verpflichtung in der Gesellschaftsbilanz passivieren.[76]

In ihrer Steuerbilanz hat sie hierfür eine Rückstellung nach § 6a EStG zu bilden. Im Gegenzug ist der Anspruch des Gesellschafters auf die Pensionsleistungen in der Sonderbilanz dieses Gesellschafters zu aktivieren[77] (die Sonderbilanzen der Gesellschafter sind eine Art steuerliche Nebenrechnung, in denen die zusätzlichen Erträge und Aufwendungen des jeweiligen Gesellschafters z. B. Tätigkeitsvergütungen von der Gesellschaft, gesondert erfasst werden; zusammen mit der Steuerbilanz der Gesellschaft bilden sie die steuerliche Gesamtbilanz der Mitunternehmerschaft, aus der sich deren steuerlicher Gesamtgewinn ergibt). Als Aktivwert des Anspruchs ist in der Sonderbilanz zeitgleich zur Passivierung in der Steuerbilanz der Gesellschaft der Betrag anzusetzen, den die Personengesellschaft als Pensionsrückstellung bilanziert hat (korrespondierende Bilanzierung).[78]

---

75  BFH-Urteil vom 25.07.1995, VIII R 38/93, BStBl II 1996, S. 153.
76  Für Pensionszusagen, die vor 2008 erteilt worden sind, kann eine davon abweichende Sonderregelung gelten; siehe BMF-Schreiben vom 29.01.2008.
77  § 15 Abs. 1 Satz 1 Nr. 2 EStG.
78  BMF-Schreiben vom 29.01.2008.

# Korrespondierende Bilanzierung

Die korrespondierende Bilanzierung führt im Ergebnis dazu, dass

- die Gesellschaft jeweils einen um die Zuführung zur Pensionsrückstellung reduzierten Gewinn erzielt. Die Gewinnanteile der einzelnen Gesellschafter sind dadurch in Höhe des auf den einzelnen Gesellschafter entfallenden Anteils an der Zuführung zur Pensionsrückstellung geringer, als wenn die Gesellschaft die Pensionszusage nicht erteilt hätte.

- der Gesellschafter, dem die Pensionszusage erteilt worden ist, in seiner Sonderbilanz einen um die Zuführung zur Pensionsrückstellung höheren Gewinn ausweist. Die Gewinnminderung auf der Ebene der Personengesellschafter und damit der Gewinnanteil der einzelnen Gesellschafter wird durch die Gewinnerhöhung bei dem aus der Pensionszusage begünstigten Gesellschafter ausgeglichen. Dieser allein hat dadurch einen zusätzlichen Anteil am Gewinn der Personengesellschaft in Höhe der Zuführung zur Pensionsrückstellung zu versteuern.

Eine Gewinnminderung, wie sie ansonsten durch die Pensionsrückstellung ermöglicht wird, tritt dadurch nicht ein.

Beispiel:

A und B sind als Mitunternehmer an einer Personengesellschaft zu je 50 % beteiligt. Beide Mitunternehmer haben eine Pensionszusage erhalten. Folgende Werte liegen vor:

| Pensionsrückstellung | Gesellschafter A | Gesellschafter B |
|---|---|---|
| 31.12.01 | 80.000 € | 100.000 € |
| 31.12.02 | 85.000 € | 110.000 € |

Im Jahr 02 ergeben sich daraus folgende Gewinnauswirkungen:

## Gesellschaftsebene (Bilanz der Personengesellschaft)

| Zuführung zur Pensionsrückstellung | EUR |
|---|---|
| A | – 5.000 |
| B | – 10.000 |
| | – 15.000 |

davon entfallen entsprechend ihrer Beteilung jeweils – 7.500 € auf A bzw. B.

## Ebene der Gesellschafter (Sonderbilanzen)

| Gesellschafter A | EUR |
|---|---|
| Erhöhung Aktivposten Pensionszusage | + 5.000 |

| Gesellschafter B | |
|---|---|
| Erhöhung Aktivposten Pensionszusage | + 10.000 |

Steuerliche Gewinnermittlung der Gesellschafter im Jahr 02

|  | Gesellschafter A | Gesellschafter B |
|---|---|---|
| Verlustanteil Personengesellschaft | – 7.500 € | – 7.500 € |
| Gewinn Sonderbilanz | + 5.000 € | + 10.000 € |
| Steuerpflichtig § 15 EStG | – 2.500 € | + 2.500 € |

Die Pensionsleistungen der Gesellschaft sind bei ihr als Betriebsausgabe abziehbar. Im Gegenzug ist die Pensionsrückstellung in der Steuerbilanz der Gesellschaft an die geringer gewordene Verpflichtung anzupassen, also teilweise gewinnerhöhend aufzulösen.

Andererseits sind die bezogenen Pensionsleistungen in der Sonderbilanz des begünstigten Gesellschafters als Ertrag zu erfassen. Zugleich ist die dort ausgewiesene Forderung des begünstigten Gesellschafters korrespondierend mit der Steuerbilanz der Personengesellschaft um den Betrag zu vermindern, um den die Pensionsrückstellung aufgelöst worden ist.

## Rückdeckungsversicherung

Hat eine Personengesellschaft die Pensionszusage zugunsten ihres Gesellschafters durch den Abschluss einer Versicherung rückgedeckt, gehört der ihr zustehende Versicherungsanspruch steuerlich nicht zu ihrem Betriebsvermögen. Die Beiträge für die Rückdeckungsversicherung können von der Personengesellschaft nicht als steuerwirksame Betriebsausgaben abgezogen werden. Die Beiträge sind Entnahmen, die allen Gesellschaftern anteilig nach Maßgabe ihrer Beteiligung zuzurechnen sind.[79] Die Gesellschafter können ihren anteiligen Beitrag zu der Rückdeckungsversicherung als Sonderausgaben geltend machen, wenn die Voraussetzungen hierfür erfüllt sind (→ II C Private Lebensversicherungen, 1.3 Sonstige Vorsorgeaufwendungen, S. 188). Die Zinsen bzw. Erträge aus der Rückdeckungsversicherung sind von den Gesellschaftern nach den Regeln, die für die Besteuerung von privaten Lebensversicherungen gelten, der Einkommensteuer zu unterwerfen. Werden aus der Rückdeckungsversicherung Renten gezahlt, gehören die Leistungen in Höhe des Ertragsanteils der Renten bei den Gesellschaftern zu den sonstigen Einkünften.

Der Anspruch auf die Versicherungsleistung ist von der Personengesellschaft nicht zu aktivieren. Fällige Versicherungsleistungen werden als Einlage erfasst.

## Rücklage für Altzusagen

Ist die Pensionszusage bereits vor Beginn des Wirtschaftsjahres, das nach dem 31.12.2007 endet, erteilt worden (Altzusage), gilt für den begünstigten Gesellschafter in den Fällen, in denen die Pensionszusage bisher entweder

---

79  BMF-Schreiben vom 29.01.2008 sowie BFH-Urteil vom 28.06.2001, IV R 41/00, BStBl II 2002, S. 724.

als steuerlich unbeachtliche Gewinnverteilungsabrede behandelt worden ist oder zwar eine Passivierung der Pensionszusage in der Gesellschaftsbilanz erfolgt ist, aber die hierdurch entstehende Gewinnminderung durch eine anteilige Aktivierung in den Sonderbilanzen aller Gesellschafter neutralisiert worden ist, eine Sonderregelung: Der Gesellschafter kann beim Übergang auf die zuvor beschriebene steuerliche Behandlung eine Rücklage in Höhe von 14/15 des dadurch entstehenden Gewinns (Ertrag aus der erstmaligen Aktivierung des Pensionsanspruchs in der Sonderbilanz und anteiliger Aufwand aus der erstmaligen Passivierung aller Pensionsrückstellungen in der Gesamthandsbilanz oder Ertrag aus der Differenz zwischen dem bisher aktivierten anteiligen Anspruch und dem nunmehr zu aktivierenden vollen Anspruch) bilden. Die Rücklage ist in den nachfolgenden 14 Wirtschaftsjahren zu mindestens je einem Vierzehntel gewinnerhöhend aufzulösen. Die Rücklage darf allerdings nur gebildet werden, soweit beim Übergang insgesamt – also unter anteiliger Berücksichtigung aller in der Gesamthandsbilanz zu passivierenden Rückstellungen – ein Gewinn beim begünstigten Gesellschafter verbleibt.[80]

Die Rücklage in der Sonderbilanz des begünstigten Gesellschafters ist nur für Zwecke der Einkommensteuer zu berücksichtigen. Die Rücklage ist bereits vor Ablauf des Fünfzehnjahreszeitraums aufzulösen, wenn der Pensionsanspruch wegfällt.

## GmbH & Co. KG

Sagt die Komplementär-GmbH einer GmbH & Co. KG ihrem angestellten Geschäftsführer eine Pension zu, kann sie für die eingegangene Pensionsverpflichtung eine Rückstellung bilden.

Ist der Geschäftsführer zugleich Gesellschafter der GmbH, aber nicht Gesellschafter der KG, so kann die GmbH für die von ihr zugesagte Pension gleichfalls eine Rückstellung in ihrer Bilanz einstellen.[81] Neben den allgemeinen Voraussetzungen für die steuerliche Wirksamkeit einer Pensionszusage sind die Anforderungen zur Vermeidung einer verdeckten Gewinnausschüttung zu beachten.

Ist der Gesellschafter-Geschäftsführer der Komplementär-GmbH außerdem an der KG beteiligt, hat die GmbH auch in diesem Fall eine Pensionsrückstellung zu bilden.[82] Allerdings müssen die steuerlich wirksamen Zuführungen zur Pensionsrückstellung der GmbH durch damit korrespondierende Hinzurechnungen innerhalb der Gewinnermittlung der KG wieder ausgeglichen werden. Im Ergebnis ist in diesen Fällen eine Pensionszusage mit steuerlicher Wirkung deshalb grundsätzlich nicht möglich. Eine Rückdeckungsversicherung kann dagegen von der GmbH steuerwirksam und ohne Gewinnkorrektur bei der KG abgeschlossen werden.

---

80  BMF-Schreiben vom 29.01.2008.
81  BFH-Urteil vom 28.01.1986 VIII R 335/82, BStBl II 1986, S. 599.
82  BFH-Urteil vom 16.12.1992, I R 105/91, BStBl II 1993, S. 792.

Hat die Komplementär-GmbH einen von der KG unterscheidbaren, wirtschaftlich eigenständigen Geschäftsbetrieb und wird dem GmbH-Gesellschafter-Geschäftsführer für die damit zusammenhängenden gesonderten Dienstleistungen auch eine Pensionszusage erteilt, ist diese bei der GmbH steuerlich wirksam; in diesen Fällen muss eine Gewinnkorrektur bei der KG nicht vorgenommen werden, auch wenn der Gesellschafter-Geschäftsführer gleichzeitig Gesellschafter der KG ist.[83] Die Grundsätze zur Vermeidung einer verdeckten Gewinnausschüttung sind jedoch zu beachten.

## 4.4 Versorgungsausgleich bei Ehescheidungen

Bei Scheidung einer Ehe wird ein jedes von den Ehegatten während der Ehezeit erworbene Anrecht auf Versorgung aus der gesetzlichen Rentenversicherung, aus anderen Sicherungssystemen wie z. B. der Beamtenversorgung oder berufsständischen Versorgung, aus der betrieblichen Altersversorgung oder aus der privaten Alters- und Invaliditätsversorgung hälftig geteilt (Ausgleichswert).

Dies geschieht vorrangig durch interne Teilung. Bei der internen Teilung wird das Anrecht auf Versorgung eines Ehegatten, soweit es während der Ehezeit erworben wurde, in dem jeweiligen Versorgungssystem hälftig zwischen den Ehegatten geteilt.

Beruht die zu teilende Versorgung auf einer Pensionszusage, erhält der ausgleichsberechtigte Ehegatte eine eigenständige Anwartschaft bzw. einen eigenständigen Anspruch auf Versorgung in Höhe seines Anteils unmittelbar gegen den Versorgungsträger der Pensionszusage; im Gegenzug darf der Versorgungsträger die Versorgung des ausgleichspflichtigen Ehegatten entsprechend verringern.[84]

Die interne Teilung der Anrechte ist für beide Ehegatten einkommensteuerfrei.[85]

Nachdem die Teilung der Versorgung rechtskräftig geworden ist, kann der Versorgungsträger in seiner Steuerbilanz für jede der beiden Pensionsverpflichtungen eine Pensionsrückstellung bilden. Die reduzierte Versorgungsanwartschaft des ausgleichspflichtigen Ehegatten ist vor dem Ende seines Dienstverhältnisses mit dem angepassten Teilwert zu passivieren (→ 3 Pensionszusage [Direktzusage], Teilwert der Pensionsverpflichtung vor Eintritt des Versorgungsfalls, S. 300). In den Fällen der Entgeltumwandlung oder einer Scheidung nach dem Ende des Dienstverhältnisses ist die Rückstellung auf den Barwert der herabgesetzten Anwartschaft zu reduzieren. Für eine bereits laufende Versorgung des ausgleichspflichtigen Ehegatten ist die

---

83   BFH-Urteil vom 21.03.1968, IV R 166/67, BStBl II 1968, S. 579 und vom 22.01.1970, IV R 47/68, BStBl II 1970, S. 415.
84   BMF-Schreiben vom 31.03.2010.
85   § 3 Nr. 55a EStG.

Pensionsrückstellung mit dem Barwert der verbliebenen Ansprüche anzusetzen.

Das durch die interne Teilung neu geschaffene Versorgungsanrecht des ausgleichsberechtigten Ehegatten ist stets mit dem Barwert zu passivieren.[86]

## Besteuerung der Leistungen aus der intern geteilten Pensionszusageversorgung

Die (späteren) Versorgungsleistungen sind von den geschiedenen Ehegatten jeweils als Einkünfte aus nichtselbständiger Arbeit zu versteuern. Von den Pensionsleistungen kann ggf. der Versorgungsfreibetrag (→ I Grundzüge des Einkommensteuerrechts, 3.4 Nichtselbständige Arbeit, Versorgungsfreibetrag, S. 13) abgezogen werden. Eine einmalige Kapitalleistung kann ggf. als Vergütung für mehrere Jahre ermäßigt versteuert werden.[87]

## Externe Teilung

Bei der externen Teilung eines Anrechts auf Versorgung begründet das Familiengericht eine eigenständige Versorgung des ausgleichsberechtigten Ehegatten bei einem anderen als dem Versorgungsträger der zu teilenden Versorgung. Die externe Teilung kann der Versorgungsträger der zu teilenden Versorgung entweder verlangen oder – bei höheren Versorgungen – mit dem ausgleichsberechtigten Ehegatten vereinbaren.

Über die Zielversorgung und deren Versorgungsträger entscheidet der ausgleichsberechtigte Ehegatte. Die gewählte Zielversorgung

- muss eine angemessene Versorgung gewährleisten,
- darf beim ausgleichspflichtigen Ehegatten nicht zu steuerlichen Einnahmen oder einer schädlichen Verwendung von gefördertem Altersvorsorgevermögen führen, es sei denn, dieser stimmt der Wahl zu.[88]

Diese beiden Bedingungen werden stets eingehalten, wenn als Zielversorgung eine Versorgung aus der gesetzlichen Rentenversicherung, aus einer Direktversicherung oder Pensionskasse, von einem Pensionsfonds oder aus einer Riester-Rente gewählt wird.

Bestimmt der ausgleichsberechtigte Ehegatte keinen Versorgungsträger, wird ein Anrecht bei der Versorgungsausgleichskasse (→ II D Direktversicherungen, 4 Einzelfälle, Versorgungsausgleichskasse, S. 281) als Auffang-Zielversorgung eingerichtet.[89]

Bei einer externen Teilung hat der Versorgungsträger des ausgleichspflichtigen Ehegatten den Kapitalwert des auszugleichenden Anrechts (Aus-

---

86  BMF-Schreiben vom 12.11.2010.
87  § 34 Abs. 2 Nr. 4 EStG.
88  § 15 Abs. 3 VersAusglG.
89  § 15 Abs. 4 VersAusglG.

gleichswert) an den Versorgungsträger des ausgleichsberechtigten Ehegatten für die bei diesem einzurichtende Versorgung zu zahlen. Im Gegenzug darf der Versorgungsträger des ausgleichspflichtigen Ehegatten dessen Versorgung entsprechend herabsetzen.

## Auswirkungen der externen Teilung beim Versorgungsträger des Ausgleichspflichtigen

Ist die externe Teilung rechtskräftig, muss der Versorgungsträger des ausgleichspflichtigen Ehegatten die gebildete Pensionsrückstellung nach Maßgabe der verbliebenen Pensionsverpflichtung herabsetzen. Die Zahlung des Ausgleichswerts ist bei ihm Betriebsausgabe.

## Besteuerung der Versorgung des Ausgleichspflichtigen nach einer externen Teilung

Der ausgleichspflichtige Ehegatte muss die ihm verbliebenen Versorgungsbezüge aus einer Pensionszusage unverändert bei Zufluss als Einkünfte aus nichtselbständiger Arbeit versteuern. Von den Pensionsleistungen kann ggf. der Versorgungsfreibetrag (→ I Grundzüge des Einkommensteuerrechts, 3.4 Nichtselbständige Arbeit, Versorgungsfreibetrag, S. 13) abgezogen werden. Eine einmalige Kapitalleistung kann ggf. als Vergütung für mehrere Jahre ermäßigt versteuert werden.[90]

## Kapitalzahlung für Zielversorgung Riester-Rente oder Basisrente

Beruht das auszugleichende Anrecht auf einer Pensionszusage und wählt der ausgleichsberechtigte Ehegatte als Zielversorgung

- eine Riester-Rente

  oder

- eine Basisrente,

ist die Übertragung des Ausgleichswerts bei den geschiedenen Ehegatten einkommensteuerfrei.[91]

Die Teilung führt zur Begründung eines neuen Vertrages, bei Aufstockung einer vorhandenen Versorgung zu einem neuen Vertragsteil. Wird eine vor 2012 abgeschlossene Riester-Rente oder Basisrente nach 2011 als Zielversorgung aufgestockt, gilt die Altersgrenze von 60 Jahren, ab der Leistungen aus vor 2012 abgeschlossenen Verträgen vorgesehen werden können, auch für den neuen Vertragsteil.[92]

---

90  § 34 Abs. 2 Nr. 4 EStG.
91  § 3 Nr. 55b Satz 1 EStG.
92  BMF-Schreiben vom 17.10.2011.

Der übertragene Ausgleichswert ist kein

- Altersvorsorgebeitrag, für den der ausgleichspflichtige oder der ausgleichsberechtigte Ehegatte Altersvorsorgezulage oder eine Steuerersparnis aus dem zusätzlichen Sonderausgabenabzug erlangen kann

- Beitrag zu einer Basisrente, der als Sonderausgaben abgezogen werden kann.

## Leistungen aus Zielversorgung Riester-Rente oder Basisrente

Die Versorgungsleistungen aus der Zielversorgung Riester-Rente oder Basisrente sind vom ausgleichsberechtigten Ehegatten als sonstige Einkünfte zu versteuern.[93]

## Kapitalzahlung für Zielversorgung private Renten- oder Kapitalversicherung

Wählt der ausgleichsberechtigte Ehegatte mit Zustimmung des ausgleichspflichtigen Ehegatten eine private Lebensversicherung (Kapital- oder Rentenversicherung) als Zielversorgung, unterliegt die Zahlung des Ausgleichswerts bereits im Zeitpunkt der Übertragung beim Ausgleichsverpflichteten als Arbeitslohn der Einkommensteuer.[94]

Die externe Teilung führt zur Begründung eines neuen Versicherungsvertrags, bei Aufstockung einer vorhandenen Versicherung zur Begründung eines neuen Vertragsteils.

## Leistungen aus Zielversorgung private Renten- oder Kapitalversicherung

Die Leibrenten aus der privaten Rentenversicherung des ausgleichsberechtigten Ehegatten sind von ihm mit dem Ertragsanteil als sonstige Einkünfte zu versteuern.[95]

Eine Kapitalzahlung aus der privaten Rentenversicherung oder Kapitallebensversicherung, die bei **Tod** des ausgleichsberechtigten Ehegatten gezahlt wird, ist einkommensteuerfrei. Ansonsten unterliegen die Erträge in einer Kapitalzahlung in Höhe des ggf. hälftigen Wertzuwachses als Einkünfte aus Kapitalvermögen der Einkommensteuer.

---

93  Bei Riester-Renten: volle Besteuerung nach § 22 Nr. 5 Satz 1 EStG, bei Basisrenten: (bis 2040 anteilige) Besteuerung nach § 22 Nr. 1 Satz 3 Buchstabe a Doppelbuchstabe aa EStG.
94  § 3 Nr. 55b Satz 2 EStG.
95  § 22 Nr. 1 Satz 3 Buchstabe a Doppelbuchstabe bb EStG.

## Kapitalzahlungen für eine betriebliche Altersversorgung als Zielversorgung

Wird als Zielversorgung der externen Teilung eine betriebliche Altersversorgung (Direktversicherung, Pensionskasse, Pensionsfonds, Pensionszusage oder Unterstützungskasse-Versorgung) zugunsten des ausgleichsberechtigten Ehegatten begründet oder aufgestockt, ist die Zahlung des Ausgleichswerts sowohl beim ausgleichspflichtigen als auch beim ausgleichsberechtigten Ehegatten einkommensteuerfrei.[96]

## Leistungen aus Zielversorgung in Form einer betrieblichen Altersversorgung

Die Versorgungsleistungen aus einer solchen betrieblichen Altersversorgung sind vom ausgleichsberechtigten Ehegatten als Einkünfte aus nichtselbständiger Arbeit (im Falle einer Pensionszusage oder Unterstützungskasse-Versorgung seines Arbeitgebers) oder als sonstige Einkünfte (Direktversicherung, Pensionskasse oder Pensionsfonds)[97] zu versteuern.

## Informationspflichten der Versorgungsträger bei externer Teilung

Der Versorgungsträger des ausgleichspflichtigen Ehegatten muss den Versorgungsträger des ausgleichsberechtigten Ehegatten über die Grundlagen informieren, die für die Besteuerung der extern geteilten Versorgung erforderlich sind. Die Informationspflicht entfällt, wenn der Versorgungsträger des ausgleichsberechtigten Ehegatten dem zur Information Verpflichteten mitgeteilt hat, dass er diese Grundlagen bereits kennt oder sie aus den bei ihm vorhandenen Daten feststellen kann.[98]

## Versorgungsausgleich und Rückdeckungsversicherung

Ansprüche aus einer Rückdeckungsversicherung sind weder intern noch extern zu teilen. Sie begründen kein auszugleichendes Anrecht auf Versorgung weder der versicherten Person noch des Versicherungsnehmers. Die interne oder externe Teilung der Pensionszusageversorgung, zu deren Finanzierung eine Rückdeckungsversicherung abgeschlossen wurde, hat keine Auswirkungen auf die steuerliche Behandlung der Rückdeckungsversicherung.

---

96  § 3 Nr. 55b Satz 1 EStG.
97  § 22 Nr. 5 Satz 1 EStG.
98  § 3 Nr. 55b Sätze 3, 4 EStG.

# II F  Rückdeckungsversicherungen von Unterstützungs-kassen

| | | |
|---|---|---|
| 1 | **Allgemeines** | **317** |
| | Begriff der Unterstützungskasse | 317 |
| | Formen der Unterstützungskasse | 317 |
| | Rechtsform | 317 |
| | Finanzierung | 317 |
| | | |
| 2 | **Zuwendungen an Unterstützungskassen** | **318** |
| | Behandlung beim Trägerunternehmen | 318 |
| | Zuwendungen nach Eintritt des Versorgungsfalls | 318 |
| | Leistungsempfänger | 318 |
| | Zuwendungen vor Eintritt des Leistungsfalls | 319 |
| | Höchstbeträge für Zuwendungen zum Reservepolster | 319 |
| | Leistungsanwärter | 320 |
| | Unterstützungskasse mit Rückdeckungsversicherungen | 321 |
| | Zuwendungen für nicht lebenslänglich laufende Leistungen | 321 |
| | Nachträglicher Abzug von „überhöhten" Zuwendungen | 321 |
| | Konzeptions- und Verwaltungskosten | 322 |
| | Rückzahlungen der Unterstützungskasse | 322 |
| | Behandlung beim Arbeitnehmer | 322 |
| | | |
| 3 | **Zuwendungen für Rückdeckungsversicherungen** | **322** |
| | Begriff | 322 |
| | Leistungsempfänger/Leistungsanwärter | 323 |
| | Versicherung | 323 |
| | Versicherer | 323 |
| | Zuwendungsfähige Beiträge | 323 |
| | Rückdeckung nach Eintritt des Versorgungsfalls | 324 |
| | Rückdeckung von Versorgungsanwartschaften | 324 |
| | Abzugsbegrenzung durch zulässiges Kassenvermögen | 325 |
| | Auswirkungen auf andere Zuwendungsformen | 325 |
| | Versicherungs-/Aufschubdauer bei Altersversorgung | 325 |
| | Versicherungs-/Aufschubdauer bei Invaliditäts- oder Hinterbliebenenversorgung | 326 |
| | Abweichende Fälligkeit der Versicherungsleistung | 326 |
| | Jährliche/laufende Beitragszahlung | 326 |
| | Gleichbleibender oder steigender Beitrag | 327 |
| | Variable Beitragszahlung | 328 |
| | Einmalbeitrag/Deckungskapitaleinzahlungen | 328 |
| | Verrechnung mit Gewinnanteilen | 329 |

Erhöhung der Versicherungsleistung durch Gewinnanteile 329
Darlehenssicherung durch Rückdeckungsversicherungen 329
Zulässiges Kassenvermögen 329
„Tatsächliches" Kassenvermögen 330
Zeitpunkt der Betriebsausgabe einer Zuwendung 330

4      Leistungen aus Unterstützungskassen 331
Behandlung beim Arbeitnehmer 331
Auswirkungen beim Arbeitgeber 331
Rückübertragung von Vermögen der Unterstützungskasse
auf das Trägerunternehmen 331
Übertragung von Vermögen einer Unterstützungskasse
auf eine andere 332

5      Versorgungsausgleich bei Ehescheidungen 333
Interne Teilung 333
Externe Teilung 334

# 1    Allgemeines

## Begriff der Unterstützungskasse

Unterstützungskassen sind rechtsfähige Versorgungseinrichtungen zur Durchführung der betrieblichen Altersversorgung. Die Unterstützungskasse gewährt auf ihre Leistungen keinen Rechtsanspruch. Sie unterliegt daher nicht der Versicherungsaufsicht durch die BaFin.[1]

## Formen der Unterstützungskasse

Eine Unterstützungskasse erbringt regelmäßig Leistungen an die Versorgungsberechtigten eines Unternehmens (Einzel-Unterstützungskasse). Die Unternehmen eines Konzerns oder eine Vielzahl nicht verbundener Unternehmen können ihre betriebliche Altersversorgung auch über eine gemeinsame Unterstützungskasse erbringen (Konzern- oder Gruppen-Unterstützungskasse).

## Rechtsform

Unterstützungskassen werden überwiegend in der Rechtsform eines eingetragenen Vereins (e.V.) oder einer Gesellschaft mit beschränkter Haftung (GmbH) geführt. Die Kassen unterliegen der Körperschaftsteuer, soweit sie nicht steuerbefreit sind ( ▸ V Grundzüge des Körperschaftsteuerrechts, 1.3 Befreiungen, S. 395).

## Finanzierung

Die Mittel für die Leistungen einer Unterstützungskasse werden der Kasse von dem Unternehmen zugewendet, das die Leistungen aus der Unterstützungskasse zugesagt hat (Trägerunternehmen). Durch die Anlage des daraus gebildeten Kassenvermögens kann die Unterstützungskasse zusätzlich Erträge erzielen, die sie in der Regel für die zugesagten Leistungen oder zu deren Erhöhung einsetzt.

---

1   § 1 Abs. 3 Nr. 1 VAG.

# 2 Zuwendungen an Unterstützungskassen

### Behandlung beim Trägerunternehmen

Zuwendungen an eine Unterstützungskasse für die betriebliche Altersversorgung des Trägerunternehmens sind Betriebsausgaben (§ 4 Abs. 4 EStG), deren Abzugsfähigkeit durch § 4d EStG dem Grunde und der Höhe nach beschränkt wird.[2]

Soweit das Trägerunternehmen unmittelbare Versorgungsleistungen steuerlich nicht als Betriebsausgaben berücksichtigen kann, sind auch Zuwendungen für solche Leistungen an die Unterstützungskasse keine Betriebsausgaben. Danach sind Zuwendungen für die Versorgung des Unternehmers, eines Mitunternehmers (z. B. des Gesellschafters einer Personengesellschaft) oder deren Angehörigen im Ergebnis nicht steuerwirksam.

Die Zuwendungen sind in dem Wirtschaftsjahr des Trägerunternehmens abziehbar, in dem sie geleistet werden. Zuwendungen, die innerhalb eines Monats nach Aufstellung der Bilanz rückwirkend für das abgelaufene Wirtschaftsjahr geleistet werden, können durch eine Rückstellung in der Schlussbilanz dieses Wirtschaftsjahres gewinnmindernd berücksichtigt werden.

Zuwendungen zur Finanzierung lebenslänglich laufender Renten oder an deren Stelle zu zahlende Kapitalleistungen sind bis zu bestimmten Obergrenzen abziehbar (§ 4d Abs. 1 Satz 1 Nr. 1 Buchstabe a EStG).

### Zuwendungen nach Eintritt des Versorgungsfalls

Abzugsfähig ist ein Betrag in Höhe des Deckungskapitals der lebenslänglich laufenden Leistungen, die an die Leistungsempfänger zu erbringen sind. Allerdings darf das bereits vorhandene Vermögen der Unterstützungskasse zusammen mit den Zuwendungen das zulässige Kassenvermögen nicht übersteigen.[3]

Soweit die Unterstützungskasse zuwendungsfähige Beiträge zu einer Rückdeckungsversicherung für die Versorgungsleistungen erbringt, sind nach dem Deckungskapital bemessene Zuwendungen ausgeschlossen.

### Leistungsempfänger

Als Leistungsempfänger gelten

* ehemalige Arbeitnehmer des Trägerunternehmens, die Leistungen von der Unterstützungskasse erhalten,

---

2   BFH-Urteil vom 29.08.1996, VIII R 24/95, BB 1997, S. 1301.

- die Hinterbliebenen der ehemaligen Arbeitnehmer, wenn sie von der Unterstützungskasse Hinterbliebenenleistungen erhalten, sowie

- andere Bezieher von Leistungen der Unterstützungskasse, denen aus Anlass ihrer ehemaligen Tätigkeit für das Trägerunternehmen Leistungen der betrieblichen Altersversorgung zugesagt worden sind.

Ein Versorgungsberechtigter, dessen Dienstverhältnis noch nicht beendet ist (der aber von der Unterstützungskasse bereits lebenslänglich laufende Leistungen erhält), gilt ausnahmsweise als Leistungsempfänger, wenn die Leistungen der Kasse (bei verringerter Erwerbstätigkeit aufgrund des Bezugs der gesetzlichen Teilrente) als „betriebliche Teilrentenleistungen" angesehen werden können.[4]

Unternehmer und Mitunternehmer des Trägerunternehmens gelten dagegen nicht als Leistungsempfänger.[5]

## Zuwendungen vor Eintritt des Leistungsfalls

Zuwendungen vor Eintritt des Versorgungsfalls von lebenslänglich laufenden Leistungen der Alters-, Invaliditäts- oder Hinterbliebenenversorgung dienen dem Aufbau des sog. Reservepolsters (§ 4d Abs. 1 Satz 1 Nr. 1 Buchstabe b EStG). Wird die Versorgungsanwartschaft von der Unterstützungskasse durch zuwendungsfähige Beiträge zu einer Rückdeckungsversicherung finanziert, sind insoweit Zuwendungen zum Reservepolster nach Maßgabe der dafür geltenden Höchstbeträge ausgeschlossen.[6]

Lebenslänglich laufende Invaliditäts- oder Hinterbliebenenrenten liegen auch dann vor, wenn die Zahlungen bei Wegfall der Invalidität oder bei Wiederverheiratung entfallen. Invalidenrenten, die nur bis zum Beginn einer Altersrente aus der Unterstützungskasse gezahlt werden, gelten ebenfalls als lebenslänglich laufende Versorgungsbezüge. Dagegen sind Waisenrenten, die bis zu einem bestimmten Höchstalter des Kindes erbracht werden, keine lebenslangen Leistungen.

## Höchstbeträge für Zuwendungen zum Reservepolster

Gewährt die Unterstützungskasse Altersversorgung (mit oder ohne Einschluss von Invaliditäts- oder Hinterbliebenenversorgung), dürfen in einem Wirtschaftsjahr Zuwendungen bis zu 25 % des Jahresbetrags der Versorgungsanwartschaften eines jeden Leistungsanwärters abgezogen werden.

---

3  § 4d Abs. 1 Nr. 1 Satz 2 bis 7 EStG.
4  BMF-Schreiben vom 28.11.1996, Teil B Tz 2 i.V.m. BMF-Schreiben vom 25.04.1995.
5  BMF-Schreiben vom 28.11.1996, Teil B Tz 1; bei tätigen Mitunternehmern siehe aber: § 4d Abs. 1 Satz 1 Nr. 1 Satz 1 Buchstabe a Satz 3 EStG sowie BFH-Urteile vom 14.02.2006, VIII R 40/03, BStBl II 2008, S. 182, BFH-Urteil vom 30.03.2006, IV R 25/04, BStBl II 2008, S. 171 und BMF-Schreiben vom 29.01.2008.
6  BMF-Schreiben vom 28.11.1996.

Es dürfen nur die Leistungsanwärter berücksichtigt werden, die mindestens 27 Jahre alt sind. Für die Höhe der Versorgungsanwartschaften ist auf die Leistungen abzustellen, die zum letztmöglichen Fälligkeitszeitpunkt der Leistungen, spätestens ab der Regelaltersgrenze in der gesetzlichen Rentenversicherung des Anwärters, schriftlich zugesagt sind.[7]

Gewährt die Unterstützungskasse nur Invaliditäts- und Hinterbliebenenversorgung, ermäßigt sich der Höchstbeitrag auf 12 % der zugunsten des Leistungsanwärters zugesagten jährlichen Versorgungsleistung.

Ist nur Invaliditäts- oder nur Hinterbliebenenversorgung zugesagt, dürfen jeweils höchstens 6 % des Jahresbetrags der Versorgungsanwartschaft eines jeden Leistungsanwärters abgezogen werden.

Anstelle der individuellen jährlichen Versorgungsanwartschaft eines Leistungsanwärters, der mindestens 27 Jahre alt ist, kann der Durchschnittsbetrag der Versorgungsleistungen zugrunde gelegt werden, die im Zuwendungsjahr an Leistungsempfänger tatsächlich gezahlt worden sind. In diesem Fall ist der Durchschnittsbetrag aber nur mit der Anzahl der Leistungsanwärter zu multiplizieren, die mindestens 50 Jahre als sind.

Die steuerwirksamen Zuwendungen eines Jahres sind außerdem durch das zulässige Kassenvermögen beschränkt. Soweit das (tatsächliche) Vermögen der Unterstützungskasse am Ende ihres Wirtschaftsjahres das zulässige Kassenvermögen übersteigt, sind geleistete Zuwendungen nicht als Betriebsausgaben abziehbar.[8] Wegen des eventuell nachträglichen Abzugs als Betriebsausgaben → Nachträglicher Abzug von „überhöhten" Zuwendungen, S. 321.

## Leistungsanwärter

Als Leistungsanwärter gelten Arbeitnehmer oder ehemalige Arbeitnehmer des Trägerunternehmens, die von der Unterstützungskasse schriftlich zugesagte Leistungen erhalten können und am Schluss des Wirtschaftsjahres der Zuwendungen mindestens 27 Jahre alt sind. Den Arbeitnehmern gleichgestellt sind andere Personen, denen aus Anlass ihrer Tätigkeit für das Trägerunternehmen schriftlich Leistungen der betrieblichen Altersversorgung zugesagt worden sind.

Für Leistungsanwärter, die das 27. Lebensjahr noch nicht vollendet haben, können vor Eintritt des Versorgungsfalls keine steuerlich wirksamen Zuwendungen geleistet werden.

Unternehmer oder Mitunternehmer des Trägerunternehmens gelten nicht als Leistungsanwärter.[9]

---

7   § 235 SGB VI.
8   § 4d Abs. 1 Satz 1 Nr. 1 Satz 2 bis 7 EStG.
9   BMF-Schreiben vom 28.11.1996, Teil B Tz 1; bei tätigen Mitunternehmern siehe aber: § 4d Abs. 1 Satz 1 Nr. 1 Satz 1 Buchstabe a Satz 3 EStG sowie BFH-Urteile vom 14.02.2006, VIII R 40/03, BStBl II 2008, S. 182, BFH-Urteil vom 30.03.2006, VI R 25/04, BStBl II 2008, S. 171 und BMF-Schreiben vom 29.01.2008.

## Unterstützungskasse mit Rückdeckungsversicherungen

Das Trägerunternehmen kann in den einzelnen Wirtschaftsjahren die Summe der Beiträge steuerwirksam zuwenden, die von der Unterstützungskasse zu Rückdeckungsversicherungen geleistet worden ist, soweit sich die Kasse damit die Mittel für die zugesagten Versorgungsleistungen verschafft (§ 4d Abs. 1 Satz 1 Nr. 1 Buchstabe c EStG) und das Vermögen der Kasse das zulässige Kassenvermögen nicht übersteigt.[10]

Als Versorgungsleistungen kommen lebenslänglich laufende Leistungen der Alters-, Invaliditäts- oder Hinterbliebenenversorgung sowie – nach Auffassung der Verfasser – lebenslängliche Leistungen bei Pflegebedürftigkeit in Betracht.[11] Zuwendungen für die Beitragszahlung zu Rückdeckungsversicherungen sind für bereits laufende Versorgungsleistungen und für Versorgungsanwartschaften zulässig.

Die Zuwendungen bis zur Höhe der Beiträge zu Rückdeckungsversicherungen sind aber nur dann zu berücksichtigen, wenn bestimmte Voraussetzungen bei der Gestaltung des Versicherungsvertrages und der Versorgungszusage beachtet wurden (→ 3 Zuwendungen für Rückdeckungsversicherungen, S. 322).

Soweit die Unterstützungskasse ihre Leistungen durch Versicherungsansprüche rückgedeckt hat und die hierfür erforderlichen Beiträge zuwendungsfähig sind, vermindern sich die Zuwendungen für das Reservepolster und für bereits laufende Leistungen.

## Zuwendungen für nicht lebenslänglich laufende Leistungen

Für Versorgungsanwartschaften und -leistungen, die nicht lebenslänglich erbracht werden (z. B. zeitlich begrenzte Waisenrenten oder Unterstützungsleistungen bei Arbeitslosigkeit), können vom Trägerunternehmen zusätzliche Zuwendungen an die Unterstützungskasse geleistet werden. Die Zuwendungen sind bis zu gesonderten Höchstgrenzen als Betriebsausgaben abziehbar.

## Nachträglicher Abzug von „überhöhten" Zuwendungen

Das Trägerunternehmen kann für Zuwendungen, die wegen der Höchstbeträge und der Begrenzung durch das zulässige Kassenvermögen im Jahr der Leistung nicht als Betriebsausgaben abziehbar sind, in der Steuerbilanz einen Rechnungsabgrenzungsposten bilden. Die abgegrenzten Beträge können in den drei folgenden Jahren zusammen mit den in diesen Jahren geleisteten Zuwendungen bis zu den jeweiligen Höchstbeträgen abgezogen werden. Der nachträgliche Abzug gilt auch bei der Gewinnermittlung durch Einnahmen-Überschuss-Rechnung nach § 4 Abs. 3 EStG.[12]

---

10  § 4d Abs. 1 Satz 1 Nr. 1 Satz 2 bis 7 EStG.
11  Siehe auch BFH-Urteil vom 05.11.1992, I R 61/89, BStBl II 1993, S. 185.
12  BMF-Schreiben vom 28.11.1996, Teil J Tz 2.

### Konzeptions- und Verwaltungskosten

Konzeptions- und Verwaltungskosten der Unterstützungskasse, die das Trägerunternehmen der Kasse erstattet oder unmittelbar an einen mit der Verwaltung beauftragten Dritten zahlt, sind keine Zuwendungen i. S. d. § 4d EStG.[13] Die Ausgaben sind in vollem Umfang abziehbar. Dies gilt auch für Aufwendungen des Trägerunternehmens für die von ihm selbst übernommene Verwaltung der Unterstützungskasse.

### Rückzahlungen der Unterstützungskasse

Werden in früheren Jahren geleistete Zuwendungen von der Unterstützungskasse an das Trägerunternehmen zurückgezahlt, liegen beim Trägerunternehmen Betriebseinnahmen vor.[14] Zu den Betriebseinnahmen gehören auch zurückgezahlte Zuwendungen, die wegen der Höchstbeträge des § 4d EStG nicht als Betriebsausgaben abziehbar waren.[15]

### Behandlung beim Arbeitnehmer

Die Zuwendungen des Trägerunternehmens an eine Unterstützungskasse stellen für den Arbeitnehmer keinen Arbeitslohn dar.[16] Dies gilt selbst dann, wenn der Arbeitgeber arbeitsrechtlich verpflichtet ist, Zuwendungen an eine Unterstützungskasse zu leisten.[17] Beitragsleistungen einer Unterstützungskasse zu Rückdeckungsversicherungen sind beim versicherten Arbeitnehmer ebenfalls keine zu versteuernden Einnahmen.


# 3 Zuwendungen für Rückdeckungsversicherungen

### Begriff

Eine Rückdeckungsversicherung der Unterstützungskasse liegt vor, wenn die Kasse Versicherungsnehmerin und Bezugsberechtigte einer Lebensversicherung ist und die Versicherung auf das Leben eines Leistungsempfängers oder -anwärters der Unterstützungskasse abgeschlossen wurde.

---

13  BMF-Schreiben vom 28.11.1996, Teil A.
14  Bei von der Körperschaftsteuer befreiten Unterstützungskassen: siehe aber R 13 Abs. 4 KStR 2004 und H 13 KStH 2008 Stichwort: Mittelübertragung an Träger der Kasse.
15  BFH-Urteil vom 29.08.1996, VIII R 24/95, FR 1997, S. 477.
16  BFH-Urteil vom 27.05.1993, VI R 19/92, BStBl II 1994, S. 246 i.V.m. BFH-Urteil vom 05.11.1992, I R 61/89, BStBl II 1993, S. 185.
17  Verfügung der OFD Frankfurt vom 10.01.1992, sowie Urteil des FG Köln vom 17.12.1997, 12 K 824/92 und Erlaß Finanzministerium Thüringen vom 20.04.1999.

## Leistungsempfänger/Leistungsanwärter

Zu den Versorgungsberechtigten, die Leistungsempfänger bzw. Leistungs-anwärter i. S. d. § 4d EStG sind, → 2 Zuwendungen an Unterstützungskassen, Leistungsempfänger S. 318 bzw. Leistungsanwärter, S. 320).

## Versicherung

Zwischen der Unterstützungskasse und dem Versicherer muss ein Vertrag abgeschlossen sein, der nach versicherungsrechtlichen Grundsätzen eine Versicherung ist.[18] Dies ist ein Vertrag, der nach allgemein üblichen Grund-sätzen für Versicherungen von einem gewerbsmäßig tätigen Versicherer nach einem festen Geschäftsplan aufgrund einer Wahrscheinlichkeitsrech-nung abgeschlossen wird, nach der Risiko, Leistung und Gegenleistung be-messen wurden.[19]

Bei einer Rückdeckungsversicherung in Form einer Kapitallebensversiche-rung kommt es auf einen bestimmten Mindesttodesfallschutz des Vertrages nicht an. Der Vertrag kann einen anfänglichen Todesfallschutz von 10 % der vereinbarten Erlebensfallsumme aufweisen.[20]

Bei einer Rückdeckungsversicherung in Form einer Rentenversicherung muss bereits bei Vertragsabschluss eine Rentenzahlung zugesagt sein und damit ein Langlebigkeitsrisiko getragen werden.

## Versicherer

Als Versicherer kommen Versicherungsunternehmen (in Deutschland: Ak-tiengesellschaften, öffentlich-rechtliche Körperschaften oder Anstalten) oder Versicherungsvereine auf Gegenseitigkeit (VVaG) in Betracht.

## Zuwendungsfähige Beiträge

Zuwendungen für eine Rückdeckungsversicherung sind grundsätzlich bis zu dem Betrag abziehbar, den die Unterstützungskasse als Beitrag für die Rück-deckungsversicherung an den Versicherer zahlt. Die steuerwirksame Zuwen-dung ist zusätzlich der Höhe nach auf den Beitrag einer Rückdeckungsver-sicherung beschränkt, deren Leistungen mit der Versorgungszusage der Un-terstützungskasse übereinstimmen (kongruente Rückdeckung). Soweit von der Unterstützungskasse Beiträge zu einer Versicherung mit „überkongru-enten" Versicherungsleistungen gezahlt werden, sind die Beiträge nur an-teilig, und zwar im Verhältnis der tatsächlichen zu der erforderlichen Versi-cherungsleistung steuerwirksam zuwendbar. Bei diesem Vergleich müssen die versicherte Person und der Leistungsanwärter bzw. -empfänger über-einstimmen.

---

18  BMF-Schreiben vom 11.11.1996.
19  BFH-Urteil vom 10.10.1963, VI 233, 234, 235/62, HFR 1964 S. 7.
20  BMF-Schreiben vom 11.11.1996.

Werden zugesagte Hinterbliebenenleistungen rückgedeckt, ist für Zwecke der kongruenten Rückdeckung nicht zu prüfen, ob der Leistungsempfänger/-anwärter versorgungsberechtigte Angehörige hinterlässt.[21]

Als Beitrag i. S. d. § 4d EStG gelten Versicherungsprämien, die an ein Versicherungsunternehmen zu zahlen sind, und Beiträge, die aufgrund eines Versicherungsverhältnisses an einen Versicherungsverein auf Gegenseitigkeit geleistet werden. Umlagen und Nachschüsse aufgrund eines Versicherungsverhältnisses mit einem VVaG gelten ebenfalls als Beiträge.

Gewinnanteile aus der Rückdeckungsversicherung können die zuwendungsfähigen Beitragsleistungen mindern (→ Verrechnung mit Gewinnanteilen, S. 329 und Erhöhung der Versicherungsleistung durch Gewinnanteile, S. 329).

## Rückdeckung nach Eintritt des Versorgungsfalls

Nach Eintritt des Versorgungsfalls können einer Unterstützungskasse die Beiträge steuerwirksam zugewendet werden, die sie für die Rückdeckungsversicherung zur Finanzierung ihrer laufenden Leistungen aufwendet. Zuwendungen für Leistungsempfänger können sowohl für einmalige als auch für laufende Beiträge geleistet werden. Die Zuwendungen sind selbst dann als Betriebsausgaben abziehbar, wenn die Lebensversicherung der Sicherung eines Darlehens der Unterstützungskasse dient.[22]

## Rückdeckung von Versorgungsanwartschaften

Beiträge zur Rückdeckung von Versorgungsanwartschaften sind steuerwirksam zuwendbar, wenn

- der Leistungsanwärter am Schluss des Wirtschaftsjahres, in dem die Zuwendung erfolgt, das 27. Lebensjahr vollendet hat,

  und

- die Versicherungs-/Aufschubdauer nicht vor dem Zeitpunkt endet, für den erstmals Altersversorgungsleistungen zugesagt worden sind, frühestens aber zu dem Zeitpunkt, in dem der Leistungsanwärter das 55. Lebensjahr vollendet hat,

  und

- während der Versicherungs-/Aufschubdauer jährlich Beiträge gezahlt werden, die gleich bleiben oder steigen,

  und

- Ansprüche aus der Rückdeckungsversicherung im Wirtschaftsjahr der Zuwendung nicht zur Sicherung von Darlehen eingesetzt worden sind.

---

21  BMF-Schreiben vom 28.11.1996 – Teil D Tz 2.
22  R 4d Abs. 7 Satz 2 EStR 2008.

Für Leistungsanwärter des Trägerunternehmens, die das 27. Lebensjahr noch nicht vollendet haben, sind Beiträge nur insoweit steuerlich wirksam zuwendbar, als sie auf rückgedeckte Invaliditäts- oder Hinterbliebenenleistungen entfallen. Beiträge zur Rückdeckung von Altersversorgungsleistungen können für diese Leistungsanwärter nur dann steuerwirksam zugewendet werden, wenn die Altersversorgung unverfallbar zugesagt wurde. Die vertraglich unverfallbare Anwartschaft auf Altersversorgung muss mindestens dem m/n-tel Anspruch nach § 2 Abs. 1 BetrAVG entsprechen.[23]

## Abzugsbegrenzung durch zulässiges Kassenvermögen

Der Betriebsausgabenabzug von Zuwendungen für Rückdeckungsversicherungen ist jedoch ausgeschlossen, soweit das (tatsächliche) Vermögen der Kasse das „zulässige Kassenvermögen" übersteigt[24] (→ Zulässiges Kassenvermögen, S. 329). Die Beschränkung gilt für Beiträge zur Finanzierung von Versorgungsanwartschaften wie für Beiträge zur Rückdeckung von Versorgungsleistungen nach Eintritt des Versorgungsfalls gleichermaßen.

## Auswirkungen auf andere Zuwendungsformen

Soweit die Unterstützungskasse ihre Leistungen durch Versicherungsansprüche rückgedeckt hat und die hierfür erforderlichen Beiträge zuwendungsfähig sind, vermindern sich die Zuwendungen für das Reservepolster und für bereits laufende Leistungen (→ 2 Zuwendungen an Unterstützungskassen, Zuwendungen nach Eintritt des Versorgungsfalls, S. 318 und Höchstbeträge für Zuwendungen zum Reservepolster, S. 319). Sind die Beiträge zu der Rückdeckungsversicherung nicht zuwendungsfähig, gelten die Leistungen des Trägerunternehmens als Zuwendungen zum Reservepolster bzw. als Zuwendungen zum Deckungskapital der bereits laufenden Leistungen und sind ggf. bis zu den hierfür geltenden Grenzen abziehbar.

## Versicherungs-/Aufschubdauer bei Altersversorgung

Von einer Zusage auf Altersversorgung kann nach Auffassung der Finanzverwaltung ausgegangen werden, wenn die Leistungen frühestens ab einem Alter von 60 Jahren (für Zusagen, die nach dem 31.12.2011 erteilt werden: 62. Lebensjahr) gezahlt werden. In berufsspezifischen Ausnahmefällen wird eine niedrigere Altersgrenze von mindestens 55 Jahren anerkannt[25].

Die Rückdeckungsversicherung ist mit einer Versicherungs-/Aufschubdauer bis zu dem Zeitpunkt abzuschließen, zu dem nach der Zusage erstmals Al-

---

23  R 4d Abs. 8 Satz 7 EStR 2008.
24  § 4d Abs. 1 Satz 1 Nr. 1 Satz 2 bis 7 EStG.
25  R 4d Abs. 2 Satz 4 EStR 2008. Aus § 4d Abs. 1 Satz 1 Nr. 1 Buchstabe c Satz 2 EStG kann allerdings geschlossen werden, dass ein erstmaliger Bezug von Altersversorgungsleistungen vor dem Alter 55 nicht ausgeschlossen ist. In diesem Sinne sind nach unserer Auffassung auch die Aussagen der Finanzverwaltung in R 4d Abs. 8 Satz 2 bis 5 EStR 2008 und im BMF-Schreiben vom 14.08.1992 auszulegen.

tersversorgungsleistungen beansprucht werden können. Liegt dieser Zeitpunkt ausnahmsweise vor einem Alter von 55 Jahren, muss die Rückdeckungsversicherung mindestens auf das vollendete 55. Lebensjahr abgeschlossen sein.[26]

## Versicherungs-/Aufschubdauer bei Invaliditäts- oder Hinterbliebenenversorgung

Werden Leistungen zugunsten des Anwärters bei Invalidität oder zugunsten seiner Hinterbliebenen durch eine Versicherung rückgedeckt, muss die Versicherung eine Mindestlaufzeit bis zu dem Zeitpunkt haben, zu dem der Leistungsanwärter 55 Jahre alt wird. Ist die Laufzeit der Versicherung kürzer, sind die Beiträge zuwendungsfähig, wenn im Anschluss an die Versicherungsdauer eine Zusage auf Altersversorgung besteht.[27] Werden auch diese Leistungen über eine Versicherung rückgedeckt, müssen von dem Versicherungsvertrag die Laufzeitvoraussetzungen für rückgedeckte Leistungen der Altersversorgung eingehalten werden.

## Abweichende Fälligkeit der Versicherungsleistung

Die Versicherungs-/Aufschubdauer der Rückdeckungsversicherung kann unschädlich bis zum tatsächlichen Eintritt des Leistungsfalls der Altersversorgung verlängert werden, z. B. weil der Arbeitnehmer im Trägerunternehmen weiterarbeitet und erst später die Leistung bezieht. Wurde die Versicherungsleistung vor Ausscheiden des Arbeitnehmers an die Unterstützungskasse gezahlt, wird der Auszahlungsbetrag aus Billigkeitsgründen weiterhin wie eine noch nicht fällige Versicherungsleistung behandelt (Ansatz der Versicherungsleistung beim zulässigen und tatsächlichen Kassenvermögen).

## Jährliche/laufende Beitragzahlung

Zuwendungen an die Unterstützungskasse für die Beitragszahlung zur Rückdeckung von Versorgungsanwartschaften sind nur dann steuerwirksam, wenn

- die Unterstützungskasse während der erforderlichen Laufzeit des Versicherungsvertrags jährlich Beiträge zahlt

  und

- die zu zahlenden Beiträge der Höhe nach gleich bleiben oder steigen.

Aufgrund einer praxisgerechten Auslegung der Finanzverwaltung gilt die Voraussetzung der jährlichen Beitragszahlung grundsätzlich dann als erfüllt,

---

26  § 4d Abs. 1 Satz 1 Nr. 1 Buchstabe c Satz 2 EStG.
27  R 4d Abs. 8 EStR 2008. Die gesetzliche Regelung einer stets einzuhaltenden Versicherungsdauer bis zum Alter 55 wird Versicherungen nicht gerecht, die keine Altersversorgungsleistungen rückdecken. Mit der EStR-Regelung trägt die Finanzverwaltung der Praxis in den Fällen Rechnung, in denen von der Unterstützungskasse auch Altersversorgung zugesagt worden ist.

wenn nach dem Versicherungsvertrag in jedem Jahr der Versicherungs-/Aufschubdauer (bis zum frühestmöglichen Zeitpunkt der zugesagten Altersversorgung) ein Beitrag zu zahlen ist.[28] Es ist unschädlich, wenn die Beitragszahlung für die Rückdeckungsversicherung vorübergehend ausgesetzt oder die Versicherung auf Dauer beitragsfrei gestellt wird.[29]

Wird die Beitragszahlung zu der Versicherung später wieder fortgesetzt, sind die Beiträge weiterhin zuwendungsfähig.[30] Bei unveränderter Versicherungssumme darf der Beitrag aber nicht niedriger sein als vor der Zahlungsunterbrechung. Die Beitragslücke kann durch höhere laufende Beiträge während der verbleibenden Versicherungs-/Aufschubdauer ausgeglichen werden. Eine Nachzahlung in einem Betrag ist nicht möglich und würde zu einer Versicherung führen, die nicht als Rückdeckungsversicherung anerkannt wird. Zu den Rechtsfolgen → Auswirkungen auf andere Zuwendungsformen, S. 325.

Eine kongruente Rückdeckungsversicherung gegen laufende Beitragszahlung liegt dagegen nicht vor, wenn die zugesagte Versorgung der Unterstützungskasse nach der Versicherungsleistung bemessen wird, die sich aufgrund der tatsächlichen Beitragsleistung ergibt.[31] In diesen Fällen ist die jeweilige Versorgungsleistung bereits durch den gezahlten Beitrag ausfinanziert. Soweit nach dem Versicherungsvertrag während der Versicherungs-/Aufschubdauer laufende Beiträge zu zahlen sind, läge eine „überkongruente" Rückdeckungsversicherung vor.

## Gleichbleibender oder steigender Beitrag

Für die Beurteilung, ob der Beitrag gleich bleibt oder steigt, ist auf die Vereinbarung im Versicherungsvertrag abzustellen.[32] Eine tatsächlich gleichbleibende Zahlung ohne entsprechende versicherungsvertragliche Verpflichtung genügt den Anforderungen nicht.

Die Voraussetzungen an einen gleichbleibenden oder steigenden Beitrag werden nach Auffassung der Finanzverwaltung erfüllt, wenn der Beitrag bezogen auf die vereinbarte Versicherungsleistung so kalkuliert ist, dass er bei rechnungsmäßigem Verlauf und sonst gleichen Verhältnissen konstant bleibt oder (nur) steigt.[33]

Ein gleichbleibender Beitrag liegt auch dann vor, wenn Gewinnanteile aus der Versicherung mit dem vertraglich geschuldeten gleichbleibenden oder steigenden Beitrag verrechnet werden.[34]

---

28  R 4d Abs. 8 Satz 1 und 2 EStR 2008.
29  BMF-Schreiben vom 28.11.1996, Teil E.
30  BMF-Schreiben vom 28.11.1996, Teil E.
31  BMF-Schreiben vom 31.05.1994.
32  Nach unserer Auffassung ergibt sich aus dem in § 4d Abs. 1 Satz 1 Nr. 1 Buchstabe c EStG verwendeten Begriff des „Beitrags", dass eine Zahlungsverpflichtung der Unterstützungskasse aus dem Versicherungsverhältnis bestehen muss.
33  R 4d Abs. 9 Satz 1 EStR 2008 und BMF-Schreiben vom 31.07.1995 sowie BMF-Schreiben vom 31.05.1994.
34  R 4d Abs. 9 EStR 2008 und BMF-Schreiben vom 28.11.1996.

Werden die Versorgungsleistungen durch eine Änderung der Zusage herabgesetzt und sind aufgrund dieser Änderung künftig niedrigere Beiträge mindestens in konstanter Höhe bis zum Eintritt des Versorgungsfalls zu zahlen, sind die Zuwendungen weiterhin als Betriebsausgabe abzugsfähig. Dies gilt auch bei der Änderung von Zusagen, die durch Entgeltumwandlung finanziert werden.[35] Diese Billigkeitsregelung der Finanzverwaltung kann nicht dazu führen, dass im Ergebnis eine variable Beitragszahlung für die Rückdeckungsversicherung erfolgt.

Eine Herabsetzung der laufenden Beiträge für die Rückdeckungsversicherung ist ausnahmsweise auch dann unschädlich, wenn sich die Beitragsminderung aus gesetzlich vorgegebenen Faktoren ergibt und die herabgesetzten Beiträge mindestens in konstanter Höhe bis zum Eintritt des Versorgungsfalls gezahlt werden (z. B. außerordentliche Erhöhung der Beitragsbemessungsgrenze in der gesetzlichen Rentenversicherung).[36]

## Variable Beitragszahlung

Eine nach dem Versicherungsvertrag variable Beitragszahlung, die beispielsweise an unternehmensbezogene Kennziffern gekoppelt ist, kann dagegen nicht vereinbart werden. Ebenso scheidet nach diesen Grundsätzen die Finanzierung der Versicherungsleistung in Form von Umlagen oder „Deckungsprämien" bzw. nach dem „Bedarfsbeitragsverfahren" oder dem Finanzierungsverfahren des „Bilanzausgleichs" aus, wie sie bei Versicherungsvereinen auf Gegenseitigkeit möglich sind.

## Einmalbeitrag/Deckungskapitaleinzahlungen

In Fällen der Ablösung von Versorgungsanwartschaften aus Pensionszusagen durch entsprechende Zusagen der Unterstützungskasse, die von dieser durch eine Rückdeckungsversicherung gegen Einmalbeitrag/Deckungskapitaleinzahlung mit anschließender laufender Beitragszahlung finanziert wird, können Zuwendungen in Höhe des Einmalbeitrags oder der Deckungskapitaleinzahlung und der laufenden Beiträge nicht als Betriebsausgabe abgezogen werden.

Dies gilt auch in den Fällen der Einstellung der Betriebstätigkeit und Liquidation eines Unternehmens.

Werden Versorgungsleistungen, die eine Unterstützungskasse von einer anderen Unterstützungskasse übernimmt von der übernehmenden Unterstützungskasse durch eine Deckungskapitaleinzahlung mit anschließender laufender Beitragszahlung finanziert, liegt gleichfalls keine Rückdeckungsversicherung mit gleichbleibender oder steigender Beitragszahlung vor. Der Betriebsausgabenabzug für solche Zuwendungen ist ausgeschlossen.[37]

---

35  R 4d Abs. 9 Satz 5 EStR 2008.
36  R 4d Abs. 9 Satz 8 EStR 2008.
37  BMF-Schreiben vom 09.09.2009.

## Verrechnung mit Gewinnanteilen

Ist im Versicherungsvertrag vereinbart, dass die Gewinnanteile mit den Beiträgen verrechnet werden, kann der Unterstützungskasse nur der verbleibende Beitragsaufwand zugewendet werden.[38]

Eine Minderung des zuwendungsfähigen Beitragsaufwands tritt nach Auffassung der Finanzverwaltung außerdem ein, soweit der Unterstützungskasse gutgeschriebene Gewinnanteile aus der Versicherung zustehen.

## Erhöhung der Versicherungsleistung durch Gewinnanteile

Eine Verrechnung mit dem Versicherungsbeitrag ist demgegenüber nicht vorzunehmen, wenn die Gewinngutschriften auf Antrag der Unterstützungskasse vor dem Ende ihres Wirtschaftsjahres zur Erhöhung der Versicherungsleistung eingesetzt werden[39] oder die Gewinnbeteiligung in Form einer Bonussumme (-rente) erfolgt. Ein Gewinnansammlungsguthaben gilt nicht als erhöhte Versicherungsleistung.

Führt die umgewandelte Gewinngutschrift zu einer überhöhten Versicherungsleistung, ist der zuwendungsfähige Beitrag um den darauf entfallenden Anteil zu kürzen oder die Versorgungszusage der Kasse entsprechend zu erhöhen.

## Darlehenssicherung durch Rückdeckungsversicherungen

Dienen Ansprüche aus Rückdeckungsversicherungen, mit denen die Unterstützungskasse Versorgungsanwartschaften finanziert, der Sicherung eines Darlehens, sind die Versicherungsbeiträge in dem Wirtschaftsjahr der Darlehenssicherung nicht steuerwirksam zuwendbar.[40]

## Zulässiges Kassenvermögen

Die steuerwirksamen Zuwendungen sind durch das zulässige Kassenvermögen beschränkt.

Neben den Höchstbeträgen für die einzelnen Zuwendungsformen, die in den einzelnen Wirtschaftsjahren als Betriebsausgaben abgezogen werden können, ist in § 4d Abs. 1 Satz 1 Nr. 1 Satz 2 bis 7 EStG eine allgemeine Begrenzung für die Zuwendungen vorgesehen. Diese Begrenzung bewirkt, dass der Kasse steuerwirksam nur die Beträge zugewendet werden können, die sie innerhalb der im Gesetz vorgesehenen Höchstbeträge zur Erfüllung ihrer Leistungszusagen benötigt.

Die Zuwendungen können nicht als Betriebsausgaben abgezogen werden, soweit das (tatsächliche) Vermögen einer Unterstützungskasse ggf. ein-

---

38   R 4d Abs. 9 EStR 2008 und BMF-Schreiben vom 28.11.1996.
39   BMF-Schreiben vom 28.11.1996, Teil D Tz 2.
40   BMF-Schreiben vom 29.10.1992 und – einschränkend – R 4d Abs. 7 Satz 2 EStR 2008.

schließlich der Zuwendungen diese Obergrenze übersteigt. Maßgebend ist das zulässige Kassenvermögen am Ende des Wirtschaftsjahres der Unterstützungskasse, das spätestens mit dem Wirtschaftsjahr des Trägerunternehmens endet, in dem das Unternehmen die Zuwendung geleistet hat.

Werden Leistungszusagen der Kasse durch Rückdeckungsversicherungen finanziert, deren Beiträge in dem jeweiligen Wirtschaftsjahr zuwendungsfähig sind (siehe § 4d Abs. 1 Satz 1 Nr. 1 Buchstabe c Satz 1 bis 4 EStG), besteht das zulässige Kassenvermögen insoweit aus dem Wert des geschäftsplanmäßigen Deckungskapitals bzw. dem Zeitwert der Versicherung nach § 176 Abs. 3 VVG.[41] Die Regelung ermöglicht eine volle Anwartschaftsfinanzierung der künftigen Versorgungsleistungen und eine Ausfinanzierung bereits laufender Leistungen.

Ein Gewinnansammlungsguthaben der Rückdeckungsversicherung ist beim zulässigen Kassenvermögen nicht zu berücksichtigen. Soweit das Deckungskapital auf „überkongruente" Leistungen der Rückdeckungsversicherung entfällt, erhöht sich das „zulässige Kassenvermögen" nicht. Ebenso gehen Rückdeckungsversicherungen, deren Beiträge nicht zuwendungsfähig sind, nicht in das „zulässige Kassenvermögen" ein.

## „Tatsächliches" Kassenvermögen

Ansprüche aus Lebensversicherungen rechnen mit dem geschäftsplanmäßigen Deckungskapital bzw. dem Zeitwert der Versicherung (§ 176 Abs. 3 VVG) zum „tatsächlichen" Kassenvermögen[42]. Besteht daneben noch ein Gewinnansammlungsguthaben oder ein sonstiger Anspruch auf gutgeschriebene Gewinnanteile, sind auch diese Vermögenswerte zu berücksichtigen.

Für den Abgleich mit dem zulässigen Kassenvermögen ist das tatsächliche Kassenvermögen ebenfalls zum Ende des Wirtschaftsjahres der Unterstützungskasse festzustellen.

## Zeitpunkt der Betriebsausgabe einer Zuwendung

Zuwendungen eines Trägerunternehmens i. S. d. § 4d EStG sind in dem Wirtschaftsjahr des Unternehmens als Betriebsausgabe abzuziehen, in dem sie geleistet wurden.

Eine Zuwendung für die Beitragsleistung der Unterstützungskasse zu einer Rückdeckungsversicherung kann steuerwirksam geleistet werden, bevor die Kasse den Versicherungsbeitrag selbst zahlt. Der Unterstützungskasse kann auf diesem Weg die erforderliche Liquidität bereits vor der Beitragszahlung zugeführt werden.

---

41   § 4d Abs. 1 Satz 1 Nr. 1 Buchstabe d Satz 4 bis 7 EStG (= nach § 169 Abs. 3 VVG i.d.F. ab 2008: Deckungskapital nach Rechnungsgrundlagen der Prämienkalkulation).
42   § 4d Abs. 1 Satz 1 Nr. 1 Buchstabe d Satz 4 bis 7 EStG (= nach § 169 Abs. 3 VVG i.d.F. ab 2008: Deckungskapital nach Rechnungsgrundlagen der Prämienkalkulation).

Von zuwendungsfähigen Beiträgen sollte aus Gründen der Rechtssicherheit allerdings nur ausgegangen werden, soweit die Beiträge in dem Wirtschaftsjahr der Unterstützungskasse fällig sind, in dem diese die Zuwendung bezieht. Außerdem sollte berücksichtigt werden, dass dieses Wirtschaftsjahr der Unterstützungskasse spätestens mit dem des Trägerunternehmens endet, in dem das Trägerunternehmen die Zuwendung leistet (Ausnahme: Zahlung der Zuwendung nach Rückstellung i. S. d. § 4d Abs. 2 Satz 2 EStG).

Werden Zuwendungen für die Beitragszahlung zu einer Rückdeckungsversicherung erstmals erbracht, sollte der Versicherungsvertrag aus Gründen der Rechtssicherheit bis zum Ende des Wirtschaftsjahres der Unterstützungskasse, in dem diese die Zuwendung bezieht, und bis zum Ende des Wirtschaftsjahres des Trägerunternehmens, in dem dieses die Zuwendung leistet, abgeschlossen worden sein.

# 4 Leistungen aus Unterstützungskassen

### Behandlung beim Arbeitnehmer

Einmalige oder laufende Leistungen aus Unterstützungskassen sind als Arbeitslohn zu versteuern. Sind die Leistungen Versorgungsbezüge, ist ggf. ein Versorgungsfreibetrag zu berücksichtigen (§ 19 Abs. 2 EStG). Bei einmaligen Zahlungen kann auch die ermäßigte Besteuerung als Vergütung für mehrere Jahre in Betracht kommen (§ 34 Abs. 2 Nr. 4 EStG).

### Auswirkungen beim Arbeitgeber

Leistungen der Unterstützungskasse an Arbeitnehmer wirken sich beim Arbeitgeber steuerlich nicht aus. Von den steuerpflichtigen Bezügen aus der Unterstützungskasse hat der Arbeitgeber Lohnsteuer einzubehalten und abzuführen.

### Rückübertragung von Vermögen der Unterstützungskasse auf das Trägerunternehmen

Werden in früheren Jahren geleistete Zuwendungen von der Unterstützungskasse an das Trägerunternehmen zurückgezahlt oder andere Teile des Vermögens der Unterstützungskasse auf das Trägerunternehmen übertragen, liegen beim Trägerunternehmen Betriebseinnahmen vor (wegen der körperschaftsteuerlichen Voraussetzungen siehe §§ 5 Abs. 1 Nr. 3, 6 Abs. 5 und 6 KStG). Zu den Betriebseinnahmen gehören auch zurückgezahlte Zuwendungen, die wegen der Höchstgrenzen des § 4d EStG nicht als Betriebsausgaben abziehbar waren.[43]

---

43 BFH-Urteil vom 29.08.1996, VIII R 24/95, FR 1997, S. 477.

## Übertragung von Vermögen einer Unterstützungskasse auf eine andere

Überträgt eine Unterstützungskasse anlässlich eines Arbeitgeberwechsels eine rückgedeckte Unterstützungskassenzusage des begünstigten Arbeitnehmers auf eine andere Unterstützungskasse des neuen Arbeitgebers, können die Deckungsmittel in verschiedener Weise übertragen werden.

Wird die Rückdeckungsversicherung der abgebenden Unterstützungskasse beendet und der Rückkaufswert an die aufnehmende Unterstützungskasse gezahlt,

- schließt diese zur Fortsetzung der Rückdeckung eine neue Rückdeckungsversicherung gegen **Einmalbeitrag** ab. Bei einem **Leistungsempfänger** ist eine Rückdeckungsversicherung gegen Einmalbeitrag mit ihrem Deckungskapital sowohl beim tatsächlichen als auch beim zulässigen Kassenvermögen anzusetzen.

- schließt diese zur Fortsetzung der Rückdeckung eine neue Rückdeckungsversicherung gegen **Einmalbeitrag** ab. Diese Rückdeckungsversicherung erfüllt bei einem **Leistungsanwärter** nicht die Voraussetzung der laufenden, mindestens gleichbleibenden Beitragzahlung. Der Wert der Versicherung ist beim tatsächlichen Kassenvermögen, nicht aber als zulässiges Kassenvermögen anzusetzen.

- schließt diese zur Fortsetzung der Rückdeckung eine neue Rückdeckungsversicherung gegen **Deckungskapitaleinzahlung und laufende Beitragzahlung** ab. Diese Rückdeckungsversicherung erfüllt bei einem Leistungsanwärter nicht die Voraussetzung der laufenden, mindestens gleichbleibenden Beitragzahlung. Der Wert der Versicherung ist beim tatsächlichen Kassenvermögen, nicht aber als zulässiges Kassenvermögen anzusetzen.

- schließt diese zur Fortsetzung der Rückdeckung eine neue Rückdeckungsversicherung **nur gegen laufende Beitragzahlung** ab. Der Wert der Versicherung ist beim tatsächlichen und beim zulässigen Kassenvermögen anzusetzen. Der noch nicht als Beitrag eingesetzte Übertragungswert ist beim tatsächlichen Kassenvermögen anzusetzen. Werden die Versorgungsleistungen der Unterstützungskasse durch die Rückdeckungsversicherung kongruent rückgedeckt, kann nur das Deckungskapital der Rückdeckungsversicherung als zulässiges Kassenvermögen angesetzt werden.

Soweit das Deckungskapital der neuen Rückdeckungsversicherung und ggf. der noch nicht als Beitrag verbrauchte Übertragungswert das tatsächliche Kassenvermögen übersteigen, kann überdotiertes Kassenvermögen vorliegen. Dies kann zu einem verminderten Betriebsausgabenabzug des Trägerunternehmens führen, wenn das Unternehmen Zuwendungen für anderweitige Rückdeckungsversicherungen erbringt (→ 3 Zuwendungen für Rückdeckungsversicherungen, Zulässiges Kassenvermögen, S. 329)[44]. Bei der auf-

---

44   BMF-Schreiben vom 09.09.2009.

nehmenden Unterstützungskasse führen eventuelle Erträge aus dem überdotierten Kassenvermögen zur partiellen Körperschaftsteuerpflicht (→V Grundzüge des Körperschaftsteuerrechts, 1.3 Befreiungen, S. 395).

Wird die Rückdeckungsversicherung der abgebenden Unterstützungskasse nicht beendet, sondern von der aufnehmenden Unterstützungskasse als neuer Versicherungsnehmer fortgeführt, bleibt die Form der Versicherung als Rückdeckungsversicherung gegen laufenden Beitrag bestehen. Die Zuwendungen des neuen Arbeitgebers an die aufnehmende Unterstützungskasse sind dem Grunde nach weiterhin Betriebsausgaben.

# 5 Versorgungsausgleich bei Ehescheidungen

Bei Scheidung einer Ehe wird ein jedes von den Ehegatten während der Ehezeit erworbene Anrecht auf eine Alters- und Invaliditätsversorgung hälftig geteilt (Ausgleichswert).

### Interne Teilung

Bei einer internen Teilung wird das während der Ehezeit erworbene Anrecht auf Versorgung aus einer Unterstützungskasse hälftig zwischen den Ehegatten geteilt. Hierdurch erhält der ausgleichsberechtigte Ehegatte zulasten der Versorgung des Ausgleichsverpflichteten eine eigenständige unmittelbare Versorgung aus der Unterstützungskasse .[45] Die Übertragung des Anrechts ist bei beiden Ehegatten einkommensteuerfrei.[46]

Für die Abzugsfähigkeit der Zuwendungen als Betriebsausgaben und für das zulässige Kassenvermögen gelten die Bestimmungen des § 4d EStG unverändert fort.

Wird der Versorgungsausgleich einer rückgedeckten Unterstützungskassenzusage bei Ehescheidungen mittels interner Teilung durchgeführt, kann der Betrag, der zur vollständigen Abdeckung des Anrechtes der ausgleichsberechtigten Person erforderlich ist, steuerunschädlich aus dem Kassenvermögen entnommen werden, das für die Versorgung der ausgleichspflichtigen Person angesammelt worden ist.[47] Der entnommene Betrag kann von der

---

45  BMF-Schreiben vom 31.03.2010.
46  § 3 Nr. 55a EStG.
47  Enthält der aus der Rückdeckungsversicherung entnommene Betrag steuerpflichtige Zinsen/Erträge, fällt auch keine Kapitalertragsteuer an, wenn die Unterstützungskasse von der Körperschaftsteuer befreit ist und dem Versicherungsunternehmen eine entsprechende Bescheinigung vorliegt; § 44a Abs. 4 EStG.

Unterstützungskasse ausnahmsweise als Einmalbetrag – und ohne „Verstoß" gegen das Gebot der laufenden und gleichbleibenden Beitragszahlung – für eine Rückdeckungsversicherung auf das Leben der ausgleichsberechtigten Person beim gleichen Versicherungsunternehmen eingezahlt werden.[48]

Reichen die Deckungsmittel der Rückdeckungsversicherung zur Finanzierung der Versorgung des Ausgleichspflichtigen nach einer Entnahme nicht aus, um dessen fortbestehenden Teil der Versorgung zu finanzieren, kann diese „Finanzierungslücke" lediglich durch gleichbleibende oder steigende laufende Beiträge ausgeglichen werden.[49]

Die (späteren) Leistungen aus der Unterstützungskasse sind von dem jeweiligen Anspruchsberechtigten als Einkünfte aus nichtselbständiger Arbeit zu versteuern. Abhängig von den persönlichen Verhältnissen des jeweiligen Leistungsempfängers kann ggf. ein Versorgungsfreibetrag berücksichtigt werden. Bei einmaligen Zahlungen kommt ggf. auch für die ausgleichsberechtigte Person die ermäßigte Besteuerung als Vergütung für mehrere Jahre in Betracht.[50]

## Externe Teilung

Der Versorgungsausgleich ist im Wege der externen Teilung durchzuführen, wenn der Versorgungsträger des Ausgleichspflichtigen die externe Teilung verlangt oder die externe Teilung mit dem Ausgleichsberechtigten vereinbart.[51]

Bei der externen Teilung wird der hälftige Kapitalwert des während der Ehezeit erworbenen Anrechts auf Versorgung des ausgleichspflichtigen Ehegatten von der Unterstützungskasse an den Versorgungsträger gezahlt, bei dem eine Versorgung des ausgleichsberechtigten Ehegatten begründet oder erweitert wird. Über die Art der Zielversorgung und den Versorgungsträger entscheidet die ausgleichsberechtigte Person. Die Zahlung des Ausgleichswerts in die gewählte Zielversorgung darf nicht zu nachteiligen steuerlichen Folgen beim Ausgleichsverpflichteten führen, es sei denn, dieser stimmt der Wahl des ausgleichsberechtigten Ehegatten zu.[52] Wählt der Ausgleichsberechtigte keinen Versorgungsträger, wird eine Versorgung bei der Versorgungsausgleichskasse begründet (→ II D Direktversicherungen, 4 Einzelfälle, Versorgungsausgleichskasse, S. 281).[53]

---

48   BMF-Schreiben vom 12.11.2010.
49   BMF-Schreiben vom 12.11.2010.
50   § 34 Abs. 2 Nr. 4 EStG.
51   § 9 Abs. 3 VersAusglG i.V.m. §14 Abs. 2 VersAusglG.
52   § 15 Abs. 3 VersAusglG.
53   § 15 Abs. 4 VersAusglG.

Wählt der Ausgleichsberechtigte als Zielversorgung

- eine Riester-Rente

  oder

- eine Basisrente

ist die Übertragung des Ausgleichswerts einkommensteuerfrei.[54]

Zahlt die Unterstützungskasse mit Zustimmung des Ausgleichsverpflichteten den hälftigen Kapitalwert aus einer Unterstützungskassenzusage in eine private Lebensversicherung (Kapital- oder Rentenversicherung) zugunsten des Ausgleichsberechtigten ein, unterliegt der Ausgleichswert im Zeitpunkt der Übertragung beim Ausgleichsverpflichteten als Arbeitslohn der Einkommensteuer[55]. Es kann ggf. die ermäßigte Besteuerung für Vergütungen für mehrjährige Tätigkeiten angewandt werden.[56]

Entscheidet sich der Ausgleichsberechtigte für die Einbringung des Ausgleichswerts in eine betriebliche Altersversorgung (z. B. Direktversicherung, Unterstützungskasse, Pensionskasse oder Pensionsfonds), entsteht im Zeitpunkt der Übertragung keine Einkommensteuer.[57]

Wird der Übertragungswert bei einer externen Teilung an eine Unterstützungskasse gezahlt und von dieser als Einmalbeitrag für eine Rückdeckungsversicherung verwendet, zählt der Wert der Rückdeckungsversicherung nicht zum zulässigen Kassenvermögen. Dies kann die Körperschaftsteuerfreiheit der aufnehmenden Unterstützungskasse gefährden; deshalb wird eine solche Übertragung in der Praxis vermutlich selten vorkommen.[58]

Ob beim Ausgleichsberechtigten eine Alt- oder Neuzusage besteht, richtet sich danach, ob die Versorgungszusage des Ausgleichsverpflichteten eine Alt- oder eine Neuzusage ist. Wird hingegen eine bestehende Zusage der ausgleichsberechtigten Person lediglich der Höhe nach aufgestockt, bleibt der Charakter der Zusage (Alt-/Neuzusage) des Ausgleichsberechtigten erhalten.

Der Versorgungsträger der ausgleichspflichtigen Person hat grundsätzlich den Versorgungsträger der ausgleichsberechtigten Person über die für die Besteuerung der Leistungen erforderlichen Grundlagen zu informieren. Diese Informationspflicht entfällt, wenn der aufnehmende Versorgungsträger diese Grundlagen bereits kennt oder aus den bei ihm vorhandenen Daten feststellen kann; er muss den abgebenden Versorgungsträger davon in Kenntnis setzen.[59]

---

54  § 3 Nr. 55b Satz 1 EStG; diese Vorschrift ist anzuwenden, weil die Leistungen aus Basisrente zu steuerpflichtigen Einkünften nach § 22 Nr. 1 Buchstabe a Doppelbuchstabe aa EStG und Leistungen aus Riester-Renten zu steuerpflichtigen Einkünften nach § 22 Nr. 5 EStG führen.
55  § 3 Nr. 55b Satz 2 EStG.
56  § 34 Abs. 2 Nr. 4 EStG.
57  § 3 Nr. 55b Satz 1 EStG.
58  BMF-Schreiben vom 12.11.2010, Rz 3.
59  § 3 Nr. 55b Sätze 3, 4 EStG.

Beim Ausgleichsverpflichteten sind die (reduzierten) Versorgungsleistungen Einkünfte aus nichtselbständiger Arbeit. Abhängig von den persönlichen Verhältnissen des jeweiligen Leistungsempfängers kann ggf. ein Versorgungsfreibetrag berücksichtigt werden. Bei einmaligen Zahlungen kommt ggf. auch für die ausgleichsberechtigte Person die ermäßigte Besteuerung als Vergütung für mehrere Jahre in Betracht.[60]

60  § 34 Abs. 2 Nr. 4 EStG.

# II G  Weitere betriebliche Lebensversicherungen

| | | |
|---|---|---:|
| 1 | Teilhaberversicherungen | 338 |
| 1.1 | Steuerliche Behandlung bei der Personengesellschaft | 338 |
| | Beiträge | 338 |
| | Versicherungsleistung | 338 |
| 1.2 | Steuerliche Behandlung beim Gesellschafter | 339 |
| | Beiträge | 339 |
| | Versicherungsleistung | 339 |
| 2 | „Unechte" Teilhaberversicherungen | 339 |
| 3 | Schlüsselkraftversicherungen | 340 |
| 3.1 | Steuerliche Behandlung beim Unternehmen | 341 |
| | Beiträge | 341 |
| | Versicherungsleistung | 341 |
| | Gewinnermittlung durch Betriebsvermögensvergleich | 341 |
| | Gewinnermittlung durch Einnahmen-Überschuss-Rechnung | 342 |
| | Gewinnermittlung nach Durchschnittssätzen | 342 |
| 3.2 | Steuerliche Behandlung bei der Schlüsselkraft | 342 |

# 1 Teilhaberversicherungen

Die Teilhaberversicherung ist eine Lebensversicherung, die eine Personengesellschaft (z. B. Gesellschaft des bürgerlichen Rechts, OHG, KG oder Partnerschaftsgesellschaft) als Versicherungsnehmerin auf das Leben eines oder mehrerer ihrer Gesellschafter abschließt und aus der die Gesellschaft bezugsberechtigt ist. Zweck einer Teilhaberversicherung ist es, dass zum Zeitpunkt des Ausscheidens (v. a. Tod oder Ruhestand) des Gesellschafters, Mittel zur Verfügung stehen, um dessen Abfindungsansprüche befriedigen zu können.

## 1.1 Steuerliche Behandlung bei der Personengesellschaft

Teilhaberversicherungen werden steuerlich nicht als betrieblich veranlasste Versicherungen anerkannt.[1] Nach Auffassung der Rechtsprechung wird bei einer Versicherung auf das Leben des Gesellschafters ein privates und kein betriebliches Risiko abgedeckt. Die Verwendung der Versicherungsleistung für den Betrieb spielt dabei keine Rolle.

### Beiträge

Die Beiträge zu Teilhaberversicherungen sind bei der Personengesellschaft folglich nicht als Betriebsausgaben abzugsfähig; sie sind nach den Regelungen im Gesellschaftsvertrag den Gesellschaftern als Entnahmen zuzurechnen. Die Versicherungsansprüche werden steuerlich dem „Privatvermögen" der Gesellschaft zugeordnet. In der Steuerbilanz sind diese Ansprüche deshalb auch nicht zu aktivieren.

### Versicherungsleistung

Die fälligen Versicherungsleistungen werden nicht als Betriebseinnahmen behandelt. Sie gelten steuerlich als im Privatvermögen vereinnahmt und als anschließend in die Personengesellschaft eingelegt.

---

1   BFH-Urteile vom 11.05.1989, IV R 56/87, BStBl II 1989, S. 657, vom 10.04.1990, VIII R 63/88, BStBl II 1990, S. 1017 und vom 06.02.1992, IV R 30/91, BStBl II 1992, S. 653.

## 1.2 Steuerliche Behandlung beim Gesellschafter

### Beiträge

Die Beiträge der Personengesellschaft zu einer Teilhaberversicherung werden als Entnahmen der Gesellschafter behandelt.[2] Die Gesellschafter können in Gewinnverteilungsabreden bestimmen, wem die Entnahmen als Vorabgewinn zugerechnet werden. Wird keine besondere Vereinbarung getroffen, gilt der allgemeine Gewinnverteilungsschlüssel.

Der Gesellschafter kann die Beiträge als Sonderausgaben geltend machen, soweit ihm die Beitragszahlung der Gesellschaft als Entnahme zugerechnet wird und die Voraussetzungen für den Abzug als Sonderausgaben erfüllt sind (→ II C Private Lebensversicherungen, 1.3 Sonstige Vorsorgeaufwendungen, S. 188).

### Versicherungsleistung

Die fällige Versicherungsleistung fließt dem Gesellschafter steuerlich zunächst in dessen Privatvermögen zu und gilt danach als in das Betriebsvermögen eingelegt. Die Zinsen aus der (echten) Teilhaberversicherung sind – abhängig vom Datum des Vertragsabschlusses – nach den Regeln der privaten Lebensversicherung zu versteuern (→ II C Private Lebensversicherungen, 2.1 Leistungen aus kapitalbildenden Versicherungen, S. 198). Wird die Leistung bei Tod des Gesellschafters erbracht, ist die Kapitalzahlung stets und in vollem Umfang einkommensteuerfrei. Werden aus der Teilhaberversicherung ausnahmsweise Renten gezahlt, gehören die Leistungen in Höhe des Ertragsanteils der Renten beim Gesellschafter zu den sonstigen Einkünften.

# 2 „Unechte" Teilhaberversicherungen

Die vorstehenden Ausführungen gelten entsprechend, wenn der Gesellschafter auf das Leben von Mitgesellschaftern eine private Lebensversicherung abschließt, aus der er selbst bezugsberechtigt ist. Man spricht in diesen Fällen von sog. „unechten" Teilhaberversicherungen.

Eine weitere Möglichkeit, Risiken im Unternehmensbereich steueroptimiert abzusichern, ist die „Überkreuzversicherung". Dabei schließen die einzelnen Mitunternehmer eine Lebensversicherung als Versicherungsnehmer auf das Leben des jeweils anderen Geschäftspartners als versicherte Person ab und umgekehrt. Die Leistungen im Todesfall sind einkommensteuerfrei; dem verbleibenden Mitunternehmer steht somit die volle Versicherungssumme zur Ablösung der Geschäftsanteile des verstorbenen Mitunternehmers zur Verfügung.

---

2  Verfügung der OFD Münster vom 19.03.1991.

Beide Absicherungsformen sind private Lebensversicherungen und gehören zum Privatvermögen. Die Versicherungsleistung im Erlebensfall ist daher – abhängig vom Datum des Vertragsabschlusses – nach den Regeln für private Lebensversicherungen zu besteuern (→ II C Private Lebensversicherungen, 2.1 Leistungen aus kapitalbildenden Versicherungen, S. 198). Der Gewinn der Gesellschaft wird durch einen derartigen Lebensversicherungsvertrag nicht beeinflusst.

# 3    Schlüsselkraftversicherungen

Die Schlüsselkraftversicherung ist eine Lebensversicherung, die ein Unternehmen (Einzelunternehmer, Personengesellschaft, Kapitalgesellschaft) oder ein freiberuflich Tätiger als Versicherungsnehmer auf das Leben einer „Schlüsselkraft" (regelmäßig eines Arbeitnehmers) abschließt und aus der das Unternehmen bzw. der freiberuflich Tätige bezugsberechtigt ist. Schlüsselkraftversicherungen sollen Liquiditätsausfälle ausgleichen und sonstige Mittel bereitstellen, die insbesondere im Todesfall der versicherten Person (der Schlüsselkraft) beim Unternehmen entstehen können.

Schlüsselkraft kann ggf. auch der Gesellschafter-Geschäftsführer einer GmbH[3] oder ein Vorstandsmitglied einer Aktiengesellschaft sein. Dienen die Versicherungsansprüche den privaten Belangen des Gesellschafters (z.B. wenn ihm ein Bezugsrecht eingeräumt wird), liegt jedoch eine verdeckte Gewinnausschüttung vor.

Eine Schlüsselkraftversicherung auf das Leben des Einzelunternehmers oder eines Personengesellschafters bzw. deren Angehörigen gilt als nicht betrieblich veranlasst. Die Versicherung ist insgesamt dem Privatvermögen zuzuordnen (→ 1.1 Steuerliche Behandlung bei der Personengesellschaft, S. 338). Der Gewinn der Gesellschaft wird durch einen derartigen Lebensversicherungsvertrag nicht beeinflusst.

Unter besonderen Umständen kann eine Lebensversicherung, die von einer Personengesellschaft auf das Leben eines Angehörigen eines Gesellschafters abgeschlossen worden ist, dem Betriebsvermögen der Personengesellschaft zugeordnet werden. Dies kann der Fall sein, wenn die Lebensversicherung entsprechend der Vereinbarung zwischen dem Darlehensnehmer (Personengesellschaft) und dem Darlehensgeber zur Sicherung und Tilgung eines Darlehens abgeschlossen wird und die Absicherung des Todesfallrisikos der versicherten Person, die nicht Gesellschafter der Personengesellschaft sein darf, demgegenüber als unbedeutend in den Hintergrund tritt.[4]

---

3    Urteil des FG Düsseldorf vom 23.08.1994, EFG 1995, S. 176.
4    BFH-Urteil vom 03.03.2011, IV R 45/08, BStBl II 2011, S. 552.

# 3.1 Steuerliche Behandlung beim Unternehmen

## Beiträge

Die Beiträge zu einer Schlüsselkraftversicherung sind Betriebsausgaben, wenn die Versicherung auf das Leben eines fremden Dritten (Schlüsselkraft) abgeschlossen wird.[5]

## Versicherungsleistung

Gehört eine Versicherung zum Betriebsvermögen, ist die Versicherungsleistung aus dem Vertrag in vollem Umfang als Betriebseinnahme zu behandeln. Das Versicherungsunternehmen muss auch in diesen Fällen Kapitalertragsteuer (25 %) sowie Solidaritätszuschlag (5,5 %) von den steuerpflichtigen Kapitalerträgen nach § 20 Abs. 1 Nr. 6 EStG einbehalten und an das Finanzamt abführen. Dem Unternehmen kann für die einzubehaltende Kapitalertragsteuer kein Freistellungsauftrag erteilt werden; die bescheinigten Steuerbeträge können jedoch von der festzusetzenden Steuerschuld des Unternehmens als Steuervorauszahlungen abgezogen werden. Von der Körperschaftsteuer befreite Körperschaften, Personenvereinigungen oder Vermögensmassen oder inländische juristische Personen des öffentlichen Rechts können aber den Steuerabzug vermeiden, wenn sie dem Versicherungsunternehmen eine Bescheinigung des Finanzamts über die Steuerbefreiung vorlegen.

## Gewinnermittlung durch Betriebsvermögensvergleich

Der Anspruch auf die Leistung der Schlüsselkraftversicherung ist von bilanzierenden Unternehmen regelmäßig mit dem geschäftsplanmäßigen Deckungskapital bzw. bei fondsgebundenen Lebensversicherungen mit dem Zeitwert der Versicherung nach § 169 Abs. 4 VVG zu aktivieren. Bei der Gewinnermittlung durch Betriebsvermögensvergleich führt die Versicherungsleistung einer Kapitalversicherung oder die Kapitalzahlung aus Rentenversicherungen im Wirtschaftsjahr der Fälligkeit insoweit zu einer Erhöhung des Betriebsergebnisses, als die Versicherungsleistung den bisher aktivierten Betrag übersteigt.

Fällige Renten aus einer Rentenversicherung erhöhen einerseits den Gewinn, andererseits vermindert sich der aktivierte Barwert des Rentenanspruchs entsprechend, so dass sich nur der daraus ergebende Saldo auf das Betriebsergebnis auswirkt.

---

5  Erlass des Hessischen Finanzministeriums vom 16.06.1961 und BFH-Urteil vom 14.03.1996, IV R 14/95, BStBl II 1997, S. 343 sowie Erlass des Finanzministeriums Sachsen-Anhalt vom 11.08.1997.

### Gewinnermittlung durch Einnahmen-Überschuss-Rechnung

Unternehmen und selbständig Tätige, die ihren Gewinn durch Einnahmen-Überschuss-Rechnung nach § 4 Abs. 3 EStG ermitteln, können die Beiträge zu einer Schlüsselkraftversicherung erst in dem Zeitpunkt als Betriebsausgabe absetzen, in dem sie die Versicherungsleistung vereinnahmen. Auch hier wirkt sich nur der Saldo beider Beträge auf das Unternehmensergebnis aus.

Allerdings gestatten einzelne Oberfinanzdirektionen, Teile des Versicherungsbeitrags bereits im Jahr der Zahlung als Betriebsausgaben abzuziehen.[6] Die nicht sofort abzugsfähigen Beitragsteile sind erst in dem Jahr abzuziehen, in dem die Versicherungsleistung vereinnahmt wird.

### Gewinnermittlung nach Durchschnittssätzen

Bei der Gewinnermittlung nach Durchschnittssätzen hat eine fällige Versicherungsleistung keine Auswirkung auf die Höhe des Betriebsergebnisses.

## 3.2 Steuerliche Behandlung bei der Schlüsselkraft

Die Beitragszahlung des Unternehmens zu einer Schlüsselkraftversicherung und die Auszahlung der Versicherungsleistung an das Unternehmen stellen für die versicherte Schlüsselkraft sowie deren Hinterbliebene keine zu versteuernde Einnahme dar.[7]

6   Z.B. OFD Hannover: 1/3 des Beitrags, Verfügung vom 01.01.1981.
7   BFH-Urteil vom 14.03.1996, IV R 14/95, BStBl II 1997, S. 343.

# 1 Überblick

Eine vermögensbildende Lebensversicherung liegt vor, wenn der Arbeitnehmer eine Kapitallebensversicherung abgeschlossen hat, die folgende Voraussetzungen erfüllt:[1]

- Versicherungsleistungen sind lediglich für den Todes- und Erlebensfall vorgesehen. Der Einschluss weiterer Zusatzrisiken (Unfall, Invalidität oder Krankheit) ist nicht zulässig.

- Die Vertragsdauer beträgt mindestens 12 Jahre.

- Die Beitragszahlung erfolgt laufend.

- Als Versicherungsbeiträge sind vermögenswirksame Leistungen durch den Arbeitgeber oder eigene Beiträge des Arbeitnehmers möglich.

- Der Rückkaufswert beträgt zu jedem Zeitpunkt mindestens 50 % der eingezahlten Beiträge.

- Die Gewinnanteile werden zur Erhöhung der Versicherungssumme oder bei einer mindestens einjährigen, im Zeitpunkt der Beitragsfälligkeit noch andauernden Arbeitslosigkeit zur Beitragsverrechnung verwendet.

Es kommt nicht darauf an, wer versicherte Person oder Bezugsberechtigter der Lebensversicherung ist. Vermögensbildende Lebensversicherungen liegen auch dann vor, wenn der Ehegatte des Arbeitnehmers der Versicherungsnehmer ist.[2]

Es können grundsätzlich alle Arbeitnehmer im steuerlichen Sinn vermögensbildende Lebensversicherungen abschließen, mit Ausnahme von Vorstandsmitgliedern, GmbH-Geschäftsführern sowie Versorgungsempfängern.

---

1  § 9 des 5. VermBG
2  § 3 Abs. 1 des 5. VermBG

# 2 Arbeitnehmersparzulage

Für nach 1990 abgeschlossene vermögensbildende Lebensversicherungen wird keine Arbeitnehmersparzulage für vermögenswirksame Leistungen mehr gewährt. Vermögensbildende Lebensversicherungen, die im Jahr 1989 abgeschlossen wurden, wurden ab 1990 ebenfalls nicht mehr mit Arbeitnehmersparzulage gefördert.

# 3 Sonstige Vorsorgeaufwendungen

Beiträge zu einer vor dem 31.12.2004 abgeschlossenen vermögensbildenden Lebensversicherung können mit 88 % ihrer Beiträge im Rahmen der Höchstbetragsberechnung als sonstige Vorsorgeaufwendungen geltend gemacht werden (→ II C Private Lebensversicherungen, 1.3 Sonstige Vorsorgeaufwendungen, S. 188).

Eine Dauerverlängerung ist nicht als neuer Vertragsabschluss zu werten, wenn der Versicherungsnehmer einen Anspruch auf Dauerverlängerung der im Übrigen unverändert fortbestehenden vermögensbildenden Lebensversicherung hat.[3]

---

3  BMF-Schreiben vom 24.09.1982.

# II | Befreiungsversicherungen

Arbeitgeberzuschüsse zu den Beiträgen eines Arbeitnehmers für eine Lebensversicherung bleiben steuerfrei, wenn der Arbeitnehmer von der Versicherungspflicht in der gesetzlichen Rentenversicherung befreit worden ist.

Die Höhe der steuerfreien Arbeitgeberleistungen ist bei einer Befreiung von der Angestelltenversicherung auf die Hälfte, bei einer Befreiung von der knappschaftlichen Rentenversicherung auf zwei Drittel der Beitragsleistung, maximal jedoch auf den Arbeitgeberanteil begrenzt, der bei fortbestehender Versicherungspflicht des Arbeitnehmers zu zahlen wäre.

Die Lebensversicherung, für die die Zuschüsse des Arbeitgebers verwendet werden, muss nicht Grundlage für die Befreiung von der gesetzlichen Rentenversicherung (sog. Befreiungsversicherung) gewesen sein. Für die Steuerfreiheit der Arbeitgeberzuschüsse ist es nicht erforderlich, dass die Lebensversicherungsbeiträge dem Grunde nach sonderausgabenbegünstigt sind.

Soweit der Arbeitgeber die steuerfreien Zuschüsse an den Arbeitnehmer auszahlt, hat dieser die zweckentsprechende Verwendung durch eine Bescheinigung des Versicherungsunternehmens nachzuweisen.

Beherrschende Gesellschafter-Geschäftsführer von GmbHs können keine steuerfreien Arbeitgeberzuschüsse erhalten, weil sie *sozialversicherungsfrei und nicht von der Versicherungspflicht befreit* sind.[1]

Soweit Arbeitgeberzuschüsse für Beiträge zu Lebensversicherungen steuerfrei sind, können die Beiträge nicht als Vorsorgeaufwendungen berücksichtigt werden. Die steuerfreien Zuschüsse mindern den Sonderausgaben-Höchstbetrag für Beiträge zu Basisrenten.

Erträge bzw. rechnungsmäßige und außerrechnungsmäßige Zinsen aus Befreiungsversicherungen können nach den allgemeinen Grundsätzen zu den Einkünften aus Kapitalvermögen gehören; sie unterliegen dann dem Kapitalertragsteuerabzug.

---

1  Verfügung OFD Köln vom 17.08.1994 und Verfügung OFD Erfurt vom 28.02.1992 und vom 05.03.1993.

# III Versorgungsverhältnisse bei Pensionskassen

| | | |
|---|---|---|
| 1 | Allgemeines | 349 |
| | Begriff | 349 |
| | Formen der Pensionskasse | 349 |
| | Rechtsform | 349 |
| | Steuerpflicht der Pensionskasse | 349 |
| | Rechtsbeziehungen | 350 |
| | Arbeitnehmer | 350 |
| | | |
| 2 | Steuerliche Behandlung beim Arbeitnehmer | 351 |
| 2.1 | Steuerliche Behandlung der Zuwendungen | 351 |
| | Prüfschema | 351 |
| | Steuerliche Zuordnung | 352 |
| | Besteuerung der Zuwendungen | 352 |
| | Pensionskassenversorgung mit Auslandsbezug | 353 |
| | Freigrenze für Sachbezüge | 353 |
| | Individuelle Lohnsteuer | 353 |
| | Sonderausgabenabzug für Zuwendungen an Pensionskassen | 353 |
| 2.1.1 | Zuwendungen für kapitalgedeckte betriebliche Altersversorgung | 354 |
| 2.1.2 | Abgrenzung Alt-/Neuzusage | 355 |
| | Aufstockungsbetrag bei Neuzusagen nach dem 31.12.2004 | 355 |
| | Altzusagen vor dem 01.01.2005 | 355 |
| 2.1.3 | Zuwendungen für nicht kapitalgedeckte betriebliche Altersversorgung | 356 |
| 2.2 | Besteuerung der Leistungen | 357 |
| 2.2.1 | Leistungen aus steuerfreien oder geförderten Zuwendungen und aus Altersvorsorgezulagen | 357 |
| 2.2.2 | Leistungen aus versteuerten und nicht geförderten Zuwendungen | 358 |
| | Renten | 358 |
| | Kapitalzahlungen aus Versorgungen mit Vertragsabschluss vor 2005 | 359 |
| | Kapitalzahlungen aus Versorgungen mit Vertragsabschluss nach 2004 | 359 |
| 2.2.3 | Leistungen, die auf geförderten und nicht geförderten Zuwendungen beruhen | 359 |
| 2.2.4 | Rentenbezugsmitteilung | 359 |

| 3 | Steuerliche Behandlung beim Arbeitgeber | 361 |
| | Zuwendungen an Pensionskassen | 361 |
| | Zurechnung der Ansprüche aus der Versorgung | 361 |
| | Gewinnbeteiligung | 362 |
| | Verlust der Ansprüche aus einer Pensionskassenversorgung | 362 |
| | Aufzeichnungs- und Mitteilungspflicht | 363 |
| | | |
| 4 | Einzelfälle | 363 |
| | Versorgungsausgleich bei Ehescheidungen | 363 |
| | Interne Teilung | 363 |
| | Externe Teilung | 365 |
| | Versorgungsausgleichskasse | 368 |
| | Arbeitgeberwechsel nach § 3 Nr. 55 EStG | 368 |

III

Versorgungsverhältnisse bei Pensionskassen

# 1 Allgemeines

## Begriff

Eine Pensionskasse ist eine rechtsfähige Versorgungseinrichtung zur Durchführung der betrieblichen Altersversorgung, die dem Arbeitnehmer oder seinen Hinterbliebenen auf ihre Leistungen einen Rechtsanspruch gewährt.[1]

## Formen der Pensionskasse

Pensionskassen können die betriebliche Altersversorgung nur eines Unternehmens oder eines Konzerns oder einer Vielzahl von Unternehmen durchführen.

Pensionskassen in der Rechtsform des VVaG unterliegen der regulierenden Versicherungsaufsicht, wenn sie ein sog. kleinerer Verein sind oder dies bei der BaFin beantragt haben. Regulierte Pensionskassen können nur Mitarbeiter ihrer Trägerunternehmen versorgen. Sie müssen in ihrer Satzung u. a. vorsehen, dass Versorgungsansprüche gekürzt werden dürfen. Zudem müssen sie ihren Geschäftsplan sowie ihre Versicherungsbedingungen genehmigen lassen. Regulierte Pensionskassen können ihre Versorgungsleistungen nach dem Kapitaldeckungs- oder Umlageverfahren finanzieren.

Andere Pensionskassen in der Rechtsform des VVaG oder Pensionskassen in der Rechtsform einer AG unterliegen der Versicherungsaufsicht nach den Regeln für deregulierte Pensionskassen. „Deregulierte" Pensionskassen müssen ihre Bedingungen und Tarife mit sämtlichen Kalkulationsgrundlagen sowie die Solvabilität (Zahlungsfähigkeit) der BaFin anzeigen.[2] Sie garantieren ihre Versorgungsleistungen; daher dürfen sie bei ihrer Tarifkalkulation höchstens den gesetzlich zulässigen Rechnungszins ansetzen und müssen die aktuellen Sterbetafeln verwenden.

## Rechtsform

Pensionskassen können die Rechtsform einer Aktiengesellschaft oder eines Versicherungsvereins auf Gegenseitigkeit (VVaG) haben oder eine öffentlich-rechtliche Körperschaft sein (z. B. Versorgungsanstalt des Bundes und der Länder (VBL) oder Zusatzversorgungskassen des Öffentlichen Dienstes (ZVK)).

## Steuerpflicht der Pensionskasse

Pensionskassen unterliegen grundsätzlich der vollen Körperschaftsteuerpflicht. Sie sind unter folgenden Voraussetzungen von der Körperschaftsteuer befreit:

- Leistungen erfolgen nur an Zugehörige und Arbeitnehmer von Trägerunternehmen sowie deren Angehörigen.

---

1  § 1b Abs. 3 BetrAVG; zur aufsichtsrechtlichen Definition der Pensionskasse siehe § 118a VAG.
2  § 118b Abs. 1 VAG.

- Die Mehrzahl der Leistungsempfänger darf nach der Satzung und tatsächlich nicht aus Unternehmern oder Gesellschaftern und deren Angehörigen bestehen.

- Die Höhe der Versorgungsleistung (Alters-, Invaliditäts- und Hinterbliebenenversorgung, Sterbegeld) ist auf die Grenzbeträge des § 2 KStDV beschränkt.

- Das Kassenvermögen und die Erträge werden satzungsgemäß und tatsächlich nur für die zuvor bezeichnete Versorgungsleistung, für Notfallleistungen und für gemeinnützige oder mildtätige Zwecke verwendet.

- Das zulässige Kassenvermögen ist nicht überschritten. Soweit das tatsächliche Kassenvermögen das zulässige Kassenvermögen übersteigt, wird die Pensionskasse partiell körperschaftsteuerpflichtig.[3]

Pensionskassen, die kleinere Versicherungsvereine auf Gegenseitigkeit sind, sind von der Körperschaftsteuer befreit, soweit ihre Beitragseinnahmen die Grenzen des § 4 KStDV nicht übersteigen.[4]

## Rechtsbeziehungen

Der Arbeitgeber erteilt seinem Arbeitnehmer eine Versorgungszusage über Leistungen der betrieblichen Altersversorgung, wenn er mit einer Pensionskasse eine Lebensversicherung zugunsten des versicherten Arbeitnehmers vereinbart. Definitionsgemäß haben der Arbeitnehmer oder seine Hinterbliebenen einen Rechtsanspruch gegenüber der Pensionskasse auf die zugesagten Leistungen.

Bei einer Pensionskassenversorgung ist regelmäßig der Arbeitgeber zur Beitragszahlung verpflichtet (Trägerunternehmen). Es ist unbeachtlich, ob der Arbeitgeber diese Beiträge selbst trägt oder ob sie durch Entgeltumwandlung finanziert werden. Pensionskassenversorgungen können aber auch vorsehen, dass der Arbeitnehmer aus dem Versorgungsverhältnis unmittelbar zur Beitragszahlung verpflichtet ist.

Die Versorgungszusage kann als Leistungszusage, als beitragsorientierte Leistungszusage oder als Beitragszusage mit Mindestleistung ausgestaltet sein.

## Arbeitnehmer

Zum Begriff des Arbeitnehmers → I Grundzüge des Einkommensteuerrechts, 3.4 Nichtselbständige Arbeit, Arbeitnehmer, S. 13.

---

3  § 5 Abs. 1 Nr. 3 d Satz 3 KStG i.V.m. § 6 Abs. 1–4 KStG.
4  § 5 Abs. 1 Nr. 4 a) KStG.

# 2 Steuerliche Behandlung beim Arbeitnehmer

## 2.1 Steuerliche Behandlung der Zuwendungen

Entscheidend für die steuerliche Behandlung der Zuwendung für eine Pensionskassenversorgung beim Arbeitnehmer ist, wie die Versorgungsleistungen der Pensionskasse finanziert werden.

### Prüfschema

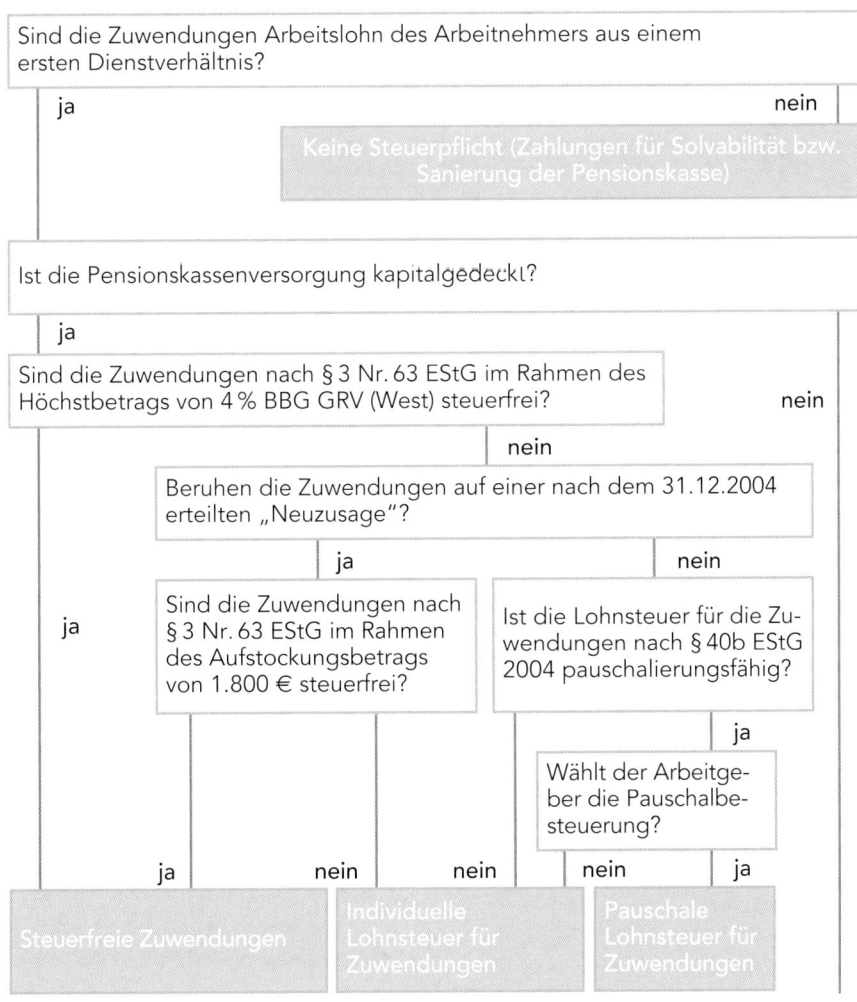

Versorgungsverhältnisse bei Pensionskassen

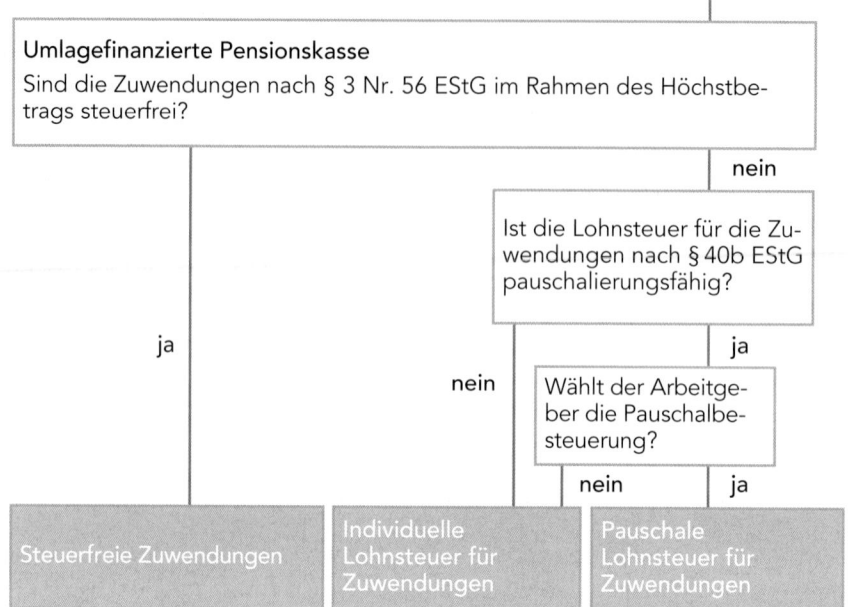

## Steuerliche Zuordnung

Die vom Arbeitgeber entrichteten Zuwendungen stellen Arbeitslohn dar, der dem Arbeitnehmer im Zeitpunkt der Zahlung zufließt. Zuwendungen an eine Pensionskasse, bei denen die Leistung des Arbeitgebers an einen Dritten (Versicherer) erfolgt, sind Arbeitslohn (Zukunftssicherungsleistungen), weil sich der Vorgang – wirtschaftlich betrachtet – so darstellt, als ob der Arbeitgeber dem Arbeitnehmer Mittel zur Verfügung gestellt und der Arbeitnehmer sie zum Zweck der Zukunftssicherung verwendet hat (ständige Rechtsprechung des BFH).[5]

Der Rechtsanspruch auf eine Pensionskassenversorgung wird einkommensteuerlich dem Vermögen des Arbeitnehmers zugerechnet.

Kein Arbeitslohn liegt vor, wenn der Arbeitgeber neben den laufenden Zuwendungen Zahlungen an die Pensionskasse zur Erfüllung der Solvabilitätsvorschriften nach VAG oder Sanierungsgelder leistet.[6]

## Besteuerung der Zuwendungen

Zum steuerpflichtigen Arbeitslohn gehört die gesamte Zuwendung des Arbeitgebers, die er für die Pensionskassenversorgung des Arbeitnehmers zu zahlen hat. Werden Überschussanteile der Pensionskasse mit den Zuwen-

---

5   BFH vom 12.11.2009, VI R 20/07 Rz 15, BStBl II 2010, S. 845.
6   § 19 Abs. 1 Nr. 3 Satz 2–4 EStG.

dungen verrechnet, sind im Ergebnis nur die tatsächlich zu zahlenden Zuwendungen Arbeitslohn.[7] Dem Arbeitgeber zustehende Ansprüche gegen die Pensionskasse (z. B. Rückkaufswerte aus anderen Versorgungsverhältnissen), die mit der Zuwendung verrechnet werden, sind dagegen von der maßgebenden Zuwendung nicht abzuziehen.

## Pensionskassenversorgung mit Auslandsbezug

→ II D Direktversicherungen, 2.1 Steuerliche Behandlung der Beiträge, Im Ausland tätige Arbeitnehmer, S. 239 bzw. Arbeitnehmer mit Wohnsitz im Ausland, S. 240.

## Freigrenze für Sachbezüge

Die Freigrenze für Sachbezüge (44 € pro Monat) kann nicht für Zuwendungen an Pensionskassen angewendet werden.[8]

Zuwendungen an Pensionskassen, die ihre Versorgungsleistungen nach dem Kapitaldeckungsverfahren finanzieren, sind einkommensteuerfrei, soweit sie die Voraussetzungen des § 3 Nr. 63 EStG erfüllen.

## Individuelle Lohnsteuer

Soweit die Zuwendungen für eine Pensionskassenversorgung der individuellen Lohnbesteuerung unterliegen, hat der Arbeitgeber die vom Arbeitnehmer zu tragende Lohnsteuer nach der jeweils maßgebenden Lohnsteuerklasse zu ermitteln und abzuführen.

## Sonderausgabenabzug für Zuwendungen an Pensionskassen

Zuwendungen für Versorgungsverhältnisse bei Pensionskassen mit Vertragsabschluss vor 2005 können als Vorsorgeaufwendungen geltend gemacht werden, wenn sie individuell lohnversteuert und die Anforderungen an den Sonderausgabenabzug für „Altverträge" eingehalten wurden.

Zuwendungen für Versorgungsverhältnisse bei Pensionskassen mit Vertragsabschluss oder Versicherungsbeginn nach 2004, können bei der Veranlagung zur Einkommensteuer nicht mehr als Vorsorgeaufwendungen geltend gemacht werden. Ausgenommen davon sind Versorgungen, die in der Form einer

- Risikolebensversicherung,
- Berufsunfähigkeitsversicherung,
- Basisrente

abgeschlossen worden sind.

---

7   R 40b.1 Abs. 7 LStR 2011.
8   H 40b.1 Stichwort „44-Euro-Freigrenze" LStH 2012.

Übersteigen die Zuwendungen diesen Höchstbetrag des § 3 Nr. 63 EStG oder werden dessen Anforderungen nicht eingehalten, hat der Arbeitgeber auf die Zuwendungen individuelle Lohnsteuer nach den steuerlichen Verhältnissen des Arbeitnehmers abzuführen. Wahlweise kann er die Lohnsteuer mit einem pauschalen Satz übernehmen (§ 40b EStG 2004)[13].

Die Möglichkeit der Lohnsteuerpauschalierung besteht auch dann, wenn Zuwendungen, die auf einer „Altzusage" beruhen, den Höchstbetrag des § 3 Nr. 63 EStG erstmals nach dem 31.12.2004 übersteigen.[14]

Einzelheiten siehe → II D Direktversicherungen, 2.1.3 Altzusagen vor dem 01.01.2005, S. 250.

## 2.1.3 Zuwendungen für nicht kapitalgedeckte betriebliche Altersversorgung

Zuwendungen des Arbeitgebers aus einem ersten Dienstverhältnis an eine Pensionskasse zum Aufbau einer nicht kapitalgedeckten betrieblichen Altersversorgung sind beim Arbeitnehmer im Rahmen eines Höchstbetrags einkommensteuerfrei, wenn nur Leistungen der Alters-, Invaliditäts- oder Hinterbliebenenversorgung erbracht werden und diese grundsätzlich in Form einer lebenslangen Leibrente oder von Raten eines Auszahlungsplans mit Anschlussrente vorgesehen sind.

Steuerfrei sind Zuwendungen im Kalenderjahr

- bis 2013 bis zu 1 %
- ab 2014 bis zu 2 %
- ab 2020 bis zu 3 %
- ab 2025 bis zu 4 %

der Beitragsbemessungsgrenze GRV (West).

Sind Beiträge für eine Direktversicherung, Zuwendungen für eine kapitalgedeckte Pensionskassenversorgung oder Beiträge für eine Pensionsfondsversorgung nach § 3 Nr. 63 EStG einkommensteuerfrei, mindern diese steuerfreien Beiträge die zuvor genannten Höchstbeträge.[15]

Soweit die Zuwendungen die genannten Höchstbeträge übersteigen, unterliegen sie der individuellen Lohnsteuer. Der Arbeitgeber kann die Lohnsteuer von den Zuwendungen mit einem Pauschalsteuersatz von 20 % der Zuwendungen erheben, soweit die Zuwendungen zugunsten des Arbeitnehmers jährlich 1.752 € nicht übersteigen.[16]

---

13  § 52 Abs. 52b EStG.
14  BMF-Schreiben vom 31.03.2010, Rz 319.
15  § 3 Nr. 56 Satz 3 EStG.
16  § 40b Abs. 1 und Abs. 2 EStG.

## 2.2 Besteuerung der Leistungen

Steuerpflichtige Leistungen aus Pensionskassen gehören stets zu den sonstigen Einkünften (§ 22 EStG). Die seit 2009 wirksamen Regelungen für die Abgeltungsteuer gelten deshalb für Leistungen aus Pensionskassen nicht.[17]

Die Zuordnung zu den sonstigen Einkünften gilt unabhängig vom Zeitpunkt der Erteilung der Versorgungszusage oder des Beginns der Versorgung bei der Pensionskasse. Unbeachtlich ist ebenfalls, in welcher Form (Renten oder Kapitalzahlung) die Leistungen aus der Pensionskasse gezahlt werden.

Der Umfang der Besteuerung hängt insbesondere davon ab, inwieweit die Beiträge durch die Steuerfreiheit (§ 3 Nr. 63 EStG oder § 3 Nr. 56 EStG) oder durch Sonderausgabenabzug nach § 10a EStG und/oder Altersvorsorgezulage gefördert bzw. individuell oder pauschal lohnversteuert wurden.[18]

### 2.2.1 Leistungen aus steuerfreien oder geförderten Zuwendungen und aus Altersvorsorgezulagen

Leistungen von Pensionskassen sind in vollem Umfang nachgelagert als sonstige Einkünfte nach § 22 Nr. 5 EStG zu versteuern, soweit sie auf steuerfreien oder geförderten Beiträgen und auf Altersvorsorgezulagen einschließlich der darauf erzielten Erträge beruhen. Dies gilt unabhängig davon, ob die Leistungen als lebenslange Leibrenten, zeitlich befristete Leibrenten (z. B. Renten bei Berufsunfähigkeit oder an Waisen) oder in Form einer Kapitalzahlung erbracht werden.

Geförderte Beiträge sind Altersvorsorgebeiträge, die mit Zulage und/oder dem zusätzlichen Sonderausgabenabzug nach § 10a EStG gefördert wurden.

Steuerfreie Beiträge sind Beiträge, die nach § 3 Nr. 63 EStG, § 3 Nr. 56 EStG oder aufgrund einer externen Teilung im Rahmen des Versorgungsausgleichs bei Ehescheidungen nach § 3 Nr. 55b EStG steuerfrei sind.[19]

Soweit Leistungen auf Vorsorgekapital beruhen, das durch geförderte oder steuerfreie Beiträge aufgebaut wurde und anlässlich eines Arbeitgeberwechsels auf eine Pensionskasse übertragen worden ist (Portabilität), sind die Leistungen ebenfalls in vollem Umfang nachgelagert zu versteuern.[20]

---

17  BMF-Schreiben vom 31.03.2010, Rz 329, 114.
18  BMF-Schreiben vom 31.03.2010, Rz 329.
19  BMF-Schreiben vom 31.03.2010, Rz 334.
20  § 22 Nr. 5 Satz 1 EStG i.V.m. § 3 Nr. 55 Satz 3 EStG.

Die zu versteuernden Leistungen verringern sich um die Altersvorsorgebeiträge des Vorsorgenden und um die Zulagen, die der Pensionskasse gutgeschrieben wurden, wenn

- eine „schädliche Verwendung"[21] vorliegt

oder

- der Zulageberechtigte seinen Wohnsitz oder gewöhnlichen Aufenthalt in einem Staat außerhalb der Mitgliedstaaten der EU bzw. des EWR-Abkommens nimmt. Eine Verpflichtung zur Rückzahlung der gewährten Zulagen und Steuerermäßigungen besteht auch dann, wenn der Zulageberechtigte ungeachtet seines tatsächlichen Wohnsitzes oder gewöhnlichen Aufenthalts in einem EU- bzw. EWR-Staat aufgrund eines Doppelbesteuerungsabkommens mit einem Drittstaat als im Drittstaat ansässig gilt.[22]

In diesen Fällen wird der Rückzahlungsbetrag jedoch auf Antrag des Zulageberechtigten bis zum Beginn der Auszahlungsphase gestundet. Einzelheiten → II D Direktversicherungen, 2.2.4 Leistungen bei schädlicher Verwendung oder Wegzug aus Deutschland, S. 265.

## 2.2.2 Leistungen aus versteuerten und nicht geförderten Zuwendungen

Für Leistungen aus Pensionskassen, die auf pauschal oder individuell versteuerten und nicht geförderten Zuwendungen beruhen, gilt Folgendes:

### Renten

Leistungen, die in Form von lebenslangen Leibrenten aus einer Pensionskasse gezahlt werden (Renten für die Versorgung im Alter oder des Ehegatten), sind mit dem Ertragsanteil aus § 22 Nr. 1 Satz 3 Buchstabe a Doppelbuchstabe bb EStG als sonstige Einkünfte zu versteuern.

Erfüllt die Versorgung aus der Pensionskasse die Anforderungen einer Basisrente[23], unterliegen die Leistungen in diesen Ausnahmefällen der Besteuerung nach § 22 Nr. 1 Satz 3 Buchstabe a Doppelbuchstabe aa EStG.

Renten bei Berufsunfähigkeit oder an Waisen, die während einer befristeten Rentenzahlungsdauer gezahlt werden, sind als zeitlich begrenzte Leibrenten mit dem Ertragsanteil aus § 55 EStDV als sonstige Einkünfte zu versteuern.

---

21 Einzelheiten: → II A Altersvorsorgeverträge (Riester-Verträge), 6 Schädliche Verwendung, S. 80.
22 BMF-Schreiben vom 31.03.2010, Rz 348 i. V. m. Rz 197–199.
23 Siehe → II B Basisrentenverträge (Basisrente), 5 Besteuerung der Leistungen aus Basisrentenverträgen, S. 116.

## Kapitalzahlungen aus Versorgungen mit Vertragsabschluss vor 2005

Kapitalzahlungen aus Versorgungen mit Vertragsabschluss vor 2005 sind beim Arbeitnehmer oder seinen Hinterbliebenen einkommensteuerfrei, wenn die Voraussetzungen für die Steuerfreiheit der Zinsen aus vor dem 01.01.2005 abgeschlossenen Altverträgen eingehalten werden (→ II C Private Lebensversicherungen, 2.1.2.1 Kapitalversicherungen, S. 217).

## Kapitalzahlungen aus Versorgungen mit Vertragsabschluss nach 2004

Kapitalleistungen, die bei Tod fällig werden, sind stets einkommensteuerfrei.

Im Erlebensfall oder bei Rückkauf des Vertrags sind die in der Kapitalleistung enthaltenen Erträge zu versteuern, wenn die Versorgung einer Kapitalversicherung mit Sparanteil oder einer Rentenversicherung für die Versorgung im Alter entspricht.

Steuerpflichtig ist der in der Kapitalleistung enthaltene Ertrag (Unterschiedsbetrag zwischen der Versicherungsleistung und der dafür entrichteten Beiträge) entsprechend den für Lebensversicherungen ab dem 31.12.2004 geltenden Regelungen (→ II C Private Lebensversicherungen, 2.1.1.2 Kapitalversicherungen, S. 207).

Wird die Leistung nach Vollendung des 60. Lebensjahres (ab 2012: 62. Lebensjahres) des Steuerpflichtigen und nach Ablauf von 12 Jahren seit dem Vertragsabschluss gezahlt, gilt lediglich die Hälfte des Unterschiedsbetrags zwischen der Versicherungsleistung und der für sie gezahlten Beiträge (hälftiger Wertzuwachs) als steuerpflichtiger Ertrag.

## 2.2.3 Leistungen, die auf geförderten und nicht geförderten Zuwendungen beruhen

Beruhen Leistungen sowohl auf geförderten als auch auf nicht geförderten Zuwendungen, müssen die Leistungen in der Auszahlungsphase aufgeteilt werden. Dabei muss die Pensionskasse die Zuwendungen für jeden Versorgungsberechtigten individualisieren und nach den Steuerkriterien getrennt aufzeichnen. Die sich daraus ergebenden Leistungen einschließlich zugeteilter Erträge sind ebenfalls getrennt zu ermitteln und fortzuschreiben.[24]

## 2.2.4 Rentenbezugsmitteilung

Pensionskassen sind verpflichtet, Zahlungen (Renten und Kapitalzahlungen) aufgrund einer betrieblichen Altersversorgung und ihre Empfänger (Arbeitnehmer) der Finanzverwaltung (zentrale Stelle: Deutsche Retenversicherung Bund) mitzuteilen. Diese Rentenbezugsmitteilung erfolgt bis zum 01.03. des

---

24  BMF-Schreiben vom 11.11.2004.

Folgejahres nach amtlich vorgeschriebenem Datensatz im Wege der Datenfernübertragung,[25] erstmals für das Jahr des Leistungsbeginns.[26]

Die Pensionskasse übermittelt folgende Daten des Steuerpflichtigen an die zentrale Stelle:

- die vom Leistungsempfänger genannte Identifikationsnummer. Teilt dieser trotz Aufforderung seine steuerliche Identifikationsnummer dem Anbieter nicht mit, darf der Anbieter diese beim Bundeszentralamt für Steuern erfragen.

- Familienname, Vorname und das Geburtsdatum des Leistungsempfängers sowie, falls dem Versicherer bekannt, eine ausländische Anschrift und die Staatsangehörigkeit des Rentenempfängers.

- je gesondert den Betrag der ausgezahlten (abgekürzten) Leibrenten oder anderen Leistungen (z. B. Kapitalzahlungen oder Abfindungszahlung einer Kleinbetragsrente). Der im Betrag der Rente enthaltene Teil, der ausschließlich auf einer Anpassung der Rente beruht, ist gesondert mitzuteilen. Dabei ist lediglich die Höhe der tatsächlich steuerpflichtigen Leistungen zu melden (z. B. bei Kapitalleistungen aus „Neuzusagen": hälftiger Wertzuwachs, falls der Steuerpflichtige das 60. Lebensjahr (ab 2012: 62. Lebensjahr) bereits vollendet hat und die Auszahlung frühestens nach 12 Jahren erfolgte). Für Leistungen, die auf nicht gefördertem Kapital beruhen, erfolgt keine Mitteilung, wenn die Auszahlung aufgrund einer „Altzusage" erst nach Ablauf von 12 Jahren seit Vertragsabschluss erfolgt.[27]

- Zeitpunkt des Beginns und des Endes des jeweiligen Leistungsbezugs. Folgen nach dem 31.12.2004 Renten aus derselben Versicherung einander nach, ist auch die Laufzeit der vorhergehenden Renten mitzuteilen.

- Bezeichnung und Anschrift der Pensionskasse.

Wird die Rentenbezugsmitteilung nicht fristgerecht bis zum 01.03. des Folgejahres übermittelt, ist für jeden Monat der verspäteten Abgabe ein Verspätungsgeld in Höhe von 10 € für jede Mitteilung zu entrichten. Das Verspätungsgeld darf für alle für einen Veranlagungszeitraum zu übermittelnden Rentenbezugsmeldungen 50.000 € nicht übersteigen.[28]

Gegen einen Anbieter kann zudem ein Bußgeld wegen einer Ordnungswidrigkeit von bis zu 50.000 € festgesetzt werden, wenn er vorsätzlich oder grob fahrlässig die Daten der Rentenbezugsmitteilung bzw. die Mitteilung

---

25  § 22a EStG.
26  § 22 Nr. 5 Satz 7 EStG.
27  BMF-Schreiben vom 17.12.2010.
28  § 22a Abs. 5 EStG.
29  § 50f EStG.

selbst nicht, nicht richtig, nicht vollständig oder nicht rechtzeitig an die zentrale Stelle übermittelt.[29]

Außerdem ist die Pensionskasse jeweils verpflichtet, den Leistungsempfänger über die erstattete Rentenbezugsmitteilung zu unterrichten. Die Information des Leistungsempfängers kann formlos erfolgen.

Die zentrale Stelle hat das Recht, bei den Pensionskassen die Einhaltung der Meldepflicht im Rahmen einer steuerlichen Außenprüfung zu überprüfen.

# 3 Steuerliche Behandlung beim Arbeitgeber

## Zuwendungen an Pensionskassen

Bei Arbeitgebern, deren betriebliche Altersversorgung von einer Pensionskasse durchgeführt wird, sind die Zuwendungen nach § 4c EStG als Betriebsausgaben abzugsfähig. Die steuerliche Geltendmachung ist allerdings nur dann zulässig, wenn die Zuwendungen auf einer in der Satzung oder im Geschäftsplan der Kasse festgelegten Leistung beruhen, zum Ausgleich von Fehlbeträgen der Pensionskasse notwendig sind oder von der Versicherungsaufsichtsbehörde angeordnet wurden.

Soweit der Arbeitgeber unmittelbare Versorgungsleistungen steuerlich nicht als Betriebsausgaben berücksichtigen kann, sind auch Zuwendungen für solche Leistungen an die Pensionskasse keine Betriebsausgaben. Danach sind Zuwendungen für die Versorgung des Unternehmers oder seiner Angehörigen, soweit sie kein steuerlich anerkanntes Arbeitsverhältnis mit dem Trägerunternehmen haben, nicht steuerwirksam.[30]

Die Zuwendungen sind in dem Wirtschaftsjahr des Trägerunternehmens abziehbar, in dem sie geleistet werden.

## Zurechnung der Ansprüche aus der Versorgung

Die Ansprüche aus einer mit der Pensionskasse vereinbarten Versorgung sind in der Regel dem Arbeitnehmer zuzurechnen. Dem Betriebsvermögen des Arbeitgebers sind Ansprüche nur dann zuzurechnen, wenn und soweit sich der Arbeitgeber die Leistungen aus der Versorgung vorbehalten hat. Der Arbeitgeber behält sich Ansprüche aus der Versorgung vor, wenn ihm z. B. die Gewinnbeteiligung oder die Leistung im Todesfall zusteht.

---

30  § 4c Abs. 2 EStG; R 4c Abs. 4 Satz 2 und 3 EStR 2008.
31  BFH-Urteil vom 09.08.2006, I R 11/06, BStBl II 2006, S. 762.

Hat sich der Arbeitgeber die Leistung bei Tod vorbehalten, ist der Anspruch aus der Versorgung insoweit von ihm zu aktivieren.[31] Steht dem Arbeitgeber die Erlebensfallleistung, nicht aber die Leistung bei Tod aus der Versorgung zu, muss er diesen anteiligen Anspruch aus der Versorgung bis zum eventuellen Todesfall aktivieren.

## Gewinnbeteiligung

Werden Gewinnanteile zugunsten des Arbeitgebers bei der Pensionskasse angesammelt, während der Versicherungsdauer mit fälligen Beiträgen verrechnet oder an den Arbeitgeber ausgezahlt, liegt keine Arbeitslohnrückzahlung vor. Erstattet die Pensionskasse dem Arbeitgeber hingegen lohnversteuerte Beiträge oder Prämien zurück, liegen negative Einnahmen vor.[32]

Die bisherige Regelung, nach der bei einer Verrechnung oder Auszahlung von Gewinnanteilen negative Einnahmen vorlagen, gilt lediglich noch für bis zum 31.12.2010 beim Arbeitgeber zugeflossene Gewinnausschüttungen.[33]

## Verlust der Ansprüche aus einer Pensionskassenversorgung

Verliert der Arbeitnehmer den Anspruch aus der Pensionskassenversorgung (z. B. bei vorzeitigem Ausscheiden aus dem Dienstverhältnis), ergeben sich steuerlich unterschiedliche Folgen.

Erstattet die Pensionskasse dem Arbeitgeber als Arbeitslohn individuell versteuerte Beiträge, entstehen für den Arbeitnehmer negative Einnahmen aus nichtselbständiger Arbeit.[34]

Soweit die Beiträge pauschal versteuert wurden, hat der Arbeitgeber einen Anspruch auf Erstattung der Pauschalsteuer im selben Kalenderjahr bis auf null. Darüber hinaus ist eine Minderung von Beitragsleistungen des Arbeitgebers aus den Vorjahren nicht möglich.[35]

Hat sich der Arbeitgeber Überschussanteile aus der Pensionskassenversorgung vorbehalten, liegt bei einer Auszahlung der Überschussanteile keine Arbeitslohnrückzahlung vor.[36]

Soweit die Pensionskasse keine Beiträge erstattet (z. B. den Rückkaufswert auszahlt), liegt nach Auffassung der Finanzverwaltung keine Arbeitslohnrückzahlung vor.[37]

---

32  BFH Urteil vom 12.11.2009, IV R 20/07, BStBl II 2010, S. 845.
33  BMF-Schreiben vom 28.09.2010.
34  R 40b.1 Abs. 12, 13 LStR 2011.
35  R 40b.1 Abs. 14 LStR 2011.
36  BFH-Urteil vom 12.11.2009, IV R 20/07, BStBl II 2010, S. 845.
37  R 40b.1 Abs. 13 LStR 2011.

## Aufzeichnungs- und Mitteilungspflicht

Der Arbeitgeber hat bei Durchführung einer kapitalgedeckten betrieblichen Altersversorgung über eine Pensionskasse der Kasse jährlich gesondert je Versorgungszusage und Arbeitnehmer Folgendes mitzuteilen:

- die nach § 3 Nr. 63 EStG steuerfrei belassenen Beiträge,
- die pauschal versteuerten Beiträge nach § 40b EStG 2004,
- die individuell besteuerten Beiträge.

Die Daten müssen der Pensionskasse spätestens zwei Monate nach Ablauf des Kalenderjahres oder bei Beendigung des Dienstverhältnisses im Laufe des Kalenderjahres mitgeteilt werden.

Die Mitteilung kann unterbleiben, wenn die Pensionskasse die steuerliche Behandlung der für den einzelnen Arbeitnehmer im Kalenderjahr geleisteten Beiträge bereits kennt oder aus den bei ihm vorhandenen Daten feststellen kann. Unterbleibt eine Meldung des Arbeitgebers, gilt die Annahme, dass es sich insgesamt bis zu den in § 3 Nr. 63 EStG genannten Höchstbeträgen um steuerbegünstigte Beiträge handelt, die in der Auszahlungsphase voll nachgelagert als sonstige Einkünfte (§ 22 Nr. 5 EStG) zu versteuern sind.[38]

# 4 Einzelfälle

## Versorgungsausgleich bei Ehescheidungen

Bei Ehescheidungen müssen alle von den Ehegatten während der Zeit ihrer Ehe erworbenen Anrechte auf eine Versorgung wegen Alter und Invalidität ausgeglichen werden.

## Interne Teilung

Seit dem 01.09.2009 werden Anrechte auf Altersversorgung grundsätzlich intern geteilt. Zum Zeitpunkt der Scheidung werden die erworbenen Anrechte geteilt und für den Ausgleichsberechtigten beim Arbeitgeber des geschiedenen Ehegatten ein eigenständiges Versorgungsanrecht geschaffen, das die Merkmale der Versorgung des Ausgleichspflichtigen beibehält (z. B. Art, Beginn und Dauer der Leistung).

Die Teilung der Anrechte ist für beide Ehegatten steuerfrei.[39] Erst während der Auszahlungsphase unterliegen die Leistungen aus der Pensionskassen-

---

38   § 5 Abs. 2 und 3 LStDV 2011.
39   § 3 Nr. 55a Satz 1 EStG, BMF-Schreiben vom 31.03.2010, Rz 365.

versorgung des **Ausgleichsberechtigten** als sonstige Einkünfte (§ 22 Nr. 5 EStG) der Einkommensteuer. Dabei gilt Folgendes:

- Leistungen aus der Pensionskassenversorgung des ausgleichsberechtigten Ehegatten, die auf **steuerfreien Beiträgen** für die Pensionskassenversorgung des ausgleichsverpflichteten Ehegatten beruhen, sind im Zeitpunkt der Zahlung in vollem Umfang nachgelagert zu versteuern. Ebenfalls in vollem Umfang als sonstige Einkünfte der Einkommensteuer unterliegen Leistungen aus der Pensionskassenversorgung des ausgleichsberechtigten Ehegatten, soweit sie auf **geförderten Altersvorsorgebeiträgen und/oder Altersvorsorgezulagen** für die Pensionskassenversorgung des ausgleichsverpflichteten Ehegatten beruhen.

- Leistungen aus der Pensionskassenversorgung des ausgleichsberechtigten Ehegatten, die auf **nicht geförderten Beiträgen** des ausgleichsverpflichteten Ehegatten beruhen, unterliegen nach den allgemeinen Grundsätzen für Pensionskassen (→ 2.2.2 Leistungen aus versteuerten und nicht geförderten Zuwendungen, S. 358) der Einkommensteuer. Kapitalzahlungen können – abhängig vom Beginn der Versorgung des Ausgleichsverpflichteten – steuerfrei vereinnahmt werden oder unterliegen in Höhe des (hälftigen) Ertrags als Einkünfte aus Kapitalvermögen der Einkommensteuer. Leibrenten werden mit dem Ertragsanteil (§ 22 Nr. 1 Satz 3 Buchstabe a Doppelbuchstabe bb EStG) als sonstige Einkünfte versteuert. Dabei werden die persönlichen Verhältnisse des Ausgleichsberechtigten (Rentenbeginn und Lebensalter) berücksichtigt.[40]

Der Ausgleichsberechtigte kann die ihm zuzuordnende intern geteilte Pensionskassenversorgung wie ein ausgeschiedener Arbeitnehmer mit eigenen Beiträgen fortsetzen, wenn dem ausgleichsverpflichteten Ehegatten ein solches Recht zustand (siehe § 1b Abs. 5 Nr. 2 BetrAVG und § 2 Abs. 3 Satz 2 Nr. 2 BetrAVG). Die Beiträge des Ausgleichsberechtigten können förderfähige Altersvorsorgebeiträge sein, wenn das Fortsetzungsrecht des ausgleichsverpflichteten Ehegatten aufgrund einer Entgeltumwandlung bestand.[41] Soweit die Leistungen aus der Pensionskassenversorgung

- auf Altersvorsorgebeiträgen und/oder Altersvorsorgezulagen beruhen, sind sie in vollem Umfang als sonstige Einkünfte zu versteuern (§ 22 Nr. 5 EStG).

- auf nicht geförderten Beiträgen beruhen, unterliegen sie nach den allgemeinen Grundsätzen für Pensionskassen (→ 2.2.2 Leistungen aus versteuerten und nicht geförderten Zuwendungen, S. 358) der Einkommensteuer.

---

40  BMF-Schreiben vom 31.03.2010, Rz 369.
41  BMF-Schreiben vom 31.03.2010, Rz 382, Rz 292 ff.

## Externe Teilung

Bei einer externen Teilung der Anrechte wird der vom Familiengericht ermittelte Ausgleichswert der Pensionskassenversorgung des ausgleichsverpflichteten Ehegatten entnommen und auf eine Versorgung des ausgleichsberechtigten Ehegatten bei demselben oder einem anderen Versorgungsträger übertragen. Als Zielversorgung kann der Ausgleichsberechtigte jeden Durchführungsweg der betrieblichen Altersversorgung oder eine private Versorgung (z. B. Riester-Rente, Basisrente oder private Rentenversicherung) wählen. Dabei darf die Zahlung des Ausgleichswerts in die gewählte Zielversorgung nicht zu nachteiligen steuerlichen Folgen beim Ausgleichsverpflichteten führen, es sei denn, dieser stimmt der Wahl des ausgleichsberechtigten Ehegatten zu.[42] Entscheidet sich der Ausgleichsberechtigte für keine Zielversorgung, wird eine Versorgung bei der Versorgungsausgleichskasse begründet[43].

Wird im Rahmen der externen Teilung für den Ausgleichsberechtigten ein Anrecht auf betriebliche Altersversorgung neu begründet, richtet sich die Beurteilung Alt-/Neuzusage nach der Art der ursprünglichen Versorgungszusage des Ausgleichsverpflichteten.[44] Wird eine bereits bestehende Versorgung des Ausgleichsberechtigten durch den übertragenen Ausgleichswert aus der Versorgung des Ausgleichspflichtigen aufgestockt, bleibt die bestehende Versorgung des Ausgleichsberechtigten

- eine Altzusage, wenn sie vor 2005 erteilt wurde,
- eine Neuzusage, wenn sie nach 2004 erteilt wurde.[45]

Entscheidend für die Frage, ob die Übertragung des Ausgleichswerts im Zeitpunkt der externen Teilung der Einkommensteuer unterworfen wird, ist die bisherige Besteuerung der Beiträge während der Ehezeit sowie die Besteuerung der künftigen Leistungen beim Ausgleichsberechtigten. Werden die späteren Leistungen steuerlich günstiger gestellt als dies aufgrund der bisherigen Beitragsbehandlung erfolgen müsste, entsteht ein „Besteuerungsgefälle", das durch die Besteuerung des Ausgleichswerts im Zeitpunkt der Übertragung kompensiert wird.

III

Versorgungsverhältnisse bei Pensionskassen

---

42  § 15 Abs. 5 VersAusglG.
43  BMF-Schreiben vom 31.03.2010, Rz 359.
44  BMF-Schreiben vom 31.03.2010, Rz 372.
45  BMF-Schreiben vom 31.03.2010, Rz 372 und 306 ff.

## Versorgungsausgleichskasse

Die Versorgungsausgleichskasse ist eine Pensionskasse, die dem ausschließlichen Zweck dient, eine kapitalgedeckte Versorgung des Ausgleichsberechtigten durchzuführen, wenn dieser sich im Fall der externen Teilung einer betrieblichen Altersversorgung für keine Zielversorgung entscheidet. Leistungen der Versorgungsausgleichskasse sind vom Ausgleichsberechtigten wie Leistungen zu versteuern, die von einer „normalen" Pensionskasse aufgrund einer externen Teilung gewährt werden.

## Arbeitgeberwechsel nach § 3 Nr. 55 EStG

Tritt bei einem Arbeitgeberwechsel der neue Arbeitgeber in eine bestehende Pensionskassenversorgung ein, so gilt dies nicht als neuer Vertragsabschluss. Ein entgeltlicher Erwerb von Versicherungsansprüchen liegt nach unserer Auffassung ebenfalls nicht vor.[48]

Erteilt der neue Arbeitgeber nach einem Arbeitgeberwechsel im Einvernehmen mit dem Arbeitnehmer und dem bisherigen Arbeitgeber eine der Versorgung des bisherigen Arbeitgebers wertgleiche Versorgungszusage gegen Übertragung des Werts der Versorgung des bisherigen Arbeitgebers, ist der Übertragungswert beim Arbeitnehmer einkommensteuerfrei.[49] Dies gilt, wenn die bisherige Versorgung und die neu zugesagte Versorgung in der Form einer Direktversicherung, eines Pensionsfonds oder einer Pensionskasse durchgeführt worden war bzw. durchgeführt wird.

Die Übertragung ist auch steuerfrei, wenn der Arbeitnehmer innerhalb eines Jahres nach Beendigung des Arbeitsverhältnisses von seinem bisherigen Arbeitgeber oder dem Versorgungsträger (Versicherungsunternehmen, Pensionskasse oder Pensionsfonds) verlangt, den Übertragungswert auf den neuen Arbeitgeber zu übertragen und dieser eine wertgleiche Versorgungszusage erteilt.[50] Dies gilt, wenn die bisherige Versorgung und die neu zugesagte Versorgung in der Form einer Direktversicherung, eines Pensionsfonds oder einer Pensionskasse durchgeführt worden war bzw. durchgeführt wird.

Die Leistung aus der Versorgung des neuen Arbeitgebers ist – soweit sie auf dem Übertragungswert beruht – nach den Regeln zu versteuern, die für die Pensionskassenversorgung des ehemaligen Arbeitgebers galten.

Wird eine Pensionskassenversorgung, die vor 2005 begründet wurde, aus Anlass eines Arbeitgeberwechsels unmittelbar auf eine andere Pensionskasse übertragen, geht die Finanzverwaltung von einer Beendigung des bisherigen und dem Abschluss eines neuen Versorgungsverhältnisses aus. Die rechnungs- und außerrechnungsmäßigen Zinsen aus der beendeten Pensionskassenversorgung sind im Zeitpunkt der Vertragsbeendigung zu versteu-

---

48  § 10 Abs. 1 Nr. 2 Buchstabe b Satz 5 EStG i.V.m. § 4 Abs. 2 Nr. 1 BetrAVG.
49  § 3 Nr. 55 Satz 1 EStG.
50  § 3 Nr. 55 Satz 1 EStG.

ern, wenn sie bei einem „Altvertrag" nach § 20 Abs. 1 Nr. 6 EStG 2004 zu den Einkünften aus Kapitalvermögen gehören.[51]

Wird die Pensionskassenversorgung im Rahmen des Abkommens zur Übertragung von Direktversicherungen, Pensionskasse oder Pensionsfonds bei Arbeitgeberwechsel vom 30.07.2010, gültig ab 01.01.2012 auf eine andere Pensionskasse übertragen, geht die Finanzverwaltung von einer Fortsetzung der Versorgung aus, soweit gleichwertige Leistungen vereinbart sind.[52]

Für Beiträge der fortgesetzten Versorgung können weiterhin die Regelungen für „Altzusagen" angewendet werden; der neue Arbeitgeber kann die Beiträge also wie bisher pauschal lohnversteuern.[53] Die Zinsen aus der beendeten Pensionskassenversorgung sind zusammen mit den Zinsen aus der fortgesetzten Pensionskassenversorgung bei Auszahlung der Versorgungsleistung zu versteuern. Für die Besteuerung gelten die Regelungen für „Altverträge".[54]

---

51  BMF-Schreiben vom 04.06.2010 sowie BMF-Schreiben vom 07.08.2007.
52  Erstmals BMF-Schreiben vom 06.04.1984, zuletzt BMF-Schreiben vom 04.06.2010.
53  BMF-Schreiben vom 31.03.2010, Tz 313.
54  BMF-Schreiben vom 04.06.2010 sowie BMF-Schreiben vom 07.08.2007.

# IV Versorgungsverhältnisse bei Pensionsfonds

| | | |
|---|---|---|
| 1 | **Allgemeines** | **373** |
| | Merkmale eines Pensionsfonds | 373 |
| | Rechtsform | 374 |
| | Rechtsbeziehungen | 3/4 |
| | Arbeitnehmer | 374 |
| | | |
| 2 | **Steuerliche Behandlung beim Arbeitnehmer** | **375** |
| | | |
| 2.1 | Steuerliche Behandlung der Beiträge | 375 |
| | Steuerliche Zuordnung | 375 |
| | Besteuerung der Beiträge | 375 |
| | Im Ausland tätige Arbeitnehmer | 375 |
| | Arbeitnehmer mit Wohnsitz im Ausland | 376 |
| | Freigrenze für Sachbezüge | 376 |
| | Individuelle Lohnsteuer | 376 |
| | Steuerfreie Beiträge | 376 |
| | | |
| 2.2 | Besteuerung der Leistungen | 378 |
| 2.2.1 | Leistungen aus steuerfreien oder geförderten Beiträgen und aus Altersvorsorgezulagen | 378 |
| 2.2.2 | Leistungen aus versteuerten und nicht geförderten Beiträgen | 379 |
| | Renten | 379 |
| | Kapitalzahlungen aus Pensionsfonds mit Vertragsabschluss vor 2005 | 379 |
| | Kapitalzahlungen aus Pensionsfonds mit Vertragsabschluss nach 2004 | 379 |
| 2.2.3 | Leistungen, die auf Altersvorsorgezulage, auf geförderten und nicht geförderten Beiträgen beruhen | 380 |
| 2.2.4 | Leistungen bei schädlicher Verwendung oder Wegzug aus Deutschland | 380 |
| 2.2.5 | Aufteilungsverfahren bei Pensionsfonds | 382 |
| 2.2.6 | Pflichten des Arbeitgebers | 382 |
| | Aufzeichnungspflichten | 382 |
| | Mitteilungspflichten | 383 |
| 2.2.7 | Rentenbezugsmitteilung | 383 |

| 3 | **Steuerliche Behandlung beim Arbeitgeber** | **385** |
|---|---|---|
| | Aktivierung | 385 |
| | Passivierung der Versorgungsverpflichtung | 385 |

| 4 | **Übernahme von Anwartschaften und Versorgungs-** | |
|---|---|---|
| | **verpflichtungen** | **386** |
| | Sofortiger Betriebsausgabenabzug | 386 |
| | Verteilung der Betriebsausgaben | 386 |
| | Leistungen beim Arbeitnehmer | 387 |

| 5 | **Einzelfälle** | **387** |
|---|---|---|
| | Versorgungsausgleich bei Ehescheidungen | 387 |
| | Interne Teilung | 387 |
| | Externe Teilung | 388 |
| | Versorgungsausgleichskasse | 391 |
| | Arbeitgeberwechsel nach § 3 Nr. 55 EStG | 391 |

IV

Versorgungsverhältnisse bei Pensionsfonds

# 1 Allgemeines

Ein Pensionsfonds ist eine Versorgungseinrichtung, die im Wege des Kapitaldeckungsverfahrens Leistungen der betrieblichen Altersversorgung für Arbeitgeber zugunsten von Arbeitnehmern erbringt. Pensionsfonds können betriebliche Altersversorgung durchführen, die der Arbeitgeber in Form einer

- Leistungszusage (die gesamte Versorgungsleistung ist von vornherein garantiert),

- beitragsorientierten Leistungszusage (Beiträge werden der Höhe nach in bestimmte und garantierte Versorgungsleistungen umgewandelt),

- Beitragszusage mit Mindestleistung (lediglich eine Versorgungsleistung in Höhe der gezahlten Beiträge ist garantiert)

erteilt hat.

Soweit der Pensionsfonds Leistungen aus einer Leistungszusage, beitragsorientierten Leistungszusage oder Beitragszusage mit Mindestleistung garantiert, hat er für die Leistungen wie eine Pensionskasse oder ein Lebensversicherungsunternehmen eine Deckungsrückstellung unter Beachtung des Höchstrechnungszinses zu bilden. Soweit der Pensionsfonds keine Garantieleistungen zu erbringen hat, kann er seine Deckungsrückstellung vor Beginn der Leistungsphase davon abweichend nach einer vorsichtigen Schätzung der künftigen Erträge aus seiner Kapitalanlage und unter Berücksichtigung der vereinbarten künftigen Beiträge des Arbeitgebers bemessen.[1] Ist der Pensionsfonds nicht verpflichtet, Altersversorgungsleistungen lebenslang zu erbringen, kann er seine Deckungsrückstellung auch während der Leistungsphase nach den zuvor genannten Kriterien bemessen.[2]

Für Pensionsfonds gelten speziell auf ihre Verhältnisse zugeschnittene Grundsätze für die Kapitalanlage. Sie ermöglichen eine auf die geringeren Garantien zugeschnittene Kapitalanlage, die höhere Ertragschancen verspricht (aber auch Anlagerisiken beinhaltet).

## Merkmale eines Pensionsfonds

Ein Pensionsfonds ist eine rechtsfähige Versorgungseinrichtung, die

- im Wege des Kapitaldeckungsverfahrens Leistungen der betrieblichen Altersversorgung für einen oder mehrere Arbeitgeber zugunsten von Arbeitnehmern erbringt,

- die Höhe der Leistungen und die Höhe der für diese Leistungen zu entrichtenden künftigen Beiträge nicht für alle vorgesehenen Leistungsfälle durch versicherungsförmige Garantien zusagen darf,

---

1 § 3 Abs. 1 PfDeckRV („Feststellungsverfahren").
2 § 112 Abs. 1a VAG: Dies kann vereinbart sein, wenn der Arbeitgeber verpflichtet ist, auch Beiträge an den Pensionsfonds während der Leistungsphase zu zahlen.

- den Arbeitnehmern einen eigenen Anspruch auf Leistung gegen den Pensionsfonds einräumt und verpflichtet ist, die Altersversorgungsleistungen als lebenslange Altersrente oder in Form eines Auszahlungsplans mit Anschlussrente gemäß den Vorschriften des AltZertG zu erbringen.[3] Die Verpflichtung zu lebenslangen Leistungen schließt nicht aus, dass in Sonderfällen z. B. der Abfindung einer Kleinbetragsrente oder bei Kündigung der Versorgung eine Kapitalzahlung erbracht wird. Ist der Arbeitgeber zu Beitragszahlungen während der Rentenbezugszeit verpflichtet, muss der Pensionsfonds lebenslange Leistungen nicht garantieren.[4]

Pensionsfonds unterliegen der Aufsicht durch die Bundesanstalt für Finanzdienstleistungsaufsicht (BaFin).

## Rechtsform

Pensionsfonds können die Rechtsform einer Aktiengesellschaft, einer Europäischen Gesellschaft (SE) oder eines Pensionsfondsvereins auf Gegenseitigkeit[5] haben. Für Pensionsfondsvereine auf Gegenseitigkeit gelten die Vorschriften des VAG über Versicherungsvereine auf Gegenseitigkeit entsprechend.

Pensionsfonds unterliegen der vollen Körperschaftsteuerpflicht.[6] Im Gegensatz zu Pensions- oder Unterstützungskassen hat der Pensionsfonds keine Möglichkeit, sich von der Körperschaftsteuerpflicht befreien zu lassen.

## Rechtsbeziehungen

Der Arbeitgeber erteilt seinem Arbeitnehmer eine Zusage auf Versorgungsleistungen, die vom Pensionsfonds erbracht werden. Zur Durchführung der Pensionsfondsversorgung besteht ein Vertragsverhältnis zwischen Arbeitgeber und dem Pensionsfonds zugunsten des Arbeitnehmers (Vertrag zugunsten Dritter). Auf die Leistungen des Pensionsfonds hat der Arbeitnehmer oder seine Hinterbliebenen einen Rechtsanspruch.

## Arbeitnehmer

Zum Begriff des Arbeitnehmers: →I Grundzüge des Einkommensteuerrechts, 3.4 Nichtselbständige Arbeit, Arbeitnehmer, S. 13.

---

3   § 112 Abs. 1 VAG.
4   § 112 Abs. 1a VAG.
5   § 113 Abs. 2 Nr. 3 VAG.
6   § 1 Abs. 1 Nr. 1 bzw. Nr. 3 KStG.

# 2 Steuerliche Behandlung beim Arbeitnehmer

## 2.1 Steuerliche Behandlung der Beiträge

### Steuerliche Zuordnung

Vom Arbeitgeber entrichtete Beiträge sind Arbeitslohn, der dem Arbeitnehmer im Zeitpunkt der Zahlung zufließt. Ansprüche gegen den Pensionsfonds hat der Arbeitgeber nicht zu aktivieren, soweit sie dem Arbeitnehmer zustehen.

### Besteuerung der Beiträge

Zum steuerpflichtigen Arbeitslohn gehört die gesamte Beitragsleistung des Arbeitgebers, die er für die Pensionsfondsversorgung des Arbeitnehmers zahlt. Ist von vornherein vereinbart, dass Überschussanteile des Pensionsfonds mit Beiträgen verrechnet werden, zählt nur der verminderte Beitrag zum steuerpflichtigen Arbeitslohn.[7]

Dem Arbeitgeber zustehende Ansprüche gegen den Pensionsfonds (z. B. Beträge aus beendeten Pensionsfondsversorgungen), die mit dem Beitrag verrechnet werden, sind vom zu versteuernden Beitrag nicht abzuziehen.

Beitragszahlungen des Arbeitgebers während der Rentenbezugszeit von Altersversorgungsleistungen sind für den Versorgungsberechtigten einkommensteuerfrei, soweit der Arbeitgeber zu diesen Zahlungen verpflichtet ist. Dies ist dann der Fall, wenn der Pensionsfonds lebenslange Leistungen nicht garantiert.[8]

### Im Ausland tätige Arbeitnehmer

Beiträge zu Pensionsfondsversorgungen, die ein ausländischer Arbeitgeber für einen im Inland wohnhaften Arbeitnehmer entrichtet, gehören aufgrund der unbeschränkten Einkommensteuerpflicht des Arbeitnehmers in Deutschland im Inland zu den Einkünften aus nichtselbständiger Arbeit. Zugleich unterliegen die Beiträge regelmäßig im Tätigkeitsstaat der beschränkten Einkommensteuerpflicht. Das Besteuerungsrecht für den Arbeitslohn wird in diesen Fällen nach den bestehenden Abkommen zur Vermeidung einer Doppelbesteuerung (DBA) regelmäßig dem Staat zugeordnet, in dem der Arbeitnehmer tätig ist (Tätigkeitsstaat). Ist dies der Fall, besteuert der Tätigkeitsstaat den Arbeitslohn des Arbeitnehmers; dem Wohnsitzstaat steht dann kein Besteuerungsrecht mehr zu.

---

7 Analog R 40b.1 Abs. 7 Satz 2 LStR 2011.
8 § 19 Abs. 1 Nr. 3 Satz 2 EStG.

Steht Deutschland das Besteuerungsrecht zu, unterliegt der Arbeitslohn im Inland der Einkommensteuer. Ist der Arbeitnehmer bei einer ausländischen Betriebsstätte beschäftigt, muss der Arbeitgeber im Ausland von dem Arbeitslohn keine inländische Lohnsteuer einbehalten.

## Arbeitnehmer mit Wohnsitz im Ausland

Der aus einer inländischen Tätigkeit erzielte Arbeitslohn eines Arbeitnehmers mit Wohnsitz im Ausland gehört zu den inländischen Einkünften, wenn nach dem DBA Deutschland das Besteuerungsrecht zusteht. Dies ist mit Ausnahme von Frankreich und Österreich bei sämtlichen Anrainerstaaten Deutschlands der Fall. Bei Grenzgängern (insbesondere Pendler mit Wohn- und Arbeitsstätte im grenznahen Bereich) aus diesen beiden Staaten wird der Arbeitslohn dagegen dem Wohnsitzstaat zugeordnet. In diesen Fällen können die Beiträge zu einer Pensionsfondsversorgung im Inland nicht besteuert werden.

## Freigrenze für Sachbezüge

Die Freigrenze für Sachbezüge (44 € pro Monat) kann nicht auf Beiträge für eine Pensionsfondsversorgung angewendet werden.[9]

## Individuelle Lohnsteuer

Soweit die Beiträge für eine Pensionsfondsversorgung der individuellen Lohnbesteuerung unterliegen, hat der Arbeitgeber die vom Arbeitnehmer zu tragende Lohnsteuer nach der jeweils maßgebenden Lohnsteuerklasse zu ermitteln und abzuführen.

## Steuerfreie Beiträge

Beiträge des Arbeitgebers aus einem ersten Dienstverhältnis (Lohnsteuerklasse I bis V) an einen Pensionsfonds zum Aufbau einer kapitalgedeckten betrieblichen Altersversorgung sind beim Arbeitnehmer einkommensteuerfrei, wenn eine Auszahlung der zugesagten Alters-, Invaliditäts- oder Hinterbliebenenversorgungsleistungen in Form einer Rente oder von Raten eines Auszahlungsplans mit Anschlussrente nach Maßgabe der Regelungen für Riester-Renten (§ 1 Abs. 1 Satz 1 Nr. 4 AltZertG) vorgesehen ist. Es ist jedoch auch möglich, eine 30%ige Teilkapitalauszahlung und/oder ein Wahlrecht zu vereinbaren, nach dessen Ausübung das Vorsorgekapital in einem Kapitalbetrag und nicht als Rente ausgezahlt wird.

Nach Auffassung der Finanzverwaltung sind Beiträge für einen Pensionsfonds außerdem nur dann gemäß § 3 Nr. 63 EStG einkommensteuerfrei, wenn

- Leistungen für die Altersversorgung des Arbeitnehmers grundsätzlich frühestens ab dem 60. Lebensjahr (bei Zusagen ab dem 01.01.2012: 62. Lebensjahr) vorgesehen sind,

---

9 H 40b.1 Stichwort „44-Euro-Freigrenze" LStH 2011.

- Versorgungsleistungen bei Tod des Arbeitnehmers lediglich zugunsten des Ehegatten, der Kinder oder Stiefkinder im Sinne des EStG, des geschiedenen Ehegatten, des (gleichgeschlechtlichen) Lebensgefährten oder des Partners einer eingetragenen Lebenspartnerschaft zugesagt worden sind. Anders als bei Pensionskassen und Direktversicherungen dürfen nach Auffassung der BaFin Pensionsfonds im Todesfall kein Sterbegeld auszahlen.[10]

Bei Pensionsfondsversorgungen, die auf einer vor dem 01.01.2005 erteilten Versorgungszusage ("Altzusage") beruhen, sind die Beiträge auch dann einkommensteuerfrei, wenn

- eine Hinterbliebenenrente zugunsten der Eltern des Versorgungsberechtigten erbracht wird,

- bei Tod des Versorgungsberechtigten vor Beginn der Altersversorgung die gezahlten Beiträge zuzüglich gutgeschriebener Erträge an den Ehegatten, die Kinder oder Stiefkinder im Sinne des EStG, den geschiedenen Ehegatten, den (gleichgeschlechtlichen) Lebensgefährten oder den Partner einer eingetragenen Lebenspartnerschaft zugesagt worden sind,

- für die Hinterbliebenen- oder Invaliditätsversorgung eine Kapitalzahlung geleistet wird.[11]

Wegen der Abgrenzung "Alt-/Neuzusage" wird auf die unter → II D Direktversicherungen, 2.1.1 Abgrenzung Alt-/Neuzusage, S. 241 dargestellten Grundsätze verwiesen.

Beiträge für eine Pensionsfondsversorgung sind jährlich bis zu 4 % der Beitragsbemessungsgrenze Deutsche Rentenversicherung (West) – in 2012: 2.688 € – einkommensteuerfrei. Dieser Höchstbetrag erhöht sich um weitere 1.800 € (Aufstockungsbetrag), wenn die Beiträge aufgrund einer Versorgungszusage geleistet werden, die nach dem 31.12.2004 erteilt wurde ("Neuzusage").

Soweit die Beiträge für eine Pensionsfondsversorgung die Grenzbeträge des § 3 Nr. 63 EStG übersteigen, unterliegen die Beiträge der individuellen Lohnsteuer. Gehört der Arbeitnehmer zum begünstigten Personenkreis, kann er für die individuell versteuerten Beiträge Altersversorgezulage und den zusätzlichen Sonderausgabenabzug erhalten.[12] Erhält der Arbeitnehmer für seine Pensionsfondsversorgung Altersversorgezulage, wird auch seinem Ehegatten als mittelbar Zulageberechtigtem ( → II A Altersversorgeverträge, 2.2 Mittelbar zulageberechtigte Personen, S. 49) Zulage gewährt, wenn er einen auf seinen Namen lautenden Altersversorgevertrag i. S. d. AltZertG abgeschlossen hat.

Individuell lohnversteuerte Beiträge für eine Pensionsfondsversorgung in Form einer Risikolebensversicherung, einer Berufsunfähigkeitsversicherung

---

10  Stellungnahme der BaFin vom 03.08.2005.
11  BMF-Schreiben vom 31.03.2010, Rz 392.
12  § 10a i.V.m. § 82 Abs. 2 EStG.

oder einer Basisrente können im Rahmen der Höchstbeträge für Versorgeaufwendungen als Sonderausgaben berücksichtigt werden.

Erfüllt die Pensionsfondsversorgung nicht die Anforderungen des § 3 Nr. 63 EStG, sind die Beiträge ohne die Möglichkeit einer zusätzlichen Förderung individuell zu versteuern.

## 2.2 Besteuerung der Leistungen

Leistungen aus Pensionsfonds gehören stets zu den sonstigen Einkünften (§ 22 EStG). Die seit 2009 wirksamen Regelungen für die Abgeltungsteuer gelten deshalb für Leistungen aus Pensionsfonds nicht.[13]

Diese Besteuerung der Leistung gilt unabhängig vom Zeitpunkt des Vertragsabschlusses oder der Erteilung der Versorgungszusage. Unbeachtlich ist ebenfalls, ob die Leistung als Rente oder – in besonderen Fällen (z. B. Abfindung einer Kleinbetragsrente, Kündigung der Versorgung, Leistung bei Tod) – als Kapitalzahlung erbracht wird.

Der Umfang der Besteuerung hängt davon ab, ob die Beiträge einkommensteuerfrei oder individuell zu versteuern waren und ob sie durch den Sonderausgabenabzug nach § 10a EStG und/oder Altersvorsorgezulage gefördert wurden.[14]

### 2.2.1 Leistungen aus steuerfreien oder geförderten Beiträgen und aus Altersvorsorgezulagen

Leistungen aus Pensionsfonds sind in vollem Umfang nachgelagert als sonstige Einkünfte nach § 22 Nr. 5 EStG zu versteuern, soweit sie auf steuerfreien oder geförderten Beiträgen und auf Altersvorsorgezulagen einschließlich der darauf erzielten Erträge beruhen. Dies gilt unabhängig davon, ob die Leistungen als lebenslange Leibrenten, zeitlich befristete Leibrenten (z.B. Renten bei Berufsunfähigkeit oder an Waisen) oder – in besonderen Fällen – in Form einer Kapitalzahlung erbracht werden.

Geförderte Beiträge sind Altersvorsorgebeiträge, die mit Altersvorsorgezulage und/oder dem zusätzlichen Sonderausgabenabzug nach § 10a EStG gefördert wurden.

Steuerfreie Beiträge sind Beiträge, die nach § 3 Nr. 63 EStG oder aufgrund einer externen Teilung im Rahmen des Versorgungsausgleichs bei Ehescheidungen nach § 3 Nr. 55b EStG steuerfrei sind.[15]

Soweit Leistungen auf Vorsorgekapital beruhen, das anlässlich eines Arbeitgeberwechsels auf einen Pensionsfonds übertragen worden ist (Portabilität) und das seinerseits durch geförderte oder steuerfreie Beiträge aufgebaut

---

13  BMF-Schreiben vom 31.03.2010, Rz 329, 114.
14  BMF-Schreiben vom 31.03.2010, Rz 329.
15  BMF-Schreiben vom 31.03.2010, Rz 334.

wurde, sind die Leistungen ebenfalls in vollem Umfang nachgelagert zu versteuern.

## 2.2.2 Leistungen aus versteuerten und nicht geförderten Beiträgen

Für Leistungen eines Pensionsfonds, die auf versteuerten und nicht geförderten Beiträgen beruhen, gilt Folgendes:

### Renten

Leistungen, die in Form von lebenslangen Leibrenten aus einem Pensionsfonds gezahlt werden (Renten für die Versorgung im Alter oder des Ehegatten), sind mit dem Ertragsanteil aus § 22 Nr. 1 Satz 3 Buchstabe a Doppelbuchstabe bb EStG als sonstige Einkünfte zu versteuern.

Renten bei Berufsunfähigkeit oder an Hinterbliebene, die während einer befristeten Rentenzahlungsdauer gezahlt werden, sind als zeitlich begrenzte Leibrenten mit dem Ertragsanteil aus § 55 EStDV als sonstige Einkünfte zu versteuern.

Erfüllt die Versorgung aus dem Pensionsfonds die Anforderungen einer Basisrente, unterliegen die Leistungen in diesen Ausnahmefällen der Besteuerung nach § 22 Nr. 1 Satz 3 Buchstabe a Doppelbuchstabe aa EStG.

### Kapitalzahlungen aus Pensionsfonds mit Vertragsabschluss vor 2005

Erträge aus einer Pensionsfondsversorgung sind beim Arbeitnehmer oder seinen Hinterbliebenen unter den Voraussetzungen steuerfrei, die für Zinsen aus vor dem 01.01.2005 abgeschlossenen Lebensversicherungen gelten;[16] Einzelheiten → II C Private Lebensversicherungen, 2.1.2.1 Kapitalversicherungen, S. 217.

Wurde die Versorgung nicht gegen laufende Beitragszahlung oder mit einer Vertragsdauer von weniger als 12 Jahren abgeschlossen, sind die Erträge wie bei Lebensversicherungen mit Vertragsabschluss vor dem 01.01.2005 zu versteuern.

### Kapitalzahlungen aus Pensionsfonds mit Vertragsabschluss nach 2004

Im Erlebensfall oder bei Rückkauf sind die in der Kapitalleistung enthaltenen Erträge aus einer Pensionsfondsversorgung beim Arbeitnehmer in Höhe des Unterschiedsbetrags zwischen der Versorgungsleistung und den dafür ent-

---

16  BMF-Schreiben vom 31.03.2010, IV C 3-S 2222/09/10041 und IV C 5 – S 2333/09/10005, BStBl I 2010 S. 270, Rz 333 sowie Rz 131.

richteten Beiträgen entsprechend den für Lebensversicherungen ab dem 31.12.2004 geltenden Regelungen zu versteuern.

Wird die Leistung nach Vollendung des 60. Lebensjahres (Vertragsabschluss ab 2012: 62. Lebensjahres) des Steuerpflichtigen und nach Ablauf von 12 Jahren seit dem Vertragsabschluss gezahlt, gilt lediglich die Hälfte des Unterschiedsbetrags zwischen der Versorgungsleistung und der für sie gezahlten Beiträge (hälftiger Wertzuwachs) als steuerpflichtiger Ertrag.

Kapitalleistungen, die bei Tod fällig werden, sind stets einkommensteuerfrei.

### 2.2.3 Leistungen, die auf Altersvorsorgezulage, auf geförderten und nicht geförderten Beiträgen beruhen

Sind für eine Pensionsfondsversorgung sowohl nicht geförderte Beiträge als auch steuerfreie oder geförderte Beiträge gezahlt worden oder neben solchen Beiträgen Altersvorsorgezulage gutgeschrieben worden, sind die Leistungen:

- in vollem Umfang zu versteuern, soweit sie auf steuerfreien, auf geförderten Beiträgen oder auf Altersvorsorgezulage beruhen,

- wie zuvor unter → 2.2.2 Leistungen aus versteuerten und nicht geförderten Beiträgen, S. 379 beschrieben zu versteuern, soweit sie auf nicht geförderten Beiträgen beruhen.

Der Pensionsfonds muss die Leistungen entsprechend aufteilen (→ 2.2.5 Aufteilungsverfahren bei Pensionsfonds, S. 382).

### 2.2.4 Leistungen bei schädlicher Verwendung oder Wegzug aus Deutschland

Werden Leistungen aus einer Pensionsfondsversorgung, die auf Altersvorsorgezulagen und geförderten Altersvorsorgebeiträgen beruhen, „schädlich verwendet"[17], unterliegen die Leistungen nach Abzug der auf sie entfallenden Altersvorsorgezulagen der Einkommensteuer. In dem verbleibenden Betrag enthaltene Erträge sind nach den unter → 2.2.2 Leistungen aus versteuerten und nicht geförderten Beiträgen, S. 379 dargestellten Grundsätzen zu versteuern.[18]

Die Rechtsfolgen der „schädlichen Verwendung"[19] treten ebenfalls ein, wenn der Zulageberechtigte seinen Wohnsitz oder gewöhnlichen Aufenthalt in einem Staat außerhalb der Mitgliedstaaten der EU bzw. des EWR-Abkommens nimmt. Eine Verpflichtung zur Rückzahlung der gewährten Zulagen und Steuerermäßigungen besteht auch dann, wenn der Zulageberechtigte ungeachtet seines tatsächlichen Wohnsitzes oder gewöhnlichen Aufenthalts

---

17  Vgl. II A Altersvorsorgeverträge (Riester-Verträge), 6 Schädliche Verwendung, S. 80.
18  § 22 Nr. 5 Satz 3 EStG.
19  Einzelheiten: II A Altersvorsorgeverträge (Riester-Verträge), 6 Schädliche Verwendung, S. 80.

in einem EU- bzw. EWR-Staat aufgrund eines Doppelbesteuerungsabkommens mit einem Drittstaat als im Drittstaat ansässig gilt.[20]

In diesen Fällen wird der Rückzahlungsbetrag jedoch auf Antrag des Zulageberechtigten bis zum Beginn der Auszahlungsphase gestundet. Einzelheiten → II A Altersvorsorgeverträge (Riester-Verträge), Schädliche Verwendung, Wegzug ins Ausland, S. 83.

Grundsätzlich sind die Altersvorsorgezulagen im Zeitpunkt des Wegzugs aus Deutschland zurückzuzahlen. Auf Antrag des Steuerpflichtigen kann die Rückzahlung zunächst bis zur Fälligkeit der Versorgungsleistungen gegen Zahlung von Stundungszinsen gestundet werden. Verpflichtet sich der Versorgungsberechtigte mindestens 15 % der Leistungen aus der Pensionsfondsversorgung zur Tilgung des gestundeten Betrags einzusetzen, verlängert sich die zinspflichtige Stundung bis zur vollständigen Rückzahlung der Altersvorsorgezulagen. Nach unserer Auffassung bewirkt die Stundung gegen Zinsen, dass auch in diesem Fall steuerlich von einer Rückzahlung im Zeitpunkt des Wegzugs auszugehen ist.

Werden die zurückzuzahlenden Altersvorsorgezulagen dem Vorsorgekapital bereits im Zeitpunkt des Wegzugs oder bei Fälligkeit der Versorgungsleistungen entnommen, wird die danach verbleibende Leistung des Pensionsfonds nach den unter → 2.2.2 Leistungen aus versteuerten und nicht geförderten Beiträgen, S. 379 dargestellten Grundsätzen der Besteuerung unterworfen.

Wird der Rückzahlungsbetrag aus den Leistungen der Pensionsfondsversorgung getilgt, weichen die tatsächlichen Leistungen von den zu versteuernden Leistungen ab, weil die Rückzahlung steuerlich bereits als im Zeitpunkt des Wegzugs erfolgt zu berücksichtigen ist. Die zu versteuernde Leistung ist danach wie folgt zu ermitteln:

> Vorsorgekapital im Zeitpunkt des Wegzugs

./. steuerlich bereits im Zeitpunkt des Wegzugs zu berücksichtigender Rückzahlungsbetrag

+ eventuell weiterhin gezahlte Beiträge

+ Erträge aus dem tatsächlich nicht gekürzten Vorsorgekapital

= fiktives Vorsorgekapital, nach dem die zu versteuernde Rente zu bemessen ist

= zu versteuernde Rente

x Ertragsanteil nach § 22 Abs. 1 Nr. 1 Buchstabe a Doppelbuchstabe bb EStG

= steuerpflichtige Leistung aus der Pensionsfondsversorgung (§ 22 Nr. 5 Satz 3 EStG)

In diesen Fällen weicht die vom Pensionsfonds gezahlte Rente von der zu bescheinigenden Rente (Rentenbezugsmitteilung) ab.

---

20  BMF-Schreiben vom 31.03.2010, Rz 348 i.V.m. Rz 197–199.

## 2.2.5 Aufteilungsverfahren bei Pensionsfonds

Wurden für eine Pensionsfondsversorgung sowohl nicht geförderte Beiträge als auch steuerfreie oder geförderte Beiträge gezahlt oder neben solchen Beiträgen Altersvorsorgezulage gutgeschrieben, sind die Leistungen vom Pensionsfonds aufzuteilen. Die Aufteilung ist bei erstmaligem Bezug von Leistungen und in den Fällen einer schädlichen Verwendung vorzunehmen. Dabei muss der Pensionsfonds die Beiträge für den jeweiligen Vertrag individualisieren und nach den steuerlich maßgebenden Kriterien getrennt aufzeichnen. Die sich daraus ergebenden Leistungen einschließlich zugeteilter Erträge sind ebenfalls getrennt zu ermitteln.

Kann der Pensionsfonds die Beiträge, Leistungen und Erträge eines Vertrages nicht gesondert ermitteln, darf die Aufteilung anhand eines abgestimmten versicherungsmathematischen Verfahrens (sog. Wertstandsverfahren) vorgenommen werden. Aus Vereinfachungsgründen lässt die Finanzverwaltung auch eine Verhältnisaufteilung der steuerfreien und/oder nicht geförderten Beiträge zur Summe der insgesamt geleisteten Beiträge ohne die Berücksichtigung von Zinseffekten zu (beitragsproportionales Verfahren).[21]

## 2.2.6 Pflichten des Arbeitgebers

### Aufzeichnungspflichten

Hat der Arbeitgeber seinem Arbeitnehmer Leistungen aus einem Pensionsfonds zugesagt, ist er verpflichtet, gesondert für jede Versorgungszusage und für jeden Arbeitnehmer folgende Aufzeichnungen zu führen:

- bei Inanspruchnahme des zusätzlichen steuerfreien Höchstbetrags von 1.800 € den Zeitpunkt der erstmaligen Erteilung der Versorgungszusage.

- Bei einer Übertragung nach dem Abkommen zur Übertragung von Direktversicherungen, Pensionskasse oder Pensionsfonds bei Arbeitgeberwechsel vom 30.07.2010, gültig ab 01.01.2012 ist der Übertragungszeitpunkt festzuhalten. Bei einer Änderung einer vor dem 01.01.2005 erteilten Versorgungszusage („Altzusage") müssen alle Änderungen der Zusage nach dem 31.12.2004 aufgezeichnet werden, damit eine Überprüfung hinsichtlich der steuerlichen Einordnung als Alt- oder Neuzusage möglich ist.[22]

- Wird eine Pensionsfondsversorgung im Rahmen des Abkommens zur Übertragung von Direktversicherungen, Pensionskasse oder Pensionsfonds bei Arbeitgeberwechsel vom 30.07.2010, gültig ab 01.01.2012 übertragen oder im Fall der Übernahme der Zusage (Schuldübernahme) nach § 4 Abs. 1 Nr. 1 BetrAVG durch den neuen Arbeitgeber fortgeführt, ist zusätzlich eine Erklärung des ehemaligen Arbeitgebers erforderlich, dass diese Versorgungszusage vor dem 01.01.2005 erteilt und bis zum Arbeitgeberwechsel nicht als „Neuzusage" behandelt wurde.[23]

---

21 BMF-Schreiben vom 11.11.2004.
22 § 5 Abs. 1 Nr. 1 LStDV 2011.
23 § 5 Abs. 1 Nr. 2 LStDV 2011.

## Mitteilungspflichten

Der Arbeitgeber hat bei Durchführung einer kapitalgedeckten betrieblichen Altersversorgung über einen Pensionsfonds diesem jährlich gesondert je Versorgungszusage und für jeden einzelnen Arbeitnehmer die nach § 3 Nr. 63 EStG steuerfrei belassenen Beiträge sowie die individuell besteuerten Beiträge mitzuteilen.

Die Daten müssen dem Pensionsfonds spätestens zwei Monate nach Ablauf des Kalenderjahres oder nach Beendigung des Dienstverhältnisses im Laufe des Kalenderjahres mitgeteilt werden.

Die Mitteilung kann unterbleiben, wenn der Pensionsfonds die steuerliche Behandlung der für den einzelnen Arbeitnehmer im Kalenderjahr geleisteten Beiträge bereits kennt oder aus den bei ihm vorhandenen Daten feststellen kann. Unterbleibt eine Meldung des Arbeitgebers, gilt die Annahme, dass es sich insgesamt bis zu den in § 3 Nr. 63 EStG genannten Höchstbeträgen um danach steuerfreie Beiträge handelt, die in der Auszahlungsphase voll nachgelagert als sonstige Einkünfte (§ 22 Nr. 5 Satz 1 EStG) zu versteuern sind.[24]

Eine Anzeige der individuell versteuerten Beiträge kann ebenfalls unterbleiben, wenn der Pensionsfonds dem Arbeitgeber mitgeteilt hat, dass eine Förderung der Beiträge durch Altersvorsorgezulagen und ggf. den zusätzlichen Sonderausgabenabzug nicht möglich ist. Unterbleibt die Mitteilung des Arbeitgebers und kennt der Pensionsfonds die für den einzelnen Arbeitnehmer individuell versteuerten Beiträge nicht oder hat der Arbeitnehmer gegenüber dem Pensionsfonds auf eine Förderung der individuell versteuerten Beiträge als Altersvorsorgebeiträge verzichtet, gilt die Annahme, dass die geleisteten Beiträge keine förderfähigen Altersvorsorgebeiträge sind.[25]

## 2.2.7 Rentenbezugsmitteilung

Pensionsfonds sind verpflichtet, Zahlungen (Renten und Kapitalzahlungen) aufgrund einer betrieblichen Altersversorgung und ihre Empfänger (Arbeitnehmer) der Finanzverwaltung (zentrale Stelle: Deutsche Rentenversicherung Bund) mitzuteilen. Diese Rentenbezugsmitteilung erfolgt bis zum 01.03. des Folgejahres nach amtlich vorgeschriebenem Datensatz im Wege der Datenfernübertragung,[26] erstmals für das Jahr des Leistungsbeginns.[27]

Der Pensionsfonds übermittelt folgende Daten des Steuerpflichtigen an die zentrale Stelle:

* die vom Leistungsempfänger genannte Identifikationsnummer. Teilt dieser trotz Aufforderung seine steuerliche Identifikationsnummer dem Anbieter nicht mit, darf der Anbieter diese beim Bundeszentralamt für Steuern erfragen.

---

24   § 5 Abs. 2 und 3 LStDV 2011.
25   § 6 AltvDV.
26   § 22a EStG.
27   § 22 Nr. 5 Satz 7 EStG.

- Familienname, Vorname und das Geburtsdatum des Leistungsempfängers sowie, falls dem Versicherer bekannt, eine ausländische Anschrift und die Staatsangehörigkeit des Rentenempfängers.

- je gesondert den Betrag der ausgezahlten (abgekürzten) Leibrenten oder anderen Leistungen (z.B. Kapitalzahlungen oder Abfindung einer Kleinbetragsrente). Der im Betrag der Rente enthaltene Teil, der ausschließlich auf einer Anpassung der Rente beruht, ist gesondert mitzuteilen. Dabei ist lediglich die Höhe der tatsächlich steuerpflichtigen Leistungen zu melden (z.B. bei Kapitalleistungen aus „Neuzusagen": hälftiger Wertzuwachs, falls der Steuerpflichtige das 60. Lebensjahr – bei Vertragsabschluss ab 2012: 62. Lebensjahr – bereits vollendet hat und die Auszahlung frühestens nach 12 Jahren erfolgte). Für Leistungen, die auf nicht gefördertem Kapital beruhen, erfolgt keine Mitteilung, wenn die Auszahlung aufgrund einer „Altzusage" erst nach Ablauf von 12 Jahren seit Vertragsabschluss erfolgt.[28]

- Zeitpunkt des Beginns und des Endes des jeweiligen Leistungsbezugs. Folgen nach dem 31.12.2004 Renten aus derselben Versorgung einander nach, ist auch die Laufzeit der vorhergehenden Renten mitzuteilen.

- Bezeichnung und Anschrift des Pensionsfonds.

Wird die Rentenbezugsmitteilung nicht fristgerecht bis zum 01.03. des Folgejahres übermittelt, ist für jeden Monat der verspäteten Abgabe ein Verspätungsgeld in Höhe von 10 € für jede Mitteilung zu entrichten. Das Verspätungsgeld darf für alle für einen Veranlagungszeitraum zu übermittelnden Rentenbezugsmeldungen 50.000 € nicht übersteigen. Wird die Frist ohne Verschulden des Mitteilungspflichtigen überschritten, entfällt das Verspätungsgeld.[29]

Gegen einen Anbieter kann zudem ein Bußgeld von bis zu 50.000 € festgesetzt werden, wenn er vorsätzlich oder leichtfertig die Daten der Rentenbezugsmitteilung bzw. die Mitteilung selbst nicht, nicht richtig, nicht vollständig oder nicht rechtzeitig an die zentrale Stelle übermittelt.[30]

Außerdem ist der Pensionsfonds verpflichtet, den Leistungsempfänger jeweils darüber zu unterrichten, dass die Leistung der zentralen Stelle übermittelt wird. Die Information des Leistungsempfängers kann formlos erfolgen.

Die zentrale Stelle hat das Recht, bei Pensionsfonds die Einhaltung der Meldepflicht im Rahmen einer steuerlichen Außenprüfung zu überprüfen.

---

28   BMF-Schreiben vom 17.12.2010.
29   § 22a Abs. 5 EStG.
30   § 50f EStG.

# 3 Steuerliche Behandlung beim Arbeitgeber

Für Unternehmen, die zur Durchführung ihrer betrieblichen Altersversorgung einen Pensionsfonds nutzen, sind die gezahlten Beiträge nach § 4e EStG als Betriebsausgaben abzugsfähig. Die steuerliche Geltendmachung ist allerdings nur dann zulässig, wenn die Beiträge

- betrieblich veranlasst sind

und

- aufgrund der Pensionsfondsversorgung geschuldet werden

oder

- der Abdeckung von Fehlbeträgen des Pensionsfonds (Nachschusspflicht) dienen.

## Aktivierung

Der Anspruch auf Versorgung ist steuerlich dem Arbeitnehmer zuzurechnen; insoweit ist eine Aktivierung der Ansprüche beim Arbeitgeber nicht zulässig.

Weist der Pensionsfonds eine aus realisierten Erträgen entstandene Überdeckung der vorhandenen Deckungsmittel über die Versorgungsverpflichtungen aus und ist der Arbeitgeber darauf anspruchsberechtigt, hat er diesen Anspruch als Forderung in seiner Steuerbilanz zu aktivieren.

## Passivierung der Versorgungsverpflichtung

Die Verpflichtung, aus der Versorgungszusage Leistungen an den Arbeitnehmer zu erbringen, ist in der Steuerbilanz nicht auszuweisen.

Sind die Deckungsmittel des Pensionsfonds am Bilanzstichtag geringer als dessen Versorgungsverpflichtung (Unterdeckung), kann eine Nachschusspflicht des Arbeitgebers entstehen[31]. Ist der Arbeitgeber zu Nachschüssen verpflichtet, muss er diese in seiner Steuerbilanz passivieren.

---

31   § 115 Abs. 2a, 2b VAG.

# 4 Übernahme von Anwartschaften und Versorgungsverpflichtungen

Unternehmen können Versorgungsanwartschaften und Versorgungsverpflichtungen aus Direktzusagen oder Unterstützungskassen auf einen Pensionsfonds übertragen.

Beim Wechsel des Durchführungswegs stehen dem Arbeitgeber zwei Alternativen zur Wahl:

1. Sofortiger Betriebsausgabenabzug
2. Verteilung des Betriebsausgabenabzugs der insgesamt erforderlichen Leistungen zur Übertragung bestehender Anwartschaften (§ 4d Abs. 3 EStG bzw. 4e Abs. 3 EStG)

## Sofortiger Betriebsausgabenabzug

Im Wirtschaftsjahr der Übertragung können die insgesamt erforderlichen Beiträge an den Pensionsfonds im Zeitpunkt der Zahlung als Betriebsausgaben geltend gemacht werden.

Bei dieser Variante ist die Zahlung steuerpflichtiger Arbeitslohn des Arbeitnehmers. Die Leistung des Arbeitgebers unterliegt der individuellen Lohnsteuer. Erfüllt die Pensionsfondsversorgung die Anforderungen des § 3 Nr. 63 EStG, kann ein Betrag ggf. im Rahmen der Höchstbeträge steuerfrei sein.

## Verteilung der Betriebsausgaben

Der Arbeitgeber kann unwiderruflich beantragen, die insgesamt erforderlichen Leistungen für die Übernahme der erdienten Versorgungsanwartschaft oder Versorgungsverpflichtung nicht im Zeitpunkt der Zahlung, sondern während eines Zeitraums von 10 Jahren in gleichen Raten als Betriebsausgaben abziehen zu können.

Übernimmt der Pensionsfonds eine Versorgung, für die der Arbeitgeber eine Pensionsrückstellung gebildet hat, kann der Arbeitgeber im Wirtschaftsjahr der Übertragung Beiträge bis zur Höhe der aufzulösenden Pensionsrückstellung sofort als Betriebsausgaben geltend machen („past service"). Beiträge bzw. Beitragsteile, die den Betrag der aufzulösenden Pensionsrückstellung übersteigen („future service"), sind auf die dem Übertragungsjahr folgenden 10 Jahre gleichmäßig als Betriebsausgaben zu verteilen.

Hat der Arbeitgeber die Verteilung der Betriebsausgaben beantragt, sind die Leistungen des Arbeitgebers an den Pensionsfonds beim Arbeitnehmer einkommensteuerfrei.[32]

---

32   § 3 Nr. 66 EStG.

Bei einer teilweisen Übertragung ist für den Betriebsausgabenabzug der aufzulösende Rückstellungswert, der anteilig auf die Pensionsfondsrente entfällt, maßgebend.

## Leistungen beim Arbeitnehmer

Die fälligen Pensionsfondsleistungen sind – im Unterschied zur bisherigen Zusage – nach § 22 Nr. 5 Satz 1 EStG als sonstige Einkünfte voll nachgelagert zu versteuern.

Versorgungsberechtigte, die im Zeitpunkt der Übertragung der Versorgungsverpflichtungen bereits eine laufende Rente von ihrem Arbeitgeber bezogen haben, können nach der Übertragung weiterhin den Arbeitnehmerpauschbetrag bzw. den Versorgungsfreibetrag/Versorgungspauschbetrag – sofern hierfür die Voraussetzungen vorliegen – geltend machen.[33] Wird das für die Inanspruchnahme des Versorgungsfreibetrags erforderliche Alter erst zu einem späteren Zeitpunkt erreicht, sind die entsprechenden Freibeträge (Versorgungsfreibetrag, Pauschbetrag nach § 9a Nr. 1b EStG) ab dann zu berücksichtigen.[34]

# 5   Einzelfälle

## Versorgungsausgleich bei Ehescheidungen

Bei Ehescheidungen müssen alle von den Ehegatten während der Zeit ihrer Ehe erworbenen Anrechte auf eine Versorgung wegen Alter und Invalidität ausgeglichen werden.

## Interne Teilung

Seit dem 01.09.2009 werden Anrechte auf Altersversorgung grundsätzlich intern geteilt. Zum Zeitpunkt der Scheidung werden die erworbenen Anrechte geteilt und für den Ausgleichsberechtigten beim Arbeitgeber des geschiedenen Ehegatten ein eigenständiges Versorgungsanrecht geschaffen, das die Merkmale der Versorgung des Ausgleichspflichtigen beibehält (z. B. Art, Beginn und Dauer der Leistung).

Die Teilung der Anrechte ist für beide Ehegatten steuerfrei.[35] Erst während der Auszahlungsphase unterliegen die Leistungen aus der Pensionsfondsversorgung des Ausgleichsberechtigten als sonstige Einkünfte (§ 22 Nr. 5 EStG) der Einkommensteuer. Dabei gilt Folgendes:

---

33   § 52 Abs. 34c Satz 1 EStG.
34   BMF-Schreiben vom 31.03.2010, Rz 341.
35   § 3 Nr. 55a Satz 1 EStG, BMF-Schreiben vom 31.03.2010, Rz 365.

- Leistungen aus der Pensionsfondsversorgung des ausgleichsberechtig-ten Ehegatten, die auf **steuerfreien Beiträgen** für die Pensionsfondsver-sorgung des ausgleichsverpflichteten Ehegatten beruhen, sind im Zeit-punkt der Zahlung in vollem Umfang nachgelagert zu versteuern. Eben-falls in vollem Umfang als sonstige Einkünfte der Einkommensteuer un-terliegen Leistungen aus der Pensionsfondsversorgung des ausgleichs-berechtigten Ehegatten, soweit sie auf **geförderten Altersvorsorgebei-trägen und/oder Altersvorsorgezulagen** für die Pensionsfondsversor-gung des ausgleichsverpflichteten Ehegatten beruhen.

- Leistungen aus der Pensionsfondsversorgung des ausgleichsberechtig-ten Ehegatten, die auf **nicht geförderten Beiträgen** des ausgleichsver-pflichteten Ehegatten beruhen, unterliegen nach den allgemeinen Grundsätzen für Pensionsfonds (→ 2.2.2 Leistungen aus versteuerten und nicht geförderten Beiträgen, S. 379) der Einkommensteuer. Kapi-talzahlungen können – abhängig vom Beginn der Versorgung des Aus-gleichsverpflichteten – steuerfrei vereinnahmt werden oder unterliegen in Höhe des (hälftigen) Ertrags als Einkünfte aus Kapitalvermögen der Einkommensteuer. Leibrenten werden mit dem Ertragsanteil (§ 22 Nr. 1 Satz 3 Buchstabe a Doppelbuchstabe bb EStG) als sonstige Einkünfte versteuert. Dabei werden die persönlichen Verhältnisse des Ausgleichs-berechtigten (Rentenbeginn und Lebensalter) berücksichtigt.[36]

Der Ausgleichsberechtigte kann die ihm zuzuordnende intern geteilte Pen-sionsfondsversorgung wie ein ausgeschiedener Arbeitnehmer mit eigenen Beiträgen fortsetzen, wenn dem ausgleichsverpflichteten Ehegatten ein sol-ches Recht zustand (siehe § 1b Abs. 5 Nr. 2 BetrAVG). Die Beiträge des Aus-gleichsberechtigten können förderfähige Altersvorsorgebeiträge sein, wenn das Fortsetzungsrecht des ausgleichsverpflichteten Ehegatten aufgrund einer Entgeltumwandlung bestand.[37] Soweit die Leistungen aus der Pensi-onsfondsversorgung

- auf Altersvorsorgebeiträgen und/oder Altersvorsorgezulagen beruhen, sind sie in vollem Umfang als sonstige Einkünfte zu versteuern (§ 22 Nr. 5 EStG).

- auf nicht geförderten Beiträgen beruhen, unterliegen sie nach den allge-meinen Grundsätzen für Pensionsfonds (→ 2.2.2 Leistungen aus versteu-erten und nicht geförderten Beiträgen, S. 379) der Einkommensteuer.

## Externe Teilung

Bei einer externen Teilung der Anrechte wird der vom Familiengericht er-mittelte Ausgleichswert der Pensionsfondsversorgung des ausgleichsver-pflichteten Ehegatten entnommen und auf eine Versorgung des ausgleichs-

---

36  BMF-Schreiben vom 31.03.2010, Rz 369.
37  BMF-Schreiben vom 31.03.2010, Rz 292 ff.

berechtigten Ehegatten bei demselben oder einem anderen Versorgungsträger übertragen.

Entsteht durch die Entnahme des Ausgleichswerts beim Pensionsfonds eine Unterdeckung für die Versorgung des Ausgleichspflichtigen, kann sich für den Arbeitgeber eine Nachschusspflicht ergeben.

Als Zielversorgung kann der Ausgleichsberechtigte jeden Durchführungsweg der betrieblichen Altersversorgung oder eine private Versorgung (z. B. Riester-Rente, Basisrente oder private Rentenversicherung) wählen. Dabei darf die Zahlung des Ausgleichswerts in die gewählte Zielversorgung nicht zu nachteiligen steuerlichen Folgen beim Ausgleichsverpflichteten führen, es sei denn, dieser stimmt der Wahl des ausgleichsberechtigten Ehegatten zu.[38] Entscheidet sich der Ausgleichsberechtigte für keine Zielversorgung, wird eine Versorgung bei der Versorgungsausgleichskasse begründet[39].

Wird im Rahmen der externen Teilung für den Ausgleichsberechtigten ein Anrecht auf betriebliche Altersversorgung neu begründet, richtet sich die Beurteilung Alt-/Neuzusage nach der Art der ursprünglichen Versorgungszusage des Ausgleichsverpflichteten.[40] Wird eine bereits bestehende Versorgung des Ausgleichsberechtigten durch den übertragenen Ausgleichswert aus der Versorgung des Ausgleichspflichtigen aufgestockt, bleibt die bestehende Versorgung des Ausgleichsberechtigten

- eine Altzusage, wenn sie vor 2005 erteilt wurde,
- eine Neuzusage, wenn sie nach 2004 erteilt wurde.[41]

Entscheidend für die Frage, ob die Übertragung des Ausgleichswerts im Zeitpunkt der externen Teilung der Einkommensteuer unterworfen wird, ist die bisherige Besteuerung der Beiträge während der Ehezeit sowie die Besteuerung der künftigen Leistungen beim Ausgleichsberechtigten. Werden die späteren Leistungen steuerlich günstiger gestellt als dies aufgrund der bisherigen Beitragsbehandlung erfolgen müsste, entsteht ein „Besteuerungsgefälle", das durch die Besteuerung des Ausgleichswerts im Zeitpunkt der Übertragung kompensiert wird.

---

38  § 15 Abs. 5 VersAusglG.
39  BMF-Schreiben vom 31.03.2010, Rz 359.
40  BMF-Schreiben vom 31.03.2010, Rz 372.
41  BMF-Schreiben vom 31.03.2010, Rz 372 und 306 ff.

| Bisherige Beitrags-behandlung | Künftige Besteuerung der Leistungen beim Ausgleichs-berechtigten | Übertragung des Ausgleichswerts |
|---|---|---|
| Steuerfrei § 3 Nr. 63 EStG | Voll nachgelagert (§ 22 Nr. 5 Satz 1 EStG) z. B. Neuzusage steuerfrei nach § 3 Nr. 63 EStG, Riester-Rente | Steuerfrei nach § 3 Nr. 55b EStG |
| | (hälftiger) Wertzuwachs/Ertrag (§ 20 Abs. 1 Nr. 6 EStG) oder Ertragsanteilsbesteuerung (§ 22 Nr. 1 Satz 3 Buchstabe a Doppelbuchstabe bb EStG) z. B. pauschal besteuerte Altzusage nach § 40b EStG | Steuerpflichtig nach § 3 Nr. 55b Satz 2 EStG beim Ausgleichsverpflichteten (Einwilligung des Ausgleichsverpflichteten erforderlich!)[42] |
| | Voll nachgelagert (§ 22 Nr. 1 Satz 3 Buchstabe a Doppelbuchstabe aa EStG) z. B. Basisrente | Steuerfrei nach § 3 Nr. 55b EStG |
| Individuell versteuert | (hälftiger) Wertzuwachs/ Ertrag bzw. rechnungs-/ außerrechnungsmäßige Zinsen (§ 20 Abs. 1 Nr. 6 EStG) oder Ertragsanteilsbesteuerung (§ 22 Nr. 1 Satz 3 Buchstabe a Doppelbuchstabe bb EStG) z. B. pauschal besteuerte Altzusage, Fortgeführte Pensionsfondsversorgung | Nicht steuerbar, da „richterlicher Gestaltungsakt" weder Rückkauf noch Erlebensfall (§ 22 Nr. 5 Satz 2 Buchstabe b i. V. m. § 20 Abs. 1 Nr. 6 EStG) |
| | Voll nachgelagert (§ 22 Nr. 1 Satz 3 Buchstabe a Doppelbuchstabe aa EStG) z. B. Basisrente | Nicht steuerbar, da „richterlicher Gestaltungsakt" weder Rückkauf noch Erlebensfall (§ 22 Nr. 5 Satz 2 Buchstabe b i. V. m. § 20 Abs. 1 Nr. 6 EStG) |

Der Versorgungsträger der ausgleichspflichtigen Person hat grundsätzlich den Versorgungsträger der ausgleichsberechtigten Person über die für die Besteuerung der Leistungen erforderlichen Grundlagen zu informieren. Diese Informationspflicht entfällt, wenn der aufnehmende Versorgungsträger diese Grundlagen bereits kennt oder aus den bei ihm vorhandenen Daten feststellen kann; er muss den abgebenden Versorgungsträger davon in Kenntnis setzen.[43]

---

42   § 15 Abs. 3 VersAusglG.
43   § 3 Nr. 55b Sätze 3, 4 EStG.

## Versorgungsausgleichskasse

Die Versorgungsausgleichskasse ist eine Pensionskasse, die dem ausschließlichen Zweck dient, eine kapitalgedeckte Versorgung des Ausgleichsberechtigten durchzuführen, wenn dieser sich im Fall der externen Teilung einer betrieblichen Altersversorgung für keine Zielversorgung entscheidet. Leistungen der Versorgungsausgleichskasse sind vom Ausgleichsberechtigten wie Leistungen zu versteuern, die von einer „normalen" Pensionskasse aufgrund einer externen Teilung gewährt werden.

## Arbeitgeberwechsel nach § 3 Nr. 55 EStG

Tritt bei einem Arbeitgeberwechsel der neue Arbeitgeber in eine bestehende Pensionsfondsversorgung ein, so gilt dies nicht als neuer Vertragsabschluss.

Erteilt der neue Arbeitgeber nach einem Arbeitgeberwechsel im Einvernehmen mit dem Arbeitnehmer und dem bisherigen Arbeitgeber eine der Versorgung des bisherigen Arbeitgebers wertgleiche Versorgungszusage gegen Übertragung des Werts der Versorgung des bisherigen Arbeitgebers, ist der Übertragungswert beim Arbeitnehmer einkommensteuerfrei.[44] Dies gilt, wenn die bisherige Versorgung und die neu zugesagte Versorgung in der Form einer Direktversicherung, eines Pensionsfonds oder einer Pensionskasse durchgeführt worden war bzw. durchgeführt wird.

Die Übertragung ist auch steuerfrei, wenn der Arbeitnehmer innerhalb eines Jahres nach Beendigung des Arbeitsverhältnisses von seinem bisherigen Arbeitgeber oder dem Versorgungsträger (Versicherungsunternehmen, Pensionskasse oder Pensionsfonds) verlangt, den Übertragungswert auf den neuen Arbeitgeber zu übertragen und dieser eine wertgleiche Versorgungszusage erteilt.[45] Dies gilt, wenn die bisherige Versorgung und die neu zugesagte Versorgung in der Form einer Direktversicherung, eines Pensionsfonds oder einer Pensionskasse durchgeführt worden war bzw. durchgeführt wird.

Die Leistung aus der Versorgung des neuen Arbeitgebers ist – soweit sie auf dem Übertragungswert beruht – nach den Regeln zu versteuern, die für die Pensionsfondsversorgung des ehemaligen Arbeitgebers galten.

Wird eine Pensionsfondsversorgung, die vor 2005 begründet wurde, aus Anlass eines Arbeitgeberwechsels unmittelbar auf einen anderen Pensionsfonds übertragen, geht die Finanzverwaltung von einer Beendigung des bisherigen und dem Abschluss eines neuen Versorgungsverhältnisses aus. Die rechnungs- und außerrechnungsmäßigen Zinsen/Erträge aus der beendeten Pensionsfondsversorgung sind im Zeitpunkt der Vertragsbeendigung zu versteuern, wenn sie bei einem „Altvertrag" nach § 20 Abs. 1 Nr. 6 EStG 2004 zu den Einkünften aus Kapitalvermögen gehören.[46]

---

44   § 3 Nr. 55 Satz 1 EStG.
45   § 3 Nr. 55 Satz 1 EStG.
46   BMF-Schreiben vom 07.08.2007.

Wird die Pensionsfondsversorgung im Rahmen des Abkommens der Versicherungswirtschaft zur Übertragung von Direktversicherungen, Pensionskasse oder Pensionsfonds bei Arbeitgeberwechsel auf einen anderen Pensionsfonds übertragen, geht die Finanzverwaltung von einer Fortsetzung der Versorgung aus, soweit gleichwertige Leistungen vereinbart sind.[47]

Für Beiträge der fortgesetzten Versorgung können weiterhin die Regelungen für „Altzusagen" angewendet werden. Die Zinsen/Erträge aus der beendeten Pensionsfondsversorgung sind zusammen mit den Zinsen/Erträgen aus der fortgesetzten Pensionsfondsversorgung bei Auszahlung der Versorgungsleistung zu versteuern. Für die Besteuerung gelten die Regelungen für „Altverträge".[48]

---

47   Erstmals BMF-Schreiben vom 6.4.1984 zuletzt BMF-Schreiben vom 04.06.2010.
48   BMF-Schreiben vom 04.06.2010 und BMF-Schreiben vom 07.08.2007.

# V Grundzüge des Körperschaftsteuerrechts

| | | |
|---|---|---:|
| 1 | **Steuerpflicht** | **394** |
| 1.1 | Unbeschränkte Steuerpflicht | 394 |
| 1.2 | Beschränkte Steuerpflicht | 395 |
| 1.3 | Befreiungen | 395 |
| | | |
| 2 | **Bemessungsgrundlagen** | **396** |
| | | |
| 3 | **Ermittlung des zu versteuernden Einkommens** | **397** |
| 3.1 | Steuerlicher Gewinn | 397 |
| | Verdeckte Gewinnausschüttung | 398 |
| | Einlagen | 399 |
| | Nicht abziehbare Aufwendungen | 399 |
| | Sonstige Gewinnkorrekturen | 399 |
| 3.2 | Gesamtbetrag der Einkünfte | 400 |
| 3.3 | Einkommen | 400 |
| | Verlustabzug | 400 |
| 3.4 | Zu versteuerndes Einkommen | 401 |
| | Freibetrag für bestimmte Körperschaften | 401 |
| | Freibetrag für Erwerbs- und Wirtschaftsgenossenschaften sowie bestimmte Vereine | 401 |
| | | |
| 4 | **Körperschaftsteuer** | **401** |
| | Körperschaftsteuertarif | 401 |
| | Festzusetzende Körperschaftsteuer | 402 |
| | Erstattungs- oder Nachzahlungsbetrag | 402 |
| | Veranlagung | 402 |

# 1 Steuerpflicht

Juristische Personen wie z. B. Aktiengesellschaften, Gesellschaften mit beschränkter Haftung, Genossenschaften und Vereine unterliegen mit ihrem Einkommen regelmäßig der Körperschaftsteuer.

Natürliche Personen unterliegen nicht der Körperschaftsteuer. Sie sind von der Geburt bis zu ihrem Tod einkommensteuerpflichtig.

Personengesellschaften wie z. B. die offene Handelsgesellschaft, Kommanditgesellschaft, Partnerschaftsgesellschaften, Gesellschaften des bürgerlichen Rechts und Gemeinschaften wie beispielsweise Erbengemeinschaften sind weder körperschaftsteuer- noch einkommensteuerpflichtig. Die von den Gesellschaften bzw. Gemeinschaften erzielten Einkünfte werden den Beteiligten anteilig zugeordnet und von diesen unmittelbar versteuert.

## 1.1 Unbeschränkte Steuerpflicht

Unbeschränkt körperschaftsteuerpflichtig sind die folgenden Körperschaften, Personenvereinigungen und Vermögensmassen, wenn sie ihren Sitz oder ihre Geschäftsleistung im Inland haben:

- Kapitalgesellschaften, insbesondere Aktiengesellschaften (AG), Gesellschaften mit beschränkter Haftung (GmbH), Kommanditgesellschaften auf Aktien

- europäische Gesellschaften (u. a. SE = Societas Europaea als Europäische Aktiengesellschaft, SCE = Societas Cooperativa Europaea als Europäische Genossenschaft)

- Genossenschaften

- Versicherungs- und Pensionsfondsvereine auf Gegenseitigkeit

- sonstige juristische Personen des privaten Rechts (insbesondere eingetragene Vereine und rechtsfähige Stiftungen)

- nicht rechtsfähige Personenvereinigungen und Vermögensmassen (z. B. nichtrechtsfähige Vereine, Stiftungen und Zweckvermögen

- Betriebe gewerblicher Art von juristischen Personen des öffentlichen Rechts

Nach dem englischen Recht gegründete „Private companies limited by shares" (kurz: Limited – Ltd.) sind unbeschränkt körperschaftsteuerpflichtig, wenn sie eine inländische Niederlassung besitzen.

Der unbeschränkten Körperschaftsteuerpflicht unterliegen sämtliche in- und ausländischen Einkünfte (Welteinkommensprinzip). Die Körperschaftsteuerpflicht beginnt spätestens mit Erlangung der Rechtsfähigkeit (i. Allg. Eintragung ins Handelsregister). Sie endet grundsätzlich mit der Löschung der Gesellschaft im jeweiligen Register.

## 1.2  Beschränkte Steuerpflicht

Körperschaften, Personenvereinigungen und Vermögensmassen, die im Inland weder Sitz noch Geschäftsleitung haben, sind mit ihren inländischen Einkünften im Sinne des § 49 EStG beschränkt körperschaftsteuerpflichtig.

Ebenfalls beschränkt steuerpflichtig sind juristische Personen des öffentlichen Rechts sowie öffentlich-rechtliche Religionsgemeinschaften mit inländischen, dem Steuerabzug unterliegenden Einkünften. Der Steuerabzug kann u.a. nach den Vorschriften des § 43 EStG (Kapitalertragsteuer) und § 50a Abs. 4, 7 EStG (Steuerabzug für bestimmte inländische Einkünfte bei beschränkter Steuerpflicht) erfolgen. Im Allgemeinen ist die Körperschaftsteuerschuld durch den Steuerabzug abgegolten, d. h., es wird – ohne Antrag – kein Veranlagungsverfahren durchgeführt.

## 1.3  Befreiungen

Bestimmte Körperschaften, Personenvereinigungen und Vermögensmassen werden ganz oder teilweise von der Körperschaftsteuer befreit. Darunter fallen beispielsweise:

- rechtsfähige Pensions-, Sterbe- und Krankenkassen – wenn bestimmte sachliche Voraussetzungen eingehalten werden (§ 5 Nr. 3 KStG)
- rechtsfähige Unterstützungskassen – wenn bestimmte sachliche Voraussetzungen eingehalten werden (§ 5 Nr. 3 KStG)
- bestimmte kleinere Versicherungsvereine auf Gegenseitigkeit (§ 53 VAG)
- Berufsverbände ohne öffentlich-rechtlichen Charakter[1]
- Körperschaften, Personenvereinigungen und Vermögensmassen, die ausschließlich und unmittelbar gemeinnützige, mildtätige oder kirchliche Zwecke verfolgen[2]
- PSV a. G.[3]

Die Steuerbefreiung gilt nicht für inländische Einkünfte, die ganz oder teilweise dem Steuerabzug unterliegen sowie für beschränkt Steuerpflichtige ohne Sitz oder Geschäftsleitung im Inland.

---

1  § 5 Abs. 1 Nr. 5 KStG.
2  § 5 Abs. 1 Nr. 9 KStG.
3  § 5 Abs. 1 Nr. 15 KStG.

Pensionsfonds sind nicht von der Körperschaftsteuer befreit.

Die Körperschaftsteuerschuld ist für Einkünfte, die dem Steuerabzug unterliegen, durch den Einbehalt abgegolten (§ 32 Abs. 1 Nr. 1 KStG). Eine Veranlagung findet grundsätzlich nicht statt. Steuerbefreite Körperschaften können jedoch bei bestimmten Zinserträgen (u. a. Erträge im Erlebensfall oder bei Rückkauf bestimmter Lebensversicherungen) durch die Abgabe einer NV-Bescheinigung erreichen, vom Kapitalertragsteuereinbehalt freigestellt zu werden[4]. Hat die entsprechende Nichtveranlagungs-Bescheinigung nicht vorgelegen, wird Kapitalertragsteuer einbehalten. Zur Vermeidung von sachlichen Härten kann in solchen Fällen der Zinsabschlag auf Antrag der betroffenen Organisation von dem für sie zuständigen Betriebsfinanzamt erstattet werden.[5]

Rechtsfähige Pensions-, Sterbe- und Krankenkassen sowie Unterstützungskassen werden partiell körperschaftsteuerpflichtig, wenn das „tatsächliche" Kassenvermögen das zulässige Kassenvermögen übersteigt.[6]

Verstoßen diese Einrichtungen gegen die Anforderungen der Steuerbefreiung, sind sie ggf. rückwirkend uneingeschränkt körperschaftsteuerpflichtig. Beispielsweise können bei der Unterstützungskasse Verstöße gegen die Zweckbindung des Kassenvermögens (Verwendung zugunsten von Versorgungsberechtigten) zum rückwirkenden Wegfall der Steuerbefreiung führen.

# 2 Bemessungsgrundlagen

Die Körperschaftsteuer bemisst sich nach dem zu versteuernden Einkommen.

Basis für die Ermittlung des zu versteuernden Einkommens ist das um die Freibeträge nach §§ 24, 25 KStG verminderte Einkommen. Was als Einkommen gilt und wie das Einkommen zu ermitteln ist, bestimmt sich grundsätzlich nach den Vorschriften des Einkommensteuergesetzes. Abweichungen von diesem Grundsatz ergeben sich, wenn die betreffende einkommensteuerrechtliche Vorschrift sich auf persönliche Eigenschaften (z. B. das Alter) oder Besonderheiten einer natürlichen Person (z. B. bei außergewöhnlichen Belastungen) bezieht oder aber das Körperschaftsteuerrecht Sondervorschriften (u.a. Nichtberücksichtigung von Betriebsausgaben oder Werbungskosten § 8 Abs. 6 KStG) enthält.

Körperschaften können grundsätzlich Einkünfte aus allen sieben Einkunftsarten des Einkommensteuergesetzes erzielen. Bei Kapitalgesellschaften, Genossenschaften sowie Versicherungs- und Pensionsfondsvereinen auf Gegenseitigkeit sind jedoch alle Einkünfte als Einkünfte aus Gewerbebetrieb zu behandeln.

---

4   § 44a Abs. 4 EStG.
5   BMF-Schreiben vom 05.11.2002, Tz 32 ff.
6   § 5 Abs. 1 Nr. 3e) KStG, § 6 KStG.

# 3 Ermittlung des zu versteuernden Einkommens

Das zu versteuernde Einkommen einer Kapitalgesellschaft wird im Wesentlichen auf folgende Weise ermittelt:

Gewinn/Verlust laut Steuerbilanz
- \+ verdeckte Gewinnausschüttungen
- – Einlagen
- \+ nicht abziehbare Aufwendungen, soweit sie den Steuerbilanzgewinn gemindert haben
- \+ Gesamtbeitrag der Zuwendungen zur Förderung mildtätiger, kirchlicher, religiöser, wissenschaftlicher und als besonders förderungswürdig anerkannter gemeinnütziger Zwecke, soweit sie den Steuerbilanzgewinn gemindert haben
- – 95 % der positiven bzw. 100 % der negativen Ergebnisse aus der Beteiligung an anderen Körperschaften und Personenvereinigungen
- \+ im Zusammenhang mit steuerfreien Einnahmen entstandene Betriebsausgaben oder Werbungskosten
- = steuerlicher Gewinn (= Einkommen)
- – abzugsfähige Spenden und Mitgliedsbeiträge zur Förderung mildtätiger, kirchlicher, religiöser, wissenschaftlicher und als besonders förderungswürdig anerkannter gemeinnütziger Zwecke
- = Gesamtbetrag der Einkünfte
- – Verlustabzug nach § 10d EStG
- = Einkommen
- – Freibetrag für bestimmte Körperschaften
- – Freibetrag für Erwerbs- und Wirtschaftsgenossenschaften sowie Vereine, die Land- und Forstwirtschaft betreiben
- = zu versteuerndes Einkommen

## 3.1 Steuerlicher Gewinn

Kapitalgesellschaften haben unabhängig von der Art ihrer Tätigkeit ihren Gewinn stets durch Betriebsvermögensvergleich zu ermitteln. Gewinn ist hierbei der Unterschiedsbetrag zwischen dem Betriebsvermögen am Schluss des Wirtschaftsjahres und dem Betriebsvermögen am Schluss des vorangegangenen Wirtschaftsjahres, vermehrt um den Wert der Entnahmen und vermindert um den Wert der Einlagen.

nütziger Zwecke lediglich im Rahmen von Höchstbeträgen steuerlich abzugsfähig sind, müssen die bei der Gewinnermittlung bis dato mindernd berücksichtigten Gesamtbeiträge hinzugerechnet und damit in einem ersten Schritt gewinnneutralisiert werden.

Um das originär vom Steuerpflichtigen erwirtschaftete Ergebnis zu ermitteln, müssen im steuerlichen Gewinn enthaltene Beteiligungsergebnisse anderer Körperschaften oder Personenvereinigungen neutralisiert, d. h. entsprechend gekürzt (95 % der positiven Ergebnisse) oder hinzugerechnet (100 % der negativen Ergebnisse) werden.

Im Zusammenhang mit steuerfreien Einnahmen entstandene, bis dato im Ergebnis enthaltene Betriebsausgaben oder Werbungskosten müssen dem steuerlichen Gewinn ebenfalls hinzugerechnet und damit neutralisiert werden.

## 3.2   Gesamtbetrag der Einkünfte

Der steuerliche Gewinn ist ggf. um abzugsfähige Spenden und Mitgliedsbeiträge zur Förderung mildtätiger, kirchlicher, religiöser, wissenschaftlicher und als besonders förderungswürdig anerkannter gemeinnütziger Zwecke zu kürzen. Das so geminderte Einkommen ergibt den Gesamtbetrag der Einkünfte.

## 3.3   Einkommen

Der Gesamtbetrag der Einkünfte wird ggf. um einen Verlustabzug gemindert. Man erhält so das Einkommen, auf dessen Basis dann im weiteren Verlauf das zu versteuernde Einkommen ermittelt wird.

### Verlustabzug

Grundsätzlich kann der Verlustabzug nach § 10d EStG auch bei der Einkommensermittlung von Körperschaften angewandt werden. Für Anteilsübertragungen (sog. Mantelkäufe) sind jedoch einige Besonderheiten zu beachten. Erfolgt innerhalb einer Frist von 5 Jahren eine Anteils- oder Stimmrechtsübertragung von mehr als 25 % bis 50 %, können die bis dahin nicht ausgenutzten Verluste insoweit, d. h. quotal, nicht mehr abgezogen werden. Werden innerhalb einer Frist von 5 Jahren mehr als 50 % der Anteile oder Stimmrechte der Kapitalgesellschaft auf andere Gesellschaften übertragen, geht der bis dahin nicht abgezogene Verlust vollständig unter. Eine Kapitalerhöhung steht einer Übertragung gleich, soweit sie zu einer Änderung der Beteiligungsquoten führt.

## 3.4 Zu versteuerndes Einkommen

Vom Einkommen sind für bestimmte Körperschaften bzw. für Erwerbs- und Wirtschaftsgenossenschaften sowie Vereine, die Land- und Forstwirtschaft betreiben, Freibeträge abzuziehen. Das so geminderte Einkommen ergibt das zu versteuernde Einkommen, auf dessen Basis im weiteren Verlauf die tarifliche Körperschaftsteuer errechnet wird.

### Freibetrag für bestimmte Körperschaften

Den Freibetrag von 5.000 € können u. a. VVaG, rechtsfähige Stiftungen, rechts- bzw. nicht rechtsfähige Vereine, Anstalten und andere Zweckvermögen des privaten Rechts sowie Betriebe gewerblicher Art von juristischen Personen des öffentlichen Rechts von ihrem Einkommen abziehen. Durch den Freibetrag erfährt die Finanzverwaltung eine Arbeitsentlastung, da bei kleinen Körperschaften, die keine Gewinnausschüttungen vornehmen, der Veranlagungsaufwand zu dem zu erwartenden Steueraufkommen in ungünstigem Verhältnis steht. Der Freibetrag steht somit insbesondere Kapitalgesellschaften nicht zu.

### Freibetrag für Erwerbs- und Wirtschaftsgenossenschaften sowie bestimmte Vereine

Bestimmten land- und forstwirtschaftlichen Kooperationen, bei denen eine rein kapitalistische Beteiligung ausgeschlossen ist, wird ein Freibetrag von 15.000 €, höchstens jedoch in Höhe des Einkommens gewährt. Der Freibetrag ist zeitlich befristet und darf im Veranlagungszeitraum der Gründung sowie in den folgenden neun Veranlagungszeiträumen abgezogen werden.

# 4 Körperschaftsteuer

### Körperschaftsteuertarif

Unabhängig von der Art der Gewinnverwendung (Ausschüttung oder Gewinnthesaurierung) beträgt der Körperschaftsteuersatz seit dem Veranlagungszeitraum 2008 15 %. Mit dem Veranlagungszeitraum 2009 wurde für Gewinnausschüttungen an natürliche Personen als Anteilseigner die Besteuerung durch den Einbehalt der Abgeltungsteuer eingeführt. Das bis dahin geltende Halbeinkünfteverfahren für die Besteuerung von Dividendeneinkünften natürlicher Personen wurde dadurch abgeschafft.

## Festzusetzende Körperschaftsteuer

Durch die Anwendung des Körperschaftsteuertarifs auf das ermittelte zu versteuernde Einkommen ergibt sich die festzusetzende Körperschaftsteuer.

## Erstattungs- oder Nachzahlungsbetrag

Auf die festzusetzende Körperschaftsteuer werden im Wesentlichen die für den Veranlagungszeitraum entrichteten Körperschaftsteuer-Vorauszahlungen angerechnet.

Verbleibt danach noch eine restliche Körperschaftsteuerschuld, hat der Steuerpflichtige eine Abschlusszahlung zu leisten. Ergibt die Anrechnung der vorab erhobenen Körperschaftsteuer eine Überzahlung, wird die zuviel entrichtete Körperschaftsteuer zurückerstattet.

Auf die voraussichtliche Körperschaftsteuerschuld des nächsten Jahres sind ggf. quartalsweise Vorauszahlungen zu leisten. Vorauszahlungen werden vom Finanzamt lediglich dann durch Vorauszahlungsbescheid festgesetzt, wenn sie bestimmte Grenzen übersteigen.

## Veranlagung

Die Körperschaftsteuer ist eine Gemeinschaftsteuer, die Bund und Ländern je zur Hälfte zufließt. Als Personensteuer orientiert sie sich ausschließlich an der Leistungsfähigkeit der Körperschaft als juristische Person.

Die Steuerfestsetzung erfolgt aufgrund einer von der steuerpflichtigen Körperschaft angefertigten Steuererklärung für jeweils ein Kalenderjahr (= Veranlagungszeitraum). Ab dem Veranlagungszeitraum 2011 soll – bis auf wenige begründete Ausnahmen – die Steuererklärung nach amtlich vorgeschriebenem Datensatz durch Datenfernübertragung eingereicht werden. Die Steuerfestsetzung erfolgt durch die Bekanntgabe des Körperschaftsteuerbescheids durch die Finanzbehörde.

Zur Klärung eines Sachverhalts hat die Finanzbehörde das Recht, eigene Ermittlungen anzustellen sowie in regelmäßigen Abständen Betriebsprüfungen durchzuführen.

Erlässt die Finanzbehörde einen durch die Berücksichtigung verdeckter Gewinnausschüttungen (geänderten) Steuerbescheid, kann in dessen Folge der Einkommensteuerbescheid des Gesellschafters oder einer ihm nahestehenden Person, dem bzw. der die verdeckte Gewinnausschüttung zuzurechnen ist, ebenfalls geändert werden.

# VI  Lebensversicherung und Körperschaftsteuer

| 1 | Beiträge zu Lebensversicherungen | 404 |
|---|---|---|
| | Betriebsausgaben/Werbungskosten | 404 |
| | Sonderausgaben | 404 |
| | Direktversicherung für Gesellschafter-Geschäftsführer | 404 |
| | Rückdeckungsversicherungen zu Pensionszusagen | 405 |
| | Rückdeckungsversicherungen zu Unterstützungskassen | 406 |
| | Schlüsselkraftversicherungen | 407 |
| | Vermögensbildende Versicherungen | 408 |
| 2 | Leistungen aus Lebensversicherungen | 408 |
| | Aktivierung bei bilanzierenden Körperschaften | 408 |
| | Körperschaften mit Überschusseinkünften | 409 |
| | Steuerbefreite/beschränkt steuerpflichtige Körperschaften | 409 |

Die Darstellungen zu Lebens-, Direkt- und Rückdeckungsversicherungen in Kapitel II Lebensversicherung und Einkommensteuer und die Ausführungen in den Kapiteln III Versorgungsverhältnisse bei Pensionskassen und IV Versorgungsverhältnisse bei Pensionsfonds gelten grundsätzlich auch für Versicherungen, die von Körperschaften abgeschlossen wurden. Im Folgenden wird nur auf die körperschaftsteuerlichen Besonderheiten eingegangen.

# 1 Beiträge zu Lebensversicherungen

Beiträge zu Lebensversicherungen, die als Betriebsausgaben abgezogen werden können, mindern den Gewinn und damit die Körperschaftsteuer.

## Betriebsausgaben/Werbungskosten

Von einer Körperschaft geleistete Versicherungsbeiträge können sich bei ihr nur dann gewinnmindernd auswirken, wenn sie betrieblich veranlasst und deshalb z. B. bei Kapitalgesellschaften als Betriebsausgaben oder – in Sonderfällen – als Werbungskosten zu behandeln sind.

Körperschaften, die nach handelsrechtlichen Vorschriften Bücher führen und Bilanzen erstellen müssen (z. B. Kapitalgesellschaften oder Wirtschaftsgenossenschaften), haben nur eine betriebliche Sphäre[1], sodass Beiträge zu Lebensversicherungen Betriebsausgaben sind und der Versicherungsanspruch jeweils zum Betriebsvermögen gehört. Etwas anderes gilt nur dann, wenn die Beitragszahlung als verdeckte Gewinnausschüttung zugunsten eines Gesellschafters zu behandeln ist (→ V Grundzüge des Körperschaftsteuerrechts, 3.1 Steuerlicher Gewinn, Verdeckte Gewinnausschüttung, S. 398).

## Sonderausgaben

Körperschaften können Versicherungsbeiträge, die weder Betriebsausgaben noch Werbungskosten sind, nach Auffassung der Finanzverwaltung nicht als Sonderausgaben vom Gesamtbetrag der Einkünfte abziehen.[2]

## Direktversicherung für Gesellschafter-Geschäftsführer

Eine zugunsten von angestellten Gesellschafter-Geschäftsführern von Kapitalgesellschaften abgeschlossene Direktversicherung wird steuerlich anerkannt, wenn die Gesamtvergütung einschließlich der Versicherungsbeiträge angemessen bleibt. Außerdem muss die Zusage einer Direktversicherung als Teil der Vergütungsabrede wirksam erteilt sein. Dies ist nur dann der

---

1 BFH-Urteil vom 04.12.1996, I R 54/95, DB 1997, S. 707.
2 R 32 Abs. 1 KStR 2004.

Fall, wenn die Direktversicherung dem Gesellschafter-Geschäftsführer von dem Organ der GmbH zugesagt wurde, das für den Abschluss und die Änderung des Anstellungsvertrags zuständig ist (regelmäßig die Gesellschafterversammlung).[3]

Die Aufwendungen zur Direktversicherung dürfen bei einem beherrschenden Gesellschafter-Geschäftsführer keine nachträgliche Vergütung aus dem Dienstverhältnis darstellen. Für beherrschende Gesellschafter-Geschäftsführer können Direktversicherungen – anders als beim steuerlich zugrunde zu legenden Pensionsalter für die Bildung von Pensionsrückstellungen – auf das 60. Lebensjahr (ab 2012: 62. Lebensjahr) abgeschlossen werden. An der ernsthaften Durchführung der betrieblichen Altersversorgung zugunsten des Gesellschafter-Geschäftsführers bestehen bei einer Direktversicherung – anders als bei Pensionszusagen – keine Zweifel.

Soweit Beiträge zu einer Direktversicherung für einen angestellten Gesellschafter-Geschäftsführer zu unangemessen hohen Gesamtvergütungen führen oder (bei einem beherrschenden Gesellschafter-Geschäftsführer) für bereits geleistete Dienste nachgezahlt werden, liegt eine verdeckte Gewinnausschüttung vor. Der Gesellschaft ist es bei einer unangemessen hohen Gesamtvergütung i. Allg. freigestellt zu bestimmen, welche Teile der Gesamtvergütung als verdeckte Gewinnausschüttung gelten sollen.

Beiträge zu einer zugesagten Direktversicherung eines Gesellschafter-Geschäftsführers, die als verdeckte Gewinnausschüttungen gelten, sind weder einkommensteuerfrei (§ 3 Nr. 63 EStG) noch können sie vom Arbeitgeber pauschal lohnversteuert werden.

## Rückdeckungsversicherungen zu Pensionszusagen

Für die Erlebensfallleistung aus einer Rückdeckungsversicherung kann bei einem beherrschenden Gesellschafter-Geschäftsführer das Alter zugrunde gelegt werden, das in der Pensionszusage als Pensionsalter vereinbart wurde. Die Fälligkeit der Erlebensfallleistung aus einer Rückdeckungsversicherung muss nicht mit dem Mindestalter übereinstimmen, das bei Pensionszusagen für beherrschende Gesellschafter als Endalter für die Berechnung der Pensionsrückstellung regelmäßig zugrunde gelegt werden muss. Nach Auffassung der Finanzverwaltung darf eine Pensionsrückstellung für beherrschende Gesellschafter-Geschäftsführer regelmäßig

- bei Geburtsjahrgängen bis 1952 auf ein Pensionsalter frühestens ab 65,
- bei Geburtsjahrgängen ab 1953 bis 1961 auf ein Pensionsalter frühestens ab 66 und
- bei Geburtsjahrgängen ab 1962 auf ein Pensionsalter frühestens ab 67

gebildet werden.[4]

---

3  BMF-Schreiben vom 16.05.1994: Beiträge zu einer Direktversicherung, die vor 1996 abgeschlossen wurde, sind nur verdeckte Gewinnausschüttungen, soweit im Zeitpunkt der Beitragszahlung ab 1996 die nachträgliche Zustimmung nicht vorliegt.
4  R 6a Abs. 8 EStR 2008.

Eine Rückdeckungsversicherung ist ein Indiz für die Ernsthaftigkeit einer Pensionszusage.

Eine Verpfändung der Ansprüche aus einer Rückdeckungsversicherung an Gesellschafter-Geschäftsführer oder andere Pensionsberechtigte, die keine insolvenzgesicherten Pensionsansprüche haben, beeinträchtigt den Charakter der Lebensversicherung als Rückdeckungsversicherung nicht.

### Rückdeckungsversicherungen zu Unterstützungskassen

Unterstützungskassen werden körperschaftsteuerpflichtig, wenn das tatsächliche Kassenvermögen das zulässige Kassenvermögen um mehr als 25 % übersteigt.

Werden Leistungszusagen der Unterstützungskasse durch Rückdeckungsversicherungen finanziert, sind die Versicherungen bei der Feststellung des zulässigen Kassenvermögens mit dem geschäftsplanmäßigen Deckungskapital bzw. dem Zeitwert der Versicherung[5] anzusetzen. Dies gilt allerdings nur, wenn die Beiträge zu den Rückdeckungsversicherungen in dem jeweiligen Wirtschaftsjahr zuwendungsfähig sind und soweit die Versicherungsleistungen die Versorgungszusagen der Unterstützungskasse nicht übersteigen (→ II F Rückdeckungsversicherungen von Unterstützungskassen, 2 Zuwendungen an Unterstützungskassen, Unterstützungskasse mit Rückdeckungsversicherungen, S. 321 und 3 Zuwendungen für Rückdeckungsversicherungen, S. 322). Ein Gewinnansammlungsguthaben der Rückdeckungsversicherung ist beim zulässigen Kassenvermögen nicht zu berücksichtigen.

Die Ansprüche aus einer Rückdeckungsversicherung zur Finanzierung von Versorgungsanwartschaften können in die Ermittlung des zulässigen Kassenvermögens auch dann einbezogen werden, wenn die Beitragszahlung für die Versicherung vorübergehend ausgesetzt oder die Versicherung auf Dauer beitragsfrei gestellt wird.[6]

Soweit das Deckungskapital bzw. der Zeitwert auf „überkongruente" Leistungen der Rückdeckungsversicherung entfällt, erhöht sich das zulässige Kassenvermögen nicht. Ebenso gehören Rückdeckungsversicherungen, deren Beiträge nicht zuwendungsfähig sind, nicht zum zulässigen Kassenvermögen (z. B. Rückdeckungsversicherungen zur Finanzierung von Versorgungsanwartschaften in den Jahren, in denen die Versicherung der Sicherung eines Darlehens dient).

Wurde die Leistung aus einer zuwendungsfähigen Rückdeckungsversicherung an die Unterstützungskasse gezahlt, bevor die Kasse Versorgungsleistungen erbracht hat, wird der Auszahlungsbetrag aus Billigkeitsgründen wie eine noch nicht fällige Versicherungsleistung behandelt, also dem zulässigen Kassenvermögen hinzugerechnet (→ II F Rückdeckungsversicherungen von

---

5 § 4d Abs. 1 Satz 1 Nr. 1 Satz 4 bis 7 EStG (= nach § 169 Abs. 3 VVG i.d.F. ab 2008: Deckungskapital nach Rechnungsgrundlagen der Prämienkalkulation).
6 BMF-Schreiben vom 28.11.1996.

Unterstützungskassen, 3 Zuwendungen für Rückdeckungsversicherungen, Versicherungs-/Aufschubdauer bei Altersversorgung, S. 325 und Abweichende Fälligkeit der Versicherungsleistung, S. 326).

Bei der Ermittlung des (tatsächlichen) Vermögens einer Unterstützungskasse sind fällige Kapitalleistungen aus Rückdeckungsversicherungen mit dem Nennwert anzusetzen. Noch nicht fällige Rückdeckungsversicherungen und Renten-Rückdeckungsversicherungen mit bereits laufender Rentenzahlung sind mit dem geschäftsplanmäßigen Deckungskapital bzw. dem Zeitwert der Versicherung zu bewerten. Besteht daneben noch ein Gewinnansammlungsguthaben oder ein sonstiger Anspruch auf gutgeschriebene Gewinnanteile, sind auch diese Vermögenswerte zu berücksichtigen.

Wird im Rahmen des Versorgungsausgleichs eine Unterstützungskassenzusage intern geteilt, vermindert sich das zulässige Kassenvermögen soweit sich die Versorgung des Ausgleichsverpflichteten reduziert. Gleichzeitig erhöht sich das zulässige Kassenvermögen, soweit für den Ausgleichsberechtigten eine Versorgung begründet wird.

Die Anzahl der Begünstigten der Kasse erhöht sich um den Ausgleichsberechtigten, da er mit der Übertragung des Anrechts einem mit unverfallbarer Anwartschaft ausgeschiedenen Arbeitnehmer gleichgestellt wird. Zu beachten ist allerdings, dass bei einer körperschaftsteuerbefreiten Unterstützungskasse die Leistungsempfänger beispielsweise nicht mehrheitlich aus dem Unternehmer- oder dessen Angehörigenkreis stammen dürfen (§ 1 Abs. 1 KStDV).

Für die Grenzen des § 2 KStDV sind die dem einzelnen Berechtigten zustehenden Ansprüche maßgebend; dabei sind auch durch eine Scheidung entstandene Anrechte zu berücksichtigten.[7]

Bei einer externen Teilung wird das zulässige Kassenvermögen durch die Teilung der Anwartschaft des Ausgleichsverpflichteten vermindert. Im Falle einer leistungskongruenten Rückdeckungsversicherung mindert sich das zulässige Kassenvermögen um den Deckungskapitalanteil, den die Kasse als Ausgleichswert an den vom Ausgleichsberechtigten gewählten Versorgungsträger zahlt.

Die Auswirkungen des Versorgungsausgleichs auf Versorgungszusagen über Unterstützungskassen können wegen des Schriftformgebots bilanzsteuerrechtlich erst ab Rechtskraft des Beschlusses des Familiengerichtes berücksichtigt werden.[8]

## Schlüsselkraftversicherungen

Schlüsselkraftversicherungen sind Lebensversicherungen, die ein Unternehmen (z. B. eine Kapitalgesellschaft) auf das Leben einer „Schlüsselkraft" (regelmäßig eines leitenden Angestellten) abschließt und aus denen das Unternehmen bezugsberechtigt ist. Schlüsselkraft kann ggf. auch der Gesell-

---

7   BMF-Schreiben vom 31.08.2010.
8   BMF-Schreiben vom 12.11.2010.

schafter-Geschäftsführer einer GmbH[9] oder ein Vorstandsmitglied einer Aktiengesellschaft sein.

Die Beiträge zu einer Schlüsselkraftversicherung sind als Betriebsausgaben abziehbar; der Versicherungsanspruch ist vom Unternehmen zu aktivieren.[10]

Dienen die Versicherungsansprüche allerdings den privaten Belangen des Gesellschafters (z. B. wenn ihm ein Bezugsrecht eingeräumt wurde), sind die Beiträge als verdeckte Gewinnausschüttung zu behandeln. Die von der Körperschaft geleisteten Versicherungsbeiträge sind bei der versicherten Person steuerlich nicht als Arbeitslohn zu behandeln.

### Vermögensbildende Versicherungen

Beiträge zu vermögensbildenden Lebensversicherungen, die eine Körperschaft für ihre Arbeitnehmer erbringt, können als Betriebsausgaben abgezogen werden. Für Geschäftsführer von GmbHs und Vorstandsmitglieder von Aktiengesellschaften können keine vermögenswirksamen Leistungen erbracht werden, weil diese Personen nicht zum Kreis der begünstigten Arbeitnehmer des Vermögensbildungsgesetzes gehören (§ 1 5. VermBG).

# 2 Leistungen aus Lebensversicherungen

### Aktivierung bei bilanzierenden Körperschaften

Ansprüche aus Lebensversicherungen, die zum Betriebsvermögen einer bilanzierenden Körperschaft gehören, sind nach den Grundsätzen zu aktivieren, die auch bei bilanzierenden Einkommensteuerpflichtigen gelten (→ II E Rückdeckungsversicherungen zu Pensionszusagen, 1 Behandlung beim Arbeitgeber, S. 286).

Bei Kapitalgesellschaften und anderen Körperschaften, die ihren Gewinn durch Betriebsvermögensvergleich ermitteln, führt die fällige Leistung insoweit zu einer Erhöhung des zu versteuernden Einkommens, als die Versicherungsleistung den bereits aktivierten Betrag übersteigt. Dabei ist es unerheblich, ob die Kapitalerträge aus der Versicherung einkommensteuerpflichtig oder bei einem Altvertrag ggf. einkommensteuerfrei sind.

Für Leistungen aus fondsgebundenen Lebensversicherungen gilt diese steuerliche Behandlung ebenfalls. Soweit die Versicherungsleistung auf Gewinnanteilen, Dividenden oder Veräußerungsgewinnen aus der Beteiligung an

---

9   Urteil des FG Düsseldorf vom 23.08.1994, EFG 1995, S. 176.
10  Erlass des Hessischen Finanzministeriums vom 16.06.1961 und BFH-Urteil vom 14.03.1996, IV R 14/95, BStBl II 1997 S. 343 sowie Erlass des Finanzministeriums Sachsen-Anhalt vom 11.08.1997.

Körperschaften beruht, ist diese auch körperschaftsteuerpflichtig. Die Regelungen über die Körperschaftsteuerfreiheit für originär bezogene Gewinnanteile/Dividenden und Veräußerungsgewinne können bei Leistungen aus Versicherungen nicht angewandt werden.[11]

Steuerpflichtige Zinsen bzw. der steuerpflichtige Ertrag in Höhe des gesamten Wertzuwachses einer Lebensversicherung unterliegen bei Auszahlung auch dann der Kapitalertragsteuer von 25 % zuzüglich Solidaritätszuschlag (5,5 %), wenn der Anspruch auf die Leistung zum Betriebsvermögen einer bilanzierenden Körperschaft gehört. Die einbehaltene Kapitalertragsteuer wird auf die Körperschaftsteuerschuld angerechnet.

## Körperschaften mit Überschusseinkünften

Bei Körperschaften, die Überschusseinkünfte erzielen bzw. bei denen die Ansprüche auf die Leistung aus einer Lebensversicherung nicht dem Bereich der Gewinneinkünfte zuzurechnen sind, gehören die steuerpflichtigen Zinsen bzw. steuerpflichtigen Erträge in Höhe des gesamten Wertzuwachses zu den Einkünften aus Kapitalvermögen. In den übrigen Fällen, in denen die rechnungsmäßigen und außerrechnungsmäßigen Zinsen aus der Lebensversicherung nicht zu den Einkünften aus Kapitalvermögen gehören (steuerbegünstigte „Altverträge"), bleiben sie auch körperschaftsteuerfrei.

Bei der Ermittlung der Einkünfte aus Kapitalvermögen darf der Sparerpauschbetrag (§ 20 Abs. 9 EStG) berücksichtigt werden.

Steuerpflichtige Zinsen bzw. der steuerpflichtige Ertrag in Höhe des gesamten Wertzuwachses unterliegen bei Auszahlung auch dann der Kapitalertragsteuer von 25 % zuzüglich Solidaritätszuschlag (5,5 %), wenn der Anspruch auf die Leistung zum Betriebsvermögen einer bilanzierenden Körperschaft gehört. Die einbehaltene Kapitalertragsteuer wird auf die Körperschaftsteuerschuld angerechnet.

## Steuerbefreite/beschränkt steuerpflichtige Körperschaften

Bei bestimmten beschränkt steuerpflichtigen oder steuerbefreiten Körperschaften (z. B. Unterstützungskassen) ist die Körperschaftsteuerschuld durch den Abzug von Kapitalertragsteuer, der von den Zinsen bzw. Erträgen vorzunehmen ist, abgegolten. Eine weitere körperschaftsteuerliche Erfassung dieser Einnahmen findet nicht statt.

Ein Abzug der Kapitalertragsteuer von steuerpflichtigen Zinsen bzw. Erträgen aus Lebensversicherungen unterbleibt, wenn dem Versicherungsunternehmen nachgewiesen wird, dass die bezugsberechtigte Körperschaft steuerbefreit ist.[12] Damit wird vermieden, dass die Körperschaft wegen dieser Zinsen beschränkt steuerpflichtig ist.

---

11   § 8b Abs. 1 und 2 KStG.
12   § 44a Abs. 4 EStG.

Zur Vermeidung sachlicher Härten wird die Kapitalertragsteuer, die von den Kapitalerträgen einer steuerbefreiten inländischen Körperschaft u. a. einbehalten worden ist (weil der auszahlenden Stelle die Körperschaftsteuerfreiheit nicht nachgewiesen wurde), von dem für die Körperschaft zuständigen Betriebsstättenfinanzamt auch nachträglich erstattet.[13]

Steuerbefreite/beschränkt steuerpflichtige Körperschaften, die ausschließlich und unmittelbar gemeinnützigen, mildtätigen oder kirchlichen Zwecken dienen, können außerdem die Erstattung der einbehaltenen Kapitalertragsteuer beim Bundesamt für Finanzen beantragen.

---

13   Verfügung der OFD Frankfurt vom 29.04.1993.

# VII Grundzüge des Gewerbesteuerrechts

| 1 | Gegenstand der Besteuerung | 412 |
|---|---|---|
| 2 | Steuerpflicht | 412 |
| 3 | Steuerentstehung | 412 |
| | Steuerschuldner | 412 |
| | Zerlegung | 413 |
| 4 | Besteuerungsgrundlagen | 413 |
| | Schema | 413 |
| 4.1 | Maßgebender Gewerbeertrag | 414 |
| | Hinzurechnung für Renten und dauernde Lasten | 414 |
| 4.2 | Gewerbeverlust | 414 |
| 5 | Ermittlung der Gewerbesteuer | 414 |
| | Schema | 414 |
| 5.1 | Steuermessbetrag | 415 |
| | Freibetrag | 415 |
| | Steuermessbetrag | 415 |
| | Festzusetzende Gewerbesteuer | 415 |

# 1 Gegenstand der Besteuerung

Inländische Gemeinden erheben von Gewerbebetrieben, die innerhalb einer Gemeinde eine Betriebsstätte unterhalten, Gewerbesteuer als Gemeindesteuer. Über Umlagen profitieren jedoch auch Land und Bund anteilig am Gewerbesteueraufkommen. Die Gewerbesteuer ist eine Realsteuer (Objektsteuer).

Gegenstand der Besteuerung ist der Gewerbebetrieb.

Bemessungsgrundlage ist der Gewerbeertrag als objektiver Maßstab der betrieblichen Leistungsfähigkeit.

# 2 Steuerpflicht

Ein Gewerbebetrieb liegt in folgenden Fällen vor:

- bei gewerblichen Einzelunternehmen und Personengesellschaften,
- bei Kapitalgesellschaften,
- bei wirtschaftlichen Geschäftsbetrieben von Vereinen o. Ä.

Die freiberufliche Tätigkeit von Einzelpersonen oder Personengesellschaften stellt keinen Gewerbebetrieb dar. Dagegen unterhält der Handelsvertreter ein gewerbliches Unternehmen.

Von der Gewerbesteuer sind bestimmte (gemeinnützige) Körperschaften, Unterstützungs- und Pensionskassen befreit. Sie stellen als persönliche Befreiungen den gesamten Tätigkeitsbereich oder als sachliche Befreiungen lediglich bestimmte Teile des Gewerbeertrags von der Gewerbesteuer frei.

# 3 Steuerentstehung

Die Gewerbesteuer entsteht mit Ablauf des Erhebungszeitraums (Kalenderjahr). Besteht die Gewerbesteuerpflicht nicht während des ganzen Kalenderjahres, so tritt an die Stelle des Kalenderjahres der Zeitraum der Steuerpflicht.

### Steuerschuldner

Schuldner der Gewerbesteuer ist der Unternehmer, für dessen Rechnung das Gewerbe betrieben wird. Ist die Tätigkeit einer Personengesellschaft ein Gewerbebetrieb, so ist die Gesellschaft Steuerschuldner.

## Zerlegung

Hat das Unternehmen mehrere Betriebsstätten in verschiedenen Gemeinden oder erstreckt sich eine Betriebsstätte auf mehrere Gemeinden, wird der Gewerbeertrag vom Finanzamt nach bestimmten Kriterien aufgeteilt. Zerlegungsmaßstab ist die jeweilige Summe der Arbeitslöhne.

# 4 Besteuerungsgrundlagen

Basis für den Gewerbeertrag ist der nach den Vorschriften des Ertragsteuerrechts ermittelte Gewinn/Verlust des Gewerbebetriebs. Für die Berechnung des maßgebenden Gewerbeertrags wird dieser Betrag um bestimmte Hinzurechnungen (§ 8 GewStG) bzw. Kürzungen (§ 9 GewStG) korrigiert. Der maßgebende Gewerbeertrag wird dann ggf. um Verlustvorträge gekürzt.

## Schema

Vereinfacht gilt folgendes Schema:

     Gewinn/Verlust aus Gewerbebetrieb

- \+ 25 % der Entgelte für Schulden
- \+ 25 % der Renten und dauernden Lasten
- \+ 25 % der Gewinnanteile des stillen Gesellschafters
- \+ 20 % bzw. 65 % der Miet- und Pachtzinsen (einschließlich Leasingraten) für die Benutzung von beweglichen bzw. unbeweglichen Wirtschaftsgütern des Anlagevermögens
- \+ 25 % der Aufwendungen für die zeitlich befristete Überlassung von Rechten – *soweit die Summe der bisher aufgeführten gewerbesteuerlichen Korrekturen den Betrag von 100.000 € übersteigt*
- \+ Anteil am Verlust einer Mitunternehmerschaft
- – 1,2 % des Einheitswerts des betrieblich genutzten Grundbesitzes
- – Anteile am Gewinn einer Mitunternehmerschaft
- – Teil des Gewerbeertrags, der auf eine ausländische Betriebsstätte entfällt,
- = maßgebender Gewerbeertrag
- – Gewerbeverlust aus Vorjahren
- = auf volle 100 € abgerundeter Gewerbeertrag

## 4.1   Maßgebender Gewerbeertrag

### Hinzurechnung für Renten und dauernde Lasten

Die Hinzurechnung von Renten und dauernden Lasten in Höhe von 25 % ist auf solche beschränkt, die wirtschaftlich mit der Gründung oder dem Erwerb eines (Teil-)Betriebs bzw. eines Anteils am Betrieb zusammenhängen. Mit dem Unternehmensteuerreformgesetz 2008 wurde klargestellt, dass Pensionszahlungen aufgrund einer unmittelbar vom Arbeitgeber erteilten Versorgungszusage nicht als hinzurechnungspflichtige dauernde Last gelten.

## 4.2   Gewerbeverlust

Der maßgebende Gewerbeertrag ist um einen Gewerbeverlust aus Vorjahren zu kürzen. Uneingeschränkt können Fehlbeträge aus früheren Erhebungszeiträumen nur noch bis zu 1 Mio. € mit einem positiven Gewerbeertrag verrechnet werden. Darüber hinausgehende Fehlbeträge sind bis zu 60 % verrechenbar.

# 5   Ermittlung der Gewerbesteuer

Ausgehend vom auf volle 100 € nach unten abgerundeten maßgebenden Gewerbeertrag wird nach Abzug der Freibeträge der Steuermessbetrag ermittelt.

Durch Anwendung des für die Gemeinde gültigen Hebesatzes auf den Steuermessbetrag wird die Gewerbesteuerschuld errechnet. Nach Abzug der bereits entrichteten Vorauszahlungen ergibt sich die Gewerbesteuer-Nachzahlung oder Erstattung für den Erhebungszeitraum.

### Schema

Es ergibt sich folgendes Schema:

|   | Gewerbeertrag, auf volle 100 € abzurunden |
|---|---|
| − | Freibetrag |
| = | verbleibender Gewerbeertrag |
| × | Steuermesszahl(en) |
| = | Steuermessbetrag |
| × | Hebesatz der jeweiligen Gemeinde |
| = | festzusetzende Gewerbesteuer |
| − | Vorauszahlungen |
| = | Gewerbesteuer-Nachzahlung oder Gewerbesteuer-Erstattung |

## 5.1 Steuermessbetrag

### Freibetrag

Bei natürlichen Personen sowie Personengesellschaften bleibt ein Gewerbeertrag von 24.500 €, höchstens jedoch in Höhe des abgerundeten Gewerbeertrags, steuerfrei. Bei sonstigen juristischen Personen des privaten Rechts, steuerpflichtigen nicht rechtsfähigen Vereinen, Unternehmen von juristischen Personen des öffentlichen Rechts sowie anderen, im Gesetz einzeln bestimmten, Unternehmen bleibt ein Betrag von maximal 5.000 € steuerfrei.

### Steuermessbetrag

Der Steuermessbetrag ergibt sich aus der Multiplikation des verbleibenden Gewerbeertrags mit der Steuermesszahl (aktuell 3,5 %). Bestehen mehrere Betriebsstätten in verschiedenen Gemeinden, wird der Messbetrag aufgeteilt.

### Festzusetzende Gewerbesteuer

Aus dem der Gemeinde zugewiesenen Messbetrag ermittelt die Gemeinde die Gewerbesteuerschuld, indem sie den Messbetragsanteil mit ihrem Hebesatz (ca. 350 bis ca. 500 %) vervielfältigt.

# VIII Lebensversicherung und Gewerbesteuer

Beiträge zu Lebensversicherungen, die als Betriebsausgaben abgezogen werden können, mindern den Gewinn aus Gewerbebetrieb und damit den Gewerbeertrag als Bemessungsgrundlage für die Gewerbesteuer. Soweit Ansprüche aus Lebensversicherungen zu aktivieren sind, erhöht die jährliche Zunahme des aktivierten Anspruchs den Gewinn und damit auch den Gewerbeertrag.

## Direktversicherungen

Beiträge zu einer Direktversicherung mindern als Betriebsausgaben den Gewinn, den Gewerbeertrag und damit die Gewerbesteuer. Soweit Ansprüche aus einer Direktversicherung dem Arbeitgeber zustehen, erhöht die Zunahme des Aktivwerts dieser Ansprüche im Gegenzug den Gewinn, den Gewerbeertrag und damit die Gewerbesteuer.

## Rückdeckungsversicherungen

Die Beiträge zu einer Rückdeckungsversicherung sind als Betriebsausgaben abzugsfähig. Der Versicherungsanspruch ist mit dem geschäftsplanmäßigen Deckungskapital bzw. bei fondsgebundenen Lebensversicherungen dem Zeitwert der Versicherung nach § 169 Abs. 4 VVG zuzüglich eines eventuellen Gewinnguthabens zu aktivieren. Die jährliche Zunahme des aktivierten Anspruchs wirkt sich gewinnerhöhend aus.

## Schlüsselkraftversicherungen

Die Beitragszahlung zu einer betrieblich veranlassten Schlüsselkraftversicherung bewirkt eine Gewinnminderung. Der Versicherungsanspruch ist zu aktivieren. Aus dem Unterschiedsbetrag dieser beiden Bilanzpositionen ergibt sich eine Erhöhung oder Minderung des Gewerbeertrags.

## Zusatzbeiträge

Zusatzbeiträge für Policendarlehen, die für betriebliche Zwecke aufgenommen wurden, sind in Höhe von 25 % dem Gewinn aus Gewerbebetrieb als Dauerschuldzinsen hinzuzurechnen.

# IX  Grundzüge des Erbschaftsteuerrechts

| | | |
|---|---|---:|
| 1 | **Steuerpflichtige Vorgänge** | **421** |
| 1.1 | Erwerb von Todes wegen | 421 |
| 1.1.1 | Erwerb durch Erbfall | 421 |
| 1.1.2 | Erwerb durch Vermächtnis | 421 |
| 1.1.3 | Geltendmachung des Pflichtteils | 421 |
| 1.1.4 | Erwerb aufgrund eines vom Erblasser geschlossenen Vertrags | 422 |
| | Hinterbliebenenversorgung | 422 |
| 1.1.5 | Abfindung für Anspruchsverzicht | 423 |
| 1.2 | Schenkung unter Lebenden | 423 |
| 1.2.1 | Freigebige Zuwendung | 423 |
| 1.2.2 | Vereinbarung der Gütergemeinschaft | 423 |
| 1.2.3 | Abfindungen für einen Erbverzicht | 423 |
| 2 | **Persönliche Steuerpflicht** | **424** |
| 2.1 | Unbeschränkte Steuerpflicht | 424 |
| 2.2 | Beschränkte Steuerpflicht | 424 |
| 3 | **Steuerentstehung** | **424** |
| | Steuerschuldner | 425 |
| | Kleinbetragsgrenze | 425 |
| | Besteuerung von Renten | 425 |
| 4 | **Ermittlung des steuerpflichtigen Erwerbs** | **425** |
| 4.1 | Unternehmensvermögen | 426 |
| | Betriebsvermögen | 426 |
| | Land- und forstwirtschaftliches Vermögen | 427 |
| | Begünstigtes Betriebsvermögen | 427 |
| | Verwaltungsvermögen | 427 |
| | Verschonungsabschläge | 428 |
| | Abzugsbetrag | 428 |
| | Behaltensvorschriften | 428 |
| | Lohnsummenerhalt | 428 |
| | Veräußerungsverbot | 429 |
| 4.2 | Grundvermögen | 429 |
| | Steuerbefreiung für bestimmte vermietete Immobilien | 429 |
| | Familienheim | 429 |

| | | |
|---|---|---:|
| 4.3 | Übriges Vermögen | 430 |
| | Steuerbefreiungen | 430 |
| 4.4 | Nachlassverbindlichkeiten | 431 |
| 4.5 | Zugewinnausgleich | 431 |
| 4.6 | Vorerwerbe | 431 |
| **5** | **Steuerklassen** | **431** |
| | Steuerklasse I | 431 |
| | Steuerklasse II | 432 |
| | Steuerklasse III | 432 |
| **6** | **Freibeträge** | **432** |
| | Beschränkte Erbschaftsteuerpflicht | 432 |
| | Versorgungsfreibetrag | 433 |
| **7** | **Steuersätze** | **433** |
| | Berücksichtigung früherer Erwerbe | 433 |
| | Tarifbegrenzung für bestimmtes Vermögen | 434 |
| | Steuerermäßigung | 434 |

IX

# 1 Steuerpflichtige Vorgänge

In Abgrenzung zur Einkommensteuer unterliegen der Erbschaft- und Schenkungsteuer leistungsunabhängige Transfereinkommen. Sie entsteht im Wesentlichen auf Erwerbe von Todes wegen sowie auf Schenkungen unter Lebenden. Des Weiteren unterliegen Zweckzuwendungen sowie (Familien-)Stiftungsvermögen in Zeitabständen von je 30 Jahren der Besteuerung.

Die Erbschaft- und Schenkungsteuer erfasst Vermögensbewegungen, man ordnet sie daher den Verkehrsteuern zu. Auch wenn der Bund für Gesetzesänderungen zuständig ist, stehen die Erbschaft- und Schenkungsteuereinnahmen allein den Ländern zu.

## 1.1 Erwerb von Todes wegen

Welche Vorgänge der Gesetzgeber im Einzelnen als steuerbaren Erwerb von Todes wegen belastet, regelt § 3 ErbStG abschließend. Im Folgenden werden einige bedeutende Fälle näher dargestellt:

### 1.1.1 Erwerb durch Erbfall

Der Vermögensübergang vom Erblasser auf den Erben ist der häufigste Fall eines steuerbaren Erwerbs von Todes wegen. Dabei ist es unbeachtlich, ob die Erbfolge entsprechend dem Gesetz oder gewillkürt (durch Testament oder Erbvertrag) erfolgt.

### 1.1.2 Erwerb durch Vermächtnis

Wendet der Erblasser einem anderen einen Vermögensvorteil zu, ohne ihn zum Erben einzusetzen, spricht man von einem Vermächtnis.

### 1.1.3 Geltendmachung des Pflichtteils

Personen, denen ein gesetzliches Erbrecht zusteht (Ehegatte bzw. Lebenspartner, Abkömmlinge und Eltern), sind pflichtteilsberechtigt. Der Pflichtteilsanspruch bedeutet eine wertmäßige Beteiligung am Nachlass. Auszugleichen ist der hälftige Wert des gesetzlichen Erbteils. Er ist in Geld zu leisten. Macht der Pflichtteilsberechtigte seinen Anspruch (ausdrücklich oder konkludent) geltend, löst dies einen Erbschaftsteuertatbestand aus. Der Verzicht auf die Geltendmachung ist nach § 13 Abs. 1 Nr. 11 ErbStG befreit.

## 1.1.4 Erwerb aufgrund eines vom Erblasser geschlossenen Vertrags

Vereinbaren die Vertragspartner, dass die Leistung unmittelbar an einen Dritten erfolgt, liegt abhängig davon, ob der Dritte sein Forderungsrecht sofort oder erst später erwirbt, ein steuerbarer Erwerb unter Lebenden bzw. von Todes wegen vor.

Ein in der Praxis wichtiger Fall ist die Auszahlung der Leistung aus Versicherungen auf verbundene Leben sowie Kapitallebensversicherung aufgrund eines einem Dritten eingeräumten Todesfallbezugsrechts.

### Hinterbliebenenversorgung

Nicht der Erbschaftsteuer unterliegt der Erwerb kraft Gesetzes entstehender Versorgungsansprüche. Hinterbliebene in diesem Sinne sind nur der mit dem Erblasser bei dessen Tod rechtsgültig verheiratete Ehegatte und die Kinder des Erblassers. Zu den nicht steuerbaren Ansprüchen gehören insbesondere:

- Versorgungsbezüge der Hinterbliebenen von Beamten,
- Versorgungsbezüge, die den Hinterbliebenen von Angestellten und Arbeitern aus der gesetzlichen Rentenversicherung zustehen,
- Versorgungsbezüge, die Hinterbliebenen von Angehörigen eines freien Berufs aus einem berufsständischen Versorgungswerk zufließen.

Ebenfalls nicht steuerbar sind Hinterbliebenenbezüge, die auf ein Arbeitsverhältnis oder auf eine arbeitnehmerähnliche Stellung zurückzuführen sind (u. a. sämtliche Durchführungswege der betrieblichen Altersversorgung). Dies gilt auch für angestellte oder nicht beherrschende (Gesellschafter-)Geschäftsführer einer GmbH, sofern die einzelvertraglich zugesagten Hinterbliebenenbezüge der Höhe nach angemessen sind (maximal 45 % des Bruttoarbeitslohns).

Der Kapitalwert der erbschaftsteuerfreien Versorgungsleistungen ist auf den Versorgungsfreibetrag anzurechnen, der dem überlebenden Ehegatten bzw. Lebenspartner oder den Kindern bei einem Erwerb von Todes wegen gewährt wird. Dem überlebenden Ehegatten bzw. Lebenspartner oder den Kindern steht daher nur noch der entsprechend verringerte Freibetrag zur Verfügung.

Ansprüche auf Hinterbliebenenversorgung, die dem beherrschenden Gesellschafter-Geschäftsführer einer Kapitalgesellschaft oder dem persönlich haftenden Gesellschafter einer Personengesellschaft zugesagt wurden, sind dagegen grundsätzlich nach § 3 Abs. 1 Nr. 4 ErbStG steuerpflichtig. Regelmäßig steuerpflichtig sind auch die Hinterbliebenenbezüge, die aufgrund des Gesellschaftsvertrags nach dem Tod eines persönlich haftenden Gesellschafters einer Personengesellschaft gezahlt werden.[1]

---

1  H E 3.5 ErbStH 2011 Stichwort: „Hinterbliebenenbezüge bei Gesellschaftern einer Personengesellschaft".

### 1.1.5 Abfindung für Anspruchsverzicht

Verzichtet ein Berechtigter (Erbe, Vermächtnisempfänger oder Pflichtteils-berechtigter) aufgrund einer Abfindung auf seinen Anspruch, liegt insoweit ebenfalls ein steuerbarer Erwerb von Todes wegen vor. Steuerbefreit hin-gegen ist der (unentgeltliche) Verzicht auf die Geltendmachung des Pflicht-teilsanspruchs oder des Erbersatzanspruchs.

## 1.2 Schenkung unter Lebenden

§ 7 ErbStG listet abschließend sämtliche Schenkungen unter Lebenden auf. Anders als beim Erwerb von Todes wegen können Schenkungen durch na-türliche und juristische Personen erfolgen. Zu den steuerbaren Schenkungen unter Lebenden gehören insbesondere:

### 1.2.1 Freigebige Zuwendung

Steuerbare Schenkungen liegen vor, wenn sie unentgeltlich erfolgen und der Bedachte objektiv bereichert ist. Der Vermögenszuwachs kann nicht nur in einer Vermehrung der Vermögensgegenstände und Forderungen, son-dern auch im Wegfall bzw. der Verringerung von Schulden und Belastungen bestehen.

Eine Schenkung kann auch teilentgeltlich (sog. gemischte Schenkung) oder mit Nutzungs- oder Duldungsauflagen verbunden sein. In diesen Fällen gilt als Wert der Bereicherung der Unterschied zwischen dem Verkehrswert der Leistung des Schenkers und dem Verkehrswert der Gegenleistung bzw. der vom Beschenkten übernommenen Auflage. Ein typisches Beispiel für eine Schenkung mit Duldungsauflage ist die Übereignung einer Immobilie, für die im Grundbuch ein lebenslanges Wohnrecht z. B. des Schenkers einge-tragen ist.

### 1.2.2 Vereinbarung der Gütergemeinschaft

Vereinbaren Ehegatten oder Lebenspartner – abweichend vom gesetzlichen Standardfall Zugewinngemeinschaft – den Güterstand der Gütergemein-schaft, unterliegt die Bereicherung des weniger vermögenden Ehegatten/Le-benspartners der Schenkungsteuer.

### 1.2.3 Abfindungen für einen Erbverzicht

Verzichtet ein Erbe gegen Zahlung einer Abfindung auf seinen gesetzlichen Erbteil, unterliegt diese Zahlung der Schenkungsteuer.

# 2   Persönliche Steuerpflicht

Grundsätzlich unterliegen alle im Erbschaftsteuergesetz genannten Erwerbe der Erbschaft- oder Schenkungsteuer (= Weltvermögensprinzip). Durch die in § 2 ErbStG definierte persönliche Steuerpflicht wird jedoch der Umfang der in Deutschland steuerlich zu erfassenden Erwerbe eingeschränkt.

## 2.1   Unbeschränkte Steuerpflicht

Der Erwerb von Todes wegen bzw. die Schenkung sind steuerbar, wenn der Erblasser, Schenker oder der Erwerber zum Zeitpunkt des Erwerbs ein Inländer ist. Als Inländer gelten u. a. natürliche Personen, die ihren Wohnsitz oder gewöhnlichen Aufenthalt im Inland haben bzw. deutsche Staatsangehörige, die sich ohne Inlandswohnsitz nicht länger als 5 Jahre (USA: 10 Jahre) im Ausland aufgehalten haben. Die unbeschränkte Steuerpflicht gilt auch für Körperschaften, Personenvereinigungen und Vermögensmassen, die ihre Geschäftsleitung oder ihren Sitz im Inland haben.

In diesen Fällen unterliegt der gesamte Vermögensanfall, d. h. sämtliche in- und ausländischen Vermögenszuwächse, der deutschen Erbschaft- und Schenkungsteuer.

## 2.2   Beschränkte Steuerpflicht

Ist weder der Erblasser, der Schenker oder der Erwerber Inländer, besteht eine beschränkte Steuerpflicht. Dies bedeutet, dass lediglich inländische Vermögenszuwächse von der Erbschaft- oder Schenkungsteuer erfasst werden.

Die Unterscheidung zwischen unbeschränkter und beschränkter Steuerpflicht hat erhebliche Bedeutung. Von dieser Frage hängt u. a. ab, ob und in welchem Umfang Freibeträge gewährt werden bzw. eine Anrechnung ausländischer Erbschaftsteuer erfolgt

# 3   Steuerentstehung

Die Erbschaft- oder Schenkungsteuer entsteht regelmäßig mit dem Tod des Erblassers bzw. im Zeitpunkt der Schenkung. Erfolgt der Erwerb unter einer aufschiebenden Bedingung, löst erst der Eintritt dieses Ereignisses eine Steuerpflicht aus.

Der Wert des erworbenen Vermögens ist grundsätzlich für den Zeitpunkt der Steuerentstehung festzustellen.

### Steuerschuldner

Schuldner der Erbschaftsteuer ist der Erwerber. Bei Schenkungen ist neben dem Erwerber auch der Schenker Steuerschuldner.

### Kleinbetragsgrenze

Von einer Steuerfestsetzung ist abzusehen, wenn die Steuer, die für den einzelnen Steuerfall festzusetzen ist, den Betrag von 50 € nicht übersteigt.

### Besteuerung von Renten

Steuern, die von dem Kapitalwert von Renten zu entrichten sind, können nach Wahl des Erwerbers statt vom Kapitalwert jährlich im Voraus von dem Jahreswert entrichtet werden. Für die Ermittlung der Steuer bleibt jedoch der Steuersatz maßgebend, der sich für den gesamten Erwerb einschließlich Renten ergibt. Der Erwerber kann auf Antrag die Jahressteuer zum jeweils nächsten Fälligkeitstermin mit ihrem Kapitalwert ablösen.[2]

# 4 Ermittlung des steuerpflichtigen Erwerbs

Der auf volle hundert Euro abzurundende steuerpflichtige Erwerb wird nach folgendem, vereinfacht dargestellten Schema ermittelt:

Steuerwert des **Unternehmensvermögens**
- – Verschonungsabschlag § 13a ErbStG
- + Steuerwert des **Grundvermögens**
- – Begünstigung für eigengenutzte Immobilien (Familienheim) bzw. für zuWohnzwecken vermieteter Grundstücke (§ 13 Abs. 4a–4c, § 13c ErbStG)
- + Steuerwert des **übrigen Vermögens**
- – sachliche Befreiungen nach § 13 Abs. 1 Nr. 1 und 2 ErbStG
- = Vermögensanfall nach Steuerwerten (Rohvermögen)
- – abzugsfähige Nachlassverbindlichkeiten, mindestens Pauschbetrag für Erbfallkosten (nur bei Erwerb von Todes wegen)
- = Bereicherung des Erwerbers (Reinvermögen)
- – steuerfreier Zugewinnausgleich (§ 5 ErbStG) (nur bei Erwerb von Todes wegen)

---

2 § 23 ErbStG.

+   hinzuzurechnende Vorerwerbe (§ 14 ErbStG)

-   persönlicher Freibetrag – abhängig von der Steuerklasse – (§ 16 ErbStG)

–   besonderer Versorgungsfreibetrag (§ 17 ErbStG) (nur bei Erwerb von Todes wegen)

=   steuerpflichtiger Erwerb (Reinvermögen)

Der Steuerwert der verschiedenen Vermögensarten wird nach den Vorschriften des Bewertungsgesetzes ermittelt. Dies gilt grundsätzlich für Erwerbe von Todes wegen und freigebige Zuwendungen.

Übernimmt der Schenker bei freigebigen Zuwendungen die Schenkungsteuer, so liegt darin ebenfalls ein schenkungsteuerlicher Tatbestand.

Der Steuerwert bei einer gemischten Schenkung (→ 1.2.1 Freigebige Zuwendung, S. 423) unterscheidet sich grundsätzlich vom Wert der Bereicherung. Der Steuerwert der gemischten Schenkung wird ermittelt, indem der Steuerwert der gesamten Leistung des Schenkers (also inkl. des entgeltlich übertragenen Teils) in dem Verhältnis aufgeteilt wird, in dem der Verkehrswert der Bereicherung des Beschenkten (Verkehrswert nach Abzug der Gegenleistung) zu dem Verkehrswert des geschenkten Vermögens besteht.

Bei Schenkungen unter Nutzungs- oder Duldungsauflagen werden die zu vollziehenden Auflagen als Last mit dem Kapitalwert vom Steuerwert der Zuwendung abgezogen.

# 4.1   Unternehmensvermögen

Mit Wirkung zum 01.01.2009 wurde das Erbschaft- und Schenkungsteuerrecht insbesondere durch eine Änderung der Bewertungsvorschriften sowie neue Verschonungsregelungen für Betriebsvermögen reformiert.

### Betriebsvermögen

Zum Betriebsvermögen gehören alle Wirtschaftsgüter eines Gewerbebetriebs, die auch bei der einkommen- oder körperschaftsteuerlichen Gewinnermittlung dem Betriebsvermögen zuzurechnen sind. Dies gilt auch für Wirtschaftsgüter, die der selbständigen (freiberuflichen) Tätigkeit zuzuordnen sind.

Die Bewertung des Betriebsvermögens erfolgt seit der Gesetzesänderung zum 01.01.2009 rechtsformunabhängig zum gemeinen Wert (§ 109 BewG). Sofern möglich wird der gemeine Wert durch zeitnahe Verkäufe an fremde Dritte (innerhalb des letzten Jahres **vor** dem Besteuerungszeitpunkt) abgeleitet. Ansonsten erfolgt die Unternehmensbewertung durch Schätzung unter Berücksichtigung der Ertragsaussichten (vereinfachtes Ertragswertverfahren bzw. andere anerkannte Methode). Dabei darf der Substanzwert als Mindestwertansatz nicht unterschritten werden (§ 109 i. V. m. § 11 Abs. 2 BewG).

## Land- und forstwirtschaftliches Vermögen

Das zur Land- und Forstwirtschaft bestimmte Vermögen wird nach den Vorschriften der §§ 158–175 BewG gesondert bewertet. Betriebswohnungen und der Wohnteil des Land- und Forstwirts werden mit dem Grundbesitzwert berücksichtigt. Zahlungsmittel, Geldforderungen und Wertpapiere sind nicht Bestandteil des land- und forstwirtschaftlichen Vermögens. Sie werden ebenso wie Geldschulden und Pensionsverpflichtungen dem Land- und Forstwirt unmittelbar zugerechnet.

## Begünstigtes Betriebsvermögen

Dem Grunde nach begünstigtes Vermögen liegt demnach vor, wenn

- inländisches Betriebsvermögen (Einzelunternehmen oder Anteile an Personengesellschaften),

- Vermögen von im Inland belegenen Betrieben der Land- und Forstwirtschaft oder

- direkt gehaltene Anteile an inländischen Kapitalgesellschaften, an denen der Erblasser oder Schenker zu mehr als 25 % unmittelbar beteiligt war,

auf den Erwerber übergehen.

Ebenfalls dem Grunde nach begünstigtes Unternehmensvermögen liegt vor, wenn das ausländische Betriebsvermögen einer in der EU/EWR ansässigen Betriebsstätte dient oder die Kapitalgesellschaft ihren Sitz oder ihre Geschäftsleitung in einem Mitgliedstaat der EU/EWR hat. Werden weniger als 25 % der Anteile an einer Kapitalgesellschaft übereignet, können die Anteile des Übereigners unter bestimmten Voraussetzungen mit den Anteilen anderer Gesellschafter zusammengerechnet werden.

## Verwaltungsvermögen

Sofern dem Grunde nach begünstigtes Unternehmensvermögen vorliegt, ist in einem zweiten Schritt zu prüfen, ob das im Unternehmen gehaltene Verwaltungsvermögen gesetzlich definierte Grenzen übersteigt. Für die Inanspruchnahme der sog. Regelverschonung darf der Anteil des im Unternehmen gehaltenen Verwaltungsvermögens 50 % des Unternehmenswerts nicht überschreiten. Möchte der Steuerpflichtige eine völlige Freistellung des erworbenen Unternehmensvermögens erreichen, darf der Anteil nicht über 10 % liegen (Verschonungsoption).

Verwaltungsvermögen eines Unternehmens stellen u. a. bestimmte Dritten zur Nutzung überlassene Grundstücke und Bauten oder im Unternehmensvermögen gehaltene geringfügige (unter 25 %) Beteiligungen an Kapitalgesellschaften dar. Eine Ausnahme gilt allerdings für Kredit-, Finanzdienstleistungs- und Versicherungsinstitute, bei denen die im Rahmen ihrer Hauptgeschäftätigkeit gehaltenen „Streubesitzanteile" nicht zum Verwaltungsvermögen gehören. Wir gehen davon aus, dass zum Betriebsvermögen gehörende Rückdeckungsversicherungen nicht zum Verwaltungsvermögen rechnen.[3] Welche Werte im Einzelnen zur Quote des Verwaltungsvermögens zählen, regelt § 13b Abs. 2 ErbStG.

Liegt der Anteil des Verwaltungsvermögens am Unternehmenswert unter 50 % bzw. unter 10 %, wird der jeweilige Abschlag von 85 % (Regelverschonung) bzw. 100 % (Verschonungsoption) für das gesamte Betriebsvermögen einschließlich Verwaltungsvermögen gewährt. Eine Besonderheit gilt für kurzfristig eingelegtes Verwaltungsvermögen: Verwaltungsvermögen, das noch keine 2 Jahre zum Betriebsvermögen zählt, wird ausgesondert und ist trotz anzuwendendem Verschonungsabschlag auf das übrige Vermögen in voller Höhe zu versteuern.

## Verschonungsabschläge

Liegt der Anteil des Verwaltungsvermögens am Unternehmenswert unter 50 %, erhält der Steuerpflichtige von Gesetzes wegen einen Abschlag von 85 % auf das gesamte Betriebsvermögen (Regelverschonung). Beträgt der Anteil des Verwaltungsvermögens weniger als 10 % des Unternehmenswerts, kann der Steuerpflichtige unwiderruflich einen Abschlag von 100 % beantragen.

## Abzugsbetrag

Für kleinere Betriebe wurde ein Abzugsbetrag (150.000 €) eingeführt. Beträgt der steuerpflichtige Teil des Betriebsvermögens mehr als 150.000 €, vermindert sich dieser Abzugsbetrag um die Hälfte des Betrags, um den das Betriebsvermögen den Betrag von 150.000 € übersteigt. Der Abzugsbetrag kann innerhalb von 10 Jahren für von derselben Person anfallende Erwerbe nur einmal berücksichtigt werden. Er wird bei der Steuerfestsetzung ohne Antrag von Amts wegen berücksichtigt.

## Behaltensvorschriften

Die Verschonungsabschläge (85 % bzw. 100 %) werden endgültig erst gewährt, wenn ab dem 01.01.2010 innerhalb einer Frist von 5 Jahren (7 Jahren bei Verschonungsoption 100 %) folgende Voraussetzungen erfüllt werden:

## Lohnsummenerhalt

Nach dem Übergang des Betriebs darf die Lohnsumme innerhalb des Fünfjahreszeitraums 400 % der Ausgangslohnsumme (bei Verschonungsoption: 700 % innerhalb der nächsten 7 Jahre) nicht unterschreiten.

---

3   Eine Stellungnahme der Finanzverwaltung steht noch aus.

## Veräußerungsverbot

Innerhalb einer Behaltensfrist von 5 Jahren (Regelverschonung) bzw. 7 Jahren (Verschonungsoption) darf das übertragene Unternehmen nicht veräußert werden. Die Aufgabe des Betriebs sowie die Entnahme wesentlicher Betriebsgrundlagen steht einer Veräußerung gleich.

# 4.2 Grundvermögen

Das Grundvermögen wird – soweit es nicht zum land- und forstwirtschaftlichen Vermögen oder Betriebsvermögen zählt[4] – mit dem Grundbesitzwert (§§ 176–203 BewG) zum Besteuerungszeitpunkt angesetzt. Der bislang für unbebaute Grundstücke gewährte Abschlag von 20 % auf den Bodenrichtwert ist seit dem 01.01.2009 entfallen.

## Steuerbefreiung für bestimmte vermietete Immobilien

Für zu Wohnzwecken vermietete Immobilien wird ein Abschlag von 10 % berücksichtigt, falls die Grundstücke im Inland oder in einem EU/EWR-Staat belegen sind und nicht bereits zum begünstigten Betriebsvermögen gehören.

## Familienheim

Der Erbanfall einer im Inland oder in einem EU/EWR-Staat belegenen Immobilie bleibt steuerfrei, wenn

- der Erblasser diese bis zu seinem Tod selbst nutzte und

- der erwerbende Ehegatte oder Lebenspartner die Immobilie unverzüglich zu eigenen Wohnzwecken nutzt.

Kinder, Stiefkinder sowie Enkel des Erblassers können die Steuerbefreiung ebenfalls nutzen, wenn der Erblasser diese bis zu seinem Tod selbst nutzte, die Immobilie höchstens über eine Wohnfläche von 200 qm verfügt und die Erben diese unmittelbar nach dem Erwerb zu eigenen Wohnzwecken nutzen.

Ein Erwerber kann die Steuerbefreiung nicht in Anspruch nehmen, soweit er das begünstigte Vermögen aufgrund eines Testaments oder Vermächtnisses auf einen Dritten übertragen muss.

Die Steuerbefreiung entfällt jedoch rückwirkend, wenn der Erwerber das Familienheim innerhalb von 10 Jahren nach dem Erwerb nicht mehr selbst nutzt, es sei denn, dass er an einer Selbstnutzung aus zwingenden Gründen (z. B. eigene Pflegebedürftigkeit) gehindert ist.

---

4  Auf die dafür geltenden Bewertungsvorschriften im Rahmen der Bewertung von land- und forstwirtschaftlichem Vermögen bzw. Betriebsvermögen wird hier nicht weiter eingegangen.

## 4.3 Übriges Vermögen

Für das übrige Vermögen (u. a. nicht börsennotierte Anteile an Kapitalgesellschaften, Gegenstände des Hausrats und andere bewegliche körperliche Gegenstände) erfolgt der Ansatz grundsätzlich mit dem gemeinen Wert. Er wird durch den Preis bestimmt, der im gewöhnlichen Geschäftsverkehr nach der Beschaffenheit des Wirtschaftsgutes bei einer Veräußerung zu erzielen wäre. Dabei sind alle Umstände, die den Preis beeinflussen, zu berücksichtigen.

Davon abweichend gilt für an der Börse gehandelte Wertpapiere stets der Kurswert, für Kapitalforderungen und Schulden der Nennwert.

Unverzinsliche Forderungen oder Schulden mit einer Laufzeit von mehr als einem Jahr werden mit dem abgezinsten Nennwert (5,5 % p. a.) bewertet.

Noch nicht fällige Ansprüche aus Lebens-, Kapital- oder Rentenversicherungen werden mit dem Rückkaufswert erfasst. Der bislang wahlweise Ansatz von ⅔ der eingezahlten Beiträge ist seit dem 01.01.2009 nicht mehr zulässig.

Wiederkehrende bzw. lebenslängliche Nutzungen und Leistungen werden mit ihrem Kapitalwert angesetzt. Der Kapitalwert kann regelmäßig unter Verwendung der Tabelle 9a (zeitlich beschränkt) bzw. Tabelle 9 (lebenslänglich) des Bewertungsgesetzes ermittelt werden.

### Steuerbefreiungen

Steuerfrei bleiben bei der Ermittlung des Vermögensanfalls u. a.

- der Erwerb in Höhe der Zugewinnausgleichsforderung (§ 1371 Abs. 2 BGB), die sich bei der Beendigung des gesetzlichen Güterstandes der Zugewinngemeinschaft ergeben würde;

- Vermögensgegenstände, die Eltern oder Großeltern ihren Abkömmlingen geschenkt hatten und die an diese Personen von Todes wegen zurückfallen;

- übliche Gelegenheitsgeschenke;

- Hausrat sowie andere, bewegliche körperliche Gegenstände, soweit bestimmte Werte nicht überschritten werden (die Befreiung gilt nicht für Zahlungsmittel, Wertpapiere o.ä. sowie für Gegenstände, die dem Grundvermögen oder einem Unternehmensvermögen zugehören);

- (angemessene) Zuwendungen bis zu 20.000 € für die unentgeltliche Pflege des Erblassers;

- Zuwendungen unter Lebenden zum Zwecke des angemessenen Unterhalts oder zur Ausbildung des Bedachten;

- Zuwendungen unter Ehegatten bzw. Lebenspartnern zur Verschaffung oder Entschuldung des (Mit-)Eigentums an der Wohnung der Familie bzw. Lebenspartnerschaft.

Grundzüge des Erbschaftsteuerrechts

IX

## 4.4 Nachlassverbindlichkeiten

Als Nachlassverbindlichkeiten sind bei Erwerben von Todes wegen u. a. abzugsfähig:

* Schulden des Erblassers, soweit sie nicht bereits bei der Bewertung des Unternehmensvermögens berücksichtigt wurden;

* Verbindlichkeiten aus Vermächtnissen, Auflagen oder geltend gemachten Pflichtteilsansprüchen;

* Kosten für die Bestattung des Erblassers, ein angemessenes Grabdenkmal sowie übliche Grabpflege. Ohne Nachweis ist pauschal ein Betrag von 10.300 € für diese Kosten abzugsfähig.

Nicht abzugsfähig sind die Kosten für die Verwaltung des Nachlasses oder die vom Erwerber zu entrichtende Erbschaftsteuer.

## 4.5 Zugewinnausgleich

Verstirbt ein Ehegatte bzw. Lebenspartner eines im Güterstand der Zugewinngemeinschaft lebenden Paares, wird der Erwerb von Todes wegen in Höhe des Betrags steuerbefreit, den der überlebende Ehegatte bzw. Lebenspartner im Fall der Scheidung hätte als Zugewinnausgleich beanspruchen können (fiktive Zugewinnausgleichsforderung).

## 4.6 Vorerwerbe

Mehrere Erwerbe, die innerhalb von 10 Jahren von derselben Person anfallen, sind zusammenzurechnen und werden im Ergebnis wie ein Erwerb behandelt.

# 5 Steuerklassen

Die Steuerklasse, in die der Erwerb fällt, bestimmt sich nach dem Verwandtschaftsverhältnis der Beteiligten.

### Steuerklasse I

* Ehegatte sowie Lebenspartner einer eingetragenen Lebenspartnerschaft
* Kinder und Stiefkinder
* Kinder der zuvor genannten Kinder (Enkelkinder)
* Eltern und Großeltern bei Erwerben von Todes wegen

## Steuerklasse II

- Eltern und Großeltern, soweit nicht in Steuerklasse I
- Geschwister und deren Kinder (Nichten, Neffen)
- Stiefeltern
- Schwiegerkinder und -eltern
- der geschiedene Ehegatte oder der ehemalige Lebenspartner einer aufgelösten eingetragenen Lebenspartnerschaft

## Steuerklasse III

- alle übrigen Erwerber

# 6   Freibeträge

Steuerfrei bleibt der Erwerb

| | |
|---|---:|
| des Ehegatten und des Lebenspartners einer eingetragenen Lebenspartnerschaft in Höhe von | 500.000 € |
| der Kinder und Stiefkinder sowie der Kinder vorverstorbener Kinder und Stiefkinder in Höhe von | 400.000 € |
| der Kinder lebender Kinder und Stiefkinder in Höhe von | 200.000 € |
| der Eltern und Großeltern bei Erwerben von Todes wegen in Höhe von | 100.000 € |
| der Personen in Steuerklasse II in Höhe von | 20.000 € |
| der übrigen Personen in Steuerklasse III in Höhe von | 20.000 € |

Diese Freibeträge sind bei einem Erwerb von mehreren Personen gesondert anzusetzen und bei jedem Einzelerwerb grundsätzlich in voller Höhe abziehbar. Jedem Kind steht beispielsweise sowohl für einen Erwerb vom Vater als auch von der Mutter der Freibetrag von jeweils 400.000 € zu.

## Beschränkte Erbschaftsteuerpflicht

Bei beschränkter Erbschaftsteuerpflicht wird anstelle der oben genannten Freibeträge ein Betrag von 2.000 € berücksichtigt.

## Versorgungsfreibetrag

Neben dem allgemeinen Freibetrag wird bei einem Erwerb von Todes wegen dem überlebenden Ehegatten bzw. Lebenspartner ein Versorgungsfreibetrag von 256.000 € gewährt. Kinder und Stiefkinder bis 27 Jahre erhalten einen ihrem Alter entsprechend gestaffelten Versorgungsfreibetrag von 10.300 € bis 52.000 €.

Die Versorgungsfreibeträge sind um den Kapitalwert erbschaftsteuerfreier Versorgungsbezüge zu kürzen.

# 7    Steuersätze

Die Erbschaftsteuer wird seit dem 01.01.2010 nach folgenden Vomhundertsätzen erhoben:

| Wert des steuerpflichtigen Erwerbs bis einschließlich | Vomhundertsatz in der Steuerklasse | | |
|---|---|---|---|
| | I | II | III |
| 75.000 € | 7 | 15 | 30 |
| 300.000 € | 11 | 20 | 30 |
| 600.000 € | 15 | 25 | 30 |
| 6.000.000 € | 19 | 30 | 30 |
| 13.000.000 € | 23 | 35 | 50 |
| 26.000.000 € | 27 | 40 | 50 |
| über 26.000.000 € | 30 | 43 | 50 |

Der Übergang von einer Tarifstufe des steuerpflichtigen Erwerbs zur nächsthöheren Tarifstufe gilt als ein gleitender Härteausgleich, der die Erbschaftsteuerbelastung mit dem höheren Steuersatz abmildert (19 Abs. 3 ErbStG).

## Berücksichtigung früherer Erwerbe

Bei Erwerben von derselben Person, die innerhalb der letzten 10 Jahre angefallen sind, werden für die Ermittlung des gesamten Vermögensanfalls die früheren Werte dem letzten Erwerb zugerechnet. Für die Steuerfestsetzung wird alternativ die (fiktive) Erbschaftsteuer oder die höhere tatsächlich entrichtete Erbschaftsteuer berücksichtigt. Seit dem 01.01.2009 ist mindestens die Erbschaftsteuer zu entrichten, die sich für den Letzterwerb ohne Zusammenrechnung ergeben würde (Mindesterbschaftsteuer).

## Tarifbegrenzung für bestimmtes Vermögen

Außerdem wird für den Erwerb von Betriebsvermögen, von Betrieben der Land- und Forstwirtschaft und von Anteilen an Kapitalgesellschaften durch natürliche Personen der Steuerklasse II und III ein Entlastungsbetrag gewährt. Voraussetzung ist jedoch, dass die übertragenen Vermögensteile kein steuerverschontes Vermögen nach § 13 b ErbStG darstellen. Die Erbschaftsteuerbelastung wird dadurch für die verbleibenden nicht nach § 13b Abs. 4 ErbStG begünstigten 15 % auf die Steuersätze der Steuerklasse I begrenzt.

## Steuerermäßigung

Erben Personen der Steuerklasse I oder II steuerpflichtiges Vermögen, das innerhalb der letzten 10 Jahre bereits von Personen dieser Steuerklasse erworben wurde (z.B. bei Vererbung vom Ehemann auf die Ehefrau und anschließend auf ein Kind), so ermäßigt sich der auf dieses Vermögen anfallende Steuerbetrag unter gewissen Voraussetzungen um 10 % bis 50 %.

# X   Lebensversicherung und Erbschaftsteuer

| 1 | Vertragsgestaltungen | 437 |
|---|---|---|
| 1.1 | Auszahlungen an Versicherungsnehmer | 437 |
| 1.2 | Bezugsrechte | 437 |
| | Kapitalzahlung | 437 |
| | Renten | 437 |
| | Direktversicherung | 438 |
| 1.3 | Rechtsnachfolge bei Tod des Versicherungsnehmers | 438 |
| | Versicherungsnehmer ist die versicherte Person | 438 |
| | Versicherungsnehmer ist nicht die versicherte Person | 438 |
| | Widerrufliches Bezugsrecht | 438 |
| | Unwiderrufliches Bezugsrecht | 439 |
| 1.4 | Abtretung | 439 |
| 1.5 | Versicherungsnehmerwechsel | 439 |
| 1.6 | Policendarlehen | 440 |
| 1.7 | Beitragszahlung durch Dritte | 440 |
| 1.8 | Beitragsdepot | 441 |
| 2 | Bewertung noch nicht fälliger Ansprüche | 441 |
| 2.1 | Bewertungsgrundsätze | 441 |
| | Private Lebensversicherungen | 441 |
| | Lebensversicherungen im Betriebsvermögen | 442 |
| 2.2 | Bewertung mit dem Rückkaufswert | 442 |
| | Gewinnbeteiligung | 442 |
| | Policendarlehen | 442 |
| 2.3 | Gespaltenes Bezugsrecht | 443 |
| 2.4 | Vorausgezahlte Beiträge (Beitragsdepot) | 443 |
| 3 | Bewertung fälliger Ansprüche | 443 |
| | Private Kapitallebensversicherung | 443 |
| | Private Rentenversicherung | 443 |
| | Rentenversicherungen im Betriebsvermögen | 444 |

| 4 | **Versicherungsformen** | **444** |
|---|---|---|
| 4.1 | Private Lebensversicherung | 444 |
| | Berechnung der steuerfreien (fiktiven) Zugewinn- | |
| | ausgleichsforderung | 445 |
| 4.2 | Leistungen aus einer betrieblichen Altersversorgung | 447 |
| 4.3 | Rückdeckungs- und Schlüsselkraftversicherung | 447 |
| **5** | **Anzeige- und Mitteilungspflichten, Haftung** | **448** |
| 5.1 | Auszahlung an Dritte | 448 |
| | Auszahlung unter 5.000 € | 449 |
| | Direktversicherungen | 449 |
| | Auszahlung an Bevollmächtigte | 449 |
| | Versicherungsnehmerwechsel | 449 |
| | Aufrechnung | 449 |
| | Versicherungsleistung | 450 |
| 5.2 | Beitragsdepots zu Lebensversicherungen | 450 |
| 5.3 | Haftung bei Auszahlungen ins Ausland | 450 |
| | Ausländischer Berechtigter | 451 |
| | Versicherungsleistung | 451 |
| | Bagatellgrenze | 451 |
| | Enthaftungserklärung | 451 |

Lebensversicherung und Erbschaftsteuer

X

# 1 Vertragsgestaltungen

## 1.1 Auszahlungen an Versicherungsnehmer

Die Versicherungsleistung, die an den Versicherungsnehmer ausgezahlt wird, ist nicht erbschaftsteuerpflichtig. Sind mehrere Personen (z. B. Ehegatten oder Gesellschafter einer Personengesellschaft) gemeinsam Versicherungsnehmer, gilt dies für die Beteiligten jeweils in Höhe ihres Anteils an der Versicherungsleistung. Die Anteile der einzelnen Beteiligten sind nach dem Verhältnis zu bestimmen, nach dem sie intern zur Prämienzahlung verpflichtet waren.[1] Sind Ehegatten oder Partner einer eingetragenen Lebensgemeinschaft gemeinsam Versicherungsnehmer, wird von der Finanzverwaltung regelmäßig eine jeweils hälftige Zahlung durch die Ehegatten unterstellt.[2]

## 1.2 Bezugsrechte

Die Einräumung eines Bezugsrechts zugunsten eines Dritten stellt noch keinen erbschaftsteuerpflichtigen Erwerb dar, und zwar auch dann nicht, wenn ein unwiderrufliches Bezugsrecht eingeräumt wird. Erst der Eintritt des Versicherungsfalls löst bei dem Bezugsberechtigten die Steuerpflicht aus.[3]

### Kapitalzahlung

Eine Kapitalzahlung unterliegt bei Fälligkeit mit dem Nennwert der Erbschaftsteuer. Wird die Kapitalzahlung nicht mit dem Tod der versicherten Person, sondern erst später fällig (Termfix-Versicherung), ist der Wert des noch nicht fälligen Versicherungsanspruchs im Zeitpunkt des Todes mit dem Rückkaufswert anzusetzen.[4]

### Renten

Erhält ein Dritter aufgrund eines widerruflichen Bezugsrechts Leistungen aus einer fälligen Rentenversicherung, sind nur die jeweils tatsächlich erhaltenen Renten im Zuflusszeitpunkt erbschaftsteuerpflichtig.

Bei Einräumung eines unwiderruflichen Bezugsrechts ist dagegen bei Rentenbeginn der Kapitalwert der fälligen Rente anzusetzen (→ 3 Bewertung fälliger Ansprüche, Private Rentenversicherung, S. 443).

X

---

1   Erlass des Finanzministeriums Nordrhein-Westfalen vom 13.06.1990.
2   R E 3.6 Abs. 3 ErbStR 2011.
3   BFH vom 11.07.1952, III 112/51 S, BStBl III 1952 S. 240 und BFH vom 12.06.1953 III 19/52 S, BStBl III 1953 S. 247 und BFH vom 30.06.1999, II R 70/97, BStBl II 1999, S. 742.
4   § 12 Abs. 4 BewG.

### Direktversicherung

Beim Arbeitnehmer oder seinen Hinterbliebenen ist eine Leistung, die aufgrund des Bezugsrechts einer Direktversicherung gezahlt wird, regelmäßig nicht erbschaftsteuerpflichtig (→ 4 Versicherungsformen, 4.2 Leistungen aus einer betrieblichen Altersversorgung, S. 447).

## 1.3 Rechtsnachfolge bei Tod des Versicherungsnehmers

### Versicherungsnehmer ist die versicherte Person

Bei Tod des Versicherungsnehmers, der gleichzeitig versicherte Person ist, fällt die Versicherungsleistung in den Nachlass („Erwerb durch Erbanfall" gemäß § 3 Abs. 1 Nr. 1 ErbStG), wenn keine Bezugsrechte zugunsten Dritter verfügt sind. Die fällige Versicherungsleistung ist mit dem Nennwert bzw. eine fällig gewordene Rente mit dem Kapitalwert der Rente zu versteuern. Eine im Zeitpunkt des Todes des Versicherungsnehmers noch nicht fällige Leistung aus einer Termfix-Versicherung ist mit dem Rückkaufswert zu versteuern.

### Versicherungsnehmer ist nicht die versicherte Person

Sind Versicherungsnehmer und versicherte Person nicht identisch und stirbt der Versicherungsnehmer, bevor eine Versicherungsleistung fällig wurde, gehören die Ansprüche aus der Versicherung zum Nachlass. Wurde im Versicherungsvertrag ein Rechtsnachfolger für den Versicherungsnehmer bestimmt, gehen die Rechte auf den neuen Versicherungsnehmer über (§ 3 Abs. 1 Nr. 4 ErbStG). In beiden Fällen unterliegt der Erwerb der Versicherung beim neuen Versicherungsnehmer mit dem Rückkaufswert der Erbschaftsteuer.

### Widerrufliches Bezugsrecht

Wird der widerruflich Bezugsberechtigte neuer Versicherungsnehmer und hat er die Beiträge für die Versicherung vollständig gezahlt, liegt kein erbschaftsteuerpflichtiger Erwerb vor. Der Bezugsberechtigte trägt die Beweislast hinsichtlich der von ihm gezahlten Versicherungsbeiträge.[5]

Wurde von dem verstorbenen Versicherungsnehmer ein widerrufliches Bezugsrecht zugunsten einer anderen Person als dem neuen Versicherungsnehmer verfügt, mindert das Bezugsrecht den erbschaftsteuerpflichtigen Erwerb beim Rechtsnachfolger nicht. Der Erwerb wird jedoch gemindert, wenn die versicherte Person einer Termfix-Versicherung bereits vor dem Versicherungsnehmer verstarb. Der Bezugsberechtigte hat nämlich im Zeitpunkt des

---

5 Gleich lautende Erlasse der obersten Finanzbehörden der Länder vom 23.02.2010.

Todes der versicherten Person den Anspruch auf Auszahlung der Versicherungsleistung bereits erworben.

### Unwiderrufliches Bezugsrecht

Wird der unwiderruflich Bezugsberechtigte neuer Versicherungsnehmer und hat er die Beiträge für die Versicherung vollständig gezahlt, liegt kein erbschaftsteuerpflichtiger Erwerb vor.[6]

Hat der verstorbene Versicherungsnehmer einen Rechtsnachfolger als Versicherungsnehmer bestimmt und ein unwiderrufliches Bezugsrecht auf den Todesfall zugunsten einer anderen Person verfügt, ist der erworbene Wert des noch nicht fälligen Versicherungsanspruchs um den Wert des Bezugsrechts zu vermindern.[7] Beim Todesfall-Bezugsberechtigten tritt dagegen ein erbschaftsteuerpflichtiger Erwerb (in Höhe der Versicherungsleistung) erst bei Tod der versicherten Person ein.[8] Wird die Versicherungsleistung im Erlebensfall zugunsten des neuen Versicherungsnehmers fällig, entfällt rückwirkend die Verminderung, um die der Erwerb zu kürzen war.

Besteht zugunsten einer anderen Person als dem Rechtsnachfolger ein unwiderrufliches Bezugsrecht für den Erlebensfall, unterliegt der noch nicht fällige Anspruch beim Rechtsnachfolger trotzdem ungeschmälert der Erbschaftsteuer. Tritt allerdings der Erlebensfall ein, wird der erbschaftsteuerpflichtige Erwerb auf Antrag rückwirkend berichtigt.[9]

## 1.4 Abtretung

Bei Abtretung von Versicherungsansprüchen unterliegt der Anspruch der Erbschaftsteuer, soweit der Zessionar für die erworbenen Ansprüche keine angemessene Gegenleistung zu erbringen hat. Ist die Abtretung aufschiebend bedingt, entsteht die Steuer erst bei Eintritt der Bedingung.

Die Abtretung der Versicherungsansprüche zu Sicherungszwecken stellt keinen erbschaftsteuerpflichtigen Erwerb dar.

## 1.5 Versicherungsnehmerwechsel

Findet ein Versicherungsnehmerwechsel zu Lebzeiten des Versicherungsnehmers statt, ohne dass eine Gegenleistung erbracht wird, liegt ein erbschaftsteuerpflichtiger Erwerb in Höhe des Rückkaufswerts vor.

---

6 Gleich lautende Erlasse der obersten Finanzbehörden der Länder vom 23.02.2010.
7 § 10 Abs. 5 Nr. 2 ErbStG i.V.m. § 7 ff. BewG und BFH-Urteil vom 5.7.1978, II R 64/73, BStBl II 1979 S. 23.
8 BFH-Urteil vom 11.7.1952, III 112/51 S, BStBl III 1952 S. 240, BFH-Urteil vom 12.06.1953, III 19/52 S, BStBl III 1953 S. 247 und BFH vom 30.06.1999, II R 70/97, BStBl II 1999, S. 742.
9 § 6 Abs. 2 BewG i.V.m. § 5 Abs. 2 BewG.

X

Werden Ansprüche aus einer noch nicht fälligen Lebensversicherung übertragen, bei der der neue Versicherungsnehmer die Versicherungsbeiträge bisher ganz gezahlt hat, liegt kein erbschaftsteuerpflichtiger Erwerb vor, wenn der Beitragszahler unwiderruflich bezugsberechtigt ist.[10] Wurden die bisherigen Beiträge lediglich teilweise vom Erwerber gezahlt, unterliegt der Versicherungsnehmerwechsel ebenfalls nur teilweise der Erbschaftsteuer; dabei ist auf das Verhältnis der vom bisherigen Versicherungsnehmer gezahlten Versicherungsbeiträge zu den insgesamt gezahlten Versicherungsbeiträgen abzustellen.[11]

Die Übertragung einer Direktversicherung auf den Arbeitnehmer ist nicht erbschaftsteuerpflichtig. Dasselbe gilt bei Übertragung einer privaten Lebensversicherung auf den Arbeitgeber zur Fortführung als Direktversicherung.

## 1.6 Policendarlehen

Hat das Versicherungsunternehmen dem Versicherungsnehmer ein Policendarlehen gewährt, steht dem Bezugsberechtigten regelmäßig nur die Versicherungsleistung zu, die nach einer Verrechnung mit dem Darlehen und eventuell aufgelaufenen Zusatzbeiträgen verbleibt. Als erbschaftsteuerpflichtiger Erwerb des Bezugsberechtigten ist in diesen Fällen dann auch nur die gekürzte Versicherungsleistung anzusetzen.

Die Rückzahlungsverpflichtung und der entsprechende Versicherungsanspruch fallen regelmäßig in den Nachlass des Versicherungsnehmers, wenn er keine abweichende Verfügung getroffen hat (zur Bewertung noch nicht fälliger Versicherungsansprüche und darauf gewährter Policendarlehen des Versicherers → 2.2 Bewertung mit dem Rückkaufswert, Policendarlehen, S. 442).

## 1.7 Beitragszahlung durch Dritte

Beiträge, die ein Dritter für den Versicherungsnehmer unentgeltlich entrichtet, sind schenkungsteuerpflichtig. Dies gilt auch dann, wenn die Beiträge zu einer Versicherung mit mehreren Versicherungsnehmern von einem Beteiligten zugunsten der Gemeinschaft aufgebracht werden und die anderen Beteiligten zu einem Ausgleich nicht verpflichtet sind.

Sind Ehegatten gemeinsam Versicherungsnehmer einer Lebensversicherung, geht die Finanzverwaltung regelmäßig davon aus, dass die Beitragsleistung von den Ehegatten je zur Hälfte getragen wird, soweit ein anderer

---

10   FG Düsseldorf vom 23.03.2011 – 4 K 2354/08 Erb, Revision eingelegt: Aktenzeichen BFH II R 29/11.
11   Gleich lautende Erlasse der obersten Finanzbehörden der Länder vom 23.02.2010.

Aufteilungsmaßstab nicht vereinbart ist.[12] Bestehen bei den Ehegatten erhebliche Einkommens- oder Vermögensunterschiede, kann das Finanzamt im Einzelfall jedoch die Mittelherkunft überprüfen.

Verpflichtet sich ein Dritter gegenüber dem Versicherungsnehmer einer Lebensversicherung zur unentgeltlichen Zahlung der laufenden Beiträge, ist steuerlich von der Schenkung einer abgekürzten Leibrente auszugehen.

Haben der Dritte und der Versicherungsnehmer vereinbart, dass dem Dritten ein unwiderrufliches Bezugsrecht auf die Versicherungsleistung im Todes- und Erlebensfall zustehen soll, ist weder die Beitragszahlung (beim Versicherungsnehmer) noch die Auszahlung der Versicherungsleistung (beim Dritten) schenkung-/erbschaftsteuerpflichtig.[13] Hat der Bezugsberechtigte nur einen Teil der Beiträge gezahlt, ist die Versicherungsleistung nach dem Verhältnis der vom Versicherungsnehmer gezahlten Versicherungsbeiträge zu den insgesamt gezahlten Versicherungsbeiträgen aufzuteilen.[14]

## 1.8   Beitragsdepot

Eine Schenkung liegt vor, wenn ein Dritter ohne Gegenleistung des Versicherungsnehmers zugunsten des Versicherungsnehmers ein Beitragsdepot einrichtet. Der Anspruch auf das Beitragsdepot steht regelmäßig dem Versicherungsnehmer nach der Einzahlung sofort zu, sodass die Schenkung mit der Zahlung bewirkt ist.

# 2   Bewertung noch nicht fälliger Ansprüche

## 2.1   Bewertungsgrundsätze

### Private Lebensversicherungen

Noch nicht fällige Ansprüche aus Kapital- oder Rentenversicherungen, die nicht zu einem Betriebsvermögen (eines bilanzierenden Gewerbebetriebs oder freiberuflich Tätigen) gehören, sind mit dem Rückkaufswert zu bewerten.[15]

---

12   Erlass des Finanzministeriums Nordrhein-Westfalen vom 13.06.1990.
13   FG Düsseldorf vom 23.03.2011 – 4 K 2354/08 Erb, Revision eingelegt: Aktenzeichen BFH II R 29/11.
14   BFH-Urteil vom 01.07.2008 II R 38/07, BStBl II 2008 S. 876 sowie gleich lautende Erlasse der obersten Finanzbehörden der Länder vom 23.02.2010.
15   § 12 Abs. 4 BewG.

X

Neben dem Rückkaufswert sind Gewinnansammlungsguthaben als befristete Kapitalforderungen mit dem Nennwert anzusetzen.[16]

## Lebensversicherungen im Betriebsvermögen

Lebensversicherungen, die zum Betriebsvermögen eines Gewerbebetriebs oder eines freiberuflich Tätigen gehören, sind von bilanzierenden Steuerpflichtigen mit den Steuerbilanzwerten ("Aktivwert") anzusetzen. Der Ansatz des Rückkaufswerts ist bei Lebensversicherungen im Betriebsvermögen ausgeschlossen.

Lebensversicherungen, die zum Vermögen eines Land- und Forstwirts oder zum Betriebsvermögen von nichtbilanzierenden Gewerbetreibenden oder freiberuflich Tätigen gehören, sind mit dem Rückkaufswert anzusetzen.

Wir gehen davon aus, dass zum Betriebsvermögen gehörende Rückdeckungsversicherungen nicht zum Verwaltungsvermögen rechnen (→ IX Grundzüge des Erbschaftsteuerrechts, 4.1 Unternehmensvermögen, Verwaltungsvermögen, S. 427).[17]

## 2.2  Bewertung mit dem Rückkaufswert

Rückkaufswert bei Versicherungen, die nach dem 31.12.2007 abgeschlossen worden sind, ist das nach anerkannten Regeln der Versicherungsmathematik mit den Rechnungsgrundlagen der Prämienkalkulation zum Schluss der laufenden Versicherungsperiode berechnete Deckungskapital der Versicherung (§ 169 Abs. 3 VVG).

Bei Versicherungen, die vor dem 01.01.2008 und nach dem 28.07.1994 abgeschlossen worden sind, ist als Rückkaufswert der Zeitwert der Versicherung (§ 176 Abs. 3 VVG) anzusetzen, der ggf. um angemessene Abschläge zu vermindern ist.

### Gewinnbeteiligung

Verzinslich angesammelte Gewinnanteile sind mit ihrem Nennwert neben dem Rückkaufswert anzusetzen. Wird die Gewinnbeteiligung in Form des Bonus gewährt, umfasst der Rückkaufswert auch das Deckungskapital des Bonus.

### Policendarlehen

Ein Policendarlehen ist vom Rückkaufswert nicht abzusetzen. Das Policendarlehen ist bei der Ermittlung des Vermögens gesondert als Verbindlichkeit abzuziehen.

---

16   § 12 Abs. 1 BewG.
17   Eine Stellungnahme der Finanzverwaltung steht noch aus.

## 2.3 Gespaltenes Bezugsrecht

Auch bei einem nach Versicherungssumme und Gewinnanteilen gespaltenen Bezugsrecht hat der für die Versicherungssumme Bezugsberechtigte eine private Lebensversicherung mit dem Rückkaufswert zu bewerten. Ist der Anspruch auf die Versicherungssumme dem Betriebsvermögen eines bilanzierenden Steuerpflichtigen zuzurechnen, gilt das in der Bilanz anzusetzende Deckungskapital der Versicherung.

Die Gewinnanteile sind bei dem hierfür Bezugsberechtigten

- bei verzinslicher Gewinnansammlung mit dem Nennwert,

- bei Bonusversicherungssummen (bzw. Bonusrenten) einer privaten Versicherung mit dem Rückkaufswert bzw. bei bilanzierenden Steuerpflichtigen mit dem Deckungskapital bzw. dem Zeitwert der Versicherung

zu bewerten.

## 2.4 Vorausgezahlte Beiträge (Beitragsdepot)

Wurden vom Versicherungsnehmer oder einem Dritten Beiträge im Voraus geleistet, so ist das zum Bewertungsstichtag vorhandene, verzinste Guthaben mit dem Nennwert neben dem Wert der Versicherung anzugeben.

# 3 Bewertung fälliger Ansprüche

### Private Kapitallebensversicherung

Fällige Ansprüche aus Kapitallebensversicherungen sowie hierfür eventuell gewährte Zinsen sind mit dem Nennwert anzusetzen.

### Private Rentenversicherung

**Fällige Ansprüche** auf Leibrenten sind mit ihrem Kapitalwert anzusetzen. In die Berechnung der Kapitalwerte sind sowohl die vertraglich garantierten Renten als auch die zukünftigen Gewinnanteile einzubeziehen.[18] Bar auszuschüttende Gewinnanteile aus einer fälligen Rentenversicherung, die zwar entstanden, aber noch nicht ausgezahlt sind, müssen neben dem Kapitalwert als laufende Guthaben erfasst werden.[19]

---

18 § 15 Abs. 3 BewG.
19 BFH-Urteil vom 02.10.1981, III R 19/78, BStBl II 1982, S. 11.

X

Der Kapitalwert einer **lebenslangen Leibrente** wird durch Multiplikation der jährlichen Rente mit einem sogenannten Vervielfältiger ermittelt.[20] Die Höhe des Vervielfältigers hängt vom Geschlecht sowie vom Alter der versicherten Person ab. Die Vervielfältiger werden jährlich von der Finanzverwaltung veröffentlicht.[21]

**Zeitlich befristete Leibrenten** sind mit dem Kapitalwert nach Anlage 9a des Bewertungsgesetzes, höchstens jedoch mit dem Kapitalwert für lebenslange Leibrenten (§ 14 Abs. 1 BewG) zu erfassen.

Für Ansprüche auf **Zeitrenten** gilt ebenfalls der Kapitalwert nach Anlage 9a des Bewertungsgesetzes.

### Rentenversicherungen im Betriebsvermögen

Fällige Ansprüche aus Rentenversicherungen, die zum Betriebsvermögen eines Gewerbebetriebs oder eines freiberuflich Tätigen gehören, sind mit den Steuerbilanzwerten anzusetzen, wenn der Steuerpflichtige bilanziert.

Dagegen sind fällige Ansprüche aus Rentenversicherungen, die zum Betriebsvermögen eines nicht Bilanzierenden gehören, mit den Kapitalwerten anzusetzen, die sich nach den veröffentlichten Vervielfältigern bzw. nach Anlage 9a BewG ergeben (→ Private Rentenversicherung, S. 443).

# 4 Versicherungsformen

## 4.1 Private Lebensversicherung

Kapitalversicherungen unterliegen nach Eintritt des Versicherungsfalls in Höhe der Versicherungsleistung der Erbschaftsteuerpflicht, sofern die Versicherungsleistung nicht an den Versicherungsnehmer selbst ausbezahlt wird.

Erwirbt ein Anderer als der Versicherungsnehmer Ansprüche auf laufende Leistungen aus einer Rentenversicherung, kann die Erbschaftsteuer entweder einmalig vom Kapitalwert oder jährlich im Voraus vom Jahresbetrag der gezahlten Renten berechnet werden.

Wird die einmalige Besteuerung gewählt, ist die Erbschaftsteuer mit dem maßgebenden Steuersatz für den steuerpflichtigen Erwerb (einschließlich des Kapitalwerts der Rentenansprüche und nach Abzug der Freibeträge) in einem Betrag zu entrichten.

---

20  § 14 Abs.1 BewG.
21  Vervielfältiger ab 01.01.2011: BMF-Schreiben vom 08.11.2010.
    Vervielfältiger ab 01.01.2012: BMF-Schreiben vom 26.09.2011.

Bei der jährlichen Steuerzahlung ist die Erbschaftsteuer ebenfalls mit dem maßgebenden Steuersatz des steuerpflichtigen Erwerbs (einschließlich des Kapitalwerts der Rentenansprüche und nach Abzug der Freibeträge) im Voraus vom Jahresbetrag der Rente zu entrichten, solange die Rente gezahlt wird.

Anwartschaften aus einer noch nicht fälligen und nicht rückkaufsfähigen Rentenversicherung mit aufgeschobener Rentenzahlung unterliegen als aufschiebend bedingte Ansprüche erst dann der Erbschaftsteuer, wenn der Versicherungsfall eingetreten ist.[22]

## Berechnung der steuerfreien (fiktiven) Zugewinnausgleichsforderung

Bei der Berechnung des erbschaftsteuerfreien (fiktiven) Zugewinnausgleichs[23] werden Ansprüche aus Lebensversicherungen eines Ehegatten, die nach dessen Tod dem überlebenden Ehegatten als Bezugsberechtigten zustehen, dem Endvermögen des verstorbenen Ehegatten zugerechnet.[24] Ist das Endvermögen des verstorbenen Ehegatten dadurch größer als das Endvermögen des überlebenden Ehegatten, erhöht sich der Steuerfreibetrag für den überlebenden Ehegatten entsprechend.

Diese Regelung gilt auch für eingetragene Lebenspartnerschaften.

X

---

22  BFH-Urteil vom 28.02.1996 II R 92/93, BStBl II 1996 S. 348 (das Urteil ist zum Ansatz einer Rentenrückdeckungsversicherung bei der früheren Einheitsbewertung des Betriebsvermögens ergangen).
23  § 5 ErbStG.
24  Erlass des Finanzministeriums Mecklenburg-Vorpommern vom 27.09.1993.

| | Verstorbener Ehegatte/ Lebenspartner **EUR** | Überlebender Ehegatte/ Lebenspartner **EUR** |
|---|---|---|
| Anfangsvermögen | 0 € | 0 € |
| Endvermögen | 800.000 € | 300.000 € |
| Zugewinn | 800.000 € | 300.000 € |
| Todesfallleistung aus Versicherung des verstorbenen Ehegatten/ Lebenspartners, die der überlebende Ehegatte/Lebenspartner aufgrund eines Bezugsrechts erwirbt; Zurechnung beim verstorbenen Ehegatten/Lebenspartner | 200.000 € | |
| Fiktives Endvermögen | 1.000.000 € | 300.000 € |
| Fiktiver Zugewinn | 700.000 € | |
| Steuerfreie (fiktive) Zugewinnausgleichsforderung | | 350.000 € |
| Gesetzliches Erbe des überlebenden Ehegatten/Lebenspartners bei Zugewinngemeinschaft (¼ + ¼ aus 800.000 €) | | 400.000 € |
| Todesfallleistung aufgrund Bezugsrechts | | 200.000 € |
| Gesamterwerb | | 600.000 € |
| Abzüglich erbschaftsteuerfreier Zugewinnausgleich | | 350.000 € |
| Erbschaftsteuerpflichtiger Erwerb | | 250.000 € |
| Freibetrag für Ehegatten/Lebenspartner | | 500.000 € |
| Zu versteuern | | 0 € |

Kapitallebensversicherungen sind bei der Ermittlung der fiktiven Zugewinnausgleichsforderung mit dem Nennwert der Todesfallleistung und Rentenversicherungen mit dem Kapitalwert der Renten anzusetzen.

Private Lebensversicherungen mit einem Versicherungsunternehmen, das seinen Sitz oder seine Geschäftsleitung im Inland hat, unterliegen in Deutschland nicht der Erbschaftsteuer, wenn der Erblasser oder der Schenker und der Erwerber in Deutschland weder einen Wohnsitz noch ihren gewöhnlichen Aufenthalt haben. Ausnahmen gelten jedoch für deutsche Staatsangehörige, die ihren inländischen Wohnsitz oder Aufenthalt noch nicht länger als 5 Jahre (USA: 10 Jahre) aufgegeben haben.[25]

## 4.2 Leistungen aus einer betrieblichen Altersversorgung

Zuwendungen an den Arbeitnehmer aus einer betrieblichen Altersversorgung sind nicht erbschaftsteuerpflichtig, da ihnen die erbrachte Arbeitsleistung gegenübersteht. Zuwendungen an versorgungsberechtigte Hinterbliebene aus einer Direktversicherung, einer Pensionskasse oder einem Pensionsfonds sind ebenfalls nicht erbschaftsteuerpflichtig, soweit diese Leistungen angemessen sind.[26] Als „angemessen" sind solche Hinterbliebenenbezüge anzusehen, die 45 % des Bruttoarbeitslohnes des verstorbenen Ehegatten nicht übersteigen.[27] Hinterbliebene, bei denen die Leistung steuerfrei bleibt, sind

- der mit dem Erblasser bei dessen Tod rechtsgültig verheiratete Ehegatte,

- der Partner einer eingetragenen Lebenspartnerschaft sowie

- die Kinder des Erblassers.[28]

Die steuerfreien Hinterbliebenenbezüge sind auf den Versorgungsfreibetrag anzurechnen (§ 17 ErbStG).

Werden Leistungen aus einer Direktversicherung, einer Pensionskasse oder einem Pensionsfonds an den Lebensgefährten gezahlt, unterliegen diese der Erbschaftsteuer. Ebenfalls der Erbschaftsteuer unterliegen Leistungen, die an Witwen oder Waisen von beherrschenden Gesellschafter-Geschäftsführern einer Kapitalgesellschaft gezahlt werden.[29]

## 4.3 Rückdeckungs- und Schlüsselkraftversicherung

Leistungen aus Rückdeckungsversicherungen oder Schlüsselkraftversicherungen unterliegen nicht der Erbschaftsteuer, da die Leistungen jeweils an den Versicherungsnehmer erbracht werden.

Rückdeckungsversicherungen oder Schlüsselkraftversicherungen eines land- und forstwirtschaftlichen Betriebs werden nicht dem land- und forstwirtschaftlichen Vermögen, sondern dem Betriebsinhaber unmittelbar zuge-

25   § 2 Abs. 1 Satz 2 Buchstabe b) ErbStG.
26   Erlass des Finanzministeriums Niedersachsen vom 15.01.1982.
27   R E 3.5 Abs. 3 Satz 2 ErbStR 2011.
28   R E 3.5 Abs. 1 Satz 2 ErbStR 2011.
29   R E 3.5 Abs. 3 Satz 4 ErbStR 2011.

rechnet. **Noch nicht fällige Ansprüche** aus Rückdeckungs- oder Schlüssel-kraftversicherungen, die dem Land- oder Forstwirt zustehen, gehören im Falle seines Todes zum Nachlass. Der Wert ist mit dem Rückkaufswert (§ 12 Abs. 4 BewG) anzusetzen. **Fällige Ansprüche** auf eine Kapitalzahlung aus einer Rückdeckungs- oder Schlüsselkraftversicherung sind mit dem Nennwert, fällige Rentenleistungen mit dem Kapitalwert der Rente zu erfassen.

Demgegenüber ist die Verpflichtung aus einer Pensionszusage des Land- und Forstwirts, die ihm ebenfalls unmittelbar zugerechnet wird, als Nachlassverbindlichkeit abzuziehen.

Rückdeckungs- oder Schlüsselkraftversicherungen, die zu einem Betriebsvermögen gehören, gehen im Todesfall des Gewerbetreibenden, des Mitunternehmers, des freiberuflich Tätigen oder des Gesellschafters einer Partnerschaftsgesellschaft regelmäßig als Teil des Betriebsvermögens anteilig auf die Rechtsnachfolger über.

# 5 Anzeige- und Mitteilungspflichten, Haftung

## 5.1 Auszahlung an Dritte

Das Versicherungsunternehmen hat dem zuständigen Finanzamt anzuzeigen, wenn es Versicherungsleistungen aus Kapital- oder Rentenversicherungen einem anderen als dem Versicherungsnehmer auszahlt oder zur Verfügung stellt.[30] Sofern dem Versicherungsunternehmen bekannt ist, soll es neben dem Verwandtschaftsverhältnis des Begünstigten angeben, ob dieser mit dem Erblasser bzw. Schenker verheiratet oder dessen eingetragener Lebenspartner ist.[31]

Bei einer Versicherung auf verbundene Leben ist die Auszahlung der Todesfallleistung an die überlebenden Versicherungsnehmer anzuzeigen, wenn die versicherten Personen zugleich Versicherungsnehmer waren. In Höhe des Anteils des verstorbenen Versicherungsnehmers liegt eine Auszahlung an Dritte vor.[32]

---

30 § 33 Abs. 3 ErbStG.
31 § 3 Abs. 2 ErbStDV.
32 Erlass des Finanzministeriums Nordrhein-Westfalen vom 13.06.1990.

## Auszahlung unter 5.000 €

Die Anzeige an das Finanzamt kann unterbleiben, wenn die Versicherungsleistung aus einer Kapitalversicherung 5.000 € nicht übersteigt.[33] Rentenzahlungen an Dritte sind hingegen immer anzeigepflichtig.

## Direktversicherungen

Eine Erlebensfallleistung aus einer Direktversicherung, die an den versicherten Arbeitnehmer ausgezahlt wird, ist nicht anzuzeigen, obwohl der Arbeitnehmer nicht Versicherungsnehmer ist.[34] Dagegen sind Versicherungsleistungen anzuzeigen, die an Hinterbliebene des Arbeitnehmers oder an sonstige Dritte ausgezahlt werden.

Auszahlungen von Leistungen aus Direktversicherungen an den Arbeitgeber sind nicht anzeigepflichtig, weil es sich um eine Auszahlung an den Versicherungsnehmer handelt. Dies gilt auch dann, wenn der Arbeitgeber die Versicherungsleistung an den Arbeitnehmer oder an dessen Hinterbliebene weiterzuleiten hat.

## Auszahlung an Bevollmächtigte

Wird eine Versicherungsleistung an einen Rechtsanwalt oder Notar als Bevollmächtigten des Berechtigten erbracht, wird die Auszahlung so behandelt, als ob diese unmittelbar an den Berechtigten erfolgt wäre.

## Versicherungsnehmerwechsel

Ein Wechsel des Versicherungsnehmers ist nach Auffassung der Finanzverwaltung ebenfalls anzeigepflichtig. In diesem Fall sind der Rückkaufswert sowie der Name, die Anschrift und das Geburtsdatum des neuen Versicherungsnehmers anzuzeigen.[35]

## Aufrechnung

Die Aufrechnung der fälligen Versicherungsleistung mit Forderungen des Lebensversicherungsunternehmens gegen den Versicherungsnehmer – z.B. bei Anwendung eines Hypotheken-Verrechnungsabkommens – bewirkt, dass die Leistung an den Versicherungsnehmer erbracht wird. Diese Fälle sind deshalb nicht anzeigepflichtig.

Die Verrechnung einer Todesfallleistung mit Forderungen der Lebensversicherungsgesellschaft ist dagegen anzeigepflichtig (Voraussetzung: Versicherungsnehmer = versicherte Person), weil dann die Versicherungsleistung nicht an den Versicherungsnehmer selbst, sondern an dessen Erben, erbracht wird.

---

33   § 3 Abs. 3 ErbStDV.
34   § 3 Abs. 3 ErbStDV.
35   § 3 Abs. 2 Satz 3 ErbStDV.

## Versicherungsleistung

Zu den Versicherungsleistungen, deren Auszahlung anzuzeigen ist, gehören Versicherungssummen und Renten, aber auch Gewinnanteile, Rückkaufswerte, Deckungskapitalien oder im Wege des Vergleichs vereinbarte Zahlungen; dagegen fallen Vorauszahlungen nicht unter die Versicherungsleistungen, da sie steuerlich regelmäßig als Darlehen behandelt werden.[36]

## 5.2 Beitragsdepots zu Lebensversicherungen

Stirbt der Inhaber oder Verfügungsberechtigte eines Beitragsdepots, hat das Versicherungsunternehmen ein Depotguthaben von mehr als 5.000 € dem Erbschaftsteuer-Finanzamt anzuzeigen (Anzeige der Vermögensverwahrer und -verwalter).[37] Die Anzeige ist innerhalb eines Monats abzugeben, nachdem der Versicherer vom Tod des Inhabers oder Berechtigten Kenntnis erlangt hat.

Eine Anzeige des Depotguthabens kann ggf. mit der Anzeige verbunden werden, die bei einer Auszahlung der Versicherungssumme oder Rente an eine andere Person als den Versicherungsnehmer zu fertigen ist.

## 5.3 Haftung bei Auszahlungen ins Ausland

Lebensversicherungsunternehmen haften in Höhe des ausgezahlten Betrags für Erbschaftsteuern, wenn von ihnen Versicherungsleistungen

- ins Ausland gezahlt oder
- ausländischen Berechtigten zur Verfügung gestellt werden.[38]

Wird allerdings die Versicherungsleistung an den Versicherungsnehmer gezahlt, ist keine Haftung gegeben.[39] Dagegen ist bei einer Auszahlung der Erlebensfallleistung einer Direktversicherung an den bezugsberechtigten Arbeitnehmer eine Haftung des Versicherers nicht ausgeschlossen, wenn der Arbeitnehmer „ausländischer Berechtigter" ist.

Erwirbt ein im Ausland ansässiger (institutioneller) Käufer vollentgeltlich Ansprüche aus einer Lebensversicherung und erhält dieser wegen Kündigung des Vertrags den Rückkaufswert ausbezahlt, unterliegt der entgeltliche Erwerb der Ansprüche nicht der Erbschaftsteuer; das Versicherungsunternehmen haftet in diesen Fällen nicht.[40]

---

36  BFH-Urteil vom 29.04.1966, VI 252/64, BStBl III 1966, S. 421.
37  § 33 Abs. 1 ErbStG i.V.m. § 1 ErbStDV.
38  § 20 Abs. 6 ErbStG.
39  BMF-Schreiben vom 24.03.1964.
40  BMF-Schreiben vom 15.12.2010.

## Ausländischer Berechtigter

Ein ausländischer Berechtigter ist derjenige, der weder einen Wohnsitz noch seinen gewöhnlichen Aufenthalt im Inland hat. Auf die Staatsangehörigkeit des Berechtigten kommt es nicht an.

Die Versicherungsleistung wird auch dann einem ausländischen Berechtigten zur Verfügung gestellt, wenn auf Weisung des Berechtigten die Zahlung an einen Empfänger im Inland erfolgt.

## Versicherungsleistung

Zu den Versicherungsleistungen gehören Versicherungssummen und Renten, aber auch Gewinnanteile, Rückkaufswerte, Deckungskapitalien oder im Wege des Vergleichs gewährte Zahlungen; dagegen fallen Vorauszahlungen nicht unter die Versicherungsleistungen, da sie steuerlich regelmäßig als Darlehen behandelt werden.[41]

## Bagatellgrenze

Eine Haftung tritt nicht ein, wenn die Versicherungsleistung 600 € nicht übersteigt.[42]

## Enthaftungserklärung

Eine Haftung wird vermieden, wenn dem Lebensversicherungsunternehmen vor Auszahlung der Versicherungsleistung eine Unbedenklichkeitsbestätigung (sog. Enthaftungserklärung) des für die Erbschaftsteuer zuständigen Finanzamtes vorliegt.

Erwirbt ein im Ausland ansässiger (institutioneller) Käufer vollentgeltlich Ansprüche aus einer Lebensversicherung und erhält dieser wegen Kündigung des Vertrags den Rückkaufswert ausbezahlt, ist für die Auszahlung ins Ausland eine Enthaftungserklärung nicht erforderlich. Der Erwerb der Ansprüche unterliegt wegen der Entgeltlichkeit nicht der Erbschaftsteuer.[43]

X

---

41   BFH-Urteil vom 29.04.1966, VI 252/64, BStBl III 1966, S. 421.
42   § 20 Abs. 7 ErbStG.
43   BMF-Schreiben vom 15.12.2010 sowie Erlass des Finanzministeriums Baden-Württemberg vom 16.03.2011.

# XI Lebensversicherung und Solidaritätszuschlag

## 1 Grundzüge des Solidaritätszuschlag-gesetzes

Der Solidaritätszuschlag wurde 1995 zur Finanzierung des Aufbaus in den neuen Bundesländern als Ergänzungsabgabe eingeführt. Er hat seine Rechtsgrundlage im Solidaritätszuschlaggesetz 1995 und wird als Zuschlagsteuer zur Einkommensteuer und Körperschaftsteuer erhoben. Das Aufkommen aus dem Solidaritätszuschlag steht allein dem Bund zu.

### Persönliche Abgabepflicht

Abgabepflichtig sind einkommensteuerpflichtige natürliche Personen sowie körperschaftsteuerpflichtige Vermögensmassen, Personenvereinigungen und Körperschaften.

### Bemessungsgrundlage

Bemessungsgrundlage ist die

* festgesetzte Einkommensteuer bzw. die ggf. unter Berücksichtigung der Freibeträge für Kinder modifizierte festzusetzende Einkommensteuer
* festgesetzte Körperschaftsteuer ggf. vermindert um die anzurechnende oder vergütete Körperschaftsteuer
* Vorauszahlung zur Einkommensteuer oder Körperschaftsteuer
* Lohnsteuer
* Kapitalertragsteuer.

Von einkommensteuerpflichtigen Personen ist der Solidaritätszuschlag nur zu erheben, wenn die Bemessungsgrundlage bei nach dem Splittingtarif Besteuerten 1.944 €, in allen anderen Fällen 972 € übersteigt. Der Solidaritätszuschlag darf höchstens 20 % des Unterschiedsbetrags zwischen der jeweiligen Freigrenze (972 € bzw. 1.944 €) und der Bemessungsgrundlage betragen.

Der Solidaritätszuschlag auf die Abgeltungsteuer ist von dieser Deckelung ausgeschlossen.

### Zuschlagsatz

Der Solidaritätszuschlag beträgt 5,5 % der jeweiligen Bemessungsgrundlage.

# 2 Lebensversicherung und Solidaritätszuschlag

Soweit von den Erträgen aus Lebensversicherungen Kapitalertragsteuer einzubehalten ist, wird der Solidaritätszuschlag als Zuschlag zur Kapitalertragsteuer erhoben. Hat die Kapitalertragsteuer abgeltende Wirkung, entfaltet auch der Solidaritätszuschlag abgeltende Wirkung.

Gehören die Leistungen aus Lebensversicherungen zu den sonstigen Einkünften (z. B. Renten aus Altersvorsorgeverträgen, Basisrenten, private Rentenversicherungen, Direktversicherungen), wird der Solidaritätszuschlag als Zuschlag zur Einkommensteuer erhoben.

# XII Lebensversicherung und Umsatzsteuer

## 1 Umsatzsteuerfreiheit von Lebensversicherungen

Beiträge zu Lebensversicherungen und Leistungen aus Lebensversicherungen sind umsatzsteuerfrei (§ 4 Nr. 10a UStG).

Eine umsatzsteuerfreie Leistung liegt auch dann vor, wenn ein Unternehmer als Versicherungsnehmer eine Lebensversicherung abschließt, aus der ein Dritter bezugsberechtigt ist (Verschaffung von Versicherungsschutz), § 4 Nr. 10b UStG. Dies gilt insbesondere für Direktversicherungen, die ein Arbeitgeber zugunsten seiner Arbeitnehmer abgeschlossen hat. Die Übertragung einer Direktversicherung oder Rückdeckungsversicherung auf den Arbeitnehmer ist ebenfalls umsatzsteuerfrei.

Der EuGH hat entschieden, dass die entgeltliche Übertragung von Rückdeckungsversicherungen von einem Versicherer auf eine andere Gesellschaft kein umsatzsteuerbefreiter Versicherungs- oder Rückversicherungsumsatz ist. Die Übertragung ist – abhängig vom Ort der sonstigen Leistung – ein ggf. steuerbarer und steuerpflichtiger Umsatz.[1]

## 2 Umsatzsteuerfreiheit der Verwaltung von Versorgungseinrichtungen

Die Verwaltung von Versorgungseinrichtungen i. S. d. Versicherungsaufsichtsgesetzes (VAG) ist von der Umsatzsteuer befreit (§ 4 Nr. 8h UStG).

Versorgungseinrichtungen i. S. d. VAG sind Einrichtungen, die Leistungen im Todes- oder Erlebensfall, bei Arbeitseinstellung oder bei Minderung der Erwerbsfähigkeit vorsehen.

Unterstützungskassen, über die ein Arbeitgeber (Trägerunternehmen) Leistungen der betrieblichen Altersversorgung oder Unterstützung im Falle der Arbeitslosigkeit gewährt, gehören zu diesen Versorgungseinrichtungen.[2]

---

1 BFH-Beschluss vom 16.04.2008 – XI R 54/06 i.V.m. EuGH-Urteil vom 22.10.2009 – C-242/08.
2 BMF-Schreiben vom 18.12.1997.

Überträgt eine Unterstützungskasse oder eine sonstige Versorgungseinrichtung einem anderen Unternehmen (einer sog. Verwaltungsgesellschaft, z.B. einem Lebensversicherungsunternehmen) oder ggf. dem Trägerunternehmen die Erledigung von einzelnen oder von sämtlichen bei ihr anfallenden typischen Verwaltungsaufgaben, ist das hierfür gezahlte Entgelt von der Umsatzsteuer befreit. Die Umsatzsteuerfreiheit tritt auch dann ein, wenn die Verwaltungsgesellschaft mit dem Trägerunternehmen, das die betriebliche Altersversorgung über die Unterstützungskasse durchführt, unmittelbar abrechnet und die Unterstützungskasse in den Zahlungsverkehr nicht eingeschaltet ist.

Von der Finanzverwaltung werden insbesondere folgende Leistungen als umsatzsteuerbefreite typische Verwaltungsaufgaben anerkannt:

- Erfassung und Pflege des Anwärter- und Rentnerbestandes

- Verwaltung der Vermögenswerte einschließlich ihrer Kapitalanlage

- Erfüllung der Mitteilungspflichten an den PSV a. G.

- Erarbeitung der Konzeption, Beratung und Unterstützung bei der Einführung und/oder Durchführung der Versorgungseinrichtung, sofern die beauftragte Verwaltungsgesellschaft oder das Trägerunternehmen auch die Verwaltung der Unterstützungskasse übernimmt

- Ermittlung und Einzug von erforderlichen Zuwendungen des Trägerunternehmens

- Bearbeitung von Leistungsfällen einschließlich der Auszahlung der Leistungen

- Abwicklung steuerlicher und sozialversicherungsrechtlicher Pflichten aus der Versorgung

- Erstellung der Versorgungszusage und späterer Leistungsnachweise

- Abwicklung der Rückdeckung mit dem Versicherungsunternehmen u. a.

Dagegen ist das Entgelt für selbständige Leistungen allgemeiner Art, die für eine Versorgungseinrichtung untypisch sind (z. B. die Durchführung des Versorgungsausgleichs), von der Umsatzsteuerbefreiung ausgeschlossen. Werden die Leistungen zusammen mit typischen Verwaltungsleistungen gegen ein unspezifiziertes Gesamtentgelt erbracht, ist der gesamte Betrag umsatzsteuerfrei.

Die Umsatzsteuerfreiheit des Verwaltungsentgelts hat beim Trägerunternehmen oder der Verwaltungsgesellschaft zur Folge, dass mit dieser Tätigkeit zusammenhängende Entgelte (ggf. anteilig) vom Vorsteuerabzug ausgeschlossen sind.

# 3 Umsatzsteuerfreiheit der Leistungen von Versicherungsvertretern/-maklern

Umsatzsteuerfrei sind alle Leistungen, die der Versicherungsvertreter oder -makler in Ausübung der berufstypischen Tätigkeit erbringt (§ 4 Nr. 11 UStG). Zu den umsatzsteuerfreien Leistungen gehören die Vermittlung oder der Abschluss von Lebensversicherungen sowie Bestandspflegemaßnahmen während der Vertragsdauer.

Die Zahlung sog. „Zuführungsprovisionen" führt ebenfalls zu umsatzsteuerfreien Umsätzen aus der Tätigkeit als Versicherungsvertreter. Entscheidend ist, dass sich die Tätigkeit zwingend auf das einzelne Geschäft, das vermittelt werden solle, bezieht.[3] Bloße „Tippgeber-Provisionen", die für das bloße Weitergeben von Kontaktdetails ohne Konkretisierung auf ein bestimmtes Versicherungsprodukt gezahlt werden, sind hingegen umsatzsteuerpflichtige Leistungen. Typische Backoffice-Tätigkeiten, wie etwa die Festsetzung und Auszahlung der Provisionen der Versicherungsvertreter, das Halten der Kontakte mit diesen und die Weitergabe von Informationen an die Versicherungsvertreter unterliegen ebenfalls der Umsatzsteuer.

---

3   BFH vom 30.10.2008, V R 44/07, BStBl II 2009, S. 554.

# XIII Lebensversicherung und Versicherungsteuer

Die Versicherungsteuer wird erhoben, wenn der Versicherungsnehmer im Zeitpunkt der Beitragszahlung seinen Wohnsitz oder gewöhnlichen Aufenthalt im Inland hat. Das Versicherungsunternehmen hat die Versicherungsteuer zusammen mit der Prämie zu erheben und an das Finanzamt abzuführen.

## 1 Lebensversicherungen

Beiträge zu Kapitallebensversicherungen oder Rentenversicherungen, die Leistungen im Erlebens- oder Todesfall, bei Berufs- oder Erwerbsunfähigkeit, im Alter oder bei besonderen Notfällen vorsehen, sind von der Versicherungsteuer befreit (§ 4 Nr. 5 VerStG).

## 2 Rückdeckungsversicherungen

Versicherungsteuerfrei sind auch Beiträge zu Rückdeckungsversicherungen, die diese Versicherungsleistungen vorsehen.

## 3 Unfallversicherungen mit Prämienrückgewähr

Beiträge zu Unfallversicherungen mit Prämienrückgewähr unterliegen der Versicherungsteuer mit einem ermäßigten Steuersatz in Höhe von 3,8 % des Beitrags (§ 6 Abs. 2 Nr. 6 VerStG).

# XIV Lebensversicherung und Steuer im europäischen Vergleich

1       Einkommensteuerliche Behandlung von privaten
        Kapitallebens- und Rentenversicherungen      462
        Zusammenfassende Übersicht      462

2       Ertragssteuerliche Behandlung der betrieblichen
        Altersversorgung      471
        Zusammenfassende Übersicht      471

# 1 Einkommensteuerliche Behandlung von privaten Kapitallebens- und Rentenversicherungen (Stand 09/2011)

| Land | Abzugsfähigkeit der Beiträge | | | Besteuerung der Leistungen | | |
|---|---|---|---|---|---|---|
| | Steuerabzug | Mindestlaufzeit (Jahre) | Anmerkungen | Kapitalzahlung | | Rentenzahlung |
| | | | | Steuerfrei | Steuerpflichtig | Steuerpflichtig |
| Österreich | Nein, bei Kapitalversicherung | | | Ja | Ja, Einmalbeiträge und wenn Laufzeit < 15 Jahre | |
| | Ja, bei Rentenversicherung | | Einschränkungen bezüglich Höhe | | Ja, Einmalbeiträge und wenn Laufzeit bei Rückkauf < 15 Jahre | Ja, wenn Leistung Barwert der Rente übersteigt |
| | Staatlich geförderte Altersversorgung: Nein, Förderung in Form von Prämien (fixer %-Satz und variabler Höchstbetrag) | Mind. bis gesetzliches Pensionierungsalter und Laufzeit ≧ 10 Jahre | Einschränkungen bezüglich Art und Höhe | | Ja, Differenz zwischen Ein- und Auszahlungsbetrag wird mit 25 % besteuert und Hälfte der staatlichen Förderung ist zurückzuzahlen | Nein, wenn Beiträge die Höchstgrenze übersteigen, werden Leistungen als private Rente besteuert (steuerpflichtig sobald die Leistung den Barwert der Rente übersteigt) |

| Land | Abzugsfähigkeit der Beiträge | | | Besteuerung der Leistungen | | |
| | Steuerabzug | Mindestlaufzeit (Jahre) | Anmerkungen | Kapitalzahlung | | Rentenzahlung |
| | | | | Steuerfrei | Steuerpflichtig | Steuerpflichtig |
|---|---|---|---|---|---|---|
| Dänemark | Ja | | Renten: unbegrenzt · Kapitallebensversicherung: begrenzt auf 46.000 DKK | Ja, wenn Beiträge nicht abziehbar waren | Ja, wenn Beiträge abziehbar waren (Steuersatz 40 %) | Ja, in vollem Umfang, da Beiträge voll abziehbar waren (persönlicher Steuersatz) |
| | | | | 15 % pauschale Ertragssteuer (während Ansparphase) | | |
| Belgien | Ja, Steuerentlastung in Form von speziellem Steuersatz | 10 Jahre oder bis Pensionierungsalter 60 | Einschränkungen bezüglich Höhe | | Ja, wenn Beiträge zu Steuerentlastung berechtigen (ohne Gewinnbeteiligung). Ansonsten mit dem Zinsanteil der Leistung (ohne Gewinnbeteiligung) | Ja, wie bei Kapitalzahlung |
| Frankreich | Nein, bei Lebensversicherungen allgemein | | Steuergutschrift für einige Verträge, die von oder für Invaliden abgeschlossen werden | Ja, Erträge aus einigen fondsgebundenen Verträgen mit Laufzeit > 8 Jahre; Todesfallleistung | Ja, Differenz zwischen Kapitalzahlung und eingezahlten Beiträgen. Steuersatz hängt von der Vertragslaufzeit ab (z.B. ≧ 8 Jahre ≙ 7,5 %) oder in Einkommensteuer integriert | Ja, altersabhängiger Prozentsatz |
| | Ja, bei Altersvorsorgungsverträgen | Nur rentenförmige Leistung möglich; kein Rückkauf oder Ablauf zum Pensionierungsalter | Einschränkungen bezüglich Höhe, je nach Vertragstyp (erwerbstätig/nicht erwerbstätig/offen für alle) | | | Ja, volle Steuerpflicht, jedoch um 10 % reduzierter Steuersatz |

| Land | Abzugsfähigkeit der Beiträge | | | Besteuerung der Leistungen | | |
| | Steuerabzug | Mindestlaufzeit (Jahre) | Anmerkungen | Kapitalzahlung | | Rentenzahlung |
| | | | | Steuerfrei | Steuerpflichtig | Steuerpflichtig |
|---|---|---|---|---|---|---|
| Irland | Kein Steuerabzug | – | Ansammlung der Versorgungswerte steuerfrei | – | Ja, Kapitalerträge steuerpflichtig (aktueller Steuersatz 26 %) | Ja, Kapitalerträge steuerpflichtig (aktueller Steuersatz 26 %) |
| | Persönliche Altersversorgungsverträge – Beiträge bis zu bestimmter Höchstgrenze voll steuerfrei | Erst bei Erreichen des Pensionierungsalters verfügbar | Ansammlung der Versorgungswerte steuerfrei | – | – | Ja, steuerpflichtige Einkünfte |
| Italien | Nein, Kapitallebensversicherung, fonds-/indexgebunden | | | Ja, im Todesfall | Ja, 12,5 % Ersatzsteuer auf die Differenz zwischen Kapital und eingezahlten Beiträgen | |
| | Ja, Risiko- und Berufsunfähigkeitsversicherung | | 19% für Beiträge bis 1.291 €: Abzug bei der Einkommensteuer | Ja | | |
| | Nein, Rentenversicherung mit Versorgungszweck | | | | | Ja, nur der Zinsanteil der Leistung ist steuerpflichtig, da Beiträge nicht abzugsfähig sind. Bei aufgeschobenen Renten (Auszahlung nach einer bestimmten Anzahl von Jahren) wird die Ersatzsteuer von 12,5 % trotzdem jedes Jahr auf den angesammelten Zinsanteil erhoben |

| | | | |
|---|---|---|---|
| Ja, individuelle Altersversorgung | Abzug vom Einkommen bis 5.165 € Renten zum Pensionierungsalter; 50 % Kapitalzahlung möglich | Ja, Kapitalzahlung bzw. die abgezogenen Beiträge; 15 % Pauschalsteuer auf Auszahlungen ab 1.1.2007. Spezielle Steuerentlastung in Höhe von 0,3 % pro Jahr nach dem 15. Beitragsjahr, bis 6 % Entlastung erreicht wird (der Steuersatz von 15 % fällt auf 9 % nach 35 Beitragsjahren). Es gelten Übergangsregelungen 11 % jährliche Steuer auf im Vertrag angesammelte Erträge | Ja, Rentenzahlungen aus individueller Altersversorgung sind steuerpflichtig bis zu dem Anteil der abgezogenen Beiträge (Beitragsphase); der Zinsanteil der Rente wird separat mit 12,5 % versteuert. Beträgt die jährliche Auszahlung 100 mit einem zugrunde liegenden Kapital von 1.500, und wenn 1.000 von 1.500 als Beiträge abgezogen wurden, so sind 100 nur bis 66 % steuerpflichtig (15 %, es gelten jedoch Übergangsregelungen). Bei einer jährlichen Rentenerhöhung von 4 % sind 4 mit 12,5 % als Zinsertrag zu versteuern. Spezielle Steuerentlastung in Höhe von 0,3 % pro Jahr ab dem 15. Beitragsjahr, bis 6 % Entlastung erreicht wird (der Steuersatz von 15 % fällt auf 9 % nach 35 Beitragsjahren). Es gelten Übergangsregelungen. 11 % jährliche Steuer auf im Vertrag angesammelte Werte |

| Land | Abzugsfähigkeit der Beiträge | | | Besteuerung der Leistungen | | Rentenzahlung |
| | Steuerabzug | Mindestlaufzeit (Jahre) | Anmerkungen | Kapitalzahlung | | |
| | | | | Steuerfrei | Steuerpflichtig | Steuerpflichtig |
|---|---|---|---|---|---|---|
| Luxemburg | Ja | 10 Jahre | Einschränkungen bezüglich Höhe: Allgemein 672 €; altersabhängig von 1.500 € bis 3.200 € | Ja | Ja, bei Rückkauf innerhalb von 10 Jahren oder Alter < 60 Jahren oder wenn Beiträge steuerfrei sind | Ja, die Hälfte |
| Niederlande | Nein, Kapitallebensversicherung; Ja, Rentenversicherung | | Abzugsfähig bis 17.817 €; abhängig von 1. und 2. Säule | Ja, die Leistung | Ja, der angesammelte Wert wird mit jährlich 1,2 % versteuert | Ja, wenn Beiträge steuerfrei sind, ansonsten wird der Wert der Renten mit 1,2 % versteuert |
| Polen | Kein Abzug. Nur fondsgebundene Lebensversicherung kann Vorteile der TEE-Versorgungspläne nutzen Gesamtbeiträge des Versorgungsberechtigten dürfen 10.077 PLN im Jahr 2011 nicht übersteigen (3x durchschnittliches monatliches Bruttogehalt in Polen) | Leistungen bei Erreichen des Pensionierungsalters oder Versorgungsberechtigter erwirbt Anwartschaft auf frühere Rentenzahlung | Vorzeitige Entnahmen nicht einkommensteuerfrei | Ja | Nein | Nein |

| Land | Abzugsfähigkeit der Beiträge | | | Besteuerung der Leistungen | | |
|---|---|---|---|---|---|---|
| | Steuerabzug | Mindestlaufzeit (Jahre) | Anmerkungen | Kapitalzahlung | | Rentenzahlung |
| | | | | Steuerfrei | Steuerpflichtig | Steuerpflichtig |
| **Portugal** | Ja, (25 % der eingezahlten Gesamtbeiträge) | Nach dem 55. Lebensjahr und 5 Jahresbeiträgen | Nur für Verträge zu Risiko-, Berufsunfähigkeitsabsicherung oder Altersvorsorgung; 25 % der Beiträge abzugsfähig, max. 64 € p. a. | Nein | Ja, Differenz zwischen Versicherungsleistung und eingezahlten Beiträgen. Besteuerung vertragsabhängig:<br>< 5 Jahre: 20 %<br>5–8 Jahre: 16 %<br>> 8 Jahre: 8 % | Ja, wenn der Kapitalanteil nicht vom Ertragsanteil zu trennen ist, werden 15 % der Rente als Renteneinkünfte versteuert. Ansonsten wird der Ertragsanteil als Renteneinkünfte versteuert |
| | Private Rentenverträge: 20 % des jährlichen investierten Betrages | 5 Jahresbeiträgen | 300–400 € abhängig vom Alter des Versicherten | | Ja, Differenz zwischen Versicherungsleistung und eingezahlten Beiträgen. Besteuerung unabhängig von der Laufzeit 8 % | |
| **Schweden** | Nein, Kapitallebensversicherung | Nein | | Nein | | |
| | Ja, Rentenversicherung und individuelles Pensionssparen (IPS), max. jährlich 12.000 SEK | Nein | Rente kann nicht vor Alter 55 ausgezahlt werden und muss mindestens 5 Jahre gezahlt werden | (Kapitalzahlung nicht erlaubt) | | Ja |

| Land | Abzugsfähigkeit der Beiträge | | | Besteuerung der Leistungen | | |
| | Steuerabzug | Mindestlaufzeit (Jahre) | Anmerkungen | Kapitalzahlung | | Rentenzahlung |
| | | | | Steuerfrei | Steuerpflichtig | Steuerpflichtig |
|---|---|---|---|---|---|---|
| Schweiz | Ja | | Einschränkungen bezüglich Höhe | • Ja, Kapitallebensversicherung gegen laufende Beitragszahlung<br><br>• Ja, Kapitallebensversicherung gegen Einmalbeitrag im Todesfall<br><br>• Ja, Kapitallebensversicherung gegen Einmalbeitrag bei Erleben oder Rückkauf, sofern Vertrag ≥ 5 Jahre in Kraft ist und versicherte Person ≥ 60 Jahre bei Auszahlung und < 66 Jahre bei Vertragsschluss | • Ja, Kapitallebensversicherung gegen Einmalbeitrag bei Erleben oder Rückkauf, sofern Vertrag < 5 Jahre in Kraft ist oder versicherte Person < 60 Jahre bei Auszahlung oder ≥ 66 Jahre bei Vertragsschluss (Differenz zwischen Kapitalzahlung und Einmalbeitrag unterliegt normalem Steuersatz)<br><br>• Ja, reine Risikoversicherung (für gesamte Kapitalzahlung gilt spezieller Steuersatz) | Ja, allgemein 40 % der Rentenzahlung |

| Land | Abzugsfähigkeit der Beiträge | | | Besteuerung der Leistungen | | |
| | Steuerabzug | Mindestlaufzeit (Jahre) | Anmerkungen | Kapitalzahlung | | Rentenzahlung |
| | | | | Steuerfrei | Steuerpflichtig | Steuerpflichtig |
|---|---|---|---|---|---|---|
| Spanien | Nein (im Allgemeinen) | | | Nein | Ja, Differenz zwischen ausgezahltem Kapital und eingezahlten Beiträgen (Steuersatz 19 %–21 %) | Ja, vollständig mit altersabhängiger Berechnung des Ertrags |
| | Ja, bei garantierten Pensionsplänen (PPA) | Auszahlung vor dem Pensionierungsalter nicht möglich, ausgenommen schwere Krankheit oder Langzeitarbeitslosigkeit/ rentenförmige Leistung (weniger üblich) oder Kapitalzahlung (üblicher) möglich | Jährlicher Abzug Allgemein: bis 10.000 € > 50 Jahre: bis 12.500 € | Nein | Ja, vollständig als erzielte Einkünfte. Steuerermäßigung um 40 %, wenn mehr als 2 Jahre seit der ersten Beitragszahlung vergangen sind | Ja, vollständig |

| Land | Abzugsfähigkeit der Beiträge | | | Besteuerung der Leistungen | | |
| | Steuerabzug | Mindestlaufzeit (Jahre) | Anmerkungen | Kapitalzahlung | | Rentenzahlung |
| | | | | Steuerfrei | Steuerpflichtig | Steuerpflichtig |
|---|---|---|---|---|---|---|
| **Vereinigtes Königreich** | Wie Altersversorgung der 2. Säule – betriebliche Altersvorsorge | Wie Altersversorgung der 2. Säule – betriebliche Altersvorsorge | Wie Altersversorgung der 2. Säule – betriebliche Altersvorsorge | Wie Altersversorgung der 2. Säule – betriebliche Altersvorsorge | Wie Altersversorgung der 2. Säule – betriebliche Altersvorsorge | Wie Altersversorgung der 2. Säule – betriebliche Altersvorsorge |
| | Beiträge in registrierte Altersversorgung sind steuerbegünstigt in Höhe des Grenzsteuersatzes, vorbehaltlich Höchstgrenzen | Beiträge in Pensionssparpläne können nicht vor Mindestpensionierungsalter entnommen werden (55 Jahre) | Steuerentlastung für Beiträge, soweit deren Wert 100 % oder weniger des jährlichen zu versteuernden Einkommens beträgt oder 3.600 £, je nachdem, welcher Betrag höher ist. | Bis zu 25 % des individuellen Versorgungswertes bei Pensionierung kann als Kapitalzahlung steuerfrei entnommen werden | Kapitalzahlung über 25 % ist steuerpflichtig | Ja, jährliche Leistungen sind mit dem persönlichen Grenzsteuersatz zu versteuern |
| | Beiträge in allgemeine Lebens- oder Rentenprodukte sind nicht Teil der registrierten Altersversorgung, keine Steuerentlastung | | Steuerbegünstigter Höchstbeitrag (AN plus AG) jährlich 50.000 £ [ab Steuerjahr 2011–12] | | | |

XIV

# 2 Ertragssteuerliche Behandlung der betrieblichen Altersversorgung (Stand 09/2011)

| Land | Produkt | Abzugsfähigkeit der Beiträge (Anwartschaftsphase) | | | Besteuerung der Leistungen (Leistungsphase) | |
|---|---|---|---|---|---|---|
| | | Steuervergünstigung | Mindestlaufzeit (Jahre) | Anmerkungen | Steuerpflichtig | Anmerkungen |
| **Österreich** *EET* | Firmen-Gruppenversicherung • AG-Beitrag | Arbeitgeber: Betriebsausgabe Arbeitnehmer: steuerfrei | | bis max. 10 % von Lohn/Gehalt | Ja | Nur rentenförmige Leistung möglich (außer bei geringfügigen Summen) |
| | • AN-Beitrag | Nein, ausgenommen staatlich geförderte Altersversorgung | | | Ja nur 25 % der Leistungen Nein wenn staatlich geförderte Altersversorgung | Kapitalzahlung bis zu einer Untergrenze steuerfrei |
| | Versicherung mit Versorgungszweck | Arbeitnehmer: steuerfrei Arbeitgeber: Betriebsausgabe | | Nur für Beiträge bis 300 € pro Person/Jahr | Kapitalzahlung: steuerfrei Rentenzahlung: steuerpflichtig, sobald kapitalisierter Wert der Rentenverpflichtung überstiegen wird | |

| Land | Abzugsfähigkeit der Beiträge (Anwartschaftsphase) | | | | Besteuerung der Leistungen (Leistungsphase) | |
|---|---|---|---|---|---|---|
| | Produkt | Steuervergünstigung | Mindestlaufzeit (Jahre) | Anmerkungen | Steuerpflichtig | Anmerkungen |
| Belgien EET | Kollektive Altersversorgung durch eine Art von Lebensversicherung oder Pensionsfonds | Arbeitgeberanteil: abzugsfähig Arbeitnehmeranteil: steuerbegünstigt | Alter 60 | | Ja, Renten, die das verbleibende Einkommen ergänzen und zum persönlichen Grenzsteuersatz besteuert werden Ja, Kapitalzahlung, aber zu einem festen Steuersatz (16,5 %) | |
| | Individuelle Altersversorgung in Form von Lebensversicherung | Arbeitgeberanteil: begrenzt abzugsfähig Arbeitnehmeranteil: steuerbegünstigt | Alter 60 | | | |
| Dänemark ETT | Kapitallebensversicherung/Altersversorgung in Form von Kapitalzahlung | Beiträge bis 46.000 DKK p. a. abzugsfähig | | | Ja, wenn Beiträge abzugsfähig sind | 15 % pauschale Ertragssteuer (während Anwartschaftsphase) |
| | Rentenversicherung | Beiträge voll abzugsfähig | | | Ja, wenn Beiträge abzugsfähig sind | 15 % pauschale Ertragssteuer (während Anwartschaftsphase) |
| Frankreich EET | Beitragsorientierte Pläne | Ja | | Nur rentenförmige Leistungen mit Obergrenze | Ja, volle Steuerpflicht, jedoch um 10 % reduzierter Steuersatz | |

| Land | Abzugsfähigkeit der Beiträge (Anwartschaftsphase) | | | | Besteuerung der Leistungen (Leistungsphase) | |
|---|---|---|---|---|---|---|
| | Produkt | Steuervergünstigung | Mindestlaufzeit (Jahre) | Anmerkungen | Steuerpflichtig | Anmerkungen |
| Irland EET | Betriebliche Altersversorgungseinrichtungen | Beiträge bis zu bestimmter Höchstgrenze voll steuerfrei | Erst bei Erreichen des Pensionierungsalters verfügbar | | Bei Pensionierung kann eine begrenzte Summe als steuerfreie Kapitalzahlung entnommen werden. Der Rest ist als Einkommen zu versteuern. | |
| Italien ETT | Individuelle zusätzliche Altersvorsorgung: Lebensversicherungen auf Pensionsbasis, die folgende Voraussetzungen erfüllen:<br>• Laufzeit mind. 5 Jahre<br>• Rentenförmige Leistung (für mind. 50 % des kapitalisierten Betrags)<br>• Leistungen bei Erreichen des Pensionierungsalters | Prämien und/oder Beiträge abzugsfähig bis zu Einkommensgrenze von 5.165 € p. a. | | Rentenförmige Leistung bei Pensionierung; Kapitalzahlung in Höhe von 50 % des kapitalisierten Betrags möglich | **Rentenzahlung** Einkommensteuerpflichtig für den Teil, der auf nicht steuerpflichtigen Prämien/Beiträgen beruht; 15 % Pauschalsteuer auf Auszahlungen ab 1.1.2007. Spezielle Steuerentlastung in Höhe von 0,3 % pro Jahr ab dem 15. Beitragsjahr, bis 6 % Entlastung erreicht wird (der Steuersatz von 15 % fällt auf 9 % nach 35 Beitragsjahren). Es gelten Übergangsregelungen. Kapitaleinkünfte unterliegen einer Ersatzsteuer von 12,5 % auf den Zinsanteil der Zahlungen | *Kapitalbildung:* Jährliche Besteuerung der angefallenen Einkünfte mit Spezialsteuersatz von 11 %; vom Versicherer oder Pensionsfonds abgeführt (ETT-System). |

473

Betriebliche
Altersversorgung:
Pensionsfonds

**Kapitalzahlung**
(max. 50 %): Für Kapi-
talzahlungen bis 2006
gilt Durchschnitts-
steuersatz aus den
vorangegangen Steu-
erzeiträumen; Pau-
schalsteuer in Höhe
von 15 % auf Zahlun-
gen ab 1.1.2007.
Spezielle Steuerent-
lastung in Höhe von
0,3 % pro Jahr ab
dem 15. Beitragsjahr,
bis 6 % Entlastung
erreicht wird (der
Steuersatz von 15 %
fällt auf 9 % nach
35 Beitragsjahren)
Es gelten Über-
gangsregelungen

*Kapitalbildung:* Jähr-
liche Besteuerung
der angefallenen Ein-
künfte mit Spezial-
steuersatz von 11 %;
vom Versicherer oder
Pensionsfonds abge-
führt (ETT-System).

| Land | | Abzugsfähigkeit der Beiträge (Anwartschaftsphase) | | | Besteuerung der Leistungen (Leistungsphase) | |
| --- | --- | --- | --- | --- | --- | --- |
| | Produkt | Steuer-vergünstigung | Mindestlaufzeit (Jahre) | Anmerkungen | Steuerpflichtig | Anmerkungen |
| **Luxemburg** | Pensionsfonds und Gruppenlebensversicherung | | | | | 1 % Sozialversicherungsbeitrag |
| *EEE* | Arbeitnehmer | Ja | | Bis 1.200 € | Nein | |
| *TEE* | Arbeitgeber | nein (20 % Steuer) | | | Nein | |
| **Niederlande** *EET* | Rentenversicherung | Für AG- und AN-Beiträge | | | Ja | |
| **Polen** *TEE* | Betrieblicher Pensionsfonds – auf freiwilliger Basis vom AG eingerichtet | Beiträge steuerpflichtig, aber Erträge steuerfrei.<br><br>AG-Beiträge werden als Betriebsausgabe behandelt und sind in Höhe von max. 7 % der AN-Bezüge abzugsfähig<br><br>Zusatzbeitrag – Gesamtbeiträge des Mitglieds dürfen in 2011 15.115 PLN jährlich (4,5 durchschnittliche Bruttomonatsgehälter in Polen) nicht überschreiten | Leistungen bei Erreichen des Pensionierungsalter oder Versorgungsberechtigter erwirbt Anwartschaft auf frühere Rentenzahlung | Vorzeitige Entnahmen nicht einkommensteuerfrei | Nein | |

| Land | Abzugsfähigkeit der Beiträge (Anwartschaftsphase) | | | | Besteuerung der Leistungen (Leistungsphase) | |
|---|---|---|---|---|---|---|
| | Produkt | Steuervergünstigung | Mindestlaufzeit (Jahre) | Anmerkungen | Steuerpflichtig | Anmerkungen |
| Portugal *EET* | Pensionsfonds<br>• vom Arbeitgeber abgeschlossen | AG-Beiträge abzugsfähig, wenn:<br>• Produkt für alle Mitarbeiter (oder Mitarbeiterklassen) gilt<br>• mind. ⅔ der Leistungen in Form einer lebenslangen Rente erbracht werden<br><br>oder<br><br>• wenn Beiträge als Einkünfte des Arbeitnehmers besteuert werden | | | Kapitalzahlungen:<br>• Beiträge sind wie Arbeitsentgelt zu versteuern (⅓ des Entgelts ist steuerfrei bis max. 11704,70 €)<br>• die positive Differenz zwischen den Pensionsfondsleistungen und den Gesamtbeiträgen (wie private Altersversorgung)<br><br>Rentenzahlungen:<br>• 100 % der Rente sind als Renteneinkünfte zu versteuern, sofern nicht die Beiträge als Arbeitsentgelt besteuert wurden<br>• Ansonsten wird der Ertragsanteil als Renteneinkünfte versteuert (wenn der Kapitalanteil nicht vom Ertragsanteil zu trennen ist, werden 15 % der Rente als Renteneinkünfte versteuert) | |
| | • vom Arbeitnehmer abgeschlossen | 20 % auf jährlich eingezahlte Beiträge | 5 Jahresbeiträge | 300–400 €, je nach Alter des Versicherten | Wie private Altersversorgungsprodukte (PPR) – siehe Tabelle "Einkommensteuerliche Behandlung von privaten Kapitallebens- und Rentenversicherungen", S. 467 | |

| Land | Produkt | Abzugsfähigkeit der Beiträge (Anwartschaftsphase) | | | Besteuerung der Leistungen (Leistungsphase) | |
|---|---|---|---|---|---|---|
| | | Steuervergünstigung | Mindestlaufzeit (Jahre) | Anmerkungen | Steuerpflichtig | Anmerkungen |
| **Spanien** *EET* | Gruppen-Pensionspläne (freiwillig und private Vorsorgeeinrichtungen) und steuerbegünstigte Gruppenversicherungen (PPSE) | Gesamtbeiträge (von Arbeitgeber und Arbeitnehmer) abzugsfähig | Auszahlung vor dem Pensionierungsalter nicht möglich, ausgenommen schwere Krankheit oder Langzeitarbeitslosigkeit | AN erwirbt grundsätzlich Pensionsansprüche | Ja, Leistungen gelten als Arbeitsentgelt. Renten- und Kapitalzahlungen sind voll steuerpflichtig. | Renten- oder Kapitalzahlung möglich |
| | Gruppenlebensversicherungen | Prämien nicht abzugsfähig | | AN kann bis Pensionierung keine Rentenansprüche erwerben (übliche Methode) | Ja, Differenz zwischen Leistung und geleisteten Beiträgen gilt als Arbeitsentgelt. | Renten- oder Kapitalzahlung möglich |
| **Schweden** *ETT* | Rentenversicherungen | Beiträge bis 35 % des Lohns, max. 42.800 SEK, abzugsfähig (2011) | Keine Mindestlaufzeit, es gelten jedoch bestimmte andere Bedingungen für Steuerabzugsfähigkeit. Rente kann nicht vor dem 55. Lebensjahr und muss für mind. 5 Jahre ausgezahlt werden. Abtretung, Verpfändung, Verfügung etc. nicht möglich | | Ja | |
| | (Pensionsrückstellungen) (Pensionsstiftung) | Wie oben | | | Ja | |

| Land | Abzugsfähigkeit der Beiträge (Anwartschaftsphase) | | | | Besteuerung der Leistungen (Leistungsphase) | |
|---|---|---|---|---|---|---|
| | Produkt | Steuervergünstigung | Mindestlaufzeit (Jahre) | Anmerkungen | Steuerpflichtig | Anmerkungen |
| Schweiz EET | Pensionsfonds-Einrichtungen | Volle Abzugsfähigkeit der Beiträge und Einmalbeiträge | Leistungen grundsätzlich nicht vor 58. Lebensjahr | Renten- oder Kapitalzahlung möglich | Leistungen voll steuerpflichtig | Für Kapitalzahlungen gilt reduzierter Steuersatz |
| Vereinigtes Königreich EET | Altersversorgungseinrichtungen nach dem 5. April 2006:<br>• registrierte Altersversorgung | Beiträge (des AG und AN) abzugsfähig bis zur Höhe des jährlichen Freibetrags, max. 100 % der Einkünfte bewirken Steuerermäßigung zum individuellen Grenzsteuersatz; Beiträge sind Betriebsausgaben beim Arbeitgeber; Steuerliche Förderung in Höhe von 20 % für Beiträge bis 3.600 £, auch wenn Versorgungsberechtigter keine Steuern zahlt | Versorgungsvermögen kann erst bei Erreichen des Pensionierungsalters entnommen werden: Mindestpensionierungsalter 55 Jahre | Jährlicher Abzugsbetrag max. 50.000 £ (ab 6. April 2011) Darüber hinausgehende Beitragsleistung wird mit 40 % besteuert. Lifetime Allowance (ges. steuerlicher Abzugsbetrag 1,5 Millionen £ (ab 6. April 2012) (1,75 Millionen £ bis 5. April 2012), darüber hinausgehende Beitragsleistung wird mit 25 % besteuert, wenn Leistung als Rente erfolgt, oder mit 55 % bei Kapitalzahlung | 25 % des Versorgungswertes kann als steuerfreie Kapitalzahlung entnommen werden Danach sind laufende jährliche Rentenzahlungen als Einkünfte zu versteuern | |
| | • nicht registrierte Altersversorgung | Keine; Beiträge werden jedoch auch nicht mehr als Einkünfte des Versorgungsberechtigten betrachtet | | | Kapitalzahlung im Todesfall nach dem 5.4.2006, sofern Versorgung vor dem 5.4.2006 eingerichtet wurde, ist steuerfrei, wenn AG-Beiträge schon beim AN besteuert wurden | |

# Stichwortverzeichnis

## A

Abfindung 261

Abgekürzte Leibrente 202, 226

Abgeltungsteuer 15, 213, 220

Abgrenzung Alt-/Neu-
zusage 241, 355, 377

Absicherung, ergänzende 57, 82,
105

Abtretung 149, 293, 439

Abzugsberechtigter 101, 131

Altersentlastungsbetrag 20

Altersvorsorgebeiträge 61

Altersvorsorge-Eigenheim-
betrag 75

Altersvorsorgeverträge 38

Altverträge 135, 217

Altzusage 250, 355, 377

Anbieter
– i.S.d. AltZertG 60, 108
– i.S.d. EStG 108

Anzeigepflichten 151, 448

Arbeitgeber, ausländischer 239,
353, 375

Arbeitgeberwechsel 246, 281,
332, 368, 391

Arbeitnehmer 13, 238, 322,
350, 374

Arbeitnehmer-Ehegatte 273, 306

Arbeitnehmersparzulage 344

Arbeitslose 47

Aufgeschobene Renten-
zahlung 199

Aufstockungsbetrag 245, 355, 377

Aufteilungsverfahren 90, 266, 382

Aufzeichnungspflichten 267, 363,
382

Ausbildungsversicherung 214

Ausland
– Ausländischer Arbeit-
geber 239, 353, 375
– Grenzgänger 45, 240, 353, 376
– Haftung bei Auszahlungen
ins 450
– Wegzug ins 81, 93, 265,
358, 380

Außergewöhnliche Belastungen 23

Außerrechnungsmäßige
Zinsen 219

Auszahlungsplan 56

## B

Basisrentenverträge 99, 250

Basisvorsorgeaufwendungen 110

Beamte 46

Befreiungsversicherung 345

Begrenzung der Versicherungsansprüche 166

Begünstigte Auszahlungs-
formen 245

Begünstigte Wirtschaftsgüter 160

Begünstigte Wohnung 77

Beitrag
– gleichbleibender 327
– steigender 327

Beitragsdepot 141, 441, 443, 450

Beitragsgarantie 55

Beitragszahlung 109, 132
– durch Dritte 440
– laufende 140, 326

Beruflich bedingter Umzug 85

Berufseinsteiger-Bonus 63

Berufsunfähigkeitsrente 204, 226

Berufsunfähigkeitsver-
  sicherung 186, 228

Besteuerung der Leistungen
  aus Risikoversicherungen 228

Betriebliche Altersversorgung,
  steuerliche Anerkennung 296

Betriebsausgaben 8, 404

Betriebseinnahmen 7

Betriebsmittelkredite,
  Sicherung 150, 222

Betriebsvermögensvergleich 7,
  397, 408

Bezugsrecht 238, 437

Bilanzierung, korrespon-
  dierende 307

D

Darlehen
  – Sicherung 150, 156, 159
  – Tilgung 157

Datenübermittlung 73, 114

Dauerzulagenantrag 69

Deckungskapitaleinzahlungen 328

Direktversicherung 235
  – als Altersvorsorgevertrag 248
  – als Basisrentenvertrag 250
  – Erbschaftsteuer 438, 447, 449
  – für Gesellschafter einer
    Personengesellschaft 275
  – für Gesellschafter-
    Geschäftsführer 275
  – Gewerbesteuer 417
  – Verlust der Ansprüche 258, 272

Dread-Disease-Versicherung 139

Durchschnittsbildung 256

E

Einkommensteuer 1

Einkommensteuertarif 27

Einkünfte
  – aus selbständiger Arbeit 12
  – aus nichtselbständiger
    Arbeit 12
  – aus Kapitalvermögen 14
  – aus Vermietung und
    Verpachtung 17
  – außerordentliche 28
  – sonstige 18

Einlagen 399

Einnahmen, steuerfreie 9, 109, 133

Einnahmen-Überschuss-
  Rechnung 7, 293

Einzelveranlagung 32

Entgeltlicher Erwerb
  – von Ansprüchen aus
    Lebensversicherungen mit
    Vertragsabschluss ab 2005 232
  – von Versicherungsan-
    sprüchen 146

Entgeltumwandlung 260, 296

Enthaftungserklärung 451

Entschädigung 261

Erbschaftsteuer 419
  – Bemessungsgrundlagen 425
  – Freibeträge 432
  – Pensionsfonds 447
  – Pensionskasse 447
  – Steuerklassen 431
  – Steuersätze 433

Ergänzende Absicherung 57, 82,
  105

Erlebensfall 209

Erstes Dienstverhältnis 244, 354,
  376

Erwerb von Todes wegen 421

Erwerbsunfähigkeitsrente 204, 226

Erwerbsunfähigkeits-
versicherung                186, 228

Europäischer Vergleich,
Besteuerung von Lebens-
versicherungen                   461

## F

Finanzierung
– steuerschädliche            222
– steuerunschädliche      149, 221

Finanzierungskosten             159

Folgeobjekt                      84

Fondsgebundene Lebens-
versicherung         138, 208, 223

Fondsgebundene Renten-
versicherung                    198

Forderungen                     161

Forstwirtschaft                  11

## G

Gesellschafter einer Personengesellschaft        275, 296, 306

Gesellschafter-Geschäfts-
führer        275, 295, 302, 404
– Pensionsverzicht             305

Gewerbebetrieb              11, 412

Gewerbeertrag       412, 413, 414

Gewerbesteuer                   411
– Bemessungsgrundlage          413

GmbH & Co. KG                   309

Grenzgänger     45, 240, 353, 376

Grundvermögen                   429

Grundzulage                      63

Gruppen-Unterstützungs-
kasse                           317

Günstigerprüfung     72, 190, 195

## H

Haftung bei Auszahlungen
ins Ausland                     450

Hälftiger Wertzuwachs           210

Hartz-IV-Empfänger               45

Hinterbliebenenversorgung       422,
                                447

Höchstbetragsberechnung         188

Höchstbeträge
– für zusätzliche freiwillige
Pflegeversicherung             194
– nach § 3 Nr. 63 EStG 245, 251,
                           354, 377
– nach § 40b EStG              256
– nach § 4d EStG               319

## I, J

Identifikationsnummer             4

Informationspflichten
– der Versorgungsträger        314
– jährliche                     96
– vorvertragliche               95

Jährliche Bescheinigung          98

Jährliche Vertragsinformations-
pflicht                         96

## K

Kapitalbildende Lebens-
versicherung                    135

Kapitaleinkünfte, Steuertarif    29

Kapitalertragsteuer    15, 213, 220

Kapitalisierungsprodukt         203

Kapitalleistungen aus Rentenversicherungen                  205

Kapitalvermögen,
– Einkünfte aus                 14
– Verluste aus                  15

Kapitalversicherung
  – gegen laufenden Beitrag
    mit Sparanteil                137
  – mit Rentenwahlrecht          224
  – mit Sparanteil               207

Kapitalwert                 443, 444

Kassenvermögen
  – „tatsächliches"              330
  – zulässiges              325, 329

Kinder, Freibeträge              24

Kinderzulage                     63

Kirchenlohnsteuer, pauschale   261

Kirchensteuer                    36

Kleinbetragsrenten           56, 82

Körperschaftsteuer              393
  – Befreiung             395, 409
  – Bemessungsgrundlagen      396

Körperschaftsteuertarif         401

Korrespondierende
  Bilanzierung                  307

Krankenversicherung             186

L

Land- und Forstwirtschaft        11

Landwirte                        47

Langlebigkeitsrisiko            199

Lebenslange Leibrente       55, 104,
                            200, 224

„Lebenslange" Todesfall-
  versicherung                  207

Lebensversicherung              127
  – betriebliche               337
  – fondsgebundene 138, 208, 223
  – kapitalbildende            135
  – Risikolebensversicherung   186,
                               228
  – vermögensbildende    343, 408
  – vermögensverwaltende       215

Leibrente
  – lebenslange  55, 104, 200, 224
  – abgekürzte           202, 226
  – temporäre                 202

Leistungen
  – aus gefördertem Alters-
    vorsorgevermögen            87
  – aus nicht gefördertem
    Altersvorsorgevermögen      88
  – bei schädlicher Verwendung  93
  – bei Wegzug ins Ausland      93
  – aus Basisrentenverträgen   116
  – aus vor dem 01.01.2005
    abgeschlossenen „Altver-
    trägen"                    217
  – aus nach dem 31.12.2004
    abgeschlossenen „Neu-
    verträgen"                 198
  – aus Direktversicherungen   262
  – aus Rückdeckungs-
    versicherungen             293
  – aus Unterstützungskassen   331
  – aus Pensionskassen         357
  – aus Pensionsfonds          378

Leistungsanwärter          320, 323

Leistungsempfänger         318, 323

Lohnsteuer, pauschale          252

M

Mindesteigenbeitrag             64

Mindesttodesfallschutz     142, 208,
                               254

Mindestvertragsdauer       139, 253

Mitteilungspflichten       267, 363,
                           383, 448

Mittelbar zulageberechtigte
  Personen                      49

N

Nachholverbot                  301

Nennwert                       443

Neuzusage 243, 355, 377

Nicht abziehbare Aufwen-
   dungen 399

Nichtbeleihbarkeit 107

Nichtkapitalisierbarkeit 107

Nichtübertragbarkeit 106

Nichtveranlagung, Grenzen für 34

Nichtveranlagungsbe-
   scheinigung 35

Nichtveräußerbarkeit 107

Nichtvererblichkeit 106

Novation
– vor dem 01.01.2005
   abgeschlossene
   Altverträge 178, 184
– nach dem 31.12.2004 abgeschlossene Neuverträge 215
– fest vereinbarte 182, 216
– nachträglich vereinbarte 183,
   216
– vereinbartes Recht auf 183, 216
– Versicherer 179
– versicherte Person 179, 216
– Versicherungsnehmer 179

**P**

Pauschale Kirchenlohnsteuer 261

Pauschale Lohnsteuer 252

Pauschalierung bei Teilzeitbeschäftigten 257

Pensionsfonds
– Begriff 373
– Erbschaftsteuer 447
– Leistungen 378
– Übertragung 386

Pensionskasse 447
– Begriff 349
– Erbschaftsteuer 447
– Leistungen 357
– nicht kapitalgedeckte 356

– Steuerpflicht 349
– Verlust der Ansprüche 362
– Zuwendungen 361

Pensionsrückstellung 298

Pensionsverzicht eines Gesellschafter-Geschäftsführers 305

Pensionszusage, Begriff 295

Personenidentität 103

Pflegerente 204, 226,

Pflegerentenversicherung 228

Pflegeversicherung 187

Pflichtversicherte 44

Progressionsvorbehalt 28

Prolongation 168

Provision 20, 95, 108, 133

**R**

Rechnungsmäßige Zinsen 218

Rechtsnachfolge bei Tod 438

Rentenbesteuerung, Übersicht 19

Rentenbezugsmitteilung 97, 119,
   204, 227, 268, 359, 383

Rentenversicherung
– fondsgebundene 198
– Kapitalleistungen aus 205
– mit Kapitalwahlrecht 137
– nach dem 31.12.2004 ab-
   geschlossene Neuverträge 198
– ohne Kapitalwahlrecht 136
– Pflegerentenversicherung 228
– Veräußerung von
   Ansprüchen aus 231

Rentenzahlung, aufgescho-
   bene 199

Reservepolster 319, 325

Riester
– Vertrag 38
– Rente 53
– Darlehen 58,78

Risikolebensversicherung 186, 228

Rückdeckungsversicherung
  – Aktivierung                     287
  – Begriff                         285
  – Beiträge                        286
  – Erbschaftsteuer         428, 447
  – Gewerbesteuer                   417
  – Leistungen                      293
  – Pensionszusage          308, 405
  – Unterstützungskasse 321, 322,
                                323, 406

Rückkauf                           209

Rückkaufswert                      442


S

Schädliche Verwendung      81, 83,
                        265, 358, 380

Schenkung unter Lebenden    423

Schlüsselkraftversicherung    340,
                        407, 417, 447

Selbständige                        50

Sicherung betrieblicher
  Darlehen                         150

Sicherung von Darlehen          156

Sicherung von Refinanzie-
  rungsdarlehen                    159

Sockelbetrag                        69

Solidaritätszuschlag   36, 213, 220,
                        261, 453

Sonderausgaben              21, 404

Sonderausgabenabzug,
  zusätzlicher                      71

Sonstige Vorsorgeaufwen-
  dungen                           131

Sparerpauschbetrag              15

Sperrfrist für Kapitalwahlrecht  139

Splittingverfahren               27

Sterbegeld                        245

Steuerermäßigungen               30

Steuerfreie Einnahmen 9, 108, 133

Steuerfreiheit, Verzicht auf     248

Steuer-Identifikationsnummer      4

Steuerlich anzuerkennende betriebliche Altersversorgung  296

Steuerpflicht
  – beschränkte          5, 395, 424
  – unbeschränkte        5, 394, 424
  – unbeschränkte auf Antrag      5

Steuerschädliche Finanzierungen                          222

Steuertarif für Kapitaleinkünfte  29

Steuerunschädliche
  Finanzierungen          149, 221


T

Teilhaberversicherung            338

Teilkapitalauszahlung            56

Teilwert Pensionszusage   299, 300

Temporäre Leibrente              202

Termfix-Versicherung             214

Tilgung von Darlehen             157

Tod des Versicherten      209, 228

Tod des Zulageberechtigten 82, 86

Todesfallversicherung,
  „lebenslange"                   207

Trägerunternehmen               318


U

Überversorgung                   300

Übriges Vermögen                430

Umsatzsteuer                     455

Umschuldung                      168

Umzug, beruflich bedingter       85

Unfallversicherung mit
  Prämienrückgewähr       208, 238

Unmittelbarer zeitlicher
Zusammenhang 76

Unmittelbar zulageberechtigte
Personen 43

Unternehmensvermögen 426

Unterstützungskasse
– Begriff 317
– Gruppen- 317
– Leistungen 331

V

Variable Annuities 198

Veranlagung
– Einkommensteuer
– Einzel 32
– getrennt 32
– von Arbeitnehmern 34
– Zusammen 33
– Körperschaftsteuer 402

Veräußerung von Ansprüchen
aus Kapital- und Renten-
versicherungen 231

Verdeckte Gewinnaus-
schüttung 398

Verlust der Ansprüche aus
– Pensionskassenversorgung 362
– Direktversicherung 258, 272

Verlustabzug 21, 400

Verluste aus Kapitalvermögen 15

Vermietung, Einkünfte aus 17

Vermögensbildende Lebens-
versicherung 343, 408

Vermögensverwaltender
Versicherungsvertrag 215

Verpachtung, Einkünfte aus 17

Verpfändung 293, 149

Versicherungsansprüche,
Begrenzung 166

Versicherungsfreie Personen 51

Versicherungsmakler 457

Versicherungsnehmerwechsel 439,
449

Versicherungsteuer 459

Versicherungsunternehmen 133,
323

Versicherungsvertreter 457

Versorgungsanwartschaft 319, 324

Versorgungsausgleich 82, 124,
180, 229, 276, 310,
333, 363, 387

Versorgungsausgleichskasse 281,
368, 391

Versorgungsbezüge 13

Versorgungsfall 318, 324

Versorgungsfreibetrag
– Einkommensteuer 13
– Erbschaftsteuer 133

Vertragsänderung
– fest vereinbarte 182, 216
– nach dem 31.12.2004 ab-
geschlossene Neuverträge 215
– nachträglich vereinbarte 183,
216
– vereinbartes Recht auf 183, 216
– Versicherer 179
– versicherte Person 179, 216
– Versicherungsnehmer 179
– vor dem 01.01.2005 ab-
geschlossene Altverträge 178,
184

Vertragspartner 54

Vertragsumwandlung in
– Rentenversicherung ohne
Kapitalwahlrecht 181
– pfändungsgeschützte
Rentenversicherung 18

Vervielfältigungsregelung
– nach § 3 Nr. 63 EStG 247, 259
– nach § 40b EStG 260

Verzicht auf Steuerfreiheit 248

Vorerwerb 431

Vorsorgeaufwendungen
– Basis- 110
– sonstige 131

Vorvertragliche Informationspflicht 95

## W

Waisenrente 204, 226

Wegzug ins Ausland 81, 93, 265, 358, 380

Werbungskosten 10, 404

Werbungskostenpauschbeträge 10

Wertzuwachs
– hälftiger 210
– gesamter 210
– Ermittlung 210

Wiederherstellung des
Versicherungsschutzes 181

Wirtschaftsgüter, begünstigte 160

Witwenrente/Witwerrente 204, 226

Wohnförderkonto 79, 85

Wohnung, begünstigte 77

Wohnungswirtschaftliche
Verwendung 59, 90

## Z

Zeitpunkt des Vertragsab-
schlusses 138

Zentrale Zulagenstelle (ZfA) 69

Zertifizierung
– von Altersvorsorgeverträgen 52
– von Basisrentenverträgen 101

Zinsen
– rechnungsmäßige 218
– außerrechnungsmäßige 219

Zugewinnausgleich 431, 445

Zukunftssicherungsleistungen 14, 194

Zulageberechtigte
– unmittelbar 43
– mittelbar 49

Zulagenantrag 69

Zusätzlicher Sonderausgabenabzug 71

Zusammenveranlagung 33

Zuwendungen
– Unterstützungskasse 318, 319, 321, 324
– Pensionskasse 351, 352, 354

Zuwendungsfähige Beiträge 323

12/60-Regelung 210

12/62-Regelung 210

# Inhaltsverzeichnis zum Anhang (CD-ROM)

## Gesetzestexte

| 01 | EStG | § 1 | Steuerpflicht |
| 02 | EStG | § 3 | Steuerfreie Einnahmen |
| 03 | EStG | § 4 | Gewinnbegriff im Allgemeinen |
| 04 | EStG | § 4b | Direktversicherung |
| 05 | EStG | § 4c | Zuwendungen an Pensionskassen |
| 06 | EStG | § 4d | Zuwendungen an Unterstützungskassen |
| 07 | EStG | § 4e | Beiträge an Pensionsfonds |
| 08 | EStG | § 5 | Gewinn bei Kaufleuten und bei bestimmten anderen Gewerbetreibenden |
| 09 | EStG | § 6 | Bewertung |
| 10 | EStG | § 6a | Pensionsrückstellung |
| 11 | EStG | § 9a | Pauschbeträge für Werbungskosten |
| 12 | EStG | § 9b | Umsatzsteuerrechtlicher Vorsteuerabzug |
| 13 | EStG | § 10 | Sonderausgaben |
| 14 | EStG | § 10a | Zusätzliche Altersvorsorge |
| 15 | EStG | § 15 | Einkünfte aus Gewerbebetrieb |
| 16 | EStG | § 19 | Nichtselbständige Arbeit |
| 17 | EStG | § 20 | Kapitalvermögen |
| 18 | EStG | § 22 | Arten der sonstigen Einkünfte |
| 19 | EStG | § 22a | Rentenbezugsmitteilungen an die zentrale Stelle |
| 20 | EStG | § 32 | Kinder, Freibeträge für Kinder |
| 21 | EStG | § 34 | Außerordentliche Einkünfte |
| 22 | EStG | § 40 | Pauschalierung der Lohnsteuer in besonderen Fällen |
| 23 | EStG | § 40b | Pauschalierung der Lohnsteuer bei bestimmten Zukunftssicherungsleistungen |
| 24 | EStG | § 43 | Kapitalerträge mit Steuerabzug |
| 25 | EStG | § 44a | Abstandnahme vom Steuerabzug |
| 26 | EStG | § 45a | Anmeldung und Bescheinigung der Kapitalertragsteuer |
| 27 | EStG | § 45d | Mitteilungen an das Bundeszentralamt für Steuern |
| 28 | EStG | § 50 | Sondervorschriften für beschränkt Steuerpflichtige |
| 29 | EStG | § 50f | Bußgeldvorschriften |
| 30 | EStG | § 52 | Anwendungsvorschriften |
| 31 | EStG | § 52a | Anwendungsvorschriften zur Einführung einer Abgeltungsteuer auf Kapitalerträge und Veräußerungsgewinne |
| 32 | EStG | § 79 | Zulageberechtigte |

| | | | |
|---|---|---|---|
| 33 | EStG | § 80 | Anbieter |
| 34 | EStG | § 81 | Zentrale Stelle |
| 35 | EStG | § 82 | Altersvorsorgebeiträge |
| 36 | EStG | § 83 | Altersvorsorgezulage |
| 37 | EStG | § 84 | Grundzulage |
| 38 | EStG | § 85 | Kinderzulage |
| 39 | EStG | § 86 | Mindesteigenbeitrag |
| 40 | EStG | § 87 | Zusammentreffen mehrerer Verträge |
| 41 | EStG | § 88 | Entstehung des Anspruchs auf Zulage |
| 42 | EStG | § 89 | Antrag |
| 43 | EStG | § 92 | Bescheinigung |
| 44 | EStG | § 92a | Verwendung für eine selbst genutzte Wohnung |
| 45 | EStG | § 92b | Verfahren bei Verwendung für eine selbst genutzte Wohnung |
| 46 | EStG | § 93 | Schädliche Verwendung |
| 47 | EStG | § 95 | Sonderfälle der Rückzahlung |
| 48 | EStG 2004 | § 10 | Sonderausgaben |
| 49 | EStG 2004 | § 20 | Kapitalvermögen |
| 50 | EStG 2004 | § 40b | Pauschalierung der Lohnsteuer bei bestimmten Zukunftssicherungsleistungen |
| 51 | EStDV | § 29 | Anzeigepflichten bei Versicherungsverträgen |
| 52 | LStDV | § 5 | Besondere Aufzeichnungs- und Mitteilungspflichten im Rahmen der betrieblichen Altersversorgung |
| 53 | KStG | § 1 | Unbeschränkte Steuerpflicht |
| 54 | KStG | § 5 | Befreiungen |
| 55 | KStG | § 6 | Einschränkungen der Befreiung von Pensions-, Sterbe-, Kranken und Unterstützungskassen |
| 56 | KStG | § 8b | Beteiligungen an anderen Körperschaften und Personenvereinigungen |
| 57 | ErbStG | § 1 | Steuerpflichtige Vorgänge |
| 58 | ErbStG | § 2 | Persönliche Steuerpflicht |
| 59 | ErbStG | § 3 | Erwerb von Todes wegen |
| 60 | ErbStG | § 5 | Zugewinngemeinschaft |
| 61 | ErbStG | § 7 | Schenkungen unter Lebenden |
| 62 | ErbStG | § 9 | Entstehung der Steuer |
| 63 | ErbStG | § 10 | Steuerpflichtiger Erwerb |
| 64 | ErbStG | § 11 | Bewertungsstichtag |
| 65 | ErbStG | § 12 | Bewertung |
| 66 | ErbStG | § 13 | Steuerbefreiungen |
| 67 | ErbStG | § 14 | Berücksichtigung früherer Erwerbe |

| 68 | ErbStG | § 15 | Steuerklassen |
|---|---|---|---|
| 69 | ErbStG | § 16 | Freibeträge |
| 70 | ErbStG | § 17 | Besonderer Versorgungsfreibetrag |
| 71 | ErbStG | § 19 | Steuersätze |
| 72 | ErbStG | § 20 | Steuerschuldner |
| 73 | ErbStG | § 23 | Besteuerung von Renten, Nutzungen und Leistungen |
| 74 | ErbStG | § 33 | Anzeigepflicht der Vermögensverwahrer, Vermögensverwalter und Versicherungsunternehmen |
| 75 | ErbStDV | § 1 | Anzeigepflicht der Vermögensverwahrer und der Vermögensverwalter |
| 76 | ErbStDV | § 3 | Anzeigepflicht der Versicherungsunternehmen |
| 77 | AltvDV | § 6 | Mitteilungspflichten des Arbeitgebers |
| 78 | AltZertG | § 1 | Begriffsbestimmungen zum Altersvorsorgevertrag |
| 79 | AltZertG | § 2 | Begriffsbestimmungen zum Basisrentenvertrag |
| 80 | AltZertG | § 3 | Zertifizierungsstelle, Aufgaben |
| 81 | AltZertG | § 5 | Zertifizierung von Altersvorsorgeverträgen |
| 82 | AltZertG | § 7 | Informationspflicht des Anbieters Sicherungsschein |
| 83 | AltZertG | § 14 | Übergangsvorschrift |
| 84 | AO | § 139a | Identifikationsmerkmal |
| 85 | AO | § 139b | Identifikationsnummer |
| 86 | AO | § 234 | Stundungszinsen |
| 87 | AO | § 238 | Höhe und Berechnung der Zinsen |
| 88 | AO | § 351 | Bindungswirkung anderer Verwaltungsakte |
| 89 | VO AO | § 9 | Feststellungsgegenstand bei Einsatz von Versicherungen auf den Erlebens- und Todesfall zu Finanzierungszwecken |
| 90 | BetrAVG | § 1 | Zusage des Arbeitgebers auf betriebliche Altersvorsorge |
| 91 | BetrAVG | § 1a | Anspruch auf betriebliche Altersversorgung durch Entgeltumwandlung |
| 92 | BetrAVG | § 1b | Unverfallbarkeit und Durchführung der betrieblichen Altersversorgung |
| 93 | BetrAVG | § 4 | Übertragung |
| 94 | BewG | § 5 | Auflösend bedingter Erwerb |
| 95 | BewG | § 6 | Aufschiebend bedingte Lasten |
| 96 | BewG | § 7 | Auflösend bedingte Lasten |
| 97 | BewG | § 12 | Kapitalforderungen und Schulden |
| 98 | BewG | § 13 | Kapitalwert von wiederkehrenden Nutzungen und Leistungen |
| 99 | BewG | § 14 | Lebenslängliche Nutzungen und Leistungen |
| 100 | BewG | § 15 | Jahreswert von Nutzungen und Leistungen |
| 101 | HGB | § 253 | Zugangs- und Folgebewertung |

| 102 | HGB | § 255 | Bewertungsmaßstäbe |
|---|---|---|---|
| 103 | HGB | § 341d | Anlagestock der fondsgebundenen Lebensversicherung |
| 104 | HGB | § 341f | Deckungsrückstellung |
| 105 | PfDeckRV | § 3 | Zusagen ohne versicherungsförmige Garantien |
| 106 | SGB VI | § 235 | Regelaltersrente |
| 107 | VAG | § 1 | Aufsichtspflichtige Unternehmen |
| 108 | VAG | § 54b | Anlagestock |
| 109 | VAG | § 66 | Sicherungsvermögen |
| 110 | VAG | § 112 | Definition Pensionsfonds |
| 111 | VAG | § 113 | Anzuwendende Vorschriften für Pensionsfonds |
| 112 | VAG | § 115 | Vermögensanlage Pensionsfonds |
| 113 | VAG | § 118a | Definition Pensionskasse |
| 114 | VAG | § 118b | Anzuwendende Vorschriften für Pensionskassen |
| 115 | 5. VermBG | § 3 | Vermögenswirksame Leistungen für Angehörige, Überweisung durch den Arbeitgeber, Kennzeichnungs-, Bestätigungs- und Mitteilungspflichten |
| 116 | 5. VermBG | § 9 | Kapitalversicherungsvertrag |
| 117 | VersAusglG | § 9 | Rangfolge der Ausgleichsformen, Ausnahmen |
| 118 | VersAusglG | § 14 | Externe Teilung |
| 119 | VersAusglG | § 15 | Wahlrecht hinsichtlich der Zielversorgung |
| 120 | VVG | § 153 | Überschussbeteiligung |
| 121 | VVG | § 169 | Rückkaufswert |
| 122 | ZPO | § 851c | Pfändungsschutz bei Altersrenten |

# Richtlinien, Amtliche Hinweise

| 01 | EStR | R 4b | Direktversicherung |
|----|------|------|---------------------|
| 02 | EStR | R 4c | Zuwendungen an Pensionskassen |
| 03 | EStR | R 4d | Zuwendungen an Unterstützungskassen |
| 04 | EStR | R 4.8 | Rechtsverhältnisse zwischen Angehörigen |
| 05 | EStH | H 4.8 | Rechtsverhältnisse zwischen Angehörigen |
| 06 | EStR | R 6a | Rückstellungen für Pensionsverpflichtungen |
| 07 | EStH | H 6a | Rückstellungen für Pensionsverpflichtungen |
| 08 | EStR | R 6.2 | Anschaffungskosten |
| 09 | EStR | R 6.3 | Herstellungskosten |
| 10 | EStR | R 9b | Auswirkungen der Umsatzsteuer auf die Einkommensteuer |
| 11 | EStR | R 10.1 | Sonderausgaben (Allgemeines) |
| 12 | EStH | H 10.1 | Sonderausgaben (Allgemeines) |
| 13 | EStH | H 11 | Vereinnahmung und Verausgabung |
| 14 | EStH | H 22.4 | Besteuerung von Leibrenten i.S.d. § 22 Nr. 1 Satz 3 Buchstabe a Doppelbuchstabe bb EStG |
| 15 | EStH 2004 | Anhang 32 | Ausländische Versicherungsunternehmen |
| 16 | LStR | R 3.62 | Zukunftssicherungsleistungen |
| 17 | LStR | R 3.65 | Insolvenzsicherung |
| 18 | LStR | R 40.b1 | Pauschalierung der Lohnsteuer bei Beiträgen zu Direktversicherungen und Zuwendungen an Pensionskassen für Versorgungszusagen, die vor dem 01.01.2005 erteilt wurden |
| 19 | LStH | H 40.b1 | Pauschalierung der Lohnsteuer bei Beiträgen zu Direktversicherungen und Zuwendungen an Pensionskassen für Versorgungszusagen, die vor dem 01.01.2005 erteilt wurden |
| 20 | KStR | R 13 | Vermögensbildung bei Pensions-, Sterbe-, Kranken- und Unterstützungskassen |
| 21 | KStH | H 13 | Vermögensbildung bei Pensions-, Sterbe-, Kranken- und Unterstützungskassen |
| 22 | KStR | R 32 | Anwendung einkommensteuerrechtlicher Vorschriften |
| 23 | KStR | R 38 | Rückstellung für Pensionszusagen an Gesellschafter-Geschäftsführer von Kapitalgesellschaften |
| 24 | KStH | H 38 | Rückstellung für Pensionszusagen an Gesellschafter-Geschäftsführer von Kapitalgesellschaften |
| 25 | ErbStR | R E 3.5 | Vertragliche Hinterbliebenenbezüge aus einem Arbeitsverhältnis des Erblassers |
| 26 | ErbStR | R E 3.6 | Erwerbe aus Versicherungen auf verbundene Leben |

# Erlasse

| | | | |
|---|---|---|---|
| 01 | FinMin Hessen | vom 16.06.1961 | Versicherung gegen Verluste durch Ausscheiden hochwertiger Fachkräfte |
| 02 | FinMin Nordrhein-Westfalen | vom 22.02.1963 | |
| 03 | FinMin Baden-Württemberg | vom 20.11.1975 | |
| 04 | Bayer. Staatsministerium der Finanzen | vom 07.04.1976 | Begriff der Direktversicherung, hier: Direktversicherungen für Arbeitnehmer von Lebensversicherungsunternehmen |
| 05 | FinMin Niedersachen | vom 13.01.1978 | Ertragsteuerliche Fragen der betrieblichen Altersversorgung |
| 06 | OFD Hannover | vom 01.01.1981 | |
| 07 | FinMin Niedersachen | vom 15.01.1982 | Erbschaftsteuerliche Folgen aus dem BFH-Urteil vom 20.05.1981 |
| 08 | FinMin Baden-Württemberg | vom 20.11.1984 | |
| 09 | FinMin Nordrhein-Westfalen | vom 13.06.1990 | |
| 10 | OFD Münster | vom 19.03.1991 | |
| 11 | OFD Frankfurt | vom 10.01.1992 | Zuwendungen an Versorgungskasse der Presse GmbH Zufluß beim Arbeitnehmer |
| 12 | OFD Erfurt | vom 28.02.1992 | |
| 13 | FinMin Mecklenburg-Vorpommern | vom 27.09.1993 | Behandlung der privaten Hinterbliebenenbezüge bei der Ermittlung der fiktiven Zugewinnausgleichsforderung nach § 5 Abs. 1 ErbStG |
| 16 | OFD Erfurt | vom 05.03.1996 | Arbeitgeberzuschüsse zur Sozialversicherung an Vorstandsmitglieder von Aktiengesellschaften |
| 17 | OFD Berlin | vom 22.11.1996 | Behandlung von Zusagen auf Rente oder vorgezogene Leistungen wegen Pflegebedürftigkeit oder schwerer Erkrankung |
| 18 | FinMin Sachsen-Anhalt | vom 11.08.1997 | Zuordnung von Lebensversicherungsverträgen zum Betriebs- oder Privatvermögen |
| 19 | FinMin Thüringen | vom 20.04.1999 | Arbeitgeberzuwendungen an die Unterstützungskasse des Versorgungsverbundes bundes- und landesgeförderter Unternehmen |
| 20 | FinMin Saarland | vom 07.03.2005 | Überversorgung bei Ehegatten-Arbeitsverhältnis |

| 21 | Gleichlautende Ländererlasse | vom 23.02.2010 | Lebensversicherung, steuerpflichtiger Erwerb nach § 3 Abs. 1 Nr. 4 ErbStG, Zahlung der Versicherungsprämie durch den Bezugsberechtigten |
| 22 | LfSt Bayern | vom 06.04.2011 | Versicherungsunternehmen, ErbSt-Haftung |

# BMF-Schreiben

| 01 | 24.03.1964 | IV C/1 S 3803 - 1/64 | |
| 02 | 31.08.1979 | IV B 4 - S 2252 - 77/79 | Steuerliche Behandlung der rechnungsmäßigen und außerrechnungsmäßigen Zinsen aus Lebensversicherungen. |
| 03 | 24.09.1982 | IV B 6 - S 2433 - 4/82 | Vermögensbildende Versicherungsverträge i. S. des § 2 Abs. 1 Buchstabe f 3. VermBG Verlängerung der Versicherungsdauer |
| 04 | 06.04.1984 | IV B 4 - S 2252 - 35/84 | Einkommensteuerrechtliche Behandlung der Zinsen aus Direktversicherungen bei Arbeitgeberwechsel |
| 05 | 04.09.1984 | IV B 1 - S 2176 - 85/84 | Steuerrechtliche Behandlung von Aufwendungen des Arbeitgebers für die betriebliche Altersversorgung des im Betrieb mitarbeitenden Ehegatten |
| 06 | 09.01.1986 | IV B 1 - S 2176 - 2/86 | Steuerrechtliche Behandlung von Aufwendungen des Arbeitgebers für die betriebliche Altersversorgung des im Betrieb mitarbeitenden Ehegatten |
| 07 | 13.11.1986 | IV B 4 - S 2252 - 177/86 | |
| 08 | 14.08.1992 | IV B 2 - S 2144 c - 33/92 | Zuwendungen an Unterstützungskassen |
| 09 | 29.10.1992 | IV B 2 - S 2144 c - 47/92 | |
| 10 | 08.11.1993 | IV B 2 - S 2134 - 346/93 | Anwendung des § 10 Abs. 2 Satz 2 und des § 52 Abs. 13 a Satz 4 EStG i. d. F. des Steueränderungsgesetzes 1992 |
| 11 | 19.11.1993 | IV B 2 - S 2134 - 189/93 | Anwendung des § 10 Abs. 2 Satz 2 und des § 52 Abs. 13 a Satz 4 EStG I. d. F. des Steueränderungsgesetzes 1992 |
| 12 | 16.05.1994 | IV B 7 - S 2742 - 14/94 | Zuständigkeit der Gesellschaftsversammlung für die Änderung des Gesellschaftergeschäftsführer-Dienstvertrages |
| 13 | 31.05.1994 | IV B 2 - S 2144 c - 18/94 | Beitragsbezogener Leistungsplan einer rückgedeckten Unterstützungskasse |
| 14 | 25.04.1995 | IV B 2 - S 2176 - 8/95 | Pensionsrückstellungen für betriebliche Teilrenten |
| 15 | 31.07.1995 | IV B 2 - S 2144 c - 23/95 | Zuwendungen an rückgedeckte Unterstützungskassen Rückdeckungsversicherung mit Kollektivtarif |
| 16 | 21.12.1995 | IV B 7 - S 2742 - 68/95 | Zuständigkeit der Gesellschafterversammlung für die Änderung des Geschäftsführer-Dienstvertrags Auswirkungen des BGH-Urteils vom 25. März 1991 – II ZR 169/90 – auf Pensionsrückstellungen |

| | | | |
|---|---|---|---|
| 17 | 25.01.1996 | IV B 2 - S 2176 - 4/96 | Behandlung von Zusagen auf Rente wegen Pflegebedürftigkeit |
| 18 | 20.03.1996 | IV B 6 - S 2334 - 100/36 | Lohnsteuerliche Behandlung von Prämienvorteilen bei Gruppenversicherungen |
| 19 | 17.06.1996 | IV B 2 - S 2144 a - 3/96 | |
| 20 | 01.08.1996 | IV B 7 - S 2742 - 88/96 | Rückstellungen für Pensionszusagen an beherrschende Gesellschafter-Geschäftsführer von Kapitalgesellschaften – 10jähriger Erdienungszeitraum BFH-Urteil vom 21. Dezember 1994 |
| 21 | 11.11.1996 | IV B 2 - S 2144 c - 27/96 | Zuwendungen an rückgedeckte Unterstützungskassen Rückdeckungsversicherung mit abgesenktem Todesfallschutz |
| 22 | 28.11.1996 | IV B 2 - S 2144 c - 44/96 | Zweifelsfragen im Zusammenhang mit der steuerlichen Behandlung von Zuwendungen an Unterstützungskassen |
| 23 | 07.03.1997 | IV B 7 - S 2742 - 20/97 | Rückstellungen für Pensionszusagen an nicht beherrschende Gesellschafter-Geschäftsführer von Kapitalgesellschaften - Erdienungszeitraum BFH-Urteil vom 24. Januar 1996 |
| 24 | 18.12.1997 | IV C 4 - S 7160 h - 6/97 | Umsatzsteuerbefreiung für die Verwaltung von Versorgungseinrichtungen im Sinne des Versicherungsaufsichtsgesetzes |
| 25 | 26.11.1998 | VI C 3 - S 2255 - 35/98 | Private Rentenversicherungen: Überschußbeteiligung |
| 26 | 14.05.1999 | IV C 6 - S 2742 - 9/99 | Rückstellungen für Pensionszusagen an beherrschende Gesellschafter-Geschäftsführer von Kapitalgesellschaften |
| 27 | 10.01.2000 | IV C 5 - S 2330 - 2/00 | Gesetz zur Neuregelung der geringfügigen Beschäftigungsverhältnisse und StEntlG 1999/2000/2002: Anwendung von Vorschriften zum Lohnsteuerabzugsverfahren |
| 28 | 25.02.2000 | IV C 2 - S 2137 - 15/00 | Passivierung von Verpflichtungen, die nur aus künftigen Erlösen zu tilgen sind |
| 29 | 15.06.2000 | IV C 4 - S 2221 - 86/00 | Finanzierungen unter Einsatz von Lebensversicherungsansprüchen |
| 30 | 28.05.2002 | IV A 2 - S 2742 - 32/02 | Verdeckte Gewinnausschüttung: Korrektur innerhalb oder außerhalb der Steuerbilanz |
| 31 | 22.08.2002 | IV C 4 - S 2221 - 211/02 | Vertragsänderungen bei Versicherungen auf den Erlebens- oder Todesfall |
| 32 | 14.10.2002 | IV A 2 - S 2742 - 62/02 | Angemessenheit der Gesamtbezüge eines Gesellschafter-Geschäftsführers |
| 33 | 05.11.2002 | IV C 1 - S 2400 - 27/02 | Kapitalertragsteuer: Einzelfragen bei Entrichtung, Abstandnahme und Erstattung |
| 34 | 26.11.2002 | IV C 4 - S 2491 - 37/02 | Steuerliche Föderung der privaten Altersvorsorge Altersvorsorgebeiträge ( § 82 EStG) |
| 35 | 09.12.2002 | IV A 2 - S 2742 - 68/02 | Pensionszusagen an Gesellschafter-Geschäftsführer: Vereinbarung einer sofortigen ratierlichen Unverfallbarkeit, Länge des Erdienungszeitraums |
| 36 | 03.11.2004 | IV B 2 - S 2176 - 13/04 | Zusagen auf Leistungen der betrieblichen Altersversorgung: Überversorgung |
| 37 | 11.11.2004 | IV C 3 - S 2257 b - 47/04 | Private und betriebliche Altersversorgung: Aufteilung von Leistungen bei der nachgelagerten Besteuerung |

| 38 | 28.01.2005 | IV B 7 - S 2742 - 9/05 | Vereinbarung einer Nur-Pension mit dem Gesellschafter-Geschäftsführer |
| 39 | 24.08.2005 | IV B 2 - S 2176 - 65/05 | Betriebliche Altersversorgung: Überversorgung bei Verminderung von Geschäftsführergehältern |
| 40 | 06.09.2005 | IV B 7 - S 2742 - 69/05 | Finanzierbarkeit von Pensionszusagen gegenüber Gesellschafter-Geschäftsführern |
| 41 | 07.08.2007 | IV C 8 - S 2497 - 07/0003 | Steuerliche Behandlung von Leistungen aus Versicherungen bei Versicherungsvertragswechsel außerhalb des "Abkommens zur Übertragung von Direktversicherungen oder Versicherungen in eine Pensionskasse bei Arbeitgeberwechsel" |
| 42 | 29.01.2008 | IV B 2 - S 2176 - 07/0001 | Personengesellschaft, Pensionszusagen, bilanzsteuerliche Behandlung |
| 43 | 30.01.2008 | IV C 8 - S 2222 - 07/0003 | Anwendungsschreiben zum Alterseinkünftegesetz, Aktualisierung |
| 44 | 17.04.2008 | IV C 8 - S 2255 - 08/10005 | Rentenversicherungen mit fondsgebundenen Kapitalanlage, Auszahlungsphase |
| 45 | 16.06.2008 | IV C 6 - S 2176 - 07/10007 | Betriebliche Altersversorgung, bilanzsteuerrechtliche Berücksichtigung von Nur-Pensionszusagen |
| 46 | 26.03.2009 | IV C 6 - S 2171 - b/0 | Teilwertabschreibung gemäß § 6 Abs.1 Nr. 2 Satz 2 EStG i. d. F. des Steuerentlastungsgesetzes 1999/2000/2002 Vorliegen einer voraussichtlich dauernden Wertminderung bei börsennotierten Aktien, die als Finanzanlage gehalten werden Anwendung des BFH-Urteils vom 26. September 2007 |
| 47 | 09.09.2009 | IV C 6 - S 2144 c - 07/10001 | Bilanzsteuerrechtliche Fragen im Zusammenhang mit dem neuen Übertragungsabkommen für rückgedeckte Unterstützungskassen bei Arbeitgeberwechsel |
| 48 | 01.10.2009 | IV C1 - S 2252 - 07/0001 | Besteuerung von Versicherungserträgen im Sinne des § 20 Abs. 1 Nr. 6 EStG |
| 49 | 04.11.2009 | IV C 5 - S 2334 - 08/10012 | Steuerliche Behandlung bei der Anwendung von Gruppentarifen auf Einzelversicherungen in der Versicherungswirtschaft |
| 50 | 08.12.2009 | IV C 3 - S 2221 - 09/10047 | Basisrentenzertifizierung |
| 51 | 11.12.2009 | IV C 3 - S 2221 - 09/10010 | Basisrente Beitragsbescheinigungen bei Auseinanderfallen von Beitragszahler/Versicherungsnehmer und versicherter Person/Leistungsempfänger |
| 52 | 21.12.2009 | IV C 3 - S 2221 - 09/10047 | Basisrentenzertifizierung |
| 53 | 22.12.2009 | IV C 1 - S 2252 - 08/10004 | Einzelfragen zur Abgeltungsteuer |
| 54 | 31.03.2010 | IV C 3 - S 2222 - 09/10041 | Steuerliche Förderung der privaten Altersvorsorge und betrieblichen Altersversorgung |
| 55 | 04.06.2010 | IV C 5 - S 2333 - 10/100003 | Abkommen zur Übertragung zwischen den Durchführungswegen Direktversicherung, Pensionskasse oder Pensionsfonds bei Arbeitgeberwechsel |
| 56 | 25.08.2010 | IV C 6 - S 2133 - 07/10001 | Steuerliche Gewinnermittlung, Bildung von Bewertungseinheiten |

| | | | |
|---|---|---|---|
| 57 | 31.08.2010 | IV C 2 - S 2723 - 07/10001 | Auswirkungen des Gesetzes zur Strukturreform des Versorgungsausgleiches auf die Steuerbefreiung von Unterstützungskassen nach § 5 Abs. 1 Nummer 3 KStG |
| 58 | 13.09.2010 | IV C 3 - S 2222 - 09/10041 | Einkommensteuerrechtliche Behandlung von Vorsorgeaufwendungen und Altersbezügen |
| 59 | 28.09.2010 | IV C 5 - S 2373 - 10/10001 | Lohnsteuerliche Behandlung der Gewinnausschüttungen einer betrieblichen Versorgungseinrichtung |
| 60 | 08.11.2010 | IV D 4 - S 3104 - 09/10001 | Bewertung einer lebenslänglichen Nutzung oder Leistung, Vervielfältiger für Bewertungsstichtage ab 1.1.2011 |
| 61 | 12.11.2010 | IV C 6 - S 2144 c - 07/10001 | Auswirkungen des Gesetzes zur Struktur des Versorgungsausgleiches (VAStrRefG) auf Unterstützungskassen nach § 4d EStG und Pensionszusagen nach § 6a EStG |
| 62 | 15.12.2010 | IV D 4 - S 3830 - 08/10001 | Versicherungsunternehmen, ErbSt-Haftung |
| 63 | 17.12.2010 | IV C 3 - S 2257 b - 07/10002 | Mitteilung über steuerpflichtige Leistungen aus einem Altersvorsorgevertrag oder aus einer betrieblichen Altersversorgung ab 2010, amtlicher Vordruck |
| 64 | 16.02.2011 | IV C 3 - S 2257 b - 10/10008 | Steuerrechtliche Zuordnung von auf zu Unrecht gezahlten Zulagen beruhenden Erträgen |
| 65 | 05.07.2011 | IV C 1 - S 1980 1 - 10/10011:006 | Vorliegen einer voraussichtlichen dauernden Wertminderung bei Aktienfonds, die als Finanzanlage gehalten werden |
| 66 | 26.09.2011 | IV D 4 - S 3104 - 09/10001 | Bewertung einer lebenslänglichen Nutzung oder Leistung, Vervielfältiger für Bewertungsstichtage ab 1.1.2012 |
| 67 | 11.10.2011 | IV C 3 - S 2221 - 09/10040:005 | Zertifizierung von Basisrentenverträgen Frist zur Umstellung der Bestandsverträge auf ein zertifiziertes Vertragsmuster |
| 68 | 17.10.2011 | IV C 3 - S 2220 - 11/10002 | Anhebung der Altersgrenzen Erhöhungen im Bereich Versicherungen im Sinne des § 20 Absatz 1 Nummer 6 EStG, Altersvorsorgeverträge, Basisrentenverträge, betriebliche Altersversorgung |
| 69 | 02.01.2012 | IV C 3 - S 2226 - 10/10001:002 | Zeitliche Zuordnung von Beiträgen zu einem Basisrentenvertrag regelmäßig wiederkehrende Ausgaben |
| 70 | 16.02.2012 | IV C 1 - S 2252 - 07/0001:015 | Anwendbarkeit des hälftigen Unterschiedsbetrages nach § 20 Absatz 1 Nummer 6 Satz 2 EStG bei Ausübung eines Optionsrechts |
| 71 | 12.03.2012 | IV C 3 - S 2226 - 10/10001:002 | Zeitliche Zuordnung von Beiträgen zu einem Basisrentenvertrag BMF-Schreiben vom 02.01.2012 |

# Hinweise zur CD-ROM

Die zu diesem Buch gehörende CD-ROM enthält den Anhang, der bei früheren Auflagen mit abgedruckt war und jetzt erstmals, u. a. wegen des erheblich gestiegenen Textaufkommens, in digitaler Form mitgegeben ist.

Sie finden auf der CD-ROM alle relevanten Gesetzestexte, Richtlinien, Amtlichen Hinweise, BMF-Schreiben und Erlasse, auf die im Buch Bezug genommen wird.

Das unterschiedliche Schriftbild der Dokumente rührt daher, dass ein Teil der Texte aus der Vorauflage übernommen wurde. Neu hinzugekommene Dokumente sind, soweit möglich, im Originalformat wiedergegeben.

Wir danken dem Rudolf Haufe Verlag für die gewährte Nutzung seiner Datenbank „Steuer Office Premium" sowie dem Gesamtverband der Deutschen Versicherungswirtschaft e.V. für die Überlassung einzelner Schreiben der Finanzverwaltung.

Damit Sie rechtlich immer auf dem aktuellen Stand arbeiten, werden wir Ihnen als zusätzlichen Service auf der Seite *www.vvw.de/Artikel/Service/LVS* von Zeit zu Zeit Aktualisierungen zur 5. Auflage zur Verfügung stellen.

Die auf der beiliegenden CD-ROM enthaltene PDF-Datei (PDF-Version 1.6) ist mit dem Programm Adobe® Reader® ab Version 7.x aufrufbar. Adobe® Reader® ist das frei verfügbare Programm für Anzeige, Druck und Kommentierung von Dokumenten im Adobe® PDF-Format (Portable Document Format).

Sollten Sie nicht über dieses Programm verfügen, können Sie es kostenfrei von der Website *http://get.adobe.com/de/reader/* downloaden und installieren.*

Die Version Adobe® Reader® X unterstützt mehrere Plattformen, z. B. Windows®, Mac OS und Betriebssysteme mobiler Endgeräte. Frühere Versionen unterstützen auch Linux und Solaris. Detaillierte Informationen zu den Systemanforderungen der verschiedenen Versionen des Adobe® Reader® finden Sie hier: *http://www.adobe.com/de/products/reader/techspecs.html.*

---

\* Rechtliches: Adobe® und Adobe® Reader® sind eingetragene Marken oder Marken von Adobe Systems Incorporated in den USA und/oder anderen Ländern. Windows® ist eine eingetragene Marke der Microsoft Corporation in den USA und/oder anderen Ländern. Alle anderen Marken sind Eigentum ihrer jeweiligen Inhaber.

## Funktionen

Alle Dokumente des Anhangs liegen als eine gesamte Datei im Adobe® PDF-Format vor. Die Verwendung im kostenlosen Programm Adobe® Reader® bietet Ihnen u. a. folgende Funktionen:

- Volltextsuche über den gesamten Anhang – mit erweiterten Suchfunktionen

- eigene Notizen anheften

- Textstellen mit dem Textmarker markieren

- Kopien ausgewählter Textstellen als Bild erstellen und in andere Anwendungen übernehmen (Schnappschusswerkzeug)

- Speichern der gesamten Datei von der CD-ROM auf eigenen Speichermedien

- Speichern ausgewählter Seiten als PDF-Datei

- Ausdrucken